Aircraft Finance

항공기금융

성낙주

박영사

본서 내용에 대한 주의 고지(Disclaimer)

본서는 대외 공표된 최신 정보 등을 바탕으로 가능한 한 기술내용의 정확성 및 충실성 등을 기하고자 하는 노력에 의하여 작성되었으나, 항공기금융은 고도의 전문성, 다양성 및 국제성 등의 특성을 보이는 대표적인 금융 분야로 시간의 경과 등에 따라 거래 관행, 관련 지식, 기법 등이 끊임없이 변화할 뿐만 아니라, 개별 거래마다 금융구조, 외부환경 및 참여당사자의 이해 등 구성 요소별로 많은 차이가 존재하는 만큼 본 출판사와 저자는 기술된 내용의 정확성, 오류, 누락, 의견, 조언, 부적절한 표현 등으로 인하여 발생할 수 있는 여하한 손실, 재정, 법적인 결과 등에 대해 책임을 지지 않음을 알려드립니다.

아울러 본서의 내용은 단순히 일반적인 참고사항 및 가이드, 제시된 주제의 요약, 정보제공 등의 목적에 따라 집필된 것으로, 특정 개별거래에 대한 전문적인 조언이나 서비스를 제공하는 것이 아님을 유의하시기 바랍니다.

따라서 실제 거래의 추진 시에는 법률, 회계, 조세, 평가, 투자 등 사안별로 해당 전문기관에 의한 상세한 자문 및 확인을 받아 수행할 것을 권고드리는 바입니다.

서 문

　　최근 여러 매체를 통해 어느 정도 알려져 있음에도 불구하고 항공기금융은 이를 실제 다루는 금융인들 사이에서도 여전히 낯설고 관련 정보의 접근에 다소 어려움이 있는 영역이라는 것이 대체적인 인식일 것이다. 실제로 저자가 이를 실무상 처음 접했던 1990년대초만 하더라도 항공기금융은 생소한 자산금융 또는 프로젝트금융의 일종으로 담당조직의 명칭도 특수금융팀으로 불릴 정도로 은행 내에서도 무언가 특별하고 취급이 용이하지 않은 영역으로 간주되어 왔던 적도 있었다. 당시에는 관련된 기초지식이 제대로 축적되어 있지 않은 상태에서 복잡한 금융구조와 일독하기에도 방대한 분량의 계약서 전문용어를 이해하고 검토하는 데 많은 노력과 시간을 쏟아 부었던 기억이 아직도 생생하다.

　　저자가 본서를 집필하게 된 동기는 30여 년이라는 한국산업은행에서의 경력을 정리하고자 하는 측면도 있지만, 실무를 접하면서 평소 느껴 왔던 항공기금융과 관련된 다음과 같은 특수한 속성들을 가급적 많은 독자들과 함께 공유하고자 하는 취지에서 비롯되었다고 할 수 있다.

　　첫째, 전세계로 눈을 돌리면 항공기금융 수요와 규모는 실로 상당하다. 미국 보잉사의 최근 장기 항공기시장 및 금융전망에 따르면 전세계 항공사 또는 리스회사에 신규 제작되어 인도되고 있는 항공기의 대수는 연간 약 2천 2백대, 2019년 기준 금융 추진 규모만도 1천 4백억달러에 달한다. 이 규모는 항공여행의 대중화, 규제완화의 진전 및 항공사의 신설 등 항공수요의 전세계적인 확대 등에 힘입어 2023년에는 1,810억달러로 더욱 확대될 전망이다. 국내에서는 항공기금융이 비로소 활성화하기 시작하는 단계에 있다고 할 수 있지만, 전세계 금융수요의 대부분은 여전히 유럽, 미국, 일본 등 선진 은행들에 의해 주도되고 있다.

둘째, 항공기금융 분야는 전문역량과 경험이 경쟁력의 원천이라고 해도 과언이 아니다. 금융 경쟁력은 크게 보면 자금규모, 가격경쟁력, 전문성으로 요약할 수 있겠으나 항공기금융 분야는 거액 설비금융, 안정적 담보가치, 장기여신 등의 이점 외에도 전문성이 일종의 진입장벽을 형성하는 몇 안되는 금융분야이며, 이러한 관점에서 항공기금융은 대표적인 블루오션 영역에 속한다고 할 수 있다. 이제는 발전된 국내경제 규모와 국제적 위상에 비추어 볼 때 국내 금융기관의 국제업무 외연 및 그 내용도 보다 확장되고 질적으로 고도화하여야 할 필요성이 크다고 생각된다. 저자의 개인적 생각이지만 전문성의 축적시기와 관련하여 이미 개발되어 시장에 통용되고 있는 금융구조를 이해, 모방 및 실무에 적용하는 데에만 대략 10여 년의 경험이 필요하며, 이를 넘어서는 새로운 금융구조 내지는 상품을 창조하려면 그 이상의 기간이 필요할 것으로 본다. 2009년 글로벌금융위기가 진전되던 시기 기존의 ECA 보증을 넘어서서 국제 투자은행들이 새로운 구조의 채권을 미국 자본시장에서 발행한 사례는 이의 좋은 예라고 할 수 있다.

셋째, 항공기금융은 실무상 관련 정보의 접근이나 확보에 많은 제약이 따른다. 우선 국내에는 저자가 파악하는 한 이 분야를 다룬 서적이 사실상 없고, 관련 논문이나 자료조차 손에 꼽을 정도로 부족한 것이 현실이다. 그 배경에는 항공기금융의 경우 구체적인 정보나 데이터가 외부로 충분히 공개되지 않는 속성이 있는데다 대상자산, 운송환경, 금융구조, 법률, 조세, 참여당사자 등 다양하고 전문적인 역량의 축적에 상당한 기간이 소요되기 때문으로 보인다. 이에 따라 선진 금융기관들도 전문인력의 장기근무 및 지역별 특화된 조직 구축 등을 통하여 글로벌 항공기금융 업무를 영위하고 있다.

본서는 위와 같은 항공기금융 속성 및 환경여건 등을 반영하여 국내 업무 담당자의 실무역량 확보에 어느 정도 도움이 되고자 하는 관점에서 집필되었다. 전문역량 확보를 위해서는 디테일이 힘이며, 따라서 본서도 가능한 많은 부분을 세부적으로 기술하고자 시도하였다. 특히 제4장 및 5장의 금융기법 및 항공기금융 검토요소에 대해서는 이러한 취지를 가급적 충분히 반영하고자 하였다.

　본서는 총 6장으로 구성되어 있다. 목차의 구성은 항공기금융의 주요 구성요소라고 생각되는 항공운송환경, 항공기 · 엔진, 리스 · 금융 및 국제 규준의 네가지 요소를 나름대로의 순서에 의해 배치하고자 하였다. 우선 제1장에서는 항공운송사업과 항공운송서비스, 항공운송동향 등을 기술하고 있다. 이들은 항공기금융의 특성에 직간접적으로 영향을 미치는 항목들이며, 이중 항공운송동향에 대해서는 단기적인 분석을 지양하고 가급적 장기적 · 내재적인 변동요인들을 도출하고자 하였다. 제2장에서는 항공기금융의 개념과 특성, 취급절차, 조달방법, 주요 계약서, 주요 플레이어 등을 기술하여 항공기금융이 실무적으로 어떻게 이루어지고, 계약의 형식은 어떠한지, 전세계 항공기금융을 어떠한 기관들이 주도하였는지 등에 대해 정리하였다. 그리고 제3장에서는 리스의 개념과 리스회계처리, 리스유형 등을 개략적으로 소개하였다. 대부분의 항공기금융이 리스구조를 기본으로 채용하는 만큼 앞 장과의 구분이 용이하지는 않으나 항공기금융의 전반을 이해하기 위하여는 이 역시 숙지하고 있어야 할 항목이라 생각된다. 제4장에서는 항공기금융 실무에서 활용하고 있는 주요 금융기법에 대해 그 개념과 구조, 배경, 관련 시장 등에 대해 세부적으로 기술하고자 하였다. 그러나 여기에 소개된 기법들 이외에도 거래 및 참여당사자의 요구 등에 따라 다양한 유형들이 시장에 존재한다. 예를 들면 Warehouse Facility, AFIC(Aircraft Finance Insurance Consortium), French Tax Lease 등은 전체 분량상의 제약으로 포함하지 못한 점은 다소 아쉬움으로 남는다. 제5장에서는 실무상 이해하여야 할 금융요소에 관한 부분, 항공기와 엔진, SPC의 설립에 관한 내용, 항공기의 가치평가, 항공보험, 항공기 저당권과 기타 채권보전 등의 항목을 심층적으로 다루고 있으며, 항공기금융 관련 계약서 중 기본계약서라고 할 수 있는 항공기 리스계약서와 대출계약서를 중심으로 주요 항목 및 내용을 설명하고자 하였다. 마지막으로 제6장에서는 항공운송산업, 항공기 및 항공기담보 등을 공통적으로 규율하는 글로벌 원칙과 규제체계 등에 대해 소개하고 있다. 여기에는 항공기금융과 연관성이 있다고 판단되는 국제 항공협정, 하늘의 자유, 다자간 항공자유화 그리고 국제적 항공기 담보체계에 상당한 영향력이 있는 케이프타운협약의 주요 내용 등을 포괄하고 있다.

이러한 구성에서 본서는 은행, 증권·보험, 자산운용, 항공사, 리스사, 법무법인 등 항공기금융 당사자나 이에 입문 또는 관심을 갖고자 하는 다양한 분야의 독자들에게 도움이 될 수 있을 것으로 생각되며, 나아가 국내 항공기금융과 관련된 전문성 축적에 필요한 시기를 조금이나마 앞당길 수 있었으면 하는 바램이다.

사실 본서가 항공기금융에 관해 기술한 국내 최초의 시도라는 점에서 관련자료의 수집뿐만 아니라 체계, 범위 및 내용 등을 어떻게 구성할지 등에 대해 고민이 많았다. 가급적 정확한 정보를 전달하려고 노력하였음에도 불구하고 생애 첫 출판이라는 일천한 경력과 학문적 부족함, 유려하지 못한 문장 등으로 읽는 독자들의 불편함이 많을 것이라는 점에 대해서는 독자들의 너그러운 양해와 자문, 기탄없는 지적을 감사한 마음으로 수용하고자 한다.

본서를 준비하는 과정에서 많은 분들의 도움이 있었다. 법률적 내용 및 체계에 대해 세심한 자문을 하여 주신 법무법인 광장의 정우영 대표 변호사, 손혜경·유명현 변호사님과 삼성화재보험의 김양욱 부장님께 우선 감사의 말씀을 드린다. 또한 본서의 내용 전반을 꼼꼼하게 바로잡아 주신 한국산업은행의 강경완 부장과. 박진우 부부장, 항공기금융팀 일동, 한영회계법인의 김성진 회계사님께도 심심한 감사를 드리며, 아울러 본서가 세상의 빛을 볼 수 있도록 큰 마음으로 출판 의사를 밝혀주신 박영사의 안상준 대표님과 세밀한 내용을 수정하여 주신 편집부 우석진님께도 진심으로 감사의 말씀을 드린다. 마지막으로 사랑과 헌신, 격려로 항상 용기를 불어넣어 오늘의 저자를 있게 한 어머님과 아내에게 본서를 헌서하고자 한다.

2020년 3월
집무실에서 成洛圭

추 천 사

　코로나19로 항공업계가 흔들린다고 한다. 저비용 항공사들은 벼랑 끝이라고 아우성이다. 그런데도 은행권의 항공기 금융시장에 대한 신뢰는 여전하다고 한다. 미래에셋그룹은 항공기 리스사 설립을 두고 싱가포르 시장을 기웃거리는 중이라고 한다. DHL 미국법인이 빌려 쓰는 항공기에 투자한 상품이 연 6%대 고정수익 증권으로 만들어져 인기리에 팔려나가고 있다. 항공기금융 시장에 연금술사라도 있는 것일까?

　사실 항공기금융은 지구상에 상업용 비행기가 만들어질 때부터 시작되었고, 항공기 제작사들과 그 나라 정부의 강력한 지원하에, 저금리 대출임에도 많은 은행들이 참여하는 인기 상품이었다. 우리나라 항공업이 기지개를 피던 1990년대 초 아직 국제적 신인도가 높지 않은 우리 국적 항공사가 미국으로부터 항공기를 도입하면서 항공기금융을 할 때에도 대출금리가 마이너스 LIBOR 임에도 유수의 외국계 은행이 Syndication에 경쟁적으로 참여하였다. 미국 Tax Lease 제도를 이용해서 그런다고 들었던 기억이 있다.

　궁금하기도 하고 많이 의아했지만 알아볼 곳도 없었고, 찾아볼 책도 자료도 없었다. US-Exim Financing, US FSC Structure, Japan Leveraged Lease 등 생소한 말은 여기저기 들렸지만 정작 그 내용을 체계적으로 설명해 줄 수 있는 것은 어디에도 없었다. 그저 당시 그런 금융을 주선하거나 참여한 정책금융 기관 담당자들과 어울려 얼추 의견을 나누고 정리해 보는 것이 전부였다.

　이제는 우리나라도 11개사 항공사와 853대의 등록 항공기를 보유하게 되었다. 실로 비약적인 발전이다. 국내 항공기금융 시장도 연 2조가 넘어가는 시장으로 규모가 확대되었다. 우리나라 은행과 우리나라 자본이 해외 항공사에 투자하기 시작했다. 항공산업, 항공기금융에 대하여 더 많은 지식과 체계적인 지식이 필요할 때가 되었다.

　이런 때에 바로 이 책이 발간되었다. 약 30년 전 불모의 상황에서 항공기금융에 대해 나와 함께 논하던 저자가 그간의 경험과 모아 두었던 모든 자료를 한 권으로 집대성한 귀한 자료다. 얼마나 반가운지 모른다. 항공기금융 전반을 다룬 최초이자 유일한 책이라 더욱 품고 싶다. 저자의 일터인 산업은행에서의 경험이 녹아 있어 우리나라 항공기금융의 역사가 숨어 있다고도 할 수 있을 것이다.

　저자가 오랜 기간 동안 사업성 분석, Syndication 업무 및 계약서 검토 업무를 직접 담당해서인지, 책의 내용이 매우 정치하고 실무적이다. 국제적 항공기 담보제도의 소개 등 학문적으로도 도움이 되는 부분도 많다. 금융기관에서 항공기금융에 종사하는 실무자는 물론 항공회사의 자금 관련 업무에 종사하는 분 또는 항공산업에 종사하는 모든 분들께 큰 도움이 되리라 믿는다.

　30년 전 마음속에 품은 꿈을 잊지 않고 본서를 발간한 저자에게 그 노고와 열정에 존경과 축하를 보낸다.

2020년 3월 어느 날
법무법인 광장 대표 변호사 **정우영**

차 례

05 항공기금융 주요 검토사항   421

06 국제 항공질서 및 항공자유화의 확산   585

01

항공운송사업

본 장에서는 먼저 항공기금융에 주요한 영향을 미치는 외부적 요소인 항공운송사업과 항공운송동향 등에 대해 알아본다.

1.1 에서는 항공운송사업의 개념과 구분에 대해,

1.2 에서는 항공운송사업 및 항공운송서비스가 다른 산업과 구별되는 주요 특성에 대해 알아본다.

1.3 에서는 항공운송산업이 지나온 주요 발자취를 시대 흐름과 이벤트별로 정리하여 보고,

1.4 에서는 항공운송산업을 움직이는 주요 변동요소와 동향 및 향후 전망 등에 대해 알아보기로 한다.

　　오늘날 항공운송은 가장 빠른 운송수단으로서 국제사회를 살아가는 현대인에게 없어서는 안될 가장 중요한 교통수단으로 자리잡고 있다. 우리는 과거 육상, 해상 등 다른 운송수단으로는 여행이 거의 불가능하였던 먼 지역의 도시들도 비행기로 하루면 도달할 수 있는 일일생활권의 시대에 살고 있다. 여행시간의 단축과 함께 전세계 도시들도 촘촘한 항공노선망으로 연결되어 지구촌이 하나의 사회로 통합하게 된 데에는 항공운송의 역할이 지대한 영향을 미쳤다고 할 수 있다. 그러나 항공운송이 육상 및 해상교통을 넘어 교통혁명의 주역으로 등장한 것은 그 역사가 오래되지 않았다. 인류역사상 최초로 동력에 의한 비행에 성공한 것은 1903년 12월 17일 미국의 라이트형제에 의해서였으며, 현대적 의미의 교통수단으로서 상업항공이 처음 개시된 것도 불과 100여년 전인 1919년 제1차 세계대전이 끝난 후라고 할 수 있다. 항공운송이 이토록 짧은 역사를 가졌음에도 불구하고 다른 교통수단에 비해 비약적인 성장을 이루고, 전세계 정치·경제·사회를 통합하는 중요한 운송수단으로 발전하게 된 데에는 항공기술의 발전, 운임하락에 따른 운송대중화 등과 더불어 다른 운송사업과는 차별화된 항공운송사업만이 갖는 고유의 특성이 있기 때문이다.

　　항공기금융 거래의 토대를 형성하는 기본요소를 살펴보면 분석자의 관점에 따라 여러 가지[1]로 구분할 수 있겠지만 〈그림 1-1〉에서 보는 바와 같이 대략 ① 금융 및 리스구조, 자금유동성 등을 포함하는 금융기법, ② 항공기의 가치 등에 영향을 미치는 항공기 자체와 ③ 항공사의 신용도, 각종 규제 및 거래경제성 등을 포괄하는 항공운송산업의 세 가지로 요약할 수 있을 것이다.

　　그러므로 항공기금융을 체계적으로 이해하려면 항공기금융 담당자는 항공

---

1) 가령 분석자에 따라서는 ① 채무자의 신용도, ② 항공기의 가치, ③ 거래구조의 건전성, ④ 거래의 경제성, ⑤ 계약 및 준거법의 법적 체계로 구분하기도 한다(Ronal Scheinberg).

그림 1-1 항공기금융의 3대 구성 요소

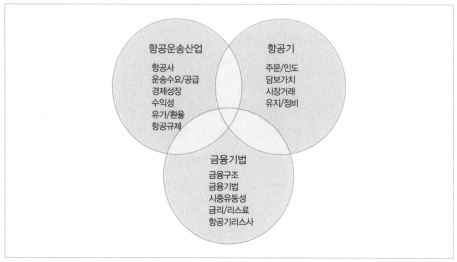

자료: 자체작성.

기금융 구조 및 유효성에 주요한 영향을 미치는 항공기와 함께 외부 환경요인인 항공운송산업에 대해서도 기본적인 이해를 갖추고 있어야 하며, 항공운송관련 시장동향과 변화요인을 항상 예의 주시하고 있어야 한다. 따라서 본 장에서는 항공기금융을 다루기에 앞서 먼저 항공운송사업에 대한 정의와 특성 그리고 항공운송산업의 역사 및 운송동향 등에 대해 개략적으로 살펴보기로 한다.

1) 정의

항공운송산업은 항공기를 이용하여 여객 및 화물을 유상으로 운송하는 산업으로서 한 국가의 핵심적인 사회간접자본을 구성하며 제3차 산업에 속한다.

국내의 항공사업법[2]에서는 항공운송사업을 "타인의 수요에 맞추어 항공기를 사용하여 유상으로 여객이나 화물을 운송하는 사업"이라고 정의하고 이

---

2) 구 항공법이 하나의 법률에 너무 많은 내용을 담고 있어 복잡하고 방대하다는 지적에 따라 2016년 3월 29일 기존의 항공법을 항공사업법, 항공안전법, 공항시설법으로 분할하여 2017년 3월 30일부터 시행하고 있다.

를 국내, 국제 및 소형 항공운송사업으로 구분하고 있다. 한국 표준산업분류에서는 항공운송업을 "항공기 또는 우주선 등에 의하여 정기 또는 부정기로 여객 및 화물을 운송하는 산업활동"으로 정의하고 있다.

항공운송산업은 역사적으로 항공기 성능의 발전에 따라 성장을 함께 하여온 산업임에 따라 산업 초반기에는 항공기를 이용하여 비행하는 전반적인 활동, 즉 항공기의 개발, 제작, 시험비행과 운항 및 운송활동까지 포괄하는 산업을 항공산업(aviation industry)이라는 넓은 개념으로 통용되었으며, 항공운송산업이 별도로 분화되지는 않고 있었다. 당시에는 항공기의 기술적 개발이 더 중요하고 항공운송산업의 수요가 그리 크지 않아 항공운송산업을 별도로 구분할 만큼 실익이 크지는 않았다. 그러나 이후 항공기술이 점차 발달하고 항공기를 통한 운송활동이 크게 확대됨에 따라 두 산업은 별개의 산업으로 나누어지게 되었다. 따라서 오늘날 항공산업은 항공기를 개발하고 제작·생산하는 것과 관련된 항공기산업(aircraft industry)과 그 항공기를 이용하여 여객, 화물, 우편물 등을 운송하는 항공운송산업(air transportation industry)으로 구분하고 있다. 그러나 이는 개념적인 구분일 뿐 실제 항공운송산업이 항공기를 운송수단으로 한다는 점에서 두 산업은 서로 불가분의 관계에 있다고 할 수 있다. 항공운송업은 넓은 의미에서는 개별적으로 운송활동을 하는 일반항공(general aviation)[3]도 포함되나, 일반적인 의미로는 일정한 요건을 갖춘 항공사에 의해 상업적으로 수행되는 일련의 항공운송활동을 지칭한다.

2) 구분

항공운송사업은 사업형태, 운송대상, 운송지역에 따라 다음과 같은 다양한 유형으로 분류할 수 있다. 그러나 실제로는 하나의 사업형태만 수행하는 경우보다는 대부분 복수의 유형을 조합하여 수행하는 경우가 많다.

---

[3] 항공사에 의한 항공운송과 대비되는 개념으로 주로 소형항공기에 의해 이루어지는 모든 항공활동을 지칭한다. 개인용 레저, 일반기업체의 항공활동, 교육훈련, 농약살포, 기상관측, 관광, 기타 특별한 목적의 항공활동이 여기에 포함된다.

(1) 사업형태에 의한 구분: 정기항공운송과 부정기항공운송사업

정기항공운송(Scheduled Revenue Flights)

사전에 공시된 운항시간표에 따라 계획대로 정기적·규칙적·연속적으로 여객 및 화물을 유상으로 운송하는 항공운송사업을 말한다. 정기항공사는 운항시간표를 인쇄하거나 또는 인터넷을 통해 사전에 일반대중에게 이를 배포하고 공시된 운송조건을 규정한 운송약관에 따라 항공기를 운항하여야 하며, 운송수요가 많고 적음이나 경영사정 등을 이유로 운항을 임의로 중단하거나 휴업 또는 노선에서 철수할 수 없다. 대중에게 공개된 개별좌석을 판매하여 탑승률과 수익성을 극대화하여야 하므로 정기항공사는 주로 여행수요가 높은 대도시 위주로 정기노선을 개설하여 취항한다.

이러한 측면에서 정기항공운송은 운항의 정기성, 대중에의 공개성, 운항의 비탄력성, 안정성 등이 특징이며, 특히 공공성이 중요시되기 때문에 정기항공사에 대해서는 국가마다 진입장벽, 사업면허, 사업계획 인가 등 일정한 혜택 또는 엄격한 규제를 적용하는 것이 일반적이다. 통상적으로 항공운송이라고 하면 주로 정기항공운송을 지칭한다.

부정기항공운송(Non-scheduled Revenue Flights)

정기항공운송사업 이외의 항공운송사업을 말하며, 수시 필요로 하는 운송수요에 따라 날짜와 시간을 정하여 운항하는 형태의 운송사업이다. 미리 정해진 노선은 없지만 승객의 수요에 따라 두 지점을 운송하며, 정기항공노선보다는 다양하고 폭넓은 도시와 지역에 취항이 가능하다. 정기항공운송을 위한 항공기의 위치이동(positioning flights)과 경항공기, 헬기 및 기타목적(기술착륙, 훈련비행 등)의 운항은 보통 이의 범주에서 제외된다.

부정기항공은 다시 임시편(extra flight)과 전세기(charter flight)로 나누어진다.

① 임시편

이미 개설되어 있는 정기노선에 계절적 요인 등으로 발생한 초과수요 등을 해소하기 위해 항공기를 임시적으로 공급하는 형태의 노선을 말한다. 예약,

발권, 운송 등 운영절차는 정기편과 동일한 절차에 따라 운용된다.

② 전세기

부정기항공운송의 대표적인 형태[4]로 개념적으로는 전세버스와 유사하다. 계절적 수요나 특수, 긴급운송 등의 필요에 따라 여정을 공유하는 일단의 승객을 대상으로 개별좌석이 아닌 항공기 전체를 임대하는 것이 특징이다. 실무상 계약형태에 따라서는 특정 비행만을 임차할 수도 있고, 도착지와 연계하여 육상교통이 포함될 수도 있으며, 여행사의 여행 패키지상 일부 형태가 될 수도 있다. 전세기는 이용대상 및 목적에 따라 다시 구분하면 크게 개인전세기(private charter)와 정기전세기(public charter)로 나눌수 있다.

개인전세기는 개인 또는 기업이 미팅, 콘퍼런스, VIP 레져 등 주로 사업상의 목적을 위하여 자기부담으로 비행기 전체를 임차하여 승객을 탑승시키거나(single-entity charter) 또는 스포츠팀, 음액팬 등 공동성격의 승객그룹을 대상으로 승객에게 각자 운임을 부담시키는 전세기(affinity charter)형태를 말한다.

반면, 정기전세기는 정기편 개설의 사전단계로 일정기간 동안만 일반승객을 대상으로 운항하여 정기편의 유효성을 점검한다거나 또는 여행사에 노선을 일괄 매각하여 여행사가 승객을 모집한 후에 좌석을 판매하는 형태의 노선을 말한다. 이 정기전세기는 유럽과 북미지역의 시장이 가장 크게 형성되어 있는데, 휴가시즌의 캐리비안지역이나 지중해 유역의 주요 휴양지가 대표적인 운항지역이다. 미국이나 유럽에는 부정기수요에 부응하여 헬기, 제트기, 화물기 등 다양한 형태의 항공기를 갖추고 전문적으로 특화되어 있는 전세기 항공사들을 많이 찾아볼 수 있다.

한편 정기항공사들도 부정기사업을 운용하는 경우가 많은데, 이 경우 주로 유휴 항공기의 활용을 통한 가동률 극대화, 항공사 수입 증대 및 정기편 노선개설을 위한 사전 시장기반 구축, 신시장 개척 등이 주요 목적이라고 할 수 있다.[5]

---

4) 실무에서는 때때로 전세기가 부정기항공운송과 혼용되어 사용되는 경향이 있지만 부정기항공운송이 모두 전세기라고 할 수는 없다.

5) 박혜정·김남선, "항공경영실무", page 21.

전세기항공사는 대도시에 주로 취항하는 정기편에 비해 취항 가능지역이 넓고, 좌석이용률이 매우 높은 만큼 1인당 운임도 상대적으로 저렴한 편에 속한다. 부정기항공운송사업도 공공성이 강한 정기항공운송의 유지나 발전에 영향을 미치는 만큼 각국 정부들은 부정기항공운송에 대해서도 여러 가지 규제조치를 시행하고 있다.

(2) 운송대상에 의한 구분: 여객항공운송, 화물항공운송

여객항공운송(Passenger Flights)

승객인 여객을 운송대상으로 하는 운송사업이다. 여객기(passenger aircraft)를 이용하여 출발공항에서 목적공항까지 탑승 제한자를 제외한 불특정 다수의 승객을 유상으로 운송한다. 여기에는 여객과 관련된 좌석예약, 발권, 탑승수속, 수하물처리, 기내서비스 등 일체의 서비스가 포함된다. 여객항공사는 운송규모나 운항지역, 형태에 따라 다시 부정기항공사(charter airline), 국적항공사(flag carriers), 대형항공사(legacy carriers), 저가항공사(low cost carriers), 지역항공사(regional airline) 등 다양한 유형으로 구분된다.

화물항공운송(Cargo Flights)

화물이 운송대상이며 운송형태로는 크게 세 가지의 방법으로 나누어진다. 여객기에 수하물을 탑재하고 남는 여분의 화물탑재 공간을 이용하여 화물을 운송하는 방법, 대형·다량의 화물수송을 위한 화물전용기(freighter)를 이용하는 방법, 여객과 화물을 동시에 탑재할 수 있는 콤비항공기(combi aircraft)를 이용하여 화물을 운송하는 방법이 그것이다. 여객운송과 비교하여 짧은 수송시간, 편도·반복운송, 높은 정시성, 고운임 및 야행성 등이 특징이며, 해상운송 등 다른 교통수단에 비해 운임이 높아 부피가 작고, 고가인 상품, 신속하고 긴급 수요를 요하는 품목, 신선도를 필요로 하는 품목, 훼손 및 도난의 위험성이 큰 품목 등을 주로 운송한다.

(3) 운송지역에 의한 구분: 국내항공운송, 국제항공운송

국내항공운송(Domestic Flights)

한국가에 등록된 항공사의 항공기가 당해 국가의 영토 내에 있는 두 지점 즉, 국내에 소재한 출발지와 도착지 간을 운항하는 것을 말하며, 항공운송사업 면허(air operator's certificate)를 받은 등록국가의 항공관련법에 의하여 엄격한 규제를 받는다. 그 영토 내에 소재한 공항은 국내공항(domestic airport)이라고 하며, 한 국가 내에 있는 두 지점을 운항한다고 하더라도 그 국가가 아닌 외국에 등록된 항공사에게는 국내선이 아닌 국제선 운항이 된다.

국제항공운송(International Flights)

출발지와 도착지가 서로 다른 나라에 속해 있는 항공운송을 말하며 〈그림 1-2〉에서 보는 바와 같이 출발지와 도착지가 같은 나라에 속해 있더라도 협약에 따라 다른 나라를 경유하는 항공운송 또는 그 나라가 아닌 외국에서 운송사업허가를 보유한 항공사에 의한 항공운송도 이에 포함된다. 국제선은 국가 간 운송을 대상으로 하기 때문에 각국 정부 간 항공협정에 의한 영향을 받는다.

그림 1-2 국내선 및 국제선의 구분 예시

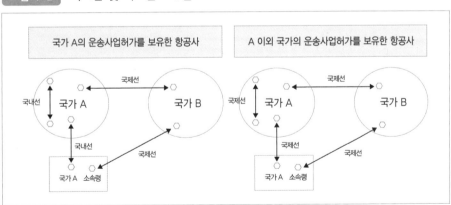

자료: Introduction to Airtransport Statistics, ICAO.

(4) 기타 형태에 의한 구분

공식적인 구분은 아니나 항공기금융과 관련된 문헌이나 뉴스, 거래 등 실무상에서 자주 언급되는 일단의 항공사를 지칭하는 용어로서 다음과 같은 것들이 있다.

국적항공사(Flag Carriers)

좁은 개념으로는 정부가 소유하고 있는 또는 과거에 소유하였던 항공사를 지칭하나 보다 넓은 개념으로는 항공기가 정부에 등록되어 있는, 또는 외장에 국기의 표식을 달고 항공기를 운항하는 항공사 등 한국가의 보호 및 우선적인 혜택이 가능하리라고 예측되는 주력 항공사(main national airline)까지 확대되는 개념이다. 항공운송사업의 높은 자본집약적 특성, 국민생활과 밀접한 공공성, 진입장벽 등 다양한 규제, 국제성과 관련된 자국항공사 이익의 보호, 유사시 정부의 개입 필요성 등이 국적항공사를 낳게 하는 요인들이나 최근에는 전세계 항공사의 민영화, 국제화, 통합화 및 규제완화의 진전 등으로 국적항공사의 개념이 점차 모호해지고 있다.

대형 항공사(Legacy Carriers)

명확한 구분을 짓기는 어려우나 규제완화 후 탄생한 신개념의 저가항공사와 비교하여 오래 전부터 존속하였던 전통적인 대형 여객항공사를 지칭한다. 구체적으로는 미국지역에서 1978년 미국의 항공규제완화 이전부터 주 경계를 넘어 운항하였던 오래된 대형 항공사[6]를 지칭한다. 미국 이외 다른 지역의 항공사는 통상 Legacy Carrier라고 부르지는 않으며, 주로 저가항공사와 비교하여 일등석, 비즈니스석 등을 갖추고 국내선 및 국제선을 운항하며, 공항라운지, 기내식, 기내엔터테인먼트 등 상대적으로 고품질의 서비스를 승객에게 제공하는 것이 특징이다.

---

6) 이 범주에는 American Airlines, Delta Airlines, United Airlines, Alaska Airlines이 포함된다.

저가항공사(Low Cost Carriers)

No-frills, Budget 또는 Discount Carrier 또는 단순히 약칭하여 LCC라고 부르며, 기존의 대형항공사(legacy carriers)에 비해 운항원가의 최소화에 역점을 두어 저비용 수익모델에 의한 낮은 운임을 추구하는 항공사들을 말한다. 저렴한 운임체계에 의해 감소된 수익성은 기내식, 기내엔터테인먼트, 수하물서비스 등에 다양한 종류의 수수료를 부과하여 보완한다. 글로벌 항공규제완화의 결과로 등장한 LCC의 확대는 전세계 항공운송사업 자체를 저비용구조로 변모시켜 기존 항공사들도 체질개선 및 생존을 위해 LCC 사업모델을 채용하는 경우가 증가하여 Full Service를 제공하는 항공사들과의 경계가 점차 모호해지고 있다.

LCC의 저비용 사업모델을 정리하면 다음과 같이 요약할 수 있다.

- 온라인(e-ticket)에 의한 항공권 직접판매 및 항공권 미발급(발권비용 절감)
- 기내서비스(음료, 식사, 영화, Wi-fi 등), Baggage 서비스 유료화(승무원 최소화)
- 두 지점 간 직항노선(point-to-point) 운항(연결·경유에 의한 대기시간·비용 절감)
- 5시간 이내의 단거리 노선, 중소형 항공기, 연료효율이 높은 신형항공기 위주
- 단일기종의 항공기 운용(대량구매시 할인혜택, 부품구입비·정비비·조종사 훈련비용 등 대폭 절감)
- 단일 Economy 좌석으로 구성된 밀집된 좌석배치(single-class)
- 높은 항공기 회전율, 항공기 이착륙시간의 최소화를 통한 좌석공급 확대
- 공항사용료가 저렴한 원격지 외곽공항(2nd, 3rd airport) 이용
- 항공기 유지·정비기능의 외주화(out-sourcing)
- 관광이나 레저여행객이 주요 대상(적재시간이 많이 소요되는 화물운송 제외)

표 1-1 저가항공사와 대형항공사의 수익모델 비교

특징	저가항공사	대형항공사
브랜드	One brand: 저운임	운임과 서비스
요금체계	단순한 요금구조	복잡한 요금구조
티켓판매	주로 On-line	주로 여행사, On-line
탑승수속	Ticket-less	IATA 항공권, Ticket-less
노선	Point-to-point	Interlining, Code-share Alliance
좌석등급	단일등급 좌석(Mono-class)	2~3개 등급
항공기운용	매우 높음	중급 정도(노조협약)
특징	저운임	다양하게 통합된 특징
항공기단	단일기종	다양한 기종
좌석	좁은 좌석	넓은 좌석
고객서비스	General Service	Full Service
운용전략	여객운송에만 집중	화물영업도 포함

자료: 항공서비스경영론(노정철, 김진훈 외).

표 1-2 저가항공사와 대형항공사의 경영관리 비교

	저가항공사	대형항공사
경영문화	빠른 의사결정, 비용절감에 대한 전사적 역량 집중	조직 및 전통에 근거한 의사결정
자산효율성	단일기종 보유를 통한 전체 항공기 보유비용 절감, 높은 항공기가동율, 짧은 항공기 회전시간	다양한 기종, 다소 긴 항공기 회전시간
가격정책	철도, 도로, 신규 주말수요 등 새로운 수요 창출을 위한 차별화된 가격정책, 단순하고 이해하기 쉬운 가격구조 및 소비자의 관심을 끄는 기획성 가격 정책	시장이 수용할 수 있는 수준의 가격 정책 수립, 최대 이익창출을 위한 복잡한 가격 구조
운용효율성	높은 직무 수행능력에 기초한 슬림화된 운항, 비용증가요인에 대한 철저한 관리	운용효율성 제고의지 높으나 다수기종 보유 등으로 상대적 어려움
노동관행	기존 항공사 대비 20~25% 낮은 인건비, 1인당 생산성 향상에 초점	상대적으로 높은 단위당 인건비(엄격한 노무규정 등)
노선구조	주요 도시, 주요 공항이 아닌 부공항 운항, 수익성이 보장되지 않는 노선에 대한 과감한 철수	주요 도시, 주요 공항 위주 운항, 높은 단위 비용에 따른 높은 수익
상품특성	단일 Class 정책 및 높은 좌석밀도, 좌석 배정절차 폐지 및 탑승권 재활용, 부가 서비스 제공 폐지	복수 Class 정책, LCC 대비 상대적으로 다양한 부가서비스
유통채널	인터넷 등 직판위주 판매	기존 예약시스템, 여행사 및 인터넷 등 다양한 판매유통망 혼재

지역항공사(Regional Airlines)

일반 대형항공기로 운항하기에 부적합한 단거리 노선이나 승객규모가 적은 지방 소도시 노선을 운항하는 항공사로, 땅이 넓은 미국, 호주, 중국, 유럽 등지에서 발달한 항공사의 개념이다. 주로 단거리 노선의 운항에 적합한 터보프롭 항공기나 소형제트기를 주로 이용한다. 지역항공사의 형태는 대형항공사의 브랜드에 의해 운항하는 관계회사 형태이거나 또는 독자 브랜드에 의한 독립 항공사의 형태로 운항한다.

(5) 국내 항공사업법에 의한 항공사업 구분

국내 항공사업법은 항공운송사업을 국내 항공운송사업과 국제 항공운송사업으로 구분하고, 국내 · 국제 항공운송사업자가 다시 정기편과 부정기편을 영위할 수 있도록 하고 있다. 2008년 9월 구 항공법(현행 항공사업법)이 개정되기 이전에는 항공운송사업 면허를 정기와 부정기항공운송사업으로 구분하였으나,

그림 1-3 우리나라 항공법 체계 개편

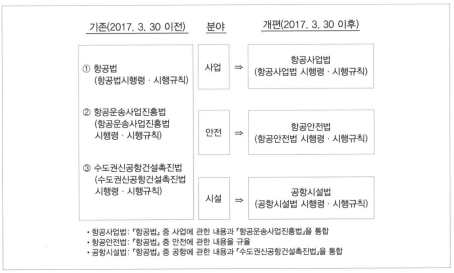

자료: 국토교통부.

이후 국내 또는 국제 운송사업으로 면허체계를 변경하였다.[7] 이는 국내와 국제 항공운송사업이 운항환경이 다르고, 국제협정 등 적용규정 차이로 구분이 필요하며, 정기와 부정기 운항 사업면허가 혼재되어 명확한 구분이 필요하다는 의견이 제기된 데다가 기존 체계로는 높은 면허기준 등으로 저가항공사 등 신규항공사의 시장진입이 어려워 국제경쟁력 확보가 어렵다는 문제제기에 따른 것이다.

국내 항공사업법에서 규정하고 있는 항공운송사업 이외의 항공관련 사업은 다음과 같다.

■ 항공기사용업: 항공운송사업 외에 타인의 수요에 맞추어 항공기를 사용하여 유상으로 농약살포, 건설자재 운반, 사진촬영, 비행훈련 등을 하는 사업
■ 항공기취급업: 항공기에 대한 급유, 항공화물 또는 수하물의 하역과 기타 지상조업을 하는 사업

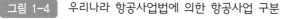

그림 1-4 우리나라 항공사업법에 의한 항공사업 구분

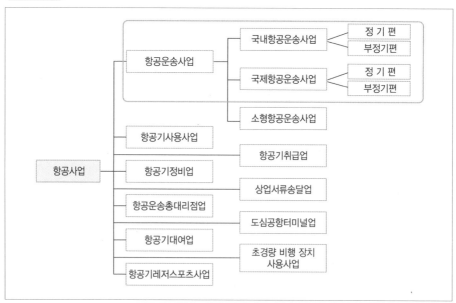

- 항공기정비업: 항공기·부품의 정비, 수리·개조를 하거나 이와 관련된 기술 관리 및 품질관리 등을 지원하는 사업
- 상업서류송달업: 타인의 수요에 응하여 유상으로 수출입 등에 관한 서류와 그에 부수되는 견본품을 항공기를 이용하여 송달하는 사업
- 항공운송총대리점업: 항공운송사업자를 위하여 유상으로 항공기를 이용한 여객 또는 화물의 국제 운송계약 체결을 대리하는 사업
- 도심공항터미널업: 공항구역 외에서 항공여객 및 항공화물의 수송 및 처리에 관한 편의를 제공하기 위하여 이에 필요한 시설을 설치·운영하는 사업
- 항공기대여업: 타인의 수요에 맞추어 유상으로 항공기, 경량항공기 또는 무인비행기를 대여하는 사업(항공레저스포츠 관련 대여업은 제외)
- 초경량비행장치사용사업: 초경량비행장치(무인비행기)를 사용하여 농약살포, 사진촬영, 측량·탐사 등을 하는 사업
- 항공레저스포츠사업: 비행선, 활공기, 경량항공기 등을 이용하여 조종교육, 체험, 경관조망을 목적으로 사람을 태워 비행하는 서비스 사업

1.2 항공운송사업 및 서비스의 특성

육상이나 해상운송이 2차원적인 공간을 이동하는 운송수단인 데 반해, 항공운송은 3차원의 공간을 빠르고 쉽게 이동할 수 있는 매우 특이한 운송수단이다. 항공운송은 다른 운송수단에 비해 역사상 가장 늦게 출발하였으나 단시간 내에 급속도로 성장하여 이제는 어느 국가이든 장거리 국제운송에서 빼놓을 수 없는 대표적인 핵심 운송수단으로 자리잡고 있다.

아래 설명하는 특성들은 항공사 경영, 넓게는 모든 당사자들이 참여하는 항공운송수요 및 공급에 영향을 미칠 뿐만 아니라, 항공기금융이 일반 제조업 여신이나 같은 3차 산업에 속하는 자동차, 철도, 선박금융과도 구별되는 특성을 결정짓게 하는 주요 요인이 된다.

1) 항공운송사업의 특성

(1) 고속성

항공기는 여러 운송수단 중 역사적으로 가장 늦게 출발하였으나 항공기가 갖는 고속성은 오늘날 전세계 주요 도시를 거미줄같이 연결하여 국제운송의 중심에 서게 한 경쟁력의 원천이다. 글로벌화, 재화와 인력의 자유이동 등은 모두 항공기의 높은 이동성과 밀접한 연관이 있으며 항공요금이 다른 교통수단에 비해 비쌈에도 불구하고 운송경쟁력을 갖는 것은 높은 티켓가격을 시간 절약의 이점으로 상쇄시킨 결과라고 할 수 있다. 따라서 항공운송화물도 신속운송에 의해 시간가치를 극대화할 수 있는 핸드폰, 전자부품, 화훼 등 경량, 고가의 물품 위주로 운송이 이루어지고 있다. 이에 비해 해상운송은 비용은 저렴하지만 대량운송 및 긴급을 요하지 않는 원자재 등에 적합한 운송수단이다.

〈표 1-3〉은 주요 운송수단별 특성을 비교한 것이다.

| 표 1-3 | 주요 운송수단별 비교 |

운송수단	항 공	철 도	자동차	해 운
운송화물	중·소량(고가)	대량	중·소량	대량
운송거리	장거리	중·장거리	중·단거리	장거리
운임	비탄력적 (가장 비쌈)	비탄력적 (중거리에 적합)	가장 탄력적 (단거리에 적합)	비교적 비탄력적 (장거리시 가장 저렴)
안 전 성	비교적 높음	높음	낮음	비교적 낮음
기후 영향	많이 받음	전천후 운송수단	조금 받음	많이 받음
일관 운송	어려움	보통	용이	어려움
중량 제한	많음	거의 없음	받음	거의 없음
신속성	가장 빠름	보통	보통	가장 느림
화물의 수취	대단히 불편	불편	가장 편리	대단히 불편

(2) 안전성

항공기는 대형화 및 고속화로 자칫 사고가 발생할 경우 대형 인명참사와 항공사의 이미지 실추 나아가 항공사의 생존에까지 영향을 미칠 수 있으므로 항공사 경영에 있어 안전성의 확보는 최우선의 노력을 기울여야 하는 중요한 사안이다.

항공운송의 안전성은 항공기, 운항노선, 공항진입로 등의 기술적인 원인이나 기상 조건 등 자연적인 원인에 의하여 크게 좌우되기 때문에 항공운송 역사의 초기에는 안전성이 매우 낮았으나 항공기의 성능개량, 이중 안전시스템과 정비능력의 향상, 운항방식의 자동화, 위성을 이용한 통신방식의 도입, 각종 전자장비의 전산화 및 항행 안전시설의 급속한 발달로 오늘날에는 안전성이 크게 향상되었다.

국제민간항공기구(ICAO)의 연간 Safety Report에 따르면 전세계 정기항공사의 항공사고율은 〈표 1-4〉에서 보는 바와 같이 매년 등락을 보이고는 있으나 현저하게 감소하는 추세를 보이고 있다.

표 1-4	세계 정기항공사의 항공기 사고 현황									
	2009	2010	2011	2012	2013	2014	2015	2016	2017	2018
사고건수	102	104	118	98	90	97	92	75	88	98
사망자수	695	768	422	386	173	911	474	182	50	514
사고율[주]	4.1	4.2	4.2	3.1	2.9	3.0	2.8	2.1	2.4	2.6

자료: ICAO Safety Report, 2014 & 2019 Edition.
대상: 최대이륙중량(MTOW) 5,700kg 초과 정기 상업용항공기.
　주: 사고율은 백만 이륙횟수당 사고건수.

(3) 정시성

공표된 운항스케줄에 따라 항공기를 정기적으로 운항하여야 하는 정시성은 항공사 서비스의 기본이자 서비스 품질을 차별화하는 요소로서, 이의 준수여부는 항공사의 이미지와 신뢰성에 영향을 미쳐 여객의 유치 및 운항 수익성에 큰 영향을 미친다. 그러나 항공운송에서의 정시성 확보는 다른 교통수단과 비교할 때 어렵고 저해하는 요인들이 많다. 운항이 결항되거나 지연되는 원인은 상당히 많지만, 크게 구분하면 항공사의 내부요인(항공기정비, 승무원, 기내청소, 수하물적재, 연료주입 지연 등), 기상조건의 악화(폭설, 토네이도, 폭풍, 비행 경로상의 풍속 등), 공항과 항공시스템상 요인(항공교통관제상 필요, 출발공항의 혼잡상황, 공항운영 등), 연결 항공기의 도착지연 및 보안상 필요에 따른 승객의 재탑승 등을 들 수 있다.[8] 정시성을 저해하는 요인 중에는 항공시스템이나 공항상황 등 항공사의 귀책이 아닌 것도 많지만, 승객들은 최종적으로 항공사에 불만을 표시하기 때문에 항공사로서는 프리미엄 승객을 대상으로 한 마케팅 확대에 어려움을 느낄 수 있다. 항공기 지연에 따른 비용도 규모에 따라 차이가 있으나 운항수익중 대략 0.6%~2.9% 정도를 차지[9]하는 만큼 항공회사들은 항공기의 고속성을 이용하여 운항빈도 및 항공운송서비스의 품질을 높이고, 고객들의 신뢰도를 높이기 위하여 최대한 정시운항을 할 수 있도록 노력하고 있다.

---

8) Airline On-time Performance and Causes of Flight Delays, United States Department of Transportation(http://www.rita.dot.gov/bts/help_with_data/aviation/index.html).
9) Punctuality: How Airlines can Improve On-time Performance, Booz·Allen & Hamilton.

(4) 시간절약의 경제성

항공운임은 다른 교통수단에 비해 상당히 높다. 항공운송의 주류라 할 수 있는 국제노선은 물론이고 국내노선의 운임도 자동차, 철도, 선박의 운임보다 일반적으로 높다. 고속철도의 출현으로 여행시간이 단축되면서 항공운송의 주요 경쟁자로 대두되고 있긴 하지만 항공운송의 가장 큰 장점은 뭐니 뭐니해도 높은 속도에 의한 시간의 단축, 즉 항공운송의 시간가치에 있다고 할 수 있다. 선박의 경우 노선마다 차이는 있지만 1회 왕복에 대략 30~60일이 소요되지만 항공기는 지구상 어느 지역이든 아무리 오래 걸려도 30시간 정도면 충분히 도착할 수 있다. 현대사회에 있어서 중요시되는 시간절약의 가치는 항공운송이 다른 운송수단보다 높은 경제성을 갖게 하는 주요 특성이라고 할 수 있다. 그러나 높은 항공요금도 점차 하락하는 추세이다. 그 배경에는 항공운송의 성장이 자리잡고 있으며 항공기의 대형화에 따른 좌석당 비용절감, 연료절약형 항공기의 개발, 글로벌 규제완화에 따른 경쟁심화, 경제성장에 따른 여행수요의 증가 등 많은 요인이 복합적으로 작용한 결과이다. 전세계의 글로벌화를 앞당긴 항공여행의 대중화는 바로 이 항공요금의 하락에 의해 촉발되었다고 할 수 있다.

(5) 서비스의 쾌적성

항공사의 주요 영업수단을 들자면 항공기, 운항노선, 운항서비스의 세 가지로 요약할 수 있다. 그러나 수익발생 자산인 항공기는 항공기 제작회사의 전세계 과점체제로 모델별로 동일하여 항공사마다 차별화가 쉽지 않다. 항공노선이나 공항 또한 대부분 국가 간의 항공협정 등에 따라 결정되는 만큼 쾌적성이야 말로 항공사 특유의 이미지와 특색을 나타내 영업의 차별화를 기할 수 있는 주요 요소라 할 수 있다. 항공운송사업은 제품을 판매하는 것이 아니라 고객이 필요로 하는 서비스를 제공하는 3차 산업에 속하므로 쾌적한 서비스의 제공은 항공사 경쟁력의 척도라고 할 수 있다. 쾌적성의 요소로서는 객실 내의 시설(방음장치, 기압·온도·습도조절, 진동방지, 좌석구조 등), 기내서비스(객실승무원의 친절성, 기내식의 수준, 기내 위락시설, 잡지, 신문 등), 비행자체의 쾌적성 등이 있다. 최근에는 특히 항공기의 제트화 및 대형화로 1만미터 이상의 고고도를 안정적으로 운항하면서 난기류에 의한 동요 등이 적어졌고, 협소한 객실의 폐쇄성도 많이 개선된 편이다.

항공기는 공간과 중량의 제약이 있기 때문에 탑재중량을 줄여 좌석수를 늘리거나 객실 내 다른 편의시설을 늘일 경우 공간성 및 쾌적성을 향상시킬 수 있지만 그 대신 경제성이 손상된다. 따라서 객실 내의 시설설치는 항공기의 기능적 제약이나 경영 측면을 고려하여 결정되어야 할 부분이다. 기내서비스 특히 객실승무원의 숙련되고 친절한 서비스와 기내식의 수준은 항공여행의 즐거움을 향상시키고, 다른 항공사와 이미지를 차별화함으로써 고객의 유치 등 항공수요에 직접적인 영향을 미칠 수 있는 중요한 경쟁력 요소라 할 수 있다.

(6) 운송의 국제성

항공운송은 영업대상, 취항노선, 여객·화물의 이동범위 등이 대부분 다수의 국가와 관련되므로 국제성이 높은 특징이 있다. 우선 국제노선을 개설하려면 양국 간 정부에 의해 항공협정이 체결되어야 하는데 상대 국가의 취항도시, 운항 항공사, 운항회수, 총공급좌석, 취항권(항공의 자유)의 유형 등 대부분의 사항이 항공협정에 따라 결정되며, 항공운임 또한 국제항공운송협회(IATA)의 운임협정을 기초로 하여 책정된다. 따라서 항공운송은 취항 노선의 구체적인 내용, 운임의 결정, 여객·화물의 처리절차, 항공운송인의 책임 등 대부분의 사항이 관계된 국가 내지는 국제기구와의 협의·결정에 의해 이루어지므로 다른 운송수단에 비해서 국제성이 특히 강한 사업이라고 할 수 있다.

(7) 독과점적 산업

항공운송은 독점이나 과점의 경향이 타 산업에 비해 강하게 나타나는 사업이다. 각국 정부는 자국의 항공사가 시장에서 경쟁없이 안정적으로 발전할 수 있도록 각종 우선적인 혜택 및 규제를 실시하여 일정부분 독과점성을 부여하는 경향이 있다. 우선 정부의 면허를 받은 자만이 항공운송사업을 영위할 수 있음에 따라 일정 부분 진입상의 제약이 존재한다. 운송사업 영위에 필요한 막대한 자금소요, 국민생활과 밀접한 연관이 있는 공공성의 특성, 국제노선권의 배분, 자국 항공기의 보호 및 국가이익의 확보 필요성 등이 정부에 의한 다양한 규제 및 개입의 필요성을 설명하는 부분들이다. 자국 항공사에 대한 국가적 보호 및 혜택에 바탕을 두고 통용되는 국적항공사(flag carrier)의 개념은 이러한 항공운송사업의 공공성 및 독과점성을 잘 나타내는 용어라고 할 수 있다.

한편, 독과점성에 따라 진입상 제한도 있지만 역으로 퇴출의 장벽도 높다. 지역, 국가마다 다르나 각국 정부의 자국항공사에 대한 보호 경향, 반독점(Anti-trust) 규제에 따른 타 항공사의 인수합병 제한, 항공제휴(alliance) 확산에 따른 저수익 회원항공사에 대한 지분참여, 제한적인 공항슬롯의 유지 등이 항공사 퇴출을 제한하는 요인들이다.

⑻ 공공성

항공운송사업은 불특정한 일반 대중을 대상으로 하기에 공공성이 특히 강조된다. 대부분의 나라에서는 다른 나라의 영공을 비행하여 국가의 안보에 직결되는 산업이라는 인식에 따라 항공사를 공공기업으로 간주하기도 한다. 이러한 공공성에 따라 항공사업은 운송조건의 사전 공시, 이용자 차별의 금지, 수익의 과다에 관계없는 영업계속의 의무 등이 요구된다. 나라마다 자국 항공운송사업에 대한 사업인가, 노선면허, 운임결정 등 규제내용이 광범위하고 엄격한 이유는 항공운송사업의 이러한 높은 공공성과 안전성의 요구에 기인한다.

⑼ 자본집약 산업

항공운송사업은 다른 서비스사업과 달리 영업에 필요한 항공기의 도입가격이 상당히 고가이고, 격납고, 정비설비, 비행시뮬레이터 등 값비싼 대형설비 등을 구비하여야 하며 일정 수준 이상의 노선을 유지하여야 하는 등 규모의 경제가 필요한 산업이다. 이들 설비를 구입하려면 통상 대출이나 주식발행, 리스 등을 통하여 막대한 자금을 조달하게 되는데 어떠한 조달수단을 택하든 항공사들은 상당한 금융비용을 적기 상환하기 위해 수익을 지속적으로 창출하여야만 한다.

(10) 항공기 공급의 비탄력성

항공운송사업은 수요가 급격히 증가하더라도 항공기 공급을 단기간 내에 증가시키기 어려운 특성이 있다. 항공운송사업은 거액 투하자본이 필요한 대표적인 자본집약 산업인 데다가, 항공기 생산도 고도의 첨단기술과 막대한 개발 및 생산라인 건설자금이 필요하여 전세계 소수의 제작회사만이 주문제작방식에 의해 사업을 영위하여 과점체제를 유지하고 있다. 이에 따라 항공기를 주문한 후에 실제 인도받기까지는 생산라인의 상황에 따라 보통 수년이 소요되는 실정이며, 만약 수년 후 항공기를 인도받는 시점의 경기 및 수익성이 하락하는 국면이 되면 공급과잉으로 항공사 재무에 좋지 않은 영향을 미칠 수 있다. 항공사들이 운용리스를 선호하고 또 항공기 수급상의 리스크를 충분히 감내할 수 있는 항공사들만이 항공기 제작회사에 항공기를 직접 주문할 수 있는 점 또한 이 특성의 영향을 받기 때문이다.

(11) 높은 현금흐름

항공사들은 시간경과에 따라 가치가 감가되는 항공기를 대규모로 보유하여야 하는 속성상 상당한 규모의 현금흐름(순이익+감가상각비)이 발생하며, 이들 현금은 기존 채무를 상환하거나 새로운 항공기를 도입하는 데 주로 사용하게 된다. 만약 이익이나 현금흐름 규모가 감소하게 되면 채무상환이나 신규 항공기의 도입에 어려움을 겪을 수도 있다.

2) 항공운송서비스의 특성

항공사가 판매하는 서비스는 다른 산업에 비해서 독특한 특성을 지니며 이러한 요소들은 항공운송수요와 항공사의 영업 및 재무상황에 상당한 영향을 미친다.

(1) 항공좌석의 소멸성

항공운송상품은 생산과 동시에 소비가 일어나기 때문에 보관할 수도 또 재고로 남겨둘 수도 없다. 항공사의 주력상품인 항공기 좌석(seat)의 상품가치는 예약이 없거나 또는 예약이 있더라도 승객이 탑승하지 않아 빈자리인 채로 출발하면 그 가치는 바로 소멸하여 없어지며, 좌석의 가치는 다음 항공편에서야 비로소 새로운 상품으로 부활하게 된다. 팔리지 않은 빈 좌석은 항공사들의 높은 고정비 속성상 비용만 소진하는 요인으로 항공운임의 인하 경쟁을 촉발하는 주요 요인이 된다. 항공사들이 항공예약시스템을 발전시키고 다른 항공사와의 글로벌제휴 등 공동운항시스템을 확대하고자 하는 것도 이러한 항공좌석의 소멸성을 극복하기 위한 노력의 산물이다.

(2) 품질관리의 어려움

인적 색채가 강한 상품이므로 제조업체의 상품과 달리 품질설계가 불가능하고, 항공기의 운항이 기상조건에 의해 제약을 받을 수 있으므로 상품의 인도를 완전히 보증할 수 없는 경우가 발생한다. 또한 불량품에 대한 대체도 곤란한데, 승객의 입장에서 상품품질에 대한 평가는 여행목적지에 도착한 이후에나 가능하기 때문에 불만이 있더라도 여행을 중도에 중단, 포기하기 어렵고 교환하기도 곤란하다.

(3) 소유권 이전 불가

항공사의 서비스를 이용하는 승객은 항공권을 구입함으로써 상품의 매매가 이루어지지만 일정기간 점유권만 이전되며, 실제로 소유권은 이전되지 않는다.

(4) 자유로운 경쟁

사업 대상지역이 여러 국가에 관련되어 상품 자체가 국경을 드나들고 있지만 수출입 절차나 관세부과 등과 같은 현상이 발생하지 않으므로 비교적 자유로운 경쟁을 수행할 수 있다.

(5) 서비스 상품의 균질화

항공사들마다 동일 구간을 동일한 기종과 거의 동일한 운임으로 운항하게 되므로 서비스의 차별화가 어려운 특성이 있다. 반면, 다른 산업의 경우 브랜드, 품질 및 기술적 차별화에 의해 어느 정도 제품간 차별화가 가능하다. 이에 따라 항공사들은 시장 차별화를 위해 기내서비스, 탑승수속, 예약서비스, 운항의 정시성 등 서비스 우위의 차별적 제공을 통하여 시장점유율을 높이는 전략을 사용하며, 국적 또는 프리미엄 항공사로서의 인지도, 안전성관련 신뢰수준, 노사관계 등 브랜드 인지도와 명성을 높여 소비자의 구매행위에 대한 영향력을 확대코자 노력한다. 그렇다고 특정 항공사의 시장점유율이나 매출규모가 크더라도 수요시장에 대한 영향력이나 가격결정력으로 직접 연결되지는 않으므로[10] 경쟁우위요소에 의해 이를 방어하기도 용이하지 않은 측면이 있다. 특히 경기불황으로 원가절감 필요성이 있을 경우에는 항공사들이 서비스관련 비용을 축소하여 항공사 간 상품차별화가 더욱 어려워지는 특성도 존재한다.

(6) 운송수요의 파생적 특성

항공여행은 그 자체가 목적이 아니라 업무상 출장, 휴가, 스포츠 관전 등 다른 산업의 수요 또는 서비스에 종속되는 이차적이고 파생적인 수요라는 특성이 있다. 따라서 항공운송사업은 계절성이 강하고 경기에 민감하여 수요의 예측이 상대적으로 어려운 특성을 보인다.

(7) 계절성

항공운송수요의 두드러진 특징으로 성수기와 비수기 등 계절성이 뚜렷하게 나타난다는 점이다. 사실 계절적 뿐만 아니라 하루중, 주중에도 변동성이 심하게 나타나는데, 일반상품의 경우 생산 및 공급조절에 의해 어느 정도 극복

---

10) 다만 매출액이나 운용기단, 시장지위가 클수록 공항 등 희소한 인프라에 대한 지배력, 노선 조정 여력 및 항공기 공급력 등 운항의 효율성을 높일 여지가 크고 각종 규제에 대한 대응력도 높다고 할 수 있다.

이 가능하나 항공운송사업은 공급의 탄력성이 결여되어 이러한 계절적 변동성은 고정비와 운항비의 증가 등 단기 채산성을 악화시키는 요인으로 작용한다. 이에 따라 항공사들은 항공운임을 성수기, 특별성수기, 비수기 등으로 나누어 각기 다른 영업전략에 의하여 판매하고 있다.

1.3 항공운송산업의 주요 역사

항공운송산업의 역사는 항공기의 발달과 더불어 시작되었다고 할 수 있다. 항공운송산업의 출발을 어느 시점으로 볼 것인가는 역사적 관점에 따라 달라질 수 있지만 동력에 의한 최초의 비행은 지금부터 불과 110여 년 전인 1903년 12월 17일 미국의 Wright 형제에 의해서라고 할 수 있다. 그 이전에는 공기의 상태에 의존하는 풍선이나 글라이더에 의한 비행이 이루어졌으나 공기보다 무거운 소재에 엔진을 장착하여 하늘을 난 것은 이때가 처음이었다. 그러나 실제 항공기가 현대적 의미의 교통수단으로 사용되기 시작한 시기는 제1차 세계대전 직후라고 할 수 있다.[11] 1919년 독일에서 8명의 승객을 태우고 6천미터 상공을 비행한 것이 상업항공의 시작으로 알려져 있다. 그 이후 불과 100여 년의 짧은 시간에 제트엔진이 개발되고, 초음속여객기인 콩코드기, 점보제트기인 보잉 747기에 이어 최대 800명 이상 탑승이 가능한 A380기 등 다양한 형태의 항공기가 개발되어 운항되고 있다. 항공기의 대형화와 함께 경쟁심화에 따른 항공운임 하락, 항공여행 대중화의 진전 등으로 항공운송시장은 다른 교통수단에 비해 가장 늦게 등장하였지만 아주 짧은 시간에 비약적인 발전을 거듭하고 있으며 이러한 진보는 아직도 진행중에 있다.

항공기금융을 이해하기 위해서는 항공운송산업에 영향을 미친 주요 역사적 사건 등에 대한 고찰도 어느 정도 필요하다는 관점에서 이를 시간의 흐름에 따라 나름대로 정리하여 보면 다음과 같다.

(1) 비행선(Airship)

1903년 라이트형제가 최초로 동력에 의한 비행을 성공하기 이전까지는 뜨

---

11) 노정철·김진훈·최형인, 「항공서비스경영론」, p. 7.

거운 공기를 불어넣는 풍선(balloon) 또는 엔진에 의해 추진력이 발생하지만 수소, 헬륨 등 공기보다 가벼운 가스를 채워 부양하는 비행선(airship)이 주요 수송 역할을 하였다. 대표적인 형태가 1900년 7월 도입된 독일의 Zeppelin LZ1 비행선이다. 길이 128m에 내부를 17개의 가스주머니로 구획하는 금속골격을 배치하여 대형화하였고, 아래에는 승객수송을 위한 알루미늄 곤돌라를 매달아 장거리 비행이 가능하도록 설계하였다. 이후 영국, 프랑스와 스페인 등에서도 유사한 형태의 비행선이 개발되었고, 제1차 세계대전 중에는 적국을 폭격하는 용도로도 사용되었다. 비행선을 사용한 세계 최초의 정기여객 및 화물운송서비스는 1910년 독일의 DELAG사에 의해서였다. 그러나 독일의 Zeppelin 운송사업은 동력항공기 기술이 점차 발전하고 1937년 미국 뉴저지에서 착륙중 폭발하여 36명이 사망한 Hindenburg 비행선 사고를 계기로 안전성 문제가 부각되어 비행선을 이용한 여객 및 화물운송서비스는 이후 급격히 퇴조하게 되었다.

(2) 첫비행

1903년 12월 17일 Wilbur Wright와 Orville Wright 형제는 4년여의 연구개발 끝에 노스캐롤라이나주 키티호크(Kitty Hawk)에서 12마력 가솔린엔진을 장착한 복엽기로 인류 최초의 동력비행에 성공한다. 첫비행은 불과 12초 동안이었지만 공기보다 무거운 소재에 동력을 이용한 최초의 비행이었다. 최초의 항공승객은 1908년 파리교외 초원에서 조종사 Henri Farman과 함께 탑승한 Leon

그림 1-5 1903년 Wright Flyer	그림 1-6 Tampa Bay Seaport(1930년경)

자료: Wikipedia.	자료: History of Air Transportation, Virginia Tech.

Delagrange였다. 한편, 세계 최초의 상업용 정기운송서비스는 1914년 1월 Thomas Benoist에 의해 미국 플로리다에서 시작되었다. Benoist XIV라는 해상에서 이착륙이 가능한 수상정(flyingboat)을 사용하여 육로로는 하루 정도로 돌아가야 하는 Tampa와 St. Petersburgh간 약 30km의 탐파만에 수상정 정기횡단노선을 개설하여 4개월 간 1천명 이상을 수송하였다. 당시 노선의 비행시간은 23분 정도였으며 비행사 이외에 1명의 승객만을 수송할 수 있을 뿐이었다. 그러나 그의 사업은 관광시즌이 종료되고, 강력한 경쟁자인 철도수송의 대두로 인해 그해 4월 사업을 접어야 했다.

(3) 제1차 세계대전

초기의 비행은 신문지상의 헤드라인을 장식하는 일이긴 했으나 대중들은 하늘을 나는 '기계'에 타는 것에 대한 두려움으로 상업용 항공은 매우 더디게 발전하였고 설계 또한 큰 진전이 없었다.[12] 그러나 제1차 세계대전이 발발하자 군용기에 대한 가치가 큰 조명을 받아 연합국 및 독일 정부차원에서의 조직적이고 강력한 지원에 힘입어 항공기 생산이 급격히 증가하고 설계와 생산의 개량이 대폭 이루어지게 되었다. 우선 엔진출력이 눈에 띄게 향상되어 전쟁 이전의 두 배에 달하는 시속 130마일 이상의 속력을 낼 수 있었고, 이에 따라 항공기의 대형화도 가능해졌다. 그러나 모든 항공기 설계 및 생산이 군용기에 집중되다 보니 민간항공부문의 성장에는 여러모로 부정적인 영향을 끼친 전쟁이었다고 할 수 있다.

전쟁이 끝나 대량의 군용 항공기가 남아돌게 되자 수년간 신규생산은 정체되었고 많은 항공기 제작업체들이 파산하였다. 급기야 유럽에서는 전쟁후 파손된 육상교통시스템의 보완 및 상업 항공운송에 대한 정부의 강력한 의지 등이 뒷받침되어 남아도는 유휴 군용기를 민간용 여객기로 개조하여 정기여객 및 우편 항공운송사업이 활발하게 추진되었는데, 이것이 민간 항공운송사업이 본격적으로 발전하는 계기가 되었다고 할 수 있다. 반면에 미국에서는 주요 도

---

12) History of Aviation-First Flights, Avjobs.

시를 가로막는 장애가 별로 없고 철도수송만으로도 항공기와 맞먹는 속도와 편리성이 갖추어져 있어 여객운송보다는 도시 간 우편수송을 중심으로 항공운송사업이 발달하기 시작하였다.

그러나 군용기의 전용만으로는 증가하는 민간항공수요를 충족시키기에는 부족함에 따라 1919년 처음으로 본격적인 민간수송기가 개발되어 정기항로에 투입되었는데, 독일 Junkers사에서 개발된 F-13이 그것이다. F-13기는 동체 전체를 금속으로 제작된 외팔보형 단엽기(cantilever monoplane)로 세계 최초의 밀폐식 객실과 난방시설을 갖춘 4인승 민간수송 전용 항공기였다.

(4) 항공우편운송

미국 정부는 군과 우정성의 합작으로 항공을 이용한 우편수송에 역점을 두어 1918년 5월 워싱턴-필라델피아-뉴욕 간 정기우편수송서비스를 개시하였다. 이어 잉여 군용 항공기를 활용하고자 더욱 먼거리인 대륙횡단서비스로

표 1-5 1900~1920년 주요 항공운송 연대기

1900년	7월	독일 페르디난드 폰 제펠린(Count Ferdinand von Zeppelin) 비행선(Rigid Airship)인 LZ-1호 개발 및 첫 비행 성공
1903년	12월	미국 라이트형제(Wilbur Wright, Orville Wright), 12마력 가솔린엔진 복엽기를 개발하여 노스캐롤라이나주 키티호크(Kitty Hawk)에서 인류최초로 동력비행 성공
1906년	9월	프랑스 산토스뒤몽(Santos Dumont), "14비스(bis)" 동력비행기 개발, 7초동안 60m 비행하는 데 성공, 유럽최초의 동력비행
1909년	11월	독일 DELAG사, Zeppelin 비행선으로 세계 최초 정기 항공운송 개시
1910년	3월	프랑스 앙리 파브르(Henri Fabre), 최초의 수상비행정(seaplane)을 개발하여 비행 성공
1914년	1월	미국 SPT Airboat Line사, 수상비행정으로 Florida주 Tampa-St. Petersburg간(30km) 세계 최초로 정기항공운송 개시(승객 1명 탑승)
1915년	12월	독일 융커스(Junkers), 최초의 금속제 비행기 J-1 첫비행 성공
1918년	3월	오스트리아, 정찰기를 사용하여 비엔나-키예프간 세계최초 정기 우편 비행 개시
1918년	5월	미국 우정성, 워싱턴-필라델피아-뉴욕간 미국 최초의 항공우편 시작
1919년	2월	독일 DLR사, 베를린-바이마르간 정기 우편·여객 운송사업 시작
1919년	2월	프랑스 Farman사, 폭격기를 개조하여 파리-런던간 최초 국제선 취항
1919년	6월	영국 John W. Alcock, Arthur W. Brown, 미국 Newfoundland-아일랜드 Clifden간(3,040km)을 16시간 27분에 비행하여 최초 북대서양 무착륙횡단 비행
1919년	6월	독일 Junkers사, 최초의 금속제 여객기 F-13(4인승) 첫 비행 성공

눈을 돌렸고, 1919년 5월에는 시카고와 클리브랜드 간의 첫구간을 시작으로 1920년 9월에는 전체 항공노선을 완성하였다. 그러나 중간에 록키산맥이 가로막혀 있었고 당시에는 야간비행이 불가능하던 시기라 해가 지면 철도로 화물을 건네주어야 하였다.

(5) 항공 표지등(beacons)

1921년 2월 미국 군은 오하이오주의 Columbus와 Dayton 사이 80마일 거리의 운항노선 지표면을 따라 탑 꼭대기에서 회전하는 표지등을 설치하였다. 그 불빛은 10초 간격으로 비행사의 시야에 포착되어 비로소 야간 항공운항이 가능하게 되었다. 1923년에는 Chicago와 와이오밍주 Cheyenne 간에도 유사한 표지등이 설치됨으로써 야간에도 대륙횡단이 가능하게 되었다. 이에 따라 우편수송시간도 철도운송에 비해 최소 이틀이 절감된 29시간으로 크게 단축되었다.

(6) Kelly Act(Contract Air Mail Act of 1925)

1920년대 중반까지 우편물 수송거리는 연간 2.5백만마일에 달하였다. 항공기에 의한 우편수송의 타당성이 검증되고, 관련 기반시설이 점차 구축되자 미국 정부는 우편물운송서비스를 민간부문으로 이양하고자 하였다. 이에 따라 1925년 일명 Kelly Act라고 불리는 Contract Air Mail Act 1925라는 법이 통과되었다. 이 법은 우편물수송을 민간항공사에게 맡길 수 있는 계약권한을 미 우정성에 부여하는 법인데, 이 법으로 말미암아 미국에서 TWA, Northwest, United 등 민간 항공산업이 태동하는 계기가 된다.

(7) 민간항공사의 설립

1920년대 전후로 프랑스, 영국, 네덜란드, 독일, 스위스 등을 위시한 유럽지역에서 여객운송의 개척자격인 항공사들이 설립되기 시작하였다. 이어 콜롬비아, 일본, 호주, 뉴질랜드, 러시아, 브라질, 미국 등에서도 민간항공사들이 잇따라 설립되어 항공여객서비스가 점차 전세계로 확산되었다. 1919년 설립된 네덜란드 KLM항공은 세계최초의 민간항공사이자, 현존하는 가장 오래된 항공

| 표 1-6 | 세계 주요 항공사 설립 연도 |

- 1920년대

네덜란드 KLM(1919), 콜롬비아 아비앙카(1919), 호주 콴타스(1921), 러시아 아에로플로트(1923), 독일 루프트한자(1926), 브라질항공(1926), 미국 팬암항공(1926), 미국 노스웨스트항공(1927), 칠레 LAN항공(1929)

- 1930년대

미국 트랜스월드항공(1930), 미국 아메리칸항공(1930), 미국 유나이티드항공(1931), 스위스항공(1931), 이집트항공(1932), 에어프랑스(1933), 터키항공(1933), 남아공항공(1934), 영국항공(1935), 필리핀항공(1935), 아일랜드 에어링구스(1936)

- 1940년대

에티오피아항공(1945), 홍콩 캐세이퍼시픽(1946), 파키스탄 오리엔트항공(1946, 파키스탄국제항공의 전신), 대한국민항공(1946, KAL 전신), 말레이항공(1947), 인도네시아 가루다항공(1947), 알제리항공(1947), 이스라엘 엘알항공(1948)

- 1950년대

일본항공(1951), 모로코 Royal Air Maroc 항공(1957)

사이다. 1920년대에는 소규모 항공사들이 난립하여 채산성은 과히 좋지 않았지만 항공운송업의 태동기라고 불릴만 하였다. 경쟁심화의 여파로 소규모 항공사 간의 합병 및 산업합리화가 뒤따랐고 오늘날까지 존속하는 많은 항공사들이 이 시기에 합병되거나 또는 신설되었다. 미국에서는 초기에는 상대적으로 항공우편운송에 치중하여 정기여객운송은 1920년대 후반에 설립된 팬암항공사, 노스웨스트항공을 필두로 1930년대에 이르러서야 발달하기 시작하였다.

(8) Air Commerce Act of 1926

미국 의회는 항공운송의 안전성을 확보하기 위하여 연방차원의 항공운송 표준안 마련을 권고하는 Morrow Board의 의견을 채택하여 1926년 Air Commerce Act를 제정하였다. 이 법은 상무부(Secretary of Commerce)에 노선지정, 항공안전규준 마련, 항공운항시스템 개발, 조종사 및 항공기 인허가, 항공사고 조사 등의 권한을 부여한 법인데, 1925년 Kelly Act에 의해 태동된 민간항공부문을 규제하는 근거법으로서의 역할을 하였다.

(9) 찰스 린드버그의 무착륙 대서양횡단

1927년 5월 21일 젊은 비행사인 Charles Lindbergh가 역사상 최초로 뉴욕에서 파리까지 논스톱 대서양횡단 비행에 성공한다. 비행기는 길이 28피트가 채 안되는 Spirit of St. Louis호였다. 대서양 횡단비행의 성공은 린드버그 개인뿐만 아니라 항공산업에 미친 영향 또한 상당히 컸다. 그는 미국에서 영웅으로 부상하였고, 항공산업은 일반 대중들의 신뢰를 받아 확립된 산업으로서의 입지를 다지게 되어 막대한 투자를 끌어들이는 기폭제가 되었다. 바야흐로 항공시대를 여는 주역이 되었다고 할 수 있다. 그는 장거리 횡단에 필요한 이륙중량의 반이나 되는 450갤론의 연료를 싣기 위해 항법사 없이 단독비행에 도전하였다. 비좁은 조종실에서 피로와 싸우며 하늘의 별을 지표로 아일랜드해안을 거쳐 파리교외에 도착하기까지의 소요시간은 33시간 29분 30초였다.

(10) 항공기 성능의 개선

1930년대에는 항공역사에서 가장 혁신적인 시대라 일컬을 만큼 획기적인 성능개선과 새로운 모델의 출시가 이어졌다. 수냉식이 공냉식 엔진으로 교체되어 항공기의 경량화·대형화·고속화가 가능해졌고, 고도계·속도계·승강계·컴퍼스의 개량 등 조종실 내 장치의 개량이 이루어졌다. 지면에 대한 항공기의 자세를 나타내 시계불량시 비행에 중요한 역할을 하는 인공수평계(artificial horizon)도 이때 도입되었다.

(11) 무선통신(Radio)

항공과 무선통신은 거의 같이 발전하였다고 하여도 과언이 아니다. Guglielmo Marconi가 무선통신을 발명한 이후 제1차 세계대전까지는 지상과 조종사 간에 일부 대화가 가능하고, 전쟁 후에는 지상으로부터 기상정보를 수신하여 조종사가 악천후를 피해 갈 수 있는 수준으로 발전하였다. 그러나 더욱 중요한 발전은 기상악화 등으로 지상의 항법표지등(beacon)이 제 역할을 하지 못했을 때 항법보조시설(navigation aid)로 사용할 수 있으면서부터이다. 기술적인 문제가 해결

그림 1-7 Charles Lindbergh

그림 1-8 초기 Air Traffic Control Center

자료: The Port Authority of New York and New Jersey.

되자 미 상무부는 전국에 83개의 무선신호설비(radio beacon)를 건설하여 1932년부터 운영에 들어갔다. 이 장비는 지상에서 자동으로 무선신호를 경로방향으로 발사하면 조종사가 그 방향을 따라 비행하도록 되어 있다. 이어 공항의 위치를 알려주는 마커비컨(marker beacon)이 설치되었다. 항공기의 이동을 추적하기 위한 최초의 항공관제센터(Air Route Traffic Control Center)는 1935년 미국 뉴저지의 뉴왁공항에 처음 설치되었고, 다음 해에는 시카고와 클리브랜드공항에도 설치되었다. 영국에서는 군용기에 최초로 트랜스폰더(transponder)를 장착하여 시험하였다.

(12) Boeing 247 및 DC-3

1930년대에는 속도, 수송능력 및 장비분야에서 많은 개량이 이루어진 현대적인 항공기가 개발되었다. 보잉사의 B247기와 더글라스사의 DC-3가 대표적이다. B247기는 1933년 제작된 쌍발항공기로 전체가 경질알루미늄의 금속으로 만들어졌고, 세미모노코크구조에 캔틸레버날개, 접어넣을 수 있는 바퀴 등을 채택하여 최초의 현대적인 여객기로 일컬어진다. 그런데 보잉사가 생산능력의 한계로 유나이티드항공에만 60대를 공급하고 다른 항공사들에게는 판매를 거부하자 TWA 등 다른 항공사들은 더글라스사에 B247기와 경쟁이 가능한 기종의 제작을 의뢰하였다. 그러자 더글라스사는 DC-1, DC-2 모델에 이어

그림 1-9 보잉 247기 | 그림 1-10 더글라스 DC-3기

1936년 보다 개량된 근대적 항공기라 할 수 있는 DC-3 기종을 출시하였다. DC-3기는 항공사들에게 본격적인 흑자를 가져다 주고, 안정성과 쾌적성을 동시에 인정받아 일대 혁신을 일으킨 항공기이다. 강화된 알루미늄합금으로 제작된 쌍발 프로펠러기로 DC-2에 비해 기내공간이 50% 가량 확장되었고, 엔진도 기존 710마력에서 1천마력으로 성능이 강화되어 330km의 순항속도를 낼수 있었다. 또한 유압식으로 바퀴를 구동하여 조종사가 이착륙시 수동으로 크랭크를 돌리는 작업에서 해방될 수 있었으며 소음 및 좌석의 진동 저감 등 쾌적성도 한층 향상시킨 모델이다. 동 기종은 군용기로 개량된 C-47모델과 합하면 총 1만 6천대 이상이 생산되었다. 일부 지역에서는 여객·화물운송, 관광, 군용 등의 분야에서 아직도 사용되고 있어 항공 역사상 수명이 가장 긴 항공기로도 기록되고 있다.

(13) Civil Aeronautics Act of 1938

대공황 직후인 1938년 미국의회에서 Civil Aeronautics Act가 통과되었다. 동 법안은 미국 상업항공운송사업의 일관된 발전을 위해 강력한 정책기구를 마련키 위한 것으로 미 의회에서 입안된 항공관련 법안 중 가장 중요한 법안의 하나에 속한다. 이전까지는 정부가 바뀔 때마다 다양한 항공정책을 쏟아내어 항공사들이 이리저리 여러 방향으로 끌려 다녔고, 1934년의 우편법개정으로 항공우편 운송수익이 크게 줄어들어 모든 항공사들이 적자를 보고 있는 형편이었다. 이에 따라 항공업계에서도 장기적이고 체계적인 민간항공부문의 발전을 책임질 독립된 중앙기구의 설립을 희망하였다. 여하튼 이 법에 근거하여

1938년 Bureau of Air Commerce에서 민간항공부문 업무가 분리되어 FAA(미국 연방항공국, Federal Aviation Administration)의 전신인 CAA(Civil Aeronautics Authority)가 설립되었다. CAA는 2년 후인 1940년 항공관제, 항공안전, 항로개척 등을 담당하는 Civil Aeronautics Administration(CAA)와 항공안전 및 항공사 규제, 항공사고 조사 등을 담당하는 민간항공위원회(CAB: Civil Aeronautics Board)로 분리·개편되었다. CAB는 민간항공사들의 신규진입, 운임, 노선 등 대부분의 항공운송 영역을 통제하였다.

이러한 일련의 항공운송 규제시스템이 정비됨에 따라 미국 항공운송사업은 비로소 성장 가도에 올라탈 수 있었다.

(14) 기내 가압(Cabin Pressurization)

보잉 247이나 DC-3기는 공학상 큰 진전을 이룬 항공기이지만 주요한 결점이 있었다. 당시 항공기는 1만피트 이상 상승할 수 없었는데, 그 이유는 그 이상으로 올라가면 승객들이 산소 부족으로 현기증을 느낀다거나 또는 실신하는 일이 많아 항공수요 대중화에 큰 걸림돌이었다. 항공사들도 저고도의 난기류나 폭풍을 피해 높은 고도로 비행하기를 원했다. 그 돌파구는 1940년 기존의 B-17 중폭격기를 변형하여 개발한 보잉사의 Stratoliner 기종에서 이루어졌다. 동 기

표 1-7 1921~1940년 주요 항공운송 연대기

- 1921년 2월 미국 오하이오주 노선망을 따라 항공표지등(beacon) 최초 설치
- 1925년 10월 미국, Kelly Act(Air Mail Act) 통과로 항공우편운송에 민간참여 허용
- 1926년 5월 노르웨이 로알드 아문센(Roald Amundsen), 비행선으로 북극점을 통과하여 알래스카 도착
- 1927년 5월 미국 찰스린드버그(Charles Lindbergh) 단엽기로 뉴욕-파리간 최초의 대서양 단독 무착륙비행 성공(33시간 29분 소요)
- 1929년 10월 항공운송분야 최초 국제협약인 '바르샤바협약' 체결
- 1935년 11월 미국 팬암항공, 세계최초로 태평양횡단(샌프란시스코-마닐라)노선 취항
- 1935년 12월 미국 더글러스(Douglas) DC-3 수송기 첫 비행, 1936년 7월 첫 취항
- 1935년 12월 미국 뉴저지주 Newark 공항에 최초로 항공교통관제센타 설치
- 1937년 5월 독일 LZ-129 힌덴부르그 비행선, 뉴저지 착륙중 공중폭발
- 1938년 6월 미국 Civil Aeronautics Act에 따라 연방항공국(FAA)의 전신인 CAA 설립
- 1939년 8월 독일, 최초의 터보제트기 하인켈(Heinkel) He178 첫 비행 성공

종은 기내가압이 이루어진 최초의 상업용 항공기이다. 항공기의 고도를 높일 때마다 기내에 공기를 불어넣어 저고도 상태의 기압을 유지할 수 있었다. 이 공기 압축기 덕분에 33석의 승객을 태울 수 있는 이 항공기는 난기류를 피해 2만 피트 고도에서 순항하였고 순항속도도 시속 200마일까지 높일 수 있었다.

(15) 제2차 세계대전

1939년 발발한 제2차 세계대전은 항공 및 전쟁의 상호 간에 큰 영향을 미쳤다. 히틀러가 폴란드를 침공할 당시 미국의 수송용 항공기는 대략 300대 정도에 불과했으나, 전쟁말기에는 대부분 전투기와 폭격기이긴 하나 연간 5만대나 생산될 정도로 항공부문이 전쟁과정에 미친 영향은 대단하였다. 마찬가지로 전쟁 또한 항공운송수요 및 항공기술 발전의 기폭제가 됨으로써 민간항공부문에 기여한 부분이 컸다. 전시에는 민간여행이 일부 제한받는 등 지장을 초래하긴 하였으나, 민간항공사들도 군인 및 물자의 수송 등에 적극적으로 관여하였다. 이에 따라 항공운송수요의 저변이 크게 확대되고, 항공기가 대형화하면서 탑재력이 증가하고 항속거리가 향상되어 장거리 비행이 가능하게 되었다. 예컨대 미국에서는 전시물자의 원활한 항공수송을 위해 1942년 공군 항공수송단 (ATC: Air Transport Command)이 발족하여 민간여객기와 승무원을 징발하는 한편, 항공사들과 계약을 체결하여 전세계 각지에 군인을 수송하는 장거리 운송시스템을 도입·운용하였다. 이때 팬암의 풍부한 국제노선 운항경험이 군에 큰 도움이 되었지만 TWA, United 등 다른 항공사들도 대서양, 태평양노선 등 국제노선을 배분받아 국제 장거리운송의 저변이 한층 확대되었다. 이 시기 항공기는 주로 장거리운항이 가능한 시속 350km 이상의 대형기가 주류를 이루었는데, 보잉사의 B-307(1938), B-314(1938), 더글라스사의 DC-3(1936) 등이 대표 기종들이었다.

전쟁 이후에 항공운송산업은 주요 분야에서 괄목할 만한 발전이 이루어졌다. 우선, 전쟁 후 DC-3, C-47기 등 많은 항공기가 남아돌고 발전된 항공기술은 한층 개선된 새로운 개념의 항공기 개발로 이어져 대형, 고속의 장거리 상업용 항공서비스가 전세계로 확대되었다. 전쟁 전 B-29 등에 장거리 폭격이 가능하도록 장착된 네 개의 엔진, 기내 가압기술 등은 미국 더글라스사의 DC-4

(1942), DC-6(1946)와 록히드사의 Constellation(1943) 항공기에도 적용되었다. 탑재량 및 항속거리가 크게 연장되었고, 전후 급격히 증가한 비즈니스 등 항공운송수요에 부응하여 대륙 간 장거리 국제노선서비스가 대폭 확장되었다. 또한 항공운송시장의 공급능력 확대로 신공항, 항공로, 항행안전시설, 항공통신, 기상관측 등 관련 시설이 대대적으로 건설되었고, 레이더·항공관제·통신 등의 기술이 민간부문으로 대거 이전되었다. 이중 전시 개발되어 항공부문에 가장 혁신적인 영향을 미친 기술을 들라면 레이더와 제트엔진을 들 수 있을 것이다.

(16) 제트엔진

가스를 분사하여 추력을 얻는 제트엔진의 이론은 멀리는 18세기까지 거슬러 올라갈 수 있으나, 실용적인 개념으로까지 적용 가능함을 보여준 사람은 영국의 조종사였던 Frank Whittle이다. 그는 1930년 처음으로 제트엔진을 설계하고 1937년 실제로 엔진을 제작 시연해 보기도 하였으나, 당시 상업용으로 이를 적용하는 데는 상당한 무리가 있었다.

제트추진 항공기를 처음으로 제작하여 시연한 국가는 독일이다. 독일의 Hans von Ohain은 Whittle의 작업내용과는 별개로 1939년 세계 최초의 제트기인 Heinkel-178를 제작하여 시연하였다. 그러나 기대에는 완전히 미치지 못하여 구조를 완벽하게 개량하는 데 5년을 더 소비하여야 했으며, 결과적으로 전쟁의 양상을 바꾸기에는 너무 늦은 셈이 되었다.

영국에서는 1941년 Whittle의 개량된 엔진을 장착한 실험용 제트기인 Gloster 28/29가 처음으로 제작되었고, 미국에서는 Whittle의 엔진을 본떠 제작한 전투기인 Bell P-59A가 1942년에 처음으로 만들어졌다.

(17) 레이더

전쟁의 결과 민간항공산업부문에 크나큰 영향을 준 기술은 레이더이다. 전쟁 전 영국과학자들은 적기가 접근하는 것을 탐지하는 장치를 지속적으로 연구한 끝에, 1940년까지 대륙에서 발진하는 독일 전투기를 탐지하는 성능의 무선레이더 라인을 영국 동부해안가에 설치하여 독일군의 공습을 차단하는데

그림 1-11　Heinkel He 178

자료: Military Factory.

그림 1-12　Radar

자료: Wikipedia.

크게 기여하였다. 영국과학자들은 주변환경을 나타내는 지도위에 항공기가 깜박이는 빛 형태로 구현된 음극선오실로스코우프를 개발하였고, 더 나아가 미국은 자국 항공기에 수신기를 장착하여 레이더기지와 교신함으로써, 적군기와 아군기를 식별하는 수준으로까지 발전하였다.

(18) ICAO의 설립 및 항공사의 확산

1944년 미국 시카고에서는 미국의 주도로 국제 항공운송의 안전과 표준마련을 위하여 전세계 52개국 대표들이 참가한 가운데 다자간 국제 민간항공회의가 개최되었다. 이 자리에서는 일명 '시카고협약'이라고 불리는 국제 민간항공협약이 채택되었고, 항공운송의 자유에 관한 '다섯가지 자유협약(Five Freedom Agreement)'이 다자간에 채택되었다. 동 협약을 근거로 1947년에는 세계 항공업계의 정책과 질서를 총괄하는 UN 산하기구로 국제민간항공기구(ICAO)가 설립되었다. 한편 1940~1950년대에는 아시아 및 아프리카지역의 약소국 또는 신생국가에도 항공사들이 많이 설립되었다. 이스라엘 엘알항공(1948), 에티오피아항공(1945), 인도네시아 가루다항공(1947), 모로코 로얄항공(1957) 등 전세계 약소국 및 신생독립국가에서도 많은 항공사가 이 시기에 설립되어 항공운송서비스가 전세계로 확산되는 계기가 되었다.

(19) 미국 항공사의 성장

전후 나타난 현상 중의 하나는 미국 항공사들의 급속한 성장이라 할 수 있다. 미국 항공사들은 전쟁전에는 유럽 항공사들에 비해 뒤쳐졌었으나 전쟁중 발달한 각종 항공기술, 항공운송에 적합한 광대한 영토, 민간항공위원회(CAB: Civil Aeronautics Board) 등을 주축으로 한 연방정부의 적극적인 지원 등에 힘입어 본격적인 성장기를 맞게 된다. 전후 여행제한이 해제되자 항공사들은 폭발적으로 증가하는 여객수요에 부응하기 위하여 많은 항공사들이 국제운송에 참여하였는데, 그중에서도 팬암항공은 전세계 다섯개의 대륙에 서비스를 제공하는 국제항공사로 성장하여 1947년에는 전세계에 항공운송서비스를 제공하는 유일의 단일 항공사로 발돋움하였다.

표 1-8 1940 ~ 1959년까지의 항공운송 연대기

- 1940년 5월 미국, 근대 헬리콥터의 원조인 시콜스키 VS-300 첫 비행 성공
- 1942년 9월 미국, 최초의 여압실 갖춘 고고도 폭격기 보잉 B-29 첫 비행 성공
- 1944년 12월 국제항공질서 도출을 위한 국제민간항공회의를 개최하여 시카고협약 채택
- 1945년 4월 세계 최대 민간항공협력조직인 국제민간항공운송협회(IATA) 설립
- 1946년 3월 대한민국, 최초 항공사인 대한국민항공사(Korean National Airlines) 설립
- 1947년 4월 국제민간항공기구(ICAO) 설립
- 1947년 6월 미국 팬암항공사, 컨스텔레이션(Constellation) 및 DC-4기로 전세계 정기 일주 노선(round-the-world) 첫 취항
- 1949년 7월 영국 최초의 제트여객기 De Haviland의 코메트(Commet 1형) 첫 비행 성공
- 1952년 5월 영국항공(BOAC) 최초의 제트여객기 코메트(Commet) 1형으로 런던-요하네스버그 첫 취항
- 1954년 1월 영국항공(BOAC)의 코메트기 동체피로로 공중폭발 후 동년 4월 또 한 대가 공중 폭발하여 취항 정지됨
- 1956년 5월 소련 최초의 제트수송기 Tu-104, 정기항로 첫 취항
- 1958년 10월 미국 팬암항공, 보잉 B-707 제트여객기로 최초로 대서양노선 첫 취항

(20) 제트시대의 개막

전후에는 항공산업이 급속도로 발전하였는데 상당부분 제트엔진의 발전과 맥을 같이 한다. 초기의 제트엔진은 프로펠러 엔진보다 효율이 좋지 않았으나

1950년대에는 화물, 연락, 특수용도를 제외한 대부분의 군용기에 제트엔진이 장착되었고, 1960년대에는 민간항공기에도 장착되어 본격적인 제트시대를 열기 시작하였다. 영국에서는 1952년 영국항공의 전신인 BOAC(British Overseas Airways Corporation)가 세계최초의 상업용 제트기인 Turbojet 엔진을 장착한 36석의 De Havilland Comet기를 개발하여 런던-요하네스버그 노선에 첫 취항하였다. 1953년에는 다른 국제노선에도 투입하였는데 엔진을 주날개 내부에 배치하고 알루미늄을 사용한 혁신적인 항공기로서 프로펠러기보다 더 빠르고 높이 날며, 조용하여 상업용으로 성공할 수 있는 항공기로서 기대를 모았다. 그러나 1954년 금속피로로 동체가 공중 분해되는 등 일련의 치명적인 사고를 겪으면서 안전문제가 사회적으로 이슈화됨에 따라 갑작스럽게 운항이 중지되었다. 제트항공기를 정기항공서비스에 투입하여 견조한 성과를 거둔 최초의 항공사는 구소련이다. 1956년 Aeroflot 항공사는 투폴레프 TU-104제트 항공기를 모스크바-옴스크-이르쿠츠크 정기노선서비스에 투입하였다. 초기모델의 탑승인원은 50명이며, 제트항공기답게 동 노선에서의 비행시간을 기존의 14시간에서 7시간으로 대폭 단축시켜 승객의 쾌적성을 크게 향상시켰다. 이후 탑승용량이 대폭 증가하고 운영상의 경제성을 향상시킨 보잉사의 B-707(1957), 더글라스사의 DC-8(1958), 록히드사의 CV-880(1959) 터보제트기 등이 지속적으로 제작되어 본격적인 제트항공운송시대를 개막하게 되었다.

(21) Federal Aviation Act of 1958 및 미국 FAA의 설립

제트시대의 개막으로 항공기의 성능은 개선되고, 항공수요가 급격히 증가하여 하늘은 항공기로 붐비게 되었으나 기존의 항공관제시스템으로는 이를 적절히 통제하기가 어려웠다. 급기야 1956년 6월 그랜드캐년의 동쪽 상공에서 TWA항공과 UA항공의 두 항공기가 공중 충돌하여 128명의 승객 전원이 사망하는 참사가 발생하였다. 이 사고를 계기로 항공운송의 안전문제가 심각하게 제기되었고, 미 의회에서는 1958년 기존의 Civil Aeronautics Act를 대신하여 연방항공법(Federal Aviation Act)을 통과시키는 것으로 대응하였다. 이 법안에 근거하여 항공수송의 안전을 책임지는 규제기관으로 연방항공국(FAA: Federal Aviation

Agency)이 설립되었고, 동 기관은 1966년 Federal Aviation Administration으로 개편된다. FAA의 업무는 항공관제(미국 공역통제, 군용·민간항공기의 통제시스템 운용), 민간 항공기의 안전성 향상(항공기 설계, 기체 정비계획, 승무원의 교육훈련), 민간항공기술의 개발지원, 민간 및 국가 우주항공에 관한 기술개발 등을 담당하고 있는데, 항공 운항의 안전성에 관한 규제가 주축 업무를 이루고 있다.

(22) 항공여행의 대중화

1960년대부터 1975년 석유파동이 있기까지는 제트항공기시대가 본격적으로 시작되고 항공운송업이 비약적인 발전을 이룬 시기이다. 대형항공기가 출현하는 등 항공운송력이 획기적으로 증가하고, 원가절감과 항공운임의 저하로 항공여행이 대중화되었다. 그 대표적인 기종은 보잉사의 B-707과 더글라스사의 DC-8이라고 할 수 있다. 보잉사의 첫 제트여객기인 B-707기는 오늘날 보잉사의 명성을 낳게 하여 본격적인 민항시대를 연 항공기라고 할 수 있다. 17,000파운드의 추력을 갖는 4개의 엔진을 장착한 중형 장거리 여객기인 B-707은 시속 970km로 181명의 승객을 수송할 수 있었다. 엔진의 안정성도 우수하고 연료를 가솔린대신 가격이 저렴한 항공유(kerosene)를 사용하여 유지비 절감 등 항공사들에 큰 호평을 받아, 1958년 첫 인도 후 생산이 중단된 1979년까지 총 1천대 이상이 제작되었다.

B-707의 경쟁기종인 더글라스사의 DC-8은 1958년부터 대형 Wide-body 항공기가 개발되면서 생산이 중단된 1972년까지 총 556대가 인도되어 더글라스사를 민간항공기 시장의 강자로 군림케 한 기종이다. 여하튼 이 두 기종은 1960년대 하늘을 지배하여 상업적으로 큰 성공을 가져다 준 기종이라고 할 수 있다.

이외에 소련 투폴레프사의 Tu-104, 프랑스 Sud Aviation사의 Caravelle, 미국 록히드사의 CV-880 등이 속속 개발되었다. 제트기의 취항으로 그때까지 주력기로 사용되었던 DC-7 등 프로펠러기는 지선용으로 전용되었다.

한편, 미국의 경기활황 등 비즈니스수요에 맞추어 회사전용 비즈니스 제트기도 속속 개발되어 미국의 Gruman사는 1958년 19인승의 쌍발 터보프롭

표 1-9	1950 ~ 1980년까지의 항공운송 연대기

- 1958년 8월 미국, Federal Aviation Act에 의거한 연방항공국(FAA) 설립
- 1967년 4월 미국, 항공사고 조사기관인 NTSB(National Transportation Safety Board) 설립
- 1968년 2월 미국 보잉사의 간격 Narrow-body 기종인 B737기 출시
- 1968년 12월 구소련의 초음속 여객기 TU-144기 첫 비행 성공(1983년까지 상업적 운항)
- 1969년 2월 미국 보잉 B-747 점보제트기 첫비행 성공
- 1969년 3월 영불 공동개발 콩코드(Concorde) 초음속 여객기 첫비행 성공
- 1970년 1월 미국 팬암항공의 보잉 B-747 제트기 뉴욕-런던 첫취항
- 1974년 5월 에어버스사 최초 개발 Wide-body 기종인 A300기 서비스 시작
- 1974년 9월 미국 록히드 SR-71 정찰기, 뉴욕-런던간 1시간 55분 42초 비행으로 세계 신기록 수립
- 1976년 7월 미국 록히드 SR-71 정찰기 최고 고도(25천m), 최고 속도(마하 3.3) 돌파
- 1978년 10월 미국 항공규제완화법(Airline Deregulation Act) 제정, 1983년까지 국내노선, 신규서비스, 요금 등 단계적으로 완전 자유화

Gulfstream 1을 개발하였고, Lockheed사는 Jetstar(1961)를, North American사는 Sabreliner(1963), Learjet사는 Learjet-23(1964)을 개발하였다. 영국의 British Aerospace사는 8인승의 BAe-125(1962), 프랑스의 Dassault Aviation사는 Falcon-20(1965)을 개발하여 자가용 항공기 시장에 내 놓았다.

(23) 초음속 여객기

항공기술이 발달하자 초음속 항공기의 가능성에 대한 연구도 진전되었다. 1962년 영국과 프랑스는 순항속도 마하 2.2의 성능을 갖는 Concorde기의 공동 개발협정을 맺어 1969년 첫비행, 1976년 런던-바레인간 상업운항을 개시한 이후, 1979년(퇴역은 2003년)까지 시제품 6대를 포함하여 총 20대가 제작되었다. 콩코드기는 시속 2,400km의 월등한 순항속도로 비행시간을 획기적으로 단축시킬 수 있었지만, 각국의 초음속 돌파시의 충격파(sonic boom)에 대한 규제와 90~110명의 적은 좌석용량에 대한 항공사의 도입 기피 등으로 대량보급에는 실패하였다. 소련도 Tupolev Tu-144를 개발하여 1968년 첫비행을 시작으로 1983년까지 총 16대를 제작하여 상업용 정기항공운송에 투입하였다. 미국도 초음속 여객기의 개발을 시도하였으나 운항의 경제성 및 소음 등 환경오염문제로 1971년 개발을 포기하였다. 따라서 지금까지 상업용 정기항공에 투입되

그림 1-13 Douglas DC-8

그림 1-14 Concorde(초음속 여객기)

자료: Aviation Central.   자료: Wikipedia.

어 운항된 민간 초음속기는 두 기종이 유일하다.

(24) 대형항공기(Wide-bodies)의 등장

기존의 통로가 하나인 Narrow-body 항공기로는 증가하고 있는 항공운송 수요를 충족할 수 없게 되자 1970년대에는 항공기가 점차 대형화하는 방향으로 발전하였다. 기내 통로가 두 개인 최초의 Wide-body 항공기는 일명 점보 제트기로 더 알려진 보잉사의 B747기로, 네 개의 엔진을 탑재하고 동체의 앞 부분이 2층으로 설계되어 총 450명이 탑승 가능한 기종이었다. 1969년에 개발 되어 1970년 미국 팬암항공에 첫 인도된 이후 1,500대 이상이 제작되어 전세 계 항공사에 판매되었다. B747기는 화물운송 측면에서도 약 100톤의 수송력을 갖춰 대형화·장거리화로 항공화물산업의 발전을 개막하는 기종이었고 1980년 대 항공화물의 고도 성장시대를 열었다. 규모의 경제성에 따른 이점에 따라 개 발된 또 다른 대형기는 1970년 도입된 맥도널더글러스사의 DC-10기이며, 양 날개에 2개, 수직꼬리날개에 1개 등 3개의 엔진이 장착된 것이 특징으로 380명 을 수송할 수 있었다. 마찬가지로 같은 해에 3개의 엔진을 장착한 록히드사의 L-1011 Tristar가 출시되었고, 1971년에는 보잉의 경쟁사인 유럽 에어버스사에 서 개발된 최초기종인 중단거리용 쌍발 A-300기가 개발되어 출시되었다. 대 형 Wide-body 항공기는 대량승객의 장거리 수송으로 단위당 운영비용을 크 게 절감할 수 있어 경제성 및 효율성 측면에서 전세계 항공사의 큰 호응을 얻

그림 1-15 Boeing 747-400

자료: Boeing.

그림 1-16 Airbus A300-600

자료: Airbus.

었으며, 전세계 장거리 항공여행의 대중화를 촉진시키는 계기가 되었다.

(25) 유가파동과 항공산업 규제완화 요구

아랍·이스라엘간 중동전쟁 및 아랍산유국들의 석유무기화로 촉발된 1974 년의 오일쇼크는 항공사들에게 혹독한 시련을 안겨주었다. 연료비가 폭등하자 운임이 상승하였고, 당시 Wide-body 대형항공기의 투입으로 많은 노선에서 나타난 공급과잉 현상 및 전세계적인 경기침체로 항공사들이 많은 어려움을 겪었다. 이 위기를 타개하기 위하여 당시 미국 민간항공위원회(CAB)는 적정 수 익성 확보를 위하여 항공사들에게 운임인상을 허용하고, 신규서비스 인가를 4 년간 금지하는 한편, 항공사들이 자발적으로 주요 노선의 공급과잉을 축소할 수 있도록 허용하였다. 이러한 조치는 항공요금의 인상과 항공여행의 위축을 불러와 국민들의 인기를 받지 못하였다. 더구나 항공사들의 공급축소와 운임인 상에도 불구하고 항공사들의 재무상황은 더욱 악화되고 있었다.

이러한 환경변화에 따라 1974년 미국의 포드 행정부는 항공산업의 경쟁을 제약하는 규제를 풀게 되면 항공요금이 떨어져 물가상승을 촉발하는 요소가 해소되고, 소비자들의 이익이 증가할 것임을 들어 규제완화를 압박하였다. 이 어 1977년 CAB(Civil Aeronautics Board)의 의장이자 경제학자인 Alfred Kahn은 항 공사들의 자유로운 항공운임 책정과 노선의 선택을 용이하게 할 수 있도록 그 동안 항공사 통제와 규제의 주체이었던 CAB의 권한을 완전하게 축소하여야 한다고 역설하여 대폭적인 규제완화가 실현될 수 있는 분위기가 형성되었다.

(26) 항공규제완화법(Airline Deregulation Act of 1978)

항공산업은 1978년 항공규제완화법이 통과되는 시점을 기준으로 상당한 변화를 맞이한다. 항공규제법이 시행된 1938년부터 1978년까지 CAB는 항공산업을 공적대상으로 보고 항공사의 노선, 스케줄, 운임을 일일이 결정하였으며 항공사의 신규진입을 통제하였다. 당시 항공사 간에 경쟁이 가능한 분야는 서비스에만 국한되었다. 항공산업구조는 경직되었고 새로운 경쟁이 거의 허용되지 않는 독점체제적인 구조를 지녔다. 반면 오늘날은 항공가격과 서비스수준이 시장수요에 의해 자유롭게 결정되는 완전한 시장형 체제로 변모되어 있다.

역사적인 미국의 항공산업규제 완화조치는 두 단계로 이루어졌다. 1977년 11월 먼저 항공화물에 대한 규제완화가 이루어졌고, 1978년 10월에는 항공여객에 대한 자유경쟁 원칙을 도입한 항공규제완화법(Airline Deregulation Act)이 의회에 의해 채택되었다. 항공화물산업의 규제완화도 극적인 결과를 낳았지만 특히 미국 항공택배산업의 발달에 끼친 영향은 괄목할 만하다. 이후 10년간 항공택배산업의 성장은 이 규제완화 조치와 더불어 본격적으로 문을 열었다고 해도 과언이 아니다. 항공여객운송에 대한 규제완화는 1983년 1월까지 국내노선, 신규서비스, 요금 순으로 단계적으로 완전자유화가 이루어졌다. 규제완화 조치로 그동안 항공운송산업에 대한 규제를 담당하던 CAB는 기능을 상실하여, 국제 항공정책과 국내외 항공사 간 국제교섭에 관한 업무를 교통부(Department of Transportation)로 이관한 후 1984년 해체되었다. 한편 국내노선과 요금은 자유화되었으나 국제 취항노선과 항공편의 횟수, 요금 등은 여전히 양국 간 협정에 의해 규율되고 있어 미국은 국제 항공시장도 자유화하는 데 역점을 두어 1990년대 이후 각국과 'Open-sky 협정'을 체결하는데 주력하였다. 또한 규제완화로 항공서비스가 중단될 수도 있는 지방 소규모 도시의 비수익성 노선을 보호하기 위해 EAS(Essential Air Service)에 의한 정부보조금제도가 운영되고 있다.

규제완화에 따른 영향은 상당하다. 항공사들은 시장확장을 위해 치열한 경쟁이 불가피하게 되었고, 공급과잉 노선이 속출하였으며 급격하고 무질서한 변화가 발생하게 되었다. 값비싼 항공기의 도입 및 지속적인 유가상승으로 항공사들은 이윤획득이 어려운 환경에 직면하여 항공사마다 다양한 원가절감 노력이 이루어졌다. 서비스의 품질도 전반적으로 하락하였다. 반면, 항공요금이 지속적으로 하락하면서 항공여행수요가 일반대중으로까지 확산되어 항공사수가 급격히 증가하고 저가항공사가 등장하여 시장점유율을 계속 높여가고 있으며, 증가하는 항공수요에 따라 다양한 형태의 연료절감형 항공기가 개발되고 있다.

규제완화 이후 세계 항공산업에 미친 영향을 열거해 보면 ① Hub and Spoke Network의 발달, ② 저가항공사(LCC) 및 신규 항공사의 증가, ③ 항공사 간 시장경쟁 심화, ④ 경제성을 강조한 다양한 항공기의 개발, ⑤ 항공요금의 인하 및 항공여행수요의 증가, ⑥ Frequent Flyer Program, 컴퓨터예약시스템의 발달, ⑦ 항공사 간 코드셰어의 확산 등으로 요약할 수 있을 것이다.

(27) 연료절감형 항공기의 개발

초음속기인 콩코드기의 등장 이후 약 40년간 민간항공기의 설계와 구조측면에서 획기적으로 성능이 개선된 항공기는 별로 없었다. 수많은 모델이 개발되었지만 기존 항공기를 변형하여 응용하는 수준에서 그쳤다고 볼 수 있다. 전 세계 항공수요는 항공여행수요의 확대에 따라 꾸준히 증가하여 왔다. 그러나 규제완화로 항공사 간 경쟁이 치열해지고 유가상승으로 원가절감이 항공사 이윤확보의 관건으로 대두되면서 항공기도 경량화, 공기역학적 설계, 연비향상, 항속거리 연장, 대형화, 모델의 다양화 등 기존 성능을 개량하는 방향으로 개발이 이루어졌다. 항공사들이 항공기를 선택할 때 경제적 효율성을 보다 중시한 이유에서였다. 항공기 제작사들도 미·소 간 군사경쟁이 중단되어 정부가 직접적인 투자를 축소하자 막대한 개발재원을 확보하기가 점차 어려워졌다. 항공기는 수많은 부품과 이를 제작하는 다수의 하청업체로 구성되어 복잡하고, 신형모델 개발에 수년이 소요되는 데다, 경쟁도 치열하여 향후 시장을 잘못 판단하였을 경우 리스크도 상당히 크다. 이런 추세에 따라 최근 항공기의 개발에는 다국적기업들이 투자하고 부품을 공동제작하는 경우가 늘어나고 있다.

| 표 1-10 | 보잉, 에어버스사의 항공기 생산 및 개발 |

Boeing 기종			Airbus 기종		
모델명	좌석수	첫비행	모델명	좌석수	첫비행
B707	137-190	1957. 12. 20	A300	228-254	1972. 10. 28
B737	85-215	1967. 4. 9	A310	187	1982. 4. 3
B747	467-605	1969. 2. 9	A318	107	2002. 1. 15
B757	200-280	1982. 2. 19	A319	124	1995. 8. 25
B767	180-375	1981. 9. 26	A320	150	1987. 2. 22
B777	301-550	1994. 6. 12	A321	185	1993. 3. 11
B787	210-330	2009. 12. 15	A330	246-300	1992. 11. 2
			A340	239-380	1991. 10. 25
			A350	270-350	2013. 6. 14
			A380	555	2005. 4. 27

자료: 보잉, 에어버스사 홈페이지.

몇 가지의 항공기를 대표적으로 소개하면 1994년에 출시된 보잉사의 B777기종은 실물모형(mock-up) 없이 최초로 컴퓨터로 디자인되고, 디지털방식인 Fly-Wire-System[13])에 의해 조정되는 쌍발엔진을 장착한 Wide-body 항공기이다. 향후 항공시장이 두 도시 간 직항수요를 중심으로 발전할 것으로 보고 전략적으로 개발된 B787기는 연료효율성 향상을 주안점으로 개발된 기종이다. 금속대신 탄소복합소재를 다량 사용하여 기체를 경량화하고 추력이 향상된 엔진을 사용하여 연비를 향상시킨 것이 특징으로 2011년 첫 인도되었다. 2007년에 도입된 에어버스사의 A380기종은 Hub-to-Hub 도시 간 대량수송을 목표로 좌석 용량을 표준 550석, 최대 853석까지 늘린 전체 복층으로 구성된 현존 최대규모의 항공기로 마찬가지로 탄소복합소재, 저소음 엔진을 채택하여 경제성, 효율성을 강화시킨 기종이다.

13) 항공기의 조종을 기계나 힘에 의해서가 아닌 전기신호와 컴퓨터를 통해 조종하는 방식. 조종간의 움직임을 전기신호로 변환하여 각 제어 컴퓨터로 보내면 이에 연결된 각종 유압장치 등에 의해 항공기가 조종되는 시스템을 말한다.

(28) Hub & Spoke 노선망의 발전

1978년 미국의 규제완화 후 빠르게 도입되어 전세계적으로 확산된 노선망의 개념이 Hub & Spoke이다. Hub & Spoke는 1955년 미국의 델타항공이 조지아주 애틀랜타를 Hub 공항으로 설정하여 처음 도입한 노선망으로, 이후 1970년대 택배 항공사인 Federal Express가 신속하고 효율적인 물류배송을 위하여 혁신적으로 채택한 노선개념이다. 이는 직항노선(point-to-point)과 대응되는 개념으로 〈그림 1-17〉에서 보는 바와 같이 자전거 바퀴살(spoke)이 중심축(hub)으로 모이는 것처럼 항공사가 교통량이 많은 중심 거점공항을 선정하고, 그 거점에 모인 승객들을 다시 분산된 최종 목적지로 보내는 방식을 말한다. 이 방식은 미국에서의 규제완화 후 신규진입 확대 등 항공사 간 경쟁이 심화되자 선발 항공사들이 저수익성을 극복하기 위한 방편으로서 대폭 채택된 노선개념으로, 항공사들은 이 방식의 도입으로 다양한 항공기의 효율적 활용, 승객 탑승률의 향상, 운항 비행편수의 축소 등을 통한 수익 및 비용절감효과를 거둘 수 있었다. 소비자들도 Hub 공항을 중심으로 Spoke 지선이 점차 확장되고, 지역 항공사 및 저가 항공사들과 연계한 마케팅전략이 확산됨에 따라 항공사 선택폭이 확대되어 전체 항공수요가 증대되는 효과를 얻을 수 있게 되었다.

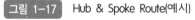 **그림 1-17** Hub & Spoke Route(예시)

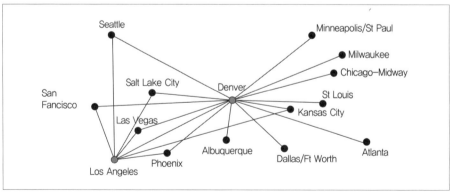

자료: Wikipedia.

표 1-11	미 항공사의 주요 Hub 공항

항공사	주요 Hub
UA	Chicago–O'Hare, Houston, Newark, Denver, San Francisco, Washington Dulles, Los Angeles
Delta	Atlanta, Minneapolis, Detroit, John. F. Kennedy, Salt Lake City, Los Angeles, LaGuardia, Seattle–Tacoma
AA	Dallas/Fort Worth, Charlotte/Douglas, Miami, Chicago–O'Hare, Philadelphia, Phoenix, Los Angeles, Washington Reagan

자료: http://www.anna.aero, Wikipedia.

(29) EU 역내의 항공자유화

1987년부터 1992년까지 유럽 EU는 항공운송과 관련하여 총 세 차례에 걸친 단계적 자유화를 단행한다. 이로써 그 이전에는 각 회원국 정부에 의해 엄

표 1-12	EU의 단계별 항공자유화 조치

	1987년 이전	1차 Package	2차 Package	3차 Package
채택		1987. 12. 14	1990. 7. 24	1992. 7. 23
발효		1988. 1. 1	1991. 1. 1	1993. 1. 1
제3자유/제4자유	50/50	55/45 또는 40/60	60/40~75/25	완전자유화
제5자유[14]	금지	노선 공급석의 29%까지 허용	50%까지 확대	완전자유화
국제선 Double Tracking[15]	금지	양국 중 한 국가가 승인하면 가능		가능
카보타지	금지	금지		허용
국제선요금	양국승인	할인요금 승인체제	확대 적용시 승인체제	완전자유화

자료: 서정욱, EU의 항공자유화와 시사점, 나라경제 2005년 2월호.

---

14) (제5자유) 자국 항공사가 제3국을 경유하면서 상대국과 제3국 간에 여객이나 화물을 운송할 수 있는 권리.

15) (국제선 Double Tracking) 하나의 노선에 여러 항공사가 복수 취항하는 것을 의미.

격히 통제되어 각기 다른 체제로 분할되어 있던 역내 항공운송시장이 하나로 통합되어 유럽 단일 항공시장이 열리는 계기를 마련한다. 자유화 조치의 결과로 역내 항공요금은 최종적으로 완전 자유화가 이루어지고 정부보조금이 금지되었으며, 항공운송권도 제3, 4, 5자유뿐만 아니라 가장 민감한 의제였던 카보타지(cabotage) 권리도 가장 마지막 단계인 제9자유까지 완전히 허용되었다. 카보타지란 외국 항공사에게 국내선 구간을 운항할 수 있도록 허용하는 하늘의 자유개념으로, 이후 EU 회원국가의 항공사들은 상대국 내 어느 구간이든 자유롭게 운항할 수 있는 권리를 확보할 수 있게 되었다. 이와 같은 규제완화의 결과로 대외적인 운송협상권 측면에서도 유럽 항공시장은 기존의 회원국 정부가 주도하는 양자 간 협약에서 EU가 주도하는 다자간 협약으로 변모하게 되었다.

(30) 2001년 9/11 테러

2001년 9월 11일 이슬람 테러단체가 4대의 여객기를 납치하여 발생시킨 9/11 테러사건은 미국뿐만 아니라 전세계 항공역사를 크게 뒤바꾼 사건이었다. 이로 인해 뉴욕의 110층짜리 세계무역센터(WTC) 쌍둥이 빌딩이 붕괴되었고, 버지니아주 알링턴의 미국 국방부 펜타곤건물이 공격받아 일부 파괴되었으며, 인명 피해규모도 뉴욕, 워싱턴 DC, 펜실베이니아 일원에서 약 2,976명(납치범 19명 제외)의 사망자와 최소 6,261천명의 부상자가 발생하였다. 이 사건으로 미국은 테러와의 전쟁을 선포해 같은 해 아프가니스탄전쟁과, 2년 후인 2003년 3월에는 이라크전쟁이 발발하여 20일만에 이라크정부가 함락되었다.

9/11 사건이 항공업계에 끼친 영향은 제트시대의 도래 이후 가장 충격적인 것이었다. 테러가 발생하자 미국 공역에 출입하는 모든 국제선 항공기의 운항이 3일간 정지되어 미국 공역이 사실상 폐쇄되었다. 미국 공항의 항공관제건수는 사건 전일 38,047회에서 9월 12일에는 252건으로 대폭 감소[16]하였으며 일주일 후에야 예전수준으로 회복될 수 있었다. 여객운송수요 및 항공사의 수익성도 당시 진행된 글로벌경기의 하강 국면과 맞물려 급속하게 악화되었다.

---

16) The impact of September 11, 2001 on aviation, IATA(http://www.iata.org).

승객들의 항공기 탑승 기피에 따른 수요 감소현상은 2003년에 가서야 회복할 수 있었으며, 미국 및 전세계 항공사들이 입은 재무적 손실액도 2006~2007년에 가서야 흑자로 반전될 수 있었다. 이에 따라 많은 항공사들이 파산하거나 구조조정을 겪었다. Sabena(2001), Swissair(2002), Ansett Australia(2002) 항공 등이 파산하였고, 2002년부터 2005년까지 Delta, United Air, Northwest, US Airways 등 미국의 메이저 항공사들이 줄지어 미국 법정에 파산보호(Chapter 11)를 신청하였다. 항공 책임보험부문에 대한 충격도 상당히 컸다. 이 사건에 의한 보험손해액은 2009년 달러화기준으로 U$394억[17]이라는 보험 역사상 가장 큰 규모로, 모든 보험사들이 곧바로 기존의 전쟁책임 보험을 전격 해지함에 따라 당시 전체 항공산업이 정지될 위기에 처하였다. 이 사태를 타개하기 위해 미국 의회는 동년 9월 'Air Transportation Safety and System Stabilization Act'와, 2002년 'Terrorism Risk Insurance Act'를 통과시켜 미국 연방정부가 보험사 또는 재보험사의 역할을 수행하여 일정 규모 이상의 테러손실에 대해 민간 보험사와 공동으로 분담하여 지원토록 하는 조치를 취하였다.

(31) 저가항공사(Low Cost Carrier)의 성장

미국과 유럽의 규제완화 이후 새로운 운항서비스 개념인 저가항공이 급속도로 확산되었다. 일례로 이전에는 미국 텍사스주에서만 운항이 허용되어 직항 위주의 소규모 지역항공사에 불과하였던 Southwest항공은 당시는 예측하지 못했지만 현재는 미국 최대의 항공사 중 하나로 성장해 있다. 저가항공개념은 연료효율이 높고, 유지비용이 적은 단일기종의 신형항공기를 사용하여 주로 5시간 이내의 단거리 직항노선 운항, 기내서비스 유료화, 온라인을 이용한 항공권 판매, 항공기 유지·보수의 외주전환, 이·착륙료가 저렴한 도시 외곽공항 이용 등 부수비용 절감을 통하여 저운임을 실현시킨 새로운 개념의 서비스를 말한다. 미국 Southwest 항공의 이러한 독특한 영업전략은 후에 유럽 EU회원국 간의 운송권이 전면 자유화됨을 계기로 유럽지역으로 수출되어 EasyJet, Ryanair,

---

17) Terrorism and Insurance: 13 Years after 9/11 the threat of terrorist attach remains real, 2014. 9.

Go, Buzz 등 저가 항공개념을 채택한 많은 항공사들을 탄생시켰고, 이어 동남
아시아를 필두로 하는 Emerging Market 등 전세계로 확산되어 운임하락에 따
른 소비자들의 선택권을 넓혀 전세계 여행수요를 보다 확대시키는 기폭제가
되었다.

1.4 항공운송산업 동향 개관

상업용 항공기와 관련된 모든 시장참여 당사자들이 관심을 갖고 상당한 역량을 집중하여 트렌드를 파악하고자 하는 공통적인 분야가 있다. 그것은 그들의 영업 외부환경을 구성하는 펀더멘털이라 할 수 있는 항공운송동향과 전망에 관한 부분으로, 항공운송시장에 관한 트렌드는 각 참여 당사자의 개별거래, 예컨데 항공기 제작사의 항공기 개발과 생산, 항공사의 운항노선 결정, 보유기종에 대한 전략수립, 항공기 리스사의 리스조건 협의, 항공기 정비회사의 정비수준 등 각 참여 당사자의 의사결정에 주요한 영향을 미친다. 항공기금융을 공여하는 금융기관들도 항공운송산업의 트렌드를 항상 점검하여야 하는 필요성에서는 다른 당사자들과 다르지 않다. 대출금액, 대출기간, 채무자의 신용도분석, 자산가치 등에 대한 심사분석 등 모든 항목이 외부 시장환경의 변동에 따라 조건이 달라질 수 있다.

이렇듯 항공운송동향과 전망에 관한 주제는 모든 당사자들의 공통적인 관심사인 이유로 많은 기관들이 이와 관련된 동향자료들을 정기 또는 수시로 발표하고 있으며, 항공기금융과 관련하여 정기적으로 개최되는 글로벌 세미나, 포럼 등을 통하여 시장의 움직임에 대한 토의 및 의견교환이 활발하게 이루어지고 있다.

항공운송사업은 수많은 매개변수로 인해 파악이 어렵고 또 복잡하지만 주요 구성요소별로 장기간의 트렌드와 이에 수반된 경제성 등을 분석하여 보고자 한다.

1) 항공운송산업의 사이클

항공운송산업은 다른 산업에 비해 사이클 속성이 특히 강하게 나타나는

산업으로 연도별, 계절별 뿐만 아니라 일별, 월별로도 성수기, 비수기가 교대로
반복되는 특성을 보인다. 혹자는 호황과 불황이 지속적으로 반복되는 경향을
빗대어 항공운송산업을 롤러코스터에 비유하기도 한다. 항공사의 수익성 또한
사이클 변동에 따라 기복이 심한 패턴을 보인다.

(1) 사이클의 주기

관점과 사용하는 지표에 따라 다르나 항공운송업계에서는 정점(peak)과 정
점을 기준으로 대략 10년 정도를 통상적인 주기로 보고 있다. 가령 상승국면이
7년이면, 하락은 3년 정도 지속되는 것이 일반적이라고 할 수 있으나[18] 최근에
는 그 주기가 점차 단기화, 명확화하는 경향을 보여 2010년 이전에는 대략 12
년 정도의 주기이나, 이후에는 5~7년 정도로 점차 짧아지는 추세에 있다. 〈그

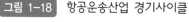

그림 1-18 항공운송산업 경기사이클

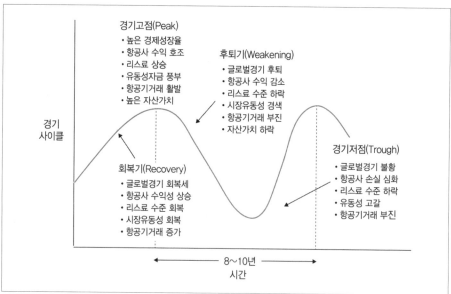

자료: Dick Forsberg, Aircraft as Investments.

18) Chris Tarry, Great Expectations: The Importance of adapting the industry's view to a
changed environment, IATA, 2017. 11.

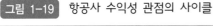

그림 1-19 항공사 수익성 관점의 사이클

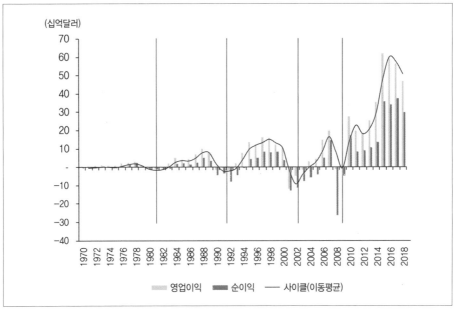

자료: IATA, ICAO.

림 1-19〉는 전세계 항공사의 수익성 관점에서 사이클 주기를 분석하여 본 것이다. 이와 같이 사이클 주기가 점차 단기화하는 배경은 과거에는 정부가 가격, 노선, 신규진입 등 주요 운항요소들을 규제하여 사이클 변동성이 그리 크지 않았으나, 규제완화 이후에는 점차 항공사 간의 경쟁심화, 항공여행 대중화, 글로벌화 확산 등에 따라 경기변동이나 각종 외인성 충격 등이 커져 사이클 주기를 단축시키는 데 영향을 미친 것으로 보인다.

(2) 사이클 변동 요인

항공운송산업 사이클의 결정요소는 각 지표들이 독립적으로 작용하기도 하지만 상호 영향을 미쳐 복합적이며, 시장에 따라서는 예측과 달리 반응하기도 한다. 그 주요 요소들은 관점에 따라 차이가 있지만 크게 보면 ① 여객수요, ② 좌석공급, ③ 구조/인프라, ④ 금융의 네 가지로 요약될 수 있다. 항공운송사업도 다른 산업과 마찬가지로 기본적으로는 수요와 공급의 원리에 의해 결정되고 또 서로 영향을 미친다. 그 메커니즘은 대략 이러하다.

항공운송수요는 글로벌 GDP(화물은 국제무역)에 직접 연동하여 움직이며, 항공사는 이러한 수요변동에 맞추어 항공기 공급을 증가시키거나 축소하여 대응하고자 노력한다. 수요와 공급의 불균형이 발생하면 탑승률의 변동을 가져오는데, 이는 곧 항공사의 수익성에 영향을 미치게 된다. 항공사 이익이 증가하면 신조 항공기를 발주하여 인도받은 항공기의 공급좌석이 증가하게 되고, 이는 곧 추가적인 수익기회를 창출하여 다시 항공사의 수익성에 영향을 미치게 된다.

〈그림 1-21〉은 이와 같은 변동요소들의 상호메커니즘을 개략적으로 나타낸 것이다. 수요와 공급의 불균형이 발생하면 시장조정기능에 의해 얼마나 빨리 수요와 공급이 균형점에 도달하느냐일 것인데, 항공운송수요가 약한 국면에서 조정자 역할을 하는 요소는 항공사의 공급과 가격조정 기능이다. 항상 그렇듯이 시장은 즉각 균형점에 도달하는 것이 아니라 몇 차례의 반응을 거친 후 점차적으로 균형에 수렴한다. 그 주기가 단기화하고 있다는 것은 항공운송수요, 공급여력, 규제완화 등으로 항공운송산업의 펀더멘털이 점차 탄탄해졌음을 의미한다. 수요·공급 이외에도 항공운송 사이클은 국제유가, 환율, 항공규제, 금융유동성 등 다수 요소에 의해 영향을 받으며 이에 따라 항공사의 수익성, 항공기 주문, 항공기 거래, 항공기 시장가치, 리스료와 운임수준 등도 동반하여

│그림 1-20│ 항공운송산업에 영향을 미치는 요소

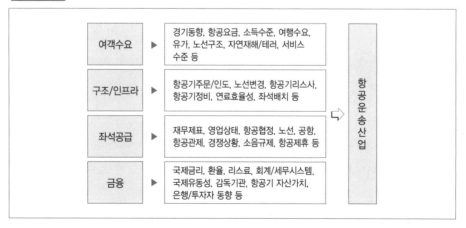

그림 1-21 항공운송산업 사이클과 영향

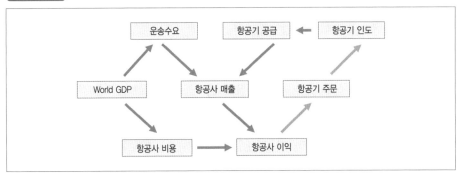

같이 변동한다. 이처럼 항공운송산업은 〈그림 1-20〉에서 보는 바와 같이 거시 환경뿐만 아니라 다양한 복합요인에 의해 영향을 받기 때문에 특정 시점에서의 몇 가지 지표에만 의존하여 산업의 상태를 진단하고 예측하는 것은 아무래도 무리가 있다고 하겠다.

(3) 항공운송 동향 및 사이클 전망

2018년 기준 항공운송 동향을 사이클관점에서 살펴보면 각종 운송지표들이 역사상 유례없는 성장세를 나타내고 있어 운송경기가 회복기 내지는 고점에 있음을 보여주고 있다. 항공여객수요는 글로벌 GDP 및 이머징마켓의 중산층 증가 등으로 강한 성장세를 보이고 있으며, 좌석 공급도 증가 추세이나 전반적으로 수요를 따라가지 못해 여객탑승률(Load Factor) 또한 최고치를 경신하고 있다. 항공사들의 수익성도 제2차 세계대전 이후 유례없는 성장세로, 수익성 개선에 따라 항공기 제작사의 신조항공기 발주량도 인도시까지 7~10년을 기다려야 할 정도로 주문이 누적되어 있는 상태이며, 항공기 인도에 필요한 금융유동성도 비교적 풍부한 상황이다. 시장 상황이 유례없는 호조세이다보니 2018년 기준 현 사이클이 얼마나 지속될지에 대해서도 분석가들 간에 의견이 분분한 편이다. 2010년부터 지속되어 온 호황국면은 2015/2016년경이 정점일 것이라는 견해가 그간 우세하였으나, 8년째 국면 연장중인 상황으로, 항공운송수요, 공급, 탑승률, 항공사 수익성 등 대부분 지표들이 성장세를 지속하고 있어 당분간은 견조한 성장세를 이어갈 것이라는 것이 대체적인 분석이다.

그러나 역사적으로 수퍼사이클 후 침체는 필연적인 것으로 당면한 리스크
도 없지 않다. 그동안 산업수익성 개선에 큰 영향을 주었던 낮은 국제금리, 유가
가 상승세로 돌아서 항공사의 경영압박 요소로 대두될 여지가 있고, 보호무역주
의 확산, 글로벌 경기침체 및 자산가치 버블로 인한 유동성위기 가능성, 항공기
공급과잉, 질병, 테러, 자연재해 등 외인성사건에 의한 충격 및 운용리스 회계
방식 변경(IFRS 16, 2019년 이후)에 따른 재무제표에의 영향 등이 향후 산업성장세를
저해할 소지가 있는 주요 요인들이라고 할 수 있다.

2) 항공여객수요

항공여객수요는 실로 폭넓은 경제적 요소[19])에 의해 영향을 받기 때문에
제한적인 요소만으로 이를 설명하기에는 충분치 않다. 그 요소들은 〈그림
1-22〉에서 보는 바와 같이 경제, 인구 및 사회적 요소 등으로 나눌 수 있으나

그림 1-22 항공운송수요의 증가요인

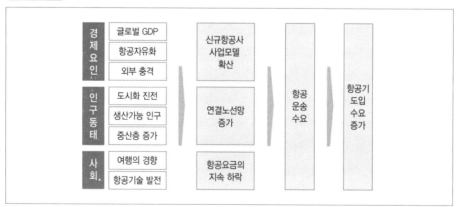

자료: Science Direct, DBS, 자체 정리.

---

19) GDP, 개인소비지출, 수출입, 전세계 인구, 고용상황, 생산연령인구, 국내투자, 노동력, 재고
수준의 증감, 유가변동, 실업률, 가처분소득, 정부소비, 산업생산지수, 도시화인구, 고정투자
(에어버스사의 항공운송수요 분석요소).

그림 1-23 Revenue Passenger Kilometer(RPK) 및 Freight Ton Kilometer(FTK) 변동추이

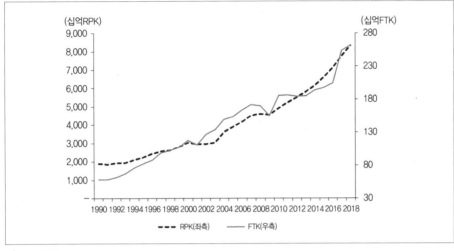

자료: IATA.

이중 가장 대표적이고 중요한 지표는 글로벌 GDP라고 할 수 있다. 인구동태, 가처분소득, 항공자유화, 글로벌이벤트, 항공기술의 발전 등도 모두 항공여객 수요에 영향을 미치는 요소들이다. 항공상품의 특성도 항공여객수요에 영향을 미치는 요소들이다. 앞에서도 살펴보았듯이 항공상품은 여행이라는 목적의 종속변수인 중간재로서의 특성을 갖고 있으므로 여행수요가 증가하면 항공수요도 같이 증가하며, 아울러 단거리 구간의 경우 고속철도 등 다른 여행상품과도 경쟁이 가능한 대체상품의 특성도 갖고 있다.

(1) 2018년도 항공여객수요

항공여객수요를 측정하는 지표는 유상여객킬로미터(Revenue Passenger Kilometer: RPK)가 대표적으로 사용된다. 항공운송과 관련하여 사용되는 주요 지표에 대해서는 부록에서 상세히 다루고 있으므로 이를 참고하기 바란다. RPK는 운송여객수에 항공기가 비행한 구간거리를 곱하여 산출하는데 2018년도 항공운송량은 8.3조 RPK, 전년대비 연간 운송증가율은 7.4%로 2005년 이후 13년만에 최고치를 기록한 2017년의 8.1%보다는 다소 하락하였지만 이 수치는 업계에서

폭넓게 받아들이고 있는 과거 25년 동안의 장기 벤치마크 성장률 연 5%대를
훨씬 뛰어 넘는 증가율이다.

(2) 항공여객수요는 글로벌 GDP 증가율과 밀접하게 연동

항공운송산업은 글로벌 경제성장의 핵심 동력이라고 할 수는 없지만 고용
창출, 관광산업 및 해외투자와 국제무역 등 글로벌 경제발전을 촉진시키는 촉
매의 역할을 하는 중요한 산업이다.[20] 항공운송수요는 여러 요소 중 글로벌
GDP 성장률에 직접적으로 연동하는 특성을 지닌다. 글로벌경기가 호황일 때
에는 가처분소득, 소비자신뢰지수 등이 증가함에 따라 관광·사업목적 등 여행
수요도 함께 증가하며, 불황일 때에는 반대로 여행수요가 냉각되는 메커니즘을

그림 1-24 RPK 및 RPK 증가율

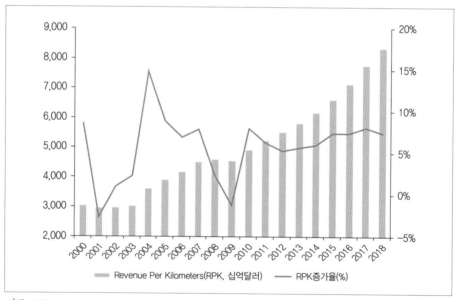

자료: IATA.

---

[20] 2018년기준 항공운송부문 지출액은 U$8,450억으로 전세계 GDP의 약 1% 정도를 차지하며
항공부문(supply-chain) 전체의 고용창출규모 68.7백만명, 항공사에 의한 고용창출규모
2.9백만명, 항공여행지출 U$8,430억, 항공을 통한 무역운송규모는 U$6.5조에 이른다(IATA
Economic Performance of the Airline Industry, 2019 Mid-year Report).

그림 1-25   글로벌 GDP 및 RPK 성장률 추이

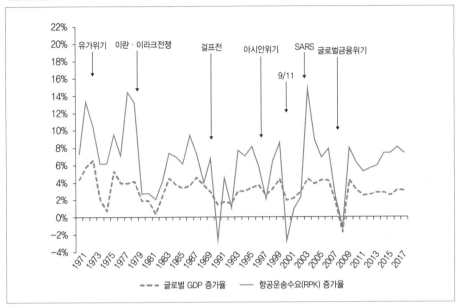

자료: ICAO, World Bank.

보인다. 반면 국제무역지표에 의해서는 그리 큰 영향을 받는다고 할 수 없다. 여객수요는 주로 소득수준, 인구동태, 여행성향 등에 따라 움직이는 경향이 있으므로 업무출장 등 사업상 목적의 여행수요를 제외한다면 국제무역이 감소하더라도 여객수요는 그리 크게 감소하지 않는 경향을 보인다. 〈그림 1-25〉는 1970년대 이후 글로벌 GDP 증가율과 RPK 성장률 간의 연동 관계를 나타내는 그래프이다.

이와 같이 항공여객수요와 글로벌 GDP는 서로 연동하는 특성이 있지만 한가지 주목할 만한 것은 각 지표의 증가속도에 차이가 있다는 점이다. IATA 가 발표한 두 지표의 연평균 증가율을 비교해보면 지난 17년간(2001~2017년) 글로벌 GDP 증가율은 연 2.9%, RPK 증가율은 연 5.6%로 항공여객수요 증가율이 GDP 증가율보다 1.9배 정도 높으며, 지난 30년간(1987~2017)의 각 지표도 약 1.5~2.0배의 차이를 보이는 것으로 나타나고 있다. 그 성장의 차이만큼 항공운송산업이 세계경제에 상당한 기여를 하고 있다는 것을 설명하고 있지만, 글로벌 GDP가 항공운송수요 성장의 유일한 요소는 아니라는 의미이기도 하다. 소득, 인구, 운임 등 복합적인 영향의 결과로 여행하려는 욕구 즉, 여행성향 (propensity to travel)이 다른 산업에 비해 높게 나타나기 때문에 차이가 발생한다고도 할 수 있다. 한편 글로벌 GDP가 항공운송수요에 어느 정도 기여하는지에 대해서는 명확치는 않으나 대략 2/3 정도인 것으로 알려지고 있다.

(3) 항공여행객의 증가

전세계 항공여행객의 증가속도도 점차 빨라지고 있다. 전세계 항공여객수는 과거 매 15년마다 두 배씩 증가하는 패턴을 보여 왔는데, 그 주기가 점차 짧아지는 현상을 보이고 있다. 〈그림 1-26〉에서 보는 바와 같이 민간 항공사의 태동 이후 항공여행객이 10억명을 돌파하기까지 약 44년이 소요된 반면, 20억명까지는 15년, 30억명까지는 8년, 40억명을 돌파하기까지는 불과 4년이 소

그림 1-26 글로벌 항공여객수 증가추이

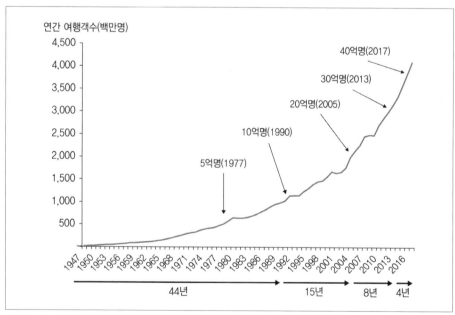

자료: IATA, ICAO.

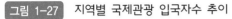

그림 1-27 지역별 국제관광 입국자수 추이

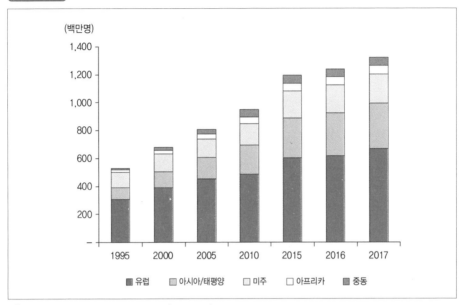

자료: World Tourism Organizaion(UNWTO).

요되어 그 증가속도가 점차 가속화되고 있는 추세에 있다.[21] 그만큼 항공여행의 대중화, 글로벌화가 전세계적으로 진전되고 있다는 것을 나타내고 있다.

　항공여객의 추진동력이라 할 수 있는 전세계 관광객수 및 관광지출 비용도 역대 최고치를 경신하고 있다. 〈그림 1-27〉에서 보는 바와 같이 세계관광기구(UNWTO) 통계에 따르면 2017년 국제관광객 입국자수는 전년대비 7% 증가한 13.2억명이며, 이들이 지출한 비용만도 1조 3,400억달러로 전년대비 7.6% 늘어난 것으로 나타나고 있다. 이는 2017년의 글로벌 GDP 증가율 3.1%에 비해서도 두 배 이상 증가한 수치로 관광산업이 세계 경제성장률 이상으로 성장하고 있음을 보여주는 것이다[22] 한편, 지역별 국제관광객 입국자수는 유럽이 가장 많고 다음으로 아시아·태평양, 미주 순으로 나타나고 있다.

---

21) (1960년) 1억명 → (1990년) 10억명 → (2005년) 20억명 → (2013년) 30억명 → (2017년) 40억명.
22) UNWTO Tourism Highlights-2018, World Tourism Organization, World Bank.

(4) 이머징국가의 소득향상, 인구증가가 글로벌 운송수요를 견인

개인소득과 생활수준의 향상도 여행성향을 자극하여 항공여행수요에 밀접한 영향을 미친다. 이미 성숙한 선진국보다는 이머징마켓, 특히 1인당 소득이 2만달러대에 근접하는 중산층 인구의 항공기 이용횟수가 훨씬 증가하는 것으로 분석되고 있다.[23] 에어버스사의 장기전망에 따르면 〈그림 1-28〉에서 보는 바와 같이 전세계 중산층 인구비율은 2017년 40%에서 2027년에는 48%, 2037년에는 56%까지 늘어날 것으로 전망되고 있으며, 이중 중국과 인도의 중산층 인구가 전세계 항공운송수요 증가를 견인할 것으로 예측하고 있다.

인구구성 또한 항공운송수요에 중요한 영향을 미친다. 일반적으로 생산연령대(20~59세)의 계층은 소비재구입보다는 경험을 구매하는데 상대적으로 소비지출을 확대하는 경향이 있어 다른 계층보다 항공기를 더 자주 이용하는 것으로 보고되고 있다.[24] 따라서 노인인구가 증가하는 일본, 독일, 러시아 등 보다는 청장년 인구가 많은 중국, 인도, 인도네시아, 아프리카의 이머징국가 항공수

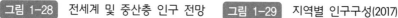

| 그림 1-28 | 전세계 및 중산층 인구 전망 | 그림 1-29 | 지역별 인구구성(2017) |

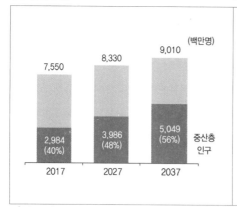
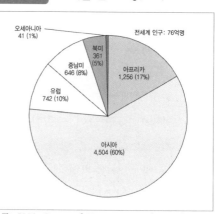

자료: Airbus, Current Market Outlook 2018-2037.

자료: U.N. Dept. of Economic and Social Affairs.

23) IATA, Tourism Economics, 'Air Passenger Forecasts'.
24) 인구구성이 항공수요에 미치는 영향 분석, IATA.

요가 더욱 증가할 것으로 전망되고 있다.[25]

지역별로도 최다인구를 보유한 지역은 〈그림 1-29〉에서 보는 바와 같이 아시아지역(45억명)으로 2017년 전세계인구 76억명 중 60%를 차지하고 있는 반면, 이 지역의 항공운송수요(RPK) 성장점유율은 32%에 불과하여 앞으로도 성장 잠재력은 상당할 것으로 보인다. 특히 아시아인구 중 60%를 차지하는 중국(14억명)과 인도(13억명)가 세계 항공운송수요를 견인할 것으로 전망된다. 아프리카 (13억명) 또한 아시아에 이어 2위로 인구구성을 보면 전세계 인구의 17%를 차지하고 있으나 전세계 RPK 비중은 2%에 불과하다.

(5) 직항 노선수의 증가 및 운임의 하락

항공자유화 및 신규 저가항공 모델의 확산 등으로 국가 간 또는 국가 내 두 도시를 연결하는 항공노선수(number of pair cities) 또한 대폭적으로 증가하고 있다. 〈그림 1-30〉에서 보는 바와 같이 1980년 6천개에 불과하였던 전세계 두 도시간의 직항노선수는 2018년 2만 1천개를 넘어서서 3.3배 정도 증가한 것으

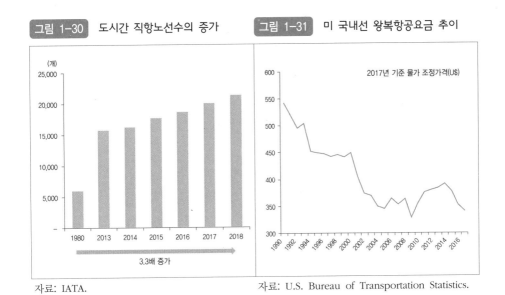

그림 1-30 도시간 직항노선수의 증가   **그림 1-31** 미 국내선 왕복항공요금 추이

자료: IATA.   자료: U.S. Bureau of Transportation Statistics.

25) Tourism Economics-Air Passenger Forecasts, IATA.

로 나타나고 있다. 이러한 항공노선수 증가는 항공규제완화를 통한 공역개방, 저비용 항공모델의 확산, 지역적 허브공항의 발달 등이 배경으로 이에 따라 물자, 인력, 자본, 기술, 아이디어 등의 이동을 활성화하여 전세계 경제개발을 더욱 촉진시키는 주요 요인으로 작용하고 있다.

항공운임도 항공규제 완화 및 LCC 저가항공모델의 확산 등 경쟁심화에 따라 지속적인 하향 추세를 보여 항공여행의 대중화·개방화를 더욱 촉진시키고 있다. 그러나 운임하락은 항공여객에게는 노선의 선택폭 및 여행수요 확대 등으로 혜택요인이지만, 항공사로서는 끊임없는 원가절감 노력과 저수익성의 압박에 시달리게 하는 부정적 요인이기도 하다. 과거 20년간 연평균 운임의 하락폭은 2~3%에 이른다. IATA 분석[26]에 따르면 2018년 1인당 평균왕복요금은 327달러로, 20년전인 1998년과 비교할 때 60%나 하락하였고, kg당 평균 화물운임도 1.92달러로 1998년과 비교하여 61%나 하락한 것으로 나타나고 있다.

(6) 항공운송수요는 외부충격에도 견조한 성장세

항공운송수요는 질병, 테러, 화산폭발, 지진, 태풍 등 외인성 사건에 대한 민감도가 특히 크다. 이들 요소들은 항공사 자체로도 통제하기 힘들며, 발생시 항공운송수요의 침체 및 비용부담 증가 등을 가져와 항공사의 재무적 부담을 가중시킬 수 있다. 유가파동(1973/1978), 이란-이라크전(1980), 걸프전(1991), 아시안위기(1998), 미국 9/11 테러(2001), SARS(2003), 글로벌금융위기(2008) 등이 이의 대표적인 사건들이다. 이중 SARS나 아시안위기는 해당 지역인 아시아에만 국지적인 충격을 주었을 뿐이고, 아이슬란드 화산폭발로 인한 화산재구름 확산 (2010), 파리 폭탄테러(2015), 브뤼셀 폭탄테러(2016) 등도 유럽지역 항공사들에게 상당한 손실을 입힌 사건들이나 전세계적인 충격은 그리 크지 않은 사건들이다.

이러한 일련의 지속적인 외부충격에도 불구하고 항공운송산업은 장기적으로는 꾸준한 성장패턴을 이어 오고 있다. 예컨대 SARS는 6개월, 9/11 테러는 좀더 길게 3년 정도 시장에 충격을 주었으나 소득수준의 향상에 따른 여행·방

---

26) Economic Performance of the Airline Industry, IATA, 2019 Mid-year Report.

문수요 증가 등으로 시간이 지남에 따라 이전 수준으로 곧 회복하여 장기적으로는 견조한 상승패턴을 이어오고 있는 것이다.

(7) 북미, 유럽, 아시아, 중동의 4개 지역이 대부분의 수요를 차지

항공운송수요는 지역별로도 불균형적인 특성을 보인다. 지역별 편차를 보이는 이유는 지정학적인 위치, 경제 성숙도, 항공요금, 인구구성, 항공정책 등이 모두 다르기 때문이다. 〈그림 1-32〉에서 보는 바와 같이 2016년 국제선 RPK 실적을 지역 비중별로 살펴보면 유럽지역이 40%대, 아시아지역이 30%대, 북미가 13%대로 전통적으로 이들 3개 지역이 전체 운송수요의 80% 이상을 차지하고 있으며 최근 증가세에 있는 중동지역을 합하면 약 92%로 이들 4개 지역이 전세계 운송수요의 대부분을 차지한다.

항공운송증가율 측면에서는 〈그림 1-33〉에서 보는 바와 같이 2016년까지는 중동지역이 지난 20년간 연간 10%대 이상의 가장 높은 성장세를 보여 왔으나, 2017년부터는 아시아·태평양지역에 1위 자리를 내어준 상태이다. 2018년

그림 1-32 국제선 RPK의 지역별 분포

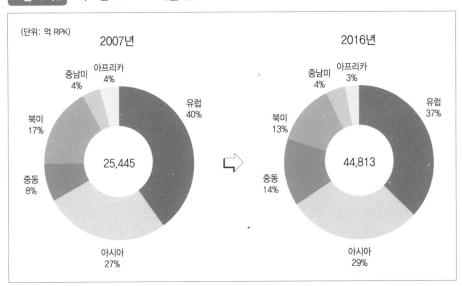

자료: IATA.

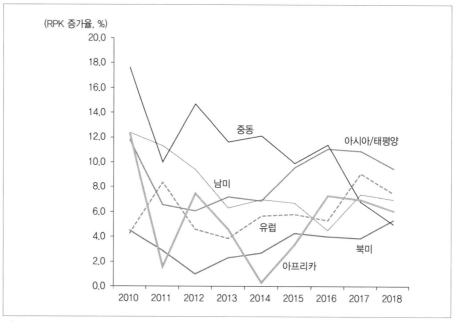

자료: IATA, ICAO.

증가율은 아·태지역이 9.5%, 유럽 7.5%, 남미 7.0%, 아프리카 6.1%, 북미 5.3% 순이다.

GDP 성장률과 비교한 운송수요증가율도 지역마다 차이를 보인다. 중국, 인도 등 이머징마켓은 GDP 성장률보다 운송수요증가율이 더 높은 증가세를 보이는 반면, 북미, 유럽 등 선진국들은 이미 성숙된 시장으로 GDP와 다소 일관되게 성장하는 패턴을 보인다.

3) 항공화물 운송수요

(1) 2018년도 항공화물 운송수요

항공화물수요를 측정하는 지표는 화물톤킬로미터(Freight Tonne Kilometers, FTK)[27] 또는 유상톤킬로미터(Revenue Tonne Kilometers, RTK)[28]가 대표적으로 사용된다. IATA의 자료에 따르면 2018년 화물톤킬로미터(FTK) 기준 성장률은 3.4%로, 2016년의 3.6%에 이어 2017년 기록적인 증가율을 보여주었던 9.0%에 비해서는 국가 간 무역마찰, 수출부진, 지정·경제적인 리스크 등 전반적인 국제무역 규모의 위축에 따라 다소 떨어진 수치를 기록하고 있다. 그러나 고무할 만한 점은 2016년 이전까지 마이너스 수익률을 보여 왔던 업계의 화물운송마진율 (cargo yield rate)이 2017년 +8.1%로 5년만에 흑자로 돌아선데 이어, 2018년에도 +12.3%로 흑자 기조를 이어가고 있다는 점이다. 2018년 연간 화물운송물량은 63.3백만톤, 금액으로는 6.6조달러를 운송하여 물량기준으로는 전체 글로벌 운송의 1%가 채 되지 않지만 금액 기준으로는 35%, 전세계 GDP의 7.8%를 차지하여 항공 화물운송은 국가 간 무역의 중요한 운송수단으로 자리 매김하고 있다.

(2) 항공화물운송은 세계 무역증가율과 밀접한 연관

항공여객운송이 주로 글로벌 GDP와 연동한다면 항공화물운송은 〈그림 1-34〉에서 보는 바와 같이 수출입 물동량을 운송하는 산업특성상 세계 무역 동향 및 제조업의 산업생산활동 지표[29]와 상관관계가 크다. 글로벌 분업화의 진전에 따른 생산기지의 이동·확산, 생산자재·부품의 이동 및 전자상거래의 확대 등으로 항공화물운송은 매년 증가추세에 있다. 전세계 무역증가율은 연간 편차는 있으나 일반적으로 글로벌 GDP보다 평균 1.9배(2001~2018) 정도 높은 성

---

27) 수송화물의 중량톤에 비행한 구간거리를 곱해 산출한다. 1톤을 1km 운송한 것을 1FTK라 한다.
28) 수송화물 및 여객의 유상탑재 중량톤에 비행한 구간거리를 곱해 산출한다.
29) 국제무역동향, 수출주문량, 세계경기동향, 산업생산, 재고조정사이클, 제조업지수, 사업 신뢰지수, 소비자 신뢰지수, 글로벌 전자상거래(e-commerce) 규모 등.

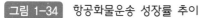

그림 1-34 항공화물운송 성장률 추이

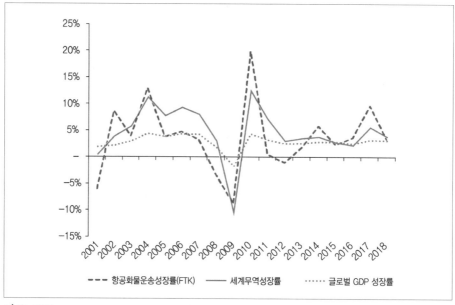

자료: IATA.

장률을 유지하고 있으며, 이중 항공화물운송(FTK 기준)은 매년 3~5% 정도의 성장세를 유지하고 있다.

대표적인 경기선행지수인 제조업지수와 소비자신뢰지수도 항공화물 물동량에 영향을 주는 지표이다. 제조업지수는 제조업의 구매담당자가 느끼는 경기를 지수화한 것이고, 소비자신뢰지수는 소비자가 체감하는 경제상황과 구매의사를 나타내는 지수이다. 재고물량의 지역 간 격차 해소를 위한 재고조정 사이클과 보호무역의 파장 및 전자상거래 폭증 등으로 인한 성수기 물동량 정체 등에서 파생되는 물류흐름의 병목현상 또한 대체 항공화물 운송수요를 증가시키는 요인이다.

그림 1-35 | 글로벌 GDP 성장률과의 비교

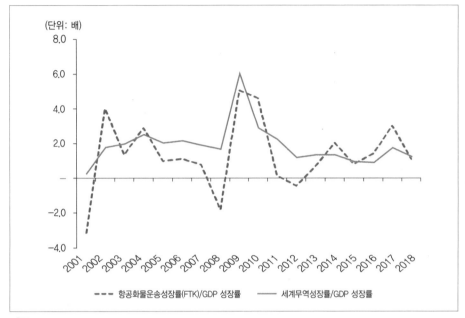

자료: IATA.

(3) 운송물량기준으로는 미미하나 금액으로는 전체무역액의 1/3을 차지

항공화물이 전체무역에서 차지하는 비중은 물량기준으로는 1%도 채 되지 않으나, 금액기준으로는 35%로 높은 비중을 차지한다. 물량비중은 미미하나 금액비중이 상당한 배경에는 항공화물의 운임단가가 상대적으로 비싸 고부가가치 제품위주로 운송되는 때문이다. 항공화물운송의 최대 장점은 운송의 속도로 정시성, 안정성, 신뢰성 및 보안성이 우수한 특징을 지닌다. 따라서 운송 물품들도 진동·충격에 민감한 반도체, 컴퓨터, 휴대폰 등 고가제품, 활어, 꽃, 식료품 등 온도유지 및 신속운송이 생명인 품목, 의약품, 화장품, 위험물품(리튬배터리) 등 외부환경통제가 필수적인 제품, 운송과정중 분실·절도위험이 있는 귀금속 등이 주로 이용된다. 이들은 부피는 작지만 Door-to-door 운송[30] 등 운

---

30) 통상 제트항공기의 순항스피드(cruise speed)는 시간당 평균 850~900km인 반면, 선박은 시간당 50km 정도이다. 항공화물은 Door-to-door 기준(발송-수령)으로 138시간 정도

그림 1-36 국제무역 중 항공화물운송 비중(2015)

자료: ATAG, IATA.

송시간의 절약개념에 입각하여 높은 운임의 단점을 상쇄시킬 수 있는 고부가
가치 제품들이다.

반면 항공운송과 비교되는 해상운송은 운송속도가 느리고 날씨의 영향으
로 정시성이 떨어지며, 분실·도난의 위험이 있는 단점이 있지만 중량당 운임

그림 1-37 주요 항공 운송물품

고부가가치 산업제품	무선통신기기, 반도체, 컴퓨터, 평판디스플레이, 광학기기, 반도체 제조장비, 전자부품, 계측기기, 항공기부품, 화장품, 바이오 등
고속 운송을 요하는 품목	공장설비, 샘플, 기계류부품, 건설자재, 납기 임박한 물품, 유행성 상품(의류, 완구 등), 신문, 잡지, 필름 등
파손/도난위험 큰 제품	미술품, 귀금속(금, 백금, 다이아몬드 등), 모피, 유가증권, 세라믹, 크리스탈, 생활도자기 등
부패/변질 가능성 큰 품목	화훼류, 과일, 식료품(야채, 육류, 생선, 와인 등), 생동물 (애완동물, 말, 돌고래, 코끼리 등), 의약품·백신, 농약, 장기 등

자료: 자체정리.

소요되는 것으로 알려지고 있다(IATA, Cargo iQ).

이 항공운임에 비해 상당히 저렴한 이점이 있다. 따라서 저속 대량운송이 가능한 원유, 석탄, LNG, 금속, 곡물 등 원자재나 부피가 큰 일반화물 등이 주로 운송되는데 대체로 국제물동량의 99% 이상이 해상을 통하여 운송되고 있다.

(4) 여객수요와 연관성이 적고 수요예측과 관련 변동성(volatility)이 크다

항공화물운송은 화물을 운송하는 특성상 여객운송과는 운송수요 측면에서 다음과 같은 차이점을 보인다.

첫째, 여객운송은 왕복을 전제로 한 양방향성 수요이나, 화물운송은 기본적으로 단방향성의 성격을 갖는다. 여객기는 왕복예약이 일반적이라 돌아올 때에도 좌석을 채우기가 어렵지 않으나, 화물기는 지역적 수급 불균형 등으로 회항시 적재율을 채우기가 쉽지 않다. 예를 들면 아시아-미주 화물노선의 경우 아시아지역은 생산지 역할을, 미주는 소비시장의 역할을 주로 하므로 미국행 항공기는 공급부족 현상을 종종 겪으나 다시 돌아올 때는 선복을 채우지 못하는 경우가 많다. 이러한 수요 불균형은 항공화물운송의 가장 두드러진 특징을 나타낸다.

둘째, 화물운송은 수요예측이 어려워 상대적인 변동성이 크다. 이는 화물운송이 계절적 특수성 및 유행, 납기일 등에 많은 영향을 받고, 각종 사건·사고뿐만 아니라 주 경쟁 운송수단인 해상운송 동향과도 밀접한 관련이 있기 때문이다. 화물운송이 여객운송과는 동일한 파생수요이지만 전문적인 물류기능을 수행하여 생산, 판매역할을 수행하는 화주 즉, 다른 부문과 밀접한 관련성이 크다는 점 또한 수요예측을 어렵게 하는 부분이다.

셋째, 여객과 화물은 지역적 차이는 있으나 계절적 성수기가 다르고 운항노선에도 차이가 있다. 여객의 성수기는 일반적으로 방학, 휴가철인 여름, 겨울에 승객이 집중되는 경향이 있는 반면, 항공화물은 긴급배송을 요구하는 납기의 중요성 때문에 예컨대 미주행 화물의 경우 10월 추수감사절부터 연말연시인 크리스마스까지의 기간은 성수기이나, 1월 이후 연초는 비수기로 전환되는 등 계절적 성수기에 차이가 있다. 따라서 여객의 성수기와 화물의 성수기는 큰 관련성이 없다.

(5) 항공화물운송지표는 글로벌 무역동향의 선행지표 역할

항공화물운송지표는 글로벌 무역동향의 선행지표 역할을 하기도 한다. IATA의 분석[31])에 따르면 항공화물운송은 가볍고, 고가인 물품을 고속으로 운송하는 속성으로 인하여 대체로 투자 및 재고를 확대하여야 하는 경기상승기에는 운임이 높더라도 다른 교통수단보다 신속성·안정성을 요하는 항공운송을 선호하여 국제무역지표보다 선행적으로 증가한다. 반면, 재고를 축소시켜야 하는 경기하강기에는 운송속도보다는 저렴한 운임을 고려하여 선박운송 등을 선호함에 따라 국제무역지표보다 빨리 떨어지는 경향이 있다. 두 지표 간 증가 및 감소 속도에도 차이가 있는데, 항공운송화물의 약 50% 가량이 컴퓨터 등 자본재 생산을 위한 중간제품인 관계로 경기상승기에는 항공화물운송이 국제무역보다 더 가파르고 민감하게 반응하는 경향이 있다. 반면, 하강기에는 다소 논란의 여지는 있지만 정반대의 현상이 나타난다는 것이다. 양 지표 간의 시그널 차이는 상황에 따라 차이는 있지만 보통 4~5개월 정도인 것으로 알려져 있다.

(6) 항공화물운송의 80%는 아시아, 유럽, 북미의 3대 시장에서 창출

전세계 항공화물운송의 4대 노선은 북대서양(북미-유럽), 태평양(아시아-북미), 아시아횡단(유럽-극동) 및 미국 국내노선이며, 국제선 FTK 기준으로 볼 때 아시아, 유럽, 북미의 3대 시장이 전세계 물동량의 80% 이상을 차지한다. 북미는 1992년경 35%의 점유율로 세계시장을 견인하였으나 1990년대 및 2000년대초 아시아 항공사들의 물량 확대로 점유율이 14%대로 하락한 상태이다. 중동지역 항공사들도 아시아-아프리카-유럽을 연결하는 지정학적 요충지로서의 이점을 활용하여 Wide-body 및 화물기종을 점차 확대함으로써 2005년경 5%대에서 2016년 16%대로 그 비중이 지속적으로 증가하고 있다. 〈그림 1-39〉는 지역별 국제선 FTK의 점유율 추이 및 분포를 나타내는 그래프이다.

---

31) *Air Freight Timely Indicator of Economic Turning Point*, IATA Economic Briefing, 2009. 4월.

그림 1-38 지역별 국제선 FTK 점유율 추이

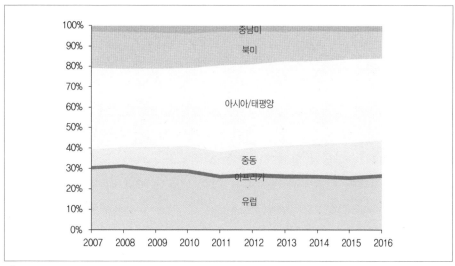

자료: ICAO.

그림 1-39 지역별 국제선 FTK 분포

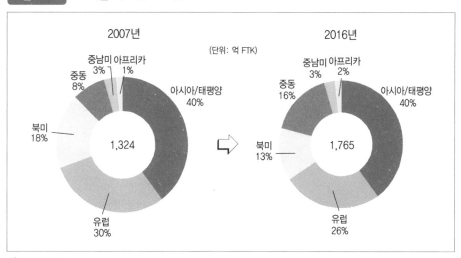

자료: ICAO.

(7) 전용 화물기가 화물운송의 주역을 담당

여객의 운송은 여객기가 담당하지만 화물의 운송방법에는 여러 방식이 있으므로 항공기금융 담당자라 하더라도 최소한 그 방식과 이점 등은 이해할 필요가 있다. 항공화물의 운송방법에는 크게 ① 항공기 제작회사에서 화물기 전용으로 생산되거나 또는 오래된 여객기를 화물기로 전환한 전용 화물기(freighter, 메인/하부데크)를 이용하는 방법, ② 승객이 탑승하는 여객기 메인데크의 하부데크 여유 공간에 여객수하물과 함께 적재하는 방법(passenger belly) 그리고, ③ 콤비항공기라 하여 기내에 칸막이를 설치하여 여객 뒷공간 메인테크에 적재하는 방법(combi/flexbelly, 메인데크)이 있다. 〈그림 1-40〉은 화물기의 종류와 특징을 정리한 것이다.

항공화물운송의 특이한 점은 Belly 화물인데, 최근 무역환경이 전자상거래의 확산 등으로 점차 글로벌화, 경량화되는 점을 감안하여 점차 하부데크 용적률이 확대된 신세대 Wide-body 항공기가 출시되고 있는 데다 항공사들도 여객기의 화물적재 이용률 제고 및 수익률 향상을 목적으로 대형여객

그림 1-40 화물기의 종류

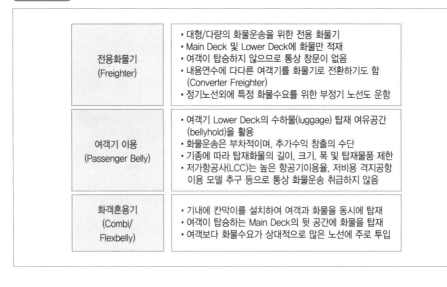

전용화물기 (Freighter)	• 대형/다량의 화물운송을 위한 전용 화물기 • Main Deck 및 Lower Deck에 화물만 적재 • 여객이 탑승하지 않으므로 통상 창문이 없음 • 내용연수에 다다른 여객기를 화물기로 전환하기도 함 (Converter Freighter) • 정기노선외에 특정 화물수요를 위한 부정기 노선도 운항

여객기 이용
(Passenger Belly)
	• 여객기 Lower Deck의 수하물(luggage) 탑재 여유공간
	  (bellyhold)을 활용
	• 화물운송은 부차적이며, 추가수익 창출의 수단
	• 기종에 따라 탑재화물의 길이, 크기, 폭 및 탑재물품 제한
	• 저가항공사(LCC)는 높은 항공기이용율, 저비용 격지공항
	  이용 모델 추구 등으로 통상 화물운송 취급하지 않음

화객혼용기 (Combi/ Flexbelly)	• 기내에 칸막이를 설치하여 여객과 화물을 동시에 탑재 • 여객이 탑승하는 Main Deck의 뒷 공간에 화물을 탑재 • 여객보다 화물수요가 상대적으로 많은 노선에 주로 투입

그림 1-41   항공사 유형별 화물기 수익구성

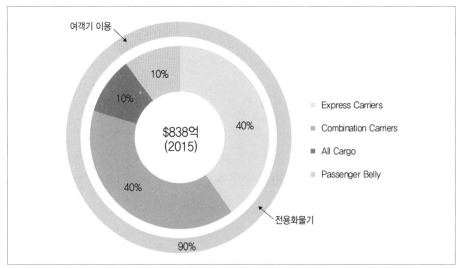

여객기 이용

10%

10%

$838억
(2015)

40%

40%

90%

전용화물기

- Express Carriers
- Combination Carriers
- All Cargo
- Passenger Belly

자료: Boeing.

기의 하부데크를 이용한 화물운송이 점차 주목을 받는 추세이다. 보잉사에 따르면 2010~2015년 기간중 대형화물기는 8% 증가한 반면, 여객기의 Belly Capacity 는 27%나 증가한 것으로 보고되고 있으며, 이는 2010년 이후 화물기의 공급이 수요를 초과하게 된 주요 요인으로 지목되고 있다. 이와 같이 여객기를 이용한 화물운송이 증가하고는 있지만 여전히 전용 화물기는 항공화물운송의 대부분을 담당한다. 전용 화물기는 전세계 항공화물량의 50~60%를 운송하고 있고 〈그림 1-41〉에서 보는 바와 같이 정기항공사 수익의 90%도 전용 화물기를 통해 창출되고 있다. 이에 반해 Belly 화물운송수익은 10% 정도에 불과하여 Belly Cargo가 전용 화물기의 영역을 크게 잠식하지는 않을 것으로 전망하고 있다(Boeing사). Belly Cargo에 내재된 한계도 있어서 저비용 항공사들이 주로 보유하는 Narrow-body 항공기로는 아무래도 화물취급에 어려움이 있고, 적재화물의 크기[32] 및 적재화물 제한(오일 포함된 기계류, 배터리 등

---

32) 여객기를 이용한 Lower Belly 화물은 기종에 따라 차이가 있으나 적재공간의 제약으로 일반적으로 단위화물의 최대높이가 160cm로 제한되며, 전용 화물기는 최대 300cm 정도까지 허용된다.

위험물) 등으로 안전요건이 엄격한 데다가 항공 화물흐름은 노선수가 적고 몇 개의 공항에 집중되어 있는[33] 편이라 Belly Cargo 공급으로는 특수화물, 대용량 화물을 처리하기에는 한계가 있을 수밖에 없다는 것이 대체적인 분석이다.

(8) 항공화물운송시장의 신성장 동력: 전자상거래시장

최근 전자상거래(e-commerce) 시장의 급속한 성장은 항공화물운송의 가장 주목할 만한 트렌드로, 항공운송업계에 새로운 기회를 창출하는 성장동력원으로 부상하고 있다. 전자상거래 화물의 운송은 크게 우편(mail)과 특송화물(express cargo)의 형태로 이루어지는데 소비자들의 요구에 부합하여 신속성, 안정성, 신뢰성이 강점인 항공화물운송이 점차 크게 부각받고 있다. 물건을 빨리 받아보려는 고객의 요구에 부응한 온라인기업들의 항공을 통한 운송수요가 증가하고 화물운임도 올라가고 있으며, 인터넷·휴대폰 등 무선전자매체의 보급 또한 소비자들의 구매패턴을 변모시켜 이제는 전세계가 글로벌 스토어로 변화되고 있다고 해도 과언이 아니다.

해외직구시장은 온라인 쇼핑(아마존, 이베이, 알리바바 등), 구매대행(ISE 커머스, 엔조이뉴욕 등), 배송대행(아이포터 등) 등을 넘어 전통적인 Off-line시장과의 융복합화, 가상체험(virtual experience)을 통한 구매 등으로 더욱 확대 발전하고 있다. 이에 따라 독자 물류배송시스템을 갖추고 저렴한 가격 및 신속한 배송을 경쟁력으로 한 UPS, Fedex, EMS TNT, DHL 등 글로벌 특송 기업들의 항공화물운송수요가 폭증하고 있으며, 기존 항공사들도 전자상거래에 주력하여 운송역량 강화를 위한 지역 특송업체와의 상호제휴 등이 확산되는 추세이다.

〈그림 1-42〉에서 보는 바와 같이 글로벌 이커머스 컨설팅업체인 e-marketer에 따르면 전자상거래 매출규모는 2005년 이후 매년 20% 이상씩 성장하여 2017년에는 전년대비 24.8% 증가한 2.3조달러 규모로, 전체 소매판매액(22.6조달러)의 전년비 증가율 5.8%에 비해서도 훨씬 높은 성장세를 보이는 것으로 나타

---

33) 전세계 정기 대형화물 노선의 약 45%가 전세계 10대 공항으로, 약 85%가 50대 공항으로 취항(보잉사 Web-site).

| 그림 1-42 | 전자상거래 매출추이 및 전망 |

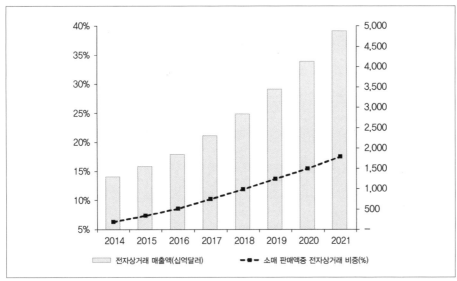

자료: eMarketer(2018.01).

| 그림 1-43 | 항공화물운송 증가율 및 운송마진 추이 |

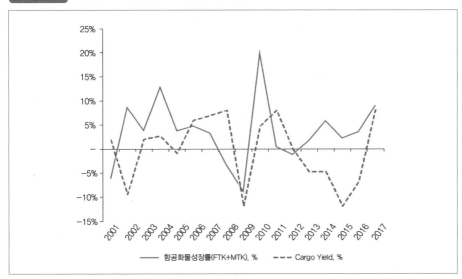

자료: eMarketer(2018.01).

나고 있다.[34] 특히 전체 온라인매출 중 휴대폰의 모바일상거래(m-commerce) 비중이 약 59%를 차지하고 있는데, 지역적으로는 아시아·태평양지역 특히 중국이 휴대폰 보급 확대에 따라 전체 모바일상거래의 67.1%를 점유하고 있다.

4) 항공운송 공급

(1) 항공운송공급은 항공운송수요에 매치하여 변동

항공운송공급을 측정하는 지표로는 좌석단위로는 유효좌석킬로미터(ASK: Available Seat Kilometers)[35]를, 무게단위로는 유효톤킬로미터(ATK: Available Tonne Kilometers)[36]를 대표적으로 사용한다.

항공운송의 공급(Capacity)은 항공사들이 조정할 수 있는 요소로서 수요변동에 따라 매치되어 움직이는 특성이 있다. 우선 항공운송수요는 사이클의 지배를 받으며 경기동향, 소득, 인구, 이벤트 등 외적 요소에 의해 주로 영향을 받아 변동성이 심한 편이다. 가격인하, 노선조정, 서비스개선 등 항공사의 마케팅, 영업전략 등 내부적 요인에 의해 어느정도 수요 진작은 가능하나 통제가 그리 용이한 부분은 아니다. 반면 항공기의 공급은 미래 불확실한 정보에 기초하긴 하지만 어느 정도는 항공사의 자발적인 조정이 가능하다. 수요는 항상 변동하며 좌석이라는 상품의 속성은 보관이 불가능하기 때문에 항공사들은 어렵긴 하겠지만 수요의 사이클변동을 면밀히 분석하여 공급을 수요에 맞추어 신축적으로 조정·관리해 나가는 수밖에 없다. 그러나 아무리 뛰어난 항공사라 하더라도 공급을 시시각각 변동하는 수요패턴에 맞추어 관리하기란 쉽지 않다. 따라서 통상적으로는 예기치 않은 수요변동에 대처하기에 충분할 정도의 일정 변동폭을 정한 다음 그 범위 내에서 공급수준을 관리하는 것이 일반적이다. 예

---

34) Retail Ecommerce Sales Worldwide 2016-2021, e-Marketer, 2018. 1. 10.

35) 항공사가 수익을 발생시키는 데 필요한 판매 가능한 유효좌석의 크기인 생산능력(capacity) 내지는 공급량을 나타내는 지표로, 공급여객 좌석수에 구간거리를 곱하여 산출한다.

36) 항공기가 수송할 수 있는 여객과 화물의 최대 수송능력을 표시하는 단위로, 여객과 화물의 탑재 가능한 톤수에 구간거리를 곱하여 산출한다.

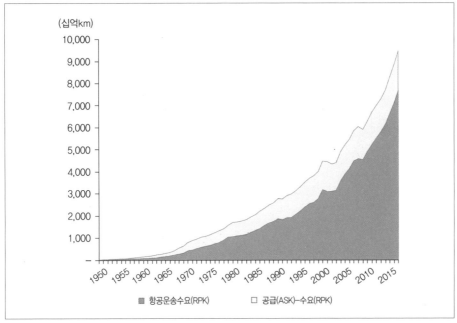

그림 1-44 ASK·RPK의 성장 및 공급여력 추이

자료: ICAO.

를 들면 수요가 초과하는 상황인 경우 노후 항공기의 퇴역을 늦춘다거나, 단기 운용리스를 사용할 수 있으며, 공급초과인 경우 리스항공기를 반환하거나, 일 정연한(보통 7~10년)의 항공기를 시장에 매각하거나 또는 노후 항공기를 조기에 퇴역시키는 방법을 사용할 수 있을 것이다. 〈그림 1-44〉는 항공운송 공급지표 인 ASK와 항공운송 수요지표인 RPK 및 그 공급-수요의 GAP 추이를 나타낸 것이며, 〈그림 1-45〉는 RPK 증가에 대응한 ASK 증가율을 연도별로 표시한 것이다.

항공사로서는 수요가 하락하는 공급초과 상황에 직면하게 되면 우선은 공 급조정보다는 손쉬운 운임할인전략을 통해 수요를 진작시키고, 시장점유율을 회복하는 방법을 사용하는 것이 보편적이다. 항공기를 단시일 내에 처분하기에 는 자산규모가 크기 때문이다. 운임인하 등 가격전략은 경쟁이 치열한 글로벌 환경에서 상황에 따라서는 그리 용이하지 않을 수 있으며 항공사 이익률의 하

그림 1-45 ASK 및 RPK 증가율

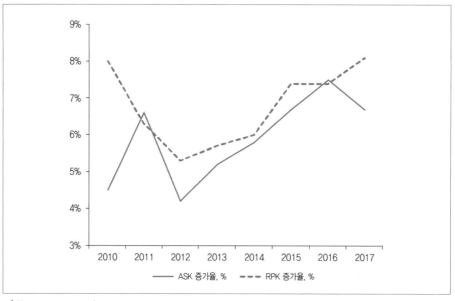

자료: IATA.

락을 초래하여 재무악화 심지어 항공사의 파산으로까지 연결될 수 있는 요인
이다. 공급부족 상황 또한 잠재수익의 상실 및 경쟁사대비 시장점유율 하락으
로 이어져 약간은 공급초과로 관리되는 것이 일반적이다.

이러한 이유로 항공사들은 항공기 이용률인 탑승률(load factor)에 고정비를
감안한 최소한의 수익요건이라 할 수 있는 BEP 탑승률(BEP load factor)을 설정하
여 항상 그 이상으로 유지될 수 있도록 노력하고 있다.

항공운송수요가 최근 유례없는 강세를 보임에 따라 여객탑승률도 계속 증
가하여 2017년 기준 81%대를 넘어섰고 전세계 항공사들의 수익성도 기록적인
수준을 넘어서고 있다. 그만큼 항공사들의 항공기 이용률이 효율적으로 관리되
고 있음을 보여주고 있다고 할 수 있다.

(2) 전세계 항공기 보유대수는 연간 약 3.0%씩 증가

전세계 항공기 보유대수는 발표기관마다 포함하는 항공기의 범주에 차이

가 있어 각기 다르긴 하나 ICAO 회원사가 보유하는 항공기 대수는 2018년 29,633대로 2003년의 약 19,000대에 비해 매년 약 3.0%씩 증가하여 왔으며, 전세계 항공기의 출발횟수도 매년 약 3.2% 정도씩 증가한 것으로 나타나고 있다. 이는 경제발전, 소득수준 향상, 운임하락 및 저가항공사 모델의 확산 등 경쟁 심화에 따른 여행성향의 증가에 따른 것으로 보인다.

그림 1-46 전세계 항공기보유 대수의 증가

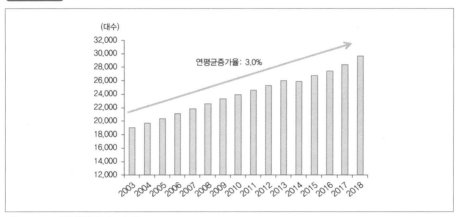

자료: ICAO(회원항공사 기준).

그림 1-47 전세계 항공기 출발횟수

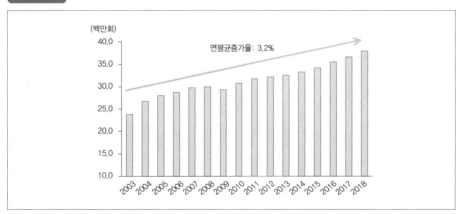

자료: ICAO(회원항공사 기준).

(3) 보유 항공기 규모는 향후에도 계속 증가할 전망

전세계 항공사 및 리스회사의 보유 항공기는 향후에도 계속 증가할 것으로 전망된다. 항공기제작사들은 차세대 신규 항공기의 개발프로그램 수행을 위하여 필요한 전세계 항공운송수요와 지역별, 기종별 항공기의 예상수요를 파악하여 매년 발표하고 있다. 보잉과 에어버스의 2019년도 항공기시장전망(2019~2038)에 따르면 향후 20년간 전세계에 신규로 인도될 항공기대수는 보잉이 44,040대, 에어버스는 39,210대로, 항공수요 증가에 따라 2038년에는 항공기규모가 각각 50,660대, 47,680대에 이르러 2018년의 항공기 규모에 비해 두 배이상 성장할 것으로 전망하고 있다. 이 규모는 보잉사 전망기준 매년 2,202대, 하루 6대 정도의 항공기가 신규로 출시되는 물량이다. 참고로 다음 두 그림에서 보는 바와 같이 에어버스사가 예측하는 항공기대수가 보잉사보다는 다소 적게 예측되고 있다.

보잉사 전망에 따라 신규 인도되는 물량을 지역별로 살펴보면 향후 시장

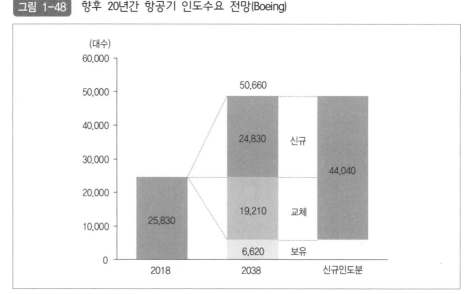

그림 1-48 향후 20년간 항공기 인도수요 전망(Boeing)

자료: Boeing Current Market Outlook(2019~2038).

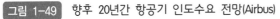

그림 1-49 향후 20년간 항공기 인도수요 전망(Airbus)

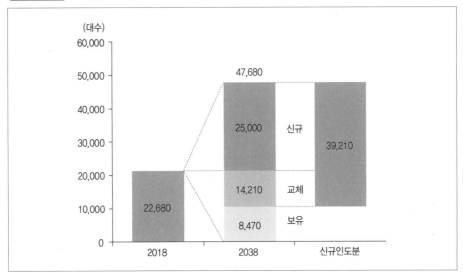

자료: Airbus Current Market Outlook(2019~2038).

성장을 견인할 것으로 예상되는 아태지역이 39%로 가장 많고 다음으로 북미 20%, 유럽 20% 순이며, 항공기 유형별로는 Narrow-body가 전체의 73%를 차지하고, Wide-body는 19%를 차지할 것으로 전망하고 있다. 또한 신규로 인도되는 항공기를 확보하기 위해 필요한 금융 소요액만도 6.8조달러에 이를 것으로 전망하고 있다. Narrow-body 기종이 가장 인기있는 이유는 경량항공기로 연료비 등 비용효율이 좋고, 광범위한 지역 및 소규모 허브노선을 커버하는 중단거리 기종으로 재배치 등 노선운용에 대한 탄력성이 좋기 때문이다.

한편 항공기 제작업체 간 비중은 보잉과 에어버스사 양사를 합하여 90% 이상이고, 나머지 제작사가 10% 미만의 비중을 차지하고 있어 전세계적으로 보잉 및 에어버스사가 과점생산체제를 형성하고 있다.

| 표 1-13 | 향후 20년간 지역별, 유형별 신규항공기 인도전망(2019~2038) |

지역별	필요대수		금액 (십억달러)	유형별	필요대수		금액 (십억달러)
		비중				비중	
아·태	17,390	39.5%	2,830	Regional Jet	2,240	5.1%	105
북미	9,130	20.7%	1,155	Single-Aisle	32,420	73.6%	3,775
유럽	8,990	20.4%	1,370	Wide-body	8,340	18.9%	2,630
중동	3,130	7.1%	725	Freighter	1,040	2.4%	300
아프리카	1,160	2.6%	175				
남미	2,960	6.8%	395				
러시아등	1,280	2.9%	160				
계	44,040	100.0%	6,810	계	44,040	100.0%	6,810

자료: Boeing Current Market Outlook (2019~2038)

5) 항공기의 주문, 인도 및 수주잔량

(1) 항공기 주문은 현 시장상황을 반영하는 지표

항공기 제작사는 항공기의 추가좌석을 산업에 공급하는 대표적인 주체로서의 역할을 수행한다. 그러나 산업 내에서 실제 좌석의 공급은 여객 및 화물을 운송하는 항공사의 네트워크를 통해 직접적으로 제공되므로, 항공기 제작사에서 이루어지는 항공기의 주문(order), 인도(delivery) 및 수주잔량(backlog)은 주된 항공기 좌석의 공급지표라기 보다는 잠재적인 추가좌석을 제공한다는 측면에서 공급의 보조지표 역할을 한다고 할 수 있다.

우선 항공기 인도지표는 항공기의 인도시점에 항공사의 좌석을 직접적으로 증가시키는 요인이지만, 항공기 주문과 실제 항공기의 인도 후 남은 수주잔량의 두 가지는 현 경기상황과 향후 시장전망을 판단하는 지표의 역할을 수행한다. 우선 항공기의 주문은 현재의 시장상황과 향후 기대를 반영한 결과물이다. 항공사가 신규로 항공기를 주문하는 배경에는 여러 가지가 있겠지만 ① 글로벌 수요에 맞추어 항공기이용률(aircraft utilization)을 증대시키거나, ② 연료 효율

적인 신형 항공기를 도입함으로써 운항 원가구조를 개선하거나 또는, ③ 노후
항공기를 새것으로 교체해야 할 필요성이 있는 경우 등을 들 수 있을 것이다.
어느 이유든 항공기를 발주하는 항공사로서는 수익성, 운송수요, 금융환경 등
펀더멘털이 우호적인 상황으로 유지될 것을 가정하여 항공기를 주문하게 된다.

앞에서도 설명한 바와 같이 항공운송 공급요인은 조정변수로서 좌석의 추
가공급은 수요변동에 상응하여 매치되어야 하므로, 항공사로서는 전략적인 관
점에서 수요와 공급의 균형(balance of demand-supply)을 적정수준에서 유지하여야
할 필요가 있다. 만약 초과공급상황이 온다면 이는 항공사의 경영을 악화시키
는 요인이 되기 때문이다.

(2) 항공기의 추가 공급여력은 충분

많은 분석가들은 최근 운송환경이 ① 2010년 이후 항공사들의 기록적인
수익성 향상 및 원가구조 개선, ② 인구증가, 이머징마켓의 중산층 확대 등에
따른 항공여행수요의 지속적인 성장세(연평균 6.6%), ③ 보잉·에어버스사의 향후
20년간 항공기 인도전망(39,000~44,000대), ④ 기록적으로 높은 탑승률(2018년 81%)
및 티켓매출 등의 상황을 감안할 때 대체로 항공기의 추가시장 공급여력은 충
분히 있을 것으로 전망하고 있다.

(3) 항공기 주문과 실제 인도물량 간의 괴리

보잉과 에어버스사가 발표하는 연도별 항공기 주문 및 인도대수를 살펴보
면 상호간에 편차가 큰 것을 알 수 있다. 〈그림 1-50〉에서 보는 바와 같이 매
년 인도대수는 대체로 안정적인 증가패턴을 유지하는 반면에, 주문대수는 인도
물량에 비해 위아래로 변동이 큰 편이다. 통상 항공사의 수익이 증가하게 되면
연료효율 신형 항공기의 확보, 노후기종의 개체 등 필요에 따라 주문이 증가하
는 경향이 있으나 연도별로는 주문수량의 기복이 클 수밖에 없다. 항공기 제작
사들도 이러한 항공사들의 주문에 대처하여 생산능력을 조정할 시간적 여유가
그리 많지 않은 편이다. 생산전략상 현 생산모델의 라인증설이나 신기종의 개
발 등에 제약이 존재하여 항공사들의 주문량에 따른 생산대수의 증강에는 아

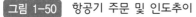

그림 1-50 항공기 주문 및 인도추이

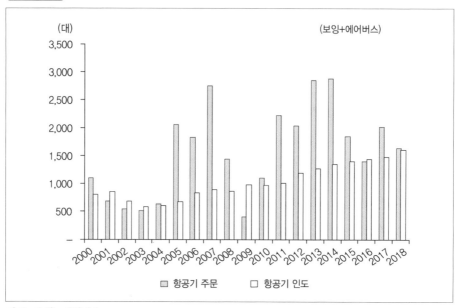

자료: 보잉, 에어버스.

무래도 무리가 있어 항공기 제작사들도 사이클을 따라가는 편이다.

특히 항공기 주문의 경우 2005~2007년 및 2011~2014년에는 그 이전에 비해 큰 폭의 주문증가가 있었다. 〈그림 1-50〉에서 보는 바와 같이 항공기 주문의 경우 특히 2013~2014년의 2년간은 연간 2,800대 이상의 역대 최고치를 갱신하였는데, 당시 북미지역의 구형항공기 대량 교체, 신형 연료효율 항공기 출시 및 이머징마켓의 성장수요 등이 영향을 미친 결과로 분석된다.

(4) 수주잔량 증가에 따른 항공기 인도 리스크의 증가

항공기 제작사들이 수주 후 인도되지 않은 누적물량은 수주잔량(backlog)이라고 하는데, 2018년 기준으로 보잉, 에어버스를 합하여 13,528대, 금액으로는 약 0.9조달러 규모로 매년 최대치를 갱신하고 있다. 10년전인 2008년도의 수주잔량 7,429대에 비하면 거의 두 배나 증가한 물량이다. 그 결과 항공사들이 주문 후 항공기를 실제 인도받기까지 기다려야 하는 기간인 대기기간(lead time)은

그림 1-51 항공기 수주잔량 추이

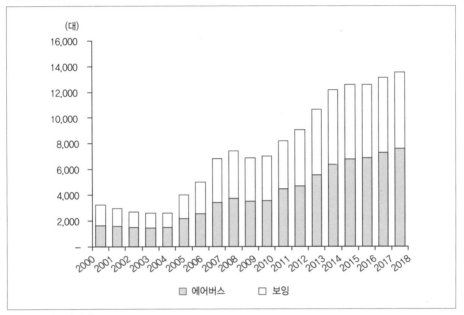

자료: 보잉, 에어버스.

보잉사의 경우 7.4년, 에어버스사의 경우 무려 9.5년을 기다려야 하는 실정이
다. 2007년 이전에는 통상 대기기간이 2~5년에 불과하였던 것과 비교하면 상
당히 길어진 시간이다. 대기기간이 점차 장기화됨에 따라 항공기 제작사들도
생산라인을 증강시키고는 있지만 생산가능한 물량의 한계로 아무래도 그 기간
을 축소하는 데는 제약이 있을 수밖에 없다. 항공기 수주잔량의 증가는 성장의
기회이기도 하지만 위협이 될 수 있는 양면성을 내포한다. 당초 예측한 대로
항공기 인도시에 운송경기의 호황이 지속된다면 항공사, 항공기 제작사 모두에
게 더없는 성장요인이 될 수 있지만, 경기사이클의 하락 또는 외인성 이벤트
발생 등으로 운송수요가 침체되면 높은 수주잔량은 오히려 상당한 인도리스크
로 작용할 수 있다. 수요가 감소하게 되면 공급의 탄력적인 조정이 뒤따라 주
어야 하는데, 과거의 사례를 보면 항공사의 수익저하, 금융유동성 제약 등의
상황과 맞물려 항공기 인도일정을 뒤로 미루거나 인도받을 항공기를 시장에

선매각해 버린다거나 아니면 아예 발주자체를 취소하는 상황도 종종 발생한다. 산업계에서도 현 상태의 주문 및 수주잔량이 과도한 공급능력을 유발하여 사이클의 침체를 가져올 수 있는지에 대해 다각적인 논의가 진행중에 있다.

6) 항공사의 수익성

(1) 경기사이클 및 외부 이벤트 등에 따른 변동성

항공운송산업은 세계 경기사이클의 변동과 전쟁, 테러, 질병 등 외부적 사건 등에 따라 굴곡이 심한 변동성을 보인다. 1990년대 이후 전세계 항공사의 수익성은 흑자와 적자의 양상이 구간별로 반복되어 나타나는데 기간별 그 주요 영향요인을 설명하면 다음과 같다.

그림 1-52   항공사 순이익 및 항공운송수요 증가율 추이

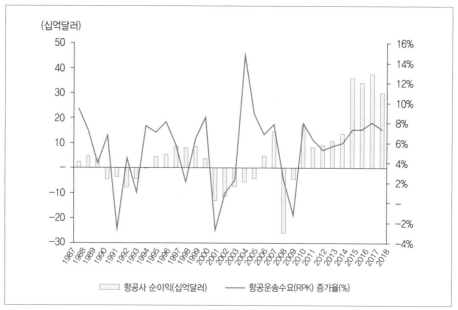

자료: IATA.

■ 1990 ~ 1994년 : 걸프전의 영향 등으로 적자 지속

■ 1995 ~ 2000년 : 전반적인 세계경기 호황으로 흑자

　• 1997년 발생한 아시아 금융위기는 아시아지역 항공사들에게만 타격

■ 2001 ~ 2005년 : 테러 및 글로벌 경기의 하강국면과 맞물려 적자 지속

　• 2001년 9/11 테러는 미국 항공사들에 특히 심각한 타격

　• 2003년 SARS 발생은 특히 홍콩 항공사에게 국지적인 타격

　• 2004년부터 유가가 크게 급등하기 시작하여 항공사 영업이익에 부담

■ 2006 ~ 2007년 : 항공운송수요의 회복 등으로 흑자 반전

■ 2008 ~ 2009년 : 글로벌 금융위기 및 국제유동성 부족 등으로 적자 반전

　• 2008년 리만사태 및 유럽 금융위기로 항공운송산업 및 금융시장 모두 침체

■ 2010년 이후 : 운송수요 확대, 유가하락, 원가절감 등으로 거액 흑자 지속

　　특히 2000년대는 변동성이 극심한 10년이었음을 알 수 있다. 경기침체, 유

그림 1-53　항공사의 수익성 추이

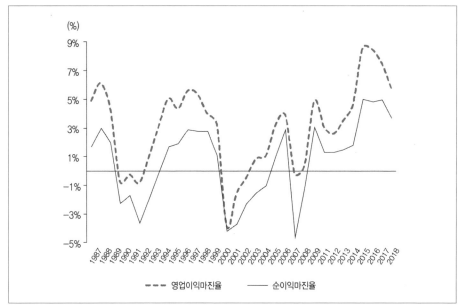

자료: IATA.

가급등, 공급과잉, 경쟁심화, 저가항공사의 부상, 테러 및 금융위기의 발생 등이 한 시기에 발생하여 순탄치 못한 시대를 겪었으며 동시에 항공사의 수익성이 하락하는 결과를 가져왔다.

한편, 항공운송 사이클의 골이 깊었던 저점을 대표적으로 들자면 〈그림 1-52〉 및 〈그림 1-53〉에서 보는 바와 같이 1991년과 2001년 그리고 2009년이라고 할 수 있다. 1991년은 걸프전과 세계경기불황으로, 2001년은 테러리스트 공격과 경기불황으로 촉발되었다면, 2009년의 저점은 글로벌 금융위기, 유가급등이 원인이 되어 글로벌 GDP 및 항공운송수요가 하락하게 된 케이스이다. 따라서 전쟁, 테러가 경기하락과 결부되어 발생한 이전의 두 케이스와 금융위기로 발생한 2009년의 케이스는 전혀 다른 배경이 영향을 미쳤음을 알 수 있다.

(2) 다른 산업에 비해 낮은 저수익성

항공운송산업의 수익성은 2010년 이후 안정적인 흑자를 지속하고는 있지만 그 이전까지는 전통적으로 경기사이클에 따른 업다운이 심하고 이익 규모도 적은데다 이익의 지속기간도 상당히 짧게 지속되는 양상을 보인다. 예컨대 1990~2010년까지 항공사 전체의 평균 순이익마진율은 −0.15%에 불과하다. 이러한 연유로 투자자들이나 평가기관들 사이에서 항공사의 수익성은 다른 산업에 비해서도 상대적으로 저평가되어 있다는 인식이 지배적이었다.

이와 같은 항공사의 저수익성 및 유동성 위기 등과 맞물려 파산하거나 구조조정을 겪는 등 불운한 항공사의 리스트는 상당히 길다. 미국의 대형항공사인 American Airlines, United Airline, Delta Air Line 모두 9/11 사태 이후 파산보호를 신청한 경력이 있으며 다른 항공사와의 합병 등을 통해 경영을 회복한 항공사들이다. 일부 저가항공사들이 성공적인 수익을 내고 있지만 다른 산업에 비하면 여전히 수익성이 낮은 편이다.

항공운송산업의 과거 31년간(1987~2018) 연평균 마진율은 0.7%로 다른 산업에 비해서도 전반적으로 낮은 수익성을 보이고 있다. 전세계 항공사들이 이러한 낮은 수익성 등으로 어려움을 겪는 요인들은 여러 가지가 있겠지만 다음과 같은 점들이 의미있는 참고가 될 수 있을 것이다.[37]

■ 재무구조상 고정비 및 변동비 비율이 높다. 인건비, 유류비, 금융비용은 항 공사로서는 가장 민감하고 대표적인 원가구성요소이다. 복잡한 사업구조를 유지하려면 높은 인력수준 및 인건비를 부담하여야 한다. 조종사, 캐빈승무 원 등 인적자원비용은 고정항목으로 경기변동과 무관하게 일정 수준으로 유 지되어야 하나 호봉인상 등으로 상승하는 경우가 대부분이다. 항공산업은 또한 항공기에 대한 거액투자가 요구되는 산업으로 항공기의 수명이 25~30 년의 장기이어서 아무리 재정이 양호한 항공사라도 대규모 리스 및 은행차입 이 불가피하며 금융비용의 의존도가 크다. 9/11 사태 이후 보안비용(security cost)이 급격히 상승한 점도 항공사의 경영에 부담을 주는 요인이다.

■ 유가변동 또한 원가에서 차지하는 부담이 큰 산업이며, 유가상승은 항공사 의 큰 비용 증가요인이지만 그 지출에 대한 혜택은 타산업인 예컨대 정유산 업의 이익으로 돌아가는 경향이 크다.

■ 국가·사회적 필요에 의해 저수익 항공사라도 존속시킬 유인이 크다. 다른 산업도 비슷하겠지만 항공운송산업은 특히 공공성과 국제성이 강한 산업이 며, 국적 항공사의 경우 국가신인도와 직결된다. 항공운송산업이 파산할 경 우 다수의 실업자 발생, 항공여행객의 불편, 채권단의 손실가중, 국가신인도 하락 등으로 오랫 동안 저수익의 늪에서 시달리는 항공사라도 쉽게 파산결 정을 내리지 못하며, 특히 정부나 정치권에서 구제금융을 제공해서라도 사 업을 연장해 줄 개연성이 크다.

■ 항공기 좌석의 소멸성이 가격인하 경쟁의 원인으로 작용한다. 재정상 어려 움을 겪는 항공사라도 남아 도는 좌석은 할인가격에라도 팔아야만 하는 유 인이 존재하며, 재정이 건전한 항공사라도 상대적으로 약한 가격협상력의 속성에 의해 부정적인 영향을 받게 된다. 좌석의 소멸성이라는 제약을 타개 하기 위하여 발전시킨 방식 중의 하나가 항공사간 글로벌제휴(global alliance)의 확산이다.

---

37) IATA, Profitability and the air transport value chain, IATA Economics Briefing No. 10, 2013.

- 경쟁심화로 운임이 하락하는 만큼 항공사들의 비용절감(연료효율 향상, 탑승률 제고, 투입생산성 향상 등) 노력도 상당한데 이러한 노력들의 대부분 효익이 소비자들이나 사회경제적 혜택으로 돌아가는 경향이 있다.

- 외인성 사건발생에 따른 시장충격에 따라 항공수요의 변동이 심하다. 테러, 정치적 불안, 자연재해 등은 항공기 운항 및 수요에 직격탄을 줄 수 있다. 예를 들면 2010년 4월 발생한 아이슬란드 화산폭발로 인한 유럽공역의 폐쇄로 항공사들은 20억달러 이상의 손실을 초래하였고, 2001년 9/11 사태로 인한 영향은 3년 정도 지속되어 미국 항공사들은 정부보조에도 불구하고 여객수요의 급감으로 약 77억달러를, 전세계적으로는 220억달러 정도의 대규모 손실을 초래한 바 있다

- 항공부문 Supply-chain(공항, 리스사, 정유사, 항공기제작사, 정비회사 등) 내의 이익수준도 불균형적이다.[38] 기능적으로 분할되어 있는 Supply-chain의 속성상 수직적 계열화가 어려우며, 항공운송수요의 증가, 비용·원가 절감, 운항생산성의 향상, 연료효율성 향상 등 제반 효익들이 항공사의 수익으로 직접 연결되지 못하고 다른 Supply-chain으로 이전되는 경향이 있다. 가령, 불황시에 항공사는 공급과잉으로 요금을 삭감하여야 하는 어려운 상황에 있는 반면, 공항은 경쟁제약의 속성으로 공항료를 올려 리스크를 항공사로 전가시키는 경향이 있다. 항공기 제작사 또한 전세계적인 과점체제로 경쟁원리에 의한 항공기 도입가격의 하락이 어려운 구조를 띠고 있다.

- 항공사는 경쟁심화에도 불구하고 정부규제가 Cross-border간의 합병을 막아 국제화, 수직적 계열화를 통한 원가절감이 곤란한 측면이 많다.

- 항공여행에 대한 불만 또한 요금인상을 어렵게 만드는 요인이다. 공항에서의 보안검색과 관련된 긴 줄, 협소한 좌석, 불편한 스케줄, 질 낮은 서비스 이런 고질적인 불만들이 항공사들의 요금 인상을 어렵게 만들어 결국 항공사의 수익성을 저하게 하는 요인이 되기도 한다.

---

38) IATA, Profitability and the air transport value chain, IATA Economics Briefing No. 10, 2013.

(3) 투하자본에 대한 정상수준의 이익 창출

항공사의 수익성과 관련하여 주목할 만한 점은 2015년부터 항공운송사업의 투하자본수익률(ROIC)[39]이 가중평균자본비용(WACC)[40]을 4년 연속으로 초과하였다는 점[41]이다. 이전까지는 산업의 모든 기간 동안 WACC이 ROIC를 거꾸

그림 1-54 항공사 ROIC 및 WACC 추이

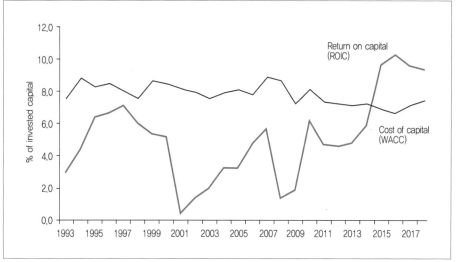

자료: IATA.

---

39) 투하자본수익률(Return On Invested Capital: ROIC)은 산업에 투자된 총자본에 대한 세후 영업이익의 비율로, 투하자본으로 얼마만큼의 이익을 거두었는지를 나타내는 투자성과비율을 말한다.

40) 가중평균자본비용(Weighted Average Cost of Capital: WACC)은 투자자 및 은행들이 표준으로 채택하는 CAPM(Capital Asset Pricing Model) 방식을 사용하여 각 구성비율에 따른 가중치를 사용하여 산출하며, 동종 리스크의 다른 산업에 투자할 경우 투자자들이 획득할 것으로 기대하는 부채와 자본투자에 대한 최소한의 수익률을 의미한다.

41) 2017년 ROIC는 9.0%, WACC는 7.1%, 그 갭은 +1.9%이며 투자자 수익가치(investor value)는 U$131억을 기록하였으며, 2018년에는 다소 그 규모가 축소되어 ROIC 7.9%, WACC 7.3%, 갭 +0.6% 및 투자자 수익가치 U$38억을 시현함(IATA Airline Industry Economic Performances).

로 초과[42]한 상태였으나 갑작스럽게 반전되기 시작하였다. 반전의 배경이 경기호조에 의한 것인지 아니면 유가하락에 의한 것인지는 분석가들 사이에서 논란이 분분한 편이다. 그간의 고질적인 저수익성으로 분석가들 사이에서는 항공운송산업이 매출증가율, GDP 대비 기여도 등 다른 산업 대비 차지하는 위상이 높음에도 불구하고 산업의 수익성이 상당히 저평가된 것 아니냐는 분석이 우세하였었다. 물론 수익성이 양호한 일부 저가항공사 등[43]도 있지만 극히 예외적인 수준으로 외부차입금에 따른 금융비용을 그럭저럭 감당할 만한 수준에 불과하여 전반적으로 지분투자자들의 기대수익에는 못 미친다는 것이었다. 이 비율이 플러스라는 의미는 정상적인 투자이익을 제공하여 신규투자자들이 증가하는 결과를 낳고, 마이너스이면 투자자본이 점차 축소하는 결과를 낳게 된다. 따라서 ROIC는 항공사로서도 산업의 수익성 및 현금흐름의 개선을 가져와 산업가치 및 미래 성장성을 높이는 벤치마크 역할을 하는 지표라고 할 수 있다. 특히 자본집약적 속성이 강하고 보잉·에어버스사의 장기 항공기 수요전망에서 제시한 대로 팽창하는 항공기 도입수요에 부응하여 거액의 항공기금융 조달이 원활하게 이루어져야 하는 산업의 특수성에 비추어 보았을 때 투자자들에 대한 적정이익의 제공은 산업의 가치를 제대로 평가받을 수 있는 핵심지표라고 할 수 있다. 그러나 지역적으로는 그 정(+)의 비율도 여전히 북미와 유럽지역 항공사를 중심으로 집중되어 있고, 다른 지역은 여전히 부(-)의 상태이므로 전반적인 수익성의 개선 및 지역적 확산이 필요한 상태이다.

---

42) 1996~2011년 항공운송사업의 평균 ROIC는 3.8~4.1% 수준인 반면, WACC은 7~9%로 ROIC 비율이 WACC을 하회(IATA, Profitability and the air transport value chain, 2013. 6).

43) 2005~2015년간 자본비용(WACC)을 상회하는 경제적 이익(ROIC)을 거양한 항공사는 Ryanair, EasyJet, Emirates, Alaska Airline 등 13개 항공사에 불과(McKinsey & Company, 2017. 2).

(4) 2010년부터 연속 흑자 기록

전세계 항공사들은 〈그림 1-55〉에서 보는 바와 같이 2010년 서브프라임 이후 9년 연속으로 흑자를 기록중이다. 최근 항공사들의 이러한 괄목할 만한 성장세는 저유가, 저금리, 여행수요의 전세계적 확대, 항공사들의 효율적인 공급관리, 기내식·수하물요금 등 추가 수익원 발굴 등이 복합적으로 작용한 결과라고 할 수 있다.

그림 1-55 전세계 항공사의 매출액 및 순이익 추이

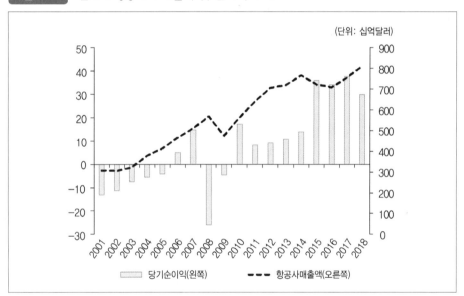

자료: IATA.

(5) 부대수입 증가추세

한편, 항공사 매출은 항공사마다 구성비율이 다르지만 일반적으로 여객매출이 70~78%, 화물매출이 10~14%, 부대수입이 10~20% 정도를 차지하며, 최근에는 부대수입 비중이 지속적으로 증가하는 추세로 그만큼 경영효율성이 증가하고 있다는 의미이기도 하다.

그림 1-56 전세계 항공사의 매출액 구성 추이

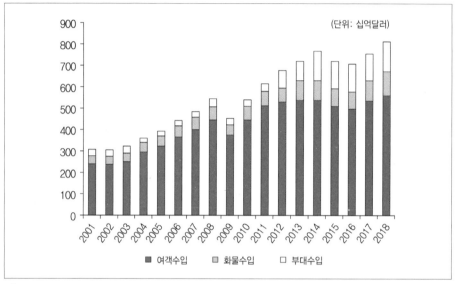

자료: IATA.

매출액 중 부대수입 비중은 주로 저가항공사들이 상대적으로 많은 편이
다. 〈그림 1-56〉은 2001년 이후 전세계 항공사들의 매출액 구성추이를 나타
내는 것이다.

(6) 지역별로는 북미, 아태지역, 유럽지역이 수익성 견인

지역별로는 최근 북미와 아시아·태평양, 유럽지역의 성장세가 전세계 항
공사들의 이익을 견인하고 있는 양상이며, 순이익 규모로는 북미지역 항공사들
이 전세계 항공사 순이익의 거의 절반을 차지한다.

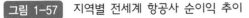
그림 1-57 　지역별 전세계 항공사 순이익 추이

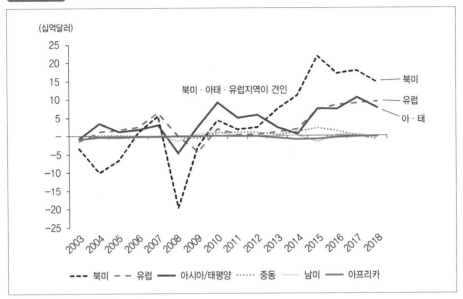

자료: IATA.

(7) 비즈니스 승객이 여행승객보다 높은 수익성

항공사마다 차이는 있지만 일반적으로 60%의 수익은 직접 소비자들로부터, 나머지 40%는 크레디트카드 회사에 Frequent-flier Miles를 판매하거나 또는 항공기 정비수익, 기타 수익의 형태로 벌어들인다. 소비자수익 중에서도 비즈니스 승객은 평균 12% 정도의 수익비중을 차지하나 이익은 일반여행객보다 통상 두 배 이상이며, 비즈니스 비중이 높은 일부 항공사는 75% 정도의 수익을 비즈니스 승객이 차지하기도 한다. 비즈니스 승객은 사업 목적상 여러번 여행하는 데다 가격이 높더라도 업그레이드된 서비스를 구매할 가능성이 더 큰 반면, 여행목적의 승객은 가격에 민감해 고가서비스를 구매할 가능성이 상대적으로 낮으며 특히 경기가 하강국면일 경우에는 여행수요가 감소하는 경향이 있다.

7) 탑승률

탑승률(Load Factor)은 항공기의 가동률 즉, 제공된 항공기 좌석 중 얼마가 실수요로 채워져 운송되었는가를 나타내는 지표로 항공운송수요(RPK)를 항공기 좌석공급(ASK)으로 나누어서 산출한다. 여객부문은 유상여객탑승률(Passenger Load Factor)로, 화물부문은 유상화물탑재률(Freight Load Factor)로 구분하여 산출한다. 항공기는 운항할 때마다 승무원, 지원인력, 정비, 연료 등 고정비용이 많이 소요되기 때문에 탑승률이 높으면 높을수록 항공사 수익성도 증가한다는 것이 일반적인 개념이다. 예를 들어 전체 좌석의 50%만 채워져 운항하는 항공기가 수익을 충분히 내고 있다고 보기는 힘들 것이다. 그러나 항공사마다 재무 및 영업구조가 상이하여 탑승률이 높다고 반드시 수익성도 좋다고 일률적으로 말할 수는 없으며, 이를 위해 고정비를 감안한 이익 하한지표인 손익분기탑승률(Break-even LF) 지표가 사용된다. 항공사들도 이 수치 이상으로 탑승률을 높여 수익을 극대화하기 위해 항상 노력하고 있다.

그림 1-58 항공사의 여객탑승률(LF), ASK 및 RPK 추이

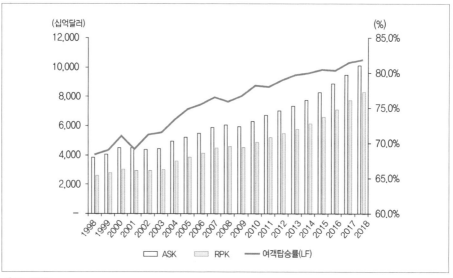

자료: IATA.

전세계 항공사들의 장기 여객탑승률은 지속적인 상승추세인데 〈그림 1-58〉에서 보는 바와 같이 특히 2018년에는 전년도의 81.5%에 이어 81.9%대의 사상 최고치 탑승률을 기록하고 있다. 이러한 탑승률의 상승추세는 전체적으로는 산업계의 항공기 좌석공급량(ASK)이 항공운송수요(RPK)를 제대로 따라가지 못하여 발생하는 현상이기는 하지만, 2009년 이후 항공사들도 수익성 극대화를 위해 항공기의 자산이용률 제고 즉, 수요가 적은 노선에서 보다 많은 노선으로 항공기를 재배치한다든지, 계절적 수요변동에 적절히 대처한다든지 또는 항공사 간 좌석공유 프로그램 등으로 항공기의 탄력적 운용 및 좌석공급을 효율화한 전략적인 노력의 결과라고 할 수 있다.

2017년부터 유가, 금리 및 인건비 등 원가요소가 점차 상승함에 따라 〈그림 1-59〉에서 보는 바와 같이 Break-even Load Factor가 오르고는 있지만, 2009년경부터 Break-even Load Factor와 실제 실현된 Achieved Load Factor 차이인 Load Factor Gap이 점차 확대되어 온 것을 볼 수 있다. 그만큼 항공사

그림 1-59 항공사의 Weight Load Factor Gap

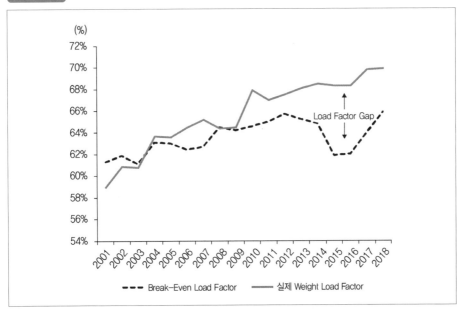

자료: IATA.

의 수익성 및 재무상태가 점차 개선되고 있다는 것을 나타낸다.

8) 유가

유류비는 항공사 원가 중 가장 중요한 변동비 지출항목이다. 2016년 이후 유가하락 추세로 인건비에 역전되긴 했지만 2015년 이전에는 경영원가 중 유류비가 매년 가장 비중이 큰 지출항목이었다. 〈그림 1-60〉에서 보는 바와 같이 특히 2008년에는 유류비 비중이 거의 패닉수준인 36%까지 치솟았었으나 2018년에는 24%대로 하락한 상태이다. 2003년 대비 항공사들의 유류비 지출 액도 2008년에는 4.6배, 2013년에는 5.2배로 상승하였다가 2018년에는 4.1배 수준으로 다소 하락한 상태이다. 제트연료인 항공유는 원유로부터 뽑아내야 하므로 국제유가 수준과 직접 연동한다.

한편, 유가가 하락하는 국면에서는 통상 항공사의 이익도 동반하여 증가

그림 1-60 항공사의 연료비 지출액 및 원가 중 비중

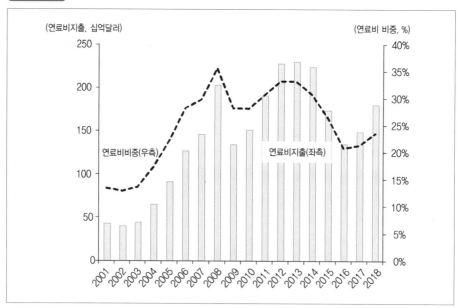

자료: IATA.

그림 1-61 유가 및 BEP 유가 추이

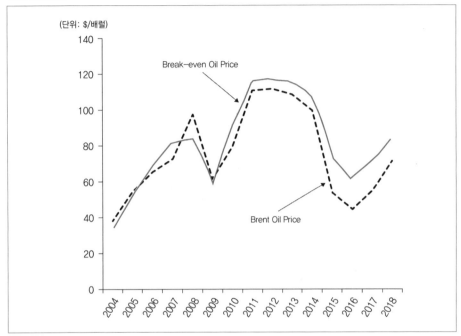

자료: IATA, ICAO.

한다. 그러나 유가가 하락하더라도 항공사들은 유가하락 이전에 보통 선도계약 (future contracts)으로 거래하기 때문에 실제 비용절감효과는 3~6개월 정도 늦게 나타나는 것이 일반적이다. 유가와 관련하여 또 한 가지 특기할 만한 사항은 유가상승이 항공사들의 경쟁력 강화요인으로 작용한다는 점이다. 실제 유가가 높게 형성되었던 2006년 이후 전세계 항공사들은 연료효율이 좋은 신형 항공기의 도입, 비효율 구형 항공기의 퇴역, 비수익노선 정리, 탑승객 확대를 위한 항공사 간 제휴, 제반 부대수입의 확대 등으로 수익성 및 경쟁력을 지속적으로 향상시켜 왔으며 최근 몇년간 기록적인 수익성은 단지 유가하락으로 인한 개선효과만은 아니라는 것이다.

　　항공기는 이륙 및 착륙시 많은 연료가 소모되기 때문에 연료효율 측면에서 단거리보다는 장거리 노선이 일반적으로 유리한 특성을 보인다.

02

항공기금융

제 2장에서는 항공기금융에 대한 전반적인 이해를 돕기 위한 항공기금융의 개념과 특성, 금융절차 등에 대해 알아본다.

2.1 에서는 항공기금융이 다른 일반적인 금융과 구별되는 속성과 기본구조에 대해,

2.2 에서는 항공기를 리스할 것인지 또는 구매할 것인지의 의사결정 방법에 대해 분석해 본 후 다양한 항공기금융 조달방법들에 관해 고찰해 본다.

2.3 에서는 항공기금융의 취급절차를 마케팅에서부터 자금인출 단계까지 순차적으로 정리하여 보고,

2.4 에서는 항공기금융에 수반되는 주요 계약서에 대한 체결당사자와 그 주요 내용 등을 알아본다.

2.5 에서는 각 시대별로 항공기금융을 리드한 주요 Player의 역할과 배경은 어떠 하였는지에 대해 고찰해 보기로 한다.

2.1 항공기금융 개요

1) 정의

항공기금융(aircraft finance)이란 금융기관이 항공사 또는 리스회사 등에게 상업용 항공기의 도입 및 운용에 필요한 금융을 제공하는 것을 말한다. 항공기는 도입대상에 따라 신규 또는 중고 항공기일 수도 있으며, 기존에 차입한 금융을 상환하고 새로 차입을 일으키는 차환금융(refinance)의 형태일 수도 있다.

항공기금융과는 별도로 항공기의 제조·개발과 관련하여 소요되는 금융은 항공기개발금융(aircraft development finance)으로 구분한다. 항공기개발금융과 항공기금융은 합하여 항공금융(aviation finance)이라고 하는데, 항공기가 개발되던 초창기에는 항공기금융이라고 하면 주로 항공기개발금융을 지칭하였으나, 지금은 항공기 제조산업과 항공운송사업이 별도의 산업으로 크게 발달한 만큼 이를 구분하여 통용하고 있다. 항공기개발금융은 항공기제작회사에 대한 여신으로서 성격상 일반 제조업에 대한 기업여신과 크게 다르지 않다.

항공기금융도 금융을 제공한다는 측면에서 다른 금융방식과 별다른 차이가 없고 지금은 항공기금융이라는 용어가 보편적인 금융형태로 정착되어 있는 상태이지만, 대략 30년 전인 1990년대만 하더라도 일반적인 금융과는 달리 취급에 전문적인 역량이 필요하여 특수하면서도 다소 생소한 금융영역으로 인식되어져 온 것이 사실이다.

항공기금융은 속성상 다음과 같은 금융의 영역에 속한다고 할 수 있다.

■ 특수금융(special financing): 금융대상이 되는 자산이 항공기에 국한된 다소 좁은 영역이고, 대부분 물적 금융기법인 첨단 영역의 리스기법과 결합됨에 따라 항공기금융은 선박금융과 함께 오래 전부터 대표적인 특수금융 영역으

로 간주되어 왔다.

■ 프로젝트금융(project financing): 선박금융과 마찬가지로 대상자산인 항공기의 임대·운용·판매사업 등으로부터 발생하는 현금흐름에 기초하여 투자자금을 회수하게 되므로 일종의 프로젝트금융에 속한다.

■ 자산금융(asset financing): 항공기금융은 대표적인 자산금융의 영역에 속한다. 항공기금융은 전통적으로 최종 여신 상환주체로 항공사나 항공기리스회사의 신용도에 주로 의존하여 왔으나, 경쟁심화 및 항공운송사이클의 변동에 따라 유럽, 미국 등 항공사들의 파산사태와 구조조정 등을 겪으면서 점차 항공기자산의 가치에 보다 중점을 둔 금융방식으로 변모하게 되었다. 이에 따라 금융기관의 여신 취급가능성을 검토하는 여신심사 절차상 항공기에 대한 가치분석은 항공사 등에 대한 신용분석과 함께 중요한 비중을 차지한다.

■ 구조화금융(structured financing): 각국의 세법 및 정부규제 등을 감안하여 금융구조와 조건을 최적으로 설계하여 제공하여야 하는 측면에서 항공기금융은 구조화금융의 일종이라고 할 수 있다.

한편, 항공기금융을 필요로 하는 주체는 항공기를 주요 영업 및 수익수단으로 운용하여야 하는 전세계 항공사들과 항공기를 항공회사에 임대하여 수익

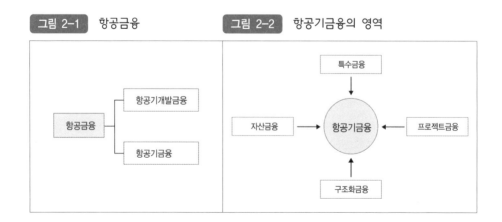

그림 2-1 항공금융   **그림 2-2** 항공기금융의 영역

을 발생시키는 항공기전문 리스회사가 대부분이며, 그 밖에 대체 투자수단으로서 투자수익의 거양 등을 목적으로 하는 항공기금융 투자자들이다.

2) 특성

항공기금융은 여타 금융과 많은 공통점이 있으나 자산의 속성, 참여당사자, 항공운송시장, 금융의 전문성 등에 따라 달라지는 만큼, 관련 금융도 일반 기업여신뿐만 아니라 선박금융 등 유사한 동종의 금융방식과도 구별되는 상이한 특성을 갖는다.

(1) 거액 설비금융

항공기금융은 전형적인 대형설비(big ticket)금융거래이다. 항공기 가격은 기종마다 차이가 있으나 몇 가지 모델을 예로 들면 2018년 공시가격(list price)[1] 기준으로 항공사에게 가장 인기있는 에어버스사의 A320neo의 경우 U$110백만, 보잉사의 B737Max8은 U$117백만에 이르며 B777-300ER은 U$362백만, A350-1000은 U$366백만 등으로 항공기를 신규로 도입하기 위해서는 일반적으로 대규모의 자본적 지출이 불가피하다. 항공사나 리스회사가 금융비용이 보다 저렴한 금융시장과 기법을 탐색하는 배경이나 리스초기 비교적 소액의 리스료 지출만으로 전체 항공기의 운용이 가능한 이점이 있는 운용리스 방식이 큰 인기를 끌고 있는 시장현상 등도 이러한 항공기 가격의 거액 금융속성에 기인한다.

2018년 기준 보잉, 에어버스사의 신규 제작 항공기에 대한 기종별 고시가격은 〈표 2-1〉과 같다.

---

1) 공시가격일 뿐 항공사들은 개별협상과 항공사의 이력, 신용도, 대량발주 여부 등에 따라 다양한 할인혜택을 받을 수 있어 실제 이들 가격을 제작사에게 그대로 지불하는 항공사는 거의 없는 편이다.

| 표 2-1 | | 2018년도 보잉, 에어버스사의 항공기 고시가격 | | | | | | (단위: U$백만) |

보잉사				에어버스사			
기종	가격	기종	가격	기종	가격	기종	가격
737-700	85.8	767-300ER	209.8	A318	77.4	A330-300	264.2
737-800	102.2	767-300F	212.2	A319	92.3	A330-900neo	296.4
737-900ER	108.4	777-200ER	295.2	A320	101.0	A350-800	280.6
737 Max 7	96.0	777-200LR	334.0	A321	118.3	A350-900	317.4
737 Max 8	117.1	777-300ER	361.5	A319neo	101.5	A350-1000	366.5
737 Max 200	120.2	777F	339.2	A320neo	110.6	A380	445.6
737 Max 9	124.1	777-8	394.9	A321neo	129.5		
737 Max 10	129.9	777-9	425.8	A330-200	238.5		
747-8	402.9	787-8	239.0	A330-800(neo)	259.9		
747-8F	103.6	787-9	281.6	A330-200F	241.7		
		787-10	325.8				

자료: Boeing, Airbus 홈페이지.

(2) 장기 여신기간

항공기는 경제적 수명이 긴 자산이다. 일반적으로 100석 이상 기종의 경우 경제성을 감안한 내용연수[2]가 25년 이상이며, 지속적인 정비를 통해 부품만 제때에 교체해 주면 거의 50년 가까이도 사용할 수 있는 것으로 알려져 있다. 실제 전세계에 30년 이상 경과한 많은 항공기가 여전히 상업적으로 운용중이며,[3] 수명이 일정기간 경과한 여객기는 화물기로 개조하여 수명과 가치를 더욱 연장시키거나 향상시킬 수도 있다. 항공기의 긴 수명에 부합하여 항공기금융의 여신기간도 통상 장기로 이루어진다. 이는 투자의 회수기간이 길어지는 이유에서이기도 한데, 항공기의 자산가치가 상대적으로 높고 안정적인 반면, 항공기를 운용하는 항공사의 수익성은 그리 높지 않을 뿐더러 계절적인 수익

---

2) 항공기는 사용연한(수명)이 정해져 있지 않으나 오래될수록 정비비용이 과다하게 지출되어 경제성을 상실하므로 '경제수명'이라는 용어를 사용하며, 경제수명이 다할 경우 항공기를 퇴출시키기도 한다.

3) 2017년기준 전세계에서 운용중인 항공기 24,400대 중 기령 25년 이상의 항공기는 약 900대 (비중 3.7%)이다(Boeing Current Market Outlook 2018).

변동의 특성 등으로 항공사가 매기 상환하여야 하는 금액에 일정제약이 존재하는 점도 배경으로 작용한다. 여신기간은 각국의 규제, 담보가치, 신용도, 금융구조 등에 따라 거래마다 차이가 있지만 선순위금융의 경우 통상 10~12년, 일부는 15년까지 이루어지는 경우도 있으며, 후순위 금융은 5~7년 정도로 선순위에 비해 다소 짧게 책정되는 것이 일반적이다.

(3) 안정적인 담보가치

항공기는 자산이 갖는 속성 및 운송산업의 특성 등으로 다른 자산에 비해 담보가치가 상당히 안정적인 편이다. 몇 가지 주요 요인들을 언급하면 다음과 같다.

① 최근 전세계 경제발전 및 소득수준의 향상 등으로 항공여행수요가 크게 증가하였고, 수많은 저가항공사들이 설립되어 성공적으로 정착함에 따라 항공좌석의 공급량이 획기적으로 증가하였다. 전세계에 등록된 항공사의 숫자만 5천개[4]를 상회하는 것으로 알려져 있다.

② 항공기는 안전성과 기술력이 무엇보다 중요시되는 산업특성상 기술력이 입증된 소수의 항공기 제작회사만이 항공기를 제작하여 공급하고 있다. 전세계적으로 민간항공기를 생산할 수 있는 항공기 제작회사는 소수에 불과하지만 그나마도 보잉사와 에어버스의 양사가 전체 항공기 생산량의 약 90% 이상을 점유하는 과점체제를 형성하고 있는 것은 항공기술력의 중요성을 대변한다고 할 수 있다. 항공사가 항공기를 주문하여 인도할 때까지 약 4년 이상 길게는 10년 가까이 소요되는 점도 신규 진입장벽이 상당히 높다는 것을 대변한다.

③ 철저한 항공기 유지·정비는 항공기의 안전운항에 직결될 뿐만 아니라 항공기의 장기 가동에 필수적인 요소로서 유지·정비가 철저하게 이루어진 항공기는 20년 이상 기간이 경과하더라도 잔존가치가 취득가액의 50%를 넘는 경우도 많다.

④ 이동성(mobility)이 우수하여 특정지역에 고착화되어 있는 부동산이나 인

---

4) ICAO 코드를 부여받은 항공사 기준이며, 상업적으로 운항하는 정기항공사는 약 770~800개 정도이다.

프라 설비와 달리 국경을 넘나들면서 운항되는 국제적인 특성으로 인하여 항공기 담보가치가 특정지역이나 환경변수의 영향을 크게 받지 않는다.

(4) 다양한 금융기법 발달

항공기금융은 거액의 대규모 설비금융으로서 안정성과 수익성을 동시에 만족시키는 투자대상으로서 인기가 많은 만큼 다양한 금융기법이 발달되어 있다. 뒤에서 자세히 설명하겠지만 국제 알선리스, 공적 수출지원금융, 항공기 선급금금융, 택스리스, Sale & Lease-back, 자본시장상품(유동화증권, EETC 등) 등과 같은 다양하고 복잡한 기법이 개발되어 전세계적으로 사용되고 있으며, 시장상황 및 참가자들의 이슈 진전에 따라 새로운 금융기법이 개발되어 시장에 나타나기도 한다.5) 그러나 과거 저렴한 금융조달을 목적으로 새로운 금융기법이 생성되어 인기를 끌다가도 회계, 세법이나 법률환경 변화, 규제 시행 등으로 시장에서 사라져 버린 금융기법들도 수없이 많다.6)

또한, 항공기는 한 대씩 금융이 추진되기도 하지만 항공사들의 대량주문으로 인도시기가 겹치게 되면 많게는 수십대의 항공기를 대상으로 한번에 자금조달하는 경우도 흔히 발생한다. 이 경우 아무리 큰 대형은행이라고 하더라도 소수의 은행만으로 자금을 감당하기 어려워 10여 개의 은행이 공동으로 신디케이션 방식으로 추진하는 것이 일반적이며, 개별은행의 자금수요에 따라 선순위, 후순위, Equity 투자 등으로 구조를 세분화하여 기법을 고도화하는 경우가 많다.

(5) 이해관계 및 계약구조 복잡

항공기금융은 공장, 설비 등 국내시장에 한정된 국내여신과는 대상시장, 이해관계자, 관련 법규의 적용, 채권보전 등과 관련하여 많은 차이가 있으며,

---

5) 이의 대표적인 사례로는 공적수출지원기관(ECA)의 보증을 기초로 한 자본시장에서의 증권 발행, 미국 수출입은행의 일시 보증기능 정지에 따른 민간보험회사의 신용공여(AFIC: Aircraft Finance Insurance Consortium) 금융리스 등이 있다.

6) 대표적인 예로 미국의 투자세액공제를 활용한 Ownership FSC Lease, Commissioned FSC Lease, Lease-hold Structure, 일본의 Japanese Leveraged Lease 등이 있다.

이에 따라 관련 계약서의 종류도 다양한 특성을 지닌다. 항공기금융이 국제여신이면서도 다른 여신에 비해 복잡하게 인식되는 까닭은 여러 가지를 들 수 있으나 다음과 같은 특성들이 복합적으로 작용한 결과라고 할 수 있을 것이다.

① 항공기의 국제적 이동성, 국가마다 고도의 규제산업에 속하는 항공산업의 특성상 항공기 운항시 다양한 국가의 법률이 적용되어 각국 법률 간의 충돌 가능성이 광범위하게 존재하며 국제적 협약의 저촉을 받는다.

② 비교적 신종 물적 금융기법인 리스구조가 금융구조와 결합되어 참여당사자가 다수이고 현금흐름, 권한과 책임, 자산가치, 국제조세, 정부규제 등의 요소가 복합적으로 관련되어 전체적인 구조 파악이 쉽지 않다.

③ 항공기의 운항성 유지를 위해서는 정기적인 정비와 지속적인 부품교체가 요구되는데 엄격한 수준의 정비가 이루어지지 않을 경우 항공기 담보가치의 급격한 저하가 발생한다.

④ SPC인 차주의 소재 국가, 준거법의 선택 등에 따라 다양한 법규가 적용된다. 특히 담보의 법적 유효성에 관해서는 국가마다 점유권, 질권, 압류권 등 여러 가지 형태가 존재하며, 케이프타운협약 등이 마련되어 있긴 하지만 담보권의 순위, 집행절차 등과 관련하여 국제적으로 통일된 법률이나 절차의 마련이 아직도 요원한 상황이다. 아프리카 등 일부 지역의 경우 금융기관에 비우호적인 국가들도 많다.

⑤ 항공기금융의 취급은 전문적인 영역으로, 구체적인 데이터나 정보가 외부로 충분히 공개되지 않아 정보획득이 상당히 어려운 편이며, 대부분 소수의 금융기관, 전문가의 축적된 경험과 노하우에 의하여 주도되는 경향이 크다.

(6) 다양하고 전문적인 유관기관 발달

항공기는 엔진 등 주요 부품에 대한 정비·유지만 잘 받으면 수십년 간 운항이 가능한데다, 신규 항공기 주문시 시장리스크 변동에 대한 부담 등으로 특히 저가항공사, 후발 항공사들의 중고항공기에 대한 수요가 커서 이를 매매하기 위한 관련 중고시장이 비교적 잘 형성되어 있다. 또한 전문적 영역에 속하는 항공기금융의 속성상 항공기와 항공사 영업과 관련된 전문지식과 경험을 갖추고 이를 지원하기 위한 다양한 가치평가기관, 전문리스회사, 리서치기관, 금융기관 등이 전세계에 발달되어 있다.

(7) 항공운송수요에 밀접한 영향

항공기금융 수요는 글로벌경기, 유가, 환율 등 경제적 요인과 전세계적인 질병, 테러의 발생 등 항공운송수요에 직접적인 영향을 미치는 다양한 변수의 영향이 큰 편이다. 특히 항공운송수요는 GDP와 직접적으로 연동되어 세계경기가 호황국면일 경우에는 항공사의 수익성이 증가하고 항공기금융 수요도 증가하는 반면, 불황국면일 경우에는 항공사의 재무부담이 가중되어 항공기금융 수요도 동반하여 하락하는 현상을 보인다. 국제유가와 환율변동 또한 항공사의 재무 및 수익성에 직접적인 영향을 미쳐 항공기금융 수요를 변동시키는 요인이다.

3) 구분

항공기금융은 금융대상, 조달여건, 정부규제, 금융구조 등에 따라 다양한 형태로 나타나 이를 단순하게 구분하기란 쉽지 않다. 때로는 한 가지 기법이 독자적으로 사용되기도 하지만 많은 경우 두세 개의 기법이 복합적으로 결합하는 경우가 대부분이다.

(1) 항공기 라이프사이클에 따른 구분

항공사 또는 항공기 리스회사가 항공기를 신규 도입하거나 항공기의 운용 과정상 필요한 라이프사이클에 따른 금융 구분이다.

구분	내용
선급금 금융 (pre-delivery payment finance)	• 항공기 도입가격중 일정 비율의 선급금 지급을 위한 중단기 금융 • 통상 복수의 항공기 또는 기종을 한꺼번에 묶어서 금융 제공
신규도입금융	• 항공기 도입 가격의 100% 지급을 위한 장기금융 • 채권, 대출, Equity 등 다양한 금융구조 이용 가능

	• 항공기금융이라고 하면 통상 이를 지칭하며 Main Financing 이라고도 부름
중도매각 · 매입금융	• 단일 또는 복수의 항공기를 시장에 매각하거나 또는 인수하기 위한 금융 • 항공기 Sale & Leaseback, Portfolio Financing, 기존 금융을 대환하기 위한 차환금융(aircraft refinancing) 등

(2) 조달 원천별 구분

항공기금융의 주요 공급원은 시장여건, 투자자수요, 조달목적 등에 따라 여러 가지가 있으나 크게 구분하면 금융기관 차입(debt)과 지분투자(equity)로 대별할 수 있다. 주요한 자금 조달원은 항공사에 의한 자체자금(cash), 은행차입금(bank debt), 공적 수출신용기관의 보증(export credit support), 설비신탁증서(Enhanced Equipment Trust Certificate: EETC), 자본시장(capital market) 등으로 구분할 수 있다. 최근에는 항공기금융펀드나 발달된 자본시장을 통한 Equity 조달도 활성화되고 있으나, 항공기금융의 전통적인 주요 조달수단은 여전히 상업은행으로부터의 차입이라고 할 수 있다.

구분	내용
Bank Debt	은행차관단대출, 직접대출, 보증 등
Export Credit Support	미국 수출입은행 보증, 유럽 수출입금융기관 보증 등
Bond Issuance	국부펀드, 사모펀드, EETC, Asset-backed Securities 등
Equity Investment	국부펀드, 사모펀드, EETC 등의 지분증권 투자

(3) 회계, 세무에 따른 구분

국제회계기준위원회(IASB)의 리스회계기준 변경에 따라 거래의 형식이 아닌 실질에 의해 판단하도록 하여 기존의 분류방식이던 금융리스 또는 운용리스의 구분이 사라졌지만, 여전히 가장 기본적이고 중요한 리스의 분류방식은 금융리스와 운용리스에 의한 구분이라고 할 수 있다. 공적 수출신용기관의 보증프로그램에 의하든 각국의 택스리스 구조와 결합하든 모든 금융구조는 이 두 가지 방식 중 하나에 해당한다고 할 수 있으며, 금융리스 또는 운용리스의 여부에 따라 금융구조가 달리 설계된다.

관련된 보다 자세한 내용은 제3장 리스의 일반 개념 및 제4장 상업적 금융리스, 항공기 운용리스 편을 참조하시기 바란다.

구분	내용
항공기 금융리스	항공기 소유에 따른 위험과 효익을 임차인이 부담
항공기 운용리스	항공기 소유에 따른 위험과 효익을 임대인이 부담

(4) 금융의 상환순위에 따른 구분

항공기 담보로부터 발생하는 재원이나 청구권과 관련하여 다른 채권자 간에 발생하는 지급 순위(priority)에 따른 구분이다. 선순위 채권자는 후순위 채권자에 비해 금융 상환순위에서 우선하며, 후순위 채권자는 지분투자자에 비해 우선한다. 선순위 채권일수록 리스크가 적어 금융비용이 저렴하며, 이에 따라 자금을 차입하는 항공사는 일반적으로 후순위보다는 선순위 차입을 선호하는 편이다.

구분	내용
선순위금융(senior financing)	금융의 상환순위에서 선순위 지위를 보유
후순위금융(junior financing)	선순위보다 상대적으로 후순위 지위를 보유
메자닌금융(mezzanine financing)	후순위와 지분투자의 중간적인 지위를 보유
지분투자(equity investment)	대출보다 후순위로 가장 낮은 상환순위

(5) 담보에 따른 구분

담보의 유무에 따라 담보부와 무담보부로 구분된다. 무담보부 금융은 항공기 자산에 대한 담보 없이 차입자의 신용에 의존하여야 하므로 차입자의 신용도가 동일하다면 통상 담보부 금융보다 금융비용이 높은 편이다.

구분	내용
담보부 항공기금융 (secured aircraft financing)	항공기 등 물적담보에 의한 금융
무담보부 항공기금융 (unsecured aircraft financing)	차입자 신용에 의한 기업 금융, 중단기 여신, 통상 담보부보다 높은 금리

4) 항공기 리스금융

항공기금융은 항공기 자산이 갖는 거액금융 속성, 장기 내용연수, 안정적 담보가치 및 리스구조의 이점 등으로 대부분 리스구조를 사용하여 금융을 제공한다.

그런데 금융기관 입장에서 일반적으로 사용되는 리스금융이란 용어는 설비를 구입하여 항공사에게 직접 대여하는 행위가 아니라 은행, 증권, 보험 등 금융기관이 항공사 또는 리스회사가 리스구조를 이용하여 항공기를 구입하는 데 필요한 자금을 주선하는 금융행위를 일컫는다. 설비를 대여하는 리스업과 금융을 주선하는 금융업은 서로 다른 영역에 속하며, 금융기관의 입장에서 리스금융이라 할 때는 금융의 주선을 의미한다. 즉, 금융리스이든 운용리스이든 그리고 임대인인 리스회사가 실질적으로 리스영업을 수행하든 아니면 형식적인 SPC로 설립되든 리스의 유형이나 리스회사의 설립 형태와 관계없이 리스설비 구입에 소요되는 자금의 일부 또는 전부에 대해 대출, 투자, 보증 등의 방법으로 금융을 주선하는 행위를 말한다.

5) 기본구조

항공기금융을 단지 항공사나 항공기 리스회사가 항공기를 도입하는 데 필요한 자금을 공여하는 기능이라고 본다면 차입자인 항공사나 항공기 리스사의 신용도를 분석하면 충분하다고 단순히 이해할 수도 있다. 그러나 항공기금융은 대부분 물적 자산담보와 결합한 형태를 띠고 있고, 수십년 간 택스리스, ECA 금융, EETC, Sale & Leaseback, Lessor Financing 등 전문적으로 발전하여 온 금융기법이 다양하게 활용되고 있어 기업신용도를 기초로 한 기업금융과는 검토해야 할 항목이나 내용면에서 많은 차이를 나타낸다. 금융기법도 다양하지만, 세부적인 금융조건 또한 대상 항공기의 소구조건(limited-recourse, full-recourse), 상환방법, 채권보전 등 개별거래의 특성과 참여 당사자의 이해에 따라 더욱 복잡한 구조를 띠고 있다. 이중 어떠한 리스, 금융구조가 가장 적합할지는 항공사나 리스회사의 자금 조달목적, 시장동향 등 환경요인에 따라 선택되어야 할 문제이긴 하지만 적어도 항공기금융을 추진하는 주선은행의 입장에서는 사전에 구조적 특징, 리스크요인, 자산가치 등에 대한 충분한 이해를 바탕으로 항공사의 요구에 맞는 최적의 구조를 설계하여 금융조건을 제시할 필요가 있다. 리스에 관한 일반적인 사항은 제3장 항공기 리스편을 참조하기 바란다.

항공기금융은 구조가 아무리 복잡하더라도 이를 단순화하면 다음과 같은 네 가지의 기본구조로 이루어져 있음을 알 수 있다.

① SPC의 설립/출자

항공사(또는 리스회사)의 파산위험(bankruptcy risk)을 최소화하고, 항공기 소유권 등을 최적으로 확보하기 위해 주로 역외지역(off-shore region)에 단일 또는 복수의 SPC를 설립하는 절차로, 금융기법에 따라 다양한 형태의 지분투자자가 출자자로 개입하기도 한다.

② 항공기의 매매

항공사의 영업 수행에 필요한 항공기를 항공기 제작회사로부터 신규로 확보하거나, 다른 리스사 등으로부터 중고 항공기를 구매하기 위하여 SPC가 항공기 소유권을 취득하고 이를 매입하는 절차이다. 이를 위해 항공기 주문시 항공사와 항공기 제작업체 간에 체결하였던 항공기 구매계약상 항공사의 항공기 구매권리는 SPC 앞으로 양도되며, 이에 수반된 항공기 및 엔진제작업체의 제품보장(warranty)에 관한 권리도 SPC 앞으로 양도된다.

③ 항공기금융 및 담보의 제공

항공기 도입을 위한 자금의 대부분은 금융기관으로부터 차주인 SPC 앞으로 제공되며, SPC는 금융공여에 대한 채권보전 수단으로서 항공기 저당권, 리스 수취채권 등 담보패키지를 담보관리인(Security Trustee)을 통하여 대주단에게 제공한다. 대주단의 금융제공은 거액이 소요되는 항공기금융의 특성상 통상 Syndicated Loan(또는 Club Deal) 방식으로 이루어지며, 그 절차는 일반 Syndication 절차와 큰 차이가 없다.

④ 항공기 리스

항공기의 소유자인 SPC가 임차인인 항공사나 항공기 리스회사에게 직접 임대하거나, 다른 항공사 등에 재리스(sub-lease)하는 방식으로 리스계약을 체결하는 절차이다. 대주단의 원리금 상환재원은 일차적으로 임차인이 납부하는 임차료(rent)로부터 발생하므로 임차인의 시장 상황, 시장 내 경쟁력, 재무/영업상황 등을 포함한 채무자의 신용도 분석이 수반되어야 하며, 이차적으로 리스 대상 항공기의 잔존가격 등 시장가치 분석이 이루어져야 한다.

그림 2-3 항공기리스의 기본구조

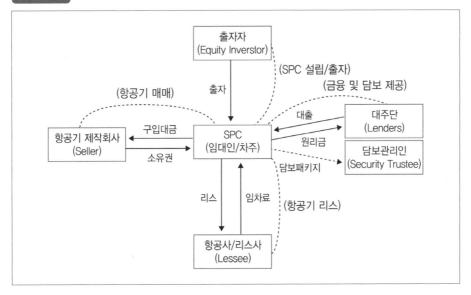

2.2 항공기금융 조달방법

항공기는 항공사의 수익창출 및 영업을 위한 핵심 기초자산으로 거액의 투자를 요하는 만큼 항공운송사업은 대표적인 자본집약산업에 속한다. 보잉사의 장기 항공기금융 전망에 따르면 2019년 기준 신조 항공기의 인도에 필요한 전세계 금융규모만 해도 1,430억달러에 이르며, 2023년에는 그 규모가 1,810억달러로 증가할 것으로 전망하고 있다. 항공기 대수만 해도 매년 2천대 이상이 전세계 항공사 또는 항공기 리스회사 등으로 신규 인도되는 물량이다. 이러한 물량을 확보하기 위해서는 거액의 금융이 수반되어야 하는 만큼 항공사들도 항상 저렴한 금리의 조달재원을 찾아 나서고 있으며, 금융시장에서도 다양한 구조의 혁신적인 금융기법을 제공함으로써 항공사들의 금융수요를 충족시키고자 노력하고 있다.

항공사들도 과거에 비해서는 항공기 금융재원의 조달에 어려움을 겪는 것이 사실이다. 과거 대부분의 항공사들은 정부가 일정 지분을 보유하는 국적 항공사의 형태이거나 또는 어떠한 형태로든 정부가 보증을 제공한다든지 하여 항공사들이 금융을 조달하는 데 큰 어려움이 없었으나, 항공 자유화가 진전된 이후에는 각 항공사들이 정부의 도움없이 자체적으로 금융을 조달하여야 함에 따라 다양한 형태의 시장 불확실성 내지는 어려움에 직면할 수밖에 없는 것이 현실이다. 전세계의 글로벌화, 경제성장, 항공사 수익의 변동성, 거액 자금조달 필요성 등도 자금조달 환경에 상당한 변화를 미치는 요소이며, 이에 따라 담보 또는 무담보 방식의 전통적인 은행대출뿐만 아니라 연기금, 투자신탁, 뮤추얼펀드, Unit Trust 등이 참여하는 자본시장에서의 채권발행, 지분투자 등 자금조달기법들도 점차 다양화하고 복잡한 양상을 띠고 있다.

이들 각각의 기법들에 대해서는 제4장의 주요 항공기금융 기법편에서 상세히 다룰 예정이므로 본 절에서는 항공기의 리스 또는 구매에 대한 의사결정과 개별자금조달 수단 등에 대해 개략적으로 다루어 보고자 한다.

1) 구매 또는 리스에 관한 의사결정

항공기의 소유권과 관련하여 항공사가 항공기를 확보하는 방식에는 항공기를 직접구매(purchase)하는 방식과, 리스(lease)를 이용하는 방식 두 가지로 구분하여 볼 수 있다. 직접구매는 항공기 제작사로부터 항공기를 직접 구매한 후 이를 소유·운항하는 형태를 말하며, 구입 재원은 보통 보유현금이 주로 이용되나 은행 등으로부터 대출을 받아 이를 구입할 수도 있다. 반면 리스는 리스회사로부터 항공기를 임차하여 운항하는 형태를 말하는데, 리스는 다시 금융리스와 운용리스 두 가지로 나누어지며 금융리스는 리스자산의 경제적 효익이 항공사에게 있으므로 직접구매와 유사한 효과를 갖는다. 항공기의 소유권은 직접구매의 경우 항공사에게 있는 반면, 리스의 경우 임대인인 리스회사에게 있다.

표 2-2 항공사의 항공기 직접구매와 리스의 비교

	직접구매	리스
소유권	항공사	리스회사
금융주체	항공사	리스회사
재원	보유현금, 외부차입금 등	보유현금, 외부차입금, 펀드 등
장점	• 설치변경 등 항공기 통제 용이 • 항공기에 대한 지분권 확보 가능 • 금융비용 절약(현금 구매시) • 감가상각 등 세제혜택(국가별로 상이) • 부채비율 축소 가능(현금 구매시) • 항공기 잔존가치 향유 가능 • 항공기 운항의 탄력성 증대	• Fleet Plan 변경 등 운용의 신축성 • 차입 등 자본예산 제약 회피 가능 • 초기 최소비용으로 거액 항공기 이용 가능 • 다양한 기종을 단기간내 선정 가능 • 단기수요, 기술진전 등에 효율적 대처 • 잔존가치 리스크 부담 회피
단점	• 대규모 투자/금융조달 수반 • 현금자원의 고갈 가능성 • 잔존가치 변동에 대한 리스크 • 운용리스에 비해 Fleet Plan 변경 등 신축성 측면에서 불리	• 리스계약상 Covenants 등 운용제약 • 정비 등 항공기 반환조건 엄격 • 렌트료 등 상대적 조달비용 상승 • 항공기 설비추가, 변경 등에 제약

여기서는 항공사의 관점과 리스회사의 관점 두 가지로 나누어서 살펴보기로 한다.

(1) 항공사 관점에서의 항공기의 직접구매 또는 리스

항공사의 관점에서 장래 소요될 항공기를 직접 구매할 것인가 아니면 리스하여 사용할 것인가는 항공사마다 성격 및 영업·재무전략, 노선·항공기 구성 등이 모두 달라 일률적으로 말하기는 쉽지 않다. 다만, 보잉, 에어버스 등 항공기 제작사에 항공기를 주문한 후 실제 인도받기까지는 이의 제작에 보통 수년의 기간이 소요되는 만큼 항공기 도입계획은 장기적인 과정에 속한다고 할 수 있다. 항공사의 항공기 도입계획 수립은 보유 항공기의 기획·관리부서에서 시작하여 재무, 정비, 마케팅, 영업 등 다양한 유관부서의 협조와 각각의 의사결정이 필요한 복잡한 절차를 수반한다. 가령 항공기모델이 핵심 영업자산에 해당되면 장기적 보유를 선호하여 리스보다는 구매를 선택할 수도 있고, 노선 전략상 운항의 탄력성이 보다 중시된다면 향후 반환이 보다 용이한 리스를 선택할 수도 있다. 금융 조달비용이나 항공기의 잔존가치 또한 중요한 의사결정 요소로서 구매시의 조달비용이 리스보다 저렴하다면 또는 장래 항공기의 잔존가치가 항공사에서 정한 일정 비율(예컨대 30%)을 초과하리라고 분석된다면 리스보다는 구매를 선택할 수도 있다. 일반적으로 항공사의 유동성이 풍부하다면 리스보다는 구매가 유용한 대안이 될 수 있다. 아울러 최근 새로운 회계기준인 IFRS 16의 도입으로 리스에 따른 재무비율의 증가 등 부담에 따라 리스보다는 구매하려는 유인이 더욱 증가할 수 있다.

이러한 방식은 신규 또는 중고 항공기에 대해서도 달리 적용된다. 보통 신규 항공기의 경우 장기적인 가용 내용연수에 따라 구매가 보다 매력적일 수 있으며, 중고 항공기의 경우에는 리스회사가 시장을 견인하고 있는 특성, 항공기 운항의 탄력성, 핵심자산의 보완성 등으로 리스가 보다 유용한 대안이 될 수도 있다. 이렇듯 구매 또는 리스의 실무적 의사결정과정에는 항공사의 재무적 및 비재무적 요소들이 모두 혼재되어 작용한다.

일반적으로 구매 또는 리스의 의사결정을 돕는 유용한 재무적 기법에는 여러 가지 방식이 있겠지만 초기 자본적 지출과 리스기간 또는 대출기간 동안의 현금 유출입을 비교하여 순현재가치(net present value)를 산출하는 방식이 많이 사용된다. 가령, 직접구매와 리스시 현재 및 장래의 모든 현금 유출입 규모를 산출하여 이를 일정 할인율로 할인한 현재시점의 현재가치(present value)를 비교한 후에 만약 리스시의 현재가치가 직접구매시의 현재가치보다 높아 정(+)의 차액이 발생한다면 구매보다는 리스를 선택하는 식이다.

리스시 순이득(NAL[7])＝리스시 순현재가치의 합계－구매시 순현재가치의 합계
- 만약 NAL＞0 → 리스를 선호
- 만약 NAL＜0 → 구매를 선호

표 2-3   리스 또는 직접구매시의 현금흐름

리스시의 현금흐름		직접 구매시의 현금흐름	
구분	현금 유출입	구분	현금 유출입
리스 초기투자	유출(−)	대출 원리금	유출(−)
렌트료 지급	유출(−)	대출이자 조세효과	유입(+)
감가상각조세효과	유입(+)	감가상각 조세효과	유입(+)
		잔존가치 향유	유출/유입(+/−)

(2) 임대인 관점에서의 리스 의사결정

항공사 관점에서 구매 또는 리스의 의사결정이 자금 조달원가를 최소화하기 위한 금융에 관한 의사결정과정이라면, 임대인 관점에서는 초기 지출한 항공기 획득 원가에 대해 리스기간중의 수익률을 최대화하기 위한 투자에 관한 의사결정과정이라고 할 수 있다. 임대인 관점에서는 초기에 항공기에 대한 자본적 투자를 이행하여 리스를 통해 적정 수익률을 창출할 수 있는가의 문제이며, 여기에는 초기 자본투자, 렌트료 수준, 리스기간 후의 잔존 매각가치, 감가

---

7) Net Advantage to Lease.

| 표 2-4 | 임대인 관점에서의 리스시 현금흐름 |

구분	현금 유출입
초기 자본적 투자	유출(−)
리스기간중 렌트료 수입	유입(+)
렌트료 수입에 대한 조세효과	유출(−)
항공기 감가상각에 대한 조세효과	유입(+)
항공기의 잔존 매각가치	유입(+)

상각, 금융조달시의 금융비용, 조세 등이 모두 고려되어야 한다. 만약 모든 현금흐름 요소를 감안한 순현재가치가 정(+)의 흐름을 보인다면 리스 의사결정이 부가적인 가치를 갖는다는 의미로 해석될 수 있다.

2) 주요 금융 조달방법

항공기금융시장은 다양한 금융기관과 투자가들 그리고 많은 종류의 금융상품을 포함하고 있으며, 그 금융규모 또한 매년 증가하고 있다. 〈그림 2-4〉는 보잉사에서 발표하는 신조 항공기의 인도에 필요한 연도별 항공기금융의 규모와 조달재원 그리고 2019년 기준 향후 전망을 보여주는 그래프이다. 이에 따르면 2018년 기준 신조 항공기 인도 금융규모는 1,260억달러이며 2023년에는 그 규모가 1,810억달러로 증가할 것으로 전망하고 있다.

〈그림 2-4〉에서 보는 바와 같이 신규 항공기 도입금융을 조달재원별로 살펴보면 전통적으로 은행 차입금이 가장 많고, 다음으로 자본시장상품, 보유현금, 수출지원금융의 순이다. 특히 상업은행으로부터의 차입금은 조달방법 중 가장 비중이 높고 중요한 재원에 속한다. 수출지원금융은 2012년에 정점을 찍은 후 매년 그 비중이 점차 감소추세에 있으며, 항공기 제조업체에서도 항공기금융을 일부 지원하긴 하나 최근 그 중요성은 크게 감소한 상태이다. 한편, 2017년부터는 혁신적인 기법의 하나로 보험상품인 AFIC(Aircraft Finance Insurance Consortium)라는 금융구조가 새로 등장하여 항공사 및 리스사의 금융 선택 폭을

그림 2-4 | 항공기금융 조달재원별 구성 및 전망

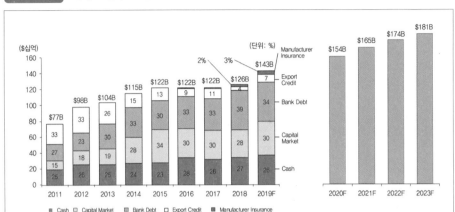

자료: Current Aircraft Finance Market Outlook 각년도, Boeing.

더욱 넓혀 가고 있다. 이들 수단들은 독자적으로 금융이 이루어질 수도 있지만 조달목적, 시장여건 등에 따라 택스리스, 운용리스, 선급금금융 등 다양한 구조와 복합적인 결합이 가능하다. 이들 기법들은 시장 상황의 변동이나 기법별 이슈, 결합구조 등에 의해 제약을 받으며 따라서 조달비용과 금융에 직접적인 영향을 미친다. 항공사 관점에서 가장 중요한 3대 금융 조달원천은 상업은행, 리스회사 그리고 자본시장이라고 할 수 있다.

표 2-5 | 주요 항공기금융 조달수단

- 보유 현금/잉여금
- 은행 차입금(담보/무담보부)
- 자본시장 상품(EETC, ABS, 담보채권)
- 리스사의 운용리스/Sale & Lease-back
- 공적 수출지원금융(ECA)
- 국가별 택스리스
- 항공기제조업체 지원금융
- 기타 이슬람금융, 보험(AFIC) 등

표 2-6	항공기금융 조달시 주요 고려요소

- 경영목표, 경영방침, 재무/운항 전략
- 시장에서의 조달가능 금융수단 존재 여부
- 조달금리, 부대비용 등 원가절감 측면
- 재무비율에 미치는 영향
- 보유 항공기의 탄력적 운용
- 금융완결시까지의 절차, 복잡성
- Cash Flow에 미치는 영향
- Tax, 법규 등 규제 측면 등

(1) 보유 현금 및 잉여금

자체 보유현금이나 순이익(이자, 세금, 배당금 지급 후) 등 내부유보금을 이용한 자본지출로 과거 항공기를 직접 소유하던 시기에는 주요 조달수단이었으나, 최근 리스, 자본시장, 은행차입 등 저렴한 조달이 가능한 다양한 항공기 금융시장의 발달로 상대적인 비중은 점차 감소하고 있다. 항공기 매각대금, 이연 조세 등은 현금 창출재원의 대표적인 예이다. 여러 조달수단 중에서 가장 저렴하여 비용을 절감할 수 있는 방식이긴 하나, 수익성 및 현금 창출력이 높은 일부 메이저 항공사나 모회사, 재무상황이 튼튼한 국적 항공사들이 일반적으로 이용할 수 있는 방식이다.

그러나 보유현금을 활용한 100% 재원조달은 다음과 같은 사유로 그리 일반적이지는 않다.

- 항공운송사업은 수익성과 현금 창출력이 그리 좋지 않으며 일부 메이저 항공사나 저가항공사들을 제외하면 충분한 현금을 보유하고 있는 항공사들이 많지 않다.
- 통상적인 운항비의 커버 및 비상시(화산분출, 지진, 전염병 등) 불가피한 지출 용도로 일정 수준의 현금 버퍼를 유지할 필요가 있다.
- 현금이 충분하더라도 보다 유용한 목적 즉, 지분출자(equity investment), 항공기 선급금 지출, 엔진·부품의 구입, 소형 항공기나 특이자산의 취득 등 외부 금융추진이 곤란하거나 적합하지 않은 분야 등의 용도로 사용하는 것이 현실적이다.

(2) 차입금

금융기관 차입금(debt)은 조달이 용이하고 상대적으로 저렴하여 여러 재원 중 가장 기본적인 조달수단에 속한다. 상업은행, 보험사, 연기금, 공적 수출지원기관(ECA), 항공기제작사(OEM) 등 다양한 기관이 항공기 대출시장에 참여하며 이중 상업은행이 주요한 비중을 차지한다. 상업은행들의 항공기금융에의 참여 정도는 내부정책, 리스크구조, 조달원가 등에 따라 각양 각색을 띠고 있지만 전세계 수많은 은행들이 참여하기 때문에 유동성의 규모도 상당하며, 개별협상을 통해 가격조건도 다양하게 협상할 수 있는 이점이 있다. 은행 차입금이 기본적인 조달수단으로 자리 매김할 수 있는 배경에는 다른 기법들(ECA, 지분투자, 택스리스 등)과도 다양한 방식으로 결합이 가능하다는데 있다. 예컨대 항공기금융 대출에 US Eximbank가 보증을 제공한다든지, 일본 택스리스구조에서 은행이 선순위 담보부 대출을 제공하는 등 은행 차입금은 대부분의 기법에서 구조상 중심적이면서도 신축적인 기능을 수행한다.

은행들이 항공기금융에 참여하는 정도는 두 가지 요소 즉, 은행이 항공기나 항공사, 금융구조의 리스크를 어떻게 수용하느냐 하는 Risk Appetite와 해당 은행의 조달코스트와 적정마진이 어떠한가에 따라 달라진다고 할 수 있다.

형태에 따라서는 항공사 등과의 양자간대출(bilateral loan)도 많이 이루어지나 대출 금액이 거액인 항공기금융의 속성상 통상 차관단대출(syndicated loan)이 주종을 이룬다. 또한 신용도가 양호한 항공사 등의 경우 무담보 신용대출도 가능하나 항공기 담보부대출 형태가 보다 일반적이다. 은행대출은 금융구조가 아무리 복잡하다고 하더라도 다음과 같은 몇 가지 절차의 Term Loan으로 단순화할 수 있다.

- 은행은 항공사에게 항공기 도입자금을 빌려주고,
- 항공사는 은행앞으로 금융대상 자산에 대한 담보(저당권)를 허용하고,
- 항공사는 미리 합의된 조건에 따라 대출금을 상환하며,
- 만기에 대출금이 상환되면 은행은 그 담보를 해지한다.

은행대출에는 단순히 항공기를 담보로 차주에게 직접 대출하는 경우 뿐만 아니라 금융리스로 구조화하는 경우도 이에 포함된다. 앞에서 살펴보았듯이 금융리스는 명목상으로는 리스이지만 전체적인 효과는 자금을 차입하여 항공기를 구매하는 담보부여신과 유사한 형태의 리스를 말한다. 항공사의 신용도에 따라 다르지만 은행차입은 신용도를 가장 잘 파악할 수 있는, 그 항공사가 소재하고 있는 지역의 은행을 중심으로 이루어지는 것이 보편적이다.

은행대출은 항공기를 획득하기 위한 용도 및 금융환경에 따라 〈표 2-7〉에서 보는 바와 같이 다양한 형태가 존재한다.

표 2-7　주요 Bank Term Loan 유형

- 선순위 담보부(senior secured) 대출
- 후순위/메자닌(junior/mezzanine) 대출
- 금융리스에서의 Term Loan
- 운용리스에서의 Term Loan
- ECA, 항공기제조업체 지원 Term Loan
- 항공기선급금대출(PDP financing)
- 무담보 신용(unsecured) 대출

그림 2-5　지역별 은행차입금 구성비중

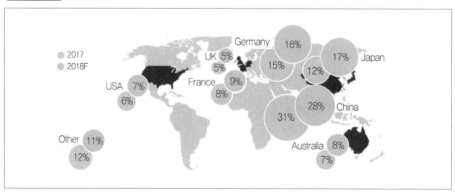

자료: Current Aircraft Finance Market Outlook 2018, Boeing.

(3) 자본시장을 활용한 채권 발행

자본시장을 통한 항공기금융 조달은 주로 미국 자본시장에서의 채권발행을 통한 조달이 주종을 이루며, 리스사의 금융조달이 활발한 ABS(Asset-Backed Securities), 미국 항공사 중심의 EETC(Enhanced Equipment Trust Certificates) 발행이 대표적인 상품들이다. 미국 자본시장은 대형은행, Mutual Funds, 보험회사, 연기금 및 높은 순자산을 보유한 개인 자산가 등 세계적으로 투자자 저변이 광범위하게 분산되어 있는 시장이며, 높은 유동성, 적정 투자자별 리스크 분산 및 Tranching을 통한 저렴한 금리 등을 기초로 다양한 형태의 조달수단이 발전하여 왔다. 2009년 에미레이트항공이 ECA 보증부 대출을 기초로 미국 자본시장에서 발행한 최초의 ECA 보증부 채권도 자본시장 상품의 일종이다. EETC는 항공사의 파산 시 디폴트 및 채권회수 가능성을 제고하는 Chapter 11이라는 미국 파산법 조항을 적용한 상품으로, 최근에는 국제담보권에 관한 협약인 케이프타운협약의 조항을 활용한 비미국계 항공사들의 미국 채권시장에서의 채권 발행사례도 점차 증가하고 있는 추세에 있다. 채권시장을 통한 조달비중은 2012년부터 서서히 증가하기 시작하여 2015년에는 34%로 가장 높은 점유율을 차지하고 있다. 미국 채권시장을 통한 항공기금융 조달은 글로벌 유동성, 금리상황 이외에 은행대출 등 타조달수단의 경쟁력 등 많은 지표의 영향을 직접적으로 받는다. 반면, 유럽 자본시장은 은행대출금 등 다른 조달상품의 강세로 상대적으로 덜 발달되어 있는 편이다.

항공기금융 관련 자본시장 상품에 관한 보다 자세한 내용은 제4장의 주요 항공기 금융기법편에 기술되어 있으니 이를 참조하기 바란다.

(4) 공적 수출지원금융(Export Credit Agency Support Loans)

항공기는 거액의 개발비용과 수많은 제조인력 등이 필요하고 연관산업 파급효과가 큰 중요한 산업인 만큼 항공기 제조업체를 보유하고 있는 국가들은 자국산 항공기의 대외 수출을 촉진하기 위하여 일정한 수출지원금융 프로그램을 운용하고 있다. 보통 신설항공사, 신용도가 떨어지는 항공사, 지정학적 위험

이 있는 국가의 항공사들은 항공기의 구매에 필요한 은행대출을 받기 어려울
수도 있기 때문에 항공기 제조업체가 소재한 국가의 수출금융기관(ECA)들은 항
공기금융을 제공하는 금융기관의 원리금손실 등에 대해 보증을 제공하여 항공
기 구입을 촉진하는 기능을 수행한다. ECA 금융도 보증이 붙었을 뿐 항공사
관점에서는 은행 차입금의 영역에 포함되나 항공기 금융시장에서는 ECA 금융
이 차지하는 위상이 커 별도의 금융기법으로 다루고 있다.

ECA 금융은 국가신용도에 상당하는 준정부기관들이 보증하므로 자기자본
비율(BIS ratio) 규제를 포함한 낮은 신용위험도를 선호하는 은행들이 참여하여 과
거에는 상당한 금리경쟁력이 있었으나, 이후 ECA 기관들이 상업적인 민간 금
융방식과 경쟁할 수 없도록 보증료율이 인상되어 2012년부터 거래건수가 급격
히 감소하고 있는 추세이다. 그러나 금융위기 등으로 은행들의 대출여력이 감
소하는 경기 하향기나 신용도가 상대적으로 부족한 경우 등, ECA 지원목적에
부합하는 항공사들에게는 여전히 중요한 자금조달원에 속한다. 〈그림 2-6〉에
서 보는 바와 같이 2008~2009년 글로벌 금융위기 여파로 주요 상업은행들의
달러화 유동성 고갈 등 대출 여력이 감소하던 시기에는 전통적으로 금융의 보
완기능에 불과하였던 ECA 금융 비중이 급격히 증가하여 주력 금융수단의 지
위를 차지한 바 있다.

그림 2-6 미국 수출입은행의 신조 보잉항공기 지원 비중

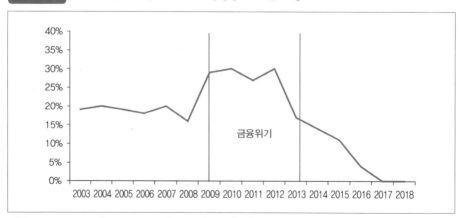

자료: Current Aircraft Finance Market Outlook 각 년도, Boeing.

(5) 리스회사를 통한 운용리스

1970년대 전문적인 항공기 리스사가 처음 출범한 이후 항공기 운용리스시장은 급속도로 발전을 거듭하여 왔다. 수치로 보아도 1980년대 운항중인 전세계 항공기 중 운용리스비중은 2% 정도에 불과하였으나, 2014년 이후 40%대 이상의 기록적인 성장을 유지하고 있다.[8] 이와 같이 운용리스가 폭발적인 인기를 끄는 이유는 우선 신용도가 미약하거나 신설된 항공사들이 금융시장의 차입 부담없이 손쉽게 초기 렌트료, 보증금의 납부만으로 항공기 전체를 확보할 수 있는 이점이 있는 데다, 무엇보다 경기사이클 변동에 대처하여 항공기의 신속 투입 및 적기 반납 등 항공기 관리상의 신축적인 운용이 가능하다는 점에 있다. 이러한 리스의 장점 요인, 최근 기록적인 항공운송수요의 증가세 및 강한 글로벌 유동성에 힘입어 리스회사의 입지는 앞으로도 더욱 성장세를 유지할 것으로 전망된다. 리스회사들이 항공기를 확보하기 위해 주로 이용하는 금융 조달수단은 ABS(asset-backed securities) 등 자본시장상품이며, 다음으로 무담보차입(unsecured debt) 등 은행차입이 주종을 이루고 있다. 최근 금융기관들의 항공기에 대한 자산 리스크를 적극적으로 부담하려는 비소구권부 대출(non-recourse debt)의 증가 경향 또한 리스회사의 운용리스에 대한 금융수요가 증가하는 배경이다. 운용리스는 또한 글로벌 유동성 위기나 불황 등으로 항공기금융부문에 공백이 생겼을 때도 수요가 크게 변동되지 않는 특성이 있다. 운용리스회사들은 항공기의 장기 내용연수동안 여러번 다른 항공사를 대상으로 운용하여야 하는 만큼 초반에는 신용도가 높은 항공사에 우선적으로 배치하고, 후반으로 갈수록 개발 도상국가의 다소 신용도가 낮은 항공사에 운용하는 것이 일반적인 경향이다.

(6) 택스리스

택스리스는 금융구조상 주로 지분 투자자들이 각국 회계 및 세법상 인정

---

8) Current Aircraft Finance Market Outlook 2019, Boeing.

되는 독특한 조세절감 효과 등을 활용하여 항공사 및 리스사의 전체적인 자금 조달비용을 절감할 수 있는 특수한 금융기법을 말한다. 대표적인 기법으로는 일본의 JOL(Japanese Operating Lease)과 독일의 GOL(German Operating Lease), FOL(French Operating Lease) 등이 있다. 지금은 사라졌지만[9] 과거 일본의 Shogun Lease, Samurai Lease 및 JLL(Japanese Leveraged Lease), 미국의 O-FSC(Ownership Foreign Sales Corporation), C-FSC(Commissioned Foreign Sales Corporation), Li-Lo(Lease-in, Lease-out) 구조 등도 전세계 항공사들에게 선풍적인 인기를 끌었던 택스리스 구조이다. 택스리스 구조가 가능하려면 항공사의 신용도, 도입기종 등 여러 조건들이 해당 국 투자자들의 선호 및 조세 절감 등 요건에 부합하여야 하며, 이러한 이유로 주로 신용도가 우량하고 브랜드 인지도가 있는 항공사들이 택스리스 구조를 활발하게 이용하는 편이다.

(7) 항공기 제조업체 지원금융

전통적인 금융형태는 아니지만 항공기 및 엔진 제조업체들도 항공기금융을 제공한다. 자사에서 제조판매하는 항공기와 엔진의 매출 극대화, 자사 모델 기종의 시장가치 유지 등을 위해 필요한 경우에 한해서이다. 항공기 제조업체들의 고객들이 전통적인 금융시장에서의 자체적인 금융추진이 곤란하여 항공기 인도에 차질이 빚어지거나, 자사 항공기의 시장점유율이나 지위를 유지하기 위한 목적의 고객지원 및 시장유지 차원에서 제한적으로 금융을 지원한다. 9/11 테러 직후나 리만 사태 이후 항공사들의 구조조정 및 금융시장 악화로 항공사들이 주문한 항공기의 인도에 어려움을 겪던 시기가 항공기 제조업체 지원금융이 활성화되었던 시기라고 할 수 있다. 이들은 직접대출이나 리스금융, Bridge Financing, 자본시장에서의 EETC 매입, 시장에서의 자사 항공기 매입, 화물기로의 전환금융(Freighter Conversion Financing), 리스기간말 또는 대출만기 시 잔존가치 보증(Residual Value Guarantee) 등을 취급하는데, 항공기 제조업체로서의 강점을 살려 주로 자산을 기초로 한 Asset-based Financing을 수행한다. 항

---

9) 이에 관해서는 제4장 '4-11. 현재는 통용되지 않는 국제 항공기금융 기법들' 편 참조.

공기 잔존가치 보증은 대출만기시 제조업체가 합의한 일정 가격으로 지불을
보장하는 금융상품이다.

2.3 항공기금융 취급절차[10]

항공기금융은 전술한 바와 같이 대규모 자금이 필요한 거액금융 및 참여 당사자의 국제적 속성 등 대표적인 국제여신의 특성을 공유하므로 자금조달도 대부분 국제 Club Deal 또는 Syndicated Loan 방식에 의하여 추진된다. 따라서 항공기금융도 항공기와 관련된 일부 예외적인 부분을 제외하면 기본적인 절차는 〈표 2-8〉에서 보는 바와 같이 마케팅, Proposal 제출, Mandate 획득, Syndication, Documentation, Closing 등 일반 국제여신에서 수행되고 있는 대부분의 절차에 따라 추진된다.

표 2-8 항공기금융 주요 취급절차

구분	주요 사항
마케팅	• 항공사의 항공기 도입계획관련 정기/비정기적 정보입수 • 항공사, 타금융기관과의 교류 및 국제콘퍼런스/세미나 참석 등을 통한 거래 정보 입수 및 네트워크 확대
RFP 접수	• 항공사(또는 항공기리스사)로부터 Request for Proposal(RFP) 접수
전략 수립	• Proposal 작성을 위한 자료 수집 및 Bidding 전략 수립
Proposal 제출	• RFP의 요청사항을 반영한 Proposal 작성 및 제출 • 금융기관간 Joint Offer 구성여부 결정(예상 경쟁기관/그룹 감안)
Mandate 획득	• 차주사로부터 기채주선의뢰서(Mandate) 획득
Documentation	• Legal Counsel 선정 • 법무법인에 의한 각종 계약서(안) 작성 • 참여 당사자간 계약서(안) Review 및 쟁점사항 해결 • 필요시 Issue 해결을 위한 Documentation Meeting 개최
신디케이션 (필요시)	• Information Memorandum 작성 • General Syndication Launch

---

10) 한국산업은행 행내 연수교재 중 국제금융 관련부분을 발췌하여 항공기금융에 맞게 정리함.

	• 예상 참여 희망 금융기관과의 신디케이션 추진 및 협의 • Syndication Closing 및 참여금액 Allocation
계약서 서명	• 계약서 내용의 최종 확정 • Signing Ceremony 개최 또는 Circulation 방식으로 서명
인출선행서류	• 인출선행서류 Check 및 계약서와 일치여부 확인 • Borrowing Notice 접수(차주 → Agent) • Drawdown Notice 접수(Agent → 대주)
인 출	• 예정 인출일자에 기표처리(대주)
사후관리	• 계약서상 정기 Covenant의 점검 • 원리금 상환 처리 등

1) 마케팅/컨설팅

항공사 또는 항공기 리스회사의 항공기 도입계획 등 제반 정보를 확보하기 위한 사전단계이다. 통상 전세계 항공기금융 주선기관들은 매년 2~5월 또는 9~10월경에 항공사나 리스회사를 직접 방문하거나 유선접촉 등을 통하여 업체동향, 예상 금융수요, 향후 항공기 도입계획 등과 관련된 각종 마케팅 정보를 정기적으로 입수하며, 이외에도 주요 금융중심지에 소재한 다른 주선 금융기관이나 잠재적 대주 등과 접촉하여 현재 추진중인 금융거래, 해당 국가의 특이동향 등 각종 정보를 파악한다. 이러한 마케팅 및 컨설팅 활동은 대부분의 금융 주선기관들이 거래의 성공적인 확보를 위하여 역점을 두어 수행하는 주요한 활동에 속한다.

전세계 주요 국제금융중심지에서 수시 개최하는 항공기금융 콘퍼런스, 세미나, 포럼 등에 참가하는 것 또한 유용한 마케팅 방안이다. 이들 행사는 유로머니, 국제은행, 법무법인 등 유관 기관들에 의하여 뉴욕, 홍콩, 런던, 더블린, 상하이 등 주요 지역중심으로 개최되는데, 항공기 제작업체, 금융기관, 항공사, 리스사, 투자자, 법무법인 등 전세계 전문가들이 대거 참가하여 항공기금융과 관련된 이슈나 동향, 관련 정책, 홍보사항 등에 관해 토의하고 정보를 상호 교환한다. 실제로 많은 금융 주선기관들이 동 행사를 최신 정보의 획득 및 관련 담당자와의 네트워크 형성, 잠재거래 발굴 등을 위한 유용한 교류의 장으로 활용한다.

항공기금융 추진시에는 경쟁기관과의 입찰(bidding) 방식에 의하여 금융 주선기관을 주로 선정하므로 가격요인 이외에도 고객과의 상호신뢰 구축 등 비가격적인 요소 또한 성공적인 거래의 필수적인 요소에 해당한다. 이를 위해 항공기금융을 취급하는 담당자는 국제여신, 법률, 세제 등 관련된 다양한 전문지식을 항상 갖추고 있을 필요가 있다.

2) 금융제안요청서(RFP) 접수

본격적인 금융추진은 실제 차입을 추진하는 항공사나 리스회사로부터 금융제안서(Financing Offer)를 제출하도록 요청받음으로써 시작된다고 할 수 있다. 항공사는 자체적으로 항공기를 사용하기 위한 당사자이고, 리스회사는 금융대상인 항공기를 다른 항공사에게 운용리스하기 위한 실질적인 임대인 회사이다. 차주사는 보통 금융제안요청서(Request for Proposal: RFP)를 발송하기 전에 차입금액, 차입통화, 차입시기 등을 결정하기 위한 사전 시장조사(market sounding) 절차를 거치며, 주로 거래관계가 형성되어 있는 국내외 은행 등을 중심으로 여러 기관에 RFP를 발송한다. RFP에는 제안서의 작성에 필요한 자금용도, 차입금액, 대출기간, 대상항공기, 희망 금융구조, 금리, 상환조건, Commitment의 형태, 제안서형식 및 제출기한 등이 주로 기술된다. 차주사는 이후 각 금융기관에서 제시한 Offer의 금융조건을 비교 검토하여 차입조건이 가장 유리한 금융기관 또는 주선단을 선정한 후에 이들 기관앞으로 최종 기채의뢰서(Mandate)를 발급하게 된다.

3) Offer 작성을 위한 전략수립

RFP를 접수한 금융기관은 사전 사업성 검토작업을 수행하기 위한 추가 정보를 수집하는 한편, 금융제안서를 작성하기 위한 기본전략을 수립하게 된다. 전략수립은 금융추진의 가장 중요한 단계로 다양한 사업성 검토가 이루어지게 되며 그 중 가능한 금융구조, 담보가치의 분석, 금융참여자의 교섭, 신디케이션 전략, 가격조건을 포함한 주요한 조건 등이 이 단계에서 대략적으로 결정된다.

- 금융구조의 결정: RFP의 제시조건을 기초로 하여 금융시장 상황, 참여기관 등을 검토하여 다양한 기법 중에서 적용가능한 최적의 금융구조를 결정한다.
- 항공기가치 분석: 대상 항공기의 기종, 연령, 시장 인지도, 현재 및 장래 시장가치 등을 분석한다. 항공기 가치는 대출금액, 대출기간, LTV수준, Balloon 여부 등 금융조건의 결정에 주요한 영향을 미치는 요소이다.
- 신디케이션 전략 수립: RFP를 수령한 금융기관 단독으로 Offer를 제시할 수도 있지만 대상 기종이나 항공기의 수에 따라 다르나 통상 금액이 상당하므로, 사전에 소수의 금융기관을 중심으로 Club Deal을 구성하거나 또는 추후 General Syndication을 염두에 두고 단독 또는 소수의 금융기관이 주선단을 구성하여 Offer를 제출하는 것이 일반적이다. Club Deal을 구성하는 경우 Offer 제출 이전에 Coordinating Arranger를 중심으로 RFP를 수령한 금융기관 위주로 주선은행을 구성한 후 이들 은행들이 인수금액을 분담하며, General Syndication의 경우 주선은행만을 정한 후 추후에 공개적으로 시장에서 대주단을 모집하게 된다. 거래 및 주선기관 간 교섭에 따라 Coordinating Arranger는 없을 수도 있다. Club Deal 구성 및 공동 금융조건 결정을 위한 교섭에는 주선은행의 시장지위, 관련 지식 및 경험, 네트워크 등이 많은 영향을 미치며, 때에 따라서는 이 과정의 수행에 많은 시간이 소요되기도 한다.
- 가격조건 등 주요 금융조건 결정: 가격조건(금리, 수수료 등)은 Bidding시 가장 중요한 영향을 미치는 요소로, 보통 Offer 제출 직전에 최종 항목으로 기재하여 제출한다. 이때 최종 가격은 Offer 제출기관의 자금 조달원가를 기초로 경쟁기관 분석, 신디케이션을 위한 사전 시장조사(market sounding) 등 다양한 분석과 협의를 기초로 하여 결정된다.

4) 금융제안서 제출

제안서를 제출하는 은행은 전략수립 및 내부 검토절차를 거쳐 차주사에로 금융제안서를 제출하게 되는데 제안서에는 일반적으로 다음과 같은 내용들로 구성된다.

(1) Cover Letter

제안서의 금액 인수범위 및 향후 취소가능성(Indicative/Firm Offer, Fully-under-written/Best-effort Basis)에 대한 문구, Club-deal 방식의 경우 대주단에 관한 언급, General Syndication 방식인 경우 추후 일정 조건하에서 신디케이션이 진행될 예정임을 확약하는 의사 등이 표시된다.

(2) Summary of Terms and Conditions

여신조건에 대한 주요 내용을 요약한 것으로 이를 통상 Term Sheet이라고 부르며, 주요한 금융조건이 모두 요약 기술되어 있어 기채자가 승낙 후 추후 계약서를 작성하는 Documentation의 기본자료로 사용된다. Indicative Terms and Conditions의 내용은 부표 2에 Sample로 첨부하였으므로 이를 참조하기 바란다.

(3) Attached

기타 본건 관련 신디케이션 진행계획, 예상 부대비용, 항공기 금융관련 제출기관의 기취급 거래실적 등이 부표로 첨부되기도 한다.

Offer의 종류

① 인수범위에 따른 분류: Fully-underwritten Offer 또는 Best-effort Basis Offer
  ■ Fully-underwritten Offer: 대주가 주선을 요청하는 총액을 인수하겠다는 의사표시로서, Offer를 제출하는 대주가 인수총액을 대출기간 동안에 계

속 보유코자 하는 양자간대출(bilateral loan)의 경우 또는 시장에서의 반응이 좋아 인수한 금액을 시장에 매각(sell-down)하는데 문제가 없을 것으로 판단되는 Syndication의 경우에 사용된다.

■ Best-effort Basis Offer: 대주가 주선을 요청하는 총액의 일부만을 인수하고 나머지는 시장에서 매각하겠다는 의사표시로서, 매각이 원활하지 않아 주선 요청액이 전부 기채되지 못하더라도 책임을 질 수 없다는 의미이다. 주로 시장 소화가 어려울 것으로 예상되는 시장국면이나 거래의 경우에 사용된다. Best-effort Basis Offer의 경우 Fully-underwritten Offer에 비해 차주의 Offer 평가시 순위에서 불이익을 받을 수 있다.

② 취소가능 여부에 따른 분류: Indicative Offer 또는 Firm Offer

■ Indicative Offer: 추후 여신승인을 전제로 한 승인조건부 Offer로, 기채자가 이를 승낙하더라도 차입주선의 법적 의무는 없으나, Mandate 획득 후 주간사은행이 내부승인을 받지 못하여 주선을 할 수 없게 되었을 때 상당한 수준의 Reputation Risk를 감내하여야 하므로 제출전에 신중한 사전검토가 필요하다.

Offer에는 "This proposal document hereunder is subject to all necessary internal credit approvals by the bank to arrange the facility"와 같은 문구가 삽입된다. 항공기금융에서는 일반적으로 내부 승인에 필요한 시간적 제약 등의 사유로 Firm Offer 보다는 Indicative Offer 형식이 많이 사용된다.

■ Firm Offer: 제출하여 기채자가 승낙할 경우 은행의 차입주선 의무가 곧바로 확정되는 Offer로, 원칙적으로 법적 구속력이 있어 은행의 일방적인 차입주선 취소가 불가능하다. 따라서 Firm Offer는 내부 여신승인 등 관련 절차를 거친후에 확정된 조건으로 제출하게 된다. 신용도가 양호한 항공사나 리스사의 경우에는 금융기관에 Indicative가 아닌 Firm Offer를 제출하도록 요구하는 경우가 많다.

5) 기채주선의뢰서(Mandate) 획득

일반적으로 상행위에서 매매계약의 성립은 쌍방 간의 의사교환을 통해 이루어지는데, 의사표시는 청약(offer)과 승낙(acceptance)의 형태로 나타난다. 국제여신도 이와 비슷한 거래구조를 가지고 있어 의사표시는 금융기관의 Offer 제출과 차주의 Mandate 발급의 형태로 이루어진다. 차주는 제출된 Offer의 가격조건과 서약조항, 채무불이행조항, 담보조항 등 비가격 여신조건, 대주단 구성능력, 차주와의 거래관계 등을 검토하여 Mandate를 발급하게 된다. Mandate는 제출된 Offer의 내용대로 기채를 위임하는 승낙의 표시로서 제출된 Offer 하단의 서명란에 Counter Sign을 하여 해당 금융기관에 발송하는 것으로 갈음하거나, 또는 별도의 Mandate Letter를 Offer를 제출한 금융기관에 발급한다. 차주사가 검토후 Offer 내용에 이견이 있을 경우에는 Offer의 해당 내용을 수정하여 다시 제출케 한 후 Mandate를 발급하는 것이 일반적이다. Mandate의 발급에 따라 주간사은행은 대주단을 구성하고 자금을 주선할 수 있는 배타적인 권한을 부여받게 되며, 계약서 작성, 신디케이션 등 본격적인 금융 주선절차가 이를 기점으로 개시되게 된다.

6) 관련계약서 작성(Documentation)

Mandate를 획득한 금융기관은 Lender측 변호사를 선임한 후 금융제안서를 변호사에게 송부하여 이를 기초로 계약서 초안을 작성하게 한다. 항공기금융은 대표적인 국제여신거래로 국내여신과 달리 각국의 법률, 여신관행이 서로 상이하여 미리 만들어진 정형화된 계약서가 없으며, 구체적인 계약내용과 권리관계는 변호사, 차주, 대주 등 당사자들의 상호협의에 의해 별도로 작성된다. 특히 항공기금융은 금융거래, 리스거래, 항공기담보 등이 혼재되어 있을 뿐만 아니라 국경을 초월하는 다수 당사자가 참여하는 금융구조의 특성상 계약서의 종류가 많고, 길며 복잡한 편이다. 따라서 항공기금융은 다수 참여당사자의 이해를 원활하게 조정하여 성공적으로 주선할 수 있는 주선기관의 관련 경험과 전문지식, 역량이 무엇보다 중요하게 요구되는 분야이다.

7) Syndication

(1) Club Deal에 의한 추진

Club Deal 방식은 한 개의 특정한 Arranger에 의해 주도되지 않고, 차주와 업무 유대관계가 깊은 금융기관을 중심으로 하여 비공개적인 방법으로 소수의 대주단을 구성하여 모집하는 방법이다. 이 경우 Club Deal 대주단은 모두 주선은행으로서 차주와의 협상 관계에서도 상호 동등한 지위를 가지며, 금리 및 수수료 또한 구성원 간에 동등하게 배분된다. 대주단은 통상 Offer 제시 단계에서 사전에 확정하여 차주에게 제시되는 경우가 대부분이며, 거래나 시장상황에 따라서는 차주와의 협의에 의해 일단 Mandate를 획득한 후 추후에 대주단을 모집하는 경우도 많다. Club Deal 방식은 따라서 금융시장의 유동성이 상대적으로 여의치 않거나 여신금액이 상대적으로 크지 않은 경우 또는 General Syndication을 추진하기에는 시간적 여유가 불충분한 등의 경우에 많이 선택되는 방식이다.

Club Deal 방식은 특히 구성원 간에 의견이 맞지 않는 경우 거래의 성사(closing)에 어려움을 겪을 수도 있기 때문에 주로 항공기금융 경험이 축적된 Major Player 위주로 구성되는 경우가 대부분이며, 때에 따라서는 딜의 원활한 진행을 위해 Arranger 중에서 주도적인 은행이 Coordinating Arranger의 역할

표 2-9   신디케이션 참여당사자

- 주간사은행(Mandated Lead Arranger)
  - 거래 전반의 주선역할(차주와의 교섭, 신디케이션, Documentation 등)
- 간사은행(Underwriters)
  - 인수액 중 미판매 금액에 대한 인수 역할
- 참여은행(Participants)
  - 신디케이션 모집 결과 최종 대출은행

을 담당하기도 한다. 아무튼 Club Deal 방식은 General Syndication 방식에 비해 절차가 신속 간편하며, 주선경험이 축적된 Major Player 위주로 구성되기 때문에 대주 간 협의가 원만하게 진행될 수 있는 장점이 있다. 특히 구조가 복잡한 항공기금융의 경우 대주단의 금융구조에 대한 이해 및 경험이 무엇보다 중시되는 만큼 Club Deal 방식에 의한 대주단 모집이 보편화되어 있는 편이다.

(2) General Syndication에 의한 추진

기채자로부터 Mandate를 발급받은 단독 또는 소수의 Mandated Lead Arranger가 시장 잠재 참여기관들에게 대출참여를 권유하여 불특정 금융기관을 대상으로 공개적인 방법에 의해 대주단을 모집하는 방식이다. Mandated Lead Arranger는 단일기관에 의한 단독주선일 수도 있고, 복수의 기관으로 구성된 공동주선의 형태일 수도 있다. 공동주선일 경우에는 통상 주선금액이 큰 경우 역할을 분담하여 참여은행을 모집하는 Book-runner, 계약서를 담당하는 Documentation Agent, 서명식을 담당하는 Signing Agent, 홍보를 담당하는 Publicity Agent로 각기 다른 역할을 담당하는 것이 일반적이나, 때에 따라서는 한 개의 주선은행이 모든 역할을 담당하기도 한다. 이중 신디케이션 역할은 Book-runner가 수행하며, 매각이 여의치 않을 경우 미판매액에 대해서는 간사단(Underwriters)이 최종 인수하여야 하는 부담이 있으므로 주선단의 역할 중 가장 중요하여, 주간사은행 중에서 거래경험·지식이 풍부하고 네트워크 등 시장 신뢰도가 형성되어 있는 가장 역량이 풍부한 은행이 선정되는 것이 통상적이다.

기채자 입장에서 General Syndication 방식은 Club Deal에 비해 다수 은행을 공개적으로 모집하게 되므로 대주별로 비교적 소액의 참여가 가능하여 전체적으로 거액의 차입이 가능하다는 장점이 있다. 반면 주선은행(또는 간사은행)은 총액을 분할 인수한 리스크를 수용하는 대가로 신디케이션 참여은행의 금액과 지위에 따라 차등화된 참여 수수료를 배분함으로써, 주선수수료와 참여수수료의 차이부분인 남는 일부금액(residual pool)은 주선은행이 인수비율에 따라 배분받아 추가적인 이익을 거양할 수 있는 이점이 있다. 이는 주선기관에 대한

표 2-10	주간사은행의 역할 분담

- Book-runner : 참여은행 모집, 자금배분
- Documentation : 계약서 작성 및 협상
- Signing : 서명식 담당
- Publicity : 홍보 담당

인수리스크 수용대가 및 주선 노력에 대한 보상으로서 만약 시장 소화가 충분히 가능하리라는 판단이 선다면 General Syndication 방식은 주선은행의 입장에서 대출 익스포져는 축소하면서도 수익성은 극대화할 수 있는 이점이 있다. 이러한 점은 국제 금융기관들이 주간사단의 지위를 확보하려고 노력하는 주요 배경이기도 하다.

　신디케이션은 전략을 수립하는 것으로부터 시작된다. 참여 대상기관의 범위, 참여 금액별 지위 및 수수료 수준, 추진 일정 등이 이때 수립된다. 참여 대상기관은 불특정 금융기관을 대상으로 하나 보통 주간사가 사전에 Market Tapping 등을 통해 참여 가능성이 높은 기관을 대상으로 적정수(보통 30~100여 개 내외)를 선별하여 접촉한다. 다음 단계로 주간사는 잠재적 참여 기관들이 참여 의사결정에 도움을 줄 수 있도록 Information Package를 차주와의 협조에 따라 준비하여 송부하는데, 서류 중 Information Memorandum에는 기채자인 항공사와 사업계획에 관한 다양한 정보가 포함되어 있기 때문에 참여 예정기관으로부터 사전에 해당 정보를 다른 용도로 활용하지 않겠다고 하는 Confidential Agreement에 서명케 하여 접수한 후 관련 자료를 제공한다. 주간사는 신디케이션 마감시한(syndication closing date)까지 Commitment Letter를 접수한 후 총인수금액과 접수된 Sell-down 금액을 비교하여 각 참여 은행앞으로

그림 2-7	General Syndication 절차

신디케이션 전략 수립 → IM 작성 및 발송 → Commitment Letter 접수 → Fund Allocation

표 2-11　Information Package의 구성

Cover Letter	참여 금액별 가격조건, 비밀유지, Syndication 진행계획, 문의처 등
Terms Conditions	금융 주요 조건 명시(참여 금액, 만기, 금리, 수수료율 등)
Information Memorandum	회사공문, 차주/보증사 현황, 프로젝트 현황, 사업/재무분석, 최근 3개년 감사보고서 등
Commitment Letter 서식	주간사앞 참여의사 통지 양식
Administrative Details Reply Form	공식적 기관명칭, 연락처 등 기술 양식(계약서, 서명식, 인출, 원리금 지급시에 사용)
Confidential Agreement	여신 주요 조건 및 취득하게 된 차주관련 정보에 대한 비밀 유지 계약서

최종 대출금액을 확정하여 배분(allocation)하게 된다.

8) 계약서 서명(Signing)

신디케이션이 종료되면 주간사는 진행되고 있는 계약서(안)을 참여가 확정된 금융기관에게 송부하여 내용을 검토케 하고, 모든 참여 당사자들이 합의하여 계약서의 내용이 최종 확정되면 서명절차가 진행된다. 계약서 서명단계는 통상 "Closing"이라고 부르는데, 서명방식은 특정 일자에 참석자들이 한자리에 모여 공식적으로 서명식(signing ceremony)을 개최하는 형식으로 이루어지기도 하지만, 항공기금융의 경우 참여기관이 다국적으로 다수이고, 계약서의 종류도 많아 최근에는 계약서 담당 변호사의 지시에 따라 계약서 서명 페이지만을 각 기관에 송부하여 돌아가면서 서명하는 Circulation 방식이 많이 통용된다. 서명식을 개최하는 경우 관련 행사비용의 지출 및 서명된 원본 계약서에 대한 서명 국가에서의 인지세(stamp duty) 부담 등도 항공사가 Circulation에 의한 서명방식을 선호하는 주요 사유 중 하나로 작용한다.

9) 인출(Drawdown)/사후관리

각 당사자 간에 계약서가 최종 서명되면 항공기 구입대금의 최종인출을

위한 절차가 개시된다. 우선 항공사가 예정 인출일자와 총인출금액이 명시된 차입통지서(Borrowing Notice)를 Facility Agent에게 송부한다. 차입통지서는 대부분 항공기의 예정 인도일 3~5 영업일 전에 발송한다. 차입통지서가 접수되면 계약서상에 명시된 인출선행서류(Conditions Precedent)의 목록과 실제 제출서류들을 Lender측 변호사가 일일이 확인한 후에 그 확인사실을 Facility Agent에게 통보한다. 이를 확인한 Facility Agent는 CP Confirmation Letter를 발급하여 계약서에서 요구하는 인출선행조건의 목록과 최종 일치함을 재차 확인하고 각 법무법인의 Legal Opinion이 최종 확정되어 발급되면, 각 대주앞으로 예정 인출일자와 각 대주별 인출금액이 명시된 인출통지서(Drawdown Notice)를 발송한다. 이어 항공 감항증명, 수출/수입, 항공기 등록 등 모든 서류가 확정되고, 항공기 대금 전액이 Facility Agent로부터 항공기 제작회사(또는 항공기 매도자)의 전용 계좌로

표 2-12 항공기 인도 전 100일 간 Count-down(예시)

	D-100	D-30	D-10	D-5
항공기	항공기 조립 시작 (날개, 동체)	격납고에서 이동하여 페인팅 시작	내부 인테리어세팅 (BFE, 좌석, 비디오시스템 등)	1st Test Flight (2~3시간) 2nd Test Flight (결함 발견시)
금융추진		항공기 인도일자 결정 및 항공사앞 통지	SPC 설립 계약서(안) 합의	

	D-4	D-3	D-2/1	D-0
	"Customer Walk"(항공사의 항공기인수팀 파견, 약 4~5일간)			
항공기	각종 기능점검 (Avionics, Cockpit, 엔진, 외장, 기내 등)	Test Flight (항공사 공동) 위기테스트(감압, 정전, 급속기동 등)	발견된 모든 결함 해결 FAA 인가, 감항증명서, 수출/수입확인, 형식승인 등	항공기 인수도 (소유권 이전), Name Plate 부착 (동체, 엔진) Ferry Flight(첫 비행)
금융추진	차입통지서 발송 계약서 서명 인출선행조건 확인		Libor 이율 결정 Drawdown Notice 발급 Legal Opinion 발급 등	항공기대금 이체(Agent) 항공기 저당권 설정 서명 페이지 Release 등

입금이 되면 항공기의 인도(항공기 제작회사) 및 인수(항공사) 절차가 비로소 완료되며, 동시에 항공기의 법적 소유권이 항공기 제작사로부터 SPC(임대인)로 이전된다. 신조 항공기의 인수도절차는 통상 항공기 제작회사에 소재한 항공기 인도센터(aircraft delivery center)에서 이루어진다. 소유권이전 및 감항증명, 수출/수입 등 모든 절차가 완료됨에 따라 항공기는 비로소 항공사의 소속 국가로 첫 비행(이를 Ferry Flight라고 한다)을 할 수 있으며, 첫 비행시에는 승객없이 항공기만 운항되는 경우도 있으나 때에 따라서는 항공사의 일정에 따라 공항에서 상업적 고객을 탑승시키는 경우도 있다. 〈표 2-12〉는 항공기의 인수도가 일어나기 100일 전부터 이루어지는 항공사 및 금융추진과 관련된 주요 절차를 나타낸 것이다.

한편 인출이 완료되면 인출일자를 기산하여 여신기간 및 리스기간, 이자지급기간이 모두 개시되며, 이후 여신 및 리스기간 중에는 항공사에 의한 렌트료의 납입 및 Facility Agent에 의한 각 Lender에 대한 원리금의 상환처리가 이루어지게 된다.

2.4 항공기금융 관련 주요 계약서

항공기금융에서 사용되는 계약서의 명칭과 종류, 수록되는 내용은 사용되는 금융기법과 참여 당사자, 계약서를 입안하는 법무법인 등에 따라 많은 차이가 있고, 또 종류도 다양한 유형이 존재하나 업계에서 공통적으로 사용되는 대표적인 계약서의 유형을 예시하면 다음과 같다. 이중 항공기 리스계약서 및 대출계약서에 기술된 주요 항목에 대해서는 '제5장 항공기금융 주요 검토사항'에서 보다 자세히 다루기로 한다.

■ Loan Agreement(대출계약서)

차주(SPC), 대주(Lenders) 및 대주를 대리하는 Facility Agent의 3자 간에 체결하는 대출계약서로, Credit Agreement 또는 Facility Agreement의 명칭으로 통용되기도 한다. 참여하는 대주단의 채권보전 순위에 따라서는 Senior Loan Agreement, Junior Loan Agreement로 세분화하여 각각 별도의 계약서로 작성되기도 한다. 주로 기술되는 내용은 제반 여신조건, 인출선행조건(conditions precedent), 진술/보장(representation & warranties), 서약(covenants), 채무불이행(event of defaults), 금융대리인(agent), 차주의 면책(indemnities), 조세(taxes) 등이다.

■ Lease Agreement(리스계약서)

임대인겸 항공기 자산의 소유자(lessor/owner)와 항공기를 사용하는 임차인(lessee) 간에 체결되는 리스계약서로, 리스구조에 따라 자산의 소유자와 임대인이 분리되는 경우에는 Head-lease Agreement, Sub-lease Agreement로 분리하여 작성되기도 한다. 금융리스, 운용리스, 택스리스 등 리스구조에 따라 구성내용에 많은 차이가 있으며, 주요 기술사항으로는 항공기(aircraft), 항공기 인수도(delivery/acceptance), 렌트료(rent), 리스기간, 항공기보험, 항공기 등록, 항공기품질보장 및 지원(warranties), 리스선행조건(conditions precedent), 재인도(redelivery), 항공기 전대(sub-lease), 항공기 점유/사용(posession/use), 항공기의 반환(return conditions), 유지/정비(maintenance/overhaul), 항공기의 멸실/손상(event of loss), 채무불이행사유 (event of defaults) 등이다.

■ Intercreditor Agreement(채권자간 계약서)

대주(Agent 포함)와 지분출자자(equity participants), 임대인(lessor), 임차인(lessee) 등 다수 거래 참여 기관들의 공통적인 채권, 채무관계를 규정하기 위한 다자간 계약서(multi-party agreement)이다. 대표적인 구조화금융(structured finance)거래라 할 수 있는 항공기금융은 금융기관과는 속성이 상이한 리스 당사자가 참여하는 데다 금융유형에 따라서는 다양하고 복잡한 이해관계를 갖는 채권자들이 다수 참여하며 이에 따라 거래와 관련한 또는 채권자 상호간(inter-creditors)의 권리/의무관계 또한 별도의 계약서에 기술될 필요가 있다. 예컨대 공적 수출지원금융(ECA Finance)의 경우 보증 채권자로서의 수출금융기관, 담보순위에 따라서는 선순위 또는 후순위 대주단(junior lender), 지분투자자(equity investor), EETC 거래의 경우 분할된 채권자(tranche A/B/C 등) 등 이해관계가 상이한 다수 채권자가 참여한다. Intercreditor Agreement에 주로 기술되는 내용은 거래에 따라 다를 수 있으나 채권자 간 자금배분에 관한 사항(application of proceeds: 이를 waterfall 조항이라고 한다)을 위주로 하여 담보관리인(security trustee), 구제권리(remedies)의 행사 관련 사항 등이 기술되며, 금융기법에 따라서는 후순위 채권자의 지위에 관한 사항(subordination),[11] 후순위 채권자, 지분 출자자의 선순위채권 매수권리(buyout rights),[12] 치유권(cure rights),[13] Controlling Party 등이 기술된다. 채권자 간 자금배분에 관한 내용은 Deed of Applications of Proceeds and Priorities(DAPP)라고 하여 별도의 계약

---

11) 선순위자는 후순위자에 비해 상환청구, 자금배분 등에서 선순위권리를 가지며, 후순위자가 자금을 이미 수령한 경우, 채무불이행의 선언 등 권리에도 후순위적 권리를 갖는다.
12) 지분출자자, 후순위권자는 선순위권자의 채권을 매입하여 그 선순위적 지위에 개입할 수 있는데, 이는 선순위자와는 거래관점이 상이한 이유 또는 항공기 보유를 통한 가치 극대화 등으로 일정 혜택을 얻을 수 있다고 판단되는 경우에 행사된다.
13) Payment EOD가 발생하는 경우 지분투자자가 차주에게 미지급 금전을 대신 지급함으로써 채무불이행의 선언을 방지하고, 자산가치의 보전을 도모하기 위한 일시적 목적의 치유권리를 말한다.

서로 처리하기도 한다.

■ Participation Agreement(참여계약서)

　구조화금융에서 각 당사자의 금융거래 참여에 대한 요건 및 로드맵을 제시하는 참여기관 간 공통의 다자간 계약서(multiparty-agreement)로 모든 참여 당사자들이 서명한다. 주로 인출선행조건, 채무자의 권리(obligor's rights), 진술 및 보장(representation & warranties), 서약사항(covenants), 면책사항(indemnities), 제한된 소구권(limited recourse), 용어에 대한 정의(definition) 등이 기술된다.

　거래에 따라서는 All Parties Agreement라는 명칭으로 사용되기도 하며, 전술한 Intercreditor Agreement를 별도로 두지 않고 Intercreditor Agreement의 내용을 All Parties Agreement에서 포괄적으로 다루는 경우도 있다.

■ Aircraft Mortgage Agreement(항공기저당권 계약서)

　항공기 소유자겸 차주인 SPC와 채권단 간에 체결되는 담보계약서이다. 담보부 금융거래로서 항공기 소유자가 채권단을 대상으로 항공기 자산에 대한 담보권(security rights)을 제공하는 것을 주 내용으로 하며, 대부분 항공기의 등록지 국가의 법률을 준거법으로 하여 항공기 저당권의 생성(creation of mortgages), 실행(enforcement), 수령자금의 배분(application of moneys received) 등의 내용이 주로 기술된다. 금융구조에 따라서는 영국법(또는 미국법), 케이프타운컨벤션 관련 아일랜드법을 준거법으로 한 항공기 저당권이 항공기 등록지국 법률에 추가하여 체결되기도 한다. 가령 등록지국이 우리나라일 경우 주 저당권은 Korean Aircraft Mortgage, 영국법의 경우 General English Law Aircraft Mortgage, 케이프타운 협약의 경우 Capetown Convention Aircraft Mortgage로 복수의 항공기 저당권이 체결된다. 한편 한 대 이상의 항공기를 대상으로 금융을 추진하여, 각 항공기에 대해 교차담보(cross-collateralization)를 허용하는 경우에는 1순위, 2순위, 3순위 항공기 저당권 등 각각 별도의 항공기 저당권계약서로 구분하여 작성하기도 한다. Mortgage Agreement(또는 단순히 Mortgage)는 거래에 따라 Security Agreement 또는 Trust Indenture라는 계약서로 대치되기도 한다.

■ Security Assignment Agreement(담보양도 계약서)

임대인(lessor)과 대주단을 대리하는 담보관리인(security agent)간에 체결되는 담보의 양도계약서로, 임대인이 리스계약에 따라 수취하는 다양한 담보권을 대주단에게 양도(assignment)하는 내용의 계약서이다. 양도 권리별로 구분하여 리스료 수취 채권의 경우 Lease Assignment Agreement, 보험료 청구권의 경우 Lessor Insurance Assignment, 항공기 또는 엔진구매계약상 항공기 및 엔진 사후 보장채권을 양도하는 경우 각각 Airframe 또는 Engine Warranties Assignment로 구분하여 계약서를 체결하기도 한다.

■ SPC Share Charge(주식 질권설정 계약서)

차주 및 임대인 역할을 하는 SPC의 출자자와 대주의 담보관리인(Security Agent)간에 체결되며, SPC 출자자가 대주를 위하여 출자한 주식에 대해 질권(pledge)을 설정하는 내용 등이 주로 기술된다.

■ Aircraft Purchase Agreement(항공기 구매계약서)

신조 항공기의 경우 항공기 생산자인 항공기 제작사와 이의 고객인 항공사 또는 리스회사 간에, 중고 항공기의 경우 항공기의 매도자와 매수자 간에 체결되는 항공기 구매계약서이다. 동 계약은 보통 항공기금융이 추진되기 수년 전에 체결되는 계약서이나, 새로 설립된 SPC가 동 계약상의 항공기 구매권리를 양수받게 되므로 주요 내용에 대한 검토가 필요하며, 특히 항공기 선급금금융의 경우에는 이의 면밀한 검토가 필요하다. 동 계약서의 내용에는 항공기 구입가격 등 민감한 내용이 포함되어 있어 계약 당사자를 제외한 금융기관 등 다른 당사자에게는 좀처럼 공개되지 않는 특성이 있다. 이에 포함되는 주요 조항으로는 항공기의 매매, 예정 인도일자, 기본계약가격(basic contract price), Excusable/Non-excusable Delays, 항공기 추가 구매옵션, 교육훈련, 제품 하자에 대한 보장(warranties/indemnities), 최종 항공기 계약가격(final contract price)의 결정에 관한 사항 등이 포함된다. 한편, 항공기 엔진의 구매시에는 일반적으로 항공기 구매계약과 유사한 내용으로 엔진제작업체와 항공사 간에 General Terms Agreement가 체결된다. 다만, 항공사가 선택한 엔진은 항공기 인도 전에 제작사에 인도되어 동체에 장착되므로 엔진가격도 항공기 구매계약서에 포함되며, 이에 따라 항공사는 항공기의 인도시 엔진가격을 포함하여 항공기 제작사에게 지급하게 된다.

■ Aircraft Purchase Agreement Assignment(항공기 구매계약의 양도계약서)

항공사가 항공기 제작사와 체결하였던 원래의 항공기 구매계약상 항공기에 대한 매수권리를 임대인(lessor/소유자)인 SPC에게 양도하여, SPC가 항공기를 구매할 수 있도록 권리를 부여하는 계약서이다.

■ Account Pledge Agreement(계좌질권 계약서)

채무자인 차주와 채권자인 대주 그리고 계좌를 보유하고 있는 계좌은행(Account Bank)의 3자 간에 체결되는 담보계약서로, 차주가 대주앞으로 Account Bank가 보유하고 있는 리스료 수취계좌에 대한 통제권 및 질권 설정을 허용하는 것이 주요 내용이다.

■ Omnibus Agreement

복수의 계약서에 수정사항이 발생할 경우 이를 한번에 한 개의 계약으로 처리하기 위한 계약서이며, Omnibus Amendment라고 하기도 한다.

■ Irrevocable De-registration and Export Request Authorisation(IDERA)

특정 당사자에게 대상 항공기가 등록되어 있는 항공기 등록국의 관련 감독당국으로부터 항공기 등록해제 및 대외 수출을 독자적으로 수행할 수 있는 권리를 부여하는 서류로, 특히 케이프타운협약에 의할 경우 소정의 IDERA 서식을 작성하여 채무자가 관련 당국에 제출하여 등록하면 관련 당국이 IDERA의 효력을 인정하도록 되어 있다. 단, 그 항공기 등록국이 케이프타운협약의 체약국이고 가입시 IDERA 조항의 적용을 유보하지 않아야 한다.

■ Liquidity Facility Agreement(유동성 공여계약서)

자산담보부증권(Asset-backed Securities)이나 EETC(Enhanced Equipment Trust Certificate) 거래 등에서 신용공여기관(Liquidity Facility Provider)의 추가적인 신용보강이 필요한 경우 체결되는 계약서이다. 신용보강 기능은 자산보유자의 신용이 부족하거나 기초자산으로부터의 현금흐름에 단절이 발생하는 경우 등을 위하여 국제신용등급이 우수한 금융기관이 주로 개입하며, 그 보강형태는 대출(loan), 보증(stand-by L/C) 또는 RCF(revolving credit facility)가 일반적이다.

■ Put Option Agreement

　　주로 리스회사에 의해 추진되는 항공기 운용리스 거래의 경우 채무불이행 (EOD) 등이 발생하는 경우 일정 요건에 따라 차주가 Project Sponsor(리스회사)에 게 항공기를 매각(이 경우 리스회사는 매수하여야 할 의무 발생)할 수 있는 권리(의무가 아님)를 부여하는 내용의 계약서이다. 실질 차입주체인 리스회사에 대해 대주단이 원리 금상환을 최종 소구(Full-recourse)할 수 있는 금융구조의 경우 체결된다.

표 2-13　항공기금융 관련 주요 계약서

계약서 구분	체결 당사자	주 요 내 용
Loan Agreement (또는 Facility Agreement)	차주, 대주, Agent	대출계약서 (구조화시 Senior, Junior 구분 가능)
Lease Agreement	임대인, 임차인	항공기 리스계약서 (구조화시 Head-Lease, Sub-lease 구분가능)
Intercreditor Agreement	임대인, 임차인, SPC 출자자, 대주, Agent 등	채권자 간 공통요건(자금배분, Security Trustee, Remedies 사항 등)
Participation Agreement	임대인, 임차인, SPC 출자자, 대주, Agent 등	참여기관 공통요건(인출선행조건, R/P, Covenants, Indemnities, Definition 등)
Aircraft Mortgage Agreement	차주, 대주, Security Agent	항공기 저당권 설정계약서(필요시 항공기 등록지국 이외에 영국법, 아일랜드 법에 의한 저당권 등 추가)
Lease Assignment	임대인, Security Agent	임대인의 리스계약상 리스 수취권 양도에 관한 계약서
Lessor Insurance Assignment	임대인, Security Agent	임대인의 보험상 청구권 양도
SPC Share Charge	SPC 출자자, Security Agent	SPC 출자자의 주식질권 설정
Aircraft Purchase Agreement	항공기 제작사 항공사(또는 리스사)	신조 항공기의 구매계약서

Purchase Agreement Assignment	항공사, 임대인	항공사의 항공기구매계약상 권리 양도
Airframe Warranty Assignment	항공사, 임대인	항공사의 항공기 제작사로부터의 사후 보장권 양도
Engine Warranty Assignment	항공사, 임대인	항공사의 엔진 제작사로부터의 사후보장권 양도
Account Pledge	임대인, 계좌은행, Security Agent	리스료 수취계좌에 대한 질권 설정

2.5 시대별 항공기금융 메이저 Player

각 시대별로 어떤 국가의 금융기관들이 항공기금융 시장을 주도하였는지를 논하는 것은 다소 논란이 있을 수도 있고 때로는 주관적인 견해일 수 있으나, 다양한 문헌과 매체 등을 종합·분석하여 그 대체적인 흐름을 정리하여 보면 다음과 같다.

1) 1980년대

이 시기에는 전반적으로 Citibank, Chase Manhattan Bank 등 미국계 은행들이 항공기대출 공여기관의 상위부분을 차지하던 시기라고 할 수 있다. 미국은 항공기 리스의 발상지이기도 하지만 1980년대 중반부터 1990년대 전반까지는 미국식 택스리스로 잘 알려진 FSC(Foreign Sales Corporation) 리스[14]가 초반에는 미국 항공사들에게, 후반에는 외국 항공사들에게 주요 자금조달수단으로서 인기가 있었다.

2) 1990년대 전반

미국계 대형은행의 뒤를 이어 Fuji Bank, Sumitomo Bank, Mitsubishi Trust and Banking Corporation 등 대형 일본계 은행의 자금이 전세계 항공기금융시장을 리드하던 시기이다. 일본은 1960년대부터 가격경쟁력에 기반한 수출확대 및 수입 억제정책에 힘입은 대규모 무역수지 흑자를 바탕으로 당시 넘

---

14) 항공기 등 미국산 적격 수출물품 중 일정 해외판매법인(FSC)의 수익에 대해 직접적인 조세 감면 등을 제공하였던 수출보조금 성격의 미국 택스리스 유형으로, 1984년부터 2006년까지 존속하였던 방식이다.

쳐나는 달러 유동성을 전세계의 안정자산에 효과적으로 투자하기 시작하였다. 특히 항공기의 안정적 자산특성 및 대미무역흑자 해소 정책의 일환으로 항공기자산에의 투자가 대규모로 이루어졌다. 일례로 1985년 도입된 일본식 택스리스(JLL)는 일본의 낮은 대출금리 수준과 폭넓은 일본 투자자 저변 등에 힘입어 전세계 항공사들의 항공기금융 주요 조달수단으로 큰 인기를 끌었으며 이의 중심에는 일본계 은행들이 자리잡고 있었다. 그러나 이러한 성장세는 1990년대 후반 아시안 위기의 발생과 이에 따른 일본의 신용위축, 일본은행들의 부실화, 금리상승과 더불어 항공기금융부문에서도 1998년 일본의 조세혜택 축소를 겨냥한 세제개편 및 JLL거래의 위축 등을 계기로 전반적인 자금 유동성이 크게 위축되었다. JLL 거래에 이어 당초 일본 국내기업을 대상으로 개발된 일본식 운용리스(Japanese Operating Lease)가 외국 항공사를 대상으로 조금씩 거래가 이루어졌지만 당시에는 그리 큰 호응을 얻지 못하다가, 대략 2006년경부터 JOL 구조가 활성화하기 시작하면서 전세계 항공사들의 관심을 받기 시작하였다.

3) 1990년대 후반

1990년대 후반은 WestLB, Helaba, BayernLB, HSH Nordbank, NordLB 등 10여개 이상의 국영 독일 Landes 은행들이 종전 일본계 은행들이 차지하던 위상을 넘겨받은 시기라 할 수 있다. Landes 은행은 독일 특정지역을 기반으로 한 준정부 은행들을 지칭하는데, 당시 독일정부의 보증혜택에 따라 AAA등급에 이르는 높은 국제 신용등급과 이를 바탕으로 한 낮은 조달비용을 기반으로 신용등급이 상대적으로 낮은 상업은행들과는 차별화한 유리한 자금을 항공기금융 시장에 공급할 수 있었다. 이러한 정부보증 및 높은 신용도를 바탕으로 독일 Landes 은행들은 금리수준이 낮은 항공기 ECA 금융 및 당시 독일 투자자들에게 큰 인기가 있었던 GLL(German Leveraged Lease) 구조에 대한 시장점유율을 높일 수 있었다.

4) 2001년 이후

이전 독일계 은행들의 위상은 2001년이후 프랑스계 은행으로 넘어가게 된다. 2001년 9월 11일 발생한 미국 World Trade Center 테러사건은 전세계 항공사들뿐만 아니라 항공기금융업계에도 이전과는 비교할 수 없는 큰 파장을 던진 사건이었다. 이를 계기로 전세계 항공 여행수요가 급격히 위축되어 많은 항공사들이 심각한 재정적 어려움을 겪게 되었다. 국적 항공사였던 Swissair, Sabena, Ansett Austrailia 등이 파산하였고 Air Canada, United Airlines 등 많은 항공사들이 장기적인 구조조정의 고통을 겪어야만 했다. 이를 계기로 항공사들의 재정악화와 구조조정 등 상황을 한 발짝 비켜서 지켜보던 많은 은행들이 항공기금융시장에서 철수하게 되는데, 특히 이전까지 거액의 항공기금융 유동성을 업계에 공급하여 오던 독일계 은행들이 국내사정을 이유로 산업에서 대거 철수하게 된다. 독일 Landesbank는 당시 동독지역에 투자한 부동산과 기업대출의 부실화, 주가하락 등으로 어려움을 겪은 데다 설상가상으로 2005년부터 독일 정부가 Landesbank에 발급하여 오던 정부보증을 중단한다고 발표함에 따라 국제신용등급이 하락하고 달러화 조달비용이 크게 상승하여 가격경쟁력을 더 이상 유지할 수 없게 되었다. 때마침 시행된 Basel II 조치로 대부분의 은행들이 자본에 대한 자산수익률을 상향시켜야 하는 부담이 더해짐에 따라 10년 이상 장기에 국내 자산에 비해 마진율이 상대적으로 낮았던 국제 항공기 및 PF 금융을 전략적으로 유지하기 어려운 상황에 직면하게 되었다. 이에 따라 관련 사업을 접고 국제 항공기팀을 해체하여 국내로 철수하거나 항공기금융 포트폴리오를 시장에 매각하는 등의 사례가 대폭 증가하게 되었다.

이 기간중 주된 항공기금융 공급자였던 독일계 은행들의 위치는 ECA금융과 운용리스의 가파른 성장에 힘입은 리스회사들에 의해 어느 정도 채워지긴 하였으나, 같은 유럽계인 Credit Agricole, BNP Paribas, Natixis 등 프랑스은행들이 그 빈 공백을 메꾸게 된다. 전통적인 항공기금융 영역은 대체로 유럽계 은행들이 강세를 보이는데, 유럽지역은 항공교통의 중심지로 수많은 항공사가 존재하여 항공운송 관련 성장성이 클 뿐만 아니라 미국과 달리 자본시장이 상

대적으로 약해 다양한 대체 항공기금융 기법들이 잘 발달되어 있는 편이다. 프
랑스은행들은 LASU(1986년)에 의한 Airbus 제작 항공기에 대한 이차보전 등에
이끌려 초반에는 수출지원금융인 ECA 금융을 주로 취급하였으나, 점차 보잉기
종이나 JOL, French Tax Lease, US Eximbank 보증부 대출 등 다른 항공기금
융 형태로 취급범위를 점차 확대하여 갔다.

5) 2010년 글로벌 금융위기 이후

이 시기도 전반적으로 프랑스계 은행들이 약진을 거듭하던 시기라고 할
수 있다.

이 시기에는 2007~2010년에 발생한 Sub-prime 글로벌 금융위기에 따라
유동성 위기에 직면한 많은 상업은행들이 대거 항공기 금융시장에서 철수하거
나 자금지원을 축소하는 현상이 발생한다. 특히 달러화에 의한 금융 및 평가가
이루어지는 항공기금융부문은 당시 은행들의 달러화 조달비용 상승 및 신규
Basel III의 시행 등에 따라 상당한 타격을 입는다. 유럽발 서브프라임 위기의
진행에 따라 Saxon LB, West LB, LBBW 등 다수 독일계 Landes 은행들이 국
내 문제 집중을 이유로 국제 항공기금융시장에서 대거 철수하였기 때문인데,

표 2-14 항공기 수출금융(ECA) 취급 순위(2009/2010)

	주선규모(U$십억)	항공기 주선대수
Credit Agricole Group	4,234	118
BNP Paribas	3,663	85
Citi	3,492	72
HSBC	2,382	39
JP Morgan	2,223	33
Natixis	670	12
Credit Suisse	653	10
Barclays	346	8
ING	100	1
계	17,763	378

자료: Airfinance Journal, 2010. 11.

그 결과 상업대출시장의 공백을 메꾸기 위해 급격히 확대된 ECA 보증부 금융 시장에서 유럽계 은행들은 금융주선 및 대출역할을 지속하여 주도적인 위치를 확보하게 된다. 이때 Credit Agricole, BNP Paribas, Citi, HSBC 등이 ECA 금융을 주도적으로 이끌었던 대표적인 은행들이며, HSBC, Credit Suisse, Barclays 등이 그 뒤를 이었던 은행들이다. 또한, 비록 Top Bank의 순위에 들지는 못하였지만 이 시기 주목할 만한 특징은 중국계 은행들의 약진이라고 할 수 있다. 글로벌 달러화 유동성이 고갈되고 상업 대출시장이 위축되자 2010~2012년 기간중 전체 항공기금융액 중 ECA 금융비중은 30% 정도로 증가하였는데, 이러한 전세계 항공기금융시장의 유동성 갭을 일정 부분 메꾸어 입지를 강화한 은행들이 중국계 은행들이다.

03

항공기 리스

항 공기금융의 대부분이 물적 금융이라고 할 수 있는 리스구조를 채용하는 만큼, 본 장에서는 리스에 대한 전반적인 이해를 돕기 위하여 리스의 기본개념과 구분, 회계처리방식의 변경, 리스의 유형 등에 대해 알아본다.

3.1 에서는 리스의 기본적인 정의와 구성요소 등 개념에 대해 알아보고,

3.2 에서는 최근 리스회계 처리방식의 변경에 대해,

3.3 에서는 금융리스와 운용리스의 구분을 제외한 다양한 리스유형에 대해 그 개념 및 내용을 정리하고,

3.4 에서는 항공기 리스거래의 장단점에 대해 살펴보고자 한다.

3.1　리스의 개념

　　항공기금융은 선박금융과 마찬가지로 자산담보부 금융의 일종으로서 대상자산인 항공기를 임대하는 리스구조로 대부분 이루어져 있다. 물적 금융방식인 리스구조와 결합하는 점은 항공기금융을 더욱 복잡하고 어렵게 인식하게 하는 요인이기도 하다. 앞장 항공기금융의 기본구조에서도 살펴보았듯이 항공기금융은 항공기 자산의 소유권 취득, 자산 획득을 위한 자금조달 및 항공기의 사용이라는 세 가지 측면에서 항공기의 소유에 따른 위험을 축소할 수 있는 유용한 수단이라고 할 수 있는 리스구조를 최대한 활용하는 대표적인 분야라고 할 수 있다.

　　리스는 산업, 경제의 발달 및 글로벌화의 과정과 궤를 같이 하여 온 오랜 역사를 갖고 있다. 특히 1960년대 이후에는 리스가 금융의 한 형태이자 하나의 아이디어로서 본격적인 신종산업으로 발전하기 시작하였다. 기존에는 공급자가 기계, 설비를 수요자에게 제공하고 수요자로부터 직접 대금을 수령하였으나, 리스가 개입함에 따라 수요자는 리스회사에 대금을 분할하여 상환하고, 공급자는 리스회사로부터 대금을 수령하는 형태로 발전하게 된 것이다.

1) 리스의 정의

　　일반적으로 리스란 특정 자산의 소유자가 자산의 경제적 사용권을 일정기간 동안 타인에게 이전하고, 그 대가를 정기적으로 분할하여 제공받기로 약정하는 계약이라 할 수 있다. 승용차, 아파트, 선박, 항공기의 임대는 우리에게도 잘 알려진 전형적인 리스계약의 형태이다. 리스계약에서 자산의 소유자는 임대인(lessor), 사용자는 임차인(lessee)으로 부르며, 임차인은 미리 정한 기간 동안 리스료의 지불을 포함하는 계약조건을 준수하는 조건으로 임대인으로부터 자산의 사용권을 획득한다. 승용차, 호텔방, 산업용 기계나 공구, 가정용 가전기기 등의 일시적 임대는 렌탈(rental)이라고 부르는데, 동일한 같은 성격의 경제행위 이지만 보통 1년 미만의 단기계약이라는 점에서 리스와는 구별되는 특성을 지 닌다.[1] 그러나 리스의 개념과 구분, 성격은 생각보다 그리 단순하지 않다. 그 법적, 경제적, 재무적 성격은 관련 당사자의 시각에 따라 다르고 해당 국가의 세법이나 회계처리방식도 다소간의 차이를 보이기 때문이다.

리스의 개념은 주로 회계나 세법상의 기준에 따라 차이가 발생하며, 이러 한 관점에서 2016년 1월 발표(시행: 2019년 1월)한 국제회계기준위원회(IASB)의 IFRS 16 및 우리나라의 기업회계기준서 1116호에서 정의한 리스의 기준을 참 고하는 것이 도움이 될 수 있다.

우리나라의 기업회계기준서 1116호에서는 리스의 정의를 '대가(consideration) 와 교환하여 식별된 자산(identified asset)의 사용권(right of use)을 일정기간 이전하 는 계약(contract)이나 계약의 일부'라고 정의[2]하고 있다. 이 정의는 얼핏 보면 간단해 보일 수 있으나 이를 실무에 적용할 때에는 거래의 실질에 대한 판단이 게재되어야 하므로 그리 단순한 문제는 아니다.

아래에서 기술하는 내용은 새로 제정된 IFRS 16 및 기업회계기준서 1116 호에서 제시하는 리스기준을 중심으로 설명한 것이다.[3]

2) 리스의 구성요소

리스의 정의를 바탕으로 리스의 구성요소를 정리하여 보면 다음과 같다.

.

---

1) 장대홍, 권영준, 안동규, 리스금융론, 법문사 p. 15.
2) 기업회계기준서 1116호 부록 A.
3) In depth: A look at current financial reporting issues, pwc, 2016. 2 참조.

그림 3-1 리스의 기본구조

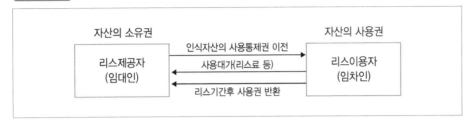

■ 리스는 자산의 소유자인 리스제공자(임대인)와 그 자산의 현재 또는 장래 사용자인 리스이용자(임차인)간의 계약이다.

인식된 리스자산에 대한 법적인 권리와 의무는 리스제공자와 사용자 간에 약속·합의의 표시인 계약에 의하여 성립되어야 한다.

■ 계약에 의하여 자산의 사용 통제권이 리스이용자에게 이전된다.

리스는 자산의 소유권을 리스제공자가 보유하면서, 사용 통제권만을 임차인에게 이전하는 것이 주된 특징이다. 소유권과 사용권이 분리된다는 점인데 이러한 관점에서 공급자로부터 사용권이 이전되지 않는 서비스, 공급계약은 리스라고 볼 수 없다.

■ 한정된 일정기간 동안만 사용권이 이전된다.

사용기간이 정해지지 않은 영구적으로 사용할 수 있는 약정은 사실상 자산의 취득에 보다 가깝기 때문에 리스라고 볼 수 없다.

■ 리스이용자의 자산사용권 이전에 대한 보상으로 일정 대가가 지급된다.

대가는 통상 리스료인데, 여기에는 자산사용의 대가로 지급되는 고정·변동리스료, 구매선택권의 행사가격, 리스 중도해지시 위약금 등이 모두 포함된다.

■ 자산의 사용기간 후에는 임차인이 자산을 임대인에게 반환한다.

사용기간이 종료되면 자산은 임대인에게 반환되어 리스이용자의 사용권이 해지되든지 아니면 리스이용자가 자산에 대한 구매옵션을 행사하여 리스이용자가 자산의 법적 소유권을 취득하게 된다.

3) 리스 여부의 판정

새로운 회계기준에서는 모든 리스거래에 대해 적용되며[4] 실무상 계약에 리스거래가 포함하는지 아닌지는 거래의 형식보다는 거래의 실질에 따라 판단하도록 하고 있다. 계약상 리스가 포함되는지 여부는 다음의 두 가지 기준에 의하여 판정한다.

(1) 계약상 자산의 식별

대상자산은 계약서에 명시적 또는 암묵적으로 특정되어 분명히 식별될 수 있어야 한다. 일반적으로 소유권을 보유할 수 있는 유형자산(tangible asset)이나 비소비적 자산(non-consumable asset)은 인식이 가능하므로 리스대상 자산이라고 할 수 있으나, 물리적 실체가 없어 인식할 수 없는 특허권, 영화필름, 비디오녹화물 등 무형자산(intangible asset)은 리스대상에서 제외된다. 만약 계약상 공급자가 다른 자산으로 교체할 수 있는 대치자산(substitution asset)이 존재한다면 그 자산은 식별 불가능할 수 있으며 공급자의 교체능력 여부나 그 교체에 따른 효익(benefit)이 있는지 등 권리의 실질적 여부를 판단하도록 하고 있다.

(2) 자산 사용통제권의 이전

대상자산이 식별되었다면 다음 단계는 그 자산의 사용통제권(right to control)이 일정 기간동안 리스이용자에게 이전되는 계약인지를 판정하여야 한다. 새로운 기준에서는 리스의 정의를 판단할 때 누가 기초자산의 사용을 통제하는가에 보다 중점을 둔다. 리스이용자가 사용통제권을 갖는 경우는 두 가지 요건을 충족하여야 하는데, 리스이용자가 기존처럼 기초자산의 사용으로 인하여 대부분의 경제적 효익(substantially all of economic benefit)을 얻는 경우 뿐만 아니라 추가적으로 자산의 사용을 지시(direct to use)할 수 있는 능력(힘)이 있는 경우에 사용통제권이 있다라고 말한다.[5]

---

4) 광물, 석유, 천연가스 등 천연자원 및 생물자산, 민간투자사업 리스 등 일정 리스는 적용범위에서 제외된다.

5) Leases(updated), PWC, 2018. 8.

그림 3-2 리스 로드맵

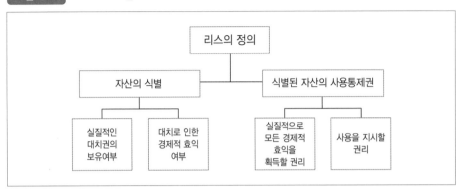

자료: Summary of IFRS 16, Ernst Young 2016. 5.

그림 3-3 리스 여부의 판정방법

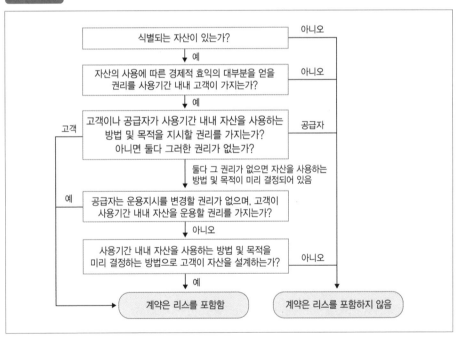

자료: Summary of IFRS 16, Ernst Young 2016. 5.

3.2 리스회계 처리방식의 변경

1) 리스이용자의 리스 회계처리 단일화

새로운 리스 회계기준의 가장 중요한 변경은 리스이용자(임차인)의 회계처리방식을 종전의 이중모형에서 단일회계 처리모형으로 변경한 것이라고 할 수 있다. 종전에는 리스이용자의 경우 리스거래를 금융리스 아니면 운용리스로 분류한 뒤 회계처리를 각각 다른 방식으로 처리하였다. 즉, 금융리스의 경우 재무상태표(B/S)에는 자산과 부채로 계상하고 손익계산서에는 리스자산의 감가상각비와 이자비용을 계상한 반면, 운용리스의 경우 재무상태표에는 자산과 부채를 계상하지 않고 손익계산서에만 리스료를 영업비용으로 계상하는 이중 회계처리 모형을 따랐다. 그러나 새로운 기준에서는 단기리스[6]와 소액자산리스[7]를 제외한 모든 리스약정에 대해 금융리스와 운용리스를 구분하지 않고 재무상태표에 사용권자산(리스자산)[8]과 리스부채[9]로 인식하도록 하고 있다.[10] 따라서 리스이용자의 회계처리에서는 기존에 분류하던 금융리스와 운용리스의 개념이 사라진 셈이다.

---

6) 단기리스: 리스개시일 기준 기간 12개월 이하 및 리스이용자의 행사가 확실시되는 구매옵션이 없는 리스로 렌탈거래를 의미한다.
7) 소액 기초자산: 예컨대 U$5천불이하의 가치를 갖는 기초자산 리스로 저가품목의 리스를 말한다.
8) 리스사용권자산: 리스부채의 최초 측정금액에 선급리스료(리스인센티브 차감), 리스개설 직접원가, 기초자산 해체·제거·복구원가로 측정.
9) 리스부채: 리스개시일 현재 미지급된 리스료의 현재가치로 측정.
10) 예외적으로 단기리스(리스기간 12개월 이하)와 소액리스(예. 기초자산 $5,000 이하)는 현행 운용리스처럼 리스료 지급시 비용만 인식할 수 있다.

표 3-1 리스이용자의 회계처리 변경

재무상태표(B/S)

	기존		개정
	금융리스	운용리스	모든리스
자산	금융리스 자산	-	사용권 자산
부채	금융리스 부채	-	리스부채

손익계산서(P/L)

		기존		개정
		금융리스	운용리스	모든리스
영업비용		-	리스료	-
		리스자산 상각비	-	사용권자산 상각비
금융비용		이자비용		이자비용

자료: 금융감독원, K-IFRS 제1116호 '리스' 주요내용 '18. 1월.

반면 리스제공자(임대인)의 회계처리는 기존 방식과 마찬가지로 금융리스 아니면 운용리스로 분류하여 이중모형을 유지하도록 하고 있다. 즉, 기초자산의 소유에 따른 위험과 보상 대부분(substantially all)을 이전하는 리스는 금융리스로 분류하고, 그렇지 않은 리스의 경우에는 운용리스로 분류하여 처리하도록 하고 있다.

그림 3-4 새로운 회계처리방식의 특징

임차인	모든 리스에 대해 단일 회계처리 모형 적용(단기 리스와 소액 자산에 대한 리스는 제외)
임대인	기존과 같이 이중 회계처리 모형 적용
공시	추가적인 공시(disclosure) 요건

자료: Summary of IFRS 16, Ernst Young 2016. 5.

2) 리스회계기준 변경의 배경

국제회계기준위원회(IASB)와 한국회계기준원이 리스회계기준을 변경한 배경은 재무정보의 투명성과 이의 상호 비교 가능성을 높이기 위한 취지에 있다. IASB에 따르면 전 세계 상장기업이 이용하는 리스 약정규모는 약 3조달러로 이중 운용리스가 전체리스의 85%, 금융리스는 15%를 차지하는 것으로 알려져 있다. 그런데 운용리스의 경우에는 재무제표에 자산과 부채로 계상되지 않는 점을 이용하여 리스이용자가 부채비율(부채/자기자본)을 낮출 목적으로 거래를 운용리스로 설계하여 회계처리하는 관행이 점차 증가하게 되었고, 이에 따라 재무이용자가 리스이용자의 실질적인 부채규모를 파악하기 어려워졌을 뿐만 아니라 리스이용기업과 자금 차입기업 간의 재무정보를 상호 비교하기도 힘들다는 것이 문제점으로 지적된 데 따른 것이었다.

3) 항공기 리스에의 영향

자본집약적 성격 및 대규모 투하자본 회수에 필요한 장기 회수기간, 차입금 의존도가 높은 항공운송사업의 특성상 리스회계기준의 변경은 특히 운용리스 사용비중이 높은 항공사들에게 부채비율 증가 등 재무비율 상승, 차입코스트의 증가, 약정상 재무서약(financial covenants)의 위반 가능성 등을 촉발함으로써 신용등급과 금융약정 등에 상당한 영향이 있을 것으로 예상한다. 반면 리스제공자는 본질적으로 종전 방식과 회계처리에 변동이 없어 충격이 상대적으로 덜할 것으로 예상된다. Deloitte의 IFRS 16의 도입에 따른 영향을 묻는 설문조사[11]에 의하면 응답자의 82%가 리스사보다 항공사에 불리한 영향을 미칠 것이며, 이에 따라 항공사의 90%, 리스사의 74%가 기존 리스계약의 재협상, 리스기간의 단축 등 새로운 조건을 모색하여야 할 것으로 응답하고 있다. 아울러 응답자의 44%는 IFRS 16의 도입으로 운영리스나 Sale & lease-back 거래가

---

11) Balancing the books: IFRS 16 and Aviation Finance, Deloitte, 2017. 12.

| 표 3-2 | 회계기준 변경에 따른 주요 재무제표 영향 |

		증가(↑)	감소(↓)	변동없음
재무제표	재무상태표 (B/S)	(자산)사용권자산 (부채) 리스부채	순자산	
	손익계산서 (P/L)	금융비용 영업이익[1] EBITDA[2]	영업비용	조세차감전 순이익
	현금흐름표	영업 현금흐름[3]	재무 현금흐름	총 현금흐름
재무비율		부채비율[4]	유동비율[5] 이자보상비율 총자산회전율[6]	

주: 1) 감가상각 증가액이 감소된 리스비용보다 적어 상승
    2) 리스비용이 제거되어 EBITDA 증가
    3) 운용리스료의 일부나 전부가 재무활동으로 분류되어 증가
    4) 이전에 운용리스로 회계 처리되었던 리스를 재무상태표에 인식하여 증가
    5) 유동부채는 증가하는 반면, 유동자산은 증가하지 않으므로 감소
    6) 매출/총자산, 리스관련 자산이 증가하므로 감소
자료: Ernst Young, 한국회계기준원 등 자료를 종합하여 정리.

앞으로 줄어들 것으로 예측된다고 응답하고 있다.

　종전에는 재무상태표에 자산과 부채로 계상되지 않는 일명 운용리스의 부외금융효과(Off-balance sheet effect)가 큰 이점으로 작용하여 운용리스 거래가 시장에서 큰 인기를 끄는 요인이었으나, 앞으로는 운용리스거래와 운용리스사의 영업에도 어느정도 영향이 불가피할 것으로 예상된다.

3.3 리스거래의 유형

2019년 1월부터 적용된 IFRS 16(기존의 IAS 17을 대체) 및 기업회계기준서 1116호에 따라 리스이용자의 경우 금융리스와 운용리스로 나누어 회계 처리하던 구분이 없어지고, 자산의 사용권(right of use)에 의한 단일회계처리 모형으로 일원화하였지만 실무상 가장 많이 통용되는 분류방식은 여전히 금융리스와 운용리스의 구분이라고 할 수 있다. 그러나 금융리스와 운용리스의 분류 이외에도 리스는 참여자의 이해와 시장상황, 리스자산의 특징, 자금조달 방법 등 리스구성 요소의 변화에 따라 수많은 유형으로 분류할 수 있으며, 국가 간에도 분류방식과 사용하는 용어에 조금씩 차이가 존재한다.

리스유형에 변화를 초래하는 요소는 수없이 많지만, 몇 가지 대표적인 요소를 열거하면 다음과 같다.

- 임차인에게 이전되는 자산소유에 따른 위험과 보상의 정도
- 임차인에 대한 자산구매선택권의 허용 여부, 리스기간, 임차료지급액의 수준
- 참여 당사자의 수
- 임대인과 임차인, 설비공급업자의 소재지
- 리스자산의 속성

리스거래는 금융리스와 운용리스의 구분이 가장 기본적이고 중요한 유형이나, 이 두 유형은 다음 장에서 설명하는 상업적 금융리스와 항공기 운용리스의 내용과 상당부분 중복되는 경향이 있어 제4부 주요 항공기금융기법에서 자세히 설명하기로 하고, 여기서는 금융리스와 운용리스를 제외한 리스거래 유형에 대해 중점적으로 살펴보기로 한다. 이들 유형들도 항공기금융 거래실무나 계약서 등에서 자주 접하는 용어들이므로 그 개념과 특징들을 충분히 이해하

여 둘 필요가 있다.

1) 레버리지드리스(Leveraged Lease)

자산의 소유자인 임대인(lessor)과 자산의 최종적인 사용자인 임차인(lessee) 이외에 장기여신을 공여하는 채권단(creditors)의 최소 세 개의 당사자가 참여하는 리스를 레버리지드리스[12] 또는 알선리스라고 한다. 레버리지드리스는 미국 세법상[13] 일정 요건을 충족하는 경우 임대인에게만 적용되는 리스개념이며, IFRS나 우리나라의 개정된 리스회계기준에서는 이의 개념이 없고, 임대인의 경우 금융리스 또는 운용리스 중 한 가지 방식으로 분류하도록 되어 있다. 알선리스의 대상자산은 경제적 수명이 장기이고, 거액인 항공기, 선박, 철도, 에너지 등 주로 대형리스(big-ticket lease) 거래에 이용되며, 임대인에게 일정 세제 혜택이 적용될 수 있는 거래유형임에 따라 계약구조가 다소 복잡하다.

레버리지드리스는 구조상 임대인, 임차인, 채권단의 최소 세 당사자가 참여하고, 임대인에게 일정 조세혜택이 가능하며, 채권단은 임대인에 대해 상환청구불능조건(non-recourse basis)으로 대출에 참여한다는 내용의 세 가지를 주요한 특징으로 한다. 전체적인 구조를 살펴보면 임대인이 소액의 자기 자금과, 상당액의 외부 차입금을 합하여 대상 설비를 취득한 후 이를 임차인에게 리스하고, 임차인으로부터 수취한 리스료의 상당 부분을 차입금의 상환에 충당하는 것이나, 이를 좀더 상세하게 설명하면 다음과 같다.

① 임대인(lessor)은 지분투자자(equity investor) 또는 자산의 소유자(owner)로서, 거래마다 차이는 있으나 보통 설비 구입가격의 20~35%를 단독이나 공동 또는 거래규모가 큰 경우 제3의 지분투자자를 끌어들여 조달하고, 나머지 잔여 레버리지인 65~80%는 대주단으로부터 차입금(debt) 형태로 조달한다. 임대인의 출

---

12) 레버리지드리스라는 용어는 부족한 자금을 외부에서 타인자본으로 차입하여 자기자본의 투자수익률을 극대화하는 레버리지라는 용어에서 나온 것이다.

13) 미국 연방소득세법상 조세혜택이 가능한 Leveraged Lease의 요건에 대해서는 IRS의 'Revenue Procedure 2001-28'에 Guideline에 의해 자세히 명시되어 있다.

자지분은 미 세법상 강제요건이 아닌 가이드라인이긴 하나 최소 20%의 위험지분(at risk equity)을 리스기간 동안 유지하도록 하고 있다.14) 임차인(lessee)은 설비의 최종사용자(end user)로 임차인의 신용도가 거래구조상 중요한 요인이므로 부족할 경우 외부 신용보증 등으로 보강하기도 한다.

　② 임대인의 소액출자로 전체 자산소유에 따른 세제혜택이 가능하며 이는 전체 리스구조의 비용을 절감하는 역할을 한다. 임대인은 미국 세법상 알선리스 개념에 부합하는 자산소유자로 인정될 경우 소액 출자로도 전체 자산의 소유에 따른 감가상각비 공제 등을 통해 법인세 납부액을 줄일 수 있으며, 혜택의 일정 부분은 리스료 할인 등의 형태로 임차인의 조달코스트를 절감할 수 있다. 대출에 비해 후순위로 투자리스크가 상당히 큰 투자지분의 속성은 임대인이 자산 전체를 소유함에 따라 조세혜택을 청구할 수 있는 논리적 근거를 뒷받침하기도 한다.

　③ 대주단의 대출은 임대인에 대해 상환청구불능조건(non-recourse basis)이며, 선순위 담보권을 보유한다. 대주단의 65~80% 대출금은 임대인의 신용에 소구할 수 없으며, 전적으로 임차인의 신용도와 자산의 처분가치(잔존가치 보증이 있을 경우 보증액)에서 발생하는 현금흐름에 의존한다. 실제 임차인이 임대인에게 지급하는 리스료의 상당부분도 레버리지에 해당하는 차입금의 상환에 사용되므로 알선리스라는 용어도 이와 같은 임대인의 재무적 위치와 특성을 감안하여 붙여

그림 3-5　US GAAP에 의한 Leveraged Lease 판별기준

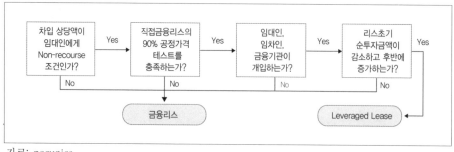

자료: pecunica.

---

14) Minimum Unconditional "at risk" Investmert of Revenue Procedure 2001-28, IRS.

진 리스유형이라 할 수 있다. 한편 임차인이 지급하는 리스료에 디폴트가 발생하면 임대인이 채권단에게 지급하는 현금흐름에도 단절이 발생하므로 채권단은 임대인이 소유하는 리스자산에 대해 압류(reposess)할 수 있다.

대표적인 알선리스방식으로는 1980~1990년대에 미국 항공사 및 소수의 외국 항공사들에게 큰 인기를 끌었던 미국식 알선리스(U.S. Leveraged Lease)를 들 수 있다. 2000년대 9/11 테러이후 미국 주요 항공사들의 파산 및 투자 파이프라인 역할을 하였던 투자기업의 고갈에 따라 현재는 신용도가 양호한 소수의 항공사만 가능한 구조이지만, 당시에는 수십억달러의 항공기자금이 이 구조를 통해 조달되었다. 이 구조에서는 임대인(지분 투자자)을 대신하여 항공기의 소유권을 보유하고, 이를 기초로 모든 감세혜택을 향유하는 소유자수탁자(owner trustee)가 설립되는데, 소유자수탁자는 복수의 투자자를 대신하여 명목상 항공기의 소유자로서 요구되는 항공기 소유권 및 등기서류 보유, 지분참여자에 대한 지분참여증서 등의 법적 처리와 수익분배, 감세혜택 이전 등의 업무를 처리하였다. 한편, 미국식 알선리스 구조에서는 소유자수탁자와 함께 채권자수탁자(indenture trustee)도 설립되며, 채권자수탁자는 채권단 및 소유자 수탁자로부터의 소요자금 취합, 설비대금 지불, 임차인으로부터의 리스료 수납, 대출원리금 배분, 담보채권 관리·처분, 항공기 저당권의 설정 등의 역할을 담당하였다.

2) Sale and Lease-back

항공사가 보유하고 있던 항공기의 소유권을 신규 설립되는 SPC 또는 항공기 리스회사에 매각한 후 동시에 금융리스 또는 운용리스의 형태로 다시 임차하여 사용하는 거래를 말한다. 매각을 통해 항공기의 소유권이 이전되기 때문에 SPC 또는 항공기 리스회사는 항공기의 새로운 소유자(owner) 겸 임대인(lessor)이 되며, 항공사는 기존의 항공기 소유자에서 임차인(lessee)으로 자격이 새로 바뀌게 된다. 이때 항공기의 매각가격과 리스료 지급 등의 구체적인 조건은 당사자간의 합의에 따라 미리 결정된 조건으로 추진된다.

Sale & Lease-back의 대상이 되는 항공기는 신규로 인도되는 항공기 또는 이미 사용중이거나 리스중인 중고항공기도 가능하며, 이 구조가 갖는 이점으로 항공사뿐만 아니라 운용리스사들도 많이 이용하는 구조이다.

　　Sale & Leaseback 구조는 특히 항공사에 상황적, 경제적으로 많은 이점을 제공한다. 항공기 매각대금의 현금 유입으로 투입자금을 조기에 회수할 수 있는 점은 구조상 가장 큰 장점이며, 매각차익 거양에 따른 장부상 이윤 및 단기유동성 확보, 재무비율 개선 등의 효과를 부수적으로 거둘 수 있다. 항공기의 소유권 주체만 바뀌기 때문에 항공기를 운항하던 그대로 사용할 수 있어 항공기 유지나 운항 일정에 변동을 주지 않는다는 점 또한 항공사로서는 큰 장점이다.

　　항공기와 관련된 Sale & Lease-back의 구조에 대해서는 제4장에서 좀더 자세히 살펴보기로 한다.

그림 3-6　Sale & Lease-back의 구조

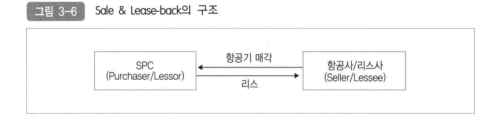

3) 대형 설비리스(big-ticket lease)

　　설비리스의 경우 통상 금융의 대상이 되는 취득가격(ticket size)에 따라 소형(small-ticket), 중형(medium-ticket) 및 대형(big-ticket) 등으로 구분하곤 한다. 여기서 대형 설비리스란 부피는 상대적으로 적으면서 고가이며 전문적 설비에 해당하는 항공기, 선박, 통신장비, 대형 산업플랜트 등을 취급하는 리스거래를 일컫는다. 자본집약적인 설비의 특성상 리스기간이 장기(통상 10~20년)이고 예상 잔존가치(residual value)가 높으며, 리스료 등을 포함한 가격조건에 매우 민감하다. 아울러 금융조달에 수반되는 거액, 전문설비의 특성상 외부 신디케이션 등이 관여된 알선리스(leveraged lease), 택스리스 등을 통한 자금조달이 많이 이루어지고 있

어 계약서류가 방대하고 복잡한 편이다.

4) 단일투자자리스, 직접리스, 간접리스

리스는 리스설비의 제조업체 또는 공급업자(또는 딜러)를 통해 직접 제공되기도 하는데, 레버리지드리스나 공동리스가 아닌 하나의 리스자산 공급업자가 임대인이 되어 임차인에게 리스하는 두 당사자 간의 쌍방 리스형태를 직접리스(direct lease) 또는 단일투자자리스(single investor lease)라고 부른다. 임대인, 임차인 이외에 채권단이 관여하는 리스가 레버리지드리스라 함은 전술한 바 있다. 이 구조에서 임대인은 차입 또는 내부조달자금으로 대상 물건의 전액을 부담하게 되므로 임차인은 공급자·임대인과 자산구매계약 및 리스계약이 하나로 된 계약서를 체결하게 된다.

반면, 리스자산의 공급자와 임대인, 임차인이 3각 리스체제를 형성하는 경우를 간접리스(indirect lease)라고 부른다. 여기서 자산의 공급업자는 임대인과 임차인의 계열회사가 아닌 별도의 독립회사이며, 임대인은 자산을 공급업자로부터 구매하여 임차인에게 리스하는 형태이다. 자산의 공급업자와 리스회사는 자산구매계약을, 임대인과 인차인 간에는 리스계약을 각각 체결하게 된다. 간접리스에서는 통상 리스금융을 설비의 공급업자가 아닌 임대인이 제공하게 되는데 이처럼 금융 속성이 결합한 리스형태는 뒤에서 설명하는 직접금융리스(direct finance lease)라고 부른다. 직접금융리스는 설비의 공급업자가 아닌 임대인이 임차인앞 리스를 목적으로 임차인과 체결하는 일종의 금융주선 계약이라고 할 수 있다.

그림 3-7 직접리스

그림 3-8 간접리스

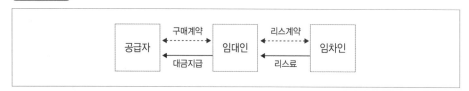

5) 직접금융리스, 판매유형리스

미국 US GAAP(Generally Accepted Accounting Principles)에서는 금융리스를 임대인 관점에서 Capital Lease로 따로 분류하는데 이는 다시 직접금융리스(direct finance lease)와 판매유형리스(sale-type lease)의 두 가지로 구분하며, 임대인 관점에서 직접금융리스와 판매유형리스에 해당되지 않는 리스는 운용리스로 분류한다. 따라서 직접금융리스와 판매유형리스는 금융리스를 세분화한 미국식 분류유형이라고 할 수 있다.

직접금융리스란 임대인이 대출을 통한 금융수익 획득을 목적으로 자산을 임차인 앞으로 리스해 주는 계약을 말하는데, 구체적으로는 임차인으로부터 수취하는 장래 리스료 지급액의 현재가치와 제삼자로부터 제공된 잔존가치 보증액의 합이 임대인의 자산취득원가와 같으면 직접금융리스로, 차이가 있으면 판매유형리스로 분류한다. 직접금융리스에서 임대인의 목적은 리스를 통한 이자수익 거양이므로 임대인은 금융기관인 경우가 많으며, 자산은 외부의 설비제작업체 또는 Dealer로부터 구입하여 임차인에게 리스한다. 말하자면 직접금융리스는 Capital 공여, 판매유형리스는 자산의 매각이 주요 목적이라고 할 수 있다.

반면, 판매유형리스는 임대인의 자산판매가격(또는 공정시장가치)이 자산장부가격과 차이가 있는 경우의 리스유형이다. 차이가 없으면 직접금융리스에 해당된다. 이 유형은 설비공급업자나 딜러에 의한 자산의 판매(sale)가 주안점이므로 임대인은 통상 설비제작업체나 또는 Dealer인 경우가 많다.

6) 국내리스와 국제리스

임대인과 임차인이 동일한 국적 또는 법적 체계에 있는 경우를 국내리스 (domestic lease), 다른 국적 또는 법적 체계에 있는 경우를 국제리스(cross-border lease)라고 한다. 가령 미국 항공사(임차인)가 미국 내 임대인으로부터 항공기를 리스하는 경우에는 국내리스이며, 한국의 항공사가 아일랜드, 케이만 등 외국 의 임대인으로부터 리스하는 경우에는 국제리스에 해당한다.

항공기금융은 거액리스(big-ticket lease)인 동시에, 대주단, 항공기 제작업체, 항공사 등 이해관계가 상이한 참여 당사자가 여러 나라에 걸쳐 있는 전형적인 국제리스 거래에 속한다. 국제리스는 국가 간의 상이한 조세와 법률체계, 리스 크 등 복잡한 이슈로 인하여 취급시에는 해당국 법률에 정통한 전문가의 자문 및 계약서 검토가 반드시 필요하다.

항공기금융이 국제리스 형태를 띠는 이유는 아래와 같은 구조상의 이점들 이 있기 때문이다.

■ 항공기의 소유와 관련하여 임대인과 임차인 소재 국가의 조세, 회계처리 방 식이 상이한 경우 조세, 회계상의 혜택을 이중으로 얻을 수 있다. 통상 임대 인의 국가에서 거래의 '형식'을 따르고, 임차인의 국가에서는 거래의 '실질' 을 따르는 경우 이에 해당하는 사례가 많다. 항공기 금융은 감가상각비, 투 자세액공제 등 일정한 조세혜택이 가능한 국가에 임대인이 소재하는 경우 전체적인 항공기 자금조달 코스트를 절감할 수 있는 국제 택스리스(cross-bor-der tax lease) 기법이 가장 발달된 영역이라고 할 수 있다. 그러나 최근 택스리 스 기법이 전세계적으로 점차 사라지는 이유는 많은 국가에서 거래의 형식 보다는 실질을 중시하는 방향으로 회계·조세 처리원칙이 개편되고 있기 때 문이다.[15]

---

15) Ronald Scheinberg, *The Commercial Aircraft Finance Handbook*, Euromoney Books, p. 35.

- 국가간 임차료 및 이자 송금시 원천징수세(withholding tax) 문제에서 상대적으로 우호적인 국가에 임대인이 소재할 경우 항공사의 자금조달 코스트를 절감할 수 있다.
- 임차인의 디폴트시 채권단이 항공기를 압류하게 될 경우 법적, 제도적으로 항공기의 압류(reposess)가 보다 유리한 국가에 임대인을 소재시키는 것이 유리하다.
- SPC를 법률·제도가 투명한 조세중립지역에 설립함으로써 임차인의 다른 사업 수행에서 발생하는 파산 등의 위험을 원천적으로 차단(bankruptcy remoteness)하고 임대인 및 채권단의 채권확보 가능성을 증대시킬 수 있다.

7) Wet Lease, ACMI Lease, Damp Lease

Wet Lease란 임대인이 임차인에게 항공기(aircraft) 뿐만 아니라 운항에 필요한 승무원(crew)과 거래에 따라서는 유지관리(maintenance), 보험(insurance)까지 함께 제공하는 운용리스를 지칭하며, 보통 제공 서비스의 영문 앞자를 따서 ACMI Lease라고도 부른다. 이들 Wet Lease, ACMI Lease, Damp Lease의 용어는 서로 혼용되어 사용되는 경향이 있으나 최근에는 커버내용이 명확한 ACMI Lease라는 용어가 실무에서 좀더 보편적으로 통용되고 있는 추세이다. 한편, Damp Lease라는 용어는 현재는 많이 사용되는 용어는 아니나 객실승무원이 제외된 Wet lease를 지칭한다. 객실승무원은 통상 임차인이 제공하는데 기종별로 익숙해지기 위하여 임대인이 제공하는 항공안전 및 비상절차에 관한 트레이닝을 받은 승무원만이 탑승 가능하다.[16] 이에 따라 일반적으로 승무원이 포함되어 있으면 Wet Lease, 승무원 중 객실승무원이 제외되어 있으면 Damp Lease라고 지칭한다. Wet Lease에서 임대인이 제공하는 승무원은 일반적으로 파일럿, 객실승무원, 엔지니어와 그들의 급여까지 포함하며, 보험은 동체와 제3자책임보험 등이 포함된다. 반면, 연료, 케이터링, 공항수수료(착륙/핸들링/파킹 등),

---

16) Hamilton, J. Scott, Practical Aviation Law, Blackwell Publishing, 4th edition 2005, p. 218.

세금, 운항수수료 등은 임차인의 부담으로 통상 해당 기관에 직접 납부하며, 리스료는 일반적으로 시간당 청구된다. 리스기간은 적게는 1개월에서 1년 또는 2년 정도로 짧은 편이며 1개월 미만의 Wet Lease는 부정기항공(charter flight)으로 간주된다. 전세계에는 이러한 항공기의 탄력적인 운용 측면을 타겟으로 하여 이를 전문적으로 취급하는 항공사와 리스사들이 다수 활동하고 있다.

Wet Lease를 이용하는 경우는 항공사들이 갑작스런 피크수요에 대처하거나 항공기 고장, 연간 중정비(heavy maintenance check)에 들어간 항공기의 대체, 신규노선 개설을 위한 사전테스트 등 항공기를 일시적으로 증강시키고자 하는 목적이 많으며 타이밍이 중요한 만큼 신속한 리스처리가 가능하다. 이외에도 행정수반이나 국방관계자 등 주요 정부요인의 외국순방(대통령전용기 등) 또는 임차인이 직접 운항할 수 없는 금지된 국가에 항공서비스를 제공하여야 할 정치적인 필요성 등의 목적으로 사용되기도 한다. 예컨데 이집트항공(EgyptAir)은 이집트 정부정책상 이스라엘 지역으로의 운항이 금지되어 있는데, 이 경우 이집트항공이 에어시나이(Air Sinai)앞으로 Wet Lease한 항공기를 이스라엘 지역으로 운항함으로써 정치적 규제를 회피할 수 있는 점은 이의 예라 할 수 있다.[17]

8) Dry Lease

이에 반해 Dry Lease란 설비(항공기)만 리스하고 승무원, 보험, 연료, 유지관리 등 항공기 운항에 필요한 요소는 임차인이 자체적으로 충원하여 운항하는 운용리스 계약을 말한다. 주로 항공기 리스회사나 은행들이 이 리스를 이용하며 통상 Wet Lease에 비해 2년 이상의 장기로 운영된다. Dry Lease 계약은 메이저항공사와 지역항공사 간, 특송 화물회사(DHL, Fedex 등)와 화물 항공사 간의 피더항공기(feeder aircraft) 공급계약으로 많이 이용된다.

---

17) Wikipedia, Aircraft Lease-Wet Lease(http://en.wikipedia.org/wiki/Aircraft_lease).

구분	Dry Lease	Wet Lease(ACMI)	Damp Lease
항공기	○	○	○
승무원	×	○	제한된 승무원
유지관리	×	○	○
보험	×	○	○
리스기간	장기	단기	단기
항공운송사업면허	임차인	임대인	임대인

표 3-3 Dry Lease, Wet Lease, Damp Lease의 구분

Wet Lease와 Dry Lease를 구별짓는 주요 차이점 중의 하나는 항공기의 운항컨트롤(operational control)을 누가 가지고 있느냐인데, Wet Lease에서는 임대인이 이를 가지고 있어 Dry Lease에 비해 항공기의 안전이 좀더 보장되는 반면, Dry Lease에서는 임차인이 이를 보유함에 따라 임차인인 항공사의 이력, 신용도, 재무상황을 꼼꼼하게 요구하는 경향이 있다.[18] 이에 따라 특별한 예외 규정이 없다면 Wet Lease를 운용하는 임대인은 항공기 운항에 필요한 항공운송사업면허(aircraft operating certificate)를 보유하고 있어야 하는데 반해, Dry Lease에서는 임차인이 대상 항공기의 항공운송사업면허와 항공기등록증(aircraft registration)을 보유하고 있어야 한다.[19]

9) 전액회수리스와 일부회수리스

원금의 회수방식에 따른 구분으로, 리스기간중 리스대상 자산의 취득가액을 리스료에 의해 전액 회수하는 방식을 전액회수리스(full payout lease), 일부만 회수하는 방식을 일부회수리스(non-full payout lease)라 하며, 이 밖에 정액불리스(straight lease)와 점증(감)불 또는 비율불리스(percentage lease)도 있다.

---

18) Niba Fontoh, Liabilities generated by aircraft lease contracts. Lambert Academic Publishing, p. 14.

19) The difference between "Wet" and "Dry" Aircraft Leases, Globalair.com.

리스기간중 렌트료의 회수방식은 금융리스와 운용리스를 결정짓는 중요한 요소의 하나로, 금융리스(또는 Capital Lease)는 전액회수리스이며, 운용리스는 통상 일부회수리스에 해당된다.

10) 유지관리부리스와 서비스리스, 순리스

유지관리부리스(maintenance lease)는 실질적인 운용리스의 형태로서, 리스물건의 보수, 유지관리를 임대인이 책임을 지고 이행하는 리스라는 점에서 Rental과 유사하지만 리스기간이 길다는 점에서 차이가 있다.

임대인이 리스물건에 대한 유지·보수·관리책임을 지는 것을 Maintenance Lease라고 한다면 여기에 설비의 운전·조작인력 등 부대서비스까지 제공하는 리스를 서비스리스(service lease)라고 한다.

순리스(net lease)란 원래 부동산의 임대차계약에서 나온 리스개념으로, 정기적으로 납부하여야 하는 렌트료와는 별도로 리스자산의 운용, 유지에 수반된 세금, 보험, 유지·보수 등 모든 비용을 임차인이 부담하여야 하는 통상적인 리스형태를 말한다. 리스약정에 따라 납부하여야 하는 정상적인 렌트료는 각종 비용과는 별도로 Net의 개념에 따라 지급되어야 한다는 의미에서 나온 용어로, 실무에서는 특히 세금, 보험, 유지·보수비용 등 세 가지 비용을 부담하여야 하는 계약을 Triple Net Lease 또는 NNN Lease라고도 한다. 상업적 리스에 해당하는 대부분의 항공기 리스는 Net Lease에 해당된다. 한편, 항공기 리스계약서에서는 항공기의 결함이나 예기치 않은 상황에도 불구하고 임차인의 렌트료 지급의무는 절대적이고 무조건적임을 선언하고 있는데, 이를 Hell or High-water Clause 또는 Net Lease 조항이라고 한다.

11) 전대리스와 마스터리스

전대리스(sub-lease)는 원래의 리스계약이 유효한 상태에서 임차인이 임대인으로부터 리스받은 설비를 다시 최종 리스이용자(Sub-lessee)에게 임대하는 경우

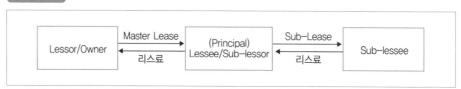

그림 3-9   Master Lease와 Sub-lease

의 리스를 말한다. 이때 원래의 리스계약은 마스터리스(master lease)라고 하여 Sub-lease와 구별한다. 주로 항공기, 선박, 대형 산업설비 등 국내생산이 불가능한 첨단 산업부문의 고가장비를 리스하는 경우에 많이 이루어진다. Master Lease와 Sub-lease는 보통 병렬로 발생하는데 두 계약 간의 권리관계는 Sub-lease 계약의 경우 Master Lease에 종속되기 때문에 Master Lease의 계약조건이 Sub-lease 계약을 지배한다. Sub-lease에서 설비의 법적 소유자는 Master Lease의 임대인이며, Lessee는 Sub-lessee로부터 렌트료가 들어오지 않거나, Sub-lessee의 설비 사용에 따른 손상이 있더라도 여전히 Lessor에 대해 리스료 지급 의무가 있으며 손상책임을 져야 한다. 이 때문에 Lessor는 통상 Master Lease 계약에 Sub-lease를 아예 금지하거나, 허용하더라도 서면 승인 또는 Sub-lessee의 자격에 제한을 두는 경우가 많다.

12) Head Lease와 Intermediate Lease

항공기금융에서 많이 사용되는 구조로서, SPC를 두 개로 나누어 항공기의 소유자(owner)가 항공기를 다른 중립적인 조세지역에 설립된 SPC 또는 리스회사에게 임대하고, 이를 다시 임차인에게 리스하도록 구조를 설계하는 경우 원래의 임대인은 Head Lessor라 하며, 중도의 임대인은 Head Lease상의 Head Lessee이자 Head Lessor와 구별하여 Intermediate Lessor 또는 단순히 Lessor라고 한다. 이때 임차인은 렌트료를 Intermediate Lessor에게 지급하고 이는 다시 Head Lessor에게 통상 그대로 지급되는 구조를 띤다. 이와 같이 항공기의 소유자인 Head Lessor 이외에 중도에 별도의 임대인을 두는 이유는 임차인이 렌트료를 지급할 때 원천징수세(withholding tax)를 면제받기 위한 조세상 목적이 크다. Intermediate Lessor는 보통 아일랜드에 SPC를 설립하거나 전문 리스회 사가 이를 수행하는 경우가 많은데, 아일랜드는 전세계 많은 국가와 이중과세 방지협정을 체결하고 있어 일정 조건을 충족하는 경우 렌트료 및 이자지급시 원천세가 면제되는 대표적인 Tax Haven 국가 중 하나이다. Head Lessor는 다른 항공기금융 구조와 마찬가지로 케이만지역에 SPC를 설립하는 경우가 대부분이다.

그림 3-10 Head Lease와 Intermediate Lease

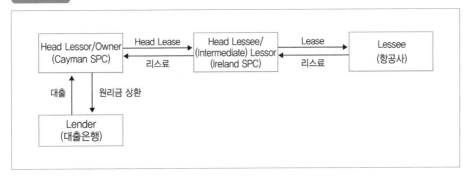

항공기 리스거래의 장단점

　　항공사가 항공기를 자기자금 또는 외부차입금을 이용하여 직접구매하는 대신에 리스방식을 선택하는 이유는 리스에 내재되어 있는 여러 가지 장점이 있기 때문이다. 리스거래는 당사자와의 협상에 따라 수많은 거래유형이 존재하므로 획일적으로 장단점을 기술하기는 어려우나, 여기서는 진정리스형태인 운용리스를 중심으로 살펴보기로 한다.

　　리스거래의 장점을 참여 당사자별로 구분하면 임차인에게는 설비의 사용에 따른 설비운용의 탄력성 및 자금조달 수단, 임대인에게는 수익실현의 기회인 금융상품, 설비공급업자에게는 판매촉진의 수단으로 요약할 수 있다.[20]

1) 장점

(1) 임차인(항공사) 측면

■ 거액 자본투자의 최소화

　－ 리스초기 소액의 리스료 지급만으로 항공기 전체를 임차하여 사용할 수 있으므로, 항공기의 직접구매시 수반되는 항공기 선급금 및 인도시 거액 대금의 지급 또는 외부차입시 수반되는 이자비용 등에 따른 자금의 고정화, 자본예산의 제약을 회피할 수 있다.

　－ 절약된 자금은 다른 운영자금, 재고자산, 특수지출 용도 등에 사용할 수 있어 운용자금의 활용폭을 넓힐 수 있다.

■ 항공기 운용의 탄력성 제고

　－ 내용연수가 장기인 항공기를 항공사가 원하는 짧은 기간 동안만 사용하

---

20) 장대홍 외, 리스금융론, 법문사 1995, p. 15.

고 반환할 수 있어, 보유 기종에 대한 계획수립 및 관리 용이, 최신 포트
폴리오 유지를 통한 대외 경쟁력 제고 등이 가능하다. 이 요소는 항공사
가 운용리스를 이용하는 가장 큰 장점요인에 해당한다.

— 항공기 제작사앞으로 항공기의 직접주문시 불가피하게 소요되는 장기의
제작 대기기간(lead time)이 필요 없어 동 기간중 발생할 수 있는 사이클변
동, 기술적 진부화의 위험을 최소화할 수 있다.

■ 기술적 진부화 위험으로부터 보호

— 비효율적 또는 노선 정책상 불필요한 항공기의 리스회사앞 적기반환을
통해 기술적 진부화(obsolescence)의 위험을 회피할 수 있다. 항공기는 기술
진전이 빠른 대표적 자산이다.

■ 잔존가치 리스크의 회피

— 운용리스의 경우 초기 투입한 항공기 투자자본의 회수를 위해 항공기의
재리스 및 매각가치 극대화에 집중하는 당사자는 임대인이므로, 임차인의
경우 항공기 시장가치의 변동 등 잔존가치 리스크로부터 상대적으로 자
유로울 수 있다.

■ 자금관리의 탄력성

— 장기 리스기간 동안 고정된 리스료를 지급함으로써 이자율, 자산가격 등
가격변동의 불확실성을 제거하여 정확한 자금흐름을 예측할 수 있는 등
자금관리 및 운용의 탄력성을 기할 수 있다.

— 운용리스는 절차가 간편하고 리스회사가 장비의 취득 이외에 관세, 보험,
수송 등 부대비용을 부담하므로 실수요자인 항공사 입장에서는 추가 자
금부담이 없고 그만큼 인력을 절감할 수 있는 장점이 있다.

■ 대체적인 자금조달 수단

— 리스는 전통적인 금융 이외에 추가적인 대체금융수단을 제공하며 항공사
의 신용도보다 항공기의 재판매가격이 중시되므로, 신용등급이 떨어지는
신설항공사나 투기등급의 항공사도 이용할 수 있다.

— 매진 등으로 항공기 제작사로부터 직접구입할 수 없는 항공기도 리스회

사가 보유하는 포트폴리오를 통해 조달할 수 있다.

- 리스자산의 소유권과 사용권이 분리됨에 따라 주식, 채권 등에 의한 다른 조달수단과 비교할 때 소유권의 손상이 없고, 신속한 처리가 가능하며 전통적인 차입과 달리 자산에 대한 담보를 요하지 않는다.

■ 저렴한 자금조달 수단

- 리스구조에 따라 다르지만 임대인이 향유할 수 있는 감가상각비, 세액공제 등 조세혜택을 리스료 인하 등의 형태로 이전받아 전체 자금조달 코스트를 절감할 수 있다.

- 리스는 직접차입에 비해 임차인의 상황에 적합한 여러 가지 요구사항들 예를 들면 제한적 Covenant 내용의 완화 등을 리스구조에 신축적으로 반영할 수 있다.

- 항공기의 운용으로부터 발생하는 장래 현금흐름 스케줄에 맞추어 리스료의 지급시기, 금액을 협상에 의해 탄력적으로 조정할 수 있다.

(2) 임대인(리스회사) 측면

■ 수익 제고

- 리스회사 본연의 사업기능은 마지막 대주로서의 역할 즉, 높은 신용력에 의한 저리의 금융조달을 바탕으로 운용리스의 용이성 및 항공기 운항의 탄력성 등 이점을 항공사에게 제공하고 대가로 높은 프리미엄을 얻는 것이다.

- 리스료 수입 이외에 항공기 잔존가치는 임대인의 중요한 수입원으로 적정 매각시점의 선정을 통해 높은 자본이익의 거양이 가능하다.

■ 각종 조세혜택 향유

- 소재국가의 조세정책에 따라 차이가 있을 수 있으나 임대인은 항공기 자산의 소유에 따른 감가상각, 조세이연, 투자세액공제 등 각종 조세혜택을 부여받을 수 있으며 법인세 절감이 가능하다.

- 항공기리스의 경우 임대인이 통상 아일랜드, 케이만 등 조세중립지역에 소재

함에 따라 이자지급에 따른 원천세 면제 등 각종 세제상 혜택을 받을 수
있다.

■ 설비 공급업체로부터의 지원

- 리스회사는 설비공급업체에 대량주문이 가능해 판매촉진의 대가로 대금
할인, 금융지원, 보험 등 각종 지원을 받을 수 있다.

(3) 설비 공급업체 측면

■ 현금판매 효과

- 리스회사가 최종소비자를 대신하여 현금으로 설비대금을 지불함으로써
자금유통상의 애로없이 100% 현금판매 효과를 기대할 수 있다

■ 판매촉진의 수단

- 잠재적인 소비자가 자금의 부족으로 설비를 구입하지 못할 경우 공급자
는 리스로 판매를 촉진할 수 있으며, 특히 리스회사가 설비제조업자의 종
속회사(captive lessor)일 경우 판매촉진의 주요 수단이 될 수 있다.

2) 단점

(1) 임차인(항공사) 측면

■ 항공기 잔존가치 이익 향유 곤란

- 항공기의 사용권만을 갖고 소유권이 없기 때문에 항공기가치 상승에 따
른 이익을 실현할 수 없고, 항공기 효용증대를 위한 설비의 추가, 변경시
임대인의 사전승인을 받아야 하는 등 제약이 많다.

■ 조달 코스트 상승

- 임차인이 지급하는 리스료에는 임대인의 자금조달 코스트, 마진 및 설비
진부화의 위험과 수반된 비용까지 포함되므로 차입 등 다른 금융수단에
비해 코스트가 높을 수 있다.

- 리스기간중 리스항공기에 대한 유지, 정비, 보험 등을 통상 임차인이 부담하므로 관련 비용이 증가할 수 있다.

■ 수요가 적은 항공기의 적기 조달 어려움

- 리스회사는 통상 시장수요가 충분해 유동성이 크거나 조달이 상대적으로 용이한 Narrow-body 등 항공기 위주로 대량 확보하는 경향이 있어 시장수요가 적은 Wide-body 항공기의 경우 기종 확보도 어렵고 상대적으로 조달비용도 저렴하지 않을 수 있다.

■ 항공기 반환조건 엄격 및 페널티

- 운용리스는 리스기간 종료시 항공기의 반환조건이 엄격하며 계약상 정한 항공기 및 엔진의 정비, 가동한도 요건 등을 충족하지 못할 경우 페널티가 부과되고 Security Deposit에서 차감될 가능성이 있다.
- 리스기간 이전에 리스계약이 파기되거나 취소하는 경우 추가적인 페널티가 부과될 수 있다.

■ 항공기 운항상의 제약

- 운용리스의 경우 운항 또는 사이클제한, 정비요건, 주차제약, 운항지역의 제한 등 항공기 운항상 제약요건으로 항공사의 정상적인 항공기 운용에 제약이 가해질 수 있다.
- 임차인이 리스료를 지급하지 못하는 디폴트 상황에 처하는 경우 리스계약이 취소될 수 있으며, 기한의 이익을 상실하여 항공기가 압류될 수 있다.

(2) 임대인(리스회사) 측면

■ 기술발전 속도가 큰 항공기의 특성상 기술진부화의 위험을 부담하여야 한다.
■ 최근 리스시장의 급속한 성장으로 리스회사 간 경쟁이 치열해짐에 따라 렌트료 수준이 자산원가 및 관련된 투자리스크를 충분히 반영하지 못할 수 있다.
■ 리스기간 동안 고정된 렌트료의 수취로 자산가격, 금리 등 설비원가의 인플레이션이 있더라도 렌트료에 반영이 어려워 가격변동 위험에 취약할 수 있다.
■ 리스회사는 현금흐름의 효율적인 관리가 가장 중요한데 시장에서의 예기치

않은 사이클 등 변동이 발생하는 경우 재무관리에 어려움이 있을 수 있다.

■ 항공기 자산의 소유권이 이전되지 않으므로 임차인이 항공기를 부주의하게 사용할 경우 손상이 있을 수 있으며, 이 때문에 운용리스의 경우 항공기의 반환조건이 엄격하다.

■ 리스는 항공기 취득원가와 적정이익을 기본적으로 리스료로 보전해야 하는 장기 투자사업인데, 중단기 리스기간으로는 투자원가를 회수하기가 어려울 수 있다.

04

주요 항공기금융 기법

본 장에서는 항공기금융 실무에서 활용되는 여러 가지 금융기법의 개념과 구조, 배경, 시장 등에 대해 상세하게 알아보고자 한다.

4.1 부터 4.10 까지는 상업적 항공기 금융리스, ECA 항공기 지원금융, 항공기 운용리스, 항공기 포트폴리오금융, 세일 앤 리스백, 항공기 선급금 금융, 일본식 항공기 운용리스, 엔진리스, EETC (Enhanced Equipment Trust Certificate), 항공기 및 항공사의 매출채권 ABS에 대해 순차적으로 다루고자 하며,

4.11 에서는 현재는 더 이상 통용되지 않고 있으나, 과거 전세계 항공사들의 주요 자금조달 재원으로서 상당한 인기를 끌었던 몇 가지 금융기법들에 대해 소개하고자 한다.

상업적 항공기 금융리스

　여기서 소개하는 상업적 항공기 금융리스란 특별한 기법이라기 보다는 기본적인 형태의 금융리스를 사용하는 표준적이고 전형적인 리스구조를 지칭한다. 항공기 금융기법에는 뒤에서 별도로 설명하는 수출지원금융(ECA Finance)이나 택스리스, Sale and Lease-back, 자본시장 상품 등 다양한 금융기법이 있지만 이들 용어들은 조세나 시장, 지원기관 등 특징적인 요소를 위주로 하여 별도로 지칭되는 개념일 뿐 실무상 가장 기본적이고 많은 거래형태를 차지하는 기법은 단순한 금융리스 구조라고 할 수 있다. 이러한 관점에서 실무상으로는 다른 기법이 가미되지 않은 표준적인 금융리스를 플레인바닐라리스(plain vanilla lease)[1]라고 부르기도 한다.

　또 한가지 금융리스는 표준적인 형태로서 다양한 형태의 금융기법과도 접목이 가능하다는 특징이 있다. 국제금융시장 여건, 참여자의 위험선호, 자산의 성격, 항공사의 요구 등에 따라 통화, Loan-to-Value(LTV), Tranche, 상환방법, 만기 등을 달리하는 다양한 형태의 금융구조 설계가 가능하며, ECA 금융, Tax Lease 등과 결합한 복합적인 금융구조 설계도 가능하다. 항공기금융은 거액의 자금이 소요되는 특성상 국제리스의 형태가 일반적이며, 투자자 모집이 가능하다면 투자자와 차관단이 참여하는 알선리스(leveraged lease)의 형태가 보편적인 형태로 자리 잡고 있다.

　한편 IFRS 16 회계기준이 도입되기 이전에는 리스거래의 위험과 효익이 실질적으로 리스이용자인 항공사에게 이전되는 특성으로 인하여 금융리스만 대차대조표에 리스자산과 부채로 계상되었으나(운용리스는 손익계산서에 계상), 이후에

---

1) 가장 구하기 쉽고 저렴한 바닐라향이 가미된 대중적인 아이스크림에서 유래된 금융용어로 가장 단순하고 표준적인 금융형태를 일컫는다. 특이한 구조가 아닌 평범한 리스를 plain vanilla lease라고 한다.

는 리스의 판단기준이 자산사용권의 개념으로 변경됨에 따라, 운용리스의 경우에도 리스의 정의를 충족하는 한 금융리스와 마찬가지로 사용권자산 및 리스부채로서 대차대조표에 계상하도록 변경되었음은 앞 장에서 설명한 바와 같다.

여기서는 운용리스와 함께 가장 기본적인 리스유형인 금융리스의 개념과 특징 및 구조에 대해 살펴보기로 한다. 이 부분은 항공기 금융리스뿐만 아니라 일반 설비리스의 경우에도 공통적으로 적용되는 내용이다.

1) 금융리스의 개념

금융리스는 항공사(리스이용자)가 자금을 차입하여 항공기(설비)를 구입하고자 하는 금융적 속성이 강한 리스형태이다. 개념상으로는 항공기 자산의 소유에 따른 위험과 보상이 항공사에게 이전되는 리스형태를 말한다. 따라서 항공기의 유지, 정비, 관리, 조세, 부보 등의 리스크를 항공사가 부담하며, 리스기간이 종료하면 항공기의 법적 소유권이 항공사에게 이전되기 때문에 항공기의 잔존가치 변동에 대한 리스크 및 효익도 항공사가 향유한다. 이러한 관점에서 금융리스의 실질적·경제적 소유권은 항공사에게 있다라고 할 수 있다. 반면 운용리스는 금융속성보다는 자산의 사용관점이 강조되는 리스형태로, 항공기 소유에 따른 위험과 보상이 임대인(리스회사)에게 있어 항공기의 잔존가치에 대한 효익 또는 리스크도 임대인이 갖는다. 금융리스는 항공사가 금융기관에 항공기를 담보로 제공하고 자금을 차입하는 담보부 여신(secured credit)과 유사한 성격임에 따라 전통적인 차입의 대체수단으로 인식되는 경향이 있다.

2) 기업회계기준의 변경

앞장에서도 언급한 바와 같이 IFRS 16 및 우리나라 기업회계기준서의 신규 도입에 따라 리스이용자인 항공사의 회계처리의 경우 금융리스와 운용리스의 구별이 없어지고, 사용권자산이라는 개념으로 일원화되었다. 반면 리스제공자인 리스회사의 경우에는 종전과 마찬가지로 금융리스와 운용리스를 구별하여 회계처리하고 있다.

회계처리상 금융리스는 리스개시 시점에 아래 예시된 다섯 가지 기준 중
어느 한 가지 항목이라도 해당되면 통상 금융리스로 분류하고, 그 이외에는 운
용리스로 분류하도록 하고 있다. 다만 IFRS 16 등 새로운 회계처리기준에서도
정확히 몇 퍼센트 이상이어야 금융리스 요건에 해당하는지(일명 "bright line test")를
제시하지는 않고 있으며, 법적 형식보다는 각 거래의 실질적 내용에 따라 '판
단'하도록 하고 있다. 실제로 국가마다 리스인식 및 분류, 처리기준 등에도 차
이가 있기 때문에 실무에 적용할 때에는 각국의 회계, 세무, 법률전문가에 의
한 상세한 자문을 받아 판단할 필요가 있다.

한편, 미국 회계기준에서는 우리나라와는 다른 회계기준을 채택하고 있어
금융리스와 Capital Lease로 용어가 혼용되고 있으며, 임대인 측면에서는
Capital Lease라고 하고 이는 다시 직접금융리스(Direct Finance Lease)와 판매유형
리스(Sale-type Lease)로 보다 세분화하여 구분하고 있다. 임차인 측면에서는 금융
리스라고 하여 IFRS 16이 임대인과 임차인 모두 일원화된 회계처리를 하는 것
과는 차이가 있다. 그러나 그것도 거래의 실질에 따라 독립적으로 판단하도록

표 4-1　미국 및 우리나라의 금융리스 분류기준

미국(ASC 842)	한국(기업회계기준 1116)
리스기간말 자산의 소유권이 임차인에게 이전될 것	리스기간 종료시점 이전에 기초자산의 소유권이 임차인에게 이전될 것
계약상 임차인에게 합리적으로 행사할 것이 확실시되는 구매옵션 권리를 부여할 것	공정가치보다 충분히 낮을 것으로 예상되는 가격으로 임차인의 행사가 확실시되는 구매옵션선택권을 가지고 있을 것
리스기간은 자산의 잔여 경제적 내용연수의 주요부분(major part)에 해당할 것	리스기간은 기초자산의 경제적 내용연수의 상당부분(major part)을 차지할 것
리스료 지급금과 잔존가치 보증액 합계의 현재가치(PV)가 자산 공정가격의 상당부분(substantial)을 차지할 것	리스료의 현재가치가 적어도 기초자산 공정가격의 대부분을 차지할 것
리스자산은 리스기간말에 임대인이 대체적으로 사용하지 않을 것으로 예상되는 특별한 속성을 가지고 있을 것	기초자산이 특수하여 해당 리스이용자만이 주요한 변경없이 사용할 수 있는 경우

표 4-2	금융리스와 운용리스의 구분	

구분	금융리스	운용리스
성격	• 자산취득에 필요한 자금대출	• 단순 임대차
리스기간	• 장기 • 자산 경제적 내용연수의 상당 부분 (통상 75%) 이상	• 중·단기 • 자산의 경제적 내용연수 대비 짧음
리스료 지급	• 자산 공정가액의 상당액(통상 90%) 이상 지급	• 자산 공정가액의 상당액 회수 안됨
자산의 소유권	• (리스기간중) 임대인 • (리스기간말) 임차인에게 이전	• (리스기간중/리스기간말) 임대인
리스기간말 임차인의 구매선택권	• 공정가액 이하의 가격(통상 명목 가격)으로 임차인이 보유 및 행사	• 없음
리스기간말 임대인의 자산 대체사용안	• 없음(임차인에게 이전)	• 있음(임차인으로부터 반환) • 다른 임차인앞 재리스 등
자산가치 변동위험	• 임차인 부담	• 임대인 부담
리스자산의 선정	• 임차인	• 임대인
리스크 및 보상	• 임차인에게 이전	• 원칙적으로 임대인이 보유
재무상태표 계상	• 임대인 및 임차인 모두 사용권자산, 리스부채로 계리	• 좌동

하고 있어 임차인 입장에서 운용리스로 다르게 분류되는 경우도 종종 있다.
〈표 4-2〉는 금융리스와 운용리스의 차이를 구성요소별로 구분하여 본 것이다.

3) 금융리스의 일반적 특징

■ 리스거래의 동기가 주로 금융적 고려에 있다. 운용리스가 항공기의 사용에 중점
을 둔 진정한 리스에 가깝다면, 금융리스는 금융조달이 주목적이고 리스는
보완적으로 결합되어 있는 사실상 항공기를 담보로 자금을 차입하는 담보부
여신(secured credit)과 유사하다. 즉, 차입한 항공기 취득자금을 할부로 상환하
는 형태와 유사하다. 따라서 금융리스에서는 항공기 구입대금을 얼마나 안
정적이고 또 저렴하게 조달할 수 있느냐 하는 부분이 관건이 된다. 담보부

여신[2])과 유사하기 때문에 계약서에도 실질적 차입 주체인 임차인의 각종 서약·이행의무 등이 자세히 명시된다. 반면, 운용리스는 임대인의 신용도가 중요시되므로 임차인의 재무서약 사항이 거의 없는 편이다.

■ 항공기 등 리스대상 자산을 임차인이 직접 선정한다. 설비의 취득 및 사용과 관련한 업체선정, 모델, 수명, 유지보수, 가격, 인도 및 설치조건 등 모든 절차와 업무를 임차인이 미리 결정하여 임대인에게 통지하며, 임대인은 단지 임차인을 대신하여 이를 구매하는 역할을 수행한다. 반면 운용리스에서는 임대인이 대상항공기를 선정하여 신규로 확보하거나 또는 보유하고 있는 항공기를 임대하게 된다.

■ 금융의 기채를 주로 임차인이 주도한다. 따라서 금융이 성사되기 위해서는 채권단과 항공사 간의 긴밀한 관계가 중요하다. 반면, 운용리스의 기채자는 임대인(리스회사)이므로 임대인이 기채를 주도한다.

■ 대출기간이 장기이다. 금융리스 요건상 리스기간은 항공기의 경제적 내용연수의 상당 부분을 차지하여야 하므로, 경제적 내용연수와 가깝게 보통 10~12년의 장기로 책정된다.

■ 리스 계약조건과 금융조건이 일치한다. 리스계약상 임차인이 지급하는 렌트료는 대출계약상 대출원금과 이자를 납부하는데 사용되며, 따라서 리스와 대출계약상 상환스케줄은 상환일정과 금액, 기간, 만기 등이 서로 정확히 일치(matched in mirror) 하도록 설계된다.

■ 항공기 취득금액은 리스료의 수입으로 대부분(통상 전액) 회수된다. 이러한 측면에서 금융리스는 전액상환부리스(full pay-out lease)[3])이다. 수령한 렌트료는 전액 대출상환 재원으로 사용되기 때문에, 임대인으로서 단지 자금흐름의 도

---

2) 담보부 여신의 경우 일반적으로 (i) 국내법상 항공기 저당권을 인정하지 않을 수도 있고, (ii) 인지세(stamp duty)의 납부가 필요하며, (iii) 법원 개입에 의한 공매 등을 포함한 저당권 실행상의 제약이 있는 등 단점이 있으나, 리스구조를 이용하는 경우 대부분 국가에서 항공기 리스를 법적 체계로 인정하고 있고, 준거법의 선택 및 항공기 저당권 실행상의 제약이 상대적으로 적어 금융기관에 특히 유리하다.

3) 리스기간 동안 수취하는 리스료에 의해 임대인의 자산 취득원가와 투자수익을 완전히 회수할 수 있는 리스를 말하며, 이에 따라 임대인은 자산의 잔존가치에 의존하지 않는다.

관(financial conduit)의 역할을 수행하는 SPC가 사용되는 금융리스의 경우 임차인의 렌트료 지급의무는 절대적이고 무조건적이다. 금융리스에서 렌트료는 금융상환의 수단인 반면, 운용리스에서의 렌트료는 원칙적으로 항공기의 사용 대가이다.

■ 예외적인 상황을 제외하고 원칙적으로 임차인에 의한 중도상환이 불가능하다. 다만, 임차인이 항공기 투자대금(장래의 이익 손실분 포함)[4]을 전액 상환하도록 보장하거나, 렌트료 지급 디폴트, 항공기 전손(total loss)의 발생 등 리스계약상 종료사유(lease termination events)가 발생하거나 보다 유리한 금융조건으로 기존 자금의 차환(re-finance)이 가능하는 등의 상황에서 항공사가 이를 결정하는 경우에는 리스계약을 중도에 종료하고 조기 상환할 수 있다.

■ 항공기의 소유에 수반되는 위험(risk)과 보상(benefit)이 임차인에게 이전된다. 항공기의 유지관리, 정비, 조세, 부보 등 자산관리 책임 및 자산가치 변동에 따른 Asset Risk를 항공사가 부담하여, 임대인에게는 리스크가 거의 없도록 설계된다. 따라서 SPC의 채무상환 의무는 임차인이 부담하며, SPC의 손실(예를 들면 조기청산에 따른 손실)이 발생하더라도 그 손실 또한 임차인이 부담한다.[5] 반면 임차인에게는 계약상 디폴트(default)의 발생 등 특수한 상황을 제외하고는 항공기에 대한 자유로운 사용에 관한 통제권이 보장된다.

■ 리스기간 종료시 임차인은 염가구매선택권(bargain purchase option)을 행사하여 자산의 소유권을 이전받는다. 계약상 임차인에게 무상 또는 항공기의 공정가격(fair market value) 이하로 항공기를 구입할 수 있는 염가구매선택권이 주어지며, 때때로 염가구매가격은 리스기간말 Balloon의 형태로 나타나기도 한다.

■ 리스자산의 잔존가치(residual value) 변동리스크는 임차인의 부담이다. 임대인은 오로지 항공기를 소유하고 항공사에 리스하기 위한 목적으로 설립되므로 항공기의 잔존가치에 대해서는 관심이 없다.

---

4) 이를 Termination Value 또는 Stipulated Loss Value(SLV)라고 하며, 리스 만기까지의 대출 원금잔액, 전기 렌트료 지급일로부터 조기상환일자까지의 발생이자, 기타 Funding Breakage Cost, Fee 등 모든 미지급 금액이 포함된다.

5) 이를 위해 SPC의 손실이 초래될 만한 다른 영업수행이 금지되며 설립목적은 항공기의 소유/임대, 항공기 투자금의 회수 및 적정이윤(대주단의 이자수익)의 확보 등으로 제한된다.

■ 금융기관의 여신심사시 상환주안점은 주로 임차인의 신용도에 의존한다. 반면 운용리스[6]는 임차인의 신용도뿐만 아니라 항공기 자산의 잔존가치(residual value)에 대한 의존도가 상대적으로 크다.

■ 리스계약이 디폴트되면 대출계약도 디폴트에 이르게 된다. 임차인이 리스료의 미지급 등으로 리스기간중 디폴트 상황에 처하게 되면 자동적으로[7] 대출계약도 디폴트로 연결된다.

4) 금융리스의 기본구조 및 절차

새로 제작되는 항공기에 대한 일반적인 금융리스 구조를 시간 단계별로 풀어서 설명하면 다음과 같다.

① 항공사는 항공기 제작업체와 항공기 구매계약(aircraft purchase agreement)을 체결하고, 계약조건에서 정한 일정 비율의 항공기 선급금을 자기자금 또는 금융기관 차입금[8]으로 제작사에게 납부한다. 항공기 인도금융(delivery financing)시 필요한 기채의뢰는 통상 항공기 제작사에서 항공사앞으로 통지하는 대상항공기의 예상 인도일(expected delivery date)을 기준으로 약 3~6개월 전에 항공사에서 잠재 금융기관에게 금융의 기채를 의뢰하게 된다.

② 항공사는 항공기 인도시점에 조세중립지역(tax haven country)에 명목상 임대인(lessor) 및 차주(borrower)의 역할을 수행할 특수목적법인(special purpose company)을 설립한다. 통상 SPC 설립지역은 케이만, 아일랜드, 버뮤다 등이 많이 이용된다. 이때 항공기 구매계약상 항공사의 항공기 구매권리는 새로 설립된 SPC 앞으로 양도(assignment) 또는 경개(novation)의 방식으로 이전하여 SPC로 하여금

---

6) 운용리스 여신의 경우 통상 리스기간말에 일정 금액을 상환해야 하는 Balloon 금액이 존재하며, 이 때문에 통상 금융기관은 어느 정도 항공기의 잔존가치 리스크를 부담하게 된다.
7) 반면 운용리스의 경우 계약상 임대인의 구제권리 행사에 따라 리스계약상 디폴트가 대출계약상의 디폴트로 연결되지 않을 수 있다.
8) 항공기 선급금을 항공사 자기자금이 아닌 금융기관 차입으로 조달하는 경우에는 본 장의 항공기 선급금금융(Pre-delivery Payment Finance)편에서 자세히 다룰 예정이니 이를 참고하시기 바란다.

항공기를 구매할 수 있는 권리를 확보케 하며, 동시에 항공사는 SPC와 항공기 리스계약을 체결하여 리스기간중 항공기에 대한 점유권과 사용권을 확보할 수 있도록 한다.

③ SPC는 항공기 및 리스계약상 임대인의 권리(렌트료 수취권 등) 등을 담보로 하여 대주단으로부터의 외부차입과 일부 자기자금 또는 외부 Equity 지분을 합한 항공기 전액의 구입대금을 SPC(차주)앞으로 지급하고, SPC는 이 대금으로 항공기 제작회사로부터 항공기를 구매하여 항공기에 대한 법적 소유권을 취득한다. 이때 대주단의 외부차입금은 시장상황 및 참여 금융기관의 수요 등에 따라 달라지나 선순위대출(senior loan) 및 후순위대출(junior loan)로 구분하여 조달하는 경우가 보통이다. 선순위대출은 항공사의 신용도, 항공기 기종, 예상 시장가치, 금융조건 등을 감안하여 구조마다 상이하나 통상 대출비율(loan-to-value) 기준 60~85%, 10~12년의 장기여신으로 이루어지며, 후순위대출은 선순위에 비해 담보 및 상환순위가 열위인 후순위임을 감안하여 LTV 10~35%, 5~7년 정도의 만기로 추진된다. 채권단과 SPC간에는 대출계약서와 항공기 저당권을 위주로 하는 담보계약서가 설정된다. 이와 같은 항공기 구매, 항공기의 항공사앞 인도, 임대인앞 소유권이전, 채권단앞 담보제공 등 모든 절차는 인도예정일을 앞둔 수개월 전부터 금융 주간사단(arranger)의 주도에 의하여 준비되었다가 항공기의 인도시점 수일전에 일괄적으로 계약이 체결된다.

④ 항공기의 리스가 개시되면 항공사는 항공기를 운항할 권리를 확보하게

그림 4-1 항공기 금융리스의 구조

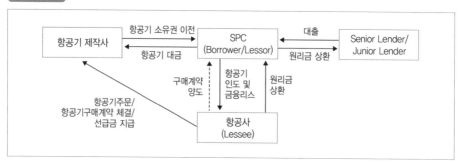

되고, 리스기간 동안 항공기의 사용 대가인 리스료를 임대인인 SPC앞으로 분할하여 지급한다. 이때 매기에 항공사가 지불하는 리스료는 채권단앞으로 지급하는 원리금 상환액과 정확히 일치(matched in mirror)하도록 구조화되어 있다. SPC는 매기 수취한 리스료를 재원으로 하여 대주단에게 항공기를 취득하는데 소요된 차입금 원금과 이자를 분할하여 상환한다.

⑤ 항공사는 리스기간 만료시 염가 또는 공정가액보다 적은 금액으로 항공기 구매옵션(aircraft purchase option)을 행사하여 항공기에 대한 법적 소유권을 취득하며, 설립목적을 다한 SPC는 청산되고 동시에 채권단에게 제공된 항공기 담보권도 해지된다.

4.2 ECA 항공기 지원금융

대부분의 선진국들은 자국산 물품과 서비스의 대외수출을 촉진하여 국내 경제를 활성화하고 고용을 창출하기 위한 목적으로 공적 수출지원기관(Export Credit Agency: ECA)을 설치하여 운용하고 있다. 특히 항공기는 거액의 개발비용과 수많은 제조인력 등이 필요하고, 연관산업 파급효과가 큰 중요한 수출전략 산업인 만큼 보잉, 에어버스 등 항공기 제조업체를 두고 있는 선진국들은 오래전부터 정부주도로 항공기 수출금융을 경쟁적으로 지원하여 왔다. 항공기 ECA 금융은 민간금융시장에서 자금조달이 어려운 신생 항공사나 개발도상국가의 항공사 등 신용도가 낮은 항공사들에 대한 본원적인 지원기능 이외에도 유동성 제약 등으로 항공기금융시장이 크게 위축되는 시장 상황에서 신조 항공기 인도 물량의 1/3을 차지할 정도로 큰 호응을 얻어 주요한 금융 조달수단으로 부상하였던 적도 있었다. 그러나 ECA 지원이 본질적으로 정부에 의한 지원인 속성상 공정경쟁의 저해 및 무역왜곡의 여지 등 당사국 간의 이해상충 이슈가 끊임없이 제기됨에 따라 OECD 국가 간 공적 수출지원과 관련된 규정인 OECD 협약이 여러 차례 개정된 역사를 갖고 있다.

1) ECA의 설립배경과 역사

세계 최초의 ECA는 1919년 영국의 수출지원을 담당하는 정부 기구로서 설립된 ECGD(수출신용보증국, Export Credits Guarantee Department)로, 동 기구는 지금까지도 현존하는 세계에서 가장 오래된 ECA이다. 세계무역이 개발되어 발전하기 시작한 시기는 ECGD가 설립되기 이전인 대략 1814년부터 1914년까지라고 할 수 있으나, 1914년 제1차 세계대전의 발발과 함께 보호무역주의가 태동하고 이후 국제무역이 크게 침체됨에 따라 전략적으로 대외수출을 회복시킬 필요성이 점차 커지게 되었다. 당시 ECGD의 표면적인 설립목적은 국내 실업을 해소하고 제1차 세계대전으로 황폐화된 수출무역을 회복시켜 증진시키는 것이었으나, 실질적인 지원대상은 민간부문에서는 리스크가 커서 취급하기 곤란한 구소련에 대한 수출을 정부신용에 의하여 지원하는 것이었다. 뒤이어 다른 유럽국가들도 정부프로그램에 의한 무역촉진의 필요성을 인식하고 영국의 사례를 따라 1930년대까지 ECA 기관들을 속속 출범시켰다. 독일, 프랑스, 이탈리아, 오스트리아 등 대부분 유럽국가들의 ECA가 이 당시 설립되었으며 대부분은 정부가 소유하는 형태였다. 1929년에 발생한 대공황은 경제불황과 보호무역주의를 전세계로 확산시켜 1930년대 유럽지역 이외의 국가들도 자국무역의 신장과 고용유지 등을 내걸고 ECA를 출범시키기 시작하였다. 이 시기 대표적인 국가는 일본(1930)과 미국(1934)으로, 미국은 설립 후 30년간 공적인 직접 신용업무만 취급하고 보증 및 보험상품은 취급하지 않았으나, 다른 국가들은 보증 및 보험업무를 중점적으로 취급하였다.[9]

한편, ECA가 각국으로 확산되고 국가간 경쟁이 심화되자 점차 불공정, 반경쟁적 지원에 대한 세계 각국의 비난여론이 거세졌다. 이에 대한 대응으로 1934년에는 Berne Union(공식명칭은 International Union of Credit and Investment Insurers)이라는 ECA 간 국제협의체가 탄생하였다. Berne Union은 영국 ECGD의 주도로 프랑스, 이탈리아, 스페인 등 유럽 4개국 ECA가 스위스 Berne에 모여 설립한 비영리 국제기구로, 글로벌 공정무역과 ECA 활동의 규율을 위한 ECA 간의 협력증진, 신용과 비상위험에 대한 정보교환, 신용조건의 국제조정 등의 기능을 주로 영위하고 있다.[10]

1937년에는 개발도상국가로는 처음으로 멕시코가 ECA를 설립하여 북미 및 유럽지역 등을 대상으로 공적 지원업무를 개시하였고, 이어 남미의 다른 국가들도 멕시코의 사례를 따라 ECA를 설립하기 시작하였다. 비록 1939~1945년의 제2차 세계대전 기간중에는 각국이 전쟁승리에 직접적인 관련성이 있는 금

---

9) Raquel Mazal Krauss, *The Role and Importance of Export Credit Agencies*, The George Washington University, 2011.

10) 2017년 현재 가입된 회원기관은 73개국 84개이다.

융활동에 전념함에 따라 ECA의 수출신용업무가 잠시 중단되는 휴지기를 거치기도 하였으나, 전후 신생 독립국가들이 증가하고 수출 확대에 따른 관련 위험도 한층 커짐에 따라 ECA는 아프리카, 인도, 남미, 동남아, 동구권 등 전세계로 빠른 속도로 확산되었다.[11] 각국의 ECA가 자국의 대외무역 및 경제발전에 기여한 성과는 빠르게 빛을 보기 시작하였다. 그러나 정치 및 상업적 위험의 해소라는 순기능 이외에도 ECA가 경쟁의 이점과 무역왜곡을 조장하는 수단으로 변질되어 가고 있다는 비판의 목소리도 점차 거세어져 갔다. 뒤에서 설명하는 1961년 국제경제협력기구인 OECD의 출범 및 1978년 OECD 가이드라인의 제정은 이러한 문제점의 인식 및 국제 공정무역을 증진시키고자 하는 배경에 따라 탄생한 것이다.

2) ECA의 기능, 목적 및 금융조건

(1) ECA의 기능과 목적

ECA는 주로 국가 리스크가 있는 개발도상국에 수입상이 소재하거나 또는 낮은 신용도 등으로 수출대금의 상환 리스크가 높아 상업은행들이 정상적으로 취급하기는 곤란하지만, 해당 수출거래가 자국 경제의 발전에 도움이 되는 거래 등을 선별적으로 지원하는 기능을 한다. 이러한 기능은 자국 대외수출의 활성화를 통한 자국경제의 성장 및 고용창출에 도움이 되기 때문에, 우리나라[12]를 포함한 대부분의 산업국가들은 이와 유사한 기능의 독자적인 ECA 기관들을 각각 보유하고 있다. 대부분 정부기관이나 준정부기관으로 운용되고 있으며, 일부 국가에서는 민간기관이 정부의 위임을 받아 해당 업무를 영위하는 경

---

11) 1950년대: 남아프리카, 인디아, 모로코
    1960년대: 아르헨티나, 볼리비아, 브라질, 그리스, 홍콩, 한국, 파키스탄, 페루, 포르투갈
    1970년대: 에쿠아도르, 자메이카, 말레이시아, 필리핀, 싱가포르, 스리랑카, 대만, 우루구아이, 베네수엘라
    1980년대: 이집트, 인도네시아, 튀니지, 터키
    1990년대: 체코, 헝가리, 리투아니아, 폴란드, 러시아, 슬로바키아, 슬로베니아
12) 우리나라에는 한국수출입은행과 한국무역보험공사가 이에 해당한다.

우도 있다. ECA는 정부에 의해 설립된 만큼 정부의 정책과 거래상대방, 거래 리스크 등에 따라 지원조건이 각각 다르나, 각국 정부에서 부여받은 범위 내에서 자국 수출상, 해외 수입상 및 이를 지원하는 금융기관들을 대상으로 직접금융지원, 수출보증 및 보험 등을 제공하는 기능을 공통적으로 수행한다.

(2) 주요 지원대상

① 자국 수출상

주로 해외 신규 수입업자의 발굴 및 신시장 개척을 위해 물품이나 서비스를 수출하는 자국 수출상을 대상으로 중장기 공적 신용을 제공하는데, 이를 공급자신용(Supplier's Credit)이라고 부른다.

② 해외 수입상

ECA의 소재 국가로부터 물품이나 서비스를 수입하는 해외수입상에게 신용을 제공하는 방식이다. 이를 수입자신용(Buyer's Credit)이라고 부르며, 이는 다시 아래 두 가지 방식으로 나누어진다.

■ 해외 수입상에게 금융을 제공하는 상업 금융기관들에게 보증서를 발행하여 지원하는 방식으로, ECA 기능의 가장 중요한 지원방식이다. 금융기관이 부담하기 힘든 일정 수준 이상의 리스크를 부담하여 자국 수출거래의 활성화 및 자국 금융기관의 국제경쟁력 제고를 도모한다.

■ 해외 수입상에게 상업은행들보다 다소 유리한 조건으로 직접적인 금융을 지원한다.

(3) 담보위험

ECA는 수입대금의 미지급 위험을 커버하기 위해 아래 두 가지의 위험을 담보한다. 이 위험들은 말하자면 공적지원이 없다면 해외사업 자체가 무산될 수 있어 민간무역금융 및 보험으로는 다루기 어려운 영역에 속하는 것들이다.

대부분은 정치적 위험과 상업적 위험 두 가지 모두를 커버하는 경우가 많은데 이를 포괄적 커버(comprehensive cover)라고 한다.

표 4-3 ECA 담보위험

구분	내용
정치적 위험 (political risk)	상대국가에 특정된 위험으로 정부활동이나 정치상황에 의해 촉발되는 위험을 담보(전쟁, 몰수, 테러, 폭동, 민간소요, 수출입인가 취소, 외환송금/환전 규제 등)
상업적 위험 (commercial risk)	해외 수입상 자신의 대금 미지급 위험을 담보 (수요부진 등에 의한 대금 미지급, 파산, 일방적인 계약위반 등)

(4) 금융 지원형태

해당 국가의 무역거래 및 경제를 발전시키기 위해 ECA가 지원할 수 있는 금융상품은 거래형태, 리스크 유형, 대상자 의향 등에 따라 다양하게 존재한다. 대부분의 ECA가 지원하는 금융형태는 ECA 직접대출, 은행전대, 이차보전 등의 직접금융형태와, 자국 수출상 또는 해외 수입상의 거래은행을 대상으로 보증 또는 보험상품을 제공하는 간접금융형태 두 가지로 구분할 수 있으며, 이 두 가지 방식이 복합적으로 지원되기도 한다. 보증 및 보험상품은 실무적으로 통상 Pure Cover라고 부르는데, 자국산 항공기의 수출을 촉진하기 위한 ECA 항공기금융은 대부분 해외 수입상이라 할 수 있는 항공사 또는 리스회사의 거래 대출은행(ECA lender)에게 보증을 제공하는 Pure Cover 방식으로 이루어지고 있다.

표 4-4 ECA 주요 금융지원형태

구분	내용
직접금융 (direct funding)	• 해외수입상에 대한 자금공여로, 이에는 다음 세가지 방식이 있음 ① 직접대출: 자국산 물품 구매조건부로 직접대출하는 가장 단순한 형태 ② 은행전대: 해외수입상에게 대출하는 중개은행에 직접 대출을 제공 ③ 이차보전: 해외수입상에게 상업은행이 고정금리 대출을 수행하면 ECA는 시장금리와의 차이를 대출은행에 보전 (대출은 OECD 협약에 따라 CIRR 고정금리를 적용)
보험(insurance)	• 자국 수출상 앞으로 정치적위험과 상업적 위험을 담보
보증(guaranty)	• 해외수입상의 대출은행(ECA Lender)에게 보증을 제공 • 정치적위험과 상업적위험 또는 정치적 위험만을 담보

| 그림 4-2 | 직접대출, 수출보험, 수출보증의 구조 |

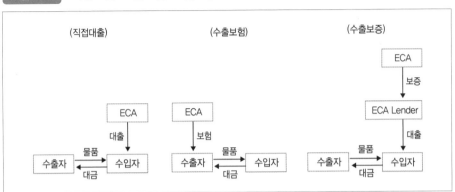

자료: Lexisnexis.

직접금융은 금융갭을 극복13)하거나 국제기준에 의해 허용된 외국의 보조금과 경쟁하기 위하여 자기계정으로 직접대출을 제공하는 것인데, 이 기능은 대부분의 ECA 기관들이 민간금융부문과 직접 경쟁할 수 없고 보완하여야 한다는 원칙에 따라 제한적인 범위 내에서만 운용되고 있다. 군수장비 및 농업설비의 수출에 대해서는 OECD 협약에 따라 적용이 배제된다.

(5) ECA 금융의 이점

공적 수출금융은 국제거래에서 상당한 위상을 차지하기도 한다. 그 위상은 상업금융시장이 더 이상 새로운 리스크를 떠안을 수 없는 금융위기나 경기불황의 상황에서 더욱 진가를 발휘하곤 한다. 상업금융부문이 수행하기 적합하지 않은 금융 지원활동을 수행하는 점 이외에도 ECA는 국제무역거래에서 다음과 같은 여러 가지 이점을 제공한다.

■ (이머징마켓 특화) ECA는 상업은행들보다 이머징 마켓과 연관된 리스크에 친숙하며 풍부한 거래경험을 보유하고 있다.

---

13) 대표적인 예가 2008년 리먼사태 이후 전세계 상업금융기관들의 유동성 제약 및 위축에 따른 민간금융기능과의 갭을 ECA 기관들이 직접대출로 보완한 사례를 들 수 있다.

- (후광효과) 정부기관인 ECA의 특성상 프로젝트의 약정조건 이행과 관련하여 해당 정부와의 분쟁 해결을 중재하거나 정치적 영향력을 행사할 수 있는 후광효과(halo effect)를 기대할 수 있다.
- (정부정보 접근) 해외프로젝트 소재국 정부가 보유한 정치적 상황에 대한 방대한 정보에 접근할 수 있으므로 프로젝트의 정치적 리스크 파악이 용이하다.
- (신용보강) 상업은행들은 ECA의 보증으로 해외수입상의 신용등급이 아닌 ECA 국가 수준의 신용등급을 적용받음에 따라 경우에 따라서는 차주에게 무위험이자율 수준의 상당히 저렴한 금리와 보다 장기적인 대출을 제공할 수도 있다.

3) 항공기금융 관련 주요 ECA 기관

항공기 및 엔진을 생산하는 대부분의 국가들은 값비싼 전략 수출 자본재인 항공기의 대외수출을 촉진하기 위하여 ECA 항공기금융을 대표적인 공적 지원대상으로 설정하고 있다. 전세계 민간항공기 제조업체는 유럽의 Airbus와 ATR, 미국의 Boeing, 브라질의 Embraer, 캐나다의 Bombardier의 5개사로 압축할 수 있으며, 엔진제작업체는 미국의 General Electric, Pratt & Whitney, 영국의 Rolls Royce가 대표적인 업체들이다. 러시아, 일본, 중국도 민간항공기 제조업체를 보유하고 있고 매출이 성장세에 있지만 아직은 국내수요가 대부분이고 대외수출이 상대적으로 제한적인 수준에 머물러 있어 그 점유율은 그리 크지 않은 편이다.

(1) 미국수출입은행(Export-Import Bank of the United States)

미국수출입은행은 미국 상품, 서비스의 수출확대 및 이를 통한 미국 내 고용창출을 주된 목적으로 1934년 설립된 미국의 독립기관이다. 민간부문과 경쟁하지 않는 것을 기본성격으로 하여 민간상업은행들의 대출 취급이 곤란한 경우에만 직접융자(direct loan)를 공여하며, 보증이나 보험프로그램을 통하여 수출 관련위험을 부담함으로써 상업은행들의 수출금융지원을 촉진하고 있다. 지원업무는 선적 전 지원업무로서 운전자본 보증, 선적 후 지원업무로 구매자신용인 직접융자, 그리고 보증과 수출보험 업무 등을 주로 취급하고 있다. 미국에서 생산된 보잉사 제조 항공기와 Pratt & Whitney, General Electric사 제조 엔진 등의 수출을 지원하며, 미국산 적격물품의 100%까지 OECD 협약에 따라 항공기 순가격의 85%까지 주로 상업은행에 대한 보증프로그램을 통해 금융을 지원한다.

(2) UK Export Finance

영국의 ECA는 산업혁신기술부(Department of Business, Innovation and Skills) 소속 정부기구인 수출신용보증국(Export Credits Guarantee Department: ECGD)이며, 수출금융 기능은 운용기관인 UK Export Finance를 통해 제공하고 있다.[14] 해외 수입상에 대한 구매자신용(buyer's credit)과 자국 수출상에 대한 공급자신용(supplier's credit)을 직접대출, 보증, 보험 등의 형태로 제공한다. 구매자신용은 항공기 등 금액이 큰 자본재를 구입하는 항공사 및 리스사에게 대출해 주는 자국 은행들에 대해 보증 상품을 제공하며, 공급자신용은 비교적 금액이 적은 물품, 서비스를 수출하는 자국 수출상에 대하여 보험상품을 주로 제공한다. Airbus, Bombardier(북아일랜드 공장) 항공기 및 Rolls Royce 엔진 등 자국산 물품의 수출에 대해 100%까지 보증을 제공한다.

(3) Bpifrance Assurance Export

프랑스정부의 위임 및 관리하에 수출보증, 보험 등 프랑스의 공적인 수출신용업무를 전담하는 ECA 기관[15]이다. 종전 프랑스의 COFACE(Compagnie Française

---

14) UK Export Finance는 2011년 11월 10일 이후 영국 ECGD의 운용기관 역할을 담당하고 있으며, ECGD와 UK Export Finance의 이름이 함께 사용되고 있다(ECGD Web-site).

15) Bpifrance Assurance Export는 프랑스 기업여신을 전문으로 하는 공적 투자은행인 Bpifrance S.A.(2012년 설립, 프랑스정부와 Caisse des depots의 50:50 합작사)의 전액출자 자회사로, French Insurance Code L. 432-2조에 따라 프랑스정부의 통제하에 업무를 수행하고 있다.

d'ssurance pour le Commerce Extérieur, 1946년 설립)가 수행하던 공적 수출신용 보증 및 보험기능과 인력을 2016년 12월 31일부로 이전받아 새로 출범한 민간기관이다. 전신인 COFACE는 프랑스정부를 대신한 공적 수출신용보증 및 보험업무와 민간수출보험 업무의 두 가지 기능을 수행하여 왔는데, 업무의 이전에 따라 COFACE가 수행하던 공적 ECA 기능은 중지되고 민간보험업무만 수행하고 있는 상태이다. Airbus, ATR사가 생산한 민간항공기의 자국산 적격물품에 대해 이전 COFACE가 제공하였던 것과 마찬가지로 100%[16])까지 보증 또는 보험을 지원한다. 2016년 9월 22일 프랑스보험법[17])의 개정에 따라 자국 생산 항공기의 ECA 지원이 외국 ECA와 경쟁을 초래하는 경우 자국 항공사(예컨데 Air France)에 대해서도 지원이 가능하도록 변경되었다. 이에 따라 이전까지 자국 생산 항공기의 자국 항공사에 대한 ECA 지원이 금지되어 왔던 이른바 "home country rule"은 사실상 폐기되게 되었다.

(4) Euler Hermes Kreditversicherungs-AG

1917년 국내신용보험 운영을 목적으로 설립된 민간 보험회사로, 1926년부터 신용위험을 담보하는 수출보험을 개시하였으며, 1949년부터는 연방정부를 대행하여 수출보험업무를 담당하고 있다. 통칭 Euler Hermes 또는 Hermes로 알려져 있다.

항공기 금융거래의 경우 수출신용의 수혜자인 은행들은 과거 최대 95%까지 손실을 보상받을 수 있었으나, COFACE와 마찬가지로 2002년 새로운 협약에 따라 100%까지 부보가 가능해졌다.

---

16) 과거 항공기와 엔진의 경우 95%까지 부보하였으나 2002년 4월 ECGD와 COFACE, Hermes 간의 협약에 따라 100%까지로 확대되었다.

17) Article L. 432−1 of French Insurance Code(Code des assurances).

표 4-5	주요 국가별 ECA 기관 및 지원대상 항공기 제조업체	

국가명	ECA 기관	지원 제조업체
미국	Export-Import Bank of United States (US Ex-Im Bank)	Boeing, CFM, GE, IAE, Pratt & Whitney
영국	UK Export Finance(ECGD의 운영기관)	Airbus Bombardier Rolls Royce
프랑스	Bpifrance Assurance Export (2016년까지 Compagnie Française d'Assurance pour le Commerce Extérieur가 담당)	Airbus ATR Snecma
독일	Euler Hermes Kreditversicherungs-AG (Hermes)	Airbus
브라질	Banco Nacional de Desenvolvimento Econômico e Social (BNDES)	Embraer
캐나다	Export Development Canada (EDC)	Bombardier
이탈리아	Servizi Assicurativi del Comercio Estero(SACE)	ATR

4) OECD 가이드라인

각국의 ECA 금융은 해당 국가를 둘러싼 대외여건이나 통상정책, ECA 참여자 및 거래구조 등에 따라 세부적인 절차와 조건이 다를 수 있지만 대부분 공통적이고 유사한 업무속성을 공유한다. 가령 공적 수출신용의 신청절차, 적격기준, 리스크 분류기준, 신용조건, 가격 등 주요한 조건이나 절차, 방법에 있어서는 별 차이가 존재하지 않는다. 이는 각국의 ECA가 국제수출신용연맹인 Berne Union을 매개로 한 장기간에 걸친 상호 업무협력 및 정보교류, 조정 등의 오랜 결과물이기도 하지만 전세계 ECA가 수행하는 공적 수출신용부문을 공동으로 규율하는 국제협약인 OECD 가이드라인이 있기 때문이다.

정부 지원에 의한 공적 수출신용은 개별 무역거래 및 국가 간 수출경쟁력에 유리한 영향력을 미치는 만큼 국제적으로도 효율적이고 일관된 통제의 필요성에 대한 논의는 오래 전부터 있어 왔다. 1961년 글로벌 자유무역과 경제개발을 촉진하고 회원국의 경제성장을 도모한다는 목적에 따라 OECD(Organization for Economic Cooperation and Development)가 창설되었고, 곧이어 1963년에는 OECD 내에 회원국 간 수출신용정책 및 조정, 정보교환 등을 담당하는 Export Credit Group(ECG, 정식명칭은 OECD Working Party on Export Credits and Credit Guarantees)[18]이 설치되어 운영되었지만 1978년 공적 수출신용을 규율하는 국가 간의 협약이 제정되기 이전까지는 그렇게 큰 진보를 이루지는 못하였다. 1970년대 말까지는 타국의 수출상에 대해 자국 수출상이 최대한 경쟁력을 갖게 하기 위한 수출보조금(export subsidy)의 제공 수단으로서 많은 국가에서 ECA 금융을 활용하였으며, 이에 따라 정부기능이 민간부문의 수출금융과 경합함으로써 과도한 시장경쟁을 부추기고 국제무역을 왜곡시키는 주범이 되고 있다는 비판이 끊임없이 제기되었다. 그럼에도 불구하고 각 OECD 국가들은 자칫 자국의 수출경쟁력이 상실될까 두려워 어느 누구도 일방적으로 보조금 지원을 중단하려는 시도를 하지 못하고 있는 상황이었다.[19]

이러한 문제점을 타개하기 위해 1976년 몇몇 OECD 국가들이 다자간합의를 기초로 한 Consensus를 발족·운영하여 오다가, 1978년 4월에는 이를 OECD 의 프레임 내에서 내용을 좀더 구체화하여 일명 OECD 가이드라인(OECD Arrangement)[20]이라고 하는 공적 수출신용을 규율하는 글로벌협약으로 확대 출범하였다. 동 협약의 제정 취지는 수출국마다 최상의 금융조건을 제시함에 따른 경쟁 레이스를 지양함으로써 공정경쟁의 장(level playing field)을 확대하고, 발생 가능한 무역 왜곡을 방지하고자 하는 것이었다. 경쟁은 수출신용과 관련된

---

18) 모든 OECD 회원국(칠레, 아이슬란드 제외)이 ECG 회원이며, Berne Union도 회의에 참가한다. ECG는 회원국 수출신용정책과 사업활동, 효율적 제도의 도입과 관련한 다자간 토의, 조정 및 정보교환과 뇌물방지, 환경, 사회적 이슈 등과 관련한 바람직한 제도마련 등 토의의 장을 제공하는 것이 주요 설립 목적이다.

19) http://wiki.treasurers.org/wiki/The_role_of_the_OECD_export_credit_agencies.

20) 협약의 공식명칭은 "OECD의 공적 지원 수출신용 가이드라인에 관한 협약"(Arrangement on Guidelines for Officially Supported Export Credits)이며, 협약의 주된 목적은 질서 있는 수출신용시장(orderly export credit market)을 위한 체계를 제공하는 것이다.

유리한 금융조건에 의해서가 아니라, 수출 물품 및 서비스의 품질과 가격에 의하여 촉발되어야 한다는 의미였다.[21] 동 가이드라인은 참가국[22] 간의 합의에 의하여 이루어진 이른바 '신사협정'(gentleman's agreement)으로 법적 구속력을 갖고 있지는 않으나, 대부분의 회원국들이 상호 존중의 원칙하에 협약의 준수에 최대한 노력하고 있다. 제정된 가이드라인의 이행은 OECD 사무국에서 관리한다.

협약에는 특정 보증이나 보험에 관한 구체적인 금융지원 조건이 기술되어 있는 것이 아니라 공적 수출금융에 관한 전반적인 제한 조건들을 규정하고 있다. 예컨대, 자체조달(downpayment), 공적 지원비율(official support), 상환기간(repayment term), 고정이자율(minimum interest rate), 신용위험에 대한 보증료율(premium rates), CIRR의 구성 및 적용, 구속성 원조(tied aid credit), 공적 수출금융 지원절차 등에 관한 사항들이다. 아울러 동 협약은 물품, 서비스 및 금융리스 등 상환기간 2년 이상인 모든 공적 수출신용에 적용하도록 하고 있다. 각국 ECA는 이 한도만 지키면 가이드라인의 변경이나 변이도 가능하지만, 변경시 그러한 변경과 관계되는 모든 협약 참가국들에게 통지하여야 한다.

한편, 공적 수출금융에 일반적으로 적용되는 사항들 이외에 거래구조가 특수하고 대외수출에 중요도가 큰 특정 부문들 예컨데 선박, 원자력발전소, 민간 항공기, 재생에너지, 철도 인프라, 석탄발전소 등 6개부문에 대해서는 별도로 부문별 양해(Sector Understanding)의 형태로 OECD 가이드라인의 뒷부분에 부표(Annex)로 첨부되어 있다.

이중 민간항공기부문에 특정적으로 적용되는 양해[23]는 1986년에 최초로 마련되어 첨부된 이후, 이해 당사국 간의 이해충돌에 따라 내용이 순차적으로 개정되어 이름도 각각 달리 불리고 있다. 최초의 양해는 LASU로 부르고 있으

---

21) http://www.oecd.org/tad/xcred/arrangement.htm.
22) 참가국은 호주, 캐나다, EU, 일본, 한국, 뉴질랜드, 노르웨이, 스위스, 미국이며 다른 OECD 회원국과 비회원국들도 참가국의 초청에 의하여 참가국이 될 수 있다(OECD 가이드라인 제3조).
23) Annex III: Sector Understanding on Export Credits for Civil Aircraft.

며, 2007년 개정된 양해는 2007-ASU(Aircraft Sector Understanding), 2011년 개정되어 현재까지 적용되고 있는 양해는 2011-ASU 또는 NASU로 항공기 금융시장에서 통용되고 있다. 양해의 각 부분은 ECA 항공기금융을 전반적으로 이해하는 기본적인 기틀을 제공하므로 이하에서는 이들의 배경과 주요 내용 등에 대해 좀더 자세히 살펴보기로 한다.

5) LASU(Large Aircraft Sector Understanding)

1986년 3월에 도입된 최초의 양해로 대형 민간항공기에 주로 적용하는 특징으로 인하여 LASU(Large Aircraft Sector Understanding)로 불리고 있다. 그런데 당시 환경은 대형상업용 항공기 제조업체의 경우 미국의 보잉사와 맥도널드 더글러스(후에 보잉에 흡수) 그리고 유럽의 에어버스 밖에 없었으므로, 사실상 LASU는 미국과 유럽 간에만 적용되는 ECA 항공기금융에 관한 협약이라고 할 수 있다.

(1) LASU의 주요 내용

■ (지원대상 항공기) LASU에서는 지원 가능한 항공기의 범주를 4개의 Part로 구분[24]하고 있지만 신조 대형항공기 위주로 구성되어 있고, Category A, B 항공기는 시장 점유율이 크지 않은 70석 미만의 중소 항공기이므로 LASU는 사실상 신조 대형항공기에 관한 협약이라고 할 수 있다. 부표에는 적용 가능한 항공기의 모델과 제조업체가 구체적으로 명시되어 있다. 이 리스트는 비록 예시 성격이고 추후 개발되는 새로운 항공기는 리스트에 추가할 수 있다는 점을 명시하고 있기는 하나 대형항공기에 대한 정의가 없어 이후 신모델이 어느 범주에 해당하는 지에 대한 논란을 불러 일으키게 된다.

■ (지원비율) 공적 수출신용으로 지원 가능한 비율은 총 항공기가격[25]의 최대

---

24) Part. 1-신조 대형항공기(보잉, 에어버스, 맥도널드글라스사 생산), Part. 2-(Category A) 헬리콥터를 포함한 주로 30~70석의 신조 터빈추진항공기, (Category B) 기타 터빈추진항공기, (Category C) 기타항공기, Part. 3-중고항공기, 스페어엔진, 스페어부품, 유지 및 서비스 계약.

25) 그러나 LASU에는 'total aircraft price'에 대한 정의가 없었다.

85%이며, 나머지 15%는 항공사가 자체자금(Cash Payment)으로 조달하여야 한다. 수출신용의 표준적 지원방식은 직접지원방식인 직접대출과 간접지원방식인 보증 및 보험(Pure Cover)이다. 자체자금 15%는 수출신용과는 별도로 항공사가 자체자금으로 지급하던지 아니면 상업은행들로부터 조달할 수 있다.

■ (신용공여기간) 수출신용의 공여기간은 항공기규모별로 대형항공기의 경우 12년, Category-A 항공기는 10년, Category-B 항공기는 7년으로 각기 달리 책정되어 있었으며, 원금의 상환방식은 원리금균등상환(mortgage-style), 이자지급은 매 6개월(semi-annual)마다 상환토록 되어 있었다.

■ (최소 보증료율(minimum premium rate)) 항공사의 신용도와 관계없이 일률적으로 거래 개시시점에 3%를 일시불(up-front)로 지급하였다. 이를 연간이율로 환산(대출기간 12년, 평균기간 5.8년 가정)하면 50bp 정도로 당시 다른 금융조건과 비교할 때 상당히 저렴한 수준이었다.

(2) 유럽 ECA의 LASU Rate

지금은 오래 전에 금지되어 없어졌지만 LASU와 관련하여 에어버스항공기의 대외수출 경쟁력 제고를 위해 유럽 ECA에서 사용되던 특기할 만한 상품이 LASU Rate였다. LASU가 마련될 당시만 해도 ECA 금융기법은 상업금융부문의 보완적인 용도로서, 일명 마지막 대안(last resort option)으로만 활용되는 정도였다. 그러나 1990년대 들어 세계 항공운송산업이 장기간 호황국면을 맞이하면서 신조 항공기에 대한 주문이 크게 증가하게 되고, 금융기관들도 1992년말부터 시행되는 BIS 자기자본비율 규제 등의 영향으로 일종의 무위험자산인 ECA금융에 대한 관심이 크게 증가하게 되었다. 항공운송수요가 확대되고 ECA 항공기금융이 시장의 주류로 급부상하게 되자 유럽 ECA로서는 에어버스항공기의 수출경쟁력을 제고시키기 위해서도 기존 상품의 단점을 보완한 획기적인 상품이 절실하게 되었다. 영국의 ECGD, 프랑스의 Coface, 독일 Hermes의 유럽 3개 ECA는 에어버스의 수출촉진을 위해 미국의 US Exim Bank와 직접적으로 경쟁하여야 하는 상황에 놓여 있었다. 그러나 당시 LASU에 의하여 ECA가 제공할 수 있는 금융상품은 상당히 제한적이었다.

가령 보잉항공기의 경우 항공사들은 정부 신용등급에 준하는 US Exim Bank로부터 단일화된 보증서를 수취하여 증권화상품 또는 은행차입과 직접 연계하여 상당히 저렴한 장기의 자금조달이 가능한 반면, 에어버스항공기에 대한 유럽 ECA 보증의 경우 프랑스 Coface에서 1개, 독일 Hermes에서 1개, 영국 ECGD에서 1개와 같이 각기 분할된 보증서를 수취할 수밖에 없음에 따라 분리된 보증서의 복잡성 및 US Exim Bank에 비해 낮은 신용등급 등으로 시장에서의 유동화가 곤란하고 조달비용이 상대적으로 높아지는 등 여러모로 불리한 입장에 있었다.[26] 덧붙여 영국 ECGD는 보증(pure cover)상품으로 수출가격의 100%까지 커버가 가능한 반면, 프랑스 Coface와 독일 Hermes는 보험상품으로 당시 95%까지만 커버됨에 따라 유럽 ECA 간에도 지원조건이 불균등한 측면이 있었다.[27] 이러한 수출신용 및 95% 보증 제한 등의 단점을 커버하기 위해 유럽 ECA는 보증과 LASU Rate의 이차보전(interest rate support)을 혼합한 혁신적인 옵션상품을 출시하여 전세계 항공사들로부터 선풍적인 인기를 끌게 된다.

당시 LASU는 미국-유럽 간 대형 항공기 위주로 적용되는 규정인 만큼 후에 개정되는 ASU(Aircraft Sector Understanding)와 비교하더라도 상세하게 기술되어 있지 않았으며, 명시적인 조건들만 충족하면 어느 정도 융통성 있는 구조변경도 가능한 상황이었다.

여기서 LASU Rate란 에어버스 또는 프랑스 ATR사의 수출항공기에 대해 유럽 ECA가 항공기 구매고객에게 특별히 제공했던 일종의 고정금리[28] 이차보전 옵션을 말한다. 금리는 Airbus사가 12년 만기를 대상으로 USD, GBP, EURO의 세 가지 통화에 대해 두 가지 방식의 이율을 매 격주 발표하였는데, 항공사는 항공기 인도일 수개월 전 또는 최장 3년전에 이 오퍼를 받아 금리를 고정(lock-in)시킬 수 있었다. 고정은 한번에 한하며 고정하지 않았을 경우에 접수한 오퍼는 무효화되고 재차 금리를 신청하여 고정할 수 있었다. 따라서 항공

---

26) Jeffrey Wool, Andrej Jonovic, Aircraft Financing 4th Edition, p. 93.

27) Worth the wait?, Airfinance Journal, 2002. 6. 1.

28) 대형 항공기가 아닌 70석 미만의 기타항공기는 LASU Rate가 아닌 CIRR Rate(commercial interest reference rate)를 적용하였다.

사들은 가능한 한 이자율이 낮은 시점에 금리를 고정하는 것이 보다 유리하며, 금리가 상승하면 할수록 상대적인 이익은 더 커지게 된다. 12년 장기 대출금리를 항공기 인도일을 기산하여 최대 3년전 시점에 고정할 수 있다는 것은 항공사들로서는 상당한 혜택이었다. 일단 항공사가 LASU Rate를 사용하기로 약정하였다고 하더라도 항공기 인도시점에 고정한 이율을 사용하는 것이 불리하다고 판단될 경우에는 그 금리를 포기(walk-away)하고 더 금리가 낮은 다른 대체금융수단을 사용할 수 있었다. 말하자면 항공사들은 인도시점의 시장금리보다 저렴한 차입이 가능하며, 그것도 불리하면 페널티 등 추가 부담없이 언제든지 포기할 수 있었으므로 Free Option부 상품이라고 할 수 있었다. 반면, 3년여 기간중의 금리변동 리스크는 ECA가 부담하였는데, 세 개의 ECA 중 특히 영국 ECGD는 고객이 Breakage Penalty를 납부하지 않음에 따라 금리헤지도 어려워 자체 재무부담이 커지고 있는 상황이었다. 당시 미국 US Exim Bank는 항공사들에 대해 이와 같은 옵션상품을 지원하지 않았다. 이 옵션상품은 전세계 항공사들로부터 커다란 호응을 받아 당시 ECA 거래의 약 70% 정도가 LASU Rate에 의존할 정도였다.

　이러한 방식의 상품은 당시 미국으로부터 정부에 의한 금리보조금 시비를 유발하게 된다. 관계 당국간 향후 신조항공기의 개발지원, 자체 조달능력이 충분한 우량 국제 항공기리스사들의 ECA 수혜 폐단 등을 둘러싼 쟁점과 함께 LASU Rate의 불공정 관행도 쟁점이 되어 2002년 4월 고정이자율과 시장금리와의 차이에 해당하는 금액에 대해서는 항공사가 Breakage Cost를 추가적으로 부담하도록 LASU 협약이 개정되고 2003년부터 발효됨에 따라 과거 No-Cost, No-Penalty에 의한 이자보전 방식의 혜택은 상당 부분 없어지게 되었다.[29] 협약 개정 이후 유럽 ECA 들도 수출고객에게 대출을 지원하는 상업은행들에게 100%까지 보증을 지원하는 Pure Cover에 중점을 두어 이후에는 미국 수출입은행의 보증에 의한 지원방식과 보조를 맞추게 된다.

　앞에서도 설명하였듯이 ECA 항공기금융은 자국산 항공기의 구매 항공사

---

29) Nick Parsons, *A question of Credit, Airfinance Journal*(2002. 9) 및 *Michael Marray, Support Withdrawal*, Airfinance Journal(2001. 2).

에게 대출을 제공하는 상업은행들에게 최대 항공기 가격의 85%까지 채무상환 위험을 보증하는 상품이다. 이 상품은 단독으로 사용될 수도 있지만, ECA의 무위험 신용등급, 높은 항공기 담보가치 특성 등과 함께 국제 알선리스나 운영 리스, 증권발행 등 더욱 저렴한 다른 형태의 금융기법과 결합한 복합구조로도 성행하였다. 특히 걸프전 후 항공사들의 영업부진으로 신용도가 하락하고, 아 시안경제위기로 아시아지역 항공사들이 자체신용에 의한 외부자금 차입이 어 려워진 환경하에서 ECA 보증은 더욱 주목을 받았다.

한편, 유럽 ECA의 이차보전시스템에 대한 논란은 유럽 내 3개 ECA 간의 자국 상업은행들에 대한 보전마진 차이 및 이에 대한 불만에서 야기된 측면도 있다.[30] 1990년대 후반 독일 Hermes의 지원을 받는 독일계 은행들의 보전마진 은 25~30bp로 낮은 반면, 영국 ECGD와 프랑스 Coface의 지원을 받는 영국과 프 랑스계 은행들의 마진은 45~75bp로 상대적으로 높은 편이었다. 독일은 상업 은행에 Mandate를 부여하는 당사자가 항공사가 아니라 정부기관인 Deutsche Airbus이므로 상업은행들에 대한 정부세금에 의한 보조금을 최소화하여야 하 는 입장에 있었다. 독일계 은행들은 영국과 프랑스의 ECA에 이의 해소를 추진 하였지만 영국과 프랑스의 대형은행들은 항공기 금융시장 점유율 제고 등을 위 해 LASU Rebate에 의한 유리한 혜택을 최대한 활용하고자 함에 따라 노력은 실패로 돌아가게 되었다. 어찌 보면 당시 가장 높은 마진혜택을 받은 프랑스의 BNP, Credit Agricole, Societe Generale 은행 등이 리그테이블상 상위를 차지한 것은 우연이 아닐 수 있으며, 독일계 은행들은 저마진으로 Dresdner Bank, HypoVereinsbank, Commerzbank 등 소수의 대형 은행들만이 ECA 금융에 참 여할 수밖에 없었다. 어쨌든 이를 기화로 LASU Rate 등 유럽의 ECA 시스템은 개정의 대상이 되어 2007년 새로운 ASU(Aircraft Sector Understanding)가 탄생하기에 이른다.

---

30) Rich Pickings, Airfinance Journal, 1999. 9. 1.

6) 2007년 ASU

(1) 개정배경: 브라질과 캐나다의 WTO 분쟁

1990년대 글로벌 항공여행수요가 확대되자 보잉, 에어버스 이외에 전세계 Regional Jet 항공기 생산의 양대산맥인 캐나다의 Bombardier와 브라질의 Embraer사가 각각 1992년 50인승 CRJ-100/120 모델을 발표하였고, 이어 브라질도 40인승 ERJ 135/140 모델을 발표하면서 본격적으로 지역 항공기시장에 뛰어들었다. 판매 경쟁이 심화되었고 양사 간 분쟁도 이어졌다. 각국 정부를 등에 업은 양 제작사는 상대방이 정부보조금 혜택을 받았으며, 이에 따라 WTO의 보조금협정(ASCM, Agreement on Subsidies and Countervailing Measures)을 위반하였다고 주장하였다. 분쟁해결을 위한 상호합의에 실패하게 되자 양사는 WTO에 이 문제를 제소하였다. 브라질은 당시 OECD 회원국도 아니었고 공적 수출신용을 규율하는 OECD 협약의 당사자도 아닌 까닭에 WTO에서 이 문제를 해결하는 수밖에 없었다. 1998년 캐나다는 Embraer 항공기의 구매시 실질적으로 저리 혜택을 제공하는 브라질의 환율보조금제도(PROEX)를 비난하였고, 브라질은 개도국으로서 선진국인 캐나다보다 보조금제도가 느슨할 수밖에 없음을 항변하였으나 결국 받아들여지지 않았다. 양측의 충돌은 2001년 양사의 항공기 판매 경쟁에서 다시 한번 점화되었다. 타결이 난관에 처하게 되자 WTO는 ECA에 적용되는 LASU상의 직접대출, 재금융, 이자율지원 등과 관련된 조항들을 보조금협정(ASCM)과 비교하여 검토하였는데, 동 상품들이 ASCM상에서 규정한 보조금범위[31]에서 면제된다는 결론을 내렸지만, Pure Cover 상품까지 면제된다는 결론은 내리지는 않았다.[32] 이러한 WTO에서의 캐나다와 브라질 간 오래 지속된 분쟁과 함께 OECD 가이드라인, LASU 조항의 모호함 등 그간 제기된 문제점 등으로 국제당사자들은 기존 LASU의 커버범위를 확대하고 시대에 맞게 LASU를 보다 현대적으로 개정하여야 한다는 목소리가 커지게 되었다.

---

31) Article 3.1(prohibited subsidies) and (k) of the illustrative list of export subsidies, Agreement on Subsidies and Countervailing Measures, WTO.
32) Jeffrey Wool and Andrej Jonovic, Aircraft Financing 4th Edition, p. 94.

(2) 2007-ASU의 내용

OECD 참가국, 은행, 항공기리스사 등이 참가한 2년여의 긴 협상 끝에 새로운 양해가 탄생하여 2007년 7월 1일부터 효력이 개시되었다. 후에 한차례 더 개정되는 2011-ASU와 구별하여 2007-ASU(Aircraft Sector Understanding)라고 불리는 새로운 양해의 합의에 따라, 1986년부터 약 20년간 존속하였던 LASU는 이 2007-ASU로 대체되었다. 새로운 ASU는 이전의 내용과 비교할 때 몇 가지 주요한 특징들이 새롭게 구체화되었다. OECD 회원국은 아니지만 브라질이 OECD의 체계로 새로 합류한 점 이외에도 그간 제기된 LASU의 문제점과 환경 변화요인 등을 수용하여 이중시스템(bifurcated system), 최소보증료율의 인상, 엄격하고 구체적인 조건의 기술, 새롭게 부상한 상업금융시장과의 관계 형성 등이 새로 반영되었다. 브라질과 캐나다 간 장기간에 걸쳐 전개된 WTO 분쟁 등을 반영하여 非OECD 회원국이지만 세 번째 항공기 제작 강국이라 할 수 있는 브라질이 새로운 서명국으로 추가(캐나다는 당초 협약의 서명국임)된 점은 2007-ASU의 가장 중요한 특징이라고 할 수 있다. 그동안 LASU는 실질적으로 대형기종을 생산하는 에어버스와 보잉을 위한 협약이라고 할 수 있었으나, 지역항공기를 생산하는 브라질까지 커버리지가 확대되었고, 이에 따라 분쟁발생시 브라질과 캐나다가 WTO 소송으로 가야만 했던 고충을 제거할 수 있게 되었다. 이러한 요인들은 ASU의 제정목적에도 잘 나타나 있다. 즉, ASU는 항공기 등의 매매 또는 리스를 위한 공적 수출신용과 관련하여 투명(transparent)하고 예측가능(predictable)하며 일관(consistent)된 프로토콜을 마련하기 위한 것으로, 공적 수출신용이 ECA 금융조건이 아닌 제품, 서비스의 질과 가격에 따라 경쟁이 될 수 있도록 민간항공기 수출국 간에 공정경쟁의 장(level playing field)을 추구한다고 구체적으로 밝히고 있다.[33]

그 밖에도 참가국 ECA간에 달리 적용될 수 있는 오해 소지를 축소하는 등 투명성, 예측가능성을 제고하기 위한 폭넓은 진전이 이루어졌는데, 그 주요 내

---

33) *Sector Understanding on Export Credit for Civil Aircraft, 2007. 7. 27*, Aviation Working Group.

용들을 살펴보면 다음과 같다.

■ (Bifurcated System) LASU에서는 대형항공기 위주로 구성되었지만, 대형항공기의 정의가 모호하여 구체적인 분류에 논란이 있었던 구분방식을 크게 Category-1과 Category-2/3의 두 가지로 변경하였다. 에어버스, 보잉사의 대형항공기는 Category-1(단, A318, B737-600은 Category-2로 분류)으로, 캐나다의 Bombardier 및 브라질 Embraer 항공기를 포함한 지역 및 소형 항공기는 Category-2/3로 분류하였다.

■ (신용등급분류체계 도입) 국제신용평가기관의 Rating과 비슷하게 항공기구매자의 리스크를 측정하여 등급 구간별로 보증료율, 상환기간 등 지원조건을 차등화할 수 있는 분류시스템을 도입하였다. 예를 들면 Category-1 항공기의 경우에는 구매자의 선순위 무담보채권 신용등급을 반영하여 5단계의 등급으로 구분(Categroy 2/3는 15단계 구분)한 뒤 등급 단계별로 보증료율을 달리하고, 만기도 Category-1 항공기의 경우 최대 12년, Category-2 항공기의 경우 최대 15년, Category-3 항공기는 최대 10년으로 제한하였다. 상환방식도 기존에 채택하였던 원리금균등방식(mortgage-style repayment)을 기본으로 하되 원금균등방식을 추가로 선택할 수 있는 옵션이 부가되었고, 상환주기도 기존의 6개월에서 Category-1은 3개월 이상, Categroy-2는 6개월 이상으로 세분화되었다.

■ (Mismatch/SOAR Loan 금지) Commercial Lender에 의해 대출기간을 실질적으로 연장시키는 효과가 있어 그간 많이 활용되어 왔던 Mismatch Loan 또는 SOAR[34] Loan을 금지하였다. Mismatch Loan이란 12년 만기의 정상적인 ECA 대출과 별도로 15년 만기의 리스료 상환 Profile과 12년 만기 원금균등 상환 Profile의 차이에 해당하는 매기 증분액을 상업은행이 대출 제공하고, 12년째에 항공기 가격의 20~25%의 Balloon에 이르게 되는 추가적인 Loan이다. 즉, 15년 리스료 상환 스케줄과 12년 원리금 상환액의 Mismatch에 해

---

34) SOAR는 Stretched Overall Amortization Repayment의 약자이다.

당하는 금액의 Loan을 말한다. Commercial Loan은 ECA의 보증은 없지만 ECA의 동의를 얻어 저당권에 관한 동등한(pari passu) 담보권리를 획득하고, 항공사는 이 보완적인 대출을 활용하여 실질적으로 15년 만기를 이용하게 되는 효과를 보았다. 그러나 2007-ASU에서는 최대만기를 12년으로 제한하고, ECA와 담보의 공유를 금지함으로써 Mismatch Loan은 시장에서 사라지게 되었다.

▪ (보증료율 상향) Pure Cover에 적용하는 최소보증료율을 기존에 일률적으로 적용하던 3%에서 상당률 인상하였다. 즉, Category-1 항공기의 경우 구매자 리스크에 상응하여 5단계의 신용등급별로 Base Rate 기준 4.0%~7.5% 구간 중 하나를 적용할 수 있도록 세분화하였다. 보증료율은 Category-1 항공기는 통상 거래 개시시점에 일시불(up-front)로, Category-2/3 항공기는 상환기간(10~15년) 및 리스크 등급별 조합에 따라 12~276bp를 연율(per annum)로 지급하도록 세분화하였다. 보증료율의 인상은 1990년대 이후 대폭 성장한 항공기 도입관련 ECA 금융의 의존도를 축소하고자 하는 의도가 담겨있었으나, 신용도가 낮은 항공사들의 금융조건은 대폭 불리하게 된 측면도 없지 않다. 예를 들면 신용등급 AAA~BBB-의 최상위 등급의 항공사들은 상업금융시장에서 조달이 가능함에도 불구하고 4.0%라는 여전히 상대적으로 저렴한 ECA 금융혜택을 받을 수 있었다.

▪ (Pure Cover에 의한 지원) Category-1 항공기의 경우 각 ECA가 제공하는 표준적인 지원형태는 보증유형인 Pure Cover를 사용하되, 예외적으로 허용되는 경우에만 CIRR에 의한 고정금리를 사용할 수 있도록 하여 과거 보조금 시비를 유발하였던 고정금리 LASU Rate는 사용할 수 없도록 재확인하였다. 반면, Category-2/3 항공기의 경우 변동 및 고정이자율을 제공할 수 있도록 하였다.

▪ (Risk Mitigants 도입) 위험 완화인자(Risk Mitigants)란 구매자의 선택에 따라 기본 보증료율을 할인받을 수 있는 항목들로 2007-ASU에서 처음 도입되었다. 가령 항공기 구매자가 계약조건에 ASU에서 정한 표준만기 12년 대신에 10년을 채택하거나, 원리금균등상환방식 대신 원금균등방식을 선택하거나, 대

출비율(LTV)을 85% 대신 80% 이하를 선택하는 등 위험을 감소시키는 항목들을 말하며, 신용등급 구간별로 적용가능한 Risk Mitigants의 개수나 할인비율이 명시되어 있다. 그러나 2007-ASU에서는 Category-1 항공기의 경우 BB+ 이하의 등급에 대해서만 강제적으로 적용되고 Category-2/3의 항공기는 적용되지 않음에 따라 또다시 형평성의 논란이 일어나게 된다.

- (Cape Town 협약 가입시 보증료율 할인) 케이프타운협약(Cape Town Convention) 가입국 항공사에게 보증료율을 일정 부분 할인해주는 시스템을 새로 도입한 것도 2007-ASU의 주요 특징이다. 이미 2003년경부터 U.S. Exim Bank는 미국산 대형 항공기의 해외구매자들의 소속국가가 2006년 3월부터 발효되는 케이프타운협약에 서명·비준 및 이행하고 있는 경우 보증료율을 1/3 정도 할인하여 주는 혜택을 제공하고 있었다. LASU 체계하의 보증료율 3% 중 1% 정도의 할인율은 항공사들에게 상당히 큰 인센티브이었으나, 유럽 ECA들은 이를 받아들이지 않고 있어 대서양 양안간의 적용 보증료율 격차가 발생함에 따라 유럽지역 항공사들도 이의 도입을 요구하던 와중이었다. 도입된 할인율은 Category-1 항공기에 대해 신용등급 구간별로 기본보증료율에서 5%~20%(20bp~150bp) 범위 내에서 차감이 가능한 반면, Category-2/3 항공기의 경우에는 모든 차주에 대해 신용도와 관계없이 최대 10%의 할인율이 일률적으로 적용되었다. 추후 이 일률적인 10% 할인율은 또 다른 형평성 논란을 유발하여 다시 한번 협약 개정의 이슈로 떠오르게 된다.

- (경과조항) 경과조항(grandfathering clause)을 설정하여 주로 대형기종인 Category-1 항공기의 경우 항공기 제작사와 항공기 인수자 간에 2007년 4월 30일 이전에 확정계약(firm contract)이 체결되고 그 계약상 2010년 12월말 이전에 인도가 '예정'(실제 인도일이 아님, 2007년 6월말 이전에 OECD Secretariat에게 통지되어야 함)된 항공기의 경우에는 종전의 LASU 조건을 적용받을 수 있도록 하였다. 이 경과조항은 대체로 덜 제한적인 조항으로 평가받는다. 유예기간이 다소 길게 설정된 부분도 있고, 예정 인도일 기준에 따라 대상범위가 확대되는 결과를 유발하여 항공사들 간에 ECA 수용의 형평성 논란을 불러일으키는 요인이 된다. 동 조건을 충족하는 항공기는 당시 높은 수준의 외부 조달금리에도 불구하고

| 표 4-6 | 2007-ASU의 구매자 신용등급별 보증료율(Category-1 항공기의 경우) |

구분	신용등급	기본보증료율 (Base Premium Fee)	케이프타운 할인	순보증료율 (Net Premium Fee)	Risk Mitigants
1	AAA to BBB−	4.00%	5%(20bps)	3.80%	적용없음
2	BB+ to BB	4.75%	10%(48bps)	4.27%	1개
3	BB− to B+	5.50%	10%(55bps)	4.95%	1개
4	B to B−	6.25%	15%(94bps)	5.31%	2개
5	CCC to C	7.50%	20%(150bps)	6.00%	3개

* Category 2~5 구간은 Risk Mitigants를 의무적으로 적용하여야 함(Mandatory).
** Category II 및 III 항공기, Non−Asset Backed 거래 등은 Fee가 모두 다름.

3% Up-front 보증료에 AAA등급 정부보증부 대출금리라는 상당히 저렴한 보증료율의 혜택을 적용받을 수 있었다.

7) 2011년 ASU

(1) 개정배경-Home Market Rule

메이저 ECA 간의 오랜 협상 끝에 2011년 2월 1일부터 적용되기 시작한 2011-ASU는 ECA 항공기금융을 둘러싼 다양한 이해당사자의 갈등과 이전의 ASU에서 파생된 문제점을 바로잡고 균형점을 모색하고자 하는 복합적인 시도의 결과물이라고 할 수 있다. 20011-ASU는 참여 당사자들 간에 NASU로 폭넓게 불리고 있으며 그 개정 배경은 크게 세 가지로 압축할 수 있다.

- 일명 Home Market Rule에 따른 항공사들 간의 이해충돌
- 캐나다, 브라질 항공기 제작사 간의 Home Market Rule 관련 이해상충
- 2008년 리먼사태로 촉발된 글로벌 유동성 위축에 따른 상업적 항공기 금융 시장의 축소

① 우선 "Home Market Rule"이란 1992년 미국(Boeing)과 영국, 프랑스, 독일, 스페인35) 등 유럽 4개국(Airbus) 간에 체결된 비공식적인 협약을 말하는데, ECA간 자국산 항공기 수출과 관련한 과도한 경쟁을 피하기 위해 자국(home market) 및 상대방 국가의 항공사36)에 대해서는 서로간 공적 수출지원금융을 제공할 수 없도록 한 것이 주요 내용이다. 말하자면 자국 항공사에 대한 항공기 판매는 대외수출로 볼 수 없다는 것이다. 예를 들어 영국 항공사들은 영국 ECGD로부터 ECA 금융을 받을 수 없을 뿐만 아니라, 미국 US Exim Bank로부터도 경쟁자인 유럽 ECA에 유리하게 작용될 수 있기 때문에 ECA 금융을 받을 수 없었다. 이 원칙은 역으로 미국 항공사들에게도 마찬가지로 적용되었다. 따라서 미국, 영국, 프랑스, 스페인의 항공사들은 ECA 금융의 수혜대상에서 배제됨에 따라 다른 지역 경쟁사들에 비해 조달 코스트면에서 불리한 결과를 초래하게 되었고, 이 규칙은 유럽 항공사들 간에 상당한 마찰과 정치적인 이슈를 불러오게 된다. 가령 아일랜드에 소재한 저가 항공사인 Ryanair는 US Exim Bank로부터 ECA 지원이 가능한 반면, 경쟁 저가항공사인 영국의 EasyJet은 영국 항공사라는 이유로 유럽 ECA뿐만 아니라 미국 US Exim Bank로부터도 공적 지원 대상에서 배제되었다. 당시 ECA 지원 금리와 상업은행 대출금리 간의 Gap으로 양사간 경영원가에 미치는 영향도 상당하여 항공사들 간에는 이 비공식적 Rule과 관련한 형평성(level playing field)을 제고하여야 한다는 요구가 점차 거세지게 되었다. 미국과 유럽지역 항공사들의 우려는 당시 진행된 아래 두 가지 외적 환경의 변화에 따라 수면으로 부상하게 된다.

② 2008년 리먼사태로 촉발된 글로벌 유동성 위기가 미국을 넘어 유럽지역으로 확산되자 달러화 유동성(항공기는 달러화 자산임)이 부족해진 독일, 프랑스 등 유럽지역 상업은행들은 국제여신인 항공기금융 부문에서 철수하거나 금융을 축소하고 국내문제에 보다 집중하는 경향이 확대되었다. 이에 따라 전통시장에서의 항공기금융 조달코스트가 크게 상승하여 미국, 유럽지역의 항공사들은 비

---

35) 스페인도 에어버스항공기 제조의 합작 당사국이다.

36) 항공기리스사의 경우 구매하는 항공기가 이들 국가 이외의 국가에 리스되고 수출되는 한 ECA 지원이 가능하다.

싸게 자금을 조달하여야 하는 반면, 아시아, 중동지역의 항공사들은 ECA 지원을 통해 상대적으로 낮은 금리로 조달이 가능함에 따라 미국, 유럽지역 항공사들의 Home Market Rule에 대한 불만이 커져만 갔다.

또한, ECA 금융지원과 상업적 항공기금융 간의 알력도 증가하였다. 2008년 이후 상업용 항공기 금융시장이 위축되자 ECA 금융이 메인 구원투수로 등장하여 전체 항공기 금융시장에서 ECA 금융이 차지하는 비율은 2009년부터 2012년까지 그 이전의 10%대에서 27~30%에 육박할 정도로 빠른 속도로 증가하였다. 그 결과 신용도가 우수한 항공사들조차 ECA 지원을 받을 수 있고 금리가 너무 싸서 무분별하게 항공기 공급을 증가시키고 있으며, 이에 따라 공적기능이 상업은행의 영역을 크게 잠식하고 있다는 비난여론이 확산되었다. 따라서 자체 조달이 가능한 항공사를 상업금융시장으로 유도할 수 있도록 이들에 대한 ECA 지원조건을 불리하도록 개정하여야 한다는 논리가 힘을 받기 시작하였다.

③ Home Market Rule은 미국, 유럽의 5개국에만 적용되며 캐나다와 브라질은 이 Rule의 적용대상에서 제외되어 있었다. 그렇다고 Home Market Rule의 내용이 ASU에 포함되어 있는 것도 아니었다. 캐나다는 LASU의 당초 협약국이었고, 브라질도 2007-ASU에 뒤늦게 합류하였으나 ASU에는 이에 관한 명문 규정이 없음에 따라 캐나다의 Bombardier와 브라질의 Embraer는 미국, 유럽과 달리 자국의 ECA를 통해 전세계 항공사들에게 보다 유리한 조건의 ECA 금융을 제공할 수 있었다. 이러한 불공정에 대한 우려는 Bombardier가 보잉의 B737 Family와 에어버스의 A320과 직접 경쟁할 수 있는 110/130석 규모의 C-Series 항공기를 새로 개발하여 2013년에 상용화한다고 발표하자 더욱 현실화되었다. C-Series는 A320, B737 Family와 유사한 대형 항공기에 속하나 캐나다정부가 발표와 동시에 Category-1이 아닌, Category-2 항공기로 정의하도록 제안하자 다른 항공기 제작사들이 즉각 반발하였다. 이들 항공기가 Category-2로 분류되게 되면 2007-ASU가 경쟁을 왜곡하는 것이라면서 왜 Home Market Rule이 2007-ASU 가입국인 캐나다에는 적용되지 않고 있는지에 대해 이의를 제기하였다. 마찬가지로 브라질, 중국, 러시아 또한 거의 유사

한 기종을 생산하는 직전 단계에 와 있기 때문에 만약 캐나다에 Home Market Rule이 적용되지 않는다면, 이들 국가들도 장차 동일한 대우를 받게 될 것이라는 점을 강하게 우려하였다. 문제는 Home Market Rule이 관행으로 정착된 것이며 명문화되어 있는 것이 아니어서 ASU에 공식적으로 구체화시키기도 어렵다는 점이었다.

결국 2011-ASU에서는 복수당사자(항공사, 제작사, 금융기관) 간의 복잡한 이해상충에서 촉발된 문제점들을 효과적으로 구현하여 새로이 반영시킬 필요가 있었다. 우선은 ① Home Market Rule에 따른 다른 지역 항공사들에 대비한 미국, 유럽지역 항공사들의 지위 향상이 필요하였고, ② 캐나다, 브라질 항공기 제작사의 Home Market Rule 예외적용에 따른 형평성 유지가 필요하였으며, ③ ECA 금융지원을 받은 금융기관과 전통적인 상업금융 간의 상충문제를 폭넓게 해결하여 조화를 추구하여야 한다는 요구가 거세게 대두되었다.

(2) 2011-ASU의 주요 조건

■ (항공기 구분 일원화) 항공기를 Category별로 3개(1, 2, 3 Cagegory), 크게는 두가지(대형 및 지역/소규모 항공기)의 복수체계(bifurcated system)로 구분하여 오던 기존의 항공기 분류방식을 철폐(경과규정에 의해 이전 ASU를 적용하는 경우 제외)하고, 항공기 유형에 관계없이 Single System으로 단일화하여 모든 항공기에 대해 동일한 조건을 적용할 수 있도록 하였다. 모든 항공기를 One Category로 단일화한 주된 이유는 기존에 'Large Aircraft'의 정의가 불분명하였고, 캐나다 Bombardier사가 신규 개발한 C-series 기종이 대형이면서도 지원조건에서 다소 유리한 Category-2로 분류됨에 따른 기존 분류방식의 모호함으로 상호 불편한 경쟁상태에 있었던 항공기 제작사 간에 형평성 논란이 있었기 때문이었다.

■ (보증료율 증가) 2011-ASU의 가장 큰 특징은 수출금융조건을 상업금융시장 수준과 일치시켜 불리하게 책정함으로써 실질적으로 다수 당사자 간의 이해관계가 충족될 수 있는 효과가 나타나도록 하였다는 점이다. 특히 최소보증료율(minimum premium rate)이 이전에 비해 거의 두배 이상 증가하였는데, 2007-ASU에 비해 Cape Town Convention 할인을 적용하지 않을 경우 평

표 4-7 LASU, 2007-ASU, 2011-ASU의 보증료율(MPR) 비교 (단위: %)

	리스크 구분	Cape-town 할인 불포함시				Cape-town 할인 포함시*		
		LASU	2007-ASU	2011-ASU	증가율*	2007-ASU	2011-ASU	증가율*
1	AAA~BBB-	3.00	4.00	7.72	93%	3.80	6.95	83%
2	BB+, BB		4.75	10.44	120%	4.28	9.40	120%
3	BB-		5.50	11.03	101%	4.95	9.93	101%
4	B+			11.85	115%		10.67	115%
5	B		6.25	13.38	114%	5.31	12.04	127%
6	B-			13.50	116%		12.15	129%
7	CCC		7.50	14.45	93%	6.00	13.01	117%
8	CC to C			14.74	97%		13.27	121%
				평균	106%		평균	114%

* LASU에는 Cape-town Convention 할인이 없으며, 증가율은 2007-ASU 대비임.
자료: 2011-Sector Understanding, Aviation Working Group, London.

균 106%, Cape Town Convention 할인을 적용할 경우 평균 114% 인상되었다(상단 표 참조). 보증료율은 Risk Based Rate(PBR)와 Market Reflective Surcharge(MRS)의 두 가지로 이루어져 복잡한 계산과정을 거쳐 책정[37]되는데, 간단하게 요약하면 PBR은 Moody's와 같이 국제신용평가기관에서 사용하는 시장리스크를 반영하여 매년 재산정하기 위한 기본 리스크지표이고, MRS는 ECA 금리를 시장에서 형성되는 상업대출금리와 매치시키기 위한 조정지표이다. 보증료는 일시불로 지급(up-front)할 수도 있고 매년 나누어 지급할 수도 있다.

■ (신용등급 적용 일원화) 모든 항공기 구매자(항공사, 리스사 등)는 국제신용평가기관에서 사용하는 신용등급과 마찬가지로 AAA부터 C 등급까지 8단계의 리스크 구간(risk category)으로 구분하여 모든 유형의 항공기에 동일하게 적용하도록 단순화하였다. 이전의 LASU와 2007-ASU에서는 항공기 크기별(대형 항공기, 지역/중소 항공기)로 먼저 구분한 다음 이에 적용되는 신용등급을 달리 적용하였었다. 매 ECA 거래마다 적용하게 되는 신용등급은 항공기 구매자의 선순위

37) 계산방식은 2011 Aircraft Sector Understanding-Overview and Summary(AWG) 부분 참조.

무담보 신용등급을 기초로 참가국이 결정하며, 그 리스트는 OECD Secretariat
이 관리하되 모든 참가국간에 Confidential Basis로 공유하도록 하고 있다.
결정된 등급은 매년 검토(등급이 하락하는 경우 중간에도 변경 가능)하고, 변경이 필요
할 경우 즉시 수정하도록 하며, 신규 구매자의 경우 신청절차나 결정된 등급
에 이견이 있는 참가국의 경우 이를 조정하기 위한 절차가 구체적으로 마련
되어 있다.

■ (ECA 지원비율 하향) ECA 지원비율은 두 가지로 구분하여 리스크 구간 1 등
급(BBB- 등급 이상)의 경우 항공기 순가격의 최대 80%까지, 나머지 2~8등급은
85%까지 가능하도록 하였다. 신용등급이 우량한 항공사일수록 다른 방식의
자금조달이 가능하므로 형평성의 측면에서 ECA 지원비율을 줄이자는 것이
취지이다.

■ (대출기간 단일화) 최장 대출기간을 12년으로 단일화하였다. 신조 항공기의 경
우 예외적으로 15년 만기도 가능하긴 하나, 최소 보증료율(MPR)에 35%의 부가
금(surcharge)이 추가되도록 하였다. 2007-ASU에서는 Category-2 항공기의 경
우 12년보다 긴 15년 만기가 허용됨에 따라 항공기의 분류에 따라 유리한

표 4-8 2011-ASU의 Risk Mitigants의 주요 내용

선택가능 갯수	• BB 등급 이상 : 없음 • BB- 등급 : 1개 (A Risk Mitigants 1개) • B~B+ 등급 : 2개 (A 1개, B 1개) • B- 등급 : 3개 (A 2개, B 1개) • CCC~C 등급 : 4개 (A 3개, B 1개)	
주요 내용	A Risk Mitigants	B Risk Mitigants

	• 대출비율 5% 축소할 때마다
	  → 1개씩 부여 (표준: 85%)
	• 원금균등상환
	  → 1개 (표준: 원리금균등상환)
	• 10년 이하 대출기간
	  → 1개 (표준: 12년)
	  * 15%의 Exposure Fee를 추가 납
	   부할 경우 상기 중 한개의 Risk
	   Mitigants를 대체 가능
		• Security Deposit(3개월 원리금 상당)
		  → 1개
		• 리스료(3개월분 원리금 상당) 선지급
		  → 1개
		• Maintenance Reserves 적립
		  → 1개

점이 있었으나 항공기의 구분 없이 모두 12년을 넘을 수 없도록 통일시켰다. 상환방식도 3개월마다 상환(quarterly repayment)하는 것으로 통일하였다. 2007-ASU에서는 Category-2/3 항공기의 경우 6개월(semi-annual)마다 상환도 가능하였으나 2011-ASU에서는 6개월마다 상환하여야 할 경우 최소보증료율(MPR)에 15%의 Surcharge를 추가하도록 하였다.

■ (Risk Mitigants 및 선택폭 확대) 보증료율에서 차감할 수 있는 위험 완화인자(Risk Mitigants)의 수가 구매자의 신용등급이 하락할수록 증가하였을 뿐만 아니라 2007-ASU에서는 한가지(Category-1항공기) 조합만 부여하였던데 반해 B 조합이 새롭게 추가되었다 2007-ASU에서 부여하던 조합의 명칭은 2011-ASU에서는 A Risk Mitigants로 변경되었다.

■ (짧은 경과규정) 2011-ASU에서는 이전에 합의된 ASU의 경과조치(LASU의 경우 Great-grandfathered, 2001-ASU는 Grandfathered라고 불림)에서 허용하는 유예거래에 대해서는 개정된 조건이 적용되지 않도록 하였다. 다소 복잡하지만 이를 설명하자면 다음과 같다.

2012년 12월말 이전에 실물 인도된 Category-1 항공기(이 경우 리스크 구간별로

표 4-9   2011-ASU의 경과규정

	Great Grandfathered – LASU	Grandfathered – 2007 ASU
ASU 적용	• 2011-ASU 적용제외(→ LASU 적용)	• 2011-ASU 적용제외(→ 2007-ASU 적용)

적용
요건
	• 확정 구매계약: 2007. 4. 30 이전
	• 계약상 예정 인도일: 2010. 12. 31 이전
	• 실제 인도일에 대한 제한 없음
	• 해당될 경우 3%의 Exposure Fee 적용
		• 확정 구매계약: 2010. 12. 31 이전
		• 실제 인도일(physical delivery)
		  – (2007-ASU Category-1):
		    2012. 12. 31 이전
		  – (2007-ASU Category-2/3):
		    2013. 12. 31 이전

약정수수료	• 최종약정일 또는 2011. 3. 31일중 빠른날로부터 인도일까지의 기간동안 35bp의 Commitment Fee 부과	• 최종약정일 또는 2011. 1. 31(Cat-1)/ 2011. 6. 30(Cat-2/3)중 빠른 날로부터 인도일까지의 기간동안 20bp의 Commitment Fee 부과

자료: Aviation Working Group, London, UK.

| 그림 4-3 | 2011-ASU의 경과규정 관련 Timeline |

Up-front 4.0~7.5% 보증료율 적용)와 2013년 12월말 이전에 실물 인도된 Category-2/3 항공기(리스크 구간별로 연율의 보증료 적용)는 두 경우 모두 2010년 12월말 이전에 확정 구매계약이 체결되어 있다면 그 거래에 대해서는 이전 양해인 2007-ASU의 조건을 적용받을 수 있었다. 그런데 2007년 4월말 이전에 확정 구매계약이 체결된 항공기는 항공기 인도일이 언제 확정되느냐에 따라 LASU와 2007-ASU의 두 가지 규정을 중복하여 적용받을 수 있었다. 우선, LASU가 적용되는 Category-1 항공기는 확정 계약서에 2010년 12월 이전에 인도가 원래 '예정'(originally expected, not physically delivered)되어 있었다고 기술되어 있으면 항공기가 실제로 예정일 이후에 인도되더라도 보증료율(3%)이 유리한 LASU 조건을 적용받을 수 있었다. 항공기 인도일과 관련하여 예정 인도일만 기술되어 있고 실제 인도일에 대한 제약 조항이 없었던 때문이다. 반면 2007년 4월 30일부터 2010년 12월 31까지의 기간중에 확정계약 체결되고, 2012년 12월 31일 이전에 인도되는 항공기는 2007-ASU의 조건을 적용받을 수 있었다. 다만 LASU와 2007-ASU의 조건은 2011-ASU에 비해 보증료 등에서 보다 유리하였기 때문에 경과규정의 적용을 받을 수 있는 항공기의 대수를 제한하여 참가국별로 할당하였다. LASU 조건을 적용받는 항공기는 Category-1 국가당 69대, 2007-ASU 조건을 적용받는 항공기는 Category-2 국가의 경우 92대(인도일의 제약이 없었음)로 한정하였으며, 이들 항공기는 인도일의 제약이 없었던 관계로 일정율의 Commitment Fee를 항공기 인도일에 납부하도록 하였다.

표 4-10　LASU, 2007-ASU, 2011-ASU 주요 조건 비교

	LASU(1986~2007)	2007-ASU(2007~2011)	2011-ASU(2011~현재)
체결 당사국	• 미국, 영국, 독일, 프랑스, 스페인(보잉, 에어버스) ＊ 브라질, 캐나다는 WTO에 의해 규율(LASU 대상 아님)	• 모든 OECD 회원국 • 非-OECD 회원국인 브라질 추가	• 좌동
항공기 구분	• 대형항공기 중심 • 대형항공기(보잉, 에어버스, 70석 초과) • 기타항공기(기타 제작사) 　– Cat A: 터빈추진(30~70석) 　– Cat B: 기타터빈추진, 헬리콥터 ＊ 대상 List를 부표에 첨부	• 복수(Bifurcated) 시스템 • Cat-1: 대형항공기 　(대부분의 보잉, 에어버스) • Cat-2/3: 지역, 소형항공기 　(Embraer, Bombardier 등) ＊ 대상 List를 부표에 첨부	• 단일(Single) 시스템 • 모든 항공기를 하나의 카테고리로 일원화 　– 기존의 3개 Category 철폐
최대 지원비율	• ECA지원분: 총 항공기가격의 85%(총가격의 구체 정의 없음) • 자체조달: 나머지 15%	• ECA지원분: 항공기 순가격의 85%(항공기 총가격-할인액, 제작자 신용액 등 차감) • 자체조달: 나머지 15%	• 리스크 Cat-1(BBB-이상): 항공기가격의 최대 80%(자체조달 최소 20%) • 리스크 Cat-2~8(BB+이하): 최대 85%(자체조달 최소 15%)
리스크 분류	• 별도구분 없음	• 항공기 구분에 따라 구매자 신용등급을 세분화 　– Cat-1: 리스크 5단계 　– Cat-2/3: 리스크 15단계	• 항공기 구분없이 모든 구매자의 신용등급을 8단계로 세분화 　– Risk Category 1~8
신용기간	• 최대 12년(대형항공기) • 대형이 아닌 Cat A는 최대 10년, Cat B는 최대 7년	• Cat-1: 최대 12년 • Cat-2: 최대 15년 • Cat-3: 최대 10년	• 12년으로 단일화(15년 선택시 보증료 35% 추가)
원금 상환방식	• 원리금 균등상환	• 원리금 균등 또는 원금균등(선택가능)	• 좌동
최소 이자율	• 대형: TB10+175bp(만기 12년의 경우) • 기타: CIRR 적용	• Cat-1: 예외적인 경우에만 CIRR에 의한 고정금리 적용(Pure Cover를 표준 사용)	• 시장금리수준 + 벤치마크 마진 • 가격 U$35백만 미만의 항공기만 CIRR 사용가능(사전통지 조건)
최소 보증료율 (MPR)	• LASU: 일률적으로 3%(일시불) • Non-LASU: 시장수수료율	• 리스크 구간별로 차등화 및 인상 　– Cat-1: 4.0~7.5%(일시불) 　– Cat-2/3: 12~276bp(10~15년, 연율)	• 리스크 구간별로 차등화 및 시장가격 수준으로 인상 　– 7.72~14.74% (케이프타운 할인 불포함시) 　– 시장금리 조정지표 추가

Risk Mitigants	• 융통성 있게 구조변경 가능 (mismatch loan/SOAR loan) • Risk Mitigants 없음	• 신용등급별 Risk Mitigants 강제 적용(Cat-1) • Cat-2/3는 Risk Mitigants 없음 • 구조변경 불가(mismatch/ SOAR 불가)	• 강제적용 대상 강화 • 2007년의 A(Cat-1) 이외에 B Risk Mitigants 추가 • 구조변경 불가
Cape Town 할인	• US Exim Bank만 할인 적용 (보증료율의 1/3) • 유럽 ECA는 할인 적용 없음	• 등급별로 보증료율 차등할인 – Cat-1: 등급구간별로 5~20% 할인 – Cat-2/3: 모든 차주에 대해 최대 10% 할인	• 모든 차주에 대해 보증료율에서 최대 10% 할인

자료: 각 Rule의 내용을 기초로 자체정리.

■ (Cape Town 가입시 최대할인) 2011-ASU에서는 구매자가 케이프타운협약에 가입한 국가에 소재한 경우 최대 10%까지 적용 보증료율을 차감받을 수 있다. 다만, 동 규정에 의해 할인받을 수 있는 국가는 케이프타운협약에 비준(ratified)하고 협약의 내용을 이행(implemented)하고 있을 뿐만 아니라 적격선언(qualifying declaration)을 한 국가이어야 한다. 적격선언의 요건[38]에 대해서는 부표 1(Annex I)에 구체적으로 명시되어 있다. 사실 10%의 할인율은 그 이전에는 그리 큰 주목을 받지 못했으나 2011-ASU에서는 보증료율이 상당히 인상되다 보니 중요한 요소로 부상하게 되었다. 2007-ASU에서는 신용등급별로 할인율에 차등을 둔데 비해 2011-ASU에서는 최대 10%의 할인율을 예외 없이 모든 구매자에 대해 일률적으로 적용하도록 하였다. 한편, 할인받을 수 있는 국가의 리스트는 OECD Secretariat이 관리하며, 협약가입의 변동상황에 따라 그때그때 제거, 추가 및 개정을 할 수 있다.

전체적으로 정리하면 2011-ASU에서는 시장가격에 기초한 보증료율 결정 시스템을 도입하고, 그간 논점이 되어왔던 항공기의 구분을 없앰으로써 ① 항

---

[38] 가령 반드시 채택하여야 할 선언으로는 파산법체계(Insolvency Regime)와 관련한 Alternative A 및 대기기간(waiting period) 60일 이내의 채택, IDERA의 채택, 준거법의 선택, 체약국 법원의 허가 없는 구제수단의 채택 선언 등이다.

공사 간, ② 항공기 제작사 간, ③ ECA 지원과 상업대출시장 간의 균형을 미세하게 조정하는 효과를 볼 수 있었다. 보증료율을 시장가격수준으로 대폭 인상할 경우 Home Market Rule을 적용받지 않는 항공사들로부터의 반발과 당초 수출을 활성화시키기 위한 ECA의 지원목적과 취지에 부합하지 않는다는 반론도 만만치 않았으나, 보증료율이 비싸짐으로써 역으로 Home Market Rule의 적용을 받는 항공사들의 지위를 향상시키는 결과를 가져오게 되었다.[39] 또한 시장가격시스템의 도입으로 유리한 조건으로 ECA 시장점유율이 확대됨에 따라 상대적으로 경쟁력을 상실한 상업대출시장의 ECA 역할에 대한 의문 및 반론도 어느 정도 해소할 수 있었다. 마지막으로 제작사 간에 쟁점이 되어 왔던 항공기의 크기 구분에 따른 차별을 없애고 구매자의 신용등급에 따라 만기, 보증료율 등 지원조건을 일원화하는 이외에도 Home Market Rule의 적용을 받지 않는 캐나다, 브라질정부와는 자국 ECA에 대한 수출신용지원을 적용하지 않겠다고 하는 별도의 협약을 미국, 유럽정부와 체결함으로써 Home Market Rule로 유발된 항공기 제작사, 항공사 간의 형평성을 추구할 수 있게 되었다.

8) ECA 항공기 금융시장 동향

(1) 1990년대

1980년대 Last Resort에 머물렀던 ECA 금융이 항공기금융 조달에서 주목받기 시작한 시기는 1991년 걸프전 이후 전세계 항공운송수요가 약 7년간 (1994~2000)에 걸쳐 호황국면[40]을 맞게 되면서부터라고 할 수 있다. 때마침 1992년말 시행된 BIS 자기자본비율 규제로 상업은행들은 100% 위험자산인 항공기금융을 확대하기가 어렵게 되었을 뿐만 아니라, 1990년대초 항공기 잔존 시장가치의 하락에 따라 리스기간말 항공기 처분수익에 의존하기도 어려운 시장여건이 되었다. 따라서 BIS 비율 적용시 ECA 보증은 정부보증에 의한 무위험가

---

39) Jeffrey Wool and Andrej Jonovic, Aircraft Financing 4th Edition. p. 96.
40) 전세계 항공사들의 수익성: (1990~1994년) 누적적자 $205억 → (1995~2000년) 누적이익 U$387억(자료: ICAO).

중자산이라 할 수 있으므로 금융기관들에게 크게 환영받는 기법이었다. 1990년대 하반기 들어서면서 항공운송수요 및 노선이 급속도로 증가하자 항공사들도 항공기 확보를 위해 보다 저렴한 금융재원을 찾아 나서게 되었다. 보잉기종의 대외수출 지원을 위한 US Eximbank와 후발주자인 에어버스 기종의 유럽 ECA를 통한 항공기 ECA 금융은 당시 증가하는 항공기금융 수요를 충족하는 저렴한 금융수단으로 미국 및 유럽 이외의 전세계 항공사들로부터 큰 인기를 끌었다. US Exim Bank의 주력상품은 보증으로 상업은행들의 항공기금융 대출 원리금에 대해 100%까지 지원하였다. US Exim Bank의 보증은 미국정부의 신용도와 동일하므로 당시 상업은행들은 풍부한 달러화 유동성을 배경으로 더욱 공격적이어서, ECA 항공기 금리수준도 Libor flat 또는 일부는 Sub-Libor 수준에 이를 정도로 매우 낮은 수준이었다. 항공사로서는 보증료가 12년 대출기간 동안 3% 일시불(flat) 조건이므로 연율(per annum)로 환산하면 45bp(평균기간 6.7년 가정), 대출금리를 합해도 Libor+40~50bp 정도의 매우 낮은 수준의 금융조달이 가능하였다.

한편, 이 시기에는 조달 코스트가 저렴한 택스리스 기법들도 전세계적으로 큰 호응을 얻었다. 일본의 Japanese Leveraged Lease(JLL)와 독일의 German Leveraged Lease(GLL)가 대표적이었으며, 미국식 택스리스인 FSC(Foreign Sales Corporation) 구조도 대부분의 미국 항공사 및 일부 외국계 항공사를 대상으로 인기를 끌었다. 전세계 항공사들과 금융기관들은 더욱 낮은 조달금리를 끌어내기 위해 미국이나 유럽 ECA의 보증구조에 이들 JLL과 GLL 택스기법을 연계한 복합구조도 폭넓게 활용되었다. 그러나 신용도가 우량한 항공사에게 혜택이 컸던 일본과 독일의 두 Leveraged Lease 기법들은 1998년경 과세 당국의 잇단 회계 및 세법규정 변경 등으로 종언을 맞이하게 되었고, 이를 만회하기 위한 새로운 대체 조달수단을 찾아 나섬에 따라 항공기금융 관련 미국의 Capital Market(EETC 등)이 본격적으로 발달하게 되었으며, 전체 항공기금융에서 차지하는 ECA 금융 비중도 크게 증가하기 시작하였다. 2000년 미국과 유럽 ECA에 의한 항공기 ECA 금융 비중은 항공기 인도분의 대략 1/3정도를 차지할 만큼 크게 확대되었다. 예컨대, 2000년 US Exim Bank는 보잉기종을 구매하는 전세계 19개 항공사, 63대에 대해 U$350억을 지원하였으며, 유럽 ECA는 에어버스항공기에 대해 대략 50% 수준인 21대, U$15억을 지원하였다.[41] 당시 항공기에 대한 공적 수출금융은 OECD 협약의 LASU 조건에 따라 결정되던 시기로 US Exim Bank는 대부분 상업은행 대출에 제공되는 Pure Cover(보증)로, 유럽 ECA는 주로 고정금리 이차보전상품인 LASU Rate와 Pure Cover에 의해 금융이 이루어졌다. 한편, 항공기 인도일로부터 최장 3년전에 금리를 고정할 수 있어 금리상승기에 특히 유리하여 에어버스 구매 항공사들로부터 선풍적인 인기를 끌었던 LASU Rate는 정부보조금 시비의 논란 끝에 2002년부터 없어져 유럽 ECA들도 이후에는 Pure Cover 상품에 주력하게 되었다.

(2) 2000년대

이 시기는 전반 2001~2005년의 불황기와 2008년 글로벌 금융위기가 발생할 때까지의 호황기 두 기간으로 구분할 수 있으나, 항공기금융 관련 ECA 금융은 전반적으로 견조한 증가세를 유지하던 시기였다.

우선, 전반의 불황기에는 항공운송수요의 위축, 항공사의 파산 및 수익성 저하, 상업은행의 대출 유동성 감소, 운용리스사의 성장, 항공사 유동성 확보를 위한 Sale & Leaseback 물량 증가, 자본시장 관련 투자자 기반의 감소, 주요 택스리스 거래의 종료 등과 같은 특징들이 눈에 띄게 전개되던 시기였다. 2001년 미국의 9/11 테러와 2003년 아시아지역의 SARS 발생은 특히 미국, 유럽, 아시아지역의 항공사들에게 큰 타격을 주어 전세계 항공산업에 극심한 불황을 가져온 사건이다. 9/11 테러 이후 Swissair, 호주 Anssett, 벨기에의 Sabena 항공사 등이 파산하고 미국 US Airways, United, Delta 항공사들의 Chapter 11 파산신청이 이어졌고, 많은 항공사의 구조조정이 진행되었다. 이에 따라 2001~2005년간 전세계 항공사들의 누적 적자규모도 415억달러에 달하였다.

항공운송경기의 하강과 함께 상업은행들의 항공기금융 대출여력도 위축되었다. 특히 독일계 Landes 은행들의 국제신용등급 하락 및 Basel II 시행으로

---

41) Karen Floersch Toronto, 'Revisting the structure', Flight Global(2001. 2. 1).

인한 조달코스트 상승 등에 따라 자기자본수익률(Return on Equity) 목표를 준수하기 어렵게 되자 항공기금융부문 철수 및 포트폴리오 매각 등의 사례가 증가하였다. 택스리스 또한 외국 항공사들을 대상으로 한 Japanese Leverage Lease 및 독일 German Tax Lease 거래가 관계 당국의 규제 변경 등으로 종료되자 지분 투자자들의 글로벌 항공기금융에 대한 관심이 크게 줄었고, 미국 자본시장 또한 대형 항공사들의 잇단 구조조정 여파로 투자자 기반이 상당 부분 위축되었다.

이와 같이 은행대출, 택스리스, 자본시장 등 주요 항공기금융 자금조달수단이 고갈되자 저렴한 금리경쟁력 등을 갖춘 ECA 금융에 대한 의존은 불가피하게 되었다. 일반적으로 ECA 금융은 신용도가 상대적으로 약한 신생 항공사나 이머징마켓 항공사, 대량으로 항공기를 주문한 항공사에게 인기가 있으며, 특히 불황기일수록 선호도가 증가하는 금융상품이다.

한편, 위축되었던 글로벌 유동성은 2003년경부터 다시 회복세로 돌아서고, 항공운송수요도 그간의 침체를 딛고 2004년경부터 증가하여 호황국면에 진입함에 따라 항공사들의 수익성도 흑자로 돌아선다. 이에 따라 항공사들의 항공기 주문도 급격히 증가하게 된다.

이 시기 ECA 금융은 새로운 2007-ASU가 발효함에 따라 이후 점유율이 다소 위축될 것으로 예상되었지만, 여전히 20% 내외의 견조한 점유율을 유지하였다. 이 시기에도 항공기 금융시장의 주력은 프랑스계 은행들로, ECA 보증은 상업은행들에게 대출 활력을 제공하고, Sovereign Risk라는 위험감소의 이점 등으로 당시 풍부한 시장유동성과 함께 ECA Lender 간의 Pricing 경쟁은 더욱 치열하게 전개되었다.

(3) 2008년 이후

3~4년간의 호황이 끝나고 2008~2009년 글로벌 금융위기가 발생함에 따라 ECA 금융이 다시 한번 메인 구원투수로 등장하게 된다. 이 시기 항공기 금융시장에 미친 충격은 주로 달러화 유동성의 제약에 의한 것이었다. 미국에서 촉발된 금융위기는 유럽지역으로 번져 주요 은행들의 신용등급 강등, 동구권

부실채권 증가, BASEL III 시행 여파 등으로 유럽계 은행들의 조달 코스트가 상승하고, 항공기금융이 위험자산으로 분류됨에 따라 독일계 등 주요 은행들이 역내문제에 집중하기 위하여 국제 항공기금융 부문에서 철수하거나 포트폴리오를 대거 처분하였다. 이러한 유동성 제약현상은 ECA 금융에 대한 의존도를 가중시켜 2008~2012년 기간중 ECA 금융 비중은 신조 항공기 인도분의 거의 1/3 수준까지 상승하게 된다. 2010년 신조 항공기 총 인도금액 U$620억 중 대략 U$200억이 ECA 금융지원에 의한 것이었으며, 〈그림 4-4〉에서 보는 바와 같이 보잉사의 신규 항공기 인도분중 미국 수출입은행의 보증 지원비중은 2006년 18% 정도에 불과하였으나 2009~2012년중에는 30%대에 육박하여 사상 최대치를 기록하였다. 과도한 ECA 항공기금융 의존현상은 두 가지 측면 즉, 우량 항공사들이 상업대출시장에서 저리조달이 가능함에도 불구하고 공적 기능인 ECA 금융에 의존하는 공정성 측면과, 이에 따른 공적 기능의 상업금융 부문과의 상충 및 영역침해 논란을 불러일으켜 기존 2007-ASU 체계를 개정하여야 한다는 공감대가 확산되게 된다. 이 시기에는 특히 독일계 은행들의 항공기금융에 대한 역할이 다소 축소되었지만 프랑스계 은행들은 후반기 풍부한 자금유동성 상황과 낮은 Pricing 수준으로 전세계 항공기시장을 주도하였으며, 중국계 은행들도 글로벌 유동성의 공백을 어느 정도 커버하며 항공기 금융시

그림 4-4　보잉사 신조 항공기 인도분 중 US Exim Bank 지원비중

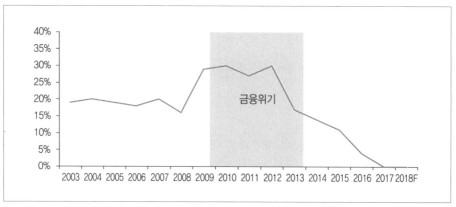

자료: Boeing Capital, Current Aircraft Finance Outlook 2018, Boeing사 Annual Report.

장에서 주목을 받기 시작하였다.

한편, 2009~2010년의 주문 불황에 이어 2011년 이후 신조 항공기 주문이 급격히 증가하자 향후 늘어나는 항공기 인도 금융수요와 관련한 금융조달 불확실성 등에 대처하기 위하여 새로운 자금조달원을 모색하려는 시도가 증가하였다. 이러한 당시 시장요구와 상업은행들의 조달코스트 상승, 이들의 시장지위 선점경쟁 등이 복합적으로 작용하여 혁신적인 금융대안의 하나로 탄생한 상품이 ECA의 보증부 대출을 기반으로 유동성이 풍부한 미국 자본시장 옵션을 결합하여 발행된 ECA 보증부 채권이다.

2011년 ASU의 개정으로 ECA 지원 보증료율이 시장수준으로 인상됨에 따라 2012년 이후 ECA 금융이 항공기금융에서 차지하는 비중도 지속적으로 하락하여 2016년에는 4%대까지 크게 줄어들게 되었다. 반면에 상업은행들은 2010년부터 시작된 항공운송사업의 유례없는 호황국면에 힘입어 대외 경쟁력이 크게 향상되었고, Capital Market도 성장하는 등 금융시장이 다변화함에 따라 ECA 금융부문은 상업금융 영역을 보완하는 본래의 Last Resort 역할로 회귀하게 되었다.

9) ECA 항공기금융의 구조

〈그림 4-5〉는 유럽의 3개 ECA기관이 에어버스항공기 도입가격의 85%까지 대출하는 상업은행에게 보증을 제공하는 전형적인 금융구조를 나타낸 것이다. 보잉항공기에 대해 미국수출입은행이 보증하는 경우에는 유럽의 3개 ECA 대신에 미국수출입은행이 개입한다.

(1) 금융절차

ECA 항공기금융은 대부분 금융리스 방식으로 구조화되기 때문에 ECA 기관의 보증과 그 보증서를 기초로 한 보증부 대출 부분을 제외한다면 기본적인 구조와 금융절차는 상업적 금융리스와 크게 다르지 않다.

그림 4-5   ECA 항공기금융의 구조

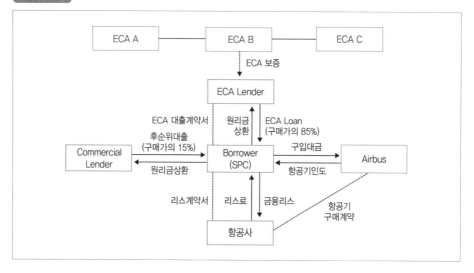

① **(항공기 구매계약의 체결)** 항공사는 항공기 제작사와 항공기 주문을 위해 항공기 구매계약(aircraft purchase agreement)을 체결한다. 주문과 실제 인도일 간에는 항공기의 수요－공급상황에 따라 다르나 통상 수년간의 대기기간(lead time)이 존재한다.

② **(SPC의 설립)** 리스구조의 설계는 통상 SPC를 설립하면서 구체화된다. SPC는 ECA 선순위대출의 차입자(borrower), 보증대상 항공기의 소유자(owner), 임대인(lessor)의 3개 당사자 역할을 하는 특수목적 법인으로, 통상 역외지역 조세중립국가(버뮤다, 케이만 등)에 설립된다. 대부분 Charitable Trust가 소유하고, 주식질권(share pledge)의 설정을 통해 대주단이 통제하는 명목상 서류상의 회사(paper company)이다. SPC는 디폴트가 발생할 수 있는 모든 경우를 감안하여 구조상 이의 발생을 방지하고 있지만, 이에 불구하고 구조적인 리스크가 발생한다면 항공사가 최종 책임을 지도록 설계되어 있다. 항공사는 SPC가 항공기의 구매권 및 법적 소유권을 취득할 수 있도록 항공기 구매계약을 SPC앞으로 양도(assignment)한다.

③ **(SPC의 차입 및 담보제공)** SPC는 항공기 가격의 80~85%는 ECA의 보증

서를 기초로 한 선순위 담보조건의 ECA 대주단(ECA Lender 또는 Guaranteed Lender)으로부터, 잔여 15~20%는 항공사가 거래하는 상업은행(Commercial Lender)으로부터 후순위조건의 상업대출(Commercial Loan)로 조달한다. 상업대출은 ECA의 보증조건 없이 항공사가 자체적으로 조달하는 부분이지만 후순위로 리스크가 크고 금리도 높으며, 거래 관계가 형성되고 있는 일부 국내은행 중심으로만 조달이 가능한 현실적인 제약 등으로 대체로 항공사가 자체 보유한 현금으로 지급하는 경우도 많다. SPC는 ECA 보증부 대주단을 대리하는 Security Trustee에게 채권보전을 위하여 항공기에 대한 1순위 저당권과 SPC 주식에 대한 질권, SPC 계좌에 대한 질권, 리스계약서에 의한 렌트료 및 보험금 수취권리 등을 양도한다. 또한 리스기간중 대주단은 SPC에 대한 소구권이 제한(limited recourse)되며, 원리금상환 가능성은 리스상 현금흐름 및 SPC가 대주단앞으로 제공한 담보에만 의존하도록 구조화되어 있다.

④ (항공기리스, 대출금상환) 항공기의 소유권을 획득한 SPC는 항공사에게 리스기간 동안 항공기를 임대하는 한편, 항공사는 정해진 임대료를 리스기간 동안 분할하여 SPC에 납부한다. 항공사가 지급하는 리스료와 SPC가 상환하는 대출원리금은 금융구조상 정확히 매치되도록 설계되며, 매기 납부하는 리스료는 항상 ECA Loan의 원리금과 Commercial Loan의 원리금을 상환하기에 충분한 수준으로 책정된다.

⑤ (리스 종료) 리스기간이 종료되면 SPC는 청산되고, 항공기의 소유권은 항공사앞으로 이전된다.

(2) ECA Co-Financing

민간상업용 항공기는 대부분 다국적 국가의 글로벌 합작사업이라 할 수 있다. 항공사가 선택하는 엔진의 제조국가가 동체의 제조국가와 다를 수 있고, 동체 부품만 하더라도 점차 더 많은 국가에서 제조에 참여하는 추세에 있다. 각국의 ECA는 항공기의 구성과 관련하여 적격 자국산 부품구성요건(eligibility requirement) 이내에서 100% 지원을 하기 때문에 여러 국가의 ECA가 공동으로 지원해야 할 필요성이 다수 발생한다. 가령 보잉사 동체에 Pratt & Whitney 또는 General Electric 엔진이 장착되어 미국산 구성부품이 100%인 경우 미국수출입은행에서 전액 보증하면 충분하나, 영국 Rolls Royce 엔진이 장착되는 경우 엔진 구성비율 만큼은 적어도 영국 ECGD가 보증을 제공하여야 할 필요가 있다. 더구나 기종에 따라 다르나 보잉사가 조립하는 동체의 부품도 점차 영국, 일본, 한국, 이탈리아 등 다양한 국가에서 제조에 참여하는 추세에 있다. 에어버스항공기는 4개국 컨소시엄(영국, 프랑스, 독일, 스페인)의 합작에 의하여 생산되므로 기종별 부품구성비율의 한도별로 이들 4개 국가의 ECA 이외에 다른 국가의 ECA 또한 관여될 수 있다. 미국수출입은행은 이와 같은 특수한 상황의 경우 금융절차를 간소화하기 위해 다수 국가의 ECA와 이른바 ECA Co-financing 협약을 체결해 두고 있다. Co-financing 협약에서는 통상 전체거래를 대표적으로 지원하는 대표 ECA(Lead ECA)가 있게 되며, 대표 ECA는 항공기 구매자나 은행 등 ECA 참여 당사자를 상대로 전면에서 거래협상, 서류, 결제, 관리, 분쟁조정 등 모든 절차를 수행하여 단일패키지에 의한 One-Stop서비스를 수행한다.[42] 통상 대표 ECA는 항공기 구성비율이 가장 크거나 주계약자가 위치한 국가의 ECA가 맡는 것이 일반적이다. 에어버스항공기의 ECA 금융에 있어서도 미국과 유사하며 영국 ECGD, 프랑스 Bpifrance, 독일 Euler Hermes 중 한 개의 ECA가 정해진 규칙에 따라 전면에서 Fronting ECA의 역할을 수행하고, 나머지 ECA는 후면에서 Fronting ECA의 리스크 분담을 위해 상응하는 보증을 지원한다.

한편, 우리나라의 항공사가 도입하는 항공기에 대해 미국수출입은행이 ECA 보증을 제공하는 경우에는 양사 간 체결한 Co-Financing Agreement의 조건에 따라 한국수출입은행이 미국수출입은행에게 Backstop Guarantee를 제공한다. 이 경우 항공기는 본건뿐만 아니라 양 기관이 지원한 과거 및 미래의 모든 항공기를 대상으로 하며, 따라서 ECA 금융과 관련된 계약서에도 Backstop Guarantor의 보증대상인 모든 지원 항공기에 대한 교차담보(cross-collateralization)

---

42) Co-Financing "One-stop-shop", U.S. Ex-Im Bank Web-site.

설정, Waterfall 조항에의 반영, 항공사에 대한 구상권 확보, 미국수출입은행앞
으로 항공사의 보험청구권 양도 등이 반영되어야 함에 따라 다른 기법에 비해
채권단 간 권리배분 등이 특히 복잡한 특징을 갖는다.

(3) 지원절차

영국 UK Export Finance의 사례를 통한 ECA 지원절차를 보면 〈그림 4-6〉
과 같다.

지원절차 중 심사 단계에서는 자금세탁 및 부패방지 관련 서약서 등 여러
서류를 징구하여 검토하며 거래가 거시경제, 금융, 법률환경 등에 미치는 영향
도 종합적으로 점검하고 있다. 또 한 가지 특기할 만한 것은 미국수출입은행의
경우 항공기 인도시점에 임박하여 자체 이사회 의결뿐만 아니라 미국 의회의
최종 승인을 거쳐 신용공여 금액을 확정하는 절차를 취하고 있다.

그림 4-6 ECA 금융지원 절차

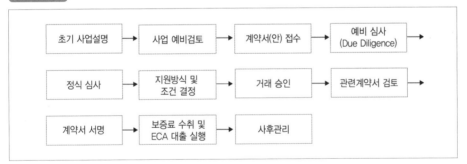

(4) 지원조건

ECA의 보증과 관련한 주요 지원조건은 OECD협약의 부문양해인 ASU에
규정되어 있으며, 협약 참가국 ECA 기관들은 동 양해의 조건과 절차들을 준수
하도록 되어 있다. 예를 들면 보증금액의 경우 항공기에서 차지하는 자국산 적
격부품 사용 비중에 대해 100%까지 보증하되, ECA 지원비율은 구매자의 신용
등급이 BB+ 이하의 경우 항공기 순구입가격의 최대 85%까지, BBB-등급 이

표 4-11	ECA 보증부 금융리스 조건
통화	• US$, Euro, GBP, Yen
보증비율	• 항공기 순구매가의 최대 85%(BBB- 등급 이상 항공사의 경우 최대 80%)
보증금액	• 항공기 순구매가의 85% 금액 이내 + ECA 보증료
보증기간	• 최대 12년(보증료 추가시 15년 가능)
상환주기	• 매 3개월마다 분할상환(보증료 추가시 매 6개월 가능)
상환방법	• 원리금균등 분할상환(원금균등 가능)
보 증 료	• 신용등급별로 상이(Risk Mitigants 선택에 따라 할인 가능) • 7.72%~14.74%(선지급, Cape Town 협약할인 제외시)
채권보전 (선순위)	• 대상 항공기에 대한 선순위 저당권 설정 • SPC(소유자/차주) 주식에 대한 질권(share charge) 설정 • 리스계약상 SPC의 리스료, 보험료 수취권 양도 • SPC 계좌에 대한 질권(account pledge) 설정 • 항공기 구매계약상 Manufacturer's Warrant 등 양도 • SPC의 ECA 보증인앞 채무이행관련 보증

상은 80%를 한도로 하여 항공기 순구입가격에 이 비율을 곱하여 지원금액을 책정한다.

(5) 항공기 ECA 금융의 특징

■ (높은 대출비율) ECA에 대한 보증료를 포함한 항공기 순매입가격의 최대 85%(BBB- 등급 이상은 최대 80%)까지 지원 가능함에 따라 통상적인 상업대출보다 선순위 대출비율(LTV) 및 대출금액이 크다.

■ (저리 차입가능) ECA 보증을 바탕으로 상업은행으로부터 장기 저리 자금조달 이 가능하다. ASU의 개정으로 ECA 보증료율이 시장금리 수준으로 인상되긴 하였지만, ECA는 일반적으로 정부채권(통상 AAA+)과 동등한 국제 신용등급을 보유하므로 항공사는 이 ECA 보증을 바탕으로 상업은행들로부터 10~12년 의 장기 저리의 차입이 가능하다. 특히 ECA 금융은 상업은행으로부터 대출 이 곤란하거나 가능하더라도 고금리 차입이 불가피한 신설 항공사, 이머징

마켓 항공사, 저가항공사 등 신용이 약한 항공사들에게는 여전히 가장 매력적인 재원 조달수단이며, 글로벌 유동성의 제약으로 상업금융시장이 위축되는 시장환경에서 특히 중요한 항공기금융 조달수단이다. ECA 보증부대출의 금리수준은 시장상황 및 차주신용도, 담보조건 등에 따라 변동되나 시기에 따라서는 Sub-libor 수준까지 하락하는 경우도 있다. 유럽 ECA 보증부 대출은 역사적으로 미국수출입은행 보증부보다 시장에서 다소 금리가 높게 책정되며, 일반적으로 영국, 프랑스, 독일의 Fronting ECA별로도 금리 차이가 존재한다.

■ (복잡한 절차 및 시간소요) ECA는 대부분 정부기관으로 자국경제를 지원하기 위한 설립목적상 일반 상업기관들과는 다른 행동 특성을 보인다. 즉, ECA는 국제적으로는 OECD 협약 회원국으로 국제 가이드라인의 공통된 적용을 받으며, 국내적으로는 국가 공법에 의해 설립된 특성 등으로 인하여 다음과 같은 추가적인 절차가 수반되며 처리시간이 많이 소요될 수 있다.

• 일정 형태의 정부 승인이 필요하다. 예컨대 미국수출입은행의 대외보증 지원의 경우 내부 이사회의결 및 미국 의회의 최종 승인이 필요하다.

• ECA가 처한 내부여건에 따라 보증 공여가 중지되기도 한다. 가령 미국수출입은행[43]은 미 의회의 근거법안 재연장 지연 및 이사회멤버 결원에 따른 정족수 미달로, 유럽 ECA는 에어버스의 뇌물공여 및 부패행위에 대한 조사 등으로 대외보증이 상당기간 정지된 사례가 있다.

• 순수 상업적 목적보다는 국내외 정치적 이슈, 개발전략 및 국가 간 제재 상황 등이 ECA의 지원 여부에 영향을 미칠 수 있다.

• 환경 위험평가, 뇌물공여, 자금세탁 방지, 고객확인(Know-your-customer)[44]

---

43) 미국수출입은행은 2015년 6월말까지 연장안이 미 의회에서 통과되지 못해 폐지 상태였다가 2015년 11월 5일 가까스로 2019년 9월까지 재연장에 성공하였으나, 이사회멤버 정족수(5명 중 3명) 임명 공석으로 2019년 5월까지 약 4년간 신규영업(U$10백만 초과) 추진이 중단된 바 있다. 항공기 수출지원은 미국수출입은행의 대표적인 주력 지원분야이다.

44) 줄여서 KYC라고도 부르며, 정부 등이 요구하는 자금세탁방지, OFAC 규제 여부 점검 등을 위해 금융 거래고객, 주주 등에 대해 실시하는 방대한 정보획득 등의 실사(due diligence) 과정을 말한다. 금융거래시 KYC 요건은 최근 보다 엄격해지는 추세에 있다.

의무에 관한 점검 등 일반 상업대출보다 다소 엄격한 실사(due diligence)과
정이 수반된다.

■ (배타적 우선권 보유) ECA의 보증 및 ECA 보증부대출은 후순위 대출인
Commercial Loan과 비교하여 선순위 채권자로서의 지위를 보유하며 다음
과 같은 배타적인 우선권을 보유한다. 이에 따라 다른 기법에 비해 특히 채
권자 간의 권리관계를 규정하는 채권자간계약서(intercreditor agreement)의 내용
도 복잡한 특성이 있다.

• ECA 기관이 관련 계약서 조항의 검토, 협의에 참가하며 직접 서명한다.

• ECA 보증부대출이 완전히 상환된 후에야 Commercial Loan의 상환순위
가 돌아온다. 통상 ECA 보증채권과 ECA 보증부대출은 동순위로 취급(단,
ECA 보증료 수취권은 ECA 보증부대출에 비해서도 우선)되며, ECA 보증서상 Default 등으
로 대지급이 발생하는 경우 ECA 보증부 대주단에 대해 대위권(subrogation
right)의 권리를 갖는다.

• ECA는 ECA에 영향을 미칠 가능성이 있는 계약서상의 거의 모든 의사결
정과정에 직접 참여하며, 그것도 배타적인 권리(exclusive right)를 보유한다.
예를 들어 Event of Default 선언, 담보권 실행, Waiver 실행, Sub-lease
허용, 항공기 검사, 보험금 수취, 통지의무 등의 권한을 단독으로 행사한
다. 따라서 후순위권자인 Commercial Lender는 일반 금융리스 구조에 비
해서도 대출 참가자로서의 권한이 상대적으로 열위하다고 할 수 있다.

• 미국수출입은행의 경우 특정 항공사의 과거 및 장래 지원하는 모든 항공
기에 대해 포괄적인 교차담보(cross-collateralization)를 설정한다.

10) ECA 보증부 자본시장 채권발행

`그림 4-7` ECA 보증부 자본시장 채권발행 구조(예시)

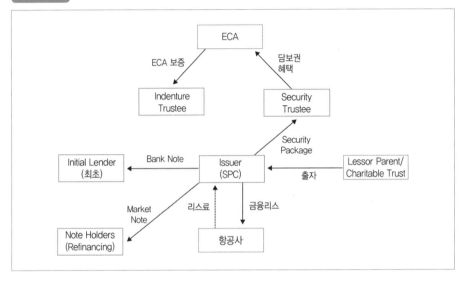

(1) 개요

2008년 글로벌 금융위기 이후 항공기금융 조달의 새로운 대안으로 떠오른 방식이 ECA의 보증을 바탕으로 한 자본시장에서의 채권 발행이다.[45] 당시 글로벌 금융위기로 은행들은 시장에서의 달러화 유동성 부족, 신규 Basel Ⅲ 규제압력 등의 영향에 따른 항공기금융 조달 코스트의 상승 등에 의해 큰 어려움을 겪고 있었다. 이를 타개하기 위해 은행과 항공사들은 새로운 항공기금융 재원조달의 대안으로 전세계에서 가장 발달한 미국 자본시장을 주목하게 된다. 미국 자본시장은 장기 리스크를 수용할 수 있는 폭넓은 투자자 기반을 갖추고 있는 데다 투자자들도 U.S. Exim Bank, ECGD 등 정부 신용등급에 해당하는

---

45) 항공기금융 조달과 관련한 자본시장 채권발행 형태는 ECA 보증부 채권 이외에도 무담보 기업채권(unsecured corporate bonds), 담보부 기업채권(secured corporate bonds), 자산담보부증권(asset-backed securities), EETC(enhanced equipment trust certificates) 등 다양한 형태가 있다.

보증이 붙어있는 채권의 경우 매력적인 투자수단으로 여겨 때마침 높은 시장 가격과 소득을 발생시킬 수 있는 항공기 자산에 큰 관심을 보이고 있었다. 이러한 배경 속에서 최초로 발행된 ECA 보증부 채권은 미국수출입은행이 보증한 Emirates 항공의 B777-300ER 3대를 대상으로 2009년 10월 미국 자본시장에서 발행된 U$413백만 규모의 미국수출입은행 보증부 채권이다. 당시 ECA 금융 및 채권발행은 프랑스의 Calyon Bank와 미국 Goldman Sachs가 공동으로 주선하였다. 이어 1년 후인 2010년 10월에는 유럽 최초로 영국 ECGD의 보증을 바탕으로 항공기 리스회사인 AerCap이 A330기 2대에 대해 U$151백만의 채권을 성공리에 발행하였다. 한편, 주요 ECA들도 2011-ASU의 도입으로 최소 보증료율이 크게 증가하여 ECA 금융의 경쟁력이 상대적으로 약화됨에 따라 미국 자본시장의 방대한 유동성 및 저렴한 금리에 주목하여 채권시장 상품에 대한 지원을 더욱 확대하였다. 항공기금융 부문은 ECA 지원에 의한 자본시장에서의 채권발행이 가장 활성화되어 있는 분야에 속한다.

(2) 절차

자본시장 거래는 최초의 ECA Loan을 다시 Note 발행형태로 재구성(repacking)하는 다음 두 단계의 절차로 구성된다.[46]

- (초기) ECA 보증부 대출계약에 따라 글로벌 은행들이 항공사앞으로 전형적인 형태의 ECA Loan을 제공한다.
- (재금융) 이후 적정한 시점에 항공사(Sponsor)가 Note를 발행하기로 선택하면 기존의 ECA Loan은 Bank Note로 Refinancing을 추진하게 된다. 항공사가 Refinance를 추진하기로 결정하면 최초의 대출은행 중 하나 또는 수 개의 초기 채권구매자(initial purchaser)앞으로 Bank Note가 발행되며, 초기 채권구매자는 Capital Market에서 투자자 모집을 추진한 후 Refinancing 일자에 맞추어 Capital Market Note를 발행하게 된다. Capital Market Note는 Clearing

---

46) Jeffrey Wool, Andrej Jonovic, *Aircraft Financing 4th Edition.*

System 또는 그 Nominee의 이름으로 등록(registration)하게 되는 데, 이후의 기록관리는 Clearing System을 통하여 관리된다. 한편, Bank Note는 ECA가 미리 원리금 상환 Schedule을 보증하기 때문에 US Securities Act(1933)나 다른 증권법상의 등록 의무는 없다.

(3) Bank Note 구조의 이점

■ 항공사: 당초의 Loan 금리보다 일반적으로 저렴한 Re-financing이 가능하다.
■ 투자자: ECA 보증부이므로 Sovereign인 정부 채권과 동등한 Risk를 갖는 채권이면서도 Coupon이 오히려 더 높아 투자자에게 매력적이다. 투자자들은 항공기의 종류나 항공사의 신용도 심지어 Security Package로부터의 현금흐름과 관계없이 ECA의 보증(irrevocable, unconditional임)으로부터 발생하는 Cash Flow 및 Credit(즉 ECA Risk)에만 의지하기 때문에 투자자와의 금리 협상절차 및 계약서류가 훨씬 간편하다.

(4) ECA Loan과 Capital Market Note의 차이

■ Refinancing시 SPC의 역할이 차주(borrower)에서 발행자(issuer)로 변경된다. 역할의 변경으로 발행자는 미 증권관련법상 Non-performance Risk에 노출되는데, 이를 커버하기 위해 SPC와 Sponsor(항공사)는 ECA 및 다른 Participants에 대해 손실보상(indemnification) 책임을 부담하도록 하고 있다.
■ Loan이던 Note 구조이던 SPC의 기본적 성격은 동일하다. 즉, 파산절연(insolvency remoteness) 특성과 SPC 주식에 대한 권리를 Security Trustee앞 질권으로 제공한다는 점도 같다.
■ Note구조에서 보증은 Lender의 이익을 대리하는 Security Trustee가 아닌, Noteholder의 이익을 대리하는 Indenture Trustee앞으로 발급되기 때문에 보증이행 청구도 Indenture Trustee만이 가능하다.
■ 또한 증권법상 예외를 적용받기 위해 Capital Market Note상의 연체율(default-interest)도 Non-default Rate이어야 한다.
■ Loan 구조하에서는 담보 패키지상 결함 등의 Risk를 Lender측이 부담하였

으나 Note 구조하에서 투자자들은 단지 원리금 상환을 보장하는 ECA에만 의지하는 속성상 관련 Risk를 ECA가 부담할 수밖에 없으며, 따라서 ECA는 항공사(Sponsor)에게 Reimbursement Agreement 또는 Sponsor Guarantee에 따른 Reimbursement Liability를 부과한다(투자자들에게는 동 계약상의 혜택을 배제).

■ 또한 ECA는 완제될 때까지 담보권의 실행 권리를 보유하고 있으며, 때로는 조기상환 권리를 보유하는 경우도 있다.

4.3 항공기 운용리스

1) 개요

과거 항공사들은 주로 은행 및 자본시장으로부터 항공기를 담보로 차입하거나 채권발행을 통해 직접 비행기를 도입하였으나 최근에는 운용리스의 장점에 주목하여 상당한 비중의 항공기를 리스회사로부터 운용리스 방식으로 도입하고 있다. 이러한 운용리스의 성장에 따라 전체 항공기 인도물량 중 운용리스가 차지하는 비중은 1980년 1.7% 정도에 불과하였으나, 지금은 40% 상당의 점유율을 차지하고 있으며 2020년 이후에는 그 비중이 50% 이상으로 증가할 것으로 전망되고 있다. 사실 운용리스라 하면 리스회사(임대인)와 항공사(임차인) 간 리스거래를 지칭하나, 2008년 글로벌 금융위기 및 리스회사의 주주인 모기업의 신용도 저하 등의 사태를 거치면서 리스회사들이 영업자산인 항공기의 도입자금 확보를 위하여 은행권 등으로부터의 자금조달을 확대함에 따라 관련 금융 조달수요도 함께 증가하는 추세이다. 운용리스의 경우 금융리스와 달리 항공사는 금융차입의 주체가 아니므로 구체적인 금융조건에 그리 신경쓸 필요가 없으나, 대상 항공기를 운용리스하는 리스회사는 리스조건과 함께 금융조건도 함께 고려하여 전체적인 구조를 설계할 필요가 있다. 그러므로 리스만으로 이루어진 순수한 운용리스와 금융이 결합된 운용리스 조건에는 상당한 차이가 있을 수밖에 없다. 운용리스라고 하더라도 리스 대상인 항공기의 수에 따라 두 가지의 경우로 나누어진다. 대상 항공기가 한 대인 경우와 여러 대인 경우이다. 한 대의 항공기를 대상으로 하는 경우에는 Lessor Financing이라고 하며, 운용리스의 일반적 특질과 함께 본 절에서 다룰 예정이며, 여러 대의 항공기를 묶어 운용리스로 추진하는 경우에는 Portfolio Financing이라고 하여 다음 절에서 보다 상세히 다룰 예정이다.

사실 금융리스와 운용리스는 회계, 세법상의 구분이므로 항공기금융에서 운용리스 유형으로 분류될 수 있는 기법들은 여러 가지가 있다. JOL(Japanese Operating Lease), FOL(French Operating Lease), GOL(German Operating Lease), Warehouse Facility, Lessor Financing, Portfolio Financing, Sale & Leaseback 등으로 이들은 조세혜택, 유동화 정도, 항공기 매각 등의 주된 요소와 결합된 구분이긴 하지만 모두 운용리스를 기반으로 설계하여 자금을 조달하는 기법들이다.

이하에서는 운용리스의 기본개념과 특징들을 먼저 살펴보고, 운용리스를 기반으로 항공기금융이 조달되는 구조에 대해 순차적으로 살펴보기로 한다.

2) 운용리스의 개념

운용리스는 금융리스와 달리 리스자산의 소유에 따른 위험과 보상이 임차인에게 완전히 이전되지 않는 리스유형을 말한다. 금융리스가 금융적 속성이 강한데 비해 운용리스는 자산인 항공기의 사용적 속성이 강한 리스이며, 그 사용 대가로 항공사(임차인)로부터 렌트료를 수취하는 리스의 유형이다. 항공기 자산의 법적 소유권은 일반적으로 리스회사(임대인)에게 있으며, 운용리스에서 임대인은 단지 금융기관의 역할을 넘어 자산의 사용과 관련된 서비스 역할을 추가적으로 수행한다. 달리 말하면 금융리스에서 임대인은 항공사가 정한 설비 및 그 운용사항을 기반으로 이를 대신 구입하고, 임차인이 설비의 구입가격을 리스기간 동안 분할하여 상환하는 것이라면 운용리스에서 임대인은 설비의 운용사항을 정하고 이 조건에 따라 임대수익을 목적으로 리스해 주는 것이라고 할 수 있다. 따라서 운용리스는 경제적 성격이 렌탈과 유사하며, 자산의 순수한 임대차 내지는 서비스적 속성이 강하다. 이 임대차 속성 때문에 운용리스는

그림 4-8 항공기 운용리스의 기본구조

렌탈이라는 용어와 혼용되는 경우도 많으나 렌탈은 주로 자동차, 부동산, 산업용기기, 공구 등 범용기기를 대상으로 한 1년 미만의 단기 리스계약을 지칭하는 경우가 일반적이므로, 거액의 장기계약인 항공기 등 고가 설비의 경우에는 렌탈이 아닌 리스라는 용어로 통용되는 것이 일반적이다.

운용리스가 금융리스와 구별되는 가장 주요한 특징은 리스기간 종료시 항공기가 반환되는 점이라고 할 수 있다. 리스기간중에는 임차인이 리스료를 정상적으로 납부하는 한 임차인에게 항공기의 점유권(possession)과 자유로운 운항권(quiet enjoyment)이 보장(이점은 금융리스와 같다)되지만 리스기간이 종료되면 항공기를 임대인에게 반환하며, 이에 따라 항공기의 잔존가치 리스크는 임대인이 부담하게 된다. 반면 금융리스는 리스기간이 종료되면 임차인이 염가로 구매옵션(bargain purchase option)을 행사하여 대상 항공기의 소유권이 임대인으로부터 임차인에게 이전될 것을 전제로 구조가 만들어지기 때문에 리스기간중에도 항공기의 잔존가치에 대한 이해관계는 임차인이 계속 유지하게 된다.

3) 운용리스의 일반적 특징

개별 거래마다 조건의 차이는 있으나 일반적인 항공기 운용리스 거래의 특징을 정리하여 보면 다음과 같으며, 이러한 특징들은 설비리스의 거래에도

표 4-12 운용리스의 일반적인 특징

자산의 실질 소유자는 임대인	임대인의 1차 수익원: 리스료 수입	임대인의 2차 수익원: 항공기 자산가치
• 금융기채를 리스사가 추진 (금융리스: 항공사가 추진) • 리스 EOD≠Loan EOD(필요시) • 리스 EOD 발생 시 임대인이 개입 가능(금융리스: 개입 불가)	• 리스료는 시장조건에 의해 결정(금융리스: 대출조건으로 결정) • 리스료 수입 안전장치(Security Deposit, Net Lease 등) 존재	• Maintenance Reserve 적립 • 임차인의 Sub-lease 제한(금융리스: 일정 조건부 허용) • 임차인의 재무서약, 재무비율 조항 없음(금융리스: 상대적으로 엄격) • 항공기 유지·관리, 반환조건 엄격(금융리스: 상대적으로 약함)

공통적으로 적용되는 사항들이다.

■ 임대인이 보유하고 있는 항공기를 대상으로 임차한다. 반면 금융리스에서는 임차인이 미리 선정하여 구입한 항공기를 대상으로 임차한다.

■ 리스기간이 항공기의 경제적 내용연수에 비해 짧다. 항공기의 운용리스기간은 대략 3~7년 정도로 통상적인 항공기의 경제적 내용연수 25~30년 정도에 비해 상당히 짧다. 따라서 운용리스에서는 금융리스와 달리 임대인의 중단기 임대료 수입만으로는 항공기에 투하된 자본의 완전회수 내지는 적정수익의 실현이 어려우며, 운용리스 기간이 끝나면 연속하여 다른 항공사에 재리스하거나 항공기를 시장에 매각하여 투입자본을 회수하여야 한다. 반면 금융리스의 리스기간은 항공기의 경제적 내용연수의 상당 부분에 해당하는 장기로 이루어진다.

■ 시장경쟁원리에 의해 리스료가 결정된다. 금융리스의 리스료는 시장 금리상황과 항공기 취득가격 등을 반영하여 Full Pay-out 방식으로 리스개시 이전에 미리 결정되는데 반해, 운용리스료는 상품 가격결정방식과 마찬가지로 리스 협상 시점의 수요-공급 등 시장경쟁상황을 반영하여 결정된다. 따라서 동일 기종 항공기의 리스라 하더라도 협상결과에 따라 거래마다 리스료가 천차만별로 다를 수 있다. 결국 운용리스료는 서비스 상품의 가격결정방식, 금융리스료는 금융상품의 가격결정방식에 의한다고 할 수 있다. 가령 항공운송수요가 공급을 초과하게 되면 운용리스료는 상승(항공기 매각가치도 상승)하며, 역으로 리스회사 간 경쟁으로 항공기 공급이 수요를 초과하게 되면 리스료 수준도 하락(항공기 매각가치도 하락)한다.

■ 리스료는 고정, 매월 선급 조건이 일반적이다. 리스료는 고정 또는 변동금리도 가능하나 최근에는 임대인의 재무기법이 발달한 데다 시장수요에 적절히 대응하기 위해 고정금리방식이 일반적인 추세이다. 고정리스료는 선불(in advance), 변동리스료는 후불(in arrear)방식이 통상적이며, 통화는 보통 미국 달러화로 지급된다. 리스료의 지급주기는 거래마다 다를 수 있지만 통상 매월 지급조건이며, 계절적 수요변동의 특성상 피크시즌과 비수기를 구분하여

리스료를 차별하여 합의하는 경우도 있다. 한편 금융리스의 경우 금융기관의 요구를 반영하여 변동리스료가 대부분으로 3~6개월마다 지급하는 것이 일반적이다.

■ 리스기간 만료시 임차인은 항공기를 임대인에게 반환하며 사용권은 종료한다. 반면, 금융리스에서는 리스기간말에 자산을 반환하지 않으며, 항공기 구매선택권을 행사하여 항공기의 법적 소유권이 임대인으로부터 임차인에게 이전된다.

■ 임대인은 항공기 자산가치의 유지 및 극대화에 중점을 둔다. 금융리스의 경우 항공기 소유에 따른 위험 및 대가의 상당 부분을 임차인이 부담함에 따라 주로 임차인의 신용도에 의존하고 항공기의 잔존가치는 임차인의 디폴트 발생시 부차적인 재원으로 취급된다면, 운용리스는 임차인의 신용도도 중요하지만 상대적으로 항공기의 잔존가치의 극대화에 많은 비중을 두는 특성이 있다. 때문에 리스회사는 항공기의 적정 유지관리와 시장가치 변동상황 파악, 적정 매각시점의 포착에 상당한 노력을 기울이는 편이다. 사실상 항공기의 매각가치를 중요 수익원으로 보는 데에는 투기적인 요소가 내재되어 있다고 볼 수 있다. 실제 투자수익은 장래 항공기가 반환되고, 성공적으로 시장에서 매각되기 전에는 시현되었다고 볼 수 없는 때문이다.

■ 항공기의 유지, 정비, 부보, 조세 등 의무를 항공사가 부담한다. 대형 설비거래가 아닌 운용리스에서는 리스자산의 유지, 보수, 부보 등을 임대인인 리스회사가 부담하는 것이 통상적인데 이와 같이 유지보수 서비스 등을 리스제공자가 제공하는 리스를 서비스리스(service lease), 유지관리부리스(maintenance lease) 또는 렌탈리스(rental lease)라고 부른다. 반면 유지보수 책임을 임차인이 부담하는 리스를 순리스(net lease)라 하여 달리 부르는데 대형 설비거래인 대부분의 항공기 운용리스와 금융리스는 순리스에 해당된다.

■ 항공기의 반환조건이 엄격하다. 리스기간이 종료되면 리스회사는 가능한 한 양호한 상태로 항공기를 다른 임차인에게 재리스하거나 또는 시장에 매각하여야 하기 때문에 항공기의 반환조건이 까다롭다. 따라서 리스계약서에는 반환시 항공기의 상태, 엔진, 동체, 부품 등의 정비조건, 항공기 반환장소, 반

환기한, 최종검사, 검사시 결함의 해결방법[47] 등 조건들이 상세하고 엄격하게 기술된다.

■ 임차인에게 보증예치금(Security Deposit)을 요구한다. 임차인에게 리스료의 지급 등 리스계약상 의무의 이행 담보조로 통상 2~3개월치의 리스료 해당액을 리스개시 시점부터 항공기 반환시까지 예치하도록 요구한다. 보통 현금 예치 또는 리스사가 허용하는 국제 신용등급을 보유한 은행 발급 Stand-by L/C의 발행 등을 요구하며, 항공기 반환시 리스계약상 의무를 모두 충족한 경우 잔여 임차보증금은 임차인에게 반환한다.

■ 항공기의 유지·정비 기금 마련 목적으로 유지적립금을 부과한다. 임차인의 디폴트 등으로 항공기 유지·정비 비용을 보전할 수 없는 경우에 대비한 기금 마련 목적으로 유지적립금(maintenance reserve 또는 supplemental rent)을 임차인에게 요구한다. 통상 월별로 납부하는 유지적립금의 규모는 동체, 엔진, APU, 랜딩기어 등 주요 항목별로 일정기간, 사용시간 또는 비행사이클(flight cycle)별로 달리 책정되며, 주요 정비수행 후 남은 잔여기금은 임차인에게 반환하고, 만약 모자랄 경우에는 추가금액을 임차인이 부담하도록 하고 있다. 항공기부품은 오래될수록 상당한 정비비용이 수반되므로 유지적립금은 임차인이 주요 정비를 수행하지 못하였을 경우 항공기 가치의 급격한 하락을 방지하기 위한 수단으로 요구된다.

■ 금융리스에 비해 임대인의 항공기 검사권이 중시된다. 금융리스의 경우 임대인의 항공기 검사권은 거의 형식적인 수준에 머물고 있으나, 운용리스의 경우 자산 보호 수단의 일환으로 임대인에게 정기적이고 기술적인 목적의 항공기 검사권을 부여하며, 임차인의 항공기 유지·정비프로그램 및 정비업체에 대한 승인 권한도 보유한다.

■ 재무서약 조항을 찾아보기 힘들다. 운용리스 약정에서는 대출이나 금융리스계

---

47) 예컨대 임차인이 결함의 발견 등으로 항공기 반환조건을 충족하지 못하였을 경우에는 ① 결함이 치유될 때가지 리스기간이 연장(단, 수익사업목적으로 운항이 금지되며 할증된 리스료의 임대인앞 지급 조건)되거나 또는 ② 일단 임대인에게 항공기를 반환하되 임대인의 결함수리비용을 보상하는 방법이 있다.

약에서 항공사에게 통상적으로 요구하는 재무서약(financial covenants)이나 재무비율(financial ratio) 의무조항을 찾아보기가 어렵다. 이는 운용리스가 임차인의 단일 신용에 의지하기 보다는 항공기자산의 매각가치 등에 상대적으로 중점을 두기 때문이다. 또한, 운용리스에서는 임차인의 모회사가 현행 보유지분을 처분할 경우 채무불이행 사유에 해당한다고 하는 지배구조 변경(change of control) 제한 조항을 포함하는 것이 일반적이다.

■ 보험조건이 보다 엄격하다. 운용리스회사는 항공기 기체가격을 대체할 만한 상당금액을 부보하도록 리스계약서에 요구하며, 실제로 항공기의 전손이 발생하는 경우 보험사에서 지급된 보험금액은 모두 임대인이 수취한다. 반면 금융리스에서는 Stipulated Loss Value나 여신 현잔액만 임대인이 수취한다.

■ 임차인의 Sub-lease에 엄격한 제한이 있다. 운용리스에서는 임차인이 임대인과의 리스계약을 존속시킨 채 제3자에게 항공기를 임대하는 Sub-lease에 보다 엄격한 제한을 둔다. 보통 사전에 허용된 것을 제외하고는 일반적으로 금지하며 대부분 임대인의 승인을 받도록 규제하고 있다. 허용하더라도 임차인의 임대인에 대한 의무는 재리스에 의해 영향을 받지 않으며, 임차인의 EOD 발생시 자동적으로 Sub-lease가 종료되고, Sub-lease 기간을 본 리스 기간 이내로 제약을 가하는 것이 보통이다. 금융리스에서는 보통 일정 조건부로 허용하는 것이 통상적이다.

■ 임차인의 리스의 연장/구매 옵션이 허용되지 않는다. 운용리스에서는 통상 임차인에게 리스의 갱신(special lease renewal right)이나 항공기의 취득옵션(option rights for aircraft acquisition)에 관한 권리를 허용하지 않는다. 설령 임차인에게 리스의 갱신권이 주어진다고 하더라도 미래의 항공기 공정시장가격 조건으로 허용되며, 항공기 취득옵션의 경우도 마찬가지이다. 또한 Option Agreement에는 임차인이 옵션을 행사하는 경우 Lessor가 장부가격상 입을 손실을 방지하기 위해 하한가격(floor price)를 포함하는 것이 통상적이다.

■ 항공기의 Remarketing 권리를 임대인(또는 리스회사)이 보유한다. 리스계약상 종료사유가 발생하여 항공기가 조기 반환될 경우 임대인(또는 모회사인 리스회사, 외부 매각 전문기관)에게 일정기간(가령 90일) 항공기의 Remarketing 권리를 허용하는

것도 운용리스의 특징이다. 단, 임대인이 반환받은 항공기를 시장에 매각하려면 리스계약서는 종료되어도 대출계약서상 Default가 진행되지 않아야 하며, 항공사의 항공기에 대한 점유권 해지, 유지, 항공기 안전, 계류장 이동, 항공기 등록의 해제 등의 절차가 사전에 해소되어야만 한다. 특히 운용리스에 의한 금융추진시 리스기간말에 상환하여야 할 일정 잔존원금(balloon)이 존재하는 경우에는 이를 상환하기 위한 Remarketing Agent의 항공기 매각경험, 역량 및 전문인력 보유 여부 등 또한 대출심사시 주요 포인트가 된다.

4) 항공기 운용리스의 유형

운용리스는 항공기의 확보유형에 따라 다음 네 가지로 구분해 볼 수 있다. 항공기의 구입시에는 운용리스사가 자체자금을 사용할 수도 있지만 대부분은 외부로부터 자금을 조달하는 경우가 일반적이다.

- (항공기 제작사로부터 신조 항공기 구입) 운용리스사가 항공기 제작사에 직접 주문하여 인도받은 신조 항공기를 항공사앞으로 운용리스하는 유형이다
- (항공사·리스사로부터 중고 항공기 구입) 운용리스사가 다른 항공사 또는 리스회사 등으로부터 매입한 중고 항공기를 항공사앞으로 운용리스하는 유형이다.
- (항공사로부터 신조기 인수) 운용리스사가 항공사로부터 신조 항공기 인도권리를 이전받아 이를 다시 항공사앞으로 운용리스하는 유형이다.
- (중고 항공기의 매입 및 리스) 운용리스사가 항공사로부터 중고 항공기를 매입하여 동일 항공사앞으로 다시 리스하는 유형으로 소유권만 임대인앞으로 이전하고 경제적 사용권은 그대로 항공사가 유지하는 방식으로 이를 리스회사 입장에서는 Purchase & Leaseback, 항공사 입장에서는 Sale & Leaseback이라고 한다. 이에 대해서는 본장의 세일 앤 리스백(Sale & Leaseback) 부분에서 자세히 다룰 예정이다.

5) 항공기 운용리스의 주요 장점

항공사가 노선운항에 필수적인 항공기를 확보하는 데 걸림돌이 되는 요소는 여러 가지가 있지만 가장 큰 장애요인이라고 한다면 ① 거액 자본투자 소요, ② 항공기 주문시의 상당한 대기기간이라고 할 수 있다. 이에 대해 운용리스의 가장 큰 장점이라면 ① 초기 소규모의 자본투입, ② 단순한 리스크관리, ③ 항공기 운용의 탄력성 증대를 들 수 있다. 이러한 특징들은 특히 빠르게 노선을 확대하여 점유율 증가를 도모하려는 후발 항공사나 저가 항공사뿐만 아니라, 메이저 항공사들도 항공운송수요의 변화에 적절히 대처할 수 있고 또 인기있는 대상기종을 바로 선택할 수 있는 장점에 따라 운용리스가 대표적인 리스형태로 정착하여 전세계적으로 그 성장속도를 높여가는 주요 배경이라고 할수 있다.

- (거액자본투입 최소화) 운용리스는 초기 거액의 자본투자 없이 1개월분의 임차료 및 Security Deposit 등 소액의 사용료 지급만으로 고가의 신조 항공기를, 그것도 장기간에 걸쳐 사용할 수 있는 몇 안되는 조달수단 중 하나이다. 특히 금융시장 접근이 곤란하거나 차입 코스트가 높은 신설 항공사나 낮은 신용도의 항공사들에게 운용리스는 선택이 불가피한 대안이 될 수 있다. 대부분의 항공기 운용리스사들은 자체신용을 바탕으로 폭넓은 금융조달 네트워크를 확보하고 있어 항공사들이 운용리스를 활용하는 경우에는 별도의 금융을 추진할 필요가 없다. 운용리스의 사용에 따라 비축된 자금여유분은 운용자금이나 다른 항공기의 도입 또는 더 긴급한 다른 용도에 활용할 수 있다.
- (짧은 대기기간) 항공기 제작사에 항공기를 주문 후 실제 인도받기까지는 상당한 대기기간(lead time)[48]이 소요된다. 운용리스를 이용하는 경우 항공사들은 단시간 내에 필요한 항공기를 공급받을 수 있어 대기기간의 장기화에 따

---

[48] 2017년 기준 보잉, 에어버스에 대한 누적 주문잔량(backlog)은 13,129대로 항공사가 실제 항공기를 인도받기까지 보잉은 7.7년, 에어버스는 10년 정도를 기다려야 하므로 상당한 인도 리스크가 존재한다.

라 장래 부담할 수도 있는 경기하락에 따른 수익악화 및 항공기 운용의 비탄력성의 단점을 해소할 수 있는 장점이 있다.

■ (탄력적인 항공기 운용) 운용리스는 국지적, 계절적 요인에 의해 항공운송수요가 변동하더라도 항공기를 수익노선에 신속히 투입하거나 불필요한 항공기를 반환할 수 있는 등 탄력적인 항공기 운용이 가능하다. 이 특성은 전세계 항공기 운용리스 수요가 급성장하게 된 강력한 요인 중 하나로, 메이저 항공사들도 일시적인 노선확장 등 항공기 운용전략의 필요성에 따라 운용리스를 많이 이용하는 편이다. 이와 같이 운용리스를 선호하는 배경에는 항공기를 직접구입하여 장기간 소유하거나 금융리스를 이용하는 경우에 비해 운용리스 이용시의 탄력적 항공기 운용효과의 이점이 상대적으로 더 크다고 보기 때문이다.

■ (잔존가치 리스크 해소) 운용리스의 경우 리스기간이 종료되면 항공기를 운용리스사에게 반환하므로 항공사는 금융리스와 달리 항공기의 잔존가치 리스크를 부담하지 않는다. 즉, 항공사는 항공기의 시장가격 변동 리스크에 노출되지 않으며 기술진전에 따른 항공기의 진부화 위험도 어느 정도 회피할 수 있다. 반면 항공기를 반환받아야 하는 운용리스사의 입장에서 항공기 잔존가치 리스크는 중요하게 관리하여야 할 항목이다. 이에 따라 항공기 리스사는 항공기의 유지관리, 항공기 검사, 매각, 재리스 등을 담당하는 전문역량과 인력을 구비하고, 항시 중고시장 및 항공기의 유지상황을 모니터링할 필요가 있다. 운용리스사는 일반적으로 항공사의 신용도보다는 항공기의 자산에 의존하는 경향이 상대적으로 강하며 이러한 자산중시 속성은 다소 신용도가 떨어지는 항공사라고 하더라도 리스거래를 가능케 하는 주요 원동력이 된다.

한편 일부 국제 항공사의 경우 투자 리스크 및 잔존가치 리스크를 희석시키기 위하여 운항전략상 보유항공기의 일정비율(예컨대 1/3은 구입, 1/3은 금융리스, 1/3은 운용리스)을 운용리스로 도입하려는 경향 또한 항공기 운용리스의 성장에 일조하는 요인이라고 할 수 있다.

표 4-13 항공기 운용리스의 장단점

장 점	단 점
• 자본투입 최소화 • 단시간에 이용가능 • 탄력적인 항공기 운용 • 항공사의 항공기 잔존가치 리스크 제거	• 리스료 변동위험(변동 임차료 방식의 경우) • 항공기 좌석, 엔터테인먼트 설비변경 어려움 • 항공기 운용제약 및 추가적 관리부담(기록유지, 유지, 정비 등) • 유지적립금 예치, 항공기 반환조건 엄격 • Fleet 구성상 자산취득 효과 없음

6) 금융공여시의 주요 특징

항공기 운용리스와 관련하여 외부자금을 통한 금융이 수반되는 경우 거래에 따라 차이는 있으나 다음과 같은 점들을 공통적으로 열거할 수 있다.

■ 금융의 기채를 리스회사(임대인)가 주도한다. 금융기관의 제안서 제출, 리스료 수준 등 협의 대상은 리스사이며 임차인과는 직접적인 협의대상이 아니다. 이에 따라 대주단의 여신 상환가능성 등 심사포인트도 항공사 신용도보다는 리스회사의 신용도(자산 매각경험, 관리능력, 업계평판 등)와 대상 자산가치의 분석에 좀더 주안점이 주어진다. 반면, 금융리스에서는 임차인인 항공사가 기채를 주도하며, 임대인은 명목상의 SPC로 설립되는데 불과하므로 항공사의 신용도 분석에 보다 중점을 둔다.

■ 외부차입시 리스기간과 대출기간이 일치한다. 금융이 수반되는 경우 운용리스라 하더라도 리스기간과 대출기간을 일치시키는 것이 일반적이며, 대출 원리금 상환이 충분하도록 리스료 수준을 일치하여 금융구조를 설계한다. 따라서 운용리스라 하더라도 신규 항공기의 경우 금융리스와 마찬가지로 리스기간이 10년 이상 장기로 추진되는 경우가 많다. 리스기간말 잔존원금(Balloon)이 있는 경우에는 리스회사에 이를 소구할 수 있는 Full-recourse와 Non-recourse로 조건에 따라 기간도 달라질 수 있다.

■ 통상 고정-변동금리의 Mis-match가 발생하여 금리헷지 필요성이 있다. 임차인의

리스료는 통상 고정, 매월 지급조건이나 금융기관은 변동금리의 이자를 수취하기 원하는 경우가 대부분으로, 고정금리 스왑을 통해 금리리스크를 헤지할 필요성이 있다. 이 경우 대출 원리금 지급주기도 리스료와 마찬가지로 매월 조건으로 일치시키게 된다.

■ 리스기간말 Balloon Payment 조건이 많다. 운용리스는 리스기간이 항공기의 내용연수에 비해 단기인 특성상 리스기간말 최종상환액이 LTV의 일정비율에 해당하는 잔존원금(Balloon)[49]이 있는 (예를 들면 항공기 가격의 10~20% 등) 경우가 많다. Balloon 금액은 Sponsor인 리스회사에 소구할 수 있는 Full-recourse 방식도 있으나 최근에는 소구할 수 없는 Non-recourse 방식이 점차 증가하고 있는 추세이다. 이 부분 또한 차주(임대인)가 상환하여야 하는 금액이므로 은행 입장에서는 대출금액의 항공기 시장가치 대비 적정금액 이내 여부, 리스회사의 항공기 매각 경험과 역량 또한 주요한 심사포인트가 된다.

■ 리스회사가 렌트료 지급 등에 적극 개입하기도 한다. 운용리스에서는 임차인의 리스료 미지급 등에 의한 Payment EOD가 발생하는 경우 대출계약상 디폴트로 연결되지 않도록 리스회사가 거래과정에 적극적으로 개입하기도 한다. 주로 미지급임차료에 대한 지급보증(payment guarantee), 일정 범위 내 임차인의 리스료 대지급 등 치유권(cure right) 행사, 대상 항공기의 시장매각(remarketing) 등이 일반적인 개입방식이다. 이러한 개입방식은 대주단에게 대출 원리금상환을 운용리스사가 보장하는 Full-recourse 금융조건인 경우에 많으며, 이 경우 금융리스와 달리[50] 리스계약이 종료(termination)되더라도 대출계약은 종료되지 않을 수 있다. 운용리스사의 Cure Right를 예로 들면 항공사가 임차료의 미지급 등으로 Lease EOD가 발생할 것으로 예견되는 경우, 운용리스사는 사전에 정해진 범위 내에서 일정 임차료의 부족분을 대지급함으로써 Loan EOD의 발생을 원천적으로 방지할 수 있다. 다만 그러한 상황에 운용

---

49) (Balloon) 분할 상환조건중 대출 만기의 상환액이 다른 분할 상환액보다 상당히 큰 경우를 지칭한다.

50) 금융리스에서는 항공사의 임차료 미지급 등으로 Lease EOD가 발생하는 경우 바로 Loan EOD로 연결되어 차주는 대주에게 남은 미지급 원리금을 조기상환하여야 한다.

리스사가 동의하여야 하고, 대주단에 중대한 부정적 효과가 없으며, 대출계약상 대주단이 권리집행을 하지 않아야 하는 등의 조건이 붙는다. 이때 대주단(채권자)이 리스계약상 디폴트가 발생한 항공사(채무자)에 대해 대출계약상 허용된 디폴트 선언 등 각종 구제권리(remedies)를 일정기간 행사하지 않기로 동의하는 기간을 정지기간(Standstill Period)이라고 한다. 주로 채권자가 채무자와 좋은 관계를 유지하고 있거나, 리스회사의 치유권 등에 의하여 제시된 일정 시간 내 문제가 해결될 것으로 기대되는 경우에 당사자 간 협의에 의해 많이 등장하는 용어이다. 한편, 대주단이 그 Cure 횟수를 지나치게 허용할 경우 Lender가 다른 대체방안을 선택하기가 힘들고, 또한 신속한 조치를 취하기 어려울 수가 있어 일정 범위 한도 내에서만 허용하는 것이 일반적인 방식이다.

7) 항공기 운용리스 동향

1970년대 항공기 운용리스산업의 개척자라 할 수 있는 GPA(Guinness Peat

그림 4-9 항공기 운용리스의 성장

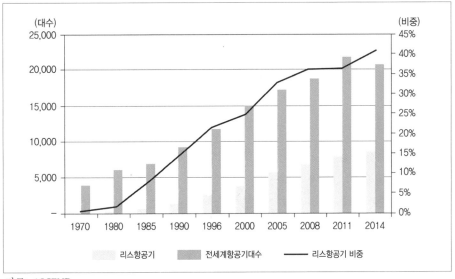

자료: ASCEND.

Aviation) 및 미국의 Interlease사(후에 ILFC)가 전문 항공기 운용리스사로 처음 설립된 이후 항공기 운용리스산업은 비교적 짧은 기간 내에 큰 폭의 성장세를 시현하여 왔다. 1980년대 전세계 운항중인 항공기중 운용리스 비중은 대략 2.0% 이내에 불과하였으나 1990년대에는 15%대, 2000년대에는 25%대, 2014년에는 40%대의 폭발적인 성장을 기록하고 있으며, 이러한 추세로 성장한다면 2020년 이후에는 50%대의 점유율을 기록할 것으로 전망되고 있다.

이와 같이 항공기 운용리스 시장이 전세계적으로 급속히 성장할 수 있었던 배경에는 여러 가지 요인이 있으나 주요한 요소들을 나열하면 ① 전세계 항공대중화 확산 등에 따른 지속적인 항공운송수요 증가, ② 신생 항공사 및 저가 항공사의 증가, ③ 항공운송 사이클 변동성 심화에 따른 신축적 항공기 운용의 장점, ④ 후발 또는 신용도가 미약한 항공사들의 운용리스 의존도 증가, ⑤ 항공기 운용리스사의 증가 및 충분한 항공기 포트폴리오 확보, ⑥ Bank Debt, ABS, Fund 등 다양한 항공기금융 유동성의 존재, ⑦ 기존 운용리스 기법의 재무제표상 부외금융효과(off-balance sheet effects) 등으로 정리할 수 있다.

8) 항공기 운용리스의 구조

항공기 운용리스는 실질적인 차입 주체이자 거래 스폰서인 운용리스사에 대한 소구권 행사가능 여부에 따라 Full-Recourse와 Non-Recourse(또는 Limited-Recourse) 조건으로 구분할 수 있다.

(1) 운용리스사에 대한 Full-Recourse

이 구조는 디폴트사유(EOD)가 발생하는 경우에 대주단의 원리금 상환을 임대인 또는 실질 차입주체인 운용리스사에게 소구할 수 있는 경우를 말한다. 운용리스 구조의 경우 대주단의 원리금 상환은 보통 크게 두 가지 형태로 이루어진다. 우선, 리스기간 중에는 임대인인 SPC가 항공사로부터 수취하는 렌트료 수입으로, 리스기간중 항공사가 디폴트 상황에 처하거나 또는 리스기간말 상당한 잔존원금(balloon)이 있는 경우에는 항공기 저당권 및 기타 담보권 등에 의한

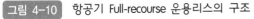

그림 4-10   항공기 Full-recourse 운용리스의 구조

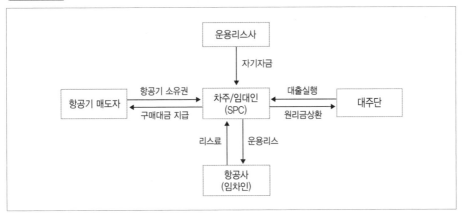

수취대금 등으로 충당한다. 이때 리스회사가 개입하여 임대인의 대주단에 대한 상환의무를 최종 소구한다. 그 형식은 통상 리스회사가 보증을 제공하거나, 대주단에 대한 Put Option 행사의 허용, 위에서 설명한 치유권(cure right) 등을 통해 대주단의 원리금상환을 보장한다. Full-recourse 조건은 Non-recourse 조건에 비해 상대적으로 저렴한 금리의 차입이 가능하고 보다 폭넓은 대주단 Pool을 확보할 수 있을 뿐만 아니라 리스회사가 리스상의 통제권을 좀더 확보할 수 있는 등의 이점이 있다. 이 구조에서는 대주단의 심사 포인트도 최종 소구권자인 리스회사의 신용도에 중점을 두어 이루어진다. 〈그림 4-10〉의 Full-recourse 운용리스의 구조를 단계별로 나누어 설명하면 다음과 같다.

① 운용리스사는 조세중립지역에 명목상의 임대인 및 차주 역할을 하는 SPC를 설립한다.

② SPC는 대주단으로부터 차입한 대출금과 항공기 운용리스사의 자기자금을 합하여 항공기 매도자로부터 항공기를 구입하여 항공기의 소유권을 양도받은 다음, 항공사에게 해당 항공기를 운용리스한다. 이때 항공기의 매도자는 보잉, 에어버스 등 항공기 제작회사가 될 수도 있고, 다른 항공기운용사 또는 항공사가 될 수도 있다.

③ SPC는 운용리스 기간중 임차 항공사가 지급하는 렌트료 수입을 재원으로

대주단앞으로 원리금을 상환한다. 이때 운용리스사는 항공사의 리스료 미지급 등 리스계약상 EOD가 발생하는 경우에도 운용리스사의 보증서 제공이나 치유권(cure right) 행사 또는 대주단이 리스사에게 Put Option 권리를 행사하는 방법에 의해 대주단의 원리금 상환을 보장한다. 신용도가 우량한 운용리스사의 경우에는 리스계약상 디폴트 등 사유 발생시 임차 항공사를 다른 항공사로 변경할 수 있는 재량권이 부여되는 경우도 있다.

④ 항공기 운용리스기간 종료시 임차 항공사는 항공기를 SPC앞으로 반환하고, 잔존원금(Balloon)이 있는 경우 항공기 운용리스사가 상환한다.

(2) 운용리스사에 대한 Non-Recourse

Non-Recourse(또는 Limited-Recourse) 조건은 대주단의 원리금 상환 가능성을 임대인인 SPC가 리스계약상 수취하는 리스료 등 현금수입과 항공기 저당권 등 담보권에만 의존하여 충당하는 경우를 말한다. 따라서 통상 SPC인 임대인은 계약상 정한 요건 이외에는 별도의 차입채무에 대한 소구 책임이 없고, 리스회사도 이를 책임지지 않는다. Non-recourse 운용리스 구조는 실무상 통상 Back-leveraged Lease[51]라고도 불린다. 운용리스의 경우 리스기간말에 일정 Balloon이 있어 렌트료로 충분히 상환되지 않는 잔액이 있는 경우 대주단은 이의 상환을 리스회사가 아닌 항공기 담보권의 실행을 통한 처분대금 등에 의존하여야 하는 유형이다.[52]

Non-recourse 방식의 운용리스 거래는 비교적 최근에 개발된 구조인데,

---

51) 리스대상 자산이 대주단앞 담보로 제공되어 리스기간중 임차인의 렌트료 지급 및 부족한 자금의 경우 항공기 잔존가치에 의존하여 상환이 이루어져 거래 스폰서에게는 소구할 수 없는 대부분 Non-recourse 방식에 의한 운용리스 구조를 지칭한다. 리스기간중 정상적인 상황하에서는 항공사와 임대인 간의 관계에 변동이 없으나, 디폴트의 발생시에는 대주가 임대인의 권리에 개입하는 구조상 변동이 발생하게 된다.

52) Non-recourse 조건은 동일한 운용리스 방식인 Portfolio Financing의 경우에도 마찬가지로 적용된다. Portfolio Financing의 경우 항공기가 한 대인 경우에 비해 Pool의 다변화 등으로 DSCR(Debt Service Coverage Ratio), LTV(Loan to Value) 측면에서 보다 융통적일 수 있다.

그림 4-11 항공기 Non-recourse 운용리스의 구조

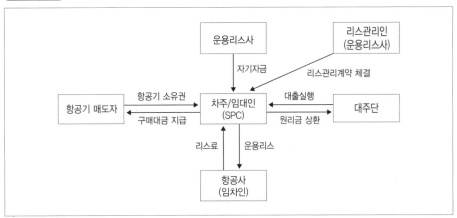

그 배경에는 신용도가 약한 신생 항공기 리스사들의 진입이 증가하고, 기존 리스사들도 2008년 글로벌 금융위기 이후 모기업들의 신용도 하락 등으로 그간의 무담보 신용차입 관행에 제동이 걸린 데다, 주력 항공기금융 공급처인 글로벌 은행들의 대출 저변 확대 및 자산금융(asset financing) 의존 경향의 확대추세 등이 영향을 미친 것으로 보인다.

특히 리스기간말 상당한 Balloon 잔액이 있는 경우에는 대주단의 상환 리스크가 증가하기 때문에 충분한 자산가치와 유동성을 보유하고 있는 신조 항공기 그것도 Narrow-body 기종 등이 금융대상인 경우가 많다. 또한 최종 투자지분을 상실하지 않기 위한 지분투자자(리스회사)의 Re-financing 가능성[53] 및 Balloon 금액과 비교한 출자지분의 수준 등이 심사과정상 중요시되며,[54] 전반적으로 리스회사의 신용도보다는 리스기간중 임차인의 렌트료 지급 관련 신용도와 항공기 담보가치 분석에 보다 주안점이 두어진다.

〈그림 4-11〉의 Non-recourse 운용리스의 구조를 단계별로 설명하면 다음과 같다.

---

53) 임대인이 자산을 포기(walk-away)하기로 선택하는 경우 대주단의 항공기 압류 및 Re-marketing 등 준비를 위하여 임대인의 대주단에 대한 통지절차가 수반되어야 한다.

54) Ronald Scheinberg, *Back-Leveraged Operating Leases: Recent Development*, Vedder Price.

① 운용리스사는 조세중립지역에 명목상의 임대인 및 차주역할을 하는 SPC를 설립한다.

② SPC는 대주단으로부터 차입한 대출금과 별도의 Equity 투자자로부터 모집한 자기자금을 합하여 항공기 매도자로부터 항공기를 구입하여 항공기의 소유권을 양도받은 후 항공사에게 해당 항공기를 운용리스한다. 항공기의 매도자가 항공기 제작사, 다른 항공기 운용사 또는 항공사가 될 수 있는 점은 Full Recourse 구조와 동일하다. 이 경우 운용리스사는 리스관리인의 역할을 수행하며, 자산가치 변동위험은 최종 투자자가 부담하게 된다.

③ SPC는 운용리스기간중 임차 항공사가 지급하는 운용리스료를 재원으로 대주단앞으로 원리금을 상환한다. 이때 임차항공사의 리스료 미지급 등으로 리스계약상 EOD가 발생하는 경우 대주단의 잔여 원리금은 임대인이 항공기를 매각하거나 또는 다른 항공사앞 재임대를 통해서만 회수할 수 있고, 항공기를 급매로 처분함에 따른 손실 발생을 방지하기 위하여 일정기간 이내의 매각기간(remarketing period)을 부여하는 경우가 많다. 따라서 이 구조에서는 운용리스라 하더라도 임차 항공사의 신용도분석과 항공기의 매각 가능성에 대한 검토가 매우 중요하다.

④ 항공기 운용리스기간 종료시 임차 항공사는 항공기를 SPC앞으로 반환한다. 만약 리스기간말 잔존원금(Balloon)이 존재함에도 불구하고 임대인이 항공기에 대한 권리를 포기하는 경우 대주단은 항공기 매각대금 등으로 이를 상환받는다.

4.4 항공기 포트폴리오 파이낸싱

1) 개요

Portfolio Financing이란 일반적으로 부동산, 채권, 상품 등 다양한 자산을 동종의 특성을 갖는 조건별로 선별하여 이를 집합(pooling)시킨 후 소유권을 이전 또는 매각하여 유동화시키는 방식을 일컫는다. 운용리스회사가 항공기 한 대에 붙어있는 운용리스를 대상으로 금융을 추진하는 경우에는 시장에서 항공기 Lessor Financing이라고도 부르며 전형적인 운용리스기법에 속한다. 복수의 항공기를 묶어 유동화시키거나 다른 운용리스회사, 항공사로부터 복수의 항공기를 일괄적으로 매입하기 위하여 금융기관의 차입을 통해 자금조달하는 방식의 경우 이를 Aircraft Portfolio Loan Financing 또는 줄여서 Aircraft Portfolio Financing이라고 부른다. 어느 방식이든 항공기 운용리스회사가 항공기 운용리스를 기초로 자금을 차입하므로 운용리스의 특징이 공통적으로 적용되는 점은 같다. 항공기 Portfolio Financing의 경우 신조 항공기보다는 대부분 기존에 보유하고 있는 항공기를 대상으로 하므로 Refinancing 방식의 일종이며, 특히 다른 리스회사, 항공사로부터 복수의 항공기를 구입하기 위하여 자금을 차입하고 이를 다시 운용리스하는 경우에는 Purchase & Operating Leaseback이라고도 한다.

항공기 Portfolio Financing의 가장 큰 특징은 전세계 지역적으로 분산된 각기 다른 신용도의 항공사 및 다양한 잔존가치를 갖는 항공기 유형이 포트폴리오에 의하여 적절히 분산됨으로서 단일건으로는 금융추진이 불가능하였던 거래도 금융추진이 가능하다는 점에 있다. 즉, 다양성이 Portfolio Financing의 가장 중요한 특징이라고 할 수 있으며 다양한 항공사, 항공기가 대상인 만큼 항공기를 매각하기 위한 Remarketing Agent의 역량 또한 중요한 평가요소가 된다.

한편, 항공기 Portfolio Financing과 유사한 방식으로 항공기 ABS(asset-backed securities)가 있다. 다만 항공기 Portfolio Financing이 대출방식인 반면, 항공기 ABS는 자본시장에서 투자자들을 대상으로 발행되는 증권발행 형태이다. ABS도 Portfolio Financing과 마찬가지로 전세계 복수 항공사와 항공기 유형을 대상으로 다양한 운용리스 거래를 집합시켜 SPC를 통해 증권을 투자자들에게 발행하는 형태이지만 Portfolio Financing과 달리 이들 다양한 요소들을 평가한 후 국제신용등급을 부여받으며, 리스기간중 현금흐름에 단절이 있을 경우 이를 보충하는 기능의 신용공여자(liquidity provider)가 추가로 개입하기도 하는 특성을 갖는다.

2) 특징

- (운용리스 구조) 항공기 리스사가 보유 또는 매입하는 복수의 항공기를 대상으로 하는 운용리스 거래로, Security Deposit, Maintenance Reserve, 항공기 반환조건, 리스사의 개입, 항공기 Remarketing 등 대부분의 조건들은 전형적인 운용리스의 특성을 공유한다.
- (Purchase & Lease-back) 항공기 리스사가 자체적으로 보유하고 있는 항공기가 아닌 다른 리스사 또는 항공사로부터 매입하는 항공기를 대상으로 금융을 추진하는 경우에는 항공기 매입자의 관점에서 Purchase & Leaseback으로 별도로 부르기도 한다. 그러나 전반적인 구조는 매각자의 관점에서 보는 Sale & Lease-back과 크게 다르지 않다.
- (복수의 항공기 대상) 전형적인 운용리스 거래가 단일 또는 소수의 항공기를 대상으로 한다면, 항공기 Portfolio Financing은 리스크 분산이 가능하도록 다수 모델의 항공기, 지역적으로 분산된 다수 항공사를 대상으로 한다. 예를 들면 많게는 30대 정도가 금융대상으로 추진되는 경우도 있다. 일반적으로 항공기 리스회사는 보유 항공기의 적기 매각차익 거양 및 기령 개선 등의 목적으로 다수 항공기를 정기적으로 시장에 매각하는 경우가 많은데, 이때 이미 항공사에 운용리스중인 항공기들을 한데 묶어 Portfolio Financing에

의해 자금 유동성을 확보하는 경우가 많다.

- (Pooling에 의한 금융) 각 임차인이 지급하는 리스료가 해당 항공기의 원리금을 상환하는데 부족하더라도 리스료 수입이 Portfolio 내에서 Pooling되어 신용도별·지역별로 희석됨에 따라 총 Portfolio 기준 임차료 유입액이 총 Portfolio 원리금 상환액을 상회할 경우 금융추진이 가능하다는 장점이 있다. 따라서 항공기 리스사 입장에서는 리스료율이 상대적으로 낮은 항공기와 리스료율이 상대적으로 높은 항공기를 Pooling하여 금융의 최적화가 가능하다. 반면 개별 항공기를 대상으로 한 운용리스에서는 구조 및 시장 특성상 비우량 항공사를 대상으로 하는 경우가 많아 항공기 리스사의 Full-recourse 조건이 아니면 실무상 금융추진이 어려운 경우가 있을 수 있다.

- (리스기간과 여신기간 불일치) 개별 항공기를 대상으로 한 운용리스 금융거래의 경우 리스기간과 여신기간을 일치시키는 것이 통상적이나, Portfolio Financing 에서는 임차인별·항공기별로 리스조건이 각각 달라 구조상 개별 리스기간과 여신기간을 일치시키기 어렵다. 따라서 대출기간은 각 항공기별로 남아 있는 잔여 리스기간을 검토하여 리스기간 이내의 범위에서 5년, 7년 등 특정 기간으로 책정하는 것이 일반적이다.

- (Replacement Lease) 리스만기 이전에 리스계약이 파기(termination)되거나, 대출만기 이전에 리스만기가 도래하는 경우 리스사의 재량으로 항공사를 변경할 수 있는 대체리스(replacement lease) 권한을 부여하는 경우가 많다. 이 경우에는 대출계약상 대출원리금이 정상적으로 상환되는 등 Loan Default가 발생하지 않아야 하며,[55] 대체될 항공사의 요건, 리스조건, 보험, 담보제공 등에 대해서는 금융단의 사전 동의를 받아야 한다. 금융단이 동의하지 않을 경우 남아있는 대출잔액은 리스회사가 조기 상환하도록 하고 있다.

- (LTV Test) 다수의 항공기를 대상으로 하는 만큼 대출잔액 대비 항공기의 시장가치 유지비율을 나타내는 대출비율(Loan-to-Value Ratio)은 Portfolio Financing

---

55) Lender가 대출계약상 Default를 선언하게 되면 항공기를 확보하여 저당권을 실행하는 절차에 돌입하기 때문에 Replacement Lease는 Lease 계약은 종료되지만, Loan 계약은 유지되어야 한다.

에서 특히 중요시되는 지표이다. 통상 Security Agent는 매 1년마다 주기적으로 하나 이상 복수의 항공기 전문평가기관으로부터 항공기 시장가치 자료를 제출받아 해당 비율을 점검하며, 사전 합의에 의해 설정된 LTV Threshold (가령 1년차 75%, 2년차 70%, 3년차 65% 등)를 충족하지 못할 경우에는 대출잔액 대비 부족한 부분을 리스사가 조기 상환하도록 계약서에서 요구하는 경우가 많다.

▪ (Remarketing) 일반 운용리스도 마찬가지이지만 항공기 Portfolio Financing의 경우 대출기간말에 일정금액의 Balloon이 있는 경우가 많으며, 특히 금융이 Non-recourse 금융조건으로 추진되는 경우[56] 이 금액은 추후 항공기를 시장에 매각하거나 재리스를 통하여 회수할 수 있도록 구조가 설계되는 경우가 많다. 따라서 Portfolio Financing에서는 항공기 매각을 담당하는 Remarketing Agent의 역량과 경험이 중요하여 금융기관의 대출 심사시에도 주요 검토사항에 속한다. Remarketing Agent는 보통 거래 스폰서인 리스회사가 수행하는 경우가 많은데, 해당 경험 및 역량이 부족하다고 판단되는 경우에는 다른 전문 리스사를 지정하거나 또는 항공기 제작회사가 이를 수행할 수도 있다.

▪ (계약구조 복잡) 다수의 임차인과 여러 유형의 항공기가 개입하므로 계약구조가 매우 복잡하다. 세계 각국의 항공사가 임차인으로 편입될 수 있어 검토해야 할 법률체계가 매우 다양하고 복잡하며, 특히 국가별 세법체계 등이 상이하여 복수의 SPC가 설립되는 경우도 많다. 예를 들면 항공기의 등록, 저당권 설정 등은 임차인 소재국에 각각 등록되어야 하며, SPC도 항공사 및 리스회사의 영업유형, 관련 규제, 세법 등에 따라 중국, 벨기에, 아일랜드, 케이만 등에 복수로 설립되는 경우도 있다. 모든 경우 해당 국가의 전문 법무법인에 의한 법률검토를 바탕으로 하여 거래가 진행되어야 한다. 또한 담보등록의 유효성 및 세무목적 필요성에 따라 운항중인 각각의 항공기가 해당국 공항에 체재하거나 국제공역(international waters)을 통과하는 시간대에 맞추어 자금의 인출, 소유권 이전, 저당권 설정 등이 동시에 이루어져야 하는 점도 항공기 Portfolio Financing의 복잡한 단면의 한 예라고 할 수 있다.

---

56) Full-recourse 계약서의 경우에도 리스계약 종료시 항공기의 매각 관련 규정들이 포함되어 있는 경우가 많으나, 리스회사가 대주단의 원리금 상환을 최종 보장하도록 하고 있다.

3) 금융구조 및 절차

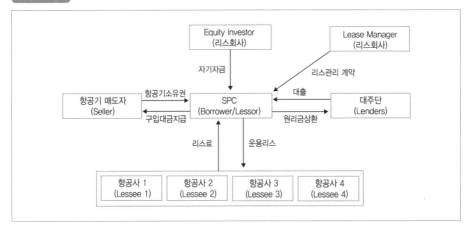

그림 4-12   항공기 Portfolio Financing의 구조(Purchase & Leaseback)

① 항공기 운용리스사는 Tax Haven 지역인 케이만이나 아일랜드에 차주 및 임대인 역할을 하는 SPC를 설립한다.

② 차주사 SPC는 Lender로부터 차입한 대출금과 투자자로부터 조달한 자기자금을 합한 대금을 항공기 매도자에게 지급하고 항공기의 소유권을 양도받아 임차 항공사에게 해당 항공기를 운용리스한다.

- 이때 항공기 매도자는 자체 보유자산을 유동화하는 경우 운용리스사 자신이 될 수도 있고, 다른 운용리스사 또는 항공사로부터 매입하는 경우 그 운용리스사 또는 항공사가 될 수도 있다.

- 은행차입금은 다른 리스구조의 경우에도 마찬가지이지만 참여 기관의 의향에 따라 선순위 및 후순위로 기간 및 조건을 달리하여 차입할 수 있다. 항공기별 대출기간은 통상 각 항공기별 잔여 리스기간 이내의 범위에서 책정되는 것이 보통이다.

③ 차주사 SPC는 리스기간중 각 임차 항공사들이 지급하는 운용리스료를 재원으로 대주단앞 원리금을 상환한다.

④ 여신기간 만료시 잔존원금(balloon)이 있는 경우 대출원리금은 Full-recourse 조건인 경우 리스회사에 의해, Non-recourse 조건인 경우 항공기의 매각(remarketing) 대금 등으로 상환한다. 항공기의 매각을 위해 통상 해당 리스회사 또는 다른 항공기 매각 전문기관이 Remarketing Agent의 역할을 수행한다.

4) 금융조건 예시

- 형태   : 항공기 담보부 Portfolio Financing(Full-recourse)
- Sponsor/Servicer : ICBC Financial Leasing(중국 리스사)
- 대상항공기   : AWAS로부터 구입하는 항공기 10대(기 운용리스중)
  (B737-800 4대, A320-200 3대, A319-100 3대)
- 항공기매도자   : AWAS(아일랜드 리스사)
- 차주/임대인   : 리스회사가 전액 출자하여 아일랜드에 설립하는 SPC
- 임차인   : 전세계 7개 항공사
- 총소요자금   : U$350백만
- Lender   : 전세계 5개 금융기관
- 대출기간   : 7년(평균기간: 4.25년)
- Loan-to-Value : (AVAC 기준) 71%, (Ascend 기준) 75%
- 가격조건   : Libor+230bp p.a. (All-in Yield 기준)
- 상환방법   : (원금) 원리금 균등분할, (이자) 매월 후취
- 만기시 Balloon : U$70백만(항공기구입가격의 20%)
- Drawdown   : 각 항공기별로 한번에 인출
- Agent/Security Trustee: Lender중 1개 은행 선정
- Lender의 채권보전
  - 각 항공기에 대한 선순위 저당권(mortgage) 설정
  - 각 운용리스 계약상 제반권리(임차료, 임대보증금 등) 양수
  - SPC 주식에 대한 질권(pledge) 설정

- 항공기 관련 보험 청구권 양수
- 항공기 동체 및 엔진 구매 계약상 Warranties 양수
- EOD 발생시 리스회사앞으로 Deposit 예치 요구 권리 등
- 임차료 수취계좌에 대한 질권 설정
- 대출잔액 대비 항공기 시가 하락시 부족분 조기상환 청구 등

5) Full-recourse와 Non-Recourse

일반 운용리스 구조와 마찬가지로 Portfolio Financing에서도 운용리스사에 대한 소구권 가능 여부에 따라 Full-recourse와 Non-recourse(또는 Limited-recourse)의 두 가지 중 하나로 추진될 수 있다. Full-Recourse는 대주단의 최종 원리금 상환 재원을 스폰서인 운용리스사에게 소구할 수 있는 조건을 말하며, Non-Recourse는 운용리스사에게 소구할 수 없고 다만 SPC가 소유하는 항공기에서 발생하는 현금흐름 즉, 리스료 수입과 항공기 저당권 등에 의한 매각대금에만 의존하여 원리금 상환이 이루어지는 조건을 말한다. 따라서 Full-recourse 금융조건의 경우 운용리스사의 신용도에 의존하는 특성이 있는 반면, Non-recourse 방식은 전형적인 Project Financing 방식과 마찬가지로 자산의 수익 흐름 및 잔존가치에 의존하는 측면이 강하다. 두 방식의 차이에 따라 구조가 다르게 설계된다.

■ Full-recourse의 경우 운용리스사가 자체 상환재원(예치금 또는 보증 포함)을 통해 대주단의 대출금 상환을 보장하는 금융구조이다. 통상 리스사의 보증(guarantee) 제공, 차주의 항공기 매각옵션(aircraft put option) 등이 대표적으로 이용되는데, 이 경우 대출심사의 주안점은 항공기리스사의 신용도를 중점적으로 심사한다. Put Option은 대출 실행시 대주단에 채권보전책의 하나로 양도되는 권리로서, 차주가 Loan 계약상 EOD 발생 등 상환사유가 발생할 경우 리스회사에 대출잔액 전액을 매입하도록 요구할 수 있는 권리이며, 리스회사가 대출잔액을 상환하게 되면 그 자산에 대한 Lender의 권리는 리스회

사로 이전된다. 한편, Full-recourse 조건에서는 리스사가 원리금 상환을 보장하게 되므로 리스기간 만기 이후에도 항공기를 담보로 여신기간이 지속되는 경우가 있다.

■ Non-recourse 또는 Limited-recourse 금융조건의 경우 기본적으로 원리금 상환을 리스기간중 임차인으로부터 받는 리스료 수입과 항공기의 처분수익 등에 의존하여야 하므로 Lender는 항공기 리스기간과 대출기간을 일치시키도록 요구할 가능성이 크다. 문제는 리스기간말 Balloon 금액인데, 이 금액은 항공사의 리스료 수입에 의해 충당되지 않으므로 통상 항공기리스사 또는 외부 항공기매각 전문회사가 대상 항공기를 시장에 매각하여 그 대금으로 상환하여야 하는 만큼 Full-recourse 조건보다 자산 리스크가 상대적으로 크다. 따라서 Lender는 대출조건 협상시 일반적으로 Balloon이 없거나 있더라도 최소화하는 방향으로 요구하는 경향이 크며, 항공기 매각이 대출회수에 큰 영향을 미치는 만큼 리스기간 종료시 항공기 가격의 예측 정확성, Remarketing Agent의 매각 경험이나 평판 등이 대출시 중요한 심사포인트가 된다.

4.5 세일 앤 리스백(sale and lease-back)

1) 정의

세일 앤 리스백(sale and lease-back)은 말 그대로 항공기를 소유하고 있던 항공사가 금융기관에 항공기의 소유권을 매각(sale)하고, 이와 동시에 그 항공기를 일정기간 사용하기 위하여 다시 리스계약을 체결(lease-back)하는 거래유형을 말한다. 이때 항공기를 매입하는 주체는 실질적으로는 항공기 리스회사나 은행이 되지만, 실무상으로는 파산절연(bankruptcy remotedness) 기능을 확보하기 위하여 Tax Haven 지역에 항공기 소유자 및 임대인의 역할을 수행하는 SPC를 설립하고, 이 SPC가 항공기의 매입 주체가 되어 다시 항공사앞으로 리스하게 된다. 리스방식은 당사자 간의 협의에 따라 금융리스 또는 운용리스 구조로 설계가 가능하며, 리스대상 항공기도 항공기 제작사에서 새로 인도되는 신조 항공기뿐만 아니라 이미 사용중인 중고 항공기도 이용이 가능하다. 다만 Sale & Leaseback 구조는 ABS나 Portfolio Financing과 마찬가지로 추가적인 유동성 확보의 이점 때문에 신규 항공기를 바로 매각하는 경우보다는 일정 연한을 경과한 중고 항공기가 대부분 이용되는 편이다.

Sale & Leaseback에서는 항공기의 매각 즉, 항공기 소유권의 이전이 수반되기 때문에 구조상 당사자의 역할도 변경된다. 항공기의 매입을 위해 설립된 SPC는 항공기의 소유자, 임대인 및 차주(금융 차입의 경우)의 역할을 수행하게 되며, 항공기를 매각한 항공사는 이전의 항공기 소유자에서 임차인으로 그 역할이 바뀌게 된다.

Sale & Leaseback은 보유 항공기의 매각을 통한 유동성 확보의 장점 때문에 대형 항공사, 신규진입 항공사, 저가 항공사뿐만 아니라 항공기 운용리스사들도 매우 활발하게 이용하는 기법이다. 특히 항공기 시장가격이 장부가격에 비해 현저히 높게 형성되는 경우 매각시점에서 추가적인 운전자금을 확보함으로써 장부상 이윤 및 단기 유동성을 증진시키거나, 노후 항공기의 처분 등을 통해 운항 항공기의 기단(fleet)을 재편성하고, 신설 항공사가 보유 항공기를 빠르게 증대시킬 필요가 있을 때 매우 유용하게 사용된다. 게다가 항공사로서는 절차상 항공기의 소유권만이 변경될 뿐 항공기 운항으로부터 발생하는 매출수익이나 운항노선 등은 변동 없이 그대로 유지한 채로 사용할 수 있다는 장점이 있다.

이 구조는 항공기 매각의 요건상 대부분 Clean Title 즉, 항공기 저당권 등 기존의 담보가 설정되거나 남아있지 않은 깨끗한 상태의 항공기가 주로 이용되나, 이미 리스중인 항공기도 이용할 수 있다. 이 경우에는 운용리스 채권이 붙어있는 채로 항공기 및 수익채권의 매각이 이루어진다. 특히 항공기 시장가격이 높은 수준을 형성하거나, 시장금리 수준이 낮은 호황국면에서는 저렴한 금리 및 매각차익을 목적으로 한 Sale & Leaseback 구조의 Refinancing 수요가 대폭 증가하는 경향이 있다.

한편, 다른 항공기 리스사나 항공사로부터 유휴 항공기를 구입하여 이를 SPC에 매각하고 동시에 리스를 받는 경우에는 실무상으로는 Purchase & Leaseback이라 하여 동일한 항공사가 보유 항공기를 매각하고 리스를 받는 Sale & Leaseback과는 구별하여 사용하기도 한다. 다만 Purchase & Leaseback의 경우 외부 조달자금이 항공기의 구입자금으로 사용되는 반면 Sale & Leaseback의 경우 외부 조달자금이 항공사의 여유자금으로 활용될 수 있다는 점에 차이가 있다.

2) 구조

Sale & Leaseback 구조는 임대인 또는 임차인을 둘러싼 거래환경 및 경제적 목적에 따라 금융리스 또는 운용리스 등으로 다양하게 접목이 가능한 기법이다. 신규 항공기이든 중고 항공기이든 SPC앞으로 항공기 자산의 소유권을 진정매각(true sale)[57]하고 리스기간 동안 렌트료를 지급하고 항공기를 리스받는

---

57) (진정매각) 여신의 담보(secured loan)로 해석될 여지가 없는 자산의 매각을 지칭하며, 이를 입증하려면 양도자에 대한 비소구(non-recourse), 양 당사자의 진정매각에 대한 의도,

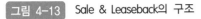

그림 4-13   Sale & Leaseback의 구조

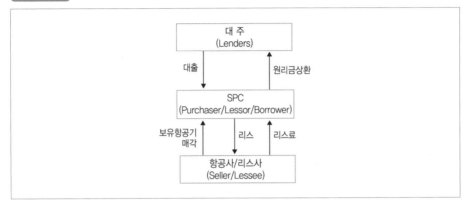

조건만 충족되면 Sale & Leaseback 구조가 성립한다고 할 수 있다. 그러므로 SPC를 설립하여 금융이 이루어지는 Leveraged Lease나, Tax Lease 등 대부분의 리스구조도 한편으로는 Sale & Leaseback 형태에 포함된다고 볼 수 있다. 앞서 설명한 운용리스 방식인 Portfolio Financing도 Sale & Leaseback 또는 Purchase & Leaseback에 기반을 둔 구조이다.

3) IFRS 16에서의 회계처리방식 변경

Sale & Leaseback 구조는 리스의 설계에 따라 금융리스 또는 운용리스방식이 가능한데, 이전에는 금융리스와 운용리스의 구분에 따라 회계처리방식에 차이가 있었다. 즉, 운용리스로 인식되는 경우 항공사들은 일명 부외금융효과 (off balance-sheet effects)가 가능하여 항공사의 손익계산서에만 리스료가 비용으로 계상되고, 대차대조표에는 자산, 부채로 등재되지 않아 부채비율(총부채/자기자본)을 축소할 수 있는 등 재무비율 개선효과가 있어 항공사들에게 큰 호응을 받았

양도대상 자산에 대한 인식, 혼장위험(commingled risk)을 배제한 추심계좌의 분리, 공정 시장가격에 의한 매각 등 다양한 요소들을 판단하여 진정매각 여부가 결정된다. True Sale 요건은 ABS 등 유동화상품 및 Warehouse Facility 등 구조화 금융추진시 필수적으로 검증 되어야 하는 항목이다.

었다.

그러나 새로운 IFRS 16 회계기준에서는 금융리스와 운용리스의 구분이 없어지고, 계약상 자산의 이전이 판매(sale)에 해당되는지 여부에 따라 회계처리방식이 달라지게 되었다. 임대인–임차인 간 판매가 발생하였는지 여부는 거래의 실질에 있어서 자산의 통제권(control right of asset)이 누구에게 있는가를 몇 가지 제시된 가이드라인(기준이 아님)[58]에 의하여 종합적으로 판단하도록 하고 있다. 만약 자산의 통제권이 임대인에게 있어 자산의 이전이 판매로 인정되면 임차인은 부외금융이 인정되어 항공기 자산을 B/S에 계상하지 않아도 되나, 반대로 자산의 통제권이 임차인에게 있어 판매거래로 인정받지 못하면(failed sale) 금융리스(실질적으로 자산의 매입으로 간주)나 또는 순수한 자산의 매각(리스가 아닌 매각이 목적)으로 간주하여 임차인은 항공기 자산을 B/S에 등재하도록 하고 있다. 그러나 판매요건을 충족하였는지를 묻는 새로운 분류기준은 다소 불명확한 판단절차를 수반할 수도 있어 시장에서 Sale & Leaseback 거래가 위축되는 요인으로 작용할 수도 있다.

어쨌든 Sale & Leaseback 구조에서는 임대인 및 임차인의 회계처리방식이 국가마다 다를 수 있고, 거래 실질에 따라 다소 복잡한 판단절차를 요하므로 전문가의 구체적인 자문이 필요하다는 점은 다시 한번 강조할 필요가 있다.

4) 효과

Sale & Leaseback 구조는 다음과 같은 장점으로 대형 항공사뿐만 아니라 신규진입 항공사, 저가 항공사, 운용리스회사 등도 많이 활용하는 기법이다.

---

58) 판매인정 가이드라인: ① 판매자/임차인의 매각대금 지급의무가 있을 것, ② 구매자/임대인이 법적소유권을 보유할 것, ③ 구매자/임대인이 자산을 점유할 것, ④ 구매자/임대인이 자산소유에 따른 리스크와 대가를 부담할 것, ⑤ 구매자/임대인이 자산의 인수를 수락할 것 등임. 이외에 금융리스 거래가 아니어야 하며, 재구매옵션이 있을 경우 행사시 옵션가격이 공정시가에 해당되어야 하는 등임(ASC 842).

- (운전자금 확보) 가장 중요한 이점으로 항공기를 매각함으로써 추가적인 운전 자금, 즉 그동안 항공기에 묶여있던 투입자본의 유동성을 매각시점에서 즉 시 확보할 수 있다. 이렇게 회수한 현금흐름은 항공사가 필요로 하는 다른 용도에 보다 유용하게 활용할 수 있다. 특히 항공운송 사이클이 하강국면에 있거나 저점일 경우에 단기 유동성 부족에 시달리는 항공사들에게 전략적인 현금 창출수단으로서 유용하게 활용될 수 있는 기법이다. 또한, 자금조달 대 안이 풍부하지 않은 신규 항공사와 저가 항공사들에게 이 구조를 통한 추가 자금 창출은 매우 유용한 수단이 될 수 있다.
- (매각차익 실현) 항공기 시장가격이 장부가격보다 현저히 높은 경우 매각을 통하여 장부상의 이윤을 실현시켜 수익성을 증가시킬 수 있다. 항공사는 종 종 항공기 제작회사로부터 대규모 발주 또는 신규고객이라는 이유로 할인혜 택을 받을 수도 있고, 신규 항공기의 경우 감가상각 금액이 상대적으로 커 장부가격이 과소계상되는 경향이 많으며, 이 경우 Sale & Lease-back 거래 를 통해 매각차익의 실현을 기대할 수 있다.
- (기존 자산이용권 확보) 항공기의 소유권은 이전되지만, 항공기의 점유권, 사 용권은 그대로 유지되어 운항하던 그대로 사용이 가능하다. 즉, 항공기의 운 항 스케줄, 항공기의 유지 등에 변동이 없고 항공기에서 창출되는 수익도 그 대로 유지된 채로 사용할 수 있다.
- (탄력적인 항공기운용) 잔여 내용연수 기간 동안 항공기를 소유하지 않음으로 써 탄력적인 항공기 운용이 가능하다. 항공운송 사이클이 하강국면에 있을 경우 신용평가기관이나 Equity Analyst들은 항공사들이 불황을 타개하기 위 해 비핵심자산을 감축시킬 수 있는지 등 보유 항공기의 탄력적 운용능력을 분석하여 평가한다. 이때 보유 항공기와 리스 항공기가 적절히 섞여 있다면 긍정적인 평가를 받을 수 있는 유용한 도구가 될 수 있다.
- (유용한 대체금융수단) Sale and Lease-back은 유용한 대체금융수단이다. 특 히 오래된 항공기는 대체로 시장에서 좋은 가격을 받기 어려우나, 이 구조를 활용하면 일단 현금유동성을 확보하고 리스기간이 끝날 때 다시 항공기의 소유권을 반환받을 수도 있다.

- **(100% 현금화 가능)** 전통적인 담보대출보다 유리한 조건의 Refinancing이 가능하다. 거래에 따라 다르나 통상 일반 담보부대출이 항공기 시가의 65~75% 정도까지만 대출이 가능한데 비해, Sale and Lease-back의 경우 항공기 시가에 근접한 금액으로 100% 현금화도 가능하다. 현재시점에서 창출이 가능한 100% 현금화의 장점은 장래 지급하여야 할 리스료의 현재가치 즉, 금융비용이 다소 높더라도 이를 시간가치 개념에 의해 상쇄시킴으로써 임차인의 재무역량을 제고할 수 있는 유용한 대안이 될 수 있다.

- **(잔존가치 리스크 회피)** 운용리스의 경우 항공기를 매각함으로써 항공기의 잔존가치 리스크, 즉 가격변동위험을 미리 헷지할 수 있다. 그러나 항공기 가격이 상승하는 국면에서는 향후 잔존가치 상승에 따른 Capital Gain 가능성을 포기해야 하는 단점도 존재한다.

- **(항공기 진부화의 위험 회피)** 항공사는 기술진보에 따른 신모델 기종의 출시에 민감한 편인데, Sale & Leaseback 구조를 활용하는 경우 항공기 소유에 따른 리스크를 축소하여 항공기의 진부화 위험에 따른 가격하락 및 매각시기 선정위험 등에서 어느 정도 자유로울 수 있다. 이 부분 또한 운용리스의 장점에 속한다.

- **(유리한 협상가능)** 리스구조와 조건협상에 유리한 위치를 차지할 수 있다. 이 구조에서는 자산의 판매자가 동시에 임차인이 되기 때문에 조건협상에 보다 유리하다. 보통 항공기 판매가격과 향후 지급하여야 할 리스료 수준은 서로 연계하여 협상되는 경우가 일반적인데, 판매가격이 높으면 일정 기간 후에 반환을 받든지 또는 연장을 하든지 등의 방법으로 리스료 수준을 낮출 수 있다.

4.6 항공기 선급금 금융

1) 개요

항공사 또는 항공기 리스회사가 항공기를 새로 도입하기 위해서는 우선 항공기 제작회사에 필요한 항공기를 발주하여야 한다. 이때 항공기제작회사는 항공기가 최종 인도되기 전에 항공기 기준가격(aircraft base price)의 일정 금액을 우선적으로 납부하도록 요구하는데 이 금액을 항공기 선급금(aircraft pre-delivery payment)이라고 한다. 항공기 선급금은 통상 항공기 구매계약(aircraft purchase agreement)이 체결되는 시점에 또는 예정된 항공기 인도일 이전에 두세 번에 걸쳐 분할하여 지급하게 되는데, 거래에 따라 차이는 있으나 사전에 합의된 항공기 기준가격의 대략 20~30%를 납부하게 된다. 이 대금은 항공기 제작회사가 항공기를 생산하는 데 필요한 비용의 일부로 사용하게 된다. 여기서 선급금 산정의 기준이 되는 가격은 기준가격(base price)으로서, 실제 항공사와 항공기 제작회사가 최종적으로 합의한 제반 할인요소를 적용받아 공제한 후의 순가격(net price)과는 차이가 있으며, 이 부분은 뒤에서 보다 자세히 설명하기로 한다.

한편, 항공기 선급금은 항공사의 현금 유동성 관리 측면에서 상당한 부담으로 작용한다. 항공기가 생산중이기 때문에 적정수익을 실현하기 이전에 지출되는 비용이고, 보통 선급금은 향후 수년에 걸쳐 도입될 여러 대의 항공기를 묶어 한꺼번에 주문하는 경우가 많으므로 금액 측면에서도 상당히 큰 금액일 수 있다. 과거 항공기 선급금은 항공사가 자체자금으로 직접 지급하는 것이 일반적이었으나, 최근에는 현금 유동성의 유보를 위해 상업은행으로부터 차입 형태로 조달하는 경우가 대부분이다.

항공기 선급금 금융(aircraft pre-delivery payment financing)은 항공기 제작회사와 항공사 간에 체결된 항공기 구매계약(엔진의 경우 엔진구매계약)에 따라 항공사가 항공기 제작회사에게 지급하여야 할 일정 비율의 선급금을 상업은행 등으로부터 중단기 대출의 형태로 차입하기로 하는 금융약정을 말한다. 통상 항공기 선급금금융을 간단히 '항공기 PDP 금융'이라고 통용하고 있으므로 본 절에서도 항공기 PDP 금융으로 줄여서 부르기로 한다.

2) 주요 조건

항공기 PDP 금융을 제공하는 상업은행은 항공기의 구매자(차주)와 PDP 대출계약(PDP facility agreement)을 체결하게 된다. 차주는 항공기를 구매하는 항공사 또는 리스회사가 된다. PDP 금융조건은 항공기가 완성된 후 인도시 이루어지는 항공기 인도후금융(aircraft delivery financing)과는 상당한 차이가 있다. 인도후금융에서는 대출금이 항공기 인도일에 한번에 인출(single drawdown)되고 금융만기까지 장기간에 걸쳐 원리금이 정기적으로 분할 상환되는 반면, PDP 금융에서는 항공기 구매계약상 정한 선급금 지급기일에 맞추어 수회에 걸쳐 인출(인출회수가 증가할수록 잔액도 증가한다)된다. PDP의 만기일은 각 항공기별 실제 인도일(또는 인도가 지연될 경우 상호 합의하는 일자)로, 이 날짜에 PDP 잔액이 전액 일시 상환된다. 통상 실무에서는 PDP 금융과 대비하여 항공기 인도후금융을 Main Financing이라고도 부른다.

한편 PDP 대출은행은 선급금의 100%를 대출할 수도 있지만 일부를 차주가 부담하도록 요구할 수도 있다. 차주가 부담하는 이 일부 금액은 차주의 자기부담분(equity portion)으로 추후 대주가 불가피하게 항공기를 매입하여야 하는 경우 완충(buffer)역할을 하게 됨에 따라 이 금액이 높으면 높을수록 대주의 지위는 보다 유리하게 작용할 수 있다.

만약 차주가 항공기의 인도대금 지급을 위해 다른 대주단으로부터 인도후금융을 주선하게 되면, 인도후금융에는 PDP 대금의 상환자금도 포함되어 융통(즉, 100% 금융)되므로 차주는 이 자금으로 PDP 잔액을 상환한다. PDP 대출원금은 만기 일시조건이나, 이자는 대출약정 조건에 따라 정기적으로 분할하여 상환한다.

표 4-14	항공기 PDP 금융의 주요조건(예시)

- 차주(Borrower): 항공사, 항공기 운용리스사(또는 SPC)
- 대상 항공기 : (통상) 복수의 항공기
- 대출 금액   : 총 선급금 중 일정 비율(잔여 선급금은 항공사가 부담)
- 대출 통화   : US$화
- 대주(Lender) : 금융기관
- 원리금 상환 : (원금) 각 항공기 인도일에 일시상환, (이자) 매기 후취
- 이자지급   : 1개월 또는 3개월물 Libor+적용마진
- 채권보전(담보) : 항공기 구매계약상 차주의 권리 양수
  - 차주의 EOD(Event of Default) 발생시 대주는 항공기 잔여대금을 지급하고, 대상 항공기를 구입할 수 있는 권리 획득
  - 차주의 EOD 발생시 항공기 제작업체의 동의하에 대주의 권리를 제3자앞 양도 가능

한편, 복수의 항공기가 PDP 금융의 대상이라면 통상 여러 대를 묶어 교차담보(cross-collateralization)를 설정하는 것이 일반적이다. 법적으로는 계약상 각 항공기 구매권리의 그룹 양도형태가 된다. 이렇게 하는 이유는 차주에게 디폴트가 발생할 경우 가능한 한 많은 장비를 포괄하여 구매할 수 있도록 하기 위함이다. 사실 각국에서 조달되어 운반중인 수많은 항공기 부품은 생산 사이클상의 인식, 추적, 담보가 어려워 그 부품들이 어느 항공기에 속하는지 구별이 쉽지 않으며, 구별이 된다고 하더라도 항공기 제작회사의 영업 속성상 담보제공을 거절할 가능성이 크다.

3) 장점

항공사가 PDP 금융을 필요로 하는 이유는 자체 현금지출을 축소하기 위한 목적이 크다. 통상 항공기 주문시에는 여러대를 대량주문하는 경우가 많아 선급금 지출규모도 클 뿐만 아니라, 손익계산에 민감한 항공사(특히 LCC)들은 자기자금에 의한 현금 지출보다는 레버리지에 의한 외부차입을 선호하는 경향이 큰 편이다. 이렇게 외부차입에 의해 절감된 현금은 보다 귀중하고 긴급한 다른 용도에 사용될 수 있다.

대주입장에서 PDP 금융은 단기(항공기 인도시까지)에 높은 수익을 확보할 수

있는 대출 기회일 수 있다. 더구나 Main Financing이 어느 정도 보장되어 있거나, 예견이 된다면 만기시의 상환리스크도 크게 축소할 수 있는 좋은 조건의 대출수단이 될 수 있다.

그러나 현실적인 관점에서 Lender들이 PDP 금융을 추진하는 가장 큰 동기는 장기금융인 Main Financing에의 참여 포석과, 이를 통한 항공사 고객과의 관계 증진이라고 할 수 있다. 장기대출인 인도후금융은 실제 항공기를 담보로 하여 추진되는 Asset Financing으로 금융기관 간 주선 경쟁이 치열한 경우가 많아 PDP 금융은 이후에 진행될 장기금융 티켓을 미리 확보하는 수단으로도 많이 이용된다. 때문에 메인 항공기금융 경쟁이 치열할수록 PDP Lender를 확보하기가 보다 용이하며, 반대로 경쟁이 약하게 되면 PDP Lender를 시장에서 확보하는데 어려움을 겪을 수도 있다. 실제로 2009년경 글로벌 금융위기가 진행되던 시기에는 U\$ 유동성 고갈로 시장에서 항공기금융이 위축되자 PDP 금융도 신용도가 양호한 항공사를 중심으로 그것도 소수의 Lender에 의해서만 제한적으로 추진되었던 사례도 있었다. 따라서 전통적으로 PDP 금융의 대주는 항공사와 양호한 거래관계를 구축하고 있는 국제 항공기금융의 Main Player나 또는 동일한 국적의 로컬은행들로 구성되는 경우가 대부분이다.

표 4-15   항공기 PDP 금융의 장점

항공사/리스사	금융기관
• 자본적 현금지출 축소 • 다른 용도에 여유 현금/출자금 사용 가능 • 대량 항공기 주문(bulk order)시 할인협상 가능	• 항공기 자산에 대한 담보부 금융 • 양호한 수익성의 단기대출 • 고객과의 관계증진 가능 • 메인 항공기금융의 우선참여 포석으로 활용

자료: Bangaloreaviation, Pre-delivery Payments Financing, 2014. 9. 2.

4) 금융 담보의 복잡성

PDP 금융은 성격상 항공사의 신용도가 중시되는 담보부 기업금융대출과 상당히 유사한 측면이 있다. 그러나 그 담보의 성격은 통상적인 항공기 담보부

금융과는 많은 차이를 보인다. 주된 차이점은 PDP 금융의 주담보가 항공기구매계약 및 그 계약에서 파생되는 차주 권리의 양도(assignment)이며, 그 양도의 내용이 법적, 상황적으로 불확실할 수 있다는 데 있다. PDP 금융은 얼핏보면 단순한 Term Loan 형태이면서도 Lender의 입장에서는 복잡하고 때로 위험한 거래형태로 인식되는 경우가 보편적이며, 이러한 이유로 시장 상황에 따라서는 적정 PDP Lender를 확보하기에 어려움을 겪는 경우도 많이 발생한다.

항공기 PDP 금융의 담보속성 차이로 인하여 복잡하게 인식되는 요인들을 살펴보면 다음과 같다.

- PDP 금융에서는 제작중인 항공기 및 각국에서 조달되고 있는 구성부품 등에 대한 소유권을 PDP 금융의 차주인 항공사가 아닌 항공기 제작회사가 갖고 있다. 이러한 특성은 완성 후 실재하는 항공기의 소유권을 차주가 보유하며, 항공기 저당권(aircraft mortgage)의 형태로 채권보전이 이루어지는 인도후금융과는 유효성 측면에서 상당한 차이가 있다. 일부 국가에서는 제작중인 자산에 대한 권리를 담보로 인정하지 않는 경우도 있어 몇몇 은행들은 PDP 금융이 담보부금융인지에 대해 의문을 제기하기도 하며, 심지어 일각에서는 항공기 구매계약의 양도가 '종이비행기'(paper airplane)에 불과하다고 보는 견해도 존재한다.[59] 실무적으로도 PDP 금융은 사실상 구매자의 신용도에 의존해야 하는 무담보금융에 가까우면서도 무담보대출보다는 다소 상향된 구조로 보는 것이 일반적이다.[60]
- 구매계약에 대한 담보권은 법상 양도담보(assignment of security)[61]의 형태를 띤다고 할 수 있다. 그러나 이 제도는 일반적으로 담보 관습법상으로 발달되어 온 판례에 의해 유효성이 인정되는 비전형 담보형태의 하나로, 국가마다 법

59) Paul Jebely, Paper Planes: the financing of aircraft pre-delivery payment, Clyde&Co, 2015. 3. 18.

60) Cameron A. Gee, Aircraft Pre-delivery Payment Financing Transactions, 2009 Fall.

61) (양도담보) 채권을 담보하기 위해 채무자가 담보목적물의 소유권을 채권자에게 이전하고, 일정 기간내에 채무자가 변제하지 않으면 채권자는 그 목적물로부터 우선변제를 받지만, 변제하면 그 소유권을 다시 채무자에게 반환(equity of redemption)하는 담보제도를 말한다.

적 성격과 채택범위 등이 다를 수 있으므로 PDP 담보의 법적 유효성, 타당성 등을 판단하기 위해서는 해당 법률전문가의 면밀한 검토 및 자문이 필수적이다.

- 차주의 파산 등 디폴트상황이 발생하면 Lender는 차주로부터 넘겨받은 항공기의 매입권리 등에 개입(step-in)하여 담보를 실행하는 절차를 취하게 된다. 그러나 그 과정에는 항공기 제작회사와의 협상 및 동의를 구하는 절차가 필요할 수 있다. 항공기 제작회사의 입장에서도 항공기의 제작 중도에 개입한 금융기관은 고객관계로 오랫동안 형성된 항공사와는 다른 배타적인 당사자로 인식될 수 있으며, 항공기의 시장매각 관점 등에서 상호 입장이 충돌하는 결과를 유발할 수도 있다. 따라서 PDP 금융에서는 담보패키지의 설계시 어떻게 하면 Lender가 항공사의 지위를 승계하여 항공기 제작회사로부터 항공기 구매자의 권리를 인정받을 수 있느냐가 성공적인 금융추진의 관건이라고 할 수 있다.

- PDP 금융은 계약상 장래 이행되어야 할 불확실한 성격의 계약내용을 주된 담보로 한다. 이 불확실성은 잠재적인 리스크에 해당하나, 과거 항공사의 디폴트 이후 PDP 담보가 문제가 되었던 구체적인 사례들도 거의 없어 사전에 리스크를 정확히 계량화하기가 어려운 측면이 있다. 이러한 PDP 금융의 불확실성은 항공사들이 PDP Lender를 확보하는데 어려움을 겪는 주요 요소일 수 있다.

- PDP 및 담보계약은 다수 국가가 참여하는 전형적인 국제금융업무로 복잡한 특성이 있다. 예를 들면 미국의 항공기 제작회사, 아일랜드의 임대인(SPC), 프랑스 항공사, 싱가폴의 대출은행 등 다국적 당사자가 참여하여 이해가 상호 충돌할 가능성이 크며 법적 환경요인 또한 상이하여 지역별 전문가의 자문을 필수적으로 요한다.

- PDP Lender가 담보를 실행하기 위해서는 항공기 제작회사의 협조관계가 중요하나 이를 한다리 건너 항공사에 의존할 수밖에 없다. PDP 금융계약에는 항공기 제작회사, 대출은행, 차주(항공사)의 최소 세 당사자가 참여(tripartite agreement)하며, 이중 항공기 제작회사와 항공사는 전통적인 항공기의 공급자와

수요자의 관계이다. 차주의 금융 필요에 따라 참여한 PDP Lender에 대한 담보제공을 위해서는 항공기 제작회사로부터의 동의(manufacturer's consent) 획득을 필요로 하나, 이와 같은 동의 획득은 항공사가 주선하게 되므로 Lender는 항공기 제작회사와의 관계에서 항공사에 의존하는 형태를 띠게 된다.

5) 구조

전형적인 PDP 금융의 구조는 〈그림 4-14〉와 같다.

그림 4-14 **항공기 PDP금융의 기본구조**

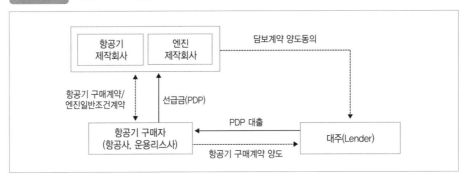

한편, 우리나라를 포함한 일부 국가에서는 항공사가 담보로 제공할 만한 여분의 항공기가 있거나, 기존에 이미 제공되어 확보하고 있는 담보여력이 있을 경우 이 담보여력을 활용하여 PDP 금융이 추진되기도 한다. 이러한 대출형태는 물적 담보부금융에 속하는 것으로, 여기서 이야기하는 전통적인 PDP 금융과는 다른 유형이라고 할 수 있으므로 여기서는 논의의 대상에서 제외한다.

6) 금융추진시 Lender의 주요 고려사항

(1) Lender의 항공기 매수권리(Lender's Purchase Option)

항공기 PDP 금융의 주된 담보는 PDP 대출계약상 차주인 항공사의 디폴트(event of default)나 항공기 구매계약상 종료사유가 발생하였을 때 Lender가 구매자인 항공사를 대신하여 개입함으로써 획득하게 되는 항공기의 구매옵션(권리이며 의무가 아님)이다. 그러나 항공기 구매계약은 아직 이행되지 않은 의무사항들을 나열한 계약서로서 불확실성이 존재하며 그 불확실한 권리에 개입하여 실제 이를 실행할지에 대해서는 의사결정을 요한다. 항공기 구매계약상 종료사유가 발생하였을 경우 항공기 구매계약에 대해 Lender가 취할 수 있는 옵션은 다음 세 가지 중 하나에 해당될 수 있다.

① 양도받은 담보계약상의 권리를 포기한다. 권리를 행사하지 않을 경우 Lender는 이미 투입된 PDP 잔액과 담보상 권리를 상실하는 결과를 초래할 수도 있다.
② 항공기 매수권을 행사하여 항공기 구매계약을 떠 않는다. 즉, 수년 간의 항공기 제작기간중 항공기 구매계약상 요구되는 잔여대금을 추가로 지불하고, 항공기를 인수받아 이를 시장에 매각하거나 재리스하여 PDP 잔금을 회수한다.
③ 제3자앞으로 항공기 매수권리를 매각하거나 또는 양도한다. 이 경우 항공기 제작회사의 동의가 필요하다.

Lender가 매수옵션을 행사하기 위해서는 정해진 절차에 따라 항공기 제작사에게 항공기를 구매하겠다는 의사를 통지하여야 한다. 통지를 하지 않았을 경우 Lender가 기존에 제공한 PDP 금융의 권리를 상실하는지 아니면 이에 수반된 담보에 관한 권리도 함께 상실하는지 등에 대해서는 전문변호사의 자문을 포함한 좀더 상세한 논의가 필요할 것으로 보인다. 어쨌든 Lender가 그 권리를 행사할 것인가는 항공기 제작업체와 합의된 항공기 구매가격보다 더 높은 가격으로 시장에서 매각될 수 있는지와 연관되어 있다고 볼 수 있다. 즉, 합의한 항공기 구매가격과 시장에서 매각될 수 있는 가격 두 가지가 변수로 작용한다. 만약 가격상승잠재력(up-side potential)이 있어 합의된 구매가격보다 항공기 가격이 높을 것으로 판단되면, 개입에 대한 계약상 의무사항인 항공기 잔여대금을 지급하기로 하고 항공기의 구매권리를 취득할 것이고, 아니라면 그 권리를 포기할 것이다.

항공기 제작회사로서도 Lender의 구매옵션은 구매자인 항공사가 파산하는 경우 다른 대체 구매자(즉, PDP Lender)가 준비되어 있는 관점에서 일종의 보장장치를 제공하기도 한다. 특히, 항공기 가격이 떨어지는 시장상황에서는 하락하는 항공기 가격의 헷지를 제공하는 셈이 되며, 가격이 더 떨어져 Lender가 매수권을 포기한다면 항공기 제작회사로서는 PDP를 제공받지 않은 상황과 마찬가지로 시장에 항공기를 매각할 수 있고, PDP 금액은 취할 수 있기 때문에 하등 불리할 이유가 없게 된다.[62]

그러나 Lender가 항공기 매수권리를 갖는 것과 마찬가지로 항공기 제작업체에게도 Lender의 원리금을 상환하고 항공기를 재인수할 수 있는 Purchase Option이 아울러 존재한다.

(2) 항공기 구매가격(Aircraft Purchase Price)

항공기 구매가격은 PDP Lender의 담보 유효성에 중대한 영향을 미친다. 이를 설명하기 위해서는 먼저 최종 항공기 구매가격이 어떻게 결정되는지를 살펴볼 필요가 있다. 항공기의 최종 구매가격은 아래 요소들을 반영하여 항공기가 인도되기 1개월 또는 수개월 전에야 비로소 확정된다.

최종 항공기 계약가격(final contract price)
= 기본계약가격(basic contract price) ± 조정요소(escalation formulae)
　± 구조개선추가금(specification change price) ± BFE/SFE 비용
　± 감독당국의 구조변경비용(certification cost) ± 기타 할인금액(credit memoranda)

- 기본계약가격(basic contract price): 항공기 제작회사에서 생산하는 각 항공기 모델별로 공표하는 고시가격(List Price)을 말한다.
- 조정요소(escalation formulae/factors): 항공기 구매계약이 체결되고 실제 항

---

62) Cameron A. Gee, Aircraft Pre-delivery Payment Financing Transactions, Journal of Structured Finance.

공기를 인도받기까지는 수개월 또는 수년이 소요되므로 항공기의 제작과정 중 변동될 수 있는 물가상승 또는 임금상승 지표를 반영하기 위한 특약조항으로, 계약서에 미리 정해진 공식에 따라 항공기 인도시점을 기준으로 기본 계약가격에서 가감한다.

■ 구조개선추가금(specification change price): 제작과정 중 항공기제작회사와 구매자가 항공기의 구조변경에 대해 합의하는 경우 추가되는 비용이다.

■ BFE(buyer furnished equipment)/SFE(seller furnished equipment): BFE는 구매자가 자체 구입하여 인도 전에 항공기에 장착할 수 있도록 항공기 제작사에게 인도하는 구매자 공급장비로 기내엔터테인먼트시스템, 좌석, 갤리 등이 대표적인 물품들이다. 반면, SFE는 항공기 제작회사가 구매하여 항공기에 장착하는 장비들로 이들 BFE, SFE에 대한 약정 변경은 최종 계약가격에 영향을 미친다.

■ 감독당국의 구조변경비용(certification costs): 항공기의 구조와 관련하여 항공 감독당국의 변경요구가 있는 경우 최종 항공기 가격을 증가시킬 수 있다.

■ Credit Memoranda: 항공기 또는 엔진제작회사는 항공사의 신용도, 구매이력, 장래예상, 주문수량, 특정모델의 판매촉진 여부 등에 따라 일정한 할인혜택 등을 제공할 수도 있다. 최종 항공기 가격의 차감요소인 이러한 혜택들은 항공기 구매계약 본문에 포함될 수도 있지만, 대부분 별도의 Credit Memoranda 또는 Side Letter에 명시되는데 상업적으로 민감한 사항이라 대주를 포함하여 외부공개를 하지 않고 기밀사항으로 취급된다. Credit Memoranda가 항공기 구매계약서와 함께 양도되는지 여부는 case-by-case 로 결정될 사항이다.

항공사의 파산 등으로 Lender가 항공기를 매수하기로 개입하는 경우 Lender의 항공기 매수가격과 관련하여 영향을 미치는 요인들은 ① PDP 대출 익스포져, ② 항공사가 지불하는 최종 매수가격과의 차이, ③ 최종 구매가격 변동시의 통지, ④ 항공기의 미래시장가치, ⑤ PDP 금액의 상계 등을 열거할 수 있을 것이다.

첫째, PDP 대출금액의 기초인 선급금은 구매자가 실제 지급하여야 하는 최종 계약가격이 아닌 사전 합의로 임시책정된 기준가격(base price)에 일정 비율을 적용하여 산출되므로 추후 Lender의 구매가격과 비교할 때 익스포져가 과다 책정될 수 있다. Lender의 익스포져는 선급금 중 항공사가 부담하는 Equity Cushion의 수준과 이에 따른 대출비율(PDP advance rate)[63]에 따라 보다 큰 영향을 받으나, 선급금 산정의 기준가격이 실제 지불하여야 하는 항공기 구매가격이 아니라 사전에 가상으로 책정된 기준가격을 사용한다는 데 Lender의 불확실성이 존재한다. 이에 항공기 제작회사는 이러한 가격관련 괴리 및 Lender의 담보가격관련 불안을 일부 해소하기 위해 계약체결일자 기준으로 인도시까지 예상되는 조정요소를 어느 정도 반영하여 이를 항공기 고시가격(aircraft list price)에서 차감하는 방법을 사용하기도 하고, 아예 적정 최대한도를 합의에 의해 설정하여 선급금을 산정하기 위한 새로운 기준가격(advance payment base price)으로 사용하기도 한다.

둘째, 항공사의 파산시 Lender가 개입하여 잔여대금을 추가로 투입하고 항공기를 인수하는 경우 Lender의 매수가격은 항공사가 실제 지급하여야 하는 최종 매수가격과는 차이가 있을 수 있다. Lender는 이 매수가격 이상으로 항공기를 매각하여야 하므로 Lender가 항공기 제작사로부터 구입하는 매수가격은 채권의 회수 및 담보 유효성을 결정짓는 중요한 요소가 된다. 그러나 항공기 가격결정과 관련한 정보나 주도권은 과점체제인 항공기 제작산업 특성상 주로 공급자가 갖고 있으며, 최종 가격할인사항들을 명시한 Credit Memoranda는 통상 기밀사항에 속하므로 Lender에게도 공개를 꺼려 양도서류에 포함되지 않을 가능성이 크다.

셋째, 항공기의 제작중에는 항공사에 의한 항공기 구조나 사양, 옵션, 항공사 공급장비(buyer-furnished equipment)의 변경이나 인도 일정의 연기 등의 결과

---

63) 항공사와 Lender는 PDP의 인출비율(advance rate) 범위 내에서 상호간 분담비율 및 인출 순서를 정할 수 있다. 가령 최초선급금을 항공사가, 잔여금은 Lender가 지불하거나 또는 매회 선급금을 각 기관이 분담하여 지불하도록 정할 수 있다. 통상 Lender는 항공사가 초회 선급금을 자기자금으로 지불하는 방식을 선호한다.

로 Lender가 잠재적으로 인수하여야 할 항공기 가격의 변동을 수반하는 경우도 발생한다. 이들은 통상 항공기 가격의 인상요인으로 작용할 가능성이 크지만, Lender의 담보가치라 할 수 있는 미래 항공기 시장가격에는 그다지 영향을 주지 않는다는 점에서 Lender의 고민이 될 수도 있다. 그렇다 하더라도 항공기 제작기간중의 가격변동은 늘 발생할 수 있고, 항공사에게도 영업의 유연성을 보장하여야 할 필요가 있어 이를 엄격히 제약하기도 어렵다고 할 수 있다. 따라서 Lender는 담보가치나 PDP 금융조건에 미칠 수 있는 가격 증가요소를 관리하기 위해 항공사와 협의하여 ① 항공기 가격의 증가요인이 있을 경우 Lender에게 통지하게 하고, ② 일정 한도 이상의 증가분에 대해서는 Lender의 동의를 받게 하며, ③ 증가분에 대해서는 항공기 제작업체 또는 Lender에게 조기 상환하도록 요구하기도 한다.

넷째, 장래의 항공기 시장가격 또한 Lender의 채권보전에 큰 영향을 미친다. 항공사의 파산시 항공기 구매계약을 종료시키고 잔여대금을 지불할지 여부나 나아가 항공기를 점유받은 후에 충분한 시장가격으로 매각할 수 있는지의 여부는 향후 전개되는 시장가격의 변동에 달려있기 때문이다. 항공사가 디폴트에 이르는 상황은 주로 산업경기 악화로 항공기 가격이 하락하는 국면에서 발생하므로 Lender는 안정적인 채권보전 측면에서 항공기 시장가치의 변동을 예의 주시할 필요가 있다. 다만, 일반적인 항공기금융이 보다 장기간의 예측을 필요로 하는 반면 PDP 금융은 2~3년의 단기가 대부분이므로 예측이나 관리가 상대적으로 수월할 수는 있다.

다섯째, 항공기 제작업체로부터 Lender앞으로 항공기 구매계약의 양도에 대해 동의를 받을 때 중요한 부분은 PDP 금액, 특히 차주가 부담하는 Equity 채권을 차주의 본건 PDP 금융과 관계없는 다른 의무사항과 서로 상계(set-off)하지 않겠다는 것을 보장받는 것이다. 이 부분은 항공기 구매계약상 항공기 제작회사의 일반적인 상계권을 넘어서는 내용이므로 항공기 제작회사의 동의를 받을 때 핵심적인 사항에 속한다.

| 표 4-16 | Aircraft Purchase Agreement상 Aircraft Price 예시 |

Airframe Model/MTGW: 737-800/155,500
Engine Model: CFM56-7B27/B1
Airframe Price: $56,806,000
Optional Features: $562,200

Sub-total of Airframe and Features: $57,368,200
Engine Price (Per Aircraft): $0
Aircraft Basic Price (Excluding BFE/SPE): $57,368,200

Buyer Furnished Equipment (BFE) Estimate: $1,250,000
Seller Purchased Equipment (SPE) Estimate: $0

Refundable Deposit Per Aircraft at Proposal Acceptance: $85,000
Detail Specification: D009A0011-F (8/29/2003)
Airframe Price Base Year: Jul-03
Airframe Escalation Data
Base Year Index (ECI): 165.00
Base Year Index (ICI): 136.80

| 표 4-17 | Escalation Adjustment Formula(Example) |

• ESCALATION ADJUSTMENT
Airframe and Optional Features price adjustments (Airframe Price Adjustment) are used to allow prices to be stated in current year dollars at the signing of this Purchase Agreement and to adjust the amount to be paid by Customer at delivery for the effects of economic fluctuation. The Airframe Price Adjustment will be determined at the time of Aircraft delivery in accordance with the following formula:

$P(a) = (P + B)(L + M) - P$
(Airframe Price Adjustment = (Airframe Price plus Optional Features Price Adjustment Price Elapsed)(Wages and Salaries adjustment + Price Index adjustment) - Airframe Price plus Optional Features Price)

* $P(a) =$ Airframe Price Adjustment.
  $P =$ Airframe Price plus Optional Features Price
  $B = 0.005 \times (N/12) \times (P)$
      N is the number of calendar months which have elapsed from the Airframe Price Base Year and Month up to and including the month of delivery. The entire calculation of $0.005 \times (N/12)$ will be rounded to 4 places, and the final value of B will be rounded

to the nearest dollar.
L = 0.65 × (ECI ÷ ECI(b))
　　ECI(b) is the base year index as of this Purchase Agreement
M = 0.35 × (ICI ÷ ICI(b))
　　ICI(b) is the base year index as of this Purchase Agreement

ECI is a value determined using the U.S. Department of Labor, Bureau of Labor Statistics "Employment Cost Index for workers in aircraft manufacturing – Wages and Salaries" (ECI code 3721), calculated by establishing a three-month arithmetic average value (expressed as a decimal and rounded to the nearest tenth) using the values for the fifth, sixth and seventh months prior to the month of scheduled delivery of the applicable Aircraft.

ICI is a value determined using the U.S. Department of Labor, Bureau of Labor Statistics "Producer Prices and Price Index – Industrial Commodities Index", calculated as a 3-month arithmetic average of the released monthly values (expressed as a decimal and rounded to the nearest tenth) using the values for the 5th, 6th and 7th months prior to the month of scheduled delivery of the applicable Aircraft.

자료: Aircraft Purchase Agreement 내용중 발췌.

(3) 대주 권리의 양도(Assignment)

　　Lender는 항공사가 파산한 경우 양도받은 항공기 구매계약상의 권리를 다른 제3자앞으로 매각할 수 있다. Lender가 항공기 매수권리를 즉시 다른 기관에 양도할 수 있다면 몇 년을 기다리면서 잔여 항공기 대금을 지급하여야 할 필요도, 시장에서 적정 매수자를 찾는데 상당한 시간을 소비하여야 할 필요도 없을 것이다. Lender의 주된 영업속성은 금융업이지 항공기의 소유나 구매사업이 아니다. 결과적으로 Lender는 항공기 제작업체와 합의한 일정 조건을 제외하고는 누구에게도 구속받지 않는 비교적 융통성 있는 양도행위를 보장받길 원할 것이다. 반면 항공기 제작업체는 자사의 판매정책에 Lender가 간섭함으로써 자사 제품에 대한 시장통제력을 저해할 소지는 있는지, 또 최종 사용자인 양수인(assignee)의 신용도는 양호한지 등을 가급적 선별하고 제한하려 할 것이다. 따라서 Lender의 양도 이슈는 제작업체의 이러한 이해관계의 상충적인 측면도 함께 고려되어야 하는 현실적 특성 때문에 완전히 자유로운 양도라기 보다는 항공기 제작업체의 동의를 받되 불합리하게 지체되지 않는다는 현실적인 선에서 실무적인 해결점을 찾는 것으로 보인다. Lender의 이러한 양도권리는 뒤에서 설명하는 항공기 제작업체의 Purchase Option 행사권리와 항공사의 파산시 또 다른 이슈인 Claw-back risk와도 연관되어 있다.

(4) 항공기 제작업체의 Purchase Option

Lender에게 항공기의 매수권리(purchase right)와 제3자앞으로 양도(assignment)할 수 있는 권리가 있다면, 항공기 제작회사에게도 구매자의 파산시 대응할 수 있는 항공기의 매수권리(manafacturers' purchase option)가 있다.

항공기 제작회사의 Purchase Option은 항공기 제작회사가 미리 정해진 행사가격으로 Lender의 PDP 대출자산을 매수(상환)할 수 있는 권리를 말한다. 이 또한 의무사항은 아니므로 행사할 수도, 하지 않을 수도 있다. 이는 항공기 매수권이 Lender에게 넘어가 시장에서 Lender와 판매경쟁이 벌어지는 상황을 방지할 수 있는 권리를 항공기 제작회사에게도 부여하는 것이다. 말하자면 항공기가 인도되기 전에 PDP 잔액을 완제하고 거래에서 아예 PDP Lender를 제거해 버리는 것이다. 제작회사로서야 항공기를 되사가는 것이 가격 측면에서 결코 불리하지 않은 상황이라면 옵션을 행사하겠지만, 행사가격을 얼마로 정할 것인지는 상호 합의하여야 하는 이슈이다. 일반적으로 매수가격은 PDP 원금과 일부 약정이자, 기타 Breakage Cost 등만을 포함하는 제한된 금액으로 결정되는 추세이며, Lender의 대출계약서상 도래되는 모든 금액이 대상이 되는 경우는 드문 편이다.

(5) 항공사의 파산시 환수리스크(claw-back risk)

PDP 금융과 관련하여 항공사가 파산하게 되면 항공사가 소속된 국가의 법률에 따라서는 이른바 Claw-back 리스크라는 또 다른 이슈가 발생한다. Claw-back 리스크란 항공사의 파산시 법원이나 파산관재인이 항공기 제작회사에게 항공사가 파산이전 일정기간 내 제3자(즉, 항공기 제작회사)에게 지출한 금액의 일부 또는 전부에 대해 항공사에게 돌려주도록 요구할 수 있는 위험을 말한다. 법원판결로 파산한 항공사의 파산재단으로 환수되면 이 자금은 다른 채권자들에 대한 상환재원으로 쓰이게 된다.

만약 PDP 대출에 Claw-back 리스크가 현실화된다면 PDP Lender에게는 담보가치가 현저히 상실되고, PDP 채권을 회수할 수 없을 뿐만 아니라 항공기 제작회사로서도 항공기 인도이전에 PDP 대금을 반환하여야 하므로 양측 모두 심각한 상황이 아닐 수 없다. 이렇기 때문에 이 Claw-back 리스크는 Lender가 PDP 대출을 꺼리게 되는 주요 리스크로 작용하게 된다. PDP 금융은 개시단계부터 구조적인 리스크가 잠재되어 있는 셈이지만, 반드시 이 리스크가 발생하리라고 확신하기도 어렵다. 그 이유는 회사의 파산절차에 대해서는 각 국가마다 법률과 그 해석에 차이가 있을 수 있기 때문이다. 이런 관점에서 일부 금융기관들은 이 리스크를 PDP 대출과정상 수반되는 불가피한 리스크로 보고 PDP 대출을 무담보대출로 간주하여 금리를 높여 취급하거나 아니면 심사과정상 결재라인에 이러한 법률적·상황적 불확실성을 설명하기 곤란하여 PDP 대출을 단순히 거절하는 경우도 흔히 발생하게 된다. 금융기관이 PDP 대출을 거절하는 사례는 특히 글로벌 금융위기가 심화되던 2009~2011년경에 일반적인 현상이었다. 그럼에도 불구하고 이 리스크는 적절히 인식되고 관리되어야 하므로 실제 거래에서는 항공사가 속한 국가의 전문가에 의한 법률자문을 받는 것이 중요하다.

사실상 항공사가 파산하게 되면 항공사에 의해 항공기 구매계약이 거부될 위험성도 있다. 이는 PDP 금융의 주담보가 실물 항공기를 담보로 하는 자산담보부금융과는 달리, 계약을 담보로 하는 속성의 차이에서 발생한다. 항공기 구매계약은 실물 항공기를 인도받기 위해 계약상 이행하여야 할 장래 미이행의무를 담고 있는데, 항공사가 파산하게 되면 계약상 잔금지급의 의무는 그리 중요하지 않아 계약 자체를 거부할 가능성도 있다. 만약 계약이 거부된다면 항공기 제작회사와 Lender 모두 난감한 상황에 처하리라는 것은 짐작하고도 남을 수 있다.

항공사의 파산시 항공사가 항공기 제작회사에 지급한 PDP가 잠재적으로 Claw-back이라는 구조금융의 대상에 포함될 수 있는 이유는 PDP가 Security

Deposit으로 간주될 수 있기 때문이다. 미국을 포함한 많은 국가의 법률체계에서 PDP는 구매계약에 따라 매수자가 판매자에게 지불한 현금담보(cash collateral)의 일종인 Security Deposit으로 간주될 수 있으며, 항공사는 일정 조건만 입증한다면 항공기 제작회사에 이미 기 지급한 현금담보에 대해 반환하여 줄 것을 청구할 수도 있다. 이러한 리스크는 당연히 PDP를 항공사에 대출한 PDP Lender와 항공기 제작회사 모두에게 치명적인 문제를 야기할 수 있다. 이러한 리스크는 관련 당사자와의 협상에 의해 적절히 해소되어야겠지만 PDP 대출의 Claw-back과 관련하여 특기할 만한 사항들은 다음과 같다.

첫째, 심각한 잠재 리스크임에도 불구하고 항공기 PDP Lender의 집행과 관련하여 지금까지 법적 분쟁으로 이어졌다고 보고된 사례는 상당히 드문 편이다.[64] 미국의 경우만 하더라도 1990년대에 미국 항공사들은 PDP 금융을 잘 이용하지 않은 데다가, 항공기 제작회사도 분쟁으로 발전하기 전에 합의에 의한 양허적 관점에서 구매옵션을 행사하여 Lender를 계약관계자에서 배제시키는 경우가 많았다.[65] Lender 입장에서도 구매계약상 항공기 인도를 위해 잔금 지출을 수반하여야 하는 등 상당한 리스크 부담이 있었고, 항공사들도 PDP Claw-back을 파산법원에 신청할 경우 법적으로 복잡한 입증절차[66]를 거쳐야 하는 부담도 작용한 것으로 보인다. Claw-back 리스크를 '잠재'하지만 '이론상'의 리스크에 불과하다고 부르는 이유도 여기에 있다.

둘째, 항공기 제작회사와 Lender 간에 이 리스크를 누가 부담할지는 당사자 간에 오랜 논쟁 이슈이다. 실제 2007년말 에어버스사는 이 Claw-back Risk를 Lender에게 부담하려 하여 시장에서 이슈가 되었던 적도 있었다. 일반적으로 항공기 제작회사는 PDP Lender가 항공사의 파산 등을 포함한 신용위험을 부담하는 주체이므로 Lender가 이를 부담하여야 한다고 주장하는 반면,

---

64) Paul Jebely, *Paper planes; the financing of aircraft pre-delivery payments*, 2015. 3. 18.

65) Mark N. Lessard, 「*ABCs of PDPs*」, Pillsbury Winthrop Shaw Pittman, page. 3.

66) 예를 들면 PDP Lender와 항공기 제조회사가 적절히 보호되고 있는지 또한 Equity Cushion 원칙에 따라 항공기 인도시점에 항공기 예상가치와 항공기 구매계약을 비교하여 초과가치가 발생하는지를 판단, 입증하여야 한다. 실제 예측시 잘못된 가정이 사용되어 결과가 왜곡될 수 있는 위험도 있다.

Lender는 PDP 대출이 없었다면 항공사 자기자금으로만 PDP를 지급하였을 것이므로 이 리스크는 결국 항공기 제작회사가 부담하여야 할 대상이라는 것이다.[67] PDP 반환과 관련된 이러한 법률적 불확실성은 항공기 구매계약을 체결할 때 협상의 장애물로 작용할 수 있다.

따라서 항공기 제작회사는 이 리스크를 회피하기 위해 대부분의 항공기 구매계약상에 ① PDP는 일단 지불된 이상 항공기 건설비용에 대한 보상 성격으로서 항공기 제작업체의 재산에 귀속되며, 항공기제작회사가 절대적인 소유권(absolute owner)을 보유하고, ② 성격상 Security Deposit으로 간주되지 않으며, ③ PDP는 절대적이고 무조건적(absolute and unconditional)으로 지급하여야 함을 명시하여 PDP에 대한 권리가 항공사가 아닌 항공기 제작회사에게 있음을 명확히하고 있다. 이렇게 되면 항공사는 파산시 PDP에 대해 Cash Collateral에 대한 청구권을 주장하는데 어려움이 있을 수 있으나, 이러한 표현이 항공기 제작회사나 Lender를 보호한다는 명확한 판례는 아직 없는 상태이다.

셋째, 항공기 제작회사와 PDP Lender는 항공사의 파산시 발생할 수 있는 이러한 Claw-back 리스크로부터 보호하기 위하여 구조화금융 기법을 원용하기도 한다. 구조화의 핵심은 항공사의 파산위험으로부터 단절시키기 위해 잠재적인 파산재단 Pool과는 어느 정도 격리된 SPC를 설립하는 것이다. 이 부분은 아래에서 보다 자세히 살펴보기로 한다.

7) Claw-back Risk 회피를 위한 금융구조

항공기 제작회사와 일부 Lender들은 PDP 구조에 파산절연(bankruptcy-remoteness) 기능을 하는 SPC 구조를 도입하여 항공사의 파산에 따른 Claw-back Risk를 어느 정도 회피하기도 한다. 파산절연기능이 도입된 전형적인 구조와 절차는 다음과 같다.

---

67) *Are banks right to be wary of PDP financing*, Airfinance Journal, 2009. 10. 23.

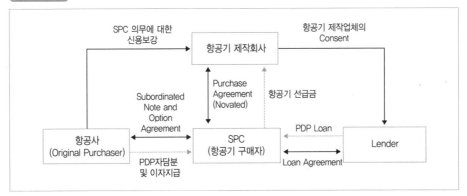

그림 4-15 SPC를 이용한 PDP 금융 구조

① 우선 조세중립지역에 항공기의 구매자 역할을 하는 SPC를 설립한다. SPC의 모회사는 항공사와 분리하여 절연된 역할을 수행하기 위하여 SPC가 설립되는 국가의 독립된 Trustee가 전체주식을 출자하는 Orphan Company형태가 될 수도 있고, 항공사나 리스회사의 자회사 형태로 설립할 수도 있다. 어쨌든 항공사와 파산재단과는 가능한 단절된 절연구조가 되도록 구조를 설계하는 것이 중요한데, 이 부분은 SPC 소재국의 엄격한 법률자문에 의해 추진되어야 한다.

② SPC가 설립되면 원래의 항공기 구매계약상 모든 권리·의무는 Novation 방식으로 SPC에게 이전하거나 진정매각(true sale) 방식에 의해 매각된다. 그런 다음 항공사는 SPC와 Subordinated Note and Option Agreement를 체결한다. 그 계약에는 자금흐름과 관련하여 전체 PDP 금액 중 항공사가 자기자금 부담분(equity portion)을 SPC에 지급하고, 항공기의 사양 변경시 추가금액을 지출하며, Lender앞 이자와 수수료를 지급하는 내용들이 포함된다.

③ 항공기가 최종 인도될 때는 SPC로부터 원래의 항공사앞으로 인도되도록 하여야 하는데 이를 위하여 SPC에게는 Put Option(항공기를 항공사앞 매각할 권리)을, 항공사에게는 Call Option(항공기를 매입할 권리)을 부여하여 항공기가 항공사로 매각되도록 구조화한다. 항공기 매각대금은 항공사로부터

SPC를 통해 지급되어 자금의 일부는 PDP Lender의 만기 상환자금으로 지급된다.

그러나 항공기리스금융 구조를 원용하여 SPC 구조를 채용한 이 구조도 모회사의 파산 영향을 완벽하게 차단하지는 못한다는 게 대체적인 의견이다. 그 이유는 SPC의 기능 차이에서 비롯된다. 항공기 리스거래에서 SPC는 기본적으로 항공기 자체에서 발생하는 수익(렌트료, 항공기 매각대금 등)을 바탕으로 차입 원리금, 출자금 등을 상환할 수 있는 모회사와는 차단된 독립적, 경제적 자생력을 갖고 있으나, PDP 구조에서의 SPC는 항공기 인도와 관련한 계약상 권리를 소유하기 위해 설립된 것으로, 출자금도 원구매자로부터 조달받으며 생존을 위해서는 원구매자에 의존할 수밖에 없는 구조를 갖고 있다. 수익을 창출하는 자산을 보유하지 않은 상태에서 모회사에 의존하여야 하는 기능의 한계는 과연 파산절연이 가능한가에 대한 의문이 제기될 수밖에 없다. 더구나 PDP 금융에서 만약 항공기 제작회사가 경개(novation)방식으로 양도된 항공기 구매계약과 관련한 SPC의 의무사항에 대해 모회사가 보증(guarnatee)이나 면책(indemnification)에 의해 책임질 것을 요구하거나, 원 구매자의 다른 복수 항공기구매계약에 대해 교차담보(cross-default)나 상계(set-off)권리 등을 요구한다면 SPC의 독립적 기능은 약화될 수 밖에 없다.[68] 즉, SPC 및 항공사 소재국가에서의 준거법 또는 파산법상 SPC가 진정한 양도(true sale)로 인정되지 않고, 경제적·실질적으로 모회사와 통합되어야 하는 객체로 본다면 Claw-back Risk 회피를 위한 파산절연 기능은 목적을 달성하기 어려울 수 있다. 그러나 만약 법원이 원구매자와 SPC의 통합이슈와 관련하여 실질적이 아닌 서류상 공식요건 등만을 감안하여 파산절연문제를 판단하는 국가라면 PDP Lender들도 이 구조를 수용할 수 있을 것이다.

---

68) Cameron A. Gee, *Aircraft Pre-delivery Payment Financing Transactions*, Journal of Structured Finance, 2009 Fall.

4.7 일본식 항공기 운용리스

1) 택스리스

택스리스란 넓은 개념으로는 임대인과 임차인이 다른 국가에 소재하는 경우 해당 거래에 대한 이들 국가의 서로 다른 세제 및 회계처리로 인해 양 당사자들이 해당 국가에서 인정하는 자산소유에 따른 조세·회계상의 혜택을 누릴 수 있는 리스거래를 지칭한다.[69] 보통 임대인 소재 국가에서는 자산의 법적 소유에 따른 혜택을, 임차인 소재 국가에서는 실질적·경제적인 자산소유에 따른 혜택을 누릴 수 있는 리스거래를 말한다. IFRS 16 회계시스템이 개정되기 이전의 금융리스 거래도 임대인에게는 자산의 법적 소유에 따른, 임차인에게는 자산의 경제적 소유에 따른 감가상각 혜택 등 동일 자산에 대해 이중적인 조세효과가 가능하였으므로 넓은 개념에서는 일종의 택스리스 유형에 해당한다고 볼 수도 있다.

그러나 실무에서 통용되는 좁은 개념의 택스리스는 자산의 법적 소유자인 임대인(주로 Equity 투자자)이 당해 국가에서 인정하고 있는 '독특한' 조세혜택 등을 활용하여, 이를 기반으로 임차인의 자금조달비용을 어느 정도 절감할 수 있는 특수한 금융기법을 지칭한다. 현재, 항공기금융과 관련하여 이용할 수 있는 대표적인 택스리스 기법으로는 일본의 JOL(Japanese Operating Lease)과 독일의 GOL (German Operating Lease), 프랑스의 FOL(French Operating Lease) 등이 있다. 국내기관이 항공기나 첨단자산을 취득, 리스하는 경우 택스혜택을 제공하는 국가는 일본, 독일, 프랑스, 영국, 미국 등 여러 국가가 있으나, 점차 거래의 '형식'보다는 '실질'을 중시하는 개념으로 회계 및 조세 시스템이 개편되는 추세이고, 대부분의 국가가 자국의 최종 소비자 중심으로 조세 혜택을 한정하려고 하는 경향이 있

---

69) Ronald Scheinberg, *The Commercial Aircraft Finance Handbook*, p. 35.

으므로 사실상 외국의 항공사나 외국 리스회사에게까지 그 혜택을 개방하고 있는 택스리스 거래는 전세계적으로 거의 없어지다시피 하였다고 할 수 있다.

그러나 일본은 예전에 비해 그 위상이 많이 축소되긴 하였지만, 여전히 전세계 외국 항공사들이 항공기 도입자금을 조달할 수 있는 주요 택스리스 시장으로서의 명성을 아직도 이어오고 있다. 역사도 오래되어 일찍이 1970년대 후반부터 사무라이리스(Samurai Lease), 쇼군리스(Shogun Lease) 구조가 개발되어 활용되었고, 1985년부터는 Japanese Leverage Lease(JLL) 구조가 활성화됨에 따라 1990년 전세계 신조 항공기 인도대수의 약 20% 정도가 일본 택스리스 시장에서 조달될 정도로 상당한 비중을 차지한 적도 있었다.[70] 비록 1998년 10월 일본의 세제개편(감가상각방법 변경: 정률법 → 정액법)에 따른 조세이연 혜택 축소 및 그에 따른 투자자들의 경제성 감소로 그간 성행하여 오던 외국계 항공사에 대한 JLL 거래가 사실상 시장에서 사라졌지만, 1999년 4월에는 JLL에 뒤이어 운용리스 방식인 JOL(Japanese Operating Lease) 구조가 새로 개발되어 이후 외국 항공사들의 주요한 항공기 도입자금 조달수단으로 정착하여 오고 있다.

이하에서는 실무에서 많이 통용되는 만큼 Japanese Leveraged Lease는 JLL로, Japanese Operating Lease는 JOL로 약칭하여 표기하고자 한다.

2) 일본식 항공기 운용리스의 탄생

1998년 감가상각 방법 변경에 따른 세제개편으로 외국 항공사들을 대상으로 한 JLL 거래가 사실상 중단되자 투자기회를 상실한 일본 투자자들의 자금여유와 외국 항공사들의 항공기금융 수요가 결합되어 새롭게 탄생한 구조가 JOL이다. 최초의 항공기 JOL 거래는 1999년 5월 West LB가 주선한 SAS (Scandinavian Airlines) 항공사의 B737-600기를 대상으로 한 거래였다. 당시에는 과세당국의 지속적인 규제 움직임 및 검증되지 않은 구조의 불확실성 등으로 2003년까지 JOL 거래가 그리 활성화되지는 못한 상태였다.

---

70) 일본의 사무라이리스, 쇼군리스 및 JLL(Japanese Leveraged Lease)에 대해서는 본장 '4-11. 현재는 통용되지 않는 항공기금융 기법들'을 참조하시기 바랍니다.

JOL은 이름에서 알 수 있듯이 금융리스가 아닌 운용리스 방식이긴 하나 이전의 JLL 구조에서 진화되었으므로 구조가 JLL과 크게 다르지 않았다. JLL 구조가 정액법으로의 감가상각방식 변경 및 투자자의 소유구조 제한조치 등에 따라 시장에서 사라졌으나, 이후 개발된 JOL도 요건만 갖추면 여전히 가속상각방식에 의한 조세이연이 가능한 방식이었다.

JOL은 JLL과 마찬가지로 일본의 투자자가 소액의 지분투자만으로 거액의 항공기를 법적 소유함에 따른 일본 국내에서 발생하는 독특한 조세이연 효과(tax deferral effects)를 활용한 택스리스 유형이다. 그 기본적인 메커니즘을 요약하여 설명하면 이러하다. 일본의 투자자는 항공기 구입가격의 20~30%를 일본 내에 설립된 SPC(임대인/차주)에 출자하고, 나머지 70~80%의 레버리지는 보통 은행에서 차입금으로 조달한다. 여기서 일본 투자자들은 항공기 100%를 소유함에 따른 임대인(SPC)의 감가상각비용을 각각의 출자지분별로 배분받아 본연의 자기사업에서 발생하는 당기순이익과 상쇄함으로써, 장기(보통 10~12년) 리스기간 전체에 걸쳐 법인세 절감효과가 발생하게 된다. 이러한 지분투자자의 법인세

표 4-18 JLL과 JOL(CO)의 비교

	JLL	JOL(CO)
성격(관련 규정)	금융리스(일본 법인세법)	운용리스(리스회계기준)
거래 성격	매매거래	리스거래
소유권의 이전	임대인→임차인	임대인
항공기 취득가격 회수	대부분 (통상 90% 이상)	통상 90% 미만
Loan 상환	Full-payout	Non Full-payout + Balloon
자산 소유자	실질적으로 임차인	임대인
Purchase Option	임차인	없음 (단, JOLCO의 경우 임차인)
중도 상환	금지	가능(JOLCO는 사실상 제한)
Asset Risk	임차인 부담	임대인 부담
항공기 반환조건	비교적 덜 엄격	엄격
투자시 고려사항	Credit Risk	Credit + Asset Risk (JOLCO는 사실상 Credit Risk)
외국 항공사 대상	1998년 금지(법인세법 개정)	가능

절감 혜택의 일부는 임차인(항공사)이 지급하는 리스료에 일정 할인의 형태로 이전되어 임차인 입장에서도 저리의 금융조달이 가능한 구조이다. 이에 대한 자세한 내용과 절차, 효과에 대해서는 이후에 다시 다루기로 한다.

3) 순수 JOL과 JOLCO

외국 항공사를 대상으로 통용되고 있는 일본의 택스리스는 순수한 JOL과 JOLCO의 두 가지 방식으로 구분할 수 있다. 두 방식 모두 회계 및 세무상 분류유형은 운용리스 거래이며, 때에 따라서는 두 방식 모두 구분없이 단순히 JOL(s)로 통용되기도 한다.

두 방식을 굳이 구분하자면 순수한 JOL은 항공기에 대한 구매옵션(call option)이 붙어있지 않은 순수한 운용리스로서, 다른 일반 운용리스와 마찬가지로 항공기의 자산가치 리스크를 투자자들이 부담하는 방식이다. 일반적인 운용리스 개념에서는 항공기의 소유에 따른 리스크와 혜택을 임대인, 구체적으로는 지분 투자자들이 부담한다. 반면 JOLCO는 항공사에게 항공기를 시장가격보다 낮은 가격으로 구매할 수 있는 고정 금액의 구매옵션(fixed call option 또는 early buy-out option)을 부여하여, 이를 행사할 경우 항공기가 항공사로 매각되어 실제적으로는 금융리스 성격으로 취급되는 운용리스라고 할 수 있다.

순수한 JOL의 경우 투자자들은 양호한 조세 혜택에 더하여 항공기의 높은 잔존가치(즉, Capital Gain) 특성을 보고 투자하는 경향이 강한 편이며, 이러한 관점에서 JOL은 부동산투자와도 가깝다고 할 수 있다. 따라서 JOL 투자자는 항공기의 시장가치 변동에 민감하여 항공기 가격이 하락하는 국면에서는 투자자의 모집이 어려울 수도 있다. 반면, JOLCO 구조에서는 임차인이 리스 후반부에 항공기 구매옵션을 실제적으로 행사할 것으로 '예견'되기 때문에 항공기 잔존가치보다는 항공사의 신용리스크를 보다 중시하는 투자자들이 참여한다. JOLCO에서 구매옵션은 임차인의 권리에 불과하지만 실제 이를 행사하도록 강력한 유인을 제공하는 것이 구조설계의 핵심에 해당한다. 이러한 자산 리스크의 구조와 혜택은 JOL과 JOLCO 투자자를 모집하는 원동력이자, 두 방식을 구분짓는 가장 큰 차이점이라고 할 수 있다.

순수 운용리스인 JOL에서는 짧은 리스기간이 종료하면 리스기간말 통상 존재할 수 있는 대출잔액(balloon)과 초기의 출자금을 회수하기 위하여 임대인에게는 보통 세 가지의 옵션이 주어진다. 즉, 임차인과 협상하여 기존의 리스를 연장(lease extension)하든지, 다른 항공사를 물색하여 재리스를 하든지 아니면 반환받은 항공기를 시장에 매각하여야 한다. 회수할 때에는 자금의 배분순위에 따라 대출잔액이 먼저 상환되고 남는 경우 출자금이 후순위로 상환된다. 따라서 항공기의 잔존가치 리스크는 투자자들에게 상당한 리스크로 작용하며, 이에 따라 항공기의 유지·보수 및 반환조건이 엄격하고, 리스크에 상응하여 투자자들의 투자수익률도 JOLCO에 비해서는 상대적으로 높은 편이다. 결국 JOL은 리스기간중 회수하여야 하는 리스료 등과 관련된 신용 리스크와 리스기간말 항공기 매각가치와 관련된 자산 리스크가 혼재되어 있는 구조이다.

그에 반해 JOLCO는 임차인이 구매옵션을 행사하는 한 투자자들은 자산 리스크의 부담을 최소화할 수 있다. 이는 JOLCO의 장점이기도 하지만 만약 임차인이 옵션을 행사하지 않을 경우에는 JOL과 마찬가지로 투자자들이 항공기를 시장에 매각하여 출자금을 회수하여야 하는 자산 리스크가 상존한다. 따라서 운용리스의 구조를 해치지 않으면서 임차인의 권리에 불과한 이 구매옵션을 실제 행사하도록 강력한 유인을 제공하는 것이 JOLCO 구조화의 핵심이다. 임차인이 이 옵션을 행사하게 되면 잔여 리스기간중의 대출잔액과 출자금을 상환함과 동시에 항공기의 법적 소유권은 임차인에게 이전된다. 이와 같이 JOLCO의 형식은 운용리스이지만 실제적으로 금융리스인 특성 및 외국 항공사를 대상으로 한 Out-bound 국제리스의 성격상 일본 과세당국이 JOLCO를 어떻게 인식할 것인가와 이에 수반된 규정 개정 등의 리스크가 항상 존재하는 편이다. 과거에도 외국 항공사들을 대상으로 한 감가상각방법의 변경, 투자자들의 조세혜택 제한 등 수차례 개정의 전례가 있었으며, 이러한 리스크는 JOLCO 시장에도 상당히 큰 영향을 미칠 수 있다. 이 Regulation Risk는 통상 투자자들이 부담하여야 하는 리스크로, 일본 내 세법 개정으로 인하여 딜이 중도에 종료되는 경우 조세상 혜택을 받을 수 없음에 따라 Equity Investor들은 과세당국의

순수 JOL과 JOLCO의 비교

	순수 JOL	JOLCO
성격	운용리스	구조화된 운용리스
콜옵션 유무	×	○
Asset Risk	투자자 부담	항공사 부담
IRR 확정시점	항공기 매각시 확정	최초 취급시 확정
Loan 상환	Non Full-payout + Balloon	Full Payout
투자시 고려사항	Credit + Asset Risk	Credit Risk

움직임에 민감하여 그 동향을 항상 예의 주시하는 편이다.

이러한 구조상의 차이에 따라 JOLCO 투자자들의 투자수익률은 구매옵션의 행사를 감안하여 리스개시 시점에서 사전에 확정되는 반면, JOL의 경우 리스기간말 항공기 가격변동 등에 따라 사후적으로 확정되는 특징이 있다.

4) JOLCO 거래의 특징

- (100% 금융 가능) 은행차입과 지분출자를 합해 항공기 취득가액의 100%까지 금융조달이 가능하다. ECA 금융이나 상업적 금융리스 등 다른 구조는 거래에 따라 차이는 있으나 대부분 최대 85% 정도까지만 가능하다.
- (외국항공사 대상) 외국 항공사에 리스하는 Outbound Cross-border Lease이다. 즉, 비 일본소재 항공사가 대상이며 항공기는 일본 내에 등록되어 있지 않아야 한다.
- (틈새시장 성격) 일본 택스리스는 항공기금융 조달의 주요한 조달 옵션이라기보다는 일본 세제혜택을 활용한 틈새시장(niche market)의 속성이 강하다.
- (투자자의 조세혜택) 일본 내 Equity 투자자의 Tax Benefit 향유가 가능하다.
- (저리조달 가능) 투자자들의 조세혜택을 이전받아 임차인은 리스료를 절감할 수 있는 등 다른 기법대비 저렴한 자금조달이 가능하다.
- (검증된 구조) 오랜 기간에 걸쳐 시장에서 검증된 구조이다. 외국 항공사를

대상으로 한 일본의 택스리스 역사는 1970년대까지 거슬러 올라 간다.

■ (적격운용리스 요건) 금융리스 성격이지만 회계·세법상은 운용리스이어야 하므로 운용리스의 적격요건이 충족되어야 한다. 예를 들면, 항공기의 소유권은 임대인이 보유하여야 하며, 리스기간중의 전체 운용리스료가 항공기 취득가격의 90%를 초과하지 않도록 설계되어야 한다(90% Test Rule). 또 투자자들이 조세혜택을 향유할 수 있으려면 투자자들이 실제 적극적으로 자산 리스크를 부담한다는 사실 등을 입증하여야 한다.

■ (다른 구조와 결합 가능) 담보부대출, ECA, EETC, AFIC 등 다른 기법과 결합이 가능하며, 이에 따라 임차인으로서는 더욱 저렴한 자금조달이 가능하다. 가장 많은 유형은 ECA 구조이나 최근에는 높은 ECA 금융비용 등 낮은 경제성으로 일본 택스리스와 결합하는 비율이 다소 적은 편이다.

■ (항공기 반환조건 엄격) 항공기의 중도반환 및 구매옵션이 행사되지 않았을 경우의 반환조건이 엄격하며, 전손(total loss)시에도 항공기 대체가 불가능하다.

■ (대출참여 제한) 국가 간 대출이자 지급에 따르는 원천징수세(withholding tax) 부

표 4-20   이해관계자별 일본 택스리스의 특성

이해관계자	주요 내용
지분투자자 (개인 및 법인)	• 대규모 개인사업자 및 중소기업 중심으로 투자고객층을 형성 • SPC가 항공기 자산의 가속감가상각에 의해 사업초기단계에 당기순손실이 발생하게 되면 투자가는 출자지분별로 배분받은 손실을 본사업의 비용으로 인식하여 과세표준액을 축소시킴으로써 법인세 절감효과 향유(조세이연효과)
항공회사 (임차인)	• 항공회사로서는 100% Financing 가능 • 투자자가 절세효과를 통해 얻은 이익을 공유하여 일반 리스구조에 비해 리스료를 저렴하게 설정 가능(금융비용의 절감효과) • JOLCO의 경우 항공기 구매옵션가격이 일반 시장가격보다 통상 낮게 설정되어 저렴한 가격으로 항공기를 구입할 수 있으므로 리스비용 경감 가능
금융기관 (대주단)	• 선순위 금융의 LTV가 70~80%로 안정적 • 전세계 우량 항공사를 대상으로 일반적으로 리스기간 ≥ 여신기간이므로 원리금 상환재원을 안정적으로 확보 가능 • JOLCO의 경우 항공기의 잔존가치 리스크 축소 및 Remarketing 리스크 경감 가능 • 일본투자자의 Needs를 바탕으로 오랜 기간에 걸쳐 시장에서 검증된 안정적인 금융구조

담 문제로 대출 참여기관은 원칙상 일본 내 지점 등으로 제한된다(예외 있음).

■ (규제에 민감) 일본정부의 감가상각방법 변경 등 세법개정 움직임이 항시 존재하며, 규제 리스크는 투자자의 부담으로 시장 전체에 미치는 충격이 상당한 만큼 과세당국의 동향을 항상 예의 주시하여야 한다.

5) Lessor의 설립 및 투자자 모집방식

일본의 투자자는 임대인 및 차주의 역할을 수행하는 SPC를 일본 내에 설립하게 되는데 항공기 리스에서 대표적으로 사용되는 SPC의 형태는 익명조합(tokumei kumiai)과 임의조합(nin-i kumiai)방식의 두 가지로 대별된다. 익명조합방식은 간단히 줄여 TK, 임의조합방식은 NK로 통용되기도 한다.

(1) 익명조합(tokumei kumiai)방식

일본 상법71)상에 규정된 익명조합에 의한 SPC의 설립방식으로, 구미의 익명합자회사(silent limited partnership)와 유사한 형태이다. 이 방식은 지분투자에 많이 사용되는 전형적인 표준투자계약의 유형이라고 할 수 있다. TK 구조에서는 리스사업을 수행하는 일본의 리스회사(TK operator)가 일본에 설립한 SPC(임대인 및 차주)를 통해 다수의 익명투자자(silent investors)로부터 출자금을 모집한다. 익명조합계약은 여러 투자자가 있더라도 각 투자자와 TK 운용사 간에 개별적으로 체결(임의조합방식에서는 조합원 간에 체결한다)하며, SPC의 항공기 리스운용사업에서 발생하는 손익(주로 손금)을 투자자의 출자지분에 비례하여 분배하기로 하는 것이 주 내용이다.

여기서 투자자는 자기 본연의 사업에서 상당한 과세 대상수익이 발생하나, 잉여자금을 다른 사업에 운용하기가 곤란한 익명성을 선호하는 개인사업자나 공시 필요성이 없는 비상장 중소기업들이 주로 참여한다. 익명성이 보장되기 때문에 투자자는 JOL 거래의 의사결정에 관여할 권리와 책임도 없으며,

---

71) 일본 상법 제4장(익명조합): 제535조~제542조.

SPC 또는 운용사의 업무집행에 관여하거나 대표할 수 없다. 다른 투자자와의 관계에 대해서도 독립적인 개별계약의 속성상 상호 신원을 알 수 없도록 되어 있으며, 단지 SPC로부터 발생하는 손익을 분배받을 권리만을 갖는다. 만약 투자자의 이름이나 상호가 운용사의 상호에 사용되었을 경우에는 제3자에 대하여 운용사와 연대하여 변제할 책임이 있다.[72] 이러한 관점에서 TK 투자자들은 수동적인 투자자(passive investor)의 역할을 수행한다.

한편, JOL과 관련된 모든 의사결정의 주체는 SPC에 있으나 투자자가 관여할 수 없는 관계로 항공기리스 등의 업무에 정통한 일본의 리스회사가 운용사(TK proprietor/operator)의 역할을 수행한다. 운용사는 SPC의 위임을 받아 TK와 관련된 법률관계, 사업운용, 의사결정 등 모든 대외적인 관리·통제업무를 스스로의 이름으로 전담 수행하며, 아울러 항공기 자산의 소유자(owner)로서의 역할을 수행한다.

(2) 임의조합(nin-i kumiai)방식

일본 민법(civil code)상 임의조합계약에 의한 설립방식으로, 대부분의 국가에서 운용되고 있는 Partnership과 유사한 방식이다. 조합원들(partners)이 NK 자체를 구성하며, 익명조합과 달리 투자자가 소수일 경우에 많이 사용되는 방식이다. NK 방식에서는 항공기의 소유권이 리스회사에게 있지 않고, 각 출자자의 공동소유(joint-owner) 형태로 출자지분에 따라 공유되어 각각 등록되며, 임차인 및 대주와의 관계에 있어서는 임의조합원 전원이 연대하여 그리고 각자가 공동 당사자가 되어 사실상 연대 무한책임을 진다. 리스거래로부터 발생한 손익은 각 투자자에게 출자지분에 비례하여 귀속되게 되는데, 이것이 투자자의 다른 사업에서 발생한 손익을 상쇄시켜 과세대상소득을 축소시키는 효과는 익명조합방식과 동일하다. NK 구조에서는 법적으로 투자자들이 Lessor인 NK를 대표하며, 따라서 의사결정도 Majority Partner를 대리하는 NK가 하게 되나, 실무적으로는 Partner 중 한 명을 Managing Partner로 선임하여 위임하는 구조를

---

72) 일본 상법 제537조.

취한다. NK에서는 투자자들이 항공기를 소유하는 구조이기 때문에 항공기 자산과 투자자들의 파산위험과의 격리문제가 구조설계상의 주요한 이슈로 대두되기도 한다.

6) JOLCO 구조 및 거래절차

(1) 익명조합(Tokumei Kumiai)방식

그림 4-16 익명조합방식 금융구조

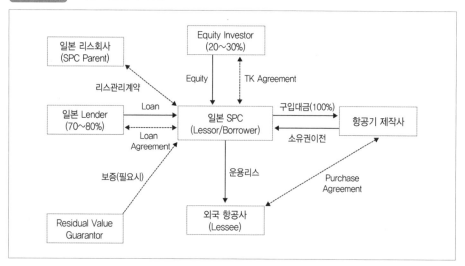

① 항공기의 도입·운용주체인 외국 항공사(또는 항공기리스사)는 항공기 제작업체 (또는 중고 항공기의 경우 다른 항공사)와 항공기 구매계약(aircraft purchase agreement) 을 체결한다. 대상 항공기는 신조 또는 중고 항공기 모두 가능하다.

② 일본 리스회사(TK 운용사)는 일본에 TK 조합방식의 SPC(Lessor/Borrower)를 설립하고 SPC의 소유, 관리역할을 수행한다.

③ SPC는 항공기 취득가액 중 70~80%를 일본소재 대주단(lenders)으로부터 대출계약에 의거하여 차입하고, 남은 20~30%의 출자금은 TK 계약에 의거 일본 내 투자자(equity investors)로부터 모집한다.

- 대주단의 대출금은 SPC가 임차인으로부터 수취하는 임차료 등 수취 재원을 한도로 원리금 상환이 이루어지는 Limited Recourse 조건이 며, 대출 채권보전을 위해 SPC는 항공기 저당권, 리스료/보험금 수취 채권 등의 제반 선순위 담보 Package를 대주단을 대리하는 Security Agent에게 제공한다.
- 대주단은 이자지급에 대한 원천징수세(withholding tax) 지급과 관련하여 일본 국내은행 또는 외국계 은행의 일본소재 지점만이 대출점포 (booking office)로 참여할 수 있으나, 예외적으로 적격인가를 받은 경우 일본 내 지점을 '외국은행대리은행'으로 지정한 외국계 은행 본점도 대출이 가능하다.

④ SPC는 항공사(lessee)로부터 항공기의 구매권한을 양도받아 투자자 및 대주단으로부터 조달된 자금으로 항공기 제작사로부터 대상 항공기를 구입하고 항공기의 법적 소유권을 취득한다.

⑤ 동시에 일본 SPC는 항공사와 10~12년간 운용리스 계약을 체결하고 항공기를 운용리스한다.

- 대출기간은 거래마다 차이가 있으나 Narrow-body 항공기의 경우 통상 10년, Wide-body 항공기는 12년이며, 대출기간은 리스기간과 일치시키는 것이 대부분이나 약간 짧게 설정하기도 한다. 감가상각 은 리스기간에 걸쳐 상각한다.

⑥ 일본 리스회사(lessor parent)는 임차인과 대주단앞으로 임대인인 SPC의 계약상 의무이행 및 파산상태 방지 등의 내용을 보장하는 Comfort Letter나 Undertaking Letter 등을 발급하는 등 일정 신용보강을 지원한다.

⑦ SPC는 리스기간중 임차인으로부터 수취한 리스료를 바탕으로 대주단 의 원리금을 상환한다. 리스료는 당사자의 의향에 따라 고정 또는 변동리스료로 책정하기도 한다.

- 임차인이 지급하는 리스료는 A Rent와 B Rent의 두 가지 형태로 구성되며, A Rent는 대출 원리금 상환에, B Rent는 임대인의 관리비용

충당에 사용된다.

⑧ JOLCO의 경우 임차인은 통상 리스만기 전 8~10년차에 리스개시시점
에 정해진 고정금액으로 콜옵션(또는 Early Buyout Option)을 행사한다.

- 임차인이 옵션을 행사하면 SPC는 수취한 옵션가격으로 출자금 및 대
  출잔액을 상환하며, 항공기의 소유권은 임차인에게 이전한다.
- 만약 임차인이 옵션을 행사하지 않으면 리스기간은 원래 만기까지
  지속되며, 리스기간 종료시 항공기를 SPC에 반환하게 되면 임대인이
  항공기를 매각하여 투자금을 회수하게 된다(2005년 일본 세법개정에서 요구하
  는 항공기의 잔존가치 리스크는 투자자가 부담한다).

(2) 임의조합(Nin-i Kumiai)방식

그림 4-17   임의조합방식 금융구조

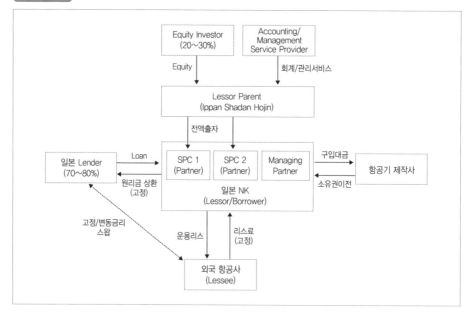

① 항공기의 도입·운용주체인 외국 항공사(또는 항공기리스사)는 항공기 제작
업체(또는 중고 항공기의 경우 다른 항공사)와 항공기 구매계약(aircraft purchase
agreement)을 체결한다.

② 일본 투자자들은 임대인의 모회사(lessor parent) 역할을 수행하는 일반사
단법인(Ippan Shadan Hojin)[73]을 설립하여 항공기 취득가액의 20~30%를
출자하고, 일반사단법인은 투자자로부터 출자받은 지분 전액을 SPC에
출자하여 임의조합(NK)을 구성한다.

- SPC는 일본의 합동회사(Godo Kaisha)[74] 형태로서 각각 Partner인 SPC 1
과 SPC 2가 설립되며, Managing Partner와 함께 NK를 구성하게 된
다. Managing Partner는 주로 일본의 리스회사가 수행하며, Partner
의 위임을 받아 각 Partner 및 NK 조합을 대표한 재산관리, 법적 절
차, 통제, 계좌유지, 투자금의 배분 등의 역할을 수행한다. NK
Agreement는 각 SPC와 Managing Partner간에 체결된다.
- NK투자자들의 자체구성 조합이므로 별도의 법적인 객체가 아니며,
NK의 SPC Partner는 연대하여 그리고 각자(jointly and severally) 출자지
분에 비례하여 임대인 및 차주의 역할을 수행한다.

③ SPC는 항공기 취득가액 중 70~80%를 일본은행 또는 외국계 은행의
일본 지점 등 대주단으로부터 대출계약에 의거하여 선순위 담보부 조
건으로 차입한다.

- 통화는 통상 항공사가 선정하는 통화(U$, ¥, €)로 대출이 이루어지며,
리스기간중 지급리스료의 통화도 대출통화와 일치하여 지급된다.
- 대주단의 대출금은 TK와 마찬가지로 Limited Recourse 조건이며, 대
출 채권보전을 위해 Security Agent는 SPC로부터 항공기 선순위 저당
권, 리스료/보험금 수취채권, 리스료 수취계좌에 대한 질권 등 담보
Package를 제공받으며, Lessor Parent로부터는 임대인 주식에 대한

---

73) 2008년 12월 제정된 "일반사단 및 일반재단법인에 관한 법률"에 따라 종전 구조화금융거래
의 SPC 설립에 많이 사용되던 유한책임회사(limited liability entity) 성격의 유한법인
(Chukan Hojin)을 승계하는 비영리목적 공익법인이다. 케이만군도의 Charitable Trust와 유
사한 성격으로, 설립절차가 간단하고 설립비용이 적으며 비영리사업에 대해서는 면세혜택
이 주어진다.

74) 2006년 5월 1일 일본 회사법에 신규 도입된 미국의 Limited Liability Company(LLC)와 유
사한 성격의 펀드법인으로 통상 GK라고도 불리며, 출자지분에 따라 유한책임을 지는 사원
과 관리기능을 담당하는 업무집행사원으로 구성됨.

질권(share pledge)을 제공받는다.

④ SPC는 항공사(lessee)로부터 항공기의 구매권한을 양도받아 투자자 및 대주단으로부터 조달된 자금으로 항공기제작사로부터 대상 항공기를 구입하고 항공기의 소유권을 취득한다

⑤ 일본 SPC는 항공사와 10~12년의 운용리스 계약을 체결하고, 항공기를 운용리스한다.

- 리스료는 고정방식이 대부분이나 당사자의 의향에 따라 변동으로 책정되기도 한다. 리스기간중에 균등하게 수취될 수 있도록 책정한다.
- 임차인이 지급하는 리스료는 A Rent와 B Rent의 두가지 형태로 구성되며, A Rent는 대출 원리금상환에, B Rent는 임대인의 관리비용 충당에 사용된다.

⑥ Managing Partner인 일본 리스회사는 임차인과 대주단에 임대인인 SPC의 계약상 의무이행 및 파산상태 방지 등을 보장하는 내용의 Comfort Letter 또는 Undertaking Letter 등을 발급하는 등 신용보강을 지원한다.

⑦ SPC는 리스기간중 임차인으로부터 수취한 리스료를 바탕으로 대주단에게 대출원리금을 상환한다.

⑧ JOLCO의 경우 임차인은 통상 리스만기 전 8~10년차에 리스개시시점에 정해진 고정금액으로 콜옵션(또는 Early Buyout Option)을 행사한다.

- 임차인이 옵션을 행사하면 SPC는 수취한 옵션가격으로 출자금 및 대출잔액을 상환하며, 항공기의 소유권은 임차인에게 이전한다.
- 만약 임차인이 옵션을 행사하지 않으면 리스기간은 원래 만기까지 지속되며, 리스기간 종료시 항공기를 SPC에 반환하게 되면 임대인이 항공기를 매각하여 투자금을 회수하게 된다(2005년 일본 세법개정에서 요구하는 항공기의 잔존가치 리스크는 투자자가 부담한다).

7) Purchase Call Option/Early Buy-out Option

JOLCO 구조에서는 금융리스 효과를 부여하기 위하여 거래에 따라 다르나 보통 리스 8~10년차에 항공사(임차인)에게 공정 시장가격보다 저가로 항공기를 구입할 수 있는 Purchase Call Option 또는 Early Buy-out Option(EBO)을 부여한다. JOLCO도 항공기 소유자가 조세혜택을 향유하려면 반드시 운용리스 요건에 부합하여야 하므로 이 옵션은 항공사의 권리일 뿐 강제적인 의무사항은 아니다. 강제사항이 아님을 입증하기 위해 EBO 가격은 외부에서 제시하는 여러 안의 추정 공정가격을 평가하여 최종 리스개시 시점(리스개시 후+1일)에 고정가격으로 책정된다. 이때 EBO 가격은 리스초기 투자자의 출자금과 옵션행사 시 남아있는 대출금 잔액을 상환하기에 충분한 수준이 되도록 책정된다.

만약 항공사가 이 EBO 권리를 행사하지 않거나 리스기간중에 항공기를 조기 반환하는 사태가 발생하게 되면, 투자자와 리스회사로서는 초기 출자금과 당시의 대출잔액을 상환하기 위하여 항공기를 재리스하거나 제3자에게 매각하여야 하는 자산 리스크에 노출될 뿐만 아니라, 매각 관련 비용이 증가하는 등 상당한 불확실성에 노출되게 된다. 따라서 JOLCO에서는 항공사들이 EBO 권리를 포기하지 않고 실제 행사할 수 있도록 여러 가지 유인을 제공한다. 우선 EBO 가격을 추정 공정시장가격보다 낮은 금액으로 설정하는 등 경제적 유인을 제공하고, 항공기의 반환조건을 모든 중정비를 마친 최신 상태인 Full-life 조건으로 반환토록 함으로써 항공기의 중도반환이 이론상 비경제적인 선택사항이 될 수 있도록 구조가 설계된다. JOLCO에서는 항공사와 투자자와의 이력 및 관계가 중요하기 때문에 실제 거의 모든 항공사는 구매옵션을 행사한다. 옵션가격을 지불한 항공사는 행사당시 있는 상태 그대로(as-is, where-is) 항공기를 인도받아 항공기의 소유권을 취득하게 된다. 따라서 JOLCO 구조에서는 임차인이 향후 옵션을 행사할 것을 전제로 설계되며, 투자자의 NPV Benefit은 EBO가 행사되는 경우로 한정하여 산출된다.

8) 투자자의 경제적 효과

(1) 조세이연 효과

일본식 택스리스의 경제성은 임대인의 조세이연 효과(tax deferral effects)에 있다. 항공기 소유자인 임대인(일본 SPC)의 손익계산서상 과세대상소득(taxable in-come)은 렌트료수입－(감가상각비＋이자비용)으로 산출되는데, 수익의 경우 고 정된 리스수익이 리스 전기간에 걸쳐 매기마다 균등한 금액으로 수입되는 반 면, 항공기 소유에 따른 리스 전반부의 감가상각비와 대출이자비용은 항공기 장부가격 및 대출잔액이 리스 후반부에 비해 많기 때문에 발생비용도 보다 많 게 계상된다. 특히 택스리스에서는 감가상각 비용이 손익에 미치는 영향이 중 요한데, 감가상각 방법으로 정액법(straight-line method)보다 가속상각법(accelerated depreciation method)을 사용하는 경우에 리스 초기의 손실 규모가 훨씬 큰 금액으 로 발생하게 된다. 이에 따라 임대인의 손익계산서에는 리스기간 전반부(리스기

그림 4-18 임대인의 손익(예시)

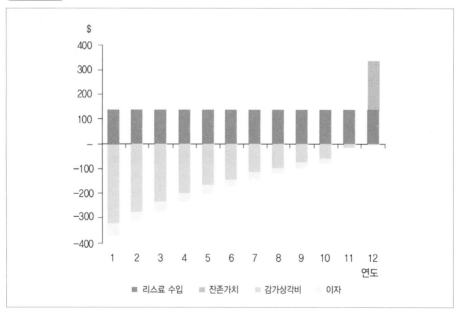

그림 4-19   임대인의 당기순손익(예시)

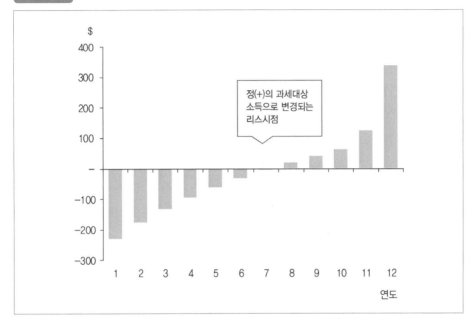

간의 6~7년까지)에는 손실이 발생하며, 후반부로 갈수록 고정리스료가 감가상각비 및 이자비용보다 커져 이익이 발생하게 된다. 지분투자자들은 이러한 임대인의 과세대상소득(전반부의 손실, 후반부의 이익)을 출자지분에 비례하여 분배받아 본연의 사업에서 발생하는 과세대상소득과 합산하여 과세 대상소득을 축소시킴으로써 전반부에 납부하여야 할 세금을 후반부로 이연(deferral)하는 효과가 발생한다. 결과적으로는 투자자들이 전체 리스기간중 납부하여야 할 세금은 결국 같은 금액이나 화폐의 시간가치(time value of money) 즉, 순현가(net present value) 개념을 고려할 경우 조세이연 효과는 경제적인 이점으로 작용한다. 한편 임대인은 리스기간중 발생한 손익을 모두 투자자에게 이전하였으므로 일본 세법상 법인세 납부대상이 아니다. 이와 같이 투자자들이 절감한 조세 혜택분은 다른 대체안 등 유용한 부분에 사용될 수 있는데, 이 혜택 중 일부가 임차인이 납부하는 리스료 수준을 축소함으로써 임차인은 다른 금융기법보다 보다 저렴한 금융조달이 가능하게 된다.

(2) NPV Benefit

리스 전반부에 납부하여야 할 조세가 후반부로 이연되는 리스기간 전체의 경제적 효과는 NPV Benefit으로 측정된다. 일반적으로 투자자들의 NPV Benefit 은 일본 경기가 호황일수록, 법인세율이 높을수록, 감가상각방법이 가속상각일 수록, 시중금리가 낮을수록, 엔화가치가 약세일수록 상대적으로 커지며 따라서 투자자 유인도 같이 증가한다.

- 경기상승: 증가된 이익을 투자하여 과세수익을 상쇄시키려는 유인이 증가한다
- 법인세율: 높을수록 조세 절감액이 커진다. 일본의 유효법인세율은 30% 수 준이다
- 감가상각: 정률법, 가속상각법일수록 리스초반 공제되는 감가상각 규모가 크다
- 리스기간: 짧을수록 리스초반 감가상각 규모가 크다. 따라서 장기의 JOLCO 보다 리스기간이 짧은 JOL 구조의 조세혜택이 상대적으로 크다.
- 금리동향: 조달금리가 낮을수록 은행들의 유동성이 개선되어 투자유인이 증 가하며, 투자자들의 투자 대체안이 제한되어 수익률 극대화를 위한 택스리 스 수요가 증가한다.
- 엔화약세: 대차대조표상 항공기 자산은 U$ → ¥화로 환산되며, 엔화가치가 약세일수록 자산규모 및 감가상각비용 배분 금액이 커진다.

9) 투자자 모집 관점에서의 특성

일본식 택스리스가 전세계 항공사들의 인기를 끄는 이유는 다른 나라의 택스리스 구조(French Lease, German Lease 등)에 비해 상대적으로 안정되고 두터운 투자자 기반에 있다. 투자자 유인은 그때그때의 시장상황, 투자요건, 거래구조 에 따라 다르나 일반적인 사항을 중심으로 설명하면 다음과 같다.

(1) 일본 투자자

일본 투자자는 항공기 자산에 대한 리스크를 부담하는 주체이므로 통상 항공기에 대해 잘 알고 있는 기관투자가나, 현금 매출규모가 커 단기간 높은 영업이익이 예상되지만 대외공시에 민감하고, 손실 시현에 부담이 없는 개인사업자(예컨데 빠징코 게임업체 등)나 중소규모의 비상장기업이 주로 참여한다. 이름이 널리 알려진 대기업이나 공기업은 손실 실적 공표에 민감하고, 익명투자 요건 등에 제약이 있어 투자자로는 거의 참여하지 않는다. 또한, 투자자의 참여 동기가 절세이므로 투자자의 회계연도 종료 시점에 따른 리스거래의 종료 시점 일치 여부도 민감한 사항에 속한다.

이러한 투자자의 업무과 관련한 전문 서비스를 수행하는 금융기관도 다수 활동하고 있다. Equity Arranger는 일본에서의 투자자 모집, 금융의 구조화, 일본 SPV(임대인) 설립·관리, 세제 혜택의 배분 등에 관한 전반적인 역할을 수행하고, 투자자들로부터 수수료를 수취하는데 통상 일본의 리스회사, 은행 등이 주로 참여한다.

■ 주요 Equity Arranger

Financial Product Group, Fuyo General Lease, IBJ Leasing, JA Mitsui Leasing, JP Lease, Mitsubishi UFJ Lease, Mitsui & Co., Nomura Babcock & Brown, Orix Corporation, Showa Leasing, SMFL, Yamasa 등.

(2) 대상 항공기

일본 투자자들은 자산 리스크를 부담하는 주체이므로 중고기보다는 신조기, Wide-body보다는 Narrow-body 기종을 선호한다. Narrow-body 기종은 수요기반이 넓게 형성되어 있고 거래규모도 크며, 중고시장도 잘 발달되어 있어 항공기의 매각 가능성을 높이고 잔존가치 리스크를 축소할 수 있는 대표적인 기종에 속한다. 최근에는 신규 항공기 모델이 지속적으로 출시됨에 따라 항공기 내용연수가 점차 짧아지는 추세이므로 현재 항공기 제작사에서 생산중(in production)인 모델의 여부도 주요한 요건에 해당된다. 대표적인 기종으로는 보잉 및 에어버스의 베스트셀러 기종인 B737, A320 기종 등이 포함된다.

한편, 대형 Wide-body 기종은 조달하여야 할 출자규모가 커서 투자자 모집에 상대적인 어려움이 있어 투자자들이 일반적으로 선호하는 기종은 아니다. 특히 이러한 관점에서 초대형기종인 A380은 일본 투자자들이 소화하기가 어려운 기종의 하나에 속한다. 그러나 Wide-body라고 하더라도 충분한 중고시장이 형성되어 있는 일부 기종(B777, A330, A350 등) 중심으로 취급이 이루어지고 있으며, 최근에는 투자자 저변 및 수요확대 등으로 투자가 점차 확대되고 있는 추세이다. 아울러 지역항공사를 대상으로 한 중소형 기종, ATR 등 터보프롭 항공기 등도 투자지분 및 차입규모가 상대적으로 적고 중고 시장이 발달되어 있는 경우 투자자들이 선호하는 기종에 속한다. 통상 JOL이나 JOLCO로 거래가 가능한 적정 항공기의 가격 규모는 대략 U\$30백만~U\$200백만 사이로 알려져 있다. 아울러, 신조 항공기뿐만 아니라 다른 항공사 등으로부터 구입하는 중고 항공기도 가능하긴 하나 기령이 통상 2~3년 이내의 젊은 항공기 위주로 이루어지고 있다.

일반적으로 투자자들은 자산 리스크를 부담하여야 하는 주체이므로 거래에 따라서는 항공기의 장래 최저 매각가액 보장 및 투자수익률 확보를 위해 보험사 등이 발급하는 잔존가치 보험(residual value insurance)을 요구하는 경우도 있다.

(3) 대상 항공사 및 리스사

JOLCO 시장은 전통적으로 소수의 기존 대형항공사 그룹에만 문이 열려있는 있는 시장이며, ANA, British Air, Japan Airlines, Lufthansa, Air France 등 세계적으로 지명도가 높은 일류 항공사 및 국적 항공사 위주로 추진되는 것이 일반적이다. 투자자들은 항공사가 리스 만기 이전에 항공기를 조기 반환하거나 항공기 구매옵션을 행사하지 않을 경우, 추가비용 등 잔존가치 리스크가 크게 증가하기 때문에 거래추진 단계에서 항공사의 선별에 신중한 경향이 있으며 따라서 항공사의 Credit Risk를 중시하는 편이다. 이에 따라 과거 일본시장에서

의 금융조달 경험이 있고, 일본 투자자들과 어느 정도 네트워크가 구축되어 지
명도가 있는 유럽, 중동, 아태지역 등의 국적 항공사들 위주로 선별되는 특성
이 있다.

그러나 수년 전부터 전세계적인 저금리화 및 적절한 투자수익을 확보하기
어려운 국내 환경변화 등으로 투자자들 사이에서도 자산가치가 상대적으로 양
호한 항공기에 대한 관심이 증가하고 있는 추세다. 투자자들 간의 경쟁으로 점
차 Top-tier 항공사들에 대한 Tax Benefit이 감소하게 되자 수익성이 양호한
저가항공사(LCC), 항공기 리스회사 등으로 그 대상이 확대되고 있으며, 지명도
는 다소 떨어지지만 자산가치의 안정성에 주목하여 Tier-Ⅱ 항공사들까지 대상
이 확대되는 추세에 있다. 이에 따라 2005년부터 중국남방항공을 필두로 한 중
국 항공사 및 2012년부터 ICBC Leasing, CDB Leasing, AWAS 등 항공기 운용
리스사[75]들이 시장에 신규 진입하였고, 과거 투자자들에게 잘 알려지지 않아
보수적인 관점을 가지고 있었던 Air Canada, Avianca, AeroMexico, Copa 항공
사들까지 시장이 확대되어 일본 택스리스의 시장저변이 더욱 확대되는 추세에
있다.

■ 주요 대상 항공사

ANA, Japan Airlines, British Airways, Air France, Lufthansa, Singapore
Airlines, Malaysia Airlines, Ryanair, KLM, Air China, China Southern
Airlines, Easyjet, Turkish Airlines, Qantas 등

(4) 대출은행(lenders)

항공기 취득가액의 70~80%를 공여하는 대주단은 주로 은행으로, 유럽계

---

75) 항공사는 리스 전기간에 걸쳐 항공기를 보유하려는 경향이 강한 반면, 리스사는 서브리스
등 항공기의 거래속성이 강하고 장래 항공기 시장가치 하락시 콜옵션을 행사하지 않을 위
험이 커 항공사가 추진하는 JOLCO보다 복잡한 이슈가 발생한다. 이 구조에서는 옵션 행사
리스크를 임차인이 아닌 리스사가 부담하며, Indemnification, Default, Covenants, Security
조항 등에 있어 항공사를 대상으로 한 구조와는 차이가 있다.

특히 프랑스계 은행들이 전통적인 강세를 보이고 있다. 원칙적으로 대주단은 국가간 대출이자 지급시의 원천징수세(withholding tax) 부담을 회피하기 위해 원천세 지급 이슈가 없는 일본 내 소재 은행(외국계 은행의 동경지점 등 포함)들만이 참여 가능하나, 예외적으로 외국은행 대리은행 인가를 획득한 외국계 은행 본점도 참여 가능하다.

즉, 일본 면세지위를 보유하고 일본 내 대리은행을 지정하여 적격 대출자격(qualifying license)을 인가받은 금융기관. 예를 들면, 국내은행 본점이 동경지점을 대리은행으로 지정하여 인가를 획득하는 경우 국내은행 본점에서도 Booking이 가능하다.

■ 참여가능 대주단
- 일본은행: 전세계 모든 지점에서 Booking 가능
- 일본의 대금업자
- 외국계 은행이 일본 내에 설립한 지점(외국계 은행의 동경지점 등)
- "외국은행 대리은행업무" 인가를 받은 외국계 은행

10) JOL 시장동향

(1) 1998~2003년

1998년 일본 법인세법 개정에 따른 감가상각방법 변경(정율법 → 정액법)에 따른 경제성 하락으로 외국 항공사를 대상으로 한 JLL 거래가 소멸되고, 1999년 운용리스 기반의 JOL 구조가 새로 만들어졌으나, 2003년까지는 과세당국의 지속적인 규제 움직임 및 검증되지 않은 구조의 불확실성 등으로 JOL 거래가 크게 활성화하지는 못한 상태였다. 투자자들의 수요는 여전히 살아있다고 할 수 있으나 당시 신규 구조에 대한 과세당국의 명확한 가이드라인이 없었던 데다, 구조에 어떠한 리스크가 존재하는지 조차 파악하기에도 어려움이 많았던 시기라 투자자나 항공사 모두 조심스런 분위기가 이어졌다. 따라서 초기 JOL은 다양한 형태로 추진되어 10~12년의 장기 리스기간에 잔존가치보험(residual value insurance)이 첨부되든지, 아니면 잔존가치에 대한 지원이 없이 3~5년의 짧은 리스기간으로 추진되는 등 이 시기는 전반적으로 구조의 불확실성이 노정되던 시기였다고 할 수 있다.

(2) 2004~2008년

2000년대 전반은 일본 기업들의 파산 및 부실화의 여파로 투자자들의 항공기 투자에 대한 관심이 지속적으로 유지되고 투자 유동성도 충분하였으나, 외국계 항공사에 대한 JOL 구조의 불확실성은 완전히 해소되지 않던 시기였다. 외국 항공사들도 100% 금융조달 및 부외 금융효과에 덧붙여 무엇보다 일본 택스리스의 저리조달 이점에 끌려 지속적으로 딜의 가능성을 타진하였으나, 투자자들은 국제 리스거래에 대한 과세당국의 잇단 규제 및 구조의 불안정성 등으로 상당 부분 국내 거래로 선회함에 따라 외국 항공사를 대상으로 한 JOL 거래는 감소하였다. 당시 항공기 택스리스는 국내항공사(ANA, JAL)를 대상으로 한 JLL 구조(외국계 항공사를 대상으로 한 JLL은 1999년에 종료)와 외국계 항공사를 대상으로 한 신규 JOL 투자로 양분되었다. 2002년 전체 항공기 시장에 대한 투자규모는 대략 40억달러 정도이나 국내 JLL 거래규모는 약 25억달러인 반면 국제 JOL 거래는 약 15억달러로 국내 거래규모가 상대적으로 컸다. 2003년에는 SARS 발생에 따른 아태지역 항공사의 경영타격이 더해져 리스크에 민감한 투자자들은 국내 항공사가 외국 항공사보다 더 안전하고, 통화 리스크도 적다는 인식이 더욱 확산되었다. 더구나 2005년에는 투자자들의 투자자격을 규제하는 세법규정 즉, 투자자들이 실제 잔존가치 위험을 부담할 것과, 리스거래에 숙련된 투자자들만이 참여하도록 하는 조치의 시행으로 일본 투자자 시장이 전반적으로 크게 위축되었다. 그러나 2006년부터는 일본 과세당국이 규정의 내용을 명확히하여 투자자들의 JOL 구조에 대한 리스크가 어느 정도 해소됨에 따라 JOL에 대한 투자자들의 관심이 되살아나 시장이 서서히 회복하기 시작하였다.

이 시기에는 전반적으로 신생 JOL 구조의 잠재된 리스크로 인해 규모가 이전에 비해서는 축소되었으나, 투자자들에게 다소 익숙한 유럽지역의 일부

Top-tier 항공사들(Lufthansa, British Air, Ryanair 등)은 여전히 다수의 거래를 성사시킬 수 있었다. 예컨대 2003년과 2008년 사이에 독일의 Lufthansa 항공은 JOL 구조로 U$2,654백만 규모의 항공기 도입자금을 일본시장에서 성공적으로 조달하였다.[76] 이 시기 한가지 주목할 만한 특징은 이전에는 중국 본토의 복잡한 조세 및 규제체제로 그다지 일본 투자자들의 인기를 끌지 못했던 중국남방항공이 2005년에 처음으로 JOL 거래를 성사시켰다는 점이다. 이 딜은 이후 중국 항공사들이 앞다투어 일본시장에서 자금을 조달하고, 이로 말미암아 JOL 항공기금융 시장이 더욱 활성화되는 이정표적인 역할을 하게 되었다.

(3) 2009~2018년

2009년은 특히 JOL 투자자 시장이 일시적으로 큰 폭의 침체를 겪었던 시기였다. 2005년 일본 세법개정의 영향도 있었던 데다 리먼사태로 인한 U$화 유동성 경색, 일본경기 회복지연, JAL 법정관리(2010), 유가상승, 엔화강세 추세 등이 한데 겹쳐 일본 내 투자수요가 크게 위축되었고, 유럽 금융위기의 진행으로 항공기금융 업계의 자금공급자 역할을 수행하여 왔던 일부 유럽계 IB들이 해외사업에서 철수함에 따라 은행차입에도 적잖은 어려움이 있었다. 이를 반영하여 2007년 이전에는 항공기, 선박, 컨테이너부문을 합한 JOL 및 JOLCO 투자규모가 30억달러 이상을 유지하였으나, 2008년에는 19억달러, 2009년에는 16억달러로 그 규모가 대폭 감소하였다. 그러나 상품별로는 전체 투자금액 중 항공기 투자의 비중이 80% 이상으로 대부분을 차지하고 있었다.

그러다가 2010년 이후에는 신용도가 우량한 유럽 및 중동지역 항공사를 중심으로 투자수요가 서서히 회복하기 시작하였다. 2011년 일본의 지진 및 쓰나미 여파에도 불구하고 연간 20억달러 이상이 조달되었으며, 이후에는 투자시장이 꾸준한 상승패턴을 보이고 있다. 여기에는 지진의 여파로 일본 기업들의 순이익이 전반적으로 감소하여 조세회피의 필요성이 축소된 측면도 있지만, 당시 일본 내 세법개정 논의를 연기한 정책적 결정이 시장에 유리하게 작용된

---

76) Don Stokes and Michelle Runagall, *Aircraft Financing Fourth Edition*, p. 178.

그림 4-20 JOL/JOLCO 투자액 및 취급건수

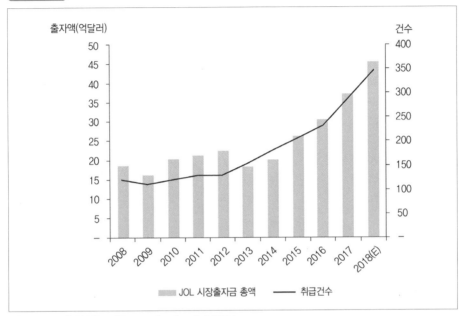

자료: JOL 시장동향조사(2017. 4), 야노경제연구소.

측면도 있었다.

투자자 시장이 견조세를 유지하고 점차 시장이 확대됨에 따라 이전에는 투자자들이 보수적인 입장을 견지하여 왔던 신규 항공사들의 시장진입도 서서히 증가하기 시작하였다. 2010년 이후에는 당시 경제환경 악화를 반영하여 대형 항공기보다 차입부담이 비교적 적은 지역항공사, ATR 터보프롭 항공기 등 중·소형 항공기가 투자자들 사이에서 큰 인기를 끌었다. 2011년에는 브라질 TAM 항공이 남미 최초로 JOL 시장에서 자금을 조달하였고, 저가항공사(LCC)의 약진에 힘입어 Ryanair, Easyjet 등이 JOL 시장에 성공적으로 진입하였다. 이와 함께 동방항공, 에어차이나 등 중국 항공사들이 중국남방항공의 뒤를 이어 정기적으로 JOL 시장에서 자금을 조달하는 주요 항공사로 이름을 올렸다.

이 시기 또 한가지 특기할 만한 점은 2012년경부터 항공기 리스사들이 JOLCO 시장에서 자금을 조달하는 사례가 증가하였다는 점이다. CDB Leasing

그림 4-21 상품별 JOL/JOLCO 시장규모

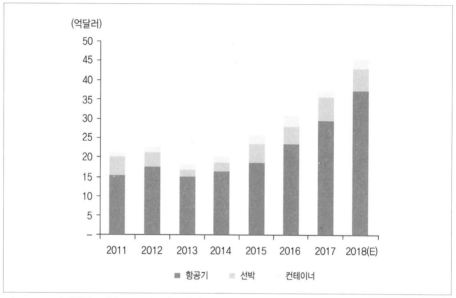

자료: JOL 시장동향조사(2017. 4), 야노경제연구소.

을 필두로 ICBC Leasing, AWAS가 뒤를 이었는데 항공기 리스사들은 본래의 영업 속성상 리스기간중 항공기거래(중도매각), Sub-lease 등에 따른 불확실성이 커 투자자들이 기피하던 대상이었다. 이러한 투자대상의 지속적인 확대는 저금리화의 진행 및 적절한 투자대안의 감소, 투자자들 간의 경쟁심화, 은행 유동성의 확대 등에 힘입은 바 크다. 아울러 2015년 이후에는 선박 및 컨테이너 부문의 수요 회복세와 전세계적인 저가항공사의 영업 활성화 등에 따른 항공사 투자처 다변화 등으로 투자수요가 뒷받침되며 항공기 자산을 중심으로 성장세가 지속되고 있다. 이에 따라 2018년 JOL 및 JOLCO 투자규모는 약 46억달러 수준으로 5년전 규모에 비해 거의 두 배 이상의 성장세를 보이고 있으며, 이중 항공기부문에 대한 투자가 80% 이상으로 대부분을 차지하고 있다.

11) 일본 택스리스 관련 규정/지침의 변천

(1) 1978년 통달(tsutatsus)

1978년 통달은 일본국세청(NTA: Japanese National Tax Agency)이 리스제도의 확립을 위해 처음으로 발표하여 시행한 것인데, 이에 따르면 '리스거래'를 다음과 같이 정의하고 동 요건을 충족하지 않는 경우 리스가 아닌 매매(Sale and Purchase) 거래로 취급하도록 하였다. 만약 금융거래나 매매거래로 인식될 경우 임대인은 감가상각비용을 계상할 수 없으며, Lessee가 지급하는 임차료도 공제가 불가능하였다.[77]

- 리스료가 Full pay-out 방식이어야 한다. 즉, 지급하여야 할 총리스료가 자산 취득원가의 대부분(일반적으로 90%이상)에 해당하여야 한다.
- 중도 해지조건이 없어야 한다(No cancellation).
- 리스기간말 무상 또는 명목가격의 구매선택권(no nominal purchase option)이 주어지지 않아야 한다.
- 리스대상이 토지나 건물 또는 구축물이 아니어야 한다.
- 리스기간이 법정내용연수 10년 초과인 경우(예컨데 Wide-body 항공기)에는 60% 이상이어야 하고, 10년 이하인 경우(예컨대 Narrow-body 항공기) 70% 이상이어야 한다.

또한 1978년 통달에는 중고제품의 소유자에 의한 Sale and Lease-back 거래를 매매거래가 아닌 금융(Finance)으로 인식함으로써 이를 사실상 규제하는 조항도 포함되어 있었다. 한편, 항공기의 경우 1978년 통달과 관련하여 특기할 만한 점은 항공기의 법정 내용연수가 10년이었던데 반해, 1988년까지 실제로 이루어진 항공기의 통상적인 리스기간은 이보다 긴 15-18년이었다. 당시 일본

---

77) 1978년 Circular는 금융리스만 규정하고 있어 다른 형태의 리스는 경제적 실질에 따라 Case-by-Case로 판단하도록 하고 있다.

의 조세당국은 조세형평 원칙에 따라 단기 가속상각이 가능한 불공정한 단기 리스를 규제하려는 취지였지만, 리스기간이 법정 내용연수를 초과하는 경우에는 짧은 법정 내용연수기간으로 정률법에 의해 상각한 감가상각비가 리스료보다 더 크기 때문에 Lessor로서는 더 큰 조세이연효과를 누리는 결과를 얻을 수 있었다. 또한 Sale and Lease-back 거래의 경우도 중고자산의 경우만 규정하고 있고, 새로운 장비에 대해서는 언급이 없어 항공기 제작업체로부터 소유권을 취득한 항공기를 일본의 리스회사에 매각한 후 동시에 다시 리스받는 구조가 성행하였다. 어쨌든 1986년과 1987년도에 JLL을 이용한 국제 항공기 리스시장이 지나치게 활성화되자 일본 세무당국 내에서는 과도한 조세이연효과가 있는 장기리스를 규제하여야 한다는 목소리가 차츰 커지게 되었다.

(2) 1988년 통달(tsutatsus)

1988년 10년만에 제정된 일본국세청의 두 번째 통달(1988 Lease Circular)은 그동안 언급되지 않았던 법정 내용연수를 초과하는 장기 리스거래에 대한 규제사항을 새로 추가한 데 그 특징이 있다. 즉, 리스거래는 법정 내용연수가 10년 이하인 경우 70% 이상(법정 내용연수 10년 초과의 경우 60% 이상) 또는 120% 이하일 경우에만 인정되도록 한 것이다.[78] 만약 이에 해당하지 않는 경우에는 세법상 리스가 아닌 매매나 금융거래로 취급한다고 발표하였다. 비록 60%(70%) 이상, 120% 이하의 경우 법정 내용연수를 넘어서는 장기리스를 수락 가능하다고 분명히 밝힌 것은 아니지만, 동 통달의 발표자체가 시장에 사실상 JLL을 공인한 것이나 다름없다는 느낌이 확산되면서, 이 통달의 발표로 이전에는 기피하여 왔던 일본은행들의 Equity Market에 대한 참여가 본격화하는 계기가 되었다.

(3) 1988년 JLA에 의한 리스가이드라인(moushi-awase)

1988년 12월 일본리스협회(Japan Leasing Association)는 "Six Tests of the JLL"

---

[78] 예를 들면 내용연수가 10년인 항공기의 경우에는 리스기간이 7년(10년×70%, 절하)~12년 (10년×120%, 절상)의 경우에만 리스거래로 인정되었다.

이라고 불리는 여섯 가지의 자율규제조항(self imposed regulation)을 발표하였는데, 이 가이드라인에서 규정한 항목들은 이후에도 실질적으로 금융리스(JLL)와 이후 개발된 운용리스(JOL)의 구분에서 가장 중요한 지침으로 간주되는 사항들이다.

■ Asset Limitation: 자산의 예상 중고시장 가격이 리스만료 후 취득원가에 비해 상당히 높은 가격으로 인정되는 자산일 것(항공기가 가장 적합)

■ 20% Rule: Equity 투자비율이 자산 취득가액의 20% 이상일 것(레버리지비율을 제한하여 과도한 Tax Benefit 수혜 방지)

■ 1% Rule: Lessor의 누적 과세대상소득이 자산취득원가의 1% 이상일 것(조세 절감이 아닌 조세납부(tax paying)구조로 전환 목적)

■ 50% Rule: Lessor의 리스기간중 세전 과세대상소득이 부(-)인 기간이 전체 리스기간의 50%를 넘지 않을 것

■ 45% Rule: 리스기간 만료시 Purchase Option 가격은 예상 중고시장가격을 초과할 수 없으며, 취득원가의 45%를 넘지 않을 것(과도한 잔존가격 인정으로 인한 리스료의 저하 방지)

■ 160% Rule: 총감가상각비 공제액이 리스료 수익을 초과하는 부분이 160% 이하일 것(취득원가를 넘어서는 과도한 감가상각 방지)

(4) 1990년 JLA에 의한 가이드라인 추가

1989년 가을에 JLL 구조와 미국 알선리스(leveraged lease)의 구조를 결합한 복합적인 형태가 출현하여 실질적으로 항공기의 소유권이 임대인으로부터 임차인으로 이전됨에 따라 임차인의 과도한 Tax Benefit 이전거래를 금지하기 위한 자체 가이드라인이 추가적으로 발표되었다. 일본 국세청은 일본리스협회와 항공기의 소유권에 관한 논란 끝에 1990년 5월 리스료 지급과 관련하여 이른바 Two-tier double dip 리스거래79) 및 Defeasance 거래구조80) 등은 True

---

79) (Two-tier Double Dip 리스) 두 가지 알선리스 구조로부터 발생하는 조세혜택에 의해 더욱 많은 코스트 절감효과를 볼 수 있는 리스거래.

80) (Defeasance 리스) 투자가의 조세 이연혜택에 따른 Rental 인하효과를 리스개시 초기에 실

Lease로 불인정하여 금지하였다.

(5) 1998년 법인세법 개정

1998년 10월 일본 법인세법시행령(Japanese Corporate Tax Law Ordinance)이 개정되어 리스대상 자산이 외국법인이나 개인에게 리스되는 경우(리스자산의 주영업지역이 일본인 경우에는 제외)에는 감가상각 방법을 정액법(straight-line method)만을 사용하도록 강제화하였다. 이전에는 외국법인에 대한 리스자산의 경우 정율법(declining-balance method)과 정액법 중 하나를 선택하여 사용할 수 있었다. 동법 개정의 취지는 외국법인에 대한 Leveraged Lease의 사용으로부터 발생하는 일본 내 투자자의 조세혜택을 현저히 규제하기 위한 것으로, 이로 말미암아 외국항공사를 대상으로 하는 리스구조인 JLL의 경제성은 심각한 타격을 입게 되었다. 이에 따라 이후 JLL 거래는 소수의 일본 국내항공사 위주로 명맥을 유지하는 구조로 전락하게 되었고, 외국항공사를 대상으로 한 운용리스 상품인 JOL 및 JOLCO 거래가 태동하는 계기로 작용하였다. 한편, 법개정 이후에 1988년 발표된 자체 가이드라인의 효력이 상실하였는지가 논란의 대상이 되었으나, 1999년 9월 16일 일본국세청이 이전 자체 Rule의 효력 및 내용에는 변동이 없다고 발표함으로써 리스구조의 불안정성이 어느 정도 해소되었다(Kaho 2-7, Sacho 4-37). 동 세법의 개정에도 불구하고 이후 신규 개발된 JOL과 JOLCO는 운용리스 구조인 연유로 가속상각법을 선택적으로 사용할 수 있었다.

(6) 2005년 세법개정

2005년 4월 일본국세청에 의해 일본 투자자들의 Tax Benefit을 억제하는 취지의 새로운 규제사항이 발효되었다. 개정된 조항의 핵심은 일본 투자자들은 더 이상 과거의 수동적(passive)인 행태에서 벗어나 자신의 리스크로 적극적(active)으로 투자행위에 관여할 것을 주문하는 내용으로, 이를 위해 다음과 같은

현하는 방법으로 임차인이 리스기간중 지급해야 할 임차료를 현가화하여 리스거래 초기에 Defeasance Bank에 예치하고, Defeasance Bank가 리스거래와 관련된 모든 채무를 인수하는 방식의 리스거래.

사항을 입증하여야 한다고 명시하였다.

■ 항공기의 잔존가치에 대해 '실제로' Exposure를 부담할 것.
■ 리스거래를 수행하기 위한 관련 지식과 경험을 보유하고 있음을 입증할 것.

즉, JOL 구조상 투자자들이 항공기의 Asset Risk를 실제로 부담하도록 하여야 하며, 리스거래에 숙련된 투자자들만이 참여하여야 한다는 것이었다. 자산투자의 속성을 규제하는 이 조치의 시행으로 대부분의 단일 개인투자가들은 이후 JOL 시장을 떠나게 되는 결과를 불러왔고, 이로 말미암아 일본의 Equity Arranger들은 적격 투자자를 모집하는 데 많은 어려움을 겪게 되었다.

(7) 2007년 세법개정

일본의 리스회계는 기본적으로 금융리스와 운용리스로 구분한다.[81] 금융리스는 리스기간이 종료되면 임대인으로부터 임차인에게 소유권이 이전되는 '매매'(sale) 거래로 인식되며, 운용리스는 Non Full-payout Lease로 세법상 '리스'(Lease) 거래로 간주된다. 따라서 금융리스는 임차인의 대차대조표(B/S)에 자산·부채로 인식하여 등재하며, 운용리스는 대차대조표에 인식하지 않는 것으로 처리한다. 이러한 점은 IFRS나 US GAAP과도 유사한 처리방식이나, 일본에서는 2007년 회계 및 세법개정이 있기 전까지는 금융리스의 경우 국제회계기준과 다른 두 가지의 회계처리방식이 존재하여 왔다. 하나는 임차인에게 소유권이 이전되는 금융리스(finance lease with ownership-transfer: FLO)이고, 또 하나는 임차인에게 소유권이 이전되지 않는 금융리스(finance lease with non-ownership-transfer: FLNO)[82]로, FLO는 매매거래로 B/S에 등재하나, FLNO는 예외적으로 리스거래

---

81) 금융리스는 일본 법인세법(Corporate Tax Act)에 따른 정의로 ① 리스기간중 중도상환이 금지되고, ② 자산구입가격의 대부분(90% 이상)이 Full-payout 조건으로 회수되는 리스를 말한다.

82) 1994년 1월 Japanese Institute of Certified Public Accountants(JICPA)가 발표한 가이드라인에 따르면 금융리스는 ① 소유권의 이전, ② 구매옵션의 행사권, ③ 범용 또는 전용자산, ④ 리스료의 현재가치 기준, ⑤ 가용 경제적 내용연수의 다섯 가지 기준을 충족할 경우 인

로 간주하여 B/S에 등재하지 않아도 무방하였다. 즉, FLNO는 전형적인 금융리스이면서도 운용리스와 마찬가지로 세법목적상 일본 회계기준상의 예외조항을 선택하여 부외금융처리(off-balance sheet)가 가능한 이점[83]이 있었다. 실제로도 당시 거의 모든 기업들은 예외적인 FLNO 거래를 선택하여 회계처리를 하고 있었다.

그러나 2007년 3월 30일 ASBJ(Accounting Standards Board of Japan)는 리스업계의 오랜 반발에도 불구하고 이 FLNO 거래에 대해 리스거래가 아닌 매매거래로 인식하도록 하는 취지의 다음과 같은 새로운 가이드라인(Statement 13)을 발표 (2008. 4. 1부터 발효)하였다.

- 소유권이 이전되지 않는 금융리스(FLNO)의 경우 리스거래가 아닌 매매거래로 취급함(즉, 과세목적상 리스기간말 소유권이 임대인에게 그대로 남아 있더라도 자산이 임차인에게 이전된 것으로 간주함).
- 임차인은 과세목적상 전 리스기간 동안 정액법(Straight-line Method)으로 감가상각하여야 함.
- 임대인은 FLNO 금융리스 거래로부터 인식된 이익을 다음과 같이 처리하여야 함.
  - 이자부분 상당액(리스거래로부터 실현된 이익의 약 20%)은 Interest Method에 의해 전 리스기간 동안 배분하여야 하며,
  - 잔여 이익은 리스기간에 걸쳐 균등하게 배분하여야 함.
- 2008년 4월 1일 이전에 체결된 리스의 경우 2008년 4월 1일 이후 리스기간에 걸쳐 정액법으로 상각가능함.

정되며, ①, ②, ③을 충족하면 FLO로, 나머지를 충족하면 FLNO로 분류할 수 있었다(Masaki Kusano 등, Economic Consequences of Changes in the Lease Accounting Standards: Evidence of Japan, 2015 version, p. 7 note).

83) 대차대조표에 등재되지 않는 경우 운용리스와 마찬가지로 항공사의 부채비율 등 재무비율 개선 효과가 있으며, 이러한 특성은 외부차입에 의존하는 경향이 큰 항공사에게 큰 이점이 될 수 있다.

결국, FLO와 FLNO의 금융리스거래 모두 동일하게 임차인의 B/S에 자산, 부채로 인식토록 하고, 감가상각방법도 정액법으로 인식하도록 하는 새로운 조치의 시행으로 인하여 그동안 금융리스로서 국내 항공사만을 대상으로 취급하여 왔던 JLL거래가 사실상 시장에서 완전히 사라지는 결과를 초래하게 되었다. 그러나 이 조치의 시행으로 일본의 금융리스 회계처리도 IFRS와 US GAAP 등 국제회계기준과 비로소 조화를 이룰 수 있게 되었다.

표 4-21	2007년도 일본 리스회계 및 세법 개정		
		개정 전	개정 후
금융리스	소유권 이전부	매매거래	매매거래
	비 소유권 이전부	원칙: 매매거래 예외: 리스거래	매매거래*
운용리스		리스거래	리스거래

* 저비용/단기리스의 경우 리스거래로 선택 가능.

4.8 항공기 엔진리스

1) 스페어 엔진

(1) 항공기 엔진금융

엔진은 항공기의 추력을 발생시키는 추진장치로, 항공기 전체가치에서 상당한 비중을 차지하는 고가의 첨단 구성품이다. 보통 항공기가 처음 인도될 때에는 고객이 선택하여 장착한 엔진을 포함한 항공기 전체를 리스 및 금융의 대상으로 하기 때문에 별도의 엔진금융을 필요로 하지는 않는다. 그러나 항공기의 인도 후 항공사가 항공기를 정상적으로 운항하여 수익을 지속적으로 창출하기 위해서는 엔진에 대한 정기적인 유지·정비가 필수적이다. 항공기 엔진은 기술의 발전에 따라 신뢰도가 상당히 높아졌지만, 항공기의 안전성, 운항의 효율성 및 경제성 등과 직결되는 많은 첨단부품이 집약되어 있는 복합체이며, 항공기 운항과정상 엔진의 노후화, 고장 또는 조류와의 충돌 등 예기치 않은 사고 등으로 항공기에서 분리하여 정비에 들어갈 경우 그 정비 및 수리기간만도 수개월이 소요되기도 한다. 이에 따라 전세계 대부분의 항공사들은 보유 항공기의 가동률을 최대한 확보하고, 비행 스케줄 등에 문제가 발생하지 않도록 대비하기 위해 엔진의 수리기간중에 사용할 여분의 스페어 엔진을 항상 확보하여 비치해 두고 있다. 이러한 항공사들의 스페어 엔진 수요와 엔진정비에 필요한 고도의 전문성 등을 바탕으로 1990년대경부터 독자적인 영역으로 발전하여 온 분야가 엔진리스이며, 전세계에는 엔진제작업체뿐만 아니라 다수의 독립된 엔진전문 리스회사 등이 이와 관련된 서비스를 제공하고 있다. 이와 같은 항공사의 신규 스페어 엔진 확보 또는 자체 보유중인 스페어 엔진을 기반으로 한 추가적인 유동성 확보를 위한 금융방식이 항공기 엔진금융(aircraft engine finance)이다.

항공기 엔진금융은 엔진이 갖는 독특한 특성으로 인하여 엔진제작업체,

관련 시장, 담보가치 등의 측면에서 항공기를 대상으로 하는 일반적인 항공기 금융과도 많은 차이를 보인다.

아래 표는 엔진리스가 갖는 여러 가지 특성을 요약하여 본 것이다.

표 4-22	스페어 엔진 및 엔진리스의 특성
대상엔진	• 장기의 가용기간 및 높은 이동성, 낮은 교체비용(항공기는 높음), • 높은 가치유지, 기술적·기계적 이해도 필요, 유지·정비의 중요성 • 항공기 모델에 따라 부착 가능한 엔진유형 제한적 • 항공기의 운항 안전성, 효율성 및 경제성과 관련된 첨단 구성품 • 동질성이 높아 항공기로부터의 탈부착 용이
엔진 제작업체	• 소수의 제작업체에 의한 과점시장 체제 • 높은 초기 개발비용 등으로 강한 진입장벽이 존재, 공급자가 주도하는 시장 • 신조기에 장착하여 매출시에는 손실, 이후 스페어 엔진·부품공급 등으로 이익시현
엔진 전문리스사	• 기술적 관리 필요에 따라 소수의 전문업체가 참여 • 주로 엔진제작업체(OEM)와 연관
엔진리스	• 여분으로 확보하는 스페어 엔진이 대상 • 항공기모델의 증가에 따라 종류와 범위 다양화 • 항공기와의 분리문제로 법적 소유권 및 담보권 불확실 • 엔진 담보권은 주로 케이프타운협약상 국제등기부에 의해 보호 • 엔진정비의 전문성이 리스협상의 관건 • 리스기간은 주로 중단기(항공기는 주로 장기)
엔진시장	• 시장 소규모이나 지속적인 증가 추세(항공기는 대규모) • 엔진의 수요와 공급이 균형을 이루는 시장체제(제작회사가 시장 통제) • 필요한 엔진의 실수요에 입각한 주문체제 • 균일화되어 시장매각에 용이(항공기는 내부변경 등으로 상대적으로 어려움)
엔진가치	• 수명과 관계없이 상당히 안정적(항공기는 수명에 따라 하락) • 주기적인 정비·교체가 중요하며, 정비에 따라 수명·가치 연장 가능 • 항공기전체 가치대비 초기 비중은 낮으나, 기간 경과에 따라 비중 상승 • 엔진의 가치평가에 기술적인 이해도 및 전문성 필요 • 항공기의 Life Cycle(출시, 생산중단, 퇴역 등)에 따라 엔진가치 변동

(2) 스페어 엔진의 수요

항공기 엔진금융의 대상이 되는 스페어 엔진의 수요를 결정하는 요인들을 열거하면 다음과 같다.

- 항공기자체의 수요가 증가할수록 이에 부수적인 스페어 엔진 수요도 동반하여 증가한다.
- 항공기 모델의 수가 다양화될수록 스페어 엔진의 범위와 다양성도 증가한다.
- 항공기 기종 및 엔진모델이 다양화될수록 비정기적인 엔진정비 필요성 및 정비 소요시간이 증가하여 스페어 엔진 수요도 함께 증가한다.
- 최근 개발된 첨단 엔진일수록 다양한 센서가 장착되어 정확한 데이터 수집에 의한 엔진성능 향상, 정비진입 시기 예측 등이 가능함에 따라 가동기간이 연장되어 엔진수요의 감소요인으로 작용한다.
- 엔진제작업체의 Total Care 등 엔진 모니터링 프로그램의 확산 또한 엔진의 정비주기를 연장시켜 스페어 엔진 수요의 감소요인이 된다.

(3) 스페어 엔진의 확보방법

스페어 엔진을 조달할 수 있는 주요 경로로는 ① 항공기를 운용하는 다른 항공사 등으로부터 직접 구매하거나, ② 전문 엔진리스회사로부터 운용리스를 통해 확보하거나, ③ 금융리스, Sale & Leaseback 등 항공기 도입금융의 방식으로 확보하는 방법 등이 있다.

위의 방법 이외에도 항공사들은 별도로 엔진제작회사(Original Equipment Manufacturers: OEM)나 엔진유지정비업체(Maintenance Repair and Overhaul Facilities: MRO)들과 엔진이 정비중일 경우 스페어 엔진을 제공토록 약정하는 제품지원협약(product support arrangement)이나 정상적인 영업수행의 과정에서 발생하는 엔진의 공유를 위해 리스회사 또는 다른 항공사 등과 엔진풀링협약(engine pooling arrangement)을 체결하여 엔진을 공급받기도 한다. 그러나 엔진제작회사와의 제품지원협약은 엔진제작회사에 적합한 엔진 재고가 없을 경우에는 제때에 엔진을 지원받지 못할 수도 있어, 이에 지나치게 의존할 경우 항공기의 정상 운항에 차질이 발생할 수도 있다. 엔진풀링협약 또한 다른 항공사에 동종의 여유엔진이 있어야 하고, 타사의 항공기에는 부착시키지 못하도록 규제를 가하거나 또는 부착하더라도 그 항공사의 보유 기종에만 부착시키도록 제한하는 경우가 많아 근본적인 엔진 확보의 해결책이라고 보기는 어렵다. 엔진의 확보는 항공사들의 사업모델이나 리스크에 대한 태도에 따라 달라지나, 적합한 엔진을 확보할 수 있는 최적의 방법은 스페어 엔진의 소유권을 미리 확보해 두거나, 금융을 통해 조달하거나 또는 리스를 통해 제공받는 것이라고 하겠다. 이러한 항공사들의 스페어 엔진 수요를 충족하기 위해 독자적으로 발달하여 온 시장이 항공기 엔진금융시장이다.

2) 항공기 엔진시장

스페어 엔진시장은 전체 항공기금융 시장과 비교하면 규모가 상당히 작은 편이다. 일단 스페어 엔진에 관한 통계자료는 엔진 제작회사들이 생산된 엔진의 물량을 외부에 공개하길 꺼릴 뿐만 아니라, 이를 추적할 수 있는 데이터베이스도 부족하여 정확한 수치를 파악하기가 쉽지 않으며, 그것도 자료마다 편차가 큰 편이다.

보잉사의 항공기금융 시장전망에 따르면 2017년 기준 신조 항공기의 인도에 필요한 금융규모는 1,220억달러인 반면, 신규 스페어 엔진의 확보에 필요한 금융규모는 약 30억달러로 2% 정도의 비중을 차지할 정도로 규모가 상대적으로 작은 편이다. 또한 〈그림 4-22〉에서 보는 바와 같이 전세계 운항중인 상업용 항공기의 시장가치는 2017년말 기준 대략 6,500억달러 정도인데, 이중 엔진가격을 항공기 가격의 45%정도인 2,900억달러 내외로 본다면, 이중 스페어 엔진의 시장규모는 250억달러 정도로 장착된 엔진가격의 약 10% 정도로 추산하고 있다.84) 한편, CAPA Fleet의 데이터에 의하면 2016년 기준 전세계 항공기

---

84) *Engine Selection Considerations: Who's buying?*, ALTON Aviation Consultancy, 2018. 4. 18.

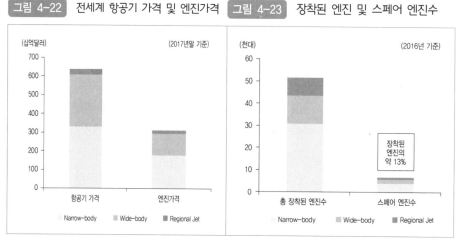

그림 4-22 전세계 항공기 가격 및 엔진가격   그림 4-23   장착된 엔진 및 스페어 엔진수

자료: ALTON Aviation Consultancy.   자료: CAPA Fleet Database, ICF Analysis.

에 장착된 엔진수는 약 51,550대로 이중 연간 스페어 엔진수는 약 13%인 6,860대로 추산하고 있다. 이중 소유권을 확보하고 있는 엔진이 45%, 리스한 엔진은 55% 정도인 것으로 나타나고 있다.[85]

통상 엔진제작업체들은 운항형태에 따라 다르긴 하나 대체로 현재 부착되어 서비스중인 엔진의 약 10~15%를 스페어 엔진으로 확보하고 있어야 항공기의 정상운항에 무리가 없을 것이라고 조언하고 있다. 이렇게 본다면 항공기에 장착된 엔진 10개당 필요한 스페어 엔진의 숫자는 평균적으로 대략 한 개 정도인 셈이다.

그러나 그 시장규모는 지속적인 증가추세에 있다. 점차 신기술이 반영된 엔진이 출시되어 엔진 신뢰성이 증가하고 있고, 정비시간이 줄어들어 스페어 엔진의 수요가 감소하고 있다 하더라도 운임하락, 저가 항공사의 확산 등으로 전세계 보유 항공기 대수가 꾸준히 증가하고 있기 때문이다. 〈그림 4-25〉에서 보는 바와 같이 ICF Analysis가 엔진 그룹별로 추정한 자료에 따르면 2016~ 2030년간 스페어 엔진 필요 대수는 연간 약 1.2%씩 증가할 것으로 전망되고 있다.

---

85) Tony Kondo, *Investing in Engines, A Comparison with investing in Aircraft*, 2018. 3. 21.

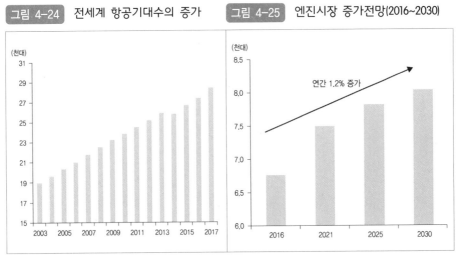

그림 4-24 전세계 항공기대수의 증가   **그림 4-25** 엔진시장 증가전망(2016~2030)

자료: ICAO(주: ICAO 회원 항공사 기준).   자료: ICF Analysis, Sumisho Aero Engine Lease, 2018.

3) 엔진의 가치

(1) 항공기 가치 대비 엔진의 가치

엔진의 가치는 항공기의 가치가 시간경과에 따라 하향곡선을 그리는 데 비해 상당히 안정적인 패턴을 보인다. 엔진이 항공기 전체가치에서 차지하는 비중은 기종에 따라, 또 통계에 따라 차이는 있으나 처음에 항공기가 인도될 당시에는 약 30% 정도이나, 20년 후에는 부품의 교체, 정비 등 유지관리가 제대로 잘 되어 있다면 엔진의 가치비중이 오히려 80% 이상으로 증가하는 패턴을 보인다. 반대로 항공기 동체의 시장가치는 시간이 경과할수록 대부분 감가상각에 의하여 하락하여 20년 후에는 10~20%로 떨어지는 등 엔진과는 상반된 패턴을 보인다. 이는 항공기 엔진에 대한 정기적이고 기술적인 유지·관리가 얼마나 중요하며 왜 항공사와 리스사들이 엔진정비에 역점을 두는지를 단적으로 설명하는 예라고 할 수 있다. 〈그림 4-26〉은 시간경과에 따라 항공기 동체의 가격과 엔진의 가격이 변동되는 패턴을 나타낸 것이다.

그림 4-26 시간경과에 따른 엔진가격 비중

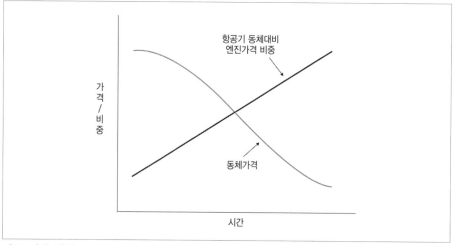

자료: 자체 작성.

(2) 엔진가치의 결정요소

엔진의 잔존가치는 크게 엔진의 기술적 요소와 시장요소 두 가지에 의해 영향을 받는다고 할 수 있다.

- 기술관련 요소: Engine Shop Visit(ESV), Life Limited Parts(LLP)
- 시장관련 요소: 관련 항공기의 수요·공급, 운항 항공사의 수, 유지관리 비용 등

첫째, 엔진의 가치는 엔진의 기술적 요소, 즉 엔진자체와 정비상황에 따라 달라지는데 엔진 유형, 엔진의 총가동시간, 시리얼넘버, 엔진의 Economic Life Cycle, 주요 정비 이후 가동시간 등에 영향을 받는다. 엔진은 수명이 정해진 부품(LLP)이 적기 교체되고 매뉴얼에 따라 주기적으로 정비를 받는다면 엔진의 가치는 거의 그대로 유지될 수 있다. 특히 수개월이 소요되는 엔진정비창(Engine Shop Visit: ESV)에 들어갔다 나오면 가치가 이전에 비해 크게 뛰어 전체적으로 가치가 평행선을 그리거나 오히려 상승하는 패턴을 보이기도 한다. 시간의 경과에 따른 개별 엔진의 가치는 〈그림 4-27〉에서 보는 바와 같이 가용시간에 따

그림 4-27 엔진의 기술적 관리에 따른 가치변동

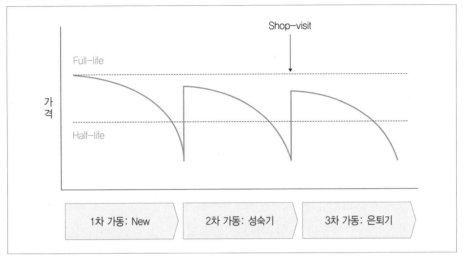

자료: Bryson Monteleone, Engine Valuation, Tailwind Capital, 2009. 10. 29.

라 하향곡선을 그리다가 정비가 끝나면 다음 정비에 들어갈 때까지 가용할 수
있는 기간이 가치에 반영되기 때문에 크게 상승하는 것이 일반적이다.

정비의 품질 또한 엔진의 가치를 좌우한다. 엔진제작업체의 매뉴얼이나
FAA, EASA(European Aviation Safety Agency)의 권고대로 충실히 정비를 수행하였다
면 그렇지 않은 엔진보다 가치가 더 높게 유지된다고 할 수 있다.

둘째, 엔진의 가치는 엔진이 장착된 항공기와 스페어엔진 자체의 시장요
소에 의해서 영향을 받는다. 구체적으로 대상 항공기가 서비스중인지 여부, 항
공기의 기령, 운항 항공사의 규모, 엔진 정비비용, 시장평판 등이 영향을 미친
다. 당연히 운항 항공기의 수가 증가하면 스페어 엔진의 수요도 증가하게 된
다. 그러나 시장에서 엔진의 과잉공급이 발생하게 되면 스페어 엔진의 잔존가
치도 떨어지게 되므로, 엔진제작사들은 통상 항공기의 인도대수 및 장래 가능
항공기 대수를 예측하여 시장에서의 엔진 공급상황을 통제하고 관리한다. 이는
엔진제작사(OEM)들이 전세계적으로 소수의 과점체제를 유지하고 있는 데다 엔
진의 안전성 요건, 막대한 개발비 등으로 강한 진입장벽이 형성되어 있는 등

불완전 경쟁시장을 구축하고 있기 때문이다. 결과적으로 특정 모델의 엔진이 정비창이 부족하는 등의 이례적인 경우가 아니라면 스페어 엔진의 공급은 항상 수요와 일치하고 있다고 보면 무방하다. 그만큼 엔진의 가치는 항공기에 비해서도 안정적이란 의미이기도 하다.

(3) 엔진의 Economic Life Cycle

개별 엔진의 가치는 정비상태 이외에도 기능상 어떤 단계의 Life Cycle에 있느냐에 따라 영향을 미친다. 항공기 엔진의 가격은 생산 초기에는 수요의 증가 등으로 가격이 오히려 증가(1단계)하며, 이후 항공기의 생산이 중단됨에 따라 가격이 정체(2단계)되었다가, 항공기의 노후화가 진행되면 점차 하락(3단계)하는 단계를 거친다. 1단계부터 3단계까지는 짧으면 20년, 길면 40년가량 소요되는데 그 기간의 정도는 최초 항공기 및 엔진의 생산 지속기간, 시장에서의 엔진 공급 규모, 엔진의 기술적 진부화 속도 등에 따라 달라지게 된다.

■ 1단계

항공기가 시장에 처음 출시되어 항공기가 단종될 때까지 즉, 항공기의 생산이 지속중인 단계로, 신조 항공기의 수요가 증가하면서 스페어 엔진에 대한 수요도 동반하여 크게 증가하는 특성이 있다. 이 기간중에는 동일 엔진기종이라면 중고 엔진가격이 신조가격과 동일한 수준으로 형성되는 것이 통상적이다.

■ 2단계

관련 항공기의 생산이 중단된 이후의 단계로, 기종마다 차이가 있으나 항공기가 신규 출시된 지 7~20년차의 어느 시점에 해당한다고 할 수 있다. 항공기의 생산이 단종되어도 이에 장착하여야 할 교체엔진의 수요가 증가함에 따라 관련 엔진의 생산은 계속되나, 좀더 제한된 범위 내에서 생산이 이루어지게 된다. 이 단계에서는 엔진가격이 평탄해지고 안정적인 수준은 유지되나 실제로는 감소한다고 볼 수 있다. 그리고 정비비용이나 부품원가가 증가하게 되면 실제 엔진가격이 증가하는 현상도 보인다. 이 단계에서는 엔진의 나이는 엔진 가격에 영향을 주는 중요한 요소가 아니며 오히려 기술적 정비수준이나 Remarketing 가능성, 엔진의 가동상태 등이 더 중요한 영향을 미친다. 이 단계에서 서비스되고 있는 대부분의 엔진은 완전히 새롭게 개체되어 똑 같지는 않더라도 표준상태와 동일하게 되며 장기적으로 엔진유형의 나이와 항공기의 운항수명, 스페어부품의 정비에 미치는 인플레이션 영향 등에 따라 가격이 결정되게 된다.

■ 3단계

대상 항공기가 퇴역하게 됨에 따라 엔진가격이 하락하는 단계이다. 구형 항공기가 해체되고 실제 엔진도 많은 경우 다른 항공기에 장착하기 위한 스페어엔진 용도로 항공기 동체로부터 분리되기 때문에 시장에서의 엔진 공급이 증가하고 과잉상태에 이르기도 한다. 이 단계에서의 엔진가격은 엔진 정비비용과 직접적인 상관관계가 있다. 다음 정비때까지 비교적 여유기간이 남아있는 엔진은 시장에서 거래가 되고 가격도 높게 형성되나, 잔여기간이 많이 남아있지 않은 엔진은 오히려 정비비용이 더 들어 스페어부품 용도로 해체되는 경우가 많다. 이 단계에서 엔진의 경제적 수명을 유지하기 위해서는 숙련된 정비기술이 필요하다.

표 4-23 엔진의 Economic Life Cycle

	1단계	2단계	3단계
단계	엔진 최초 도입~ 항공기생산 지속	관련 항공기 생산 중단	관련 항공기 노후화
가격	중고가=신조가	엔진가치 유지	가격하락세 본격
특징	항공기생산 지속 → 엔진수요 ⇧	수요 감소, 엔진 생산 지속 (엔진 동질성 ⇧)	유지/보수상태 중요, 수리비 급증함

4) 엔진리스

(1) 엔진리스의 확대

엔진 운용리스시장이 태동한 것은 비교적 최근의 일이며 채 30년도 안된 역사를 지니고 있다. 그 이전에는 엔진을 확보하려면 다른 항공사와 접촉하거나 엔진제작업체의 지원프로그램을 이용하여야 했으나, 1990년대부터 엔진에 특화된 전문 운용리스회사들이 대거 등장하였다. 최근 기술진전으로 연료 절감이 가능한 신세대 항공기들이 대거 출현한 점도 엔진리스가 급격하게 확대된 요인중의 하나라고 할 수 있다. 현금창출이 용이한 싱가폴항공, 에미레이트항공 등이야 보유현금으로 고가에 이르는 엔진구매가 가능하겠지만 저가항공사, 신규 항공사들은 운용리스가 유일한 대안일 수 있다. 항공사들은 또한 Sale & Lease-back 구조를 이용하여 여유 엔진에 묶여있던 자금을 유동화할 수 있다.

엔진은 특성상 가용기간(useful life)이 장기이며 이동성이 우수하고, 교체비용도 상대적으로 적어 외부환경요인의 영향을 받긴 하지만 내용연수동안 비교적 높은 가치를 유지할 수 있다. 이와 같이 엔진은 항공기 동체에 비해 잔존가치나 리스료가 안정성을 유지하기 때문에 리스회사나 금융기관 입장에서도 매력적인 투자대상이다. 다만, 엔진자체는 기술적으로 복잡한 자산이며, 많은 수의 모델이 있어 일반적인 항공기금융에 비해 엔진리스의 협상 요소들은 상업적, 법률적 이슈보다는 정비 등 기술적, 기계적인 사항들이 대부분이므로 주로 숙련된 전문리스사들이 많이 참여한다.

엔진리스도 항공기 운용리스와 마찬가지로 운용리스의 형태를 취한다. 운용리스의 속성상 엔진에 대한 잔존가치 리스크는 임대인이 부담하며, 항공기 운용리스에서 사용되는 대부분의 내용과 특징은 상당 부분 엔진리스에도 동일한 방식으로 적용된다.

(2) 엔진 운용리스의 장점

최근 저가항공사의 확산 등으로 항공사 간 경쟁이 심화됨에 따라 두드러진 현상 중의 하나는 항공사들이 주력사업에 집중하고, 점차 비주력사업은 외주로 전환하는 점일 것이다. 항공기와 엔진의 유지·정비, 자산관리 등도 이에 해당하지만 엔진의 리스를 통한 조달 또한 이의 대표적인 예라 할 수 있다.

항공사들이 엔진을 외부에서 리스하여 사용하는 배경에는 다음과 같은 점들을 들 수 있다.

- 구매나 금융리스 방식에 비해 리스초기 낮은 투자비용(1회 리스료 및 수개월 치의 사전 예치금)으로 고가의 엔진을 확보할 수 있다.
- 장기 엔진리스의 경우 옵션에 의해 리스기간을 연장하거나 또는 리스 기간중 사전통지에 의해 엔진을 반환할 수 있는 등 운용의 탄력성이 크다.
- 임대인이 엔진의 잔존가치 리스크를 부담함에 따라 임차인은 자산가치 의 변동리스크를 사전에 제거할 수 있다.
- 엔진의 전문적 속성 및 담보 확보 관련 법적 문제점 등으로 현실적으로 은행으로부터의 금융조달에 어려움이 있다.
- 초기 리스에 의해 절약된 현금흐름은 항공사의 다른 주력사업 영역에 의 투자가 가능하다.

(3) 항공기 리스와의 차이점

엔진리스는 항공기를 대상으로 하는 리스와는 많은 차이가 있으며, 이중 주요한 측면들을 열거하면 다음과 같다.

- 엔진리스료는 항공기 리스료보다 전통적으로 높다. 과점체제를 형성하고 있 는 엔진제작회사들이 항공기금융의 수요와 공급에 따라 스페어 엔진의 시장 공급을 관리하여 항상 수요와 일치시키기 때문이다. 독립된 리스회사들도 엔진을 투기적인 목적으로 주문하지는 않는다.
- 항공기는 기간의 경과에 따라 스크랩 가격에 이를 때까지 감가되는데 반해, 엔진은 국제표준에 의한 정기적인 정비와 부품교체로 가치와 수명이 지속적 으로 유지되며, 주요 부품가격이 상승 추세인 경우 오히려 출고시보다 가치 가 더 높게 형성되기도 한다. 항공기의 경우 가치 산정의 가장 중요한 요소 는 시간의 경과, 즉 항공기의 기령(age)이라고 할 수 있으나, 엔진의 경우 시 간의 경과가 그리 중요한 영향을 미치지 못한다.
- 항공기 엔진은 잔존가치의 안정성, 동질적(homogeneous)이고 획일화된 품질수 준, 높은 이동성, 구조변경의 용이성 등 특징을 보유하여 시장매각이 보다

용이하다. 반면에 항공기는 좌석, 인테리어 등 중도에 구조를 변경하려면 항공사의 요구사항에 맞추어 상당한 시간과 비용을 투입하여야 한다.

■ 엔진의 소유권이나 담보확보는 항공기보다 어렵고 불확실하다. 이 부분은 뒷부분에서 보다 자세히 설명하기로 한다.

표 4-24 항공기 리스와 엔진리스 비교

	항공기 리스	엔진리스
임대인의 수	다수	소수
잔존가치	연식에 따라 하락	안정적
단위당 금액	U$45(NB)~200백만(WB)*	U$10(NB)~35백만(WB)
소유권 등록	임차인 소재국	케이프타운협약상 국제등록부
소유권/저당권 확보	용이	상대적으로 어려움
리스기간	주로 장기(7~12년)	단기(2~3개월)~장기(3~10년)
변경비용	상대적으로 높음	상대적으로 낮음

주: (NB)Narrow-body, (WB)Wide-body.
자료: Investing in Engines, Sumisho Aero Engine Lease, 2018. 03 및 자체작성.

(4) 엔진리스의 형태

엔진 운용리스는 기간에 따라 장기~단기 또는 엔진제작업체에서 제공하는 긴급지원약정의 형태일 수 있다.

■ (장기리스) 통상 3~10년의 리스기간으로, 연장옵션을 포함하여 12년 이상의 리스는 금융리스로 취급될 수 있어 거의 이루어지지 않는다. 이 유형은 통상 임차인이 엔진의 유지·관리, 감항성 유지 등을 부담하는 Dry Lease의 형태를 띠며, 기간의 장기화에 따라 항공사의 신용도가 상대적으로 중시된다. 한편, 일부 메이저 항공사들은 스페어 엔진을 엔진제작회사로부터 여러 가지 할인을 받아 직접 구매하는 경우도 있는데 이 경우 Sale & Leaseback 구조를 이용하여 리스회사에 높은 가격으로 매각하고 엔진의 사용권을 리스에

의해 확보하려는 거래도 장기 운용리스형태로 많이 이루어지고 있다.

■ (중기리스) 통상 리스기간이 90일에서 3년까지를 일컬으며, 중기리스에서 협상의 주안점은 리스기간중 엔진의 정비 및 수리가 필요한 경우 이를 누가 수행할 것인가이다.

■ (단기리스) 엔진에 예기치 않은 결손이 발생하거나 항공기가 지상에 긴급 착륙하는 등의 사유로 정비에 들어간 엔진을 대체할 엔진이 즉시 필요한 급박한 상황하에서의 60일 또는 90일 미만의 리스를 말한다. 따라서 단기 엔진리스는 통지기간도 짧고 협상기간도 최소한으로 이루어지며, 결함이 생긴 엔진의 수리가 끝나면 리스한 엔진은 즉시 반환되는 특징이 있다. 엔진 유지·정비업체(Maintenance Repair and Overhaul Facilities) 또한 이러한 목적의 단기리스를 제공한다. 이 경우 통상 엔진풀링협약(engine pooling agreement)의 형태로 제공하는데, 자체 보유하고 있는 엔진뿐만 아니라 협약에 참가하고 있는 항공사의 엔진도 서비스 대상에 포함된다. 단기 운용리스와 엔진풀링협약은 통상 임대인이 엔진의 유지관리를 책임지는 Wet Lease의 형태로 운용된다.

한편, 긴급한 용도에 따른 엔진의 리스절차를 보다 신속·간편화하기 위하여 IATA와 AWG(Aviation Working Group)는 Short Term Emergency Engine Lease 일명 "STEEL"이라는 표준계약서 문안을 제공하고 있다. STEEL은 엔진 리스시장에서 폭넓게 받아들여지고 있는 표준문안으로, 임대인들은 각각의 사정에 맞게 문안을 수정하여 사용할 수 있으며, 몇가지 상업적인 조건만 합의하면 바로 서명할 수 있도록 되어 있다. 계약조건도 특수상황에 맞게 사용료는 엔진의 사용시간 또는 가동사이클 등에 따라 납부하고, 일상적인 정비요건 이외에는 유지·관리책임이 없으며, 엔진의 반환조건 및 중도해지 조건도 최소한으로 규정되어 있는 등 비교적 자유로운 계약특성을 지니고 있다.[86]

---

86) Master Short-term Engine Lease Agreement 2012, User's Guide and Commentary by AWG, IATA.

(5) 엔진리스계약의 주요 포인트

■ (엔진의 인도) 항공기도 마찬가지이지만 엔진을 임차인에게 처음 인도할 때에는 있는 그대로의 상태 즉, 'As-is, Where-is' 조건으로 인도한다. 인도후 임대인은 엔진의 상태나 성능, 가동효율에 대해 책임을 지지 않기 때문에 엔진의 상태에 대해서도 계약상 진술이나 보장(Representation & Warranties)을 제공하지 않는 것이 일반적이다. 임차인이 엔진을 인수하면 인수증(Certificate of Acceptance)을 임대인에게 발급하며, 임차인의 인수는 절대적이고, 무조건적이며, 취소불능한 것으로 간주된다.

■ (소유권 보호) 임차인 소재국 법무법인으로부터 엔진의 소유권이나 저당권 확보에 관한 Legal Opinion을 받아 두어야 한다. 아울러 케이프타운 협약상의 국제적 소유권 및 담보권이 어떻게 보호되며, Recognition Agreement를 입수할 수 있는지도 검토되어야 한다.

■ (Security Deposit) 렌트료는 통상 임차인이 매월 선불로 지급하며, 이의 납부 보증을 위해 보증예치금(security deposit)을 임차인에게 요구한다.

■ (Maintenance Reserve) 엔진 정비비용이 상당하기 때문에 임대인은 통상 유지적립금(maintenance reserve 또는 supplemental rent)을 렌트료와 함께 납부하도록 요구한다. 적립금은 현금 또는 Stand-by L/C의 형태로 납부하며, 임차인의 신용도가 높으면 리스기간 말에 엔진 인도시와 재인도시(redelivery) 엔진의 상태에 따른 차이분에 해당하는 금액을 일시에 납부할 수도 있다. 금액을 처음 산정할 때에는 지표의 추정에 의해 산정하지만, 앞으로 예상되는 정비나 부품교체에 필요한 횟수나 소요되는 금액, 실제 발생한 엔진의 시간당 사용량이나 LLP 부품의 사이클이 추정치를 벗어나게 되면 이를 조정하여 추가적립금을 납부하도록 하고 있다. 축적된 유지적립금은 정비필요가 있을 경우 임대인의 관련 비용 충당에 사용되며, 리스기간말 엔진에 대한 완전한 점검·수리가 이루어진 이후에는 잔여금을 임차인에게 반환한다.

■ (엔진의 기록) 엔진의 정비기록은 적정 시장가치 유지를 위해 매우 중요하며, 리스기간중 정비상황, 교체된 부품의 소유권 변경, 감독규제당국의 정비지

시에 따른 요건 충족 등에 관한 내용이 기술되어 있어야 한다.

- (엔진정비) 엔진을 리스할 때에는 항공사가 작성하여 보유하는 엔진정비프로 그램(Engine Maintenance Program)의 사본을 선행조건으로 제출하도록 하고 있다. EMP는 임차인이 소재한 항공감독당국이 승인한 것이어야 하며, 엔진의 정 비는 추후 가치하락을 방지하기 위해 FAA나 EASA에 의해 승인된 정비창에 서 받도록 하여야 한다.

- (반환조건) 엔진을 임대인앞으로 반환할 때는 리스계약상 상호간에 합의한 엔진 반환조건을 충족하도록 하고 있다. 새로운 임차인에게 Remarketing의 가능성을 최대화하기 위한 것이 목적으로 통상 엔진이 다음번 정비창입고 (Engine Shop Visit) 때까지 최소한의 잔여시간(또는 이전 Visit 이후 최대한의 가동시간)과 엔진 LLP(Engine Life Limited Parts)가 교체되기 이전 최소한의 잔여사이클을 남기 도록 하고 있다. 엔진을 반환할 때에는 임대인이 검사권을 갖고 있는데, 대 부분의 경우 엔진 내부부품에 대해 광학장비(borescope)를 사용하여 검사할 수 있도록 요구하고 있으며, 해당 엔진의 모니터링데이터가 실제 엔진의 성능 과 일치하는 지도 점검하도록 하고 있다.

- (보험) 항공기에 대해서는 합의된 가격(agreed value)따라 보험이 적용되지만 보 험증권상 개별 엔진만 분리하여 보험금을 명시하지 않기 때문에 만의 하나 항공기에 전손이 발생하였을 경우에는 합의된 항공기 보험금액이 스페어 엔 진의 가격보다도 하회할 수도 있다. 따라서 이러한 상황을 타개하기 위해 엔 진리스계약서에는 때때로 "Gross-up 조항"이라는 특별한 조항이 포함된다. 즉, 스페어 엔진에 대한 Agreed Value는 그 엔진이 장착된 항공기의 Agreed Value에 추가하여 적용하도록 명시하고 있다. 엔진리스에서는 항공사들로 하여금 Insurance Certificate 상에 임대인 및 금융기관을 계약당사자 및 추가 적인 피보험자(additional insured)로 명시하고, 전손이 발생했을 때 스페어 엔진의 Agreed Value를 계약 당사자의 지시에 의해 지급하도록 명시하고 있다.

- (조세) 엔진리스시에는 리스료나 이자지급 등에 대한 원천징수세나 엔진매각 시의 판매세, 인지세, 등록세 등 조세문제가 발생한다. 이들 조세는 Gross- up 조항에 의해 임차인이 납부(임대인과 관련된 조세 제외)하도록 하고 있으나 거래

초반에 관련 세금이 발생하지 않는 국가를 선택하여 구조화시키는 것이 일
반적이다. 엔진의 경우 항공기와 달리 과세조건에 많은 차이가 있을 수 있으
므로 전문적인 Tax Advice를 미리 받아 검토해 볼 필요가 있다.

5) 엔진전문 리스회사

전통적으로 엔진리스는 항공기 리스회사보다는 좀더 전문적인 영역의 리
스회사에 의해 수행되고 있는데, 그 이유는 항공기보다 엔진이 기술적인 관리
필요성과 간접비용이 크기 때문이다. 통상 엔진리스회사는 크게 독립적인 엔진
리스회사, 엔진제작회사(OEM)와 연계된 리스회사 두 가지로 구분된다. 엔진리
스회사들은 타겟시장, 재고상황, 실행 프로세스 등에 따라 각각 고유의 영업전
략을 채택하고 있으며, 때로는 높은 신용도의 항공사와만 거래하는 회사도 있
고, 한가지 종류의 엔진만 리스하는 곳도 있는 등 다양한 영업형태를 취하고
있다.

(1) 독립적인 전문리스회사

엔진 제작회사(OEM)와 연계되지 않은 독립적인 전문 리스회사들로, 주로
장기 Sale & Lease-back 거래를 통해 항공사들로부터 엔진을 확보하는 경우가
많다. 대표적인 회사로는 Engine Lease Finance Corporation(ELFC)과 Willis
Lease Finance Corporation이 있다.

Engine Lease Fiance Corporation(ELFC)은 1989년 아일랜드 Shannon지역
에 설립된 300여 대의 스페어 엔진 포트폴리오를 보유하고 있는 세계 최대의
독립 엔진리스회사이다. 2014년 일본의 Mitsubishi UFJ Lease & Finance가 전
액출자로 동사를 인수하여 현재는 일본은행의 자회사로 있다. AOG(aircraft on
ground) 지원, 단기 및 중장기리스, 엔진확보 및 처분, 포트폴리오 관리, 엔진마
케팅 등 다양한 사업을 영위하며, 모회사 등 은행지원에 의한 자금조달의 안정
성 및 융통성을 바탕으로 Sale & Leaseback 구조에 의한 장기 엔진리스를 주
로 취급한다.

Willis Lease Finance는 1985년 설립된 금융기관과 연관이 없는 독립적인 엔진회사로, 미국 Florida에 본사를 두고 있으며, 2017년말 기준 225대의 엔진 포트폴리오를 보유하고 있다. 동사는 엔진협력공유풀(cooperative engine sharing pool)을 개발한 선도회사로, 2003년 중국, 2006년 미국에 동 프로그램을 출시하여 메이저 항공사를 대상으로 B737 NG 기종에 사용되는 엔진풀을 지원하고 있다.

엔진 공유풀은 동사 또는 풀에 가입한 회원 항공사들이 보유한 스페어 엔진을 간단한 절차에 의해 상호 공유하거나 항공기 퇴역시 추가엔진을 제공토록 하는 프로그램이다.

(2) OEM 연관 엔진리스회사

주요 엔진제작회사들도 자회사 형태를 통해 자체생산 엔진뿐만 아니라 타사엔진을 대상으로 장단기리스, MRO, 애프터마켓 등 서비스를 제공한다. 이들 회사들은 모회사의 엔진판매 촉진 프로그램의 일환으로 장래 부품구매, 유지관리와 관련된 다양한 할인 등의 혜택을 제공하기도 한다.

General Electric의 엔진리스 부문은 GE그룹의 금융사업부인 GE Capital의 자회사로서 1,900대 이상의 항공기 포트폴리오를 보유한 세계 최대의 항공기리스 및 금융회사인 GECAS(GE Commercial Aviation Services)가 담당한다. 2005년까지는 GECAS와 GE Engine Service의 합작형태로 있다가 2005년 엔진리스부문이 GECAS로 다시 흡수되었다. 엔진제작회사인 GE Aviation의 동일그룹에 속한 이점 및 모회사의 방대한 고객 네트워크와 명성을 바탕으로 GE 자체제작 엔진뿐만 아니라 합작사인 CFM International, Rolls Royce, Pratt & Whitney, International Aero Engines, Engine Alliance 등에서 생산하는 다양한 엔진모델을 보유하고 있으며, 글로벌 고객을 상대로 장단기 엔진리스, Sale & Leaseback, 엔진교환, 자산관리서비스 등 다양한 사업을 수행하고 있다.

RR Partners Finance(RRPF)는 1989년 Rolls Royce의 별도사업부로 설립된 RR과 미국 금융회사인 GATX의 엔진리스 합작회사로, RR의 Trent 엔진모델과 IAE에서 생산하는 V2500엔진 모델을 주력으로 취급하고 있으며, 그 밖에 CFM, GE 엔진 등으로 그 취급범위를 점차 다양화하고 있다.

P&W Engine Leasing(PWEL)은 가장 늦게 동 시장에 합류한 Pratt & Whitney 그룹의 애프터마켓 법인이다. 350대 이상의 엔진포트폴리오를 보유하고 있으며, 영위하는 사업은 다른 회사와 크게 다르지 않다.

Shannon Engine Support(SES)는 1988년 설립된 아일랜드에 본사를 둔 CFM International이 전액 출자한 엔진리스 자회사로, 모회사가 생산하는 CFM56, LEAP 계열의 엔진을 주력으로 지원하며 이 계열 엔진으로는 가장 많은 포트폴리오를 보유하고 있다. 동사는 항공사들에 대한 AOG 리스크를 축소하기 위한 100% 보험을 제공하는 상품으로 항공사들에게 많이 알려져 있다.

6) 항공기의 소유권 및 담보 확보 문제

(1) 항공기 동체로부터 엔진구분의 복잡성

항공기 엔진금융을 취급할 때 엔진리스회사나 은행대출의 관점에서 가장 걸림돌이 되는 이슈는 엔진을 항공기 동체와의 관점에서 어떻게 분류하고 소유권 및 저당권과 연결지을 것인가이다. 항공기는 각각 다른 기능을 하는 부품들이 한데 모여 하나의 단일물을 형성하는 이른바 합성물이다.[87] 엔진은 항공기의 비행에 필수적인 추력을 제공하며, 엔진 없이는 항공기의 감항성을 유지할 수 없는 중요한 구성품이다. 선박과 비교할 때 선박 엔진 또한 다른 부품과 단일물을 형성하는 점은 항공기와 동일하다. 그러나 선박 엔진은 선박으로부터 분리할 때 일정 유형의 손상이 불가피한 반면, 항공기 엔진은 제작될 때부터 항공기 날개에 탈부착이 가능하도록 독립된 물건으로 제작되어 항공기 동체에 손상 없이 즉시 분리 가능하며,[88] 처분시에도 항공기에서 분리하여 처분하기도 하고, 운항중 엔진의 손상이 있는 경우에는 엔진풀링에 의해 원래의 항공기에서 분리하여 다른 항공기에 장착되는 경우도 흔히 발생한다. 이러한 스페어 엔진의 수요 충족을 위하여 스페어 엔진 자체가 항공기와 별도로 리스계약의

---

87) 이영준, 한국민법론, 박영사 2003 및 석광현·조영균, 국제 항공기금융에 관한 법적 문제점.
88) Cem Karako, *Separate Financing of Aircraft Engines*, Lambert Academic Publishing.

대상으로서 통용되어 온 지도 오랜 역사를 가지고 있다. 엔진리스의 취급시 법적으로 엔진의 소유권(title)과 저당권(mortgage)이 상당히 복잡하게 인식되는 배경에는 이와 같은 엔진의 자유로운 교체 특성에 기인한다.

(2) 엔진 소유권과 저당권의 등록

항공기 엔진은 이동할 수 있는 동산(movable asset)에 속하며, 동산 담보의 경우 질권(pledge) 설정의 대상으로서 원칙적으로 엔진금융의 채권자가 대상 물건을 점유하여야 한다. 그러나 엔진은 항공기에 부착하여 운항되어야 하는 불가피성으로 채권자에 의한 엔진점유가 곤란하고, 항공사가 점유할 수밖에 없으므로 비점유적 담보(non-possessory security)에 해당한다고 할 수 있다.[89] 비점유적 담보의 소유권과 저당권에 대해서는 등록에 의하여 권리를 인정받을 수 있으나 이에 관해서는 각국의 법체계가 상이하므로 반드시 법률전문가의 Legal Opinion을 받아 검토하도록 하여야 한다. 일반적으로 항공기에 대한 소유권과 저당권은 항공기의 소유자 또는 임차인이 소재한 국가에 등록하여 그 권리를 인정받는 형태를 취하고 있으며, 이를 위해 대부분의 나라에서 항공기 등록부를 운용하고는 있으나, 통상 항공기 등록부에는 항공기 전체를 등록대상으로 하고 있고 개별 엔진에 대해서는 별도의 등록대상이 아닌 경우가 대부분이다. 말하자면 엔진은 항공기에 수반되는 종물로 간주되는 경우가 대부분이다. 따라서 엔진리스회사나 금융기관들은 엔진의 소유권과 담보권, 리스사항 등을 각 국가의 개별 동산에 적용되는 소유, 리스 관련 법체계(예를 들면 우리나라의 양도담보)에 주로 의존하여 취급하고 있으나, 국가마다 동산에 대한 법체계가 달라 엔진리스의 취급시에는 상당한 법적 불확실성이 존재하며, 그만큼 엔진리스의 취급시 부정적 요소로 작용하고 있는 것이 현실이다.

다만 케이프타운협약(Convention on International Interests in Mobile Equipment)에 의한 국제등록부(international registry)에는 항공기와 함께 또는 엔진을 별도로 등록할 수 있어 엔진소유자 및 금융기관이 저당권을 보호받을 수 있다. 그러나 그 효

---

89) Cem Karako, 전게서.

력은 협약을 비준하고 일정 요건을 충족한 국가에게만 효력이 있다.

(3) SPC 소유권을 통한 담보권 확보

엔진에 대한 직접 담보권이 불가능하다면 엔진담보권 이행보다는 소유권을 통하여 담보권을 실행하는 것이 좀더 용이한 대안이 될 수 있다. 즉, 엔진 리스회사나 금융기관들은 엔진의 법적 소유권을 갖는 SPV를 설립하고, SPV의 주식에 대해 질권을 설정함으로써 엔진소유권으로 담보권을 확보하는 형태를 취한다. 엔진자산의 소유권을 갖는 SPV에 대한 주식담보권은 일반적으로 저당권보다 실행절차가 훨씬 용이하고 신속하다.

(4) 엔진풀링에 따른 엔진소유권 이전

탈부착이 가능한 엔진의 소유권 및 담보권의 귀속문제는 좀더 복잡한 이슈에 해당된다. 엔진은 부착물로서 동체와 별도의 소유권이 인정되지 않는 경우가 많기 때문인데, 대체로 소유권의 귀속방식은 두 가지의 상반된 방식이 통용된다. 첫 번째는 국제관행상 인정되는 표준적인 방식으로, 엔진이 중간에 제3자 소유의 다른 동체에 부착되든지 상관없이 스페어 엔진의 소유권은 원래의 소유자(original owner)에게 귀속된다는 개념이다. 말하자면 제거된 엔진이라도 그것이 어디에 위치해 있건 원래의 임대인 및 금융기관에 귀속된다는 개념이다. 두 번째는 소유권의 교환방식으로, 엔진의 교체시 담보로 취득되어 있는 동체에 신규로 부착된 엔진의 소유권을 임대인과 금융기관이 취득하는 방식이다. 날개에 부착된 엔진의 소유권은 동체의 소유권과 함께 포괄되어 귀속되는 방식이다. 두 가지 방식 중에서 당사자 간에 폭넓게 채택되고 있는 것은 첫 번째 방식이다. 엔진의 교체시에도 엔진의 소유권이 이전되지 않는 조건인데, 엔진의 소유권개념 및 등록절차가 국가마다 상이하여 소유권의 교환이 용이하지 않고 금융기관의 권리확보가 복잡하여 자칫 담보권이 상실될 소지가 있기 때문이다.

그러나 법에 의해 엔진의 소유권이 날개에 부착(on-wing)되어 있을 경우에만 보존된다고 해석하는 국가도 있다. 이러한 경우 임대인 소유로 항공사에게 임대한 스페어엔진의 소유권은 항공기 동체에 부착된 순간 항공기 동체의 소유자에게 귀속되게 될 뿐만 아니라 엔진에 대해 설정된 담보권은 무효가 되는 결과를 낳기도 한다. 예를 들어 네덜란드 법률에는 '소유권 통합(merger of title)의 원칙이 네덜란드 등록부에 등록된 항공기에도 적용되는데, 스페어 엔진이 네덜란드 항공기등록부에 기재된 동체에 부착되는 순간 엔진은 이른바 종물로서 국내법상 동체의 일부분이자 분리될 수 없는 재산으로 간주되게 된다. 이는 결국 임차인의 신용도에 크게 의존하게 되는 셈이 되어 이러한 소유권 리스크를 부담하면서 금융을 추진할 것인가에 대해 고민할 수밖에 없게 된다. 이 리스크가 일부 완화된 방식은 스페어 엔진이 동체에 부착되는 순간 제거된 엔진의 소유권은 자동적으로 임대인 및 금융기관에게 이전된다고 규정하는 것이다. 다만, 엔진의 가치보존을 위해 교체된 엔진의 모델 또는 정비상태는 임대인, 금융기관이 소유했던 원래의 엔진과 비교했을 때 동등하거나 또는 그 이상인 경우만 허용해야 할 것이다.

엔진풀링의 경우에는 담보권 확보 및 운항의 탄력성 보장과 관련하여 참여 당사자 간에도 입장이 서로 충돌될 수 있어 사안별로 협상에 의해 추진될 사항이지만, 국가별로도 법률체계가 상이하므로 해당 국가의 법률 요건 등을 반드시 확인한 후에 결정하도록 하여야 한다.

(5) 케이프타운협약(Cape Town Convention)상 엔진의 등록

항공기 엔진과 관련된 불확실성에도 불구하고 엔진의 소유자 및 대출을 제공하는 금융기관에게 상당한 법적 보호조치를 제공하는 국제적 협약체계가 존재한다. 2004년 4월 1일부터 발효된 케이프타운협약(Cape Town Convention)[90]이 그것인데, 항공기 동체뿐만 아니라 엔진을 별도로 분리하여 독립된 객체로서 등록하여 국제적 권리(international right)형태로 보호받을 수 있는 점은 케이프타운

---

90) UNIDROIT에서 마련한 국제협약으로 정식명칭은 "이동장비의 국제적 권리에 관한 협약(Convention on International Interests in Mobile Equipment)"이며 부속의정서인 "항공기 장비에 관한 의정서(Protocol to the Convention on Matters Specific to Aircraft Equipment)"로 이 두 서류를 줄여서 케이프타운협약이라고 부른다.

컨벤션의 가장 특기할 만한 장점에 속한다. 엔진에 대한 국제적 권리를 인정받으려면 아일랜드에 소재하는 국제등록부(international registry)에 웹사이트로 등록하여야 하며, 엔진에 대한 소유권, 금융기관의 담보권 및 임대인의 리스상 권리가 등록대상이다. 국제등록부에 등록하여야만 그 국제적 권리의 존재를 대외적으로 공시하게 되며, 그 권리는 등록되는 순서에 따라 우선순위가 결정된다. 즉, 등록함으로써 유효성이 성립하고, 등록된 국제적 권리는 등록되지 않은 권리나 후에 등록된 권리에 비해 순위에서 우선한다. 그렇다고 모두 국제등록부에 등기할 수 있는 것은 아니며 다음의 요건을 충족하여야 한다.

첫째, 제트 추진엔진은 추력 1,750lbs, 터빈/피스톤 추진엔진은 550 이륙 샤프트마력(take-off shaft horsepower) 이상

둘째, 임대인이 엔진을 등록할 수 있는 적격권리(registrable interest)를 보유하고 있어야 한다. 엔진리스 임대인의 권리와 저당권자의 권리(mortgagee's interest)는 케이프타운협약에 의해 등록이 가능하다.

셋째, 채무자(리스계약에서의 임차인 및 담보권 계약에서의 저당권설정자(mortgagor))는 케이프타운협약을 비준하고 채택하고 있는 국가에 소재하고 있어야 한다.

그러므로 항공기 엔진의 임차인이나 저당권설정자가 케이프타운컨벤션의 체약국에 위치해 있는 기관이라면 엔진에 대한 임대인의 권리나 금융기관의 담보권은 국제등록부에 등록할 수 있다. 실무상으로는 아직 임차인인 항공사가 협약을 비준하지 않은 국가에 소재하더라도 장래 협약을 채택할 경우를 상정하여 케이프타운 담보계약서를 체결하는 것이 통상적이다. 이 국제적 등록제도는 리스회사나 금융기관들, 특히 체약국에 소재하는 임차인의 경우 엔진의 소유권이나 담보권을 공시하는 데 그간 어려움이 있었던 점을 해결하는 데 큰 도움을 주는 제도이다.

7) 엔진의 정비

엔진정비는 항공기의 감항성 유지 및 가치하락을 방지하고, 항공사의 수익성을 지속적으로 발생시키며, 엔진의 가치하락 방지 및 감독당국의 규제수준

을 충족시키기 위한 목적에서 필수적으로 수행되어야 하는 항목이다. 항공기의 3대 구성요소인 동체, 엔진, 부품 중 특히 엔진의 정비에 소요되는 지출이 가장 크며, 따라서 특정시점의 항공기 전체 시장가격의 변동도 상당한 영향을 미친다. 만약 권고된 수준으로 정비가 이행되지 못하였을 경우에는 엔진제작업체(OEM)에서 제공하는 각종 보장의 혜택을 받지 못할 수도 있고, 시장 매각가격이 크게 하락할 수도 있을 뿐만 아니라 무엇보다 항공기의 안전성에 큰 영향을 미쳐 엔진정비는 엄격한 기준에 의해 행해지는 것이 보편적이다. 따라서 관련계약서에는 정비를 누가 책임지고 수행하며, 어느 수준으로 정비할 것인지가 중요한 이슈이며 리스기간 종료시 임대인앞으로 반환되는 엔진의 상태를 어느 정도로 할 것인가 또한 상세히 기술되고 있다.

(1) 엔진정비의 구분

엔진의 정비는 정비수준에 따라 크게 보면 두 가지로 분류된다. 엔진이 항공기에 부착되어 있는 상태로 최소한의 결함이나 예방적 관점에서의 정비테스트, 시스템 체크를 현장에서 수행하는 일상적인 정비(이를 On-Wing Maintenance 또는 Line Maintenance라고도 한다)와, 엔진을 동체에서 분리하여 주요한 결함의 검사나 개체수리를 목적으로 승인된 정비창으로 보내 전문적인 정비를 수행하는 엔진샵수리(이를 Engine Shop Visit 또는 줄여서 ESV라고 하며, Off-Wing Maintenance라고도 한다)로 구분된다.

일상적인 정비는 다음 노선 출발 전이나 상시모니터링의 관점에서 수행하는 비전문적 측면에서의 경미한 점검으로, 주로 엔진 내외부의 물리적 상태를 점검하는 것이 목적이다. 엔진샵수리가 엔진제작업체에서 정한 매뉴얼에 따라 이루어지는 반면, 일상적인 점검은 통상 항공기 제작업체의 항공기 매뉴얼에 따라 이루어진다. 최근에는 엔진내부에 장착된 각종 센서를 통해 원격데이터를 지상 콘트롤센터로 송신하여, 주요 정비관련 지표를 실시간으로 상시 파악하거나, 휴대용 내시경(borescope),[91] 비디오 등으로 접근이 곤란한 부품의 결함이나 균열, 변색 등을 편리하게 검사할 수 있다.

---

91) (borescope) 교정 또는 굴절 가능한 광섬유 튜브로 만들어진 광학장비로, 주로 육안으로는 검사할 수 없는 엔진내부, 부품의 균열, 문제점 등을 검사하는데 사용된다.

반면, 엔진샵수리는 통상 ESV라고 하는데, 엔진을 동체에서 분리하여 FAA 나 EASA가 승인한 전문 정비창에서 행해지는 점검을 말한다. ESV는 엔진코어의 성능 회복과 LLP 부품(life-limited parts)의 교체라는 두 가지 요소가 주로 수행된다. 성능 회복과 관련하여서는 엔진을 모듈[92]별로 분해하여 내시경 검사로 잡아내지 못하는 열, 부식, 피로에 따른 손상의 중점적인 검사, 수리가 행해지며, 성능 악화에 결정적인 EGT Margin(exhaust gas temperature margin)[93]의 회복이 이루어진다. ESV에서의 또 다른 중요한 목적은 아래에서 설명하는 터빈허브, 샤프트 등 일정 운항수명에 도달한 LLP 부품의 교체이다. ESV는 엔진의 가동상태, 가동시간, 운항환경 등에 따라 차이가 있지만 통상 3~5년마다 행해지며, 엔진제작업체에서 정한 매뉴얼에 따라 점검 및 수리가 이루어진다.

(2) 엔진 LLP 부품의 교체

엔진 LLP(engine life limited parts)란 엔진에 이상이 있게 되면 위험한 상황이 초래되거나 엔진을 사용할 수 없게 되어 엔진 성능유지에 중요한 기능을 담당하는 엔진모듈 내의 부품들을 말한다. 따라서 이들 부품들은 최대 가동할 수 있는 운항사이클 등이 정해져 있어 이 기한에 다다르면 강제적으로 교체하여야만 하는 부품들로, 일반적으로 블레이드, 디스크, 실, 스풀, 샤프트, 브라켓 등 회전부품이나 정지부품으로 구성되며, 이들 부품의 리스트는 엔진모델별로 FAA의 승인하에 엔진제작업체의 매뉴얼에 열거되어 있다. 이들 부품들은 가격이 상대적으로 고가이며, 통상 LLP 수명이 90~95%에 도달하게 되면 엔진을 동체에서 분리하여 정비창으로 보내 관련 부품을 교체하게 된다.[94]

---

92) 엔진은 수개의 모듈로 구성되는데 Twin-spool 엔진의 경우 Fan/LPC(low pressure compressor), HPC(high pressure compressor), CBT(combustor), HPT(high pressure turbine), LPT(low pressure turbine) 모듈로 이루어져 있으며, HPC, Combustor, HPT 부분은 고온에 의해 작동되는 모듈로 Engine Core라고 한다

93) 엔진가동 특히 이륙시에는 분출가스의 온도가 최고조로 상승하며, 허용된 최대치(EGT Redline)와 Take-off EGT의 차이를 EGT Margin이라고 한다. EGT Margin은 새 엔진이나 정비 직후 일수록 높으며 이 수치가 떨어지면 엔진성능이 악화되어 ESV를 통해 개체되어야 한다.

94) Vitaly S. Guzhva, Sunder Raghavan, Damon J. D'Agostino, *Aircraft Leasing and*

일반적으로 단거리노선을 운항하는 엔진은 장거리노선에 비해 LLP의 교체시기가 더 짧으며, 그만큼 비용도 많이 소요된다.

(3) 항공감독당국의 지시에 따른 정비

정기적인 엔진정비나 Shop Visit은 확정된 스케줄에 따라 이루어지기 때문에 예측이 가능하나, 부정기적으로 정비를 행해야 할 때도 있다. 항공당국에 의해 발행되는 감항성개선지시서(airworthiness directive(이하 AD))[95])나 엔진제조업체가 발행하는 정비개선회보(service bulletin(이하 SB))를 따라야 하는 경우가 그것이다.

AD는 미국의 FAA(Federal Aviation Agency)나 유럽의 EASA(European Aviation Safety Agency) 등 항공기를 생산하는 국가의 항공감독당국이 전세계에 운항중인 항공기 또는 엔진 등에 대해 예기치 않은 기술적 결함이 발견되는 등 안전성에 문제가 있다고 판단될 경우에 전세계 해당 항공기의 소유자나 형식증명서(Type Certificate)의 보유자앞으로 발행하는 문서이다. AD는 대상 항공기에 대한 자체적인 기술적 안정성 확보를 위해 항공기 디자인의 수정이나 검사, 추가적인 수리 등을 요구하는 항공당국에 의한 지시적인 문서이므로 강제적이며, 만약 이를 준수하지 않았을 경우 항공기의 감항능력에 문제가 발생하게 된다. 따라서 AD에는 이행해야 할 조치사항과 기한 등이 명시되어 있다. 한편 긴급한 상황의 경우 즉각적인 이행을 요구하는 Emergency Airworthiness Directive가 발급되기도 하는데, 2013년 1월 16일 Boeing 787기의 기내 리튬-이온 배터리의 폭발로 인한 화재사건과 관련하여 운항중인 대상모델 전체를 강제 착륙시킨 사례가 있다.

SB는 항공기 제작업체가 발급한다. 항공기가 출시된 이후 운항시간 및 경험이 점차 축적됨에 따라 항공기 제작회사들은 원래의 항공기 디자인을 변경하여 정비비용을 절감하거나 또는 수익성을 개선시킬 수 있는 개선방안을 도출하곤 하는데, 이때 발행되는 것이 SB이다. 그러나 SB의 권고에 따라 항공기

Financing, p. 462.

95) (Airworthiness) 항공기가 안전하게 비행할 수 있는 성능으로서 기술상의 한도와 기준을 충족하여야만 항공기의 감항성이 인정되며, 이를 공식적으로 인정하는 문서가 Airworthiness Certificate이다.

를 변경, 개량시킬지는 고객의 선택사항이며, 항공사가 선택할 경우 추가적인 비용이 수반될 수 있다. 경우에 따라서는 SB가 강제적인 내용의 AD로 변경되기도 한다.

4.9 EETC(Enhanced Equipment Trust Certificate)

항공기리스 및 자산을 활용하여 자본시장에서 자금을 조달하는 유형에는 통상 두 가지가 있다. 하나는 항공기 ABS 또는 항공기리스 포트폴리오증권 (Aircraft Lease Portfolio Securities)[96]이며, 다른 하나는 EETC(Enhanced Equipment Trust Certificate)이다. 항공기 포트폴리오증권은 주로 항공기 리스회사들이 자체 보유하는 다수의 항공기 리스채권을 한데 묶어 유동화하는 자산담보부증권(Asset-backed Securities)의 일종이며, EETC는 주로 미국계 항공사들이 보유 항공기를 담보부로 증권을 발행하는 항공운송부문에 특화된 전용상품이다. 두 상품 모두 구조는 상당히 유사하나 EETC는 근본적으로 유동화 채권이라기 보다는 기업이 발행하는 항공기 담보부채권처럼 단일 항공사의 신용도와 연계되어 있는 반면, 포트폴리오증권은 개별 항공사가 아닌 다수 항공사, 다수 항공기로 구성된 포트폴리오의 리스크 분산효과를 기반으로 발행된다는 점에서 주요한 차이가 있다. 말하자면 EETC의 투자자가 단일 항공사의 디폴트 리스크를 수용한다면, 항공기 ABS의 투자자는 다양한 항공사의 분산 리스크를 수용한다.

1) 개요

(1) ETC, PTC, 포트폴리오증권 및 EETC

EETC(Enhanced Equipment Trust Certificate)는 시장에서 흔히 더블 ETC라고 부르며 Enhanced라는 이름에서 알 수 있듯이 기존에 통용되던 ETC(Equipment Trust Certificate)나 PTC(Pass-through Trust Certificate)의 구조를 변형시켜 항공사의 디폴트

---

96) 항공기 포트폴리오증권과 일반 자산담보부증권(ABS)에 대해서는 '4.10 항공기 및 항공사 매출채권 자산유동화(ABS)'을 참조하시기 바랍니다.

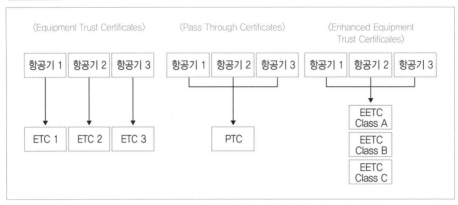

그림 4-28 ETC, PTC, EETC의 구조

자료: Cape Town Treaty Bangkok Seminar 2012, Deutsche Bank.

가능성과 투자자의 채권 회수율을 보다 강화시킨 일종의 기업채무증권(corporate debt securities)[97]이라 할 수 있다. 모두 증권을 발행한다는 점은 같으나 세 방식의 주요한 차이점이라면 ETC가 단일 항공기를 금융대상으로 하고, PTC가 한 대가 아닌 복수의 항공기를 대상으로 하는 점이라면 EETC는 단일 항공사가 보유하는 복수의 항공기를 대상으로 한다는 점이다. 따라서 EETC는 복수의 ETC를 결합시킨 구조로 PTC와 마찬가지로 조건이 서로 다른 여러 증권을 발행함에 따라 이 두 가지 유형의 증권을 혼합시킨 형태라고 할 수 있다. EETC의 원형이라 할 수 있는 ETC는 증권을 발행하는 것만 다를 뿐 항공기 담보대출과 구조상 별반 차이가 없어 그동안 시장에서 크게 주목을 받지는 못한 상품이었다.

  EETC 구조의 아이디어는 항공기 자산유동화증권(Asset-backed Securities)인 항공기리스 포트폴리오증권(aircraft lease portfolio securities)으로부터 비롯되었다.[98] 항공기리스 포트폴리오증권은 1992년 지금은 없어진 아일랜드 항공기 운용리스

---

97) 자본시장 투자자로부터 채무를 조달하기 위해 발행하는 회사채, 국채, CD 등을 포괄하며 크게 항공기 담보가 없는 무담보채권(회사채, 국채, 정부채, ECA보증채 등)과 항공기 담보부채권(담보부회사채, ABS, MBS(mortgage-backed securities), EETC 등)으로 구별된다.

98) Peter S. Morrell, *Airline Finance* 2015, p. 257.

회사였던 GPA(Guinness Peat Aviation)가 전세계 항공사에 운용하던 항공기 리스 포트폴리오를 한데 묶어 채권으로 발행하였던 ALPS 92-1(Aircraft Lease Portfolio Securitization Limited 92-1) 증권에서 출발한다. 유동화 대상 채권은 전세계 12개국 (미국 제외), 14개 항공사에 리스중인 14대의 항공기이며, 이로부터 발생하는 운용리스 수익을 기초자산으로 하여 선순위와 메자닌 등 3개의 증권으로 분할하여 총 U$521백만 상당의 유로본드를 성공적으로 발행하였다. 당시 증권화의 대상이 되었던 현금흐름은 항공기 매각이 아닌 다수 항공사의 리스채권으로부터 발생하는 수익이었다. 이어 1994년에는 22개의 항공사에 리스하던 27대의 항공기를 대상으로 U$854백만이라는 보다 큰 규모의 ALPS 94-1 증권을 성공리에 발행하였다.

유럽지역 포트폴리오증권의 성공적 발행에 따라 미국 은행들도 ABS의 구조를 변형시켜 이를 개별 항공사에게 적용할 수 있는 방법을 궁리하게 되었고, 기존의 ETC와 PTC의 장점을 결합시켜 1994년 마침내 미국 Northwest 항공사의 항공기리스 포트폴리오를 대상으로 최초의 EETC를 발행하는데 성공하였다. 당초 EETC의 개발의도는 미국 파산법 Chapter 11에서 명시하는 항공기 소유자에 대한 보호장치를 활용하여 신용도가 다소 떨어지는 미국계 항공사라도 미국 자본시장에서 원활하게 자금을 확보하고자 하는 것이었다. 이를 위해 구조상 18개월 기간의 신용보강(credit enhancement)기능이 추가되었고, 투자자 수요에 맞추어 채권을 분할하여 발행함으로써 결국 기존의 항공사 신용등급보다도 높은 신용등급을 부여받을 수 있었다.

이와 같이 EETC는 단일 항공사가 보유하는 다수의 항공기로부터 발생하는 대출원리금 또는 리스료 지급에서 발생하는 현금흐름을 각기 다른 조건의 증권으로 분할하여 유동화함으로써, 형태상으로는 단순한 담보부 회사채와 항공기 포트폴리오증권의 중간에 해당하는 자본시장 채권이라고 할 수 있다. 다만, 항공기 포트폴리오증권이 복수의 항공사에 대한 다수의 리스채권을 대상으로 한다면 EETC는 단일 항공사의 항공기리스 채권을 대상으로 하는 점에서 ABS와는 차이가 있다. 현재까지도 미국 자본시장에서 발행되는 주력 항공기금융 조달수단은 주로 리스회사가 발행하는 ABS와 미국계 항공사가 발행하는

EETC가 대표적이다.

(2) 미국 항공사들의 전통적인 금융 조달수단

　미국 항공사들이 자국 자본시장에서 EETC를 발행하여 항공기를 주로 도 입하게 된 배경에는 'Home Market Rule'과도 어느 정도 관련이 있다. 앞 부분 4.2의 항공기 ECA 금융에서 설명하였듯이 Home Market Rule이란 항공기 제 조회사가 위치한 국가의 공적 수출지원기관(ECA)들이 과도한 경쟁 금지 차원에 서 자국 항공사에 대해서는 ECA 금융지원을 금지하는 비공식적인 국제협약을 말하는데, 이 원칙에 따라 보잉 항공기를 구매하는 미국 항공사들은 미국수출 입은행으로부터 보증 혜택을 받을 수 없었다. 반면에 중동, 아시아 등 다른 지 역의 항공사들은 당시 저렴한 ECA 금융이나 다양한 금융의 혜택을 누릴 수 있 었고, 유럽 항공사들도 미국 항공사들과 마찬가지로 ECA 금융의 수혜 대상에 서 배제되어 있었으나 항공기금융에 특히 강한 프랑스, 독일 등 유럽계 은행들 로부터 저리로 차입할 수 있는 등 다양한 금융기법과 시장에 접근할 수 있었 다. 이와 달리 미국계 항공사들은 역내 항공자유화로 경쟁이 심화되고 9/11 사 태나 글로벌 금융위기의 여파로 많은 항공사들이 파산 또는 구조조정을 겪는 등 신용도가 하락함에 따라 미국 은행들마저 자국 항공사에 대한 항공기금융 을 기피하는 풍조가 확산되었다. 이에 따라 미국 항공사들은 은행 차입보다는 유동성이 풍부하고 투자자층이 두터워 보다 저렴한 금리 차입이 가능한 자국 의 채권시장으로 점차 눈을 돌리게 되었다. 참고로 유럽지역의 자본시장은 미 국에 비해서는 상대적으로 덜 발달된 편이어서 유럽의 항공사들은 자본시장보 다는 낮은 금리의 조달이 가능한 은행차입에 주로 의존하는 편이다.

(3) EETC의 주요 특징

　EETC의 가장 주요한 특징은 항공사의 신용도에 다양한 법적, 제도적 장치 를 보강하여 항공사의 디폴트 가능성과 채권 회수율을 구조적으로 높임으로써 항공사 자체 신용도보다도 높은 신용등급을 부여받을 수 있다는 점에 있다. 보 다 높은 신용등급이 가능한 이유는 항공사의 파산 등에 따라 채권 상환에 부족분이 발생하더라도 추가적인 신용 보강수단이 존재하며, 만일의 경우 채권자들이 항공기를 압류하여 처분하더라도 항공기를 적시에 확보하여 매각을 어느 정도 보장받을 수 있는 구조상 장점이 있기 때문이다. 결국 EETC는 항공사의 리스료 수입 등에 의존하는 Full-recourse Credit에, 항공기 담보의 시장매각시 2차적인 가치 보강수단을 혼합한 구조화 기법이라고 할 수 있다.

이러한 구조는 여타 항공기 담보부 채권의 경우에도 기본적으로 동일하다고 할 수 있으나, EETC는 여기에다 항공기의 압류시 불가피하게 수반되는 시간상 절약 및 확실한 법적 보장장치, 항공기의 처분기간 동안 문제가 없도록 현 체제를 그대로 유지하는 Liquidity Provider 기능 보강, 디폴트의 발생 가능성 자체를 방지하고 채권 회수율을 높일 수 있는 채권분할(debt tranching), 교차담보(cross-default), 초과담보(over-collateralization) 등의 기능을 추가함으로써 보다 높은 신용등급의 부여가 가능하다. 각각 요소에 대한 구체적인 내용에 대해서는 아래에서 보다 자세히 언급하기로 한다.

표 4-25	EETC 구조의 주요 특징

- 채권을 발행하는 단일 항공사의 신용도에 의존(기업 채무증권의 일종)
- 항공기 자산을 담보로 확보(주로 신규 항공기를 Pool로 편입하여 담보 가치면에서 유리)
- SPC의 설립을 통한 항공사의 파산위험으로부터 절연된 구조 사용
- 이자 미지급시의 유동성을 보충하는 신용공여기관(Liquidity Facility Provider)의 이용
- Chapter 11에 의한 확실하고 검증된 투자자 보호조치(또는 Cape Town Convention)
- 채권분할, 초과담보 등 선순위 채권자의 LTV 상향 등을 위한 각종 구조 보강장치
- 시장 발행경력이 있는 항공사의 경우 반복적 발행이 용이하고 가격 측면에서 유리

2) 발행절차

그림 4-29 그림 4-29 EETC의 발행구조(예시)

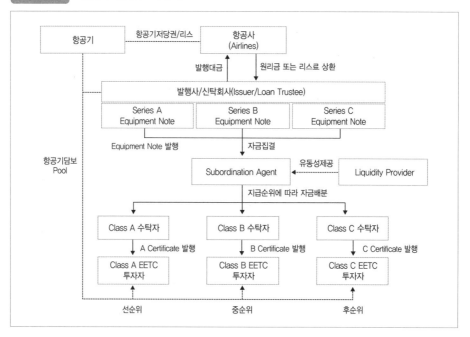

① 항공사는 미국 내에 Note의 발행사겸 신탁회사(trustee) 기능을 수행하는 SPC를 설립하고, 대상 항공기 또는 항공기 운용으로부터 발생하는 수익권을 나타내는 Equipment Note(약속어음 형태)를 발행하여 SPC에 신탁하며, 대상 항공기는 디폴트시 채권소지자의 상환재원 확보를 위하여 담보로 제공한다.

② 발행사겸 신탁회사(SPC)는 항공사로부터 매입한 Equipment Note를 모두 모아 지급순위, 만기 등 일정 조건별로 분류한 뒤 이를 기초로 여러 종류의 Equipment Note(A, B, C 등)를 발행한다.

③ 발행사겸 신탁회사가 발행한 Equipment Note는 PTC(Pass Through Certificate) 구조에 따라 각 Class의 수탁자(Class A/B/C Pass Through Trustee 등)

가 매입하여 보유하고, 이를 기초로 각 Class별 EETC(A, B, C 등)를 발행하여 각 투자자에게 판매한다. 투자자들로부터 모집한 EETC 판매대금은 한데 모아 최종 항공사에게 지급한다.

④ 항공사는 EETC 채권의 할부 원리금 또는 리스료를 발행사/신탁회사에 지급하며, Subordination Agent는 이 자금을 모아 지급 우선순위에 따라 각 Class의 수탁자에게 배분한 후 최종적으로 채권 소지자들에게 상환한다. 투자기간중 항공사의 디폴트 발생시 유동성 공여기관(Liquidity Provider)은 약정기간(통상 18개월) 동안의 이자를 대납한다.

⑤ 신탁기간이 만료되면 항공기의 소유권은 발행사/신탁회사로부터 항공사로 이전되며, 잔여 원리금이 모두 상환되면 항공기의 담보권을 해지한다.

3) 구조 강화

EETC는 앞에서 설명한 바와 같이 구조상 다양한 신용보강장치가 사용됨으로써 항공사가 획득할 수 있는 일반 회사채나 선순위 담보증권의 신용등급보다도 더 높은 신용등급의 획득이 가능하다. 이는 역으로 항공사 자체의 신용등급이 낮더라도 EETC를 발행하여 시장에서 소화 가능한 투자등급을 부여받음으로써 거액의 저리자금조달이 가능하다는 것을 뜻한다. 신용보강을 통한 EETC의 효과는 ① 항공사의 디폴트 가능성을 사전적으로 감소시키는 것과, ② 항공사의 파산시 채권투자자들의 회수율을 극대화할 수 있는 두 가지 요인으로 압축할 수 있다.

아래의 요소들은 EETC의 구조변형을 통해 신용위험을 보강시키는 주요 항목들을 열거한 것으로, 신용평가기관들이 개별 EETC의 신용등급을 상향시키기 위해 중점을 두어 심사하는 주요 항목들이기도 하다.

- 파산절연구조(bankruptcy-remote structure)
- 분할채권의 발행(debt tranching)

- 미국 파산법 1110 조항에 의한 강력한 담보권 보장
- 초과담보(over-collateralisation)
- 연쇄디폴트(cross-default) 및 교차담보(cross-collateralisation)
- 신용공여(liquidity facility) 기능의 사용

① 파산절연구조(bankruptcy-remote structure)

EETC 구조에서는 Equipment Note의 발행자겸 수탁자로 통상 조세친화적(tax-friendly)인 지역(델라웨어, 유타주 등)에 SPC를 설립하는데, 이 SPC는 Equipment Note의 명목적인 발행자로서 투자자의 권리 보호를 위해 항공사 또는 다른 제3자의 영업에서 발생하는 위험으로부터 단절된 파산절연(bankruptcy-remote) 기능을 수행할 수 있도록 설계된다. 이에 따라 EETC의 채권자들은 SPC가 소유하는 항공기 담보 및 이로부터 창출하는 수익권에 의존함에 따라 혹시 모를 항공사의 파산신청으로부터 단절된 효과를 얻을 수 있다. 다만, 파산절연기관으로서의 지위를 보장받으려면 SPC의 설립목적, 추가차입, 사업구조, 항공기 수익권의 진정한 양도(true-sale) 등 엄격한 요건이 충족되어야 하므로 관련내용은 해당국 법무법인의 법률의견서에 의해 면밀히 확인되어야 한다.

② 분할채권의 발행(debt tranching)

EETC는 통상 상환순위, LTV, 만기, 금리 등 리스크와 효익이 다른 여러 카테고리(보통 2~4개)의 증권으로 분할하여 발행되는데, 크게 보면 선순위와 후순위 EETC로 구분되며, 선순위 채권일수록 LTV 비율이 낮고 Payment Waterfall상 자금의 지급순위에서 우선적으로 상환받을 수 있어 항공기의 매각을 통한 상환 가능성이 보다 높아진다. 선순위 채권일수록 항공사의 파산에 따른 리스크를 후순위채권의 투자자에게 이전시키는 효과가 있으므로 신용등급이 보다 높게 책정되며, 금리 또한 낮게 책정된다. 반면, 후순위 채권자는 리스크를 보다 많이 수용하는 만큼 쿠폰금리도 상대적으로 높게 책정된다. 이와 같이 EETC는 하나의 거래를 채권분할이라는 방법을 통하여 투자등급(investment grade)의 채권시장과, 하이일드 채권시장에 동시에 접근하여 다양한 성향의 투자자들

표 4-26   Air Canada의 EETC 발행관련 Tranche 구분 사례

○ 건명: Air Canada의 B787기 9대 신규 도입관련 U$10.3억 EETC 발행(2015년 3월)

Class	발행액 (백만달러)	만기 (평균만기)	LTV	Balloon	신용등급*	가격조건 (Coupon)
Class A	U$667	12년(9년)	54.6%	48%	NR/A/A	UST+149bp(3.600%)
Class B	U$182	8년(6년)	69.2%	47%	NR/BBB/BBB-	UST+227bp(3.875%)
Class C	U$182	5년(5년)	84.4%	-	NR/BB-/BB	UST+339.5bp(5.000%)
계	U$1,031	평균만기: 7.6년				Blended Coupon: 3.80%

* Moody's/S&P/Fitch.
자료: Airlines Fixed Income Desk, BNP Paribas, 2015. 03 발췌.

을 끌어들임으로써 보다 큰 금액의 자금조달이 가능하다.

③ 미국 파산법 1110조에 의한 담보권 보장

EETC에서 신용등급을 상향시키는 결정적인 요소는 투자자나 채권자들의 권리를 우선적으로 보호하는 강력한 법적 담보권 보장조항에 있다. 채권자 친화적인 이 제도는 우리나라를 포함하여 다른 나라에서는 찾아보기 힘든[99] 법조항으로 미국 항공사가 조달한 대부분의 EETC는 미국 파산법을 기반으로 하고 있다.[100] 즉, 미국 파산법 362조에 따르면 채무자가 파산을 신청하게 되면 관리인(debtor-in-possession: DIP)은 채권자들의 담보실행 등 채권행사를 일정기간 강제로 정지(automatic stay)시킬 수 있는 권한을 가지게 된다. 이때 채권자들의 갑작스런 채권행사로부터 채무자를 보호하기 위한 조치로 채권자들은 통상 210일 정도를 기다려야 하며, 만약 채권자들이 이 정지기간에 대한 구제를 신청하려면 채무자 관리하의 담보가치 저하 등 담보가 적절하게 보호(adequate protection)

---

99) 이와 유사한 효과를 갖는 법체계는 케이프타운 협약상의 Alternative A 및 영국 파산법 등이 있다.

100) EETC뿐만 아니라 미국 파산법상 채권자의 담보실행 절차의 신속 간편성 등을 이유로 국제 항공기금융 대출시에도 항공사 소재 국내법 이외에 미국법에 의한 항공기 저당권을 추가로 설정하는 경우가 많다.

되지 않고 있음을 입증하여야 하는 등 절차도 복잡하고 그 유예 여부를 확신하기도 어렵다. 그런데 항공기, 철도 등은 산업 내에서 차지하는 중요성을 감안하여 특별히 이의 예외조항을 두고 있는데 그것이 바로 Section 1110이다.

Section 1110은 Automatic Stay 기간을 파산 신청 후 60일로 단축하여 제한하는 Section 362조의 예외조항으로, 이에 따르면 파산을 신청한 채무자가 60일의 기간 동안에 파산신청 이전 또는 이후의 모든 채무를 이행하여 치유하지 않으면 채권자들은 60일 경과시점에서 관련 항공기를 압류(repossess)하여 시장에 매각할 수 있도록 법으로 보장하고 있다. 채무자인 항공사는 60일의 기간을 추가로 연장하기 위한 협상을 시도할 수는 있으나 EETC 계약상 선순위 채권자들로 구성된 Controling Party가 항공사 의견에 동의하지 않는 경우 60일 경과후 항공기를 압류할 수 있는 결정권을 보유토록 하여 항공사의 연장 가능성을 원천적으로 차단할 수 있다. 이 조항은 일반 회사채 채권자나 다른 국가의 법체계에 비해 강력한 투자자 보호조치로 아래와 같은 몇 가지의 의미를 갖는다.

첫째, 일반적인 파산절차에서는 장기간의 담보권 행사 정지기간 및 다양한 이해관계 조정에 상당한 절차와 시간이 소요되어 정확한 회수시점을 예측할 수 없으나, EETC의 경우 파산신청 후 60일이 경과하면 관련 항공기 담보권을 신속, 간편한 절차에 의해 확보함으로써 회수 가능성을 합리적으로 예측할 수 있다.

둘째, 60일의 기간 동안 항공사는 ① 디폴트사유를 치유하고 담보 항공기를 계속 이용할지 아니면 ② 이를 포기하고 담보 항공기의 소유권을 투자자에게 넘겨줄지를 결정하게 된다. 항공사는 통상 구조조정의 과정에서 운용중인 항공기의 편대를 재편하게 되는데, 항공기 유지에 필요한 비용대비 미래에 창출가능한 현금흐름이 높은 항공기 위주로 운용을 지속하고, 효율이 낮거나 적자노선에서 운항중인 항공기는 매각하는 형태의 구조조정을 추진할 가능성이 높다. 다만 항공사의 특성상 과도한 항공기 감축은 미래의 성장동력을 상실할 가능성이 크기 때문에 감축의 폭은 제한적일 것으로 예상된다. 따라서 항공사가 EETC의 담보 항공기를 계속 사용하기 위해서는 EETC의 기존 및 만기까지의 채무를 상환하여 디폴트 사유를 치유할 가능성이 높다고 할 수 있다. 더구나 EETC의 대상 항공기는 대부분 신규 항공기이므로 항공사 영업 전략상 주요한 위치를 차지하고 있을 가능성이 높아 EETC 투자자의 경우 상대적으로 디폴트를 피할 가능성이 높아진다.[101]

셋째, 항공기금융의 역사가 긴 미국에서는 항공사의 부도 사례를 여러 차례 경험하면서 Section 1110 조항이 효과적으로 작동하여 채권자의 신속한 항공기 소유권 확보가 가능하다는 점이 검증된 상태이며, 이 조항은 후에 케이프타운협약 제정의 근간이 된다. 일례로 2002년 United Airlines, 2012년 American Airlines 등 Chapter 1110 파산 신청과 관련한 채권자 소송에서 항공사들이 모두 패소하는 등 동 조항은 이미 법원에 의해 테스트되고 검증되어 이미 시장 투자자들에게도 잘 알려져 있다. 참고로 EETC 발행시 항공사의 디폴트로 소유권 확보가 불가능한 케이스는 단 한 건도 없었으며, EETC의 회수율 또한 97~99.9%에 이르는 등 매우 안전한 자산으로 자리 매김하고 있다.

넷째, 항공사의 파산신청은 일반적인 금융계약서에서는 디폴트사유(event of default)에 해당하나, EETC의 경우 동 법 조항에 의한 투자자 보호장치 및 아래 설명하는 신용공여자의 이자지급 보강조치 등으로 항공사의 디폴트 가능성 자체를 축소하는 효과가 있을 뿐만 아니라, 채권회수율을 높이는 대안적인 접근이 가능[102]함에 따라 금융계약상 디폴트 사유에서도 제외하고 있다.

이와 같이 미국의 파산법체계는 채권자들에게 디폴트 및 파산절차와 관련하여 상당한 영향력을 미침에 따라 몇 단계 높은 신용등급을 부여받을 수 있는 강력한 근거가 되고 있다. 다만 이 조항을 적용받으려면 채권자(creditor)가 항공기(또는 부품)에 대한 담보권을 확보하고 있어야 하거나, 임대인(lessor) 또는 조건부 판매자(conditional vendor)이어야 하고, 채무자(debtor)가 적격 미국 항공사이어야 하는 등 법 적용상의 일정 요건들이 있으므로[103] 반드시 법무법인의 법률의견

---

101) 이종훈, EETC, 항공사 신용도를 뛰어넘은 비결, 한국신용평가(2014. 11), Mary O'Neill, Shari McField, Wanda Ebanks, *EETC: A Viable Financing Option for US and Non-US Airlines Alike?*, mondaq(2018. 4).

102) 이 특성은 특히 선순위 채권 소지자의 경우 더욱 해당되는 효과이다.

103) U.S.C. Chapter 1110, 제(a)(4)항.

서(legal opinion)에 의하여 관련 내용이 기술되고 확인되어야만 한다.

④ LTV(Loan-to-Value)와 초과담보(Over-collateralisation)

담보비율(LTV)은 항공기 가치대비 EETC 발행 잔액의 비율로, 초과 담보를 유지한다는 것은 LTV를 1이하로 낮게 유지한다는 것을 의미한다. 가령 LTV 80%는 잔액 대비 담보가치가 125%임을 의미한다. 채권의 분할시 적정 LTV의 산정은 가장 중요한 결정 항목으로 채권회수율을 높이기 위해서는 EETC 발행 시점의 항공기 가치뿐만 아니라 EETC 발행기간 동안 변동하는 장래의 항공기 가치에 대해서도 적정하게 추정되어야 한다. 정상적인 상황의 경우 대부분의 항공기 시장가치는 EETC 기간 동안 대체로 완만하게 감소하는 그래프를 그리는 반면, 채권 잔액은 비교적 급한 하향곡선을 그리므로 시간이 경과할수록 초과담보 여력이 점차 커지는 것이 일반적인 현상이다. 이러한 특성은 항공기 가격이 예기치 않게 하락하는 경우에 완충적인 추가적 보호장치를 제공한다. 특히 선순위 등급일수록 LTV가 낮게 책정되어 추가 담보여력이 커져 채권회수율이 증가하게 되므로 신용등급도 비례적으로 높게 책정되고 금리도 낮게 책정된다.

일반적으로 EETC의 담보가 되는 대상 항공기는 대부분 신규 기종으로 담보의 가치면에서도 전반적으로 보다 유리한 평가를 받는 것이 일반적이다.

⑤ Cross-default 및 Cross-collateralisation

EETC 거래에 따라서는 항공사의 1~2년치 항공기 도입분에 해당하는 많게는 수십 대의 항공기가 담보로 제공되는 경우도 있다. 보통 1대 이상의 항공기가 제공되면 각 항공기를 Cross Default 조항으로 엮는 것이 일반적인데, 이는 어느 한 항공기가 디폴트에 이르게 되면 담보로 제공된 다른 항공기도 연쇄적으로 디폴트되어 결과적으로 항공사가 전체 항공기의 소유권을 포기하도록 하는 조항을 말한다. Cross Default는 비교적 최근에 도입된 조항으로, EETC 초기에는 디폴트 상황에 처한 항공사들이 특정 항공기를 선별적으로 보유할지 아니면 포기할지를 결정할 수 있었다. 이때 항공사들은 전략적으로 유용한 항공기는 보유키로 하고, 가치가 떨어지는 항공기는 포기함에 따라 채권자들은 항공사들이 포기한 담보가치가 떨어지는 항공기만 매각하게 되어 채권회수에도 부정적인 결과를 초래할 수밖에 없었다.

그러나 Cross Default 조항이 적용되면 모든 항공기를 계속 보유하든지 아니면 모두 포기할 것인지를 결정하여야 함에 따라 항공사들이 EETC를 우선 변제하여 항공기 보유를 지속시킬 유인이 커져 결국 EETC 투자자들의 채권회수 가능성도 그만큼 증가하게 된다.

한편, Cross-collateralisation 조항도 비교적 최근에 추가된 것으로, EETC 내 특정 항공기의 처분대금으로 그 항공기에 해당하는 EETC 소유자에 대한 채무를 모두 상환하고도 초과분이 발생하게 되면 다른 항공기의 채무상환에 사용할 수 있도록 하는 조항이다. 이 조항이 없었을 때는 특정 항공기 매각에 따른 초과 회수분이 발생하더라도 특정 EETC에 연계된 항공사나 EETC Equity 투자자에게만 귀속됨에 따라 다른 EETC 소지자는 채권을 상환받을 길이 없었다. 그러나 이 조항이 적용되면 항공기 포트폴리오 전체에서 회수되는 금액을 합산하여 EETC 투자자에게 우선적으로 배분함에 따라 일부 항공기의 초과 매각대금을 다른 항공기의 매각에서 발생하는 부족분과 상쇄할 수 있다. 따라서 이 조항은 특정 항공기의 시장가치가 예상과 달리 크게 하락한 채권 소지자들에게 특히 이점이 있으며, 후순위 채권자들도 초과회수분의 혜택을 받을 수 있어 전체 EETC의 회수율 및 신용등급을 향상시킬 수 있는 강력한 투자자 보호장치의 하나라고 할 수 있다.

표 4-27 Cross-collateralisation 이전 및 이후 비교

		처분가액		EETC 채무액	처분가액 배분		
					투자자회수	투자자손실	항공사수익
공동담보 이전	항공기 A 매각	30		50	30	−20	−
	항공기 B 매각	50		30	30	0	+20
공동담보 이후	항공기 A 매각	30	80 (합산)	50	50	0	0
	항공기 B 매각	50		30	30	0	0

⑥ 신용공여기관(Liquidity Facility Provider)의 개입

　신용보강기능을 하는 신용공여기관(Liquidity Facility Provider)의 개입은 Chapter 1110에 의한 법적 투자자 보장장치와 함께 EETC 신용등급 상승의 논리를 제공하는 주요 요소에 해당된다. Chapter 1110은 항공사의 파산신청 이후 채권자의 신속한 항공기 소유권 확보 절차를 법적으로 보장하고 있지만 그렇다고 항공사의 파산에 따른 원리금 지급까지 책임지는 것은 아니다. 신용공여기관은 항공사의 파산신청시 항공사가 이자 또는 리스료를 정상적으로 납부하지 못할 경우 통상 18개월(납입주기 6개월×3회분)의 기간 동안 선순위 또는 일부 후순위 채권소지자(noteholdrs)에게 이자를 대신 지급하는 기능을 수행한다. 18개월은 Section 1110에 의해 파산을 신청한 후 항공사가 항공기를 계속 보유할 것인지를 결정하는 기간(60일)에, 항공사가 항공기를 포기하여 채권자가 항공기 압류, 매수자 물색, 매각대금 회수에 걸리는 기간을 더한 수치로, 운송경기 침체 상황 등을 포함한 과거의 경험치를 반영하여 다소 보수적인 기준에 의해 산출된 기간이다. 말하자면 이 기능은 투자자들이 정상적으로 항공기를 확보하고 매각하여 채권을 회수하는데 필요한 완충기간을 제공한다. 따라서 Chapter 1110의 적용을 받지 못하는 비미국계 항공사들이 미국 내에서 EETC를 발행하고자 할 경우에는 법적 불확실성 및 항공기 확보절차 등에 따르는 복잡성 등으로 이 기간이 대폭 늘어나는 것이 일반적이다. 항공사의 정상적인 이자지급을 대행하는 이러한 신용공여기능이 개입됨에 따라 EETC 약정서에는 채권 이자지급이 실패할 경우에 비로소 디폴트 사유에 해당되도록 규정하고 있다. 어쨌든 이 신용공여는 항공사와 EETC의 디폴트 가능성을 실제로 축소시키는 기능을 하며, 채권의 신용등급을 향상시키는 주요 근거로 작용한다.

　이와 같은 중요성 때문에 신용공여기관은 높은 신용도를 갖는 금융기관 위주로 선정된다. 신용공여기관의 신용등급은 보통 선순위 채권에 부여되는 신용등급에 필적하여 신용공여자의 최소신용등급(threshold rating)이 정해져 있어서 만약 EETC 기간중에 이 수준보다 신용등급이 하락하는 경우에는 적정등급 이상을 보유하는 기관을 물색하여 다른 기관 등으로 교체하도록 하고 있다. 만약

신용공여자의 신용등급이 떨어지거나, 이에 적절히 대처하지 못하는 경우에는 EETC 자체의 신용등급이 떨어질 가능성이 크다.

4) 비미국계 항공사의 미국 시장에서의 EETC 발행

EETC는 Chapter 1110에 의한 투자자 보호혜택 등에 의해 오랫동안 어메리칸항공, UA, Delta 등 미국 항공사들의 전유물로 인식되어 왔으나, 최근에는 비미국계 항공사들도 Chapter 1110과 유사한 효과를 갖는 대체 수단을 활용하여 진전은 다소 더디지만 발행규모를 조금씩 확대해 나가고 있다. 비미국계로서는 2012년 6월 항공기 리스회사인 Doric Alpha가 Emirates 항공에 리스하는 4대의 A380 항공기를 대상으로 한 딜이 최초이며, 이후 Air Canada, British Airways, Emirates 항공, Virgin Australia, Turkish 항공, LATAM 항공 등으로 그 대상이 확대되었다. 특히 British Airways나 Turkish 항공은 일본의 택스리스방식인 JOLCO 구조와 결합시킨 엔화방식의 EETC를 발행하여 전통적인 구조와는 변형된 모습을 보여준 사례로 기록되고 있다.

다만 비미국계 항공사의 경우 Chapter 1110이라는 법률에 의해 투자자 보장을 받는 미국계 항공사 딜과 비교했을 때 동일한 수준의 확실성 내지는 예측 가능성이 다소 떨어짐에 따라 성공적으로 EETC를 발행하는 항공사의 수도 적을 뿐더러 법적, 절차적 검증에 필요한 시간도 많이 소요되는 편이다. 예를 들면 항공사의 파산시 항공사 소속국가의 준거법상 항공기의 적시 확보는 가능한지, 항공기 등록부상 항공기의 등록해제(de-registration)에는 문제가 없는지, 채권자들이 항공기를 원하는 지역으로 이동시킬 수 있는지 등이 주요 검토사항들이며, 투자자들이 만족할 만한 Chapter 1110과 유사한 효과가 가능한지는 신용평가사들과 법무법인 등이 개별거래를 일일이 검토하여 검증할 수밖에 없다.

(1) 케이프타운협약 활용

지금까지 Chapter 1110과 법적 효과가 유사하여 비미국계 항공사들이 미국

시장에서 EETC를 발행하는 주요한 근거를 제공하는 대체적인 국제 법률체계는 케이프타운협약이라고 할 수 있다. 2006년 3월 1일 발효된 동 협약의 항공기장비에 관한 의정서(Aircraft Protocol)는 이동성이 높은 항공기, 헬리콥터, 엔진 등 자산에 대해 각 나라별로 서로 다른 법규가 적용됨에 따른 불편을 해소하고 협약국간에 공통으로 적용되는 국제표준을 마련하여, 항공기금융 채권자들에 친화적인 항공기의 압류, 등록해제, 조달비용 절감 등에 관한 불확실성을 줄이고자 마련된 국제협약이다. 항공기의 임차인, 담보권자, 매도/매수자 등이 온라인으로 운용되는 '국제등록부'(international registry)에 항공기자산을 등록하게 되면 항공기의 국제적 권리를 등록 순위에 따라 인정받는 것을 주요 내용으로 하고 있다. 이중 EETC 채권자의 담보권 행사와 가장 밀접한 조항은 협약중 파산체계의 선언(insolvency regime declaration)과 관련된 조항[104]이다. 여기에는 협약국이 비준시 선택에 의해 자국의 법체계로 채택할 수 있는 세 가지의 옵션(Alternative A/B/자국법 선택)이 있는데 이중 Alternative A는 Chapter 1110의 내용을 기초로 하여 만들어져 미국 파산법체계와 가장 유사한 조항이라고 할 수 있다. 즉, 파산한 채무자(항공사)가 과거 또는 미래 디폴트 사유를 정해진 기간(waiting period)내에 치유하지 않으면 항공기 담보목적물의 소유권을 채권자에게 이전토록 하는 조항인데, 비준국가의 법원도 채권실행을 저지할 수 없도록 되어 있다.

다만, 동 조항이 적용되려면 국가가 비준시(또는 그 이후에) 동 조항을 채택하여야 하기 때문에 케이프타운협약국이라 하더라도 채택한 협약의 내용은 서로 다를 수 있다. 2019년 8월 기준 EU 포함 79개국이 동 협약을 비준 또는 가입한 상태이나 우리나라는 아직 여기에 가입하지 않고 있다. 따라서 외국 항공사가 EETC를 발행하려 할 경우 해당 협약국의 비준 및 국내 법적 적용, 채권자 영향 여부 등을 세밀하게 검토하여야 하기 때문에 미국 항공사의 거래와 비교하였을 때 상당한 절차 및 시간이 소요될 수밖에 없다.

외국 항공사들의 미국 시장에서의 EETC 발행이 더딘 데에는 다음과 같은 요인들이 작용한다.

---

104) 케이프타운협약 항공기 장비에 관한 의정서, XI조, XXX조 3항.

- ECA, 은행차입 등 EETC와 경쟁관계에 있는 다양한 저리조달 시장이 존재한다
- 담보 회수와 관련한 법적, 절차적 불확실성 등으로 신용공여기간을 보다 장기로 설정하여야 하는 등 가격경쟁력 측면에서 불리하다.
- 외국 항공사들은 대부분 채무 발행관련 국제 신용평가등급이 없다.
- 각국의 파산법 조항이 상이하고 복잡해 표준화된 형태의 EETC 발행이 어렵다.

(2) 비미국계 항공사의 주요 EETC 발행 사례와 특징

케이프타운협약을 활용하여 EETC를 발행한 최초의 외국계 기관은 2012년 6월 항공기 리스회사인 Doric Alpha(Doric Nimrod Air Finance Alpha Ltd.)로 에미레이트항공에 리스할 4대의 A380기를 도입하는 데 필요한 총 U$587.5백만의 EETC를 발행한 것이 최초이며, 채권은 두 개의 Class로 발행되었다. 아랍에미레이트(U.A.E.)는 2008년 4월에 케이프타운협약에 비준하였으며, 동 협약은 그해 8월 UAE의 연방법체계의 하나로서 채택되었다. 당시 UAE 내에서 케이프타운협약의 내용이 제대로 이행될 것인지에 대해서는 EETC를 평가하는 신용평가회사의 신용등급 평가의 핵심사항이었으며, 다른 보강사항들은 기존의 미국 항공사들에게 적용된 것과 마찬가지 방식으로 구조화되었다. 동 EETC의 발행에 따라 에미레이트항공은 당시 글로벌 금융위기로 전통적인 은행차입에 어려움이 많던 시기에 미국 자본시장으로부터 저리로 자금을 조달할 수 있는 기회를 확보할 수 있었다.

한편, 캐나다는 2012년 12월에 케이프타운협약에 비준하고 2013년 4월에 동 협약을 국내법체계로 채택하였다. 몇 개월 후 Air Canada는 5대의 신조 B777-300ER기 확보를 위해 세 개의 Tranche로 구성된 총 U$7.1억의 EETC를 발행하였는데, 핵심적인 기반은 마찬가지로 케이프타운협약이며, 그밖에 캐나다의 법체계가 미국과 유사하고, 채권자들에게 우호적인 환경을 제공하고 있다는 미국 투자자들의 인식 또한 동사의 성공적인 EETC 발행에 크게 기여하였다.

Air Canada에 뒤이어 2013년 6월에는 British Airways가 두 개의 Tranche로 구분된 U$928.6백만의 EETC를 발행하였다. EETC 발행자금은 총 14대의 신규 항공기를 확보하기 위한 목적에 사용되었는데, 사실 영국은 당시 케이프

타운협약의 비준 당사자도 아닌 점에서 동 EETC는 다른 EETC와는 구별되는 특징을 갖고 있다. 바로 리스계약의 준거법인 영국법과 이에 따른 영국 파산법 9조[105]로 국제 신용평가사들은 이에 주목하여 비록 영국법이 미국의 Chapter 1110이나 케이프타운협약의 Alternative A와 효과가 반드시 일치하지는 않지만 신용등급을 부여할 수 있을 정도로 영국의 파산법체계가 강력하고 채권자에게 충분히 친화적이며 검증 가능하다는 점을 확인하였다. 이런 관점에서 영국항공의 2013년 EETC 발행건은 기존의 EETC 패러다임을 변화시킬 수 있는 발판을 마련하였다는 평가를 받고 있다.

5) 시장동향

EETC는 1994년 US Airline이 U$408억을 처음으로 발행한 이후 주로 미국 항공사들이 신조 항공기의 도입 수단으로 활용하여 온 전통적인 자본시장 상품이다. 그러나 그 발행규모는 매년 강세와 약세를 반복하는 등 기복이 심한 편인데, 이는 항공사 신용등급이 중요한 상품의 특성상 투자등급이 가능한 소

그림 4-30 연도별 신규 EETC 발행규모

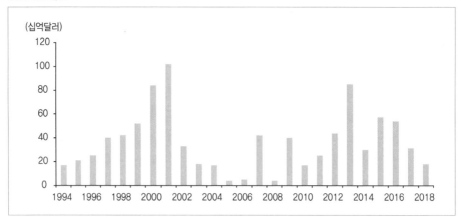

자료: JP Morgan, Bloomberg.

---

105) Part IX of the Insolvency Act 1986(as amended).

수의 미국계 항공사가 발행 대상인 점, 항공사가 여러 대의 항공기를 묶어 발행할 만한 충분한 수의 항공기를 보유하여야 하는 점, 발행절차의 복잡성 등으로 은행대출, ECA, 택스리스 등 다른 대체 금융수단의 시장동향과 금융 유동성, 조달비용 영향 등에 의해 복합적으로 영향을 받은 때문으로 풀이된다.

4.10 항공기 및 항공사 매출채권 자산유동화(ABS)

지난 수십 년간 항공기금융은 주로 은행대출에서 ETC(Equipment Trust Certificate)를 거쳐 점차 복잡한 구조의 EETC(Enhanced Equipment Trust Certificate) 및 ABS (Asset-backed Securities) 상품으로 진화하여 왔다고 할 수 있다.[106] 오늘날 자본시장을 이용하는 양대 항공기금융 조달수단은 항공기 ABS와 앞절에서 살펴본 EETC이다. 자산유동화의 개념은 다양한 자산으로부터 발생하는 현금흐름을 집합(pooling)시켜 단일 증권으로 표준화하여 유동화할 수 있는 기법으로 역사도 오랜만큼 항공기금융뿐만 아니라 주택저당채권, 대출채권, 신용카드채권, 학자금대출채권, 사채권 등 대상 자산의 유형에 따라 다양한 영역에서 폭넓게 활용되고 있다. 항공기금융에서 활용되는 ABS는 주로 항공기 리스회사들이 보유하고 있는 리스채권, 즉 전세계 다양한 항공사에 운용리스중인 항공기로부터 발생하는 현금흐름 등을 유동화하여 자금을 조달하는 항공기 ABS가 주종을 차지한다. 앞 절에서 살펴보았듯이 EETC도 초기 항공기 포트폴리오증권이라고 불리었던 항공기 ABS를 기초로 하여 탄생하였고, 공통적으로 항공기 담보자산을 이용하는 만큼 항공기 ABS와 EETC는 구조상 많은 유사성을 갖고 있다. 다만, 미국 시장에서 발행되는 EETC는 항공기 ABS와 달리 다양한 항공사와 항공기 자산 및 이에 따른 리스크의 상쇄에 기초하는 것이 아닌 단일 항공사의 신용도에 크게 의존하는 특성이 있고, 미국계 항공사에 특화된 항공기금융 전용기법인 만큼 통상 ABS로 분류하지는 않고 있다.[107]

---

106) J. P. Anson,m Frank J. Fabozzi, Frank J. Jones, *The Handbook of Traditional and Alternative Investment Vehicles*, John Wiley & Sons.

107) Ronald Scheinberg, *Asset-backed Securities*, The Commercial Aircraft Finance Handbook, p. 27.

본 절에서는 우선 일반적인 자산유동화의 개념과 구조에 대해 알아보고 이어 외국 항공기 리스회사들의 대표적 조달수단인 항공기 리스채권의 유동화 상품에 대해 간략하게 살펴본 후 우리나라 항공사들이 많이 활용하고 있는 해외노선의 여객운임, 화물운임 및 신용카드매출 등 장래 매출채권의 유동화 유형과 구조에 대해 살펴보고자 한다.

1) 자산유동화의 개념

(1) 자산유동화의 의의

자산유동화(asset securitization)란 자산보유자가 갖고 있는 유형·무형의 다양한 자산으로부터 발생하는 현금흐름을 기초로 투자자가 원하는 현금흐름으로 구조화하여 유동화시킴으로써 자금을 조달하는 금융기법을 말한다. 일반적으로 넓은 의미에서는 증권시장에서 거래되지 못했던 거래대상을 증권시장의 거래대상으로 전환하는 과정으로 볼 수 있으며, 좁은 의미에서는 유동화 증권의 상환 재원을 기업의 전체 자산에서 분리된 유동화 자산 자체의 현금흐름과 신용도에만 의존하는 방식을 지칭한다. 우리나라에서는 고정화된 유무형의 자산을 기초자산으로 하여 "자산유동화에 관한 법률"에 의거하여 자산유동화 계획

표 4-28 　기초자산에 따른 자산유동화의 유형

기초자산의 유형	명칭
주택저당채권	MBS(Mortgage−backed Securities)
사채권	CBO(Collateralized Bond Obligation)
차입채권	CDO(Collateralized Debt Obligation)
리스채권	CLO(Collateralized Lease Obligation)
신용카드매출채권	CARD(Certificate of Amortizing Revolving Debt)
자동차할부대출	Auto−loan ABS
기초자산 담보대출	ABL(Asset−backed Loan)

자료: 한국산업은행 행내업무통신 연수교재.

에 따라 발행되는 출자증권, 사채, 수익증권 및 기타의 유동화증권을 ABS라고 규정하고 있다.[108] 그러나 ABS라는 용어는 주로 회사채로 발행되는 경우를 지 칭하며, 시장에서는 증권의 법적 성격이나 기초자산의 종류에 따라 〈표 4-28〉 과 같은 다양한 이름으로 불리우고 있다.

(2) 자산유동화의 대상[109]

우리나라의 「자산유동화에 관한 법률」에는 유동화 자산을 "자산유동화의 대상이 되는 채권·부동산 기타의 재산권"으로 정의하고 있어 사실상 유동화 자산의 대상에 특별한 제한은 없다. 그러나 유동화 자산은 양도 및 등록 과정 이 수반되어야 하므로 양도와 등록이 가능한 재산권이어야 한다. 유동화가 용 이하려면 유동화 자산은 다음 요건들을 구비하여야 한다.

- 현금흐름이 사전에 명확히 규정되고 구분 가능할 것
- 사전에 예측 가능하고 이에 대한 신뢰성 있는 과거 통계자료가 있을 것
- 구성자산의 성격이 동질적이며 규모의 경제가 가능할 정도로 대규모일 것

이들 자산들은 일반적으로 유동성은 다소 떨어지나 시장가치가 높은 자산 들로 자산유동화가 아니면 개별적으로는 증권시장에서 거래되지 못하였던 대 상들이다.

(3) 자산유동화의 장단점

① 장점

- (대체 자금조달수단) 자산보유자는 보유자산의 유동화를 통해 미래 장기간에 걸쳐 실현되는 현금흐름을 미리 실현할 수 있으며, 동질적인 자산의 집합에 의해 리스크가 상쇄됨에 따라 단일자산의 매각보다 신용등급이 상향되어 투

---

108) 자산유동화에 관한 법률 제2조 제4항.
109) 한국산업은행 2018년도 행내업무통신 연수교재 발췌.

자자앞으로 매각이 용이한 이점이 있다. 따라서 전반적으로 항공사의 신용이 취약하거나 금융시장의 불안 등으로 개별적인 사채발행이 어려운 경우에도 발행이 가능하다.

- (재무구조 개선) 자산보유자는 자산유동화를 통해 자산 및 부채를 축소하여 재무구조를 개선시키는 효과를 거둘 수 있다. 보유자산을 매각하고 그 대금으로 부채를 상환할 경우 자기자본비율이 상승하고, 신규로 조달된 자금은 신규사업에 투자함으로써 유동성을 확보하여 순이익을 증대시킬 수 있다. 다만, K-IFRS 도입에 따라 자산보유자가 SPC 발행 후순위채의 매입, 지급보증 등으로 위험과 효익을 대부분 보유하게 되어 양도가 아닌 자금차입으로서 매각거래가 부인될 경우, 부채비율이 상승하는 등 재무구조개선 효과가 나타나지 않을 수 있다.

- (투자자층 확대 및 신규상품 제공) 종전에는 자산보유자의 신용도로는 접근할 수 없었던 기관투자자나 연기금 등 새로운 장기 투자자층에 대한 접근이 가능해지는 장점이 있다. 자산유동화로 유동화 증권의 원리금 지급능력이 자산보유자의 신용과 절연되고 적절한 신용보강이 이루어져 신용도가 전반적으로 상승하기 때문이다. 아울러, 유동화 증권은 금융시장에 새로운 투자상품을 제공하여 시장규모를 더욱 확대하는 효과도 있다.

- (조달비용 절감) 유동화 증권은 요건만 갖추면 파산절연이 가능하고 자산보유자의 단일 신용등급보다 높은 신용등급을 부여받을 수 있어 전통적인 자금조달방식에 비해 조달비용을 한층 절감할 수 있다. 다만 조달비용은 신용보강이 수반되는 경우 신용보강수수료 및 신용평가사, 실사기관, 법무기관 등 거래 참여기관의 부대비용 등도 포함한 All-in Cost 기준으로 비교되어야 한다.

- (위험의 효과적 이전) 일반적으로 보유자산의 진정한 양도(true-sale)가 이루어진 유동화 거래에서는 양도 이후 자산보유자가 추가적인 위험을 부담하지 않음에 따라 내재된 자산의 위험을 효과적으로 이전할 수 있다.

② 단점

■ (발행절차 복잡) 유동화 과정은 일반적인 차입이나 채권발행보다 복잡하며 상당한 시간이 소요된다. SPC의 설립, 유동화 자산의 성격 및 상환능력에 대한 분석, 법률적 검토와 실사, 평가작업, 감독 당국에 대한 보고 등 상당한 절차가 수반되어 발행에 많은 시간이 소요될 수 있다.

■ (높은 유동화 비용) 자산유동화의 경우 일반적인 채권을 발행할 때보다 발행비용이 많이 발생한다. 일반적인 채권발행시에는 소요되지 않는 SPC 설립비용, 다수 관계기관앞의 검토 수수료, 업무수탁비용, 자산관리비용 등이 추가적으로 발생한다.

표 4-29　자산유동화의 장단점

장점	단점
• 보유자산을 이용한 대체 자금조달수단 • 자산·부채 축소 등 재무구조 개선 • 투자자층 확대 및 신규상품 제공 • 조달비용 절감 • 내재된 위험의 이전	• 발행절차 복잡 및 시간 소요 • 높은 유동화 비용

2) 자산유동화의 구조

자산유동화시에는 우선 자금의 차입주체인 자산보유자(Originator)가 단일 또는 여러 개의 복합적인 기초자산을 한데 모아(pooling) 이를 SPC에 양도하고, SPC는 양도받은 자산을 기초로 유동화 증권을 발행하여 사모(private offering) 또는 공모시장(public offering)에서 일반 투자자에게 매각하는 것이 기본구조이나 실제 구조화 금융에서는 SPC 양도이전에 자산을 신탁회사(수탁자)에 신탁한 후 신탁회사가 발행한 수익증권을 SPC에 양도하는 방식을 많이 이용한다.

그림 4-31   자산유동화의 기본구조

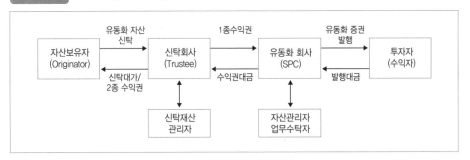

유동화 구조에서 신탁을 이용하는 이유는 다음과 같은 특징 때문이다.

표 4-30   신탁구조의 주요 특징

강제집행 금지	신탁재산에 대해서는 강제집행, 담보권 실행 등을 위한 경매, 보전처분 또는 국세 등 체납처분을 할 수 없음
신탁재산 독립성	신탁재산은 수탁자의 상속재산에 속하지 않고 재산분할의 대상이 될 수 없음
파산위험 절연	신탁재산은 수탁자의 파산재단, 회생절차 관리인이 관리하는 채무자의 재산이나 개인회생재단을 구성하지 않음
상계 금지	신탁재산에 속하는 채권과 신탁재산에 속하지 않는 채무는 상계하지 못하며, 유한책임신탁 또는 책임한정특약신탁의 경우 신탁재산에 속하는 채무와 신탁재산에 속하지 않는 채권은 상계하지 못함
분별 관리	수탁자는 신탁재산을 자신의 고유재산과 분별하여 관리하고 신탁재산을 표시해야 함

자료: 한국산업은행, 2018년도 행내업무통신 연수교재.

3) 항공기 ABS

(1) 개요

항공기 ABS는 '항공기 포트폴리오 유동화 증권'이라고도 하며, 항공기 리스회사가 전세계 여러 항공사에 리스중인 운용리스 채권으로부터의 현금흐름을 집합(pooling)하여 유동화함으로써 자금을 조달하는 다양한 ABS 유형 중의 하나이다. 항공기로부터 발생하는 현금흐름의 재원은 대부분 렌트료이며, 그 외에 항공기 매각대금, 항공기 유지적립금(maintenance reserve), 보험금 등으로 구성된다. 항공기 ABS는 앞 절에서도 언급하였듯이 1992년 아일랜드 운용리스회사였던 GPA(Guinness Peat Aviation)가 전세계에 분산된 복수의 항공사에 리스중인 다수 항공기를 담보로 증권을 발행하였던 항공기 포토폴리오증권인 ALPS 92-1을 시초로 하며, 이후 리스회사들이 항공기 구입자금을 유동화하기 위한 대안적인 조달수단으로서 각광을 받아왔다. 항공기 ABS는 거래에 따라 차이는 있으나 다수의 항공기 포트폴리오를 대상으로 하므로 금융조건, 참여자의 이해관계가 상당히 복잡한 특성을 갖는다.

(2) 항공기 ABS의 주요 특징 및 EETC와의 차이점

항공기 ABS와 EETC는 구조상 공통적인 유사점이 많다. 가령 채권의 발행자(issuer)로서 파산절연(bankruptcy-remote)구조를 갖는 SPC의 설립, 유동성 부족상황의 발생시 개입하는 Liquidity Facility Provider, 신용등급별 채권의 분할 발행(tranching), 초과담보(over-collateralization) 등이 그것들이다. 반면 다른 점들도 많은데 항공기 ABS의 특성과 함께 이를 설명하면 다음과 같다.

■ (증권 유형) 항공기 ABS는 지역적으로 분산되어 있는 국가, 항공사 및 다양한 종류의 항공기 포트폴리오를 기초로 증권이 발행되는 유형인 반면, EETC는 단일 항공사가 보유하는 다수의 항공기를 기초로 발행되는 기업 채무증권으로 단일 기업이 발행하는 채권형태와 유사하다. 따라서 항공기 ABS는 다양성(diversification)이 투자자들을 끌어모으는 유인이자 채권 신용등급을 산정하는 기초가 되며, 다른 조건이 동일하다면 포트폴리오 즉, 항공사의 신용도와 국적, 항공기 모델 및 항공기 가치 등이 잘 분산되어 있을수록 리스크가 상쇄되어 신용평가회사로부터 높은 신용등급을 부여받을 수 있다. 반면, EETC는 항공사의 신용에 의존하는 상품이므로 단일 항공사의 신용도가 중시된다. 또한 EETC는 항공운송부문의 전용 특화상품이므로 자동차, 신용카

드, 소비자대출 등 자산 유형에 따라 여러 부문에서 응용하여 발행할 수 있
는 ABS와는 차이가 있다.

■ (발행자) 항공기 ABS는 실제적으로 항공기 리스회사(자산관리회사(Servicer))가 발
행하는 채권인 반면, EETC는 최근 외국 항공사들의 발행빈도가 증가하고
있으나 여전히 주력 발행자는 미국계 항공사들이다.

■ (디폴트 속성) 항공기 ABS는 포트폴리오를 구성하는 특정 임차인에 디폴트가
발생하였을 경우 그 임차인의 항공기만 재리스(re-lease) 또는 매각할 수 있으
나, EETC의 경우 그 항공사의 모든 항공기를 압류하여 매각할 수 있다.

■ (채권발행 규모) 항공기 ABS는 다수의 임차인과 항공기를 대상으로 하므로
단일 항공사의 항공기를 대상으로 하는 EETC보다 채권의 발행규모가 크며
담보로 제공되는 항공기의 수도 많다.

■ (재리스의 중요성) 항공기 ABS 만기는 10년 이상 등 장기인 반면 포트폴리오
를 구성하는 개별 운용리스의 만기는 통상 5~7년이므로 개별 만기가 도래
할 경우에는 임차인, 리스를 새로 물색(re-lease)하거나 그 항공기를 시장에 매
각하여야 한다. 따라서 항공기 ABS에서는 최초 리스 이후에도 기대수익을
창출하고 투자자들을 안심시킬 수 있는 재리스 여부와 조건이 상당히 중요
하다. 이러한 재리스 리스크를 최소화하기 위해 항공기 ABS에서는 자산관리
인(servicer)의 경험과 역량이 중요한 의미를 갖는다. 반면 EETC는 만기까지
일반적으로 전액 분할상환(fully-amortising) 조건이므로 항공기의 재리스 또는
매각 가능성이 거의 발생하지 않는다.

■ (항공기의 매각) ALPS 92-1 등 초기의 항공기 ABS 거래에서는 항공기를 시
장에 매각하여 채권소지자의 만기 상환재원을 마련하였다. 이를 위해 대략
만기 18개월 전부터 항공기의 매각절차를 진행하였으나 이후의 항공기 ABS
구조에서는 항공기 매각이 강제적인 사항이 아니며, 다만 기존 운용리스조
건에 임차인이 항공기에 대한 Purchase Option(매각옵션)을 보유하고 있거나,
시장 잔존가치가 높게 형성되어 전체 포트폴리오를 개선시킬 필요가 있을
때 등 일정 조건의 경우에만 항공기를 매각하게 된다.

■ (자산관리인의 중요성) 항공기 ABS는 다양한 리스조건으로 구성된 구조의 특

성상 항공기의 재리스, 매각, 리스관리 등이 효율적으로 수행되어야 하므로 자산관리인(Servicer)의 경험, 역할, 능력 등이 중요시된다. 보통 자산관리인의 스폰서인 리스회사가 이 역할을 수행하는 것이 일반적이며, 채권의 신용등급 평가과정에서도 자산관리인의 평판은 중요한 심사항목에 속한다. 자산관리인은 개별 리스 만기시의 리스연장, 다른 임차인의 물색, 항공기 매각, 항공기 정비관리 등의 관리역할을 수행한다. 자산관리인의 기능과 역할은 초기 ABS 거래에서는 상당히 제한적이었으나, 점차 신축적으로 확대되는 방향으로 변화되었다.

■ (Refinancing) 항공기 ABS에서는 통상 채권을 금액, 금리, 기간, 담보비율 등이 상이한 2개 이상의 Tranche로 구분하여 구조화하며, 다양한 성향의 투자자를 끌어들이기 위해 만기일시 상환(이를 'soft bullet'이라 함)과 만기까지의 분할 상환조건 등 다양한 상환조건을 섞어 발행하게 된다. 만기일시 Tranche의 만기 도래시 그 Tranche를 보유하고 있는 채권자에 대한 상환재원은 시장에서 리스회사가 추진하는 재금융(refinancing)에 의해 조달되어야 하므로 해당 Tranche 채권의 보유자에게는 금융시장의 악화 가능성 등 재금융리스크(refinancing risk)가 상대적으로 크며 따라서 Coupon의 금리 수준도 높게 형성되는 것이 일반적이다. 만기 Tranche의 존재에 따라 항공기 ABS는 4~5년마다 기존에 발행된 ABS의 Refinancing 수요가 발생하게 된다.

■ (항공기 가치평가) 항공기 ABS와 EETC가 모두 초과담보(over-collateralization)에 의해 보호받는 점은 공통적인 사항이다. 다만 항공기 ABS의 경우 항공기 가치변동 리스크는 EETC보다 중요하게 관리되는 특성이 있다. 항공기 ABS에서는 대출 실행시(closing date) 뿐만 아니라 채권기간 동안 정기적으로 계약상 정한 LTV Test(항공기 담보가치가 채권 잔액을 초과하는 비율의 점검)를 시행하는데, 이를 위해 매년 항공기의 시장가치(통상 base value)를 평가하여 관리한다. 반면 EETC는 이러한 항공기 가치평가 절차가 수반되지 않는다. 오히려 EETC에서는 항공사의 디폴트시 모든 항공기를 압류하여 처분하여야 하므로 항공기의 시장가치보다는 처분가격이 중요시 되며, 이러한 이유로 통상 EETC의 LTV가 항공기 ABS보다는 낮게 책정되는 것이 일반적이다. 그러나 두 구조

모두 항공기 시장가치가 완만하게 감소하는 점 등을 감안하여 상환스케줄이 빠르게 감소하도록 하여 기간이 경과할수록 초과담보 비율이 증가하도록 설계한다. 한편, 2008년 글로벌금융위기 이전에는 Monoline의 보증에 의해 ABS의 구조를 보강하였으나 점차 DSCR Threshold 개념을 도입하고 이를 낮추어 Cash Flow의 안정성을 도모하도록 개선된 점도 특기할 만하다.

- (디폴트시 법적 근거) 항공기 ABS의 경우 항공사의 디폴트가 발생하였을 경우 제네바협약의 가이드라인에 따라 해당 리스가 체결된 시점의 해당 소재국 법률에 의해 항공기의 압류절차가 진행되어야 하는 반면, EETC의 경우 미국 항공사가 발행하는 채권이므로 미국 파산법 Chapter 1110 조항에 따라 항공기 압류 등 절차가 진행된다. Chapter 1110은 채권자 친화적인 강력한 법률조항으로 EETC 신용등급 향상의 주요한 근거가 된다.

표 4-31 항공기 ABS와 EETC 의 주요 차이점

	항공기 ABS	EETC
유동화 형태	Asset-backed Security	기업 채무증권
발행자	리스회사/리스관리회사	항공사
디폴트 속성	일부	전부 또는 없음
디폴트시 항공기 매각	No	Yes
채권의 상환	만기일시 및 분할상환	통상 분할상환
대상 항공기의 수	통상 30대 이상	5~30대
지리적 다양성	글로벌	미국
재금융(refinancing) 리스크	Yes	No
디폴트시 구제	Geneva Convention(1948)	미국 파산법 Section 1110

자료: Frank. J. Fabozzi, Investing In Asset-backed Securities.

(3) 항공기 ABS 발행 동향

보잉사의 항공기금융 전망자료에 따르면 2018년 기간중 전체 항공기금융 조달액 1,260억달러 중 자본시장을 통해 조달된 금액은 〈그림 4-32〉에서 보

그림 4-32 항공기금융 조달재원 비중추이

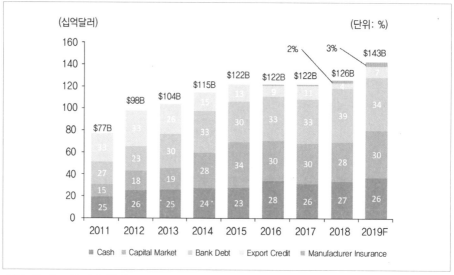

자료: Boeing Capital 2019.

는 바와 같이 전체의 28%인 350억달러 정도이며, 이를 상품별로 보면 무담보 (unsecured) 채권이 65%로 가장 많고, 자산유동화 증권은 23%, 그리고 EETC는 6% 정도를 차지하는 것으로 나타나고 있다. EETC 발행규모는 2013년 850억달러의 정점을 기록한 이후 매년 감소추세를 보여 2018년에는 18억달러로 항공기 ABS의 발행규모가 EETC를 추월하는 모습을 보이고 있다. 이는 EETC가 통상 투자등급 이상의 항공사를 대상으로 하는 반면, ABS의 경우 항공사 신용도 보다는 항공기 포트폴리오의 분산도에 영향을 받아 투자자베이스가 더 넓기 때문으로 파악된다.

이에 따라 2018년도 항공기 ABS의 발행규모도 2015년에 비해 거의 두 배이상으로 성장을 거듭하고 있으며, 이를 뒷받침하는 투자자 기반도 점차 확대되는 추세에 있다. 다만, 2018년을 기준으로 자동차(1,164억달러), 크레딧카드(364억달러), 학자금대출(179억달러) 등 비항공기 금융의 ABS와 비교하면 아직은 그 발행규모나 투자자 저변의 폭이 넓지는 않은 편이다.

그림 4-33   Capital Market 구성(2018)

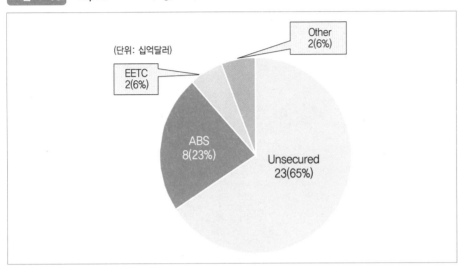

자료: Boeing Capital 2018.

그림 4-34   연도별 항공기 ABS 발행 추이

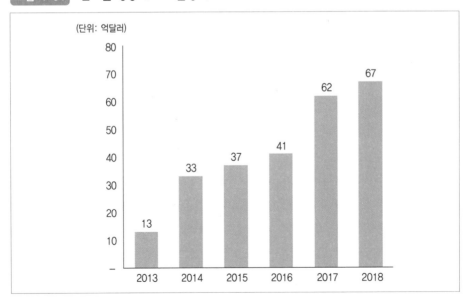

자료: Boeing Capital 2019.

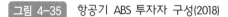

그림 4-35 항공기 ABS 투자자 구성(2018)

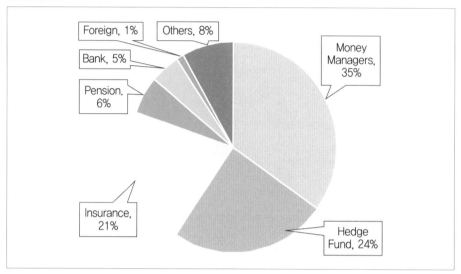

자료: Citi.

4) 항공사의 항공매출채권 유동화

자본시장에서의 거액 유동성 자금의 확보를 위해 글로벌 항공기 리스회사 들이 항공기 ABS를 많이 이용한다면, 우리나라의 항공사들은 해외 일정 노선 에서 발생하는 장래의 매출채권을 유동화하여 증권화하는 방식을 자주 이용한 다. 주로 일본, 미국, 아주노선 등의 여객운임, 화물운임, 신용카드 매출채권 등 이 많이 이용되는데 통상 1회 발행규모는 2~3억달러 정도로, 노선 매출규모가 일정수준 이상이고 현금흐름이 명확하게 규정되고 구분되는 매출채권이라면 어느 노선이든 ABS의 적격 발행대상으로 활용될 수 있다. 항공사 매출채권 ABS는 대상자산의 특성상 장래 매출채권의 발생 가능성에 대한 리스크 분석이 핵심이며, 발행증권의 원활한 시장 소화를 위해서는 거래에 따라 신용공여기관 (liquidity facility provider)의 신용보강이 요구되기도 한다.

(1) 항공사 매출채권 ABS의 주요 위험요소

① 신탁원본의 장래 발생 가능성(Generation Risk)

장래 일정수준의 매출규모 유지 가능성은 가장 핵심적으로 분석되어야 할 위험요소이다. 과거 수년간의 매출이력, 시장전망 등의 분석을 통해 향후 유동화기간중 발생할 현금흐름을 추정하게 된다. 이 추정된 현금흐름에 따라 유동화에 의해 발행할 총액의 규모가 결정된다. 한편, 실제 유입되는 일정기간의 현금흐름 대비 지급되는 금액의 비율을 부채상환계수(Debt Service Coverage Ratio: DSCR)라고 부르는데, 이 계수는 배율에 따라 대상기간중 상황별 Trigger Event 의[110] 발생 여부를 판단하는 중요한 지표로 사용된다.

② 항공사의 신용위험(Credit Risk)

기초자산인 매출채권을 발생시키는 항공사의 신용위험으로 영업현황, 시장경쟁력, 시장환경, 고객구성, 매출액, 영업전략 등을 분석한다.

③ 최종 채무자의 신용위험(Credit Risk)

신탁원본을 최종 결제·지급하는 주체인 국제항공운송협회대리점(IATA Agent), 신용카드사(비자, 마스터 등) 등의 신용위험이다. 여객, 화물운임 매출의 경우 일반적으로 IATA가 운용하는 BSP, CASS 결제시스템에 의하여 지정된 정산은행(BSP/CASS Bank)을 통하여 지급되므로, 매출채권의 정확한 범위 파악 및 효과적인 구조화를 위해서는 운송, 보고 및 결제절차의 규명과 함께 IATA, IATA Agent, 정산은행, 항공사 상호간의 계약상 권리·의무관계 등도 명확히 파악되어야 한다.

④ 장래 매출채권의 양도 가능성

유동화 대상인 매출채권별로 해당국 법률에 의한 신탁재산의 양도 가능성

---

110) 예컨대 ① (First Trigger) DSCR 2.5 ~ 3.0의 경우: 차기 6회분 원리금 상환액 추가예치, ② (Second Trigger) DSCR 1.5 ~ 2.5의 경우: 국내 항공사앞 지급할 2종수익금 지급중지, ③ (조기상환) DSCR 1.0 ~ 1.5: 후순위채권 지급정지, ④ (기한이익상실) DSCR 1.0 미만: 강제 조기상환사유 발생 등.

을 분석하며, 관련 사항은 해당 국가의 법무법인을 통해 확인한다. 신탁재산의 양도는 신탁국가 및 SPC 설립국가에서의 진정 양도(true sale)요건에 부합하여야 하며, 아울러 매출채권 신탁에 대한 Perfection[111] 즉, 채무자 대항요건과 제3자에 대한 대항요건도 확인되어야 한다.

⑤ 신탁원본의 혼장위험(Commingling Risk)

신탁대상 운임 등의 현금흐름이 항공사의 다른 현금흐름과 구분 관리되지 않을 경우 발생하는 위험으로, 통상 신탁대상 운임을 신탁계정으로 직접 이체하여 혼장 리스크를 방지한다.

(2) BSP와 CASS

항공사의 항공운임 매출방식은 직접판매, IATA 대리점을 통한 판매, 총판 대리점 및 다른 항공사를 통한 매출 등 다양한 형태가 있으나 가장 큰 비중을 차지하는 것은 IATA 대리점을 통한 판매로, 항공운임 매출채권을 유동화하는 경우 대부분 이 방식이 주로 이용된다. BSP(Billing & Settlement Plans, 국제선여객항공권 판매대금 정산시스템) 또는 CASS(Cargo Accounts Settlement System, 국제선화물운임 정산시스템) 시스템은 IATA에 의해 운용되는 운임결제시스템으로 IATA 대리점과 항공사 간에 판매된 대금을 정산하는 기능을 수행하며, 항공사, IATA Agent, 결제은행으로 구성되어 있다. 여기서 IATA Agent는 IATA의 일정 자격요건 심사에 따라 각 국가에 소재하는 지정된 대리점을 말한다.

항공운임 매출채권을 유동화할 경우 신탁원본의 현금흐름은 BSP, CASS 시스템에 입금된 금액에 의해 최종 확정되므로 이의 판매절차 및 경로 등은 거래 전에 철저히 분석할 필요가 있다.

---

111) 일본노선 매출채권 신탁의 경우 신탁사실에 대한 채무자 대항요건으로 IATA, BSP/CASS Bank로부터의 동의획득, 제3자 대항요건으로 일본 법무성 NAKANO Branch에 매출채권 신탁등록(일명 NAKANO Filing) 및 IATA 본사가 소재한 퀘벡등록 절차가 이용된다. 미주지역의 경우 제3자 대항요건으로 UCC에 관련 채권을 등록하여 대항요건을 확보하고 있다.

그림 4-36　일본노선 CASS 화물운임 정산시스템 구조(예시)

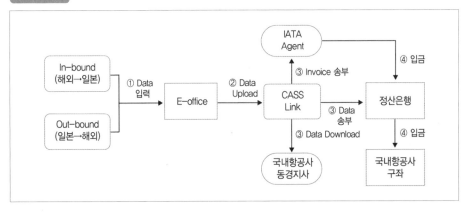

(3) 매출채권 유동화의 절차

자산유동화의 절차는 유동화의 근거법규와 대상자산, 구조에 따라 진행절차에 차이가 있을 수 있으나 일반적인 절차를 소개하면 다음과 같다.

그림 4-37　장래 매출채권 유동화 절차

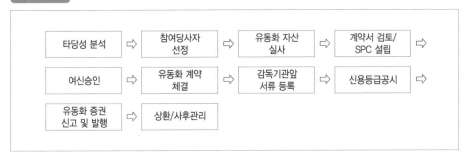

① 매출채권 유동화 타당성 분석(Feasibility Analysis)

자산유동화 과정은 상당한 시간과 비용이 소요되기 때문에 철저한 사전준비작업이 중요하다. 이러한 사전작업은 자산보유자인 항공사가 진행할 수도 있으나 주간사나 전문컨설팅회사의 자문에 의해 병행할 수도 있다.

표 4-32	사전 타당성 조사범위

• 신탁원본의 장래 발생 가능성 및 규모	• 장래 매출채권의 양도 가능성
• 매출채권에 의한 유동화 증권 발행 가능성	• 유동화 회계처리방법과 효과
• 자산보유자와 유동화 전문회사의 세금문제	• 혼장위험의 분리 가능성
• 분석을 위한 과거 경험적 자료의 존재 여부	• 유동화 자산 담보가치의 안정성
• 해당 자산에 대한 평가회사의 평가기준	• 관련 소요비용 등

② 거래참가자 선정 및 Kick-off Meeting

자산유동화는 많은 기관의 공동작업에 의해 수행되므로 참여기관의 선정은 중요한 결정사항에 해당한다. 참여기관 중에서도 주간사회사 및 신용공여기관의 선정(필요시)이 특히 중요하며, 참여기관들이 선정된 후 Kick-off Meeting을 통해 유동화 구조, 예상되는 법적 이슈, 일정, 신디케이션 등에 관한 논의가 이루어지게 된다.

③ 유동화 자산 실사 및 분석

항공사와 주간사단에 의해 확정된 유동화 자산은 전문평가기관(보통 회계법인)이 항공사의 과거 해당 노선 매출기록, 정산의 실제성 여부 등을 검토하여 이를 기초로 향후 발생예상액을 평가하며, 주간사단이 실사의 적정성을 충분히 검토한 후 실사 보고서를 참여 기관앞으로 송부한다.

④ 유동화 계약서 검토 및 SPC 설립

주간사단의 법무법인이 주도하여 유동화와 관련된 각종 계약서를 작성한다. 이때 법무법인에 의해 SPC 설립절차를 병행한다.

⑤ 여신승인 및 유동화 계약 체결

유동화 증권의 발행시 금융기관이 신용보강을 하거나 투자자로 참여하는 경우 해당 금융기관의 여신승인을 득하여야만 계약서 날인이 가능하다. 신용보강기관(credit enhancement company)은 SPC의 자금에 부족이 발생할 경우 일시적 유동성 제공 등 기초자산의 신용을 보강하는 역할을 수행하며, 주간사기관의 협조하에 여신승인과 관련된 다양한 자료를 제공받게 된다.

⑥ 감독기관에 대한 관련 서류 등록

자산유동화와 관련하여 관계법령에 의한 서류를 등록한다. 우리나라의 「자산유동화에 관한 법률」에 의하면 유동화 전문회사가 자산유동화 계획을 금융위원회에 등록하도록 하고 있으며, 자산이 자산보유자로부터 SPC로 양도되었다는 사실과 관련한 자산양도등록을 금융감독원에 등록하도록 하고 있다. 이들 서류는 유동화 전문회사가 등록의무자로 규정되어 있으나, 실무상 주간사 또는 법무법인이 등록의 역할을 대행하고 있다.

⑦ 신용등급 공시

자산유동화 증권은 발행과정에서 많은 기관이 참여하고, 신용위험을 통제하기 위한 다양한 장치들이 도입되는 등 복잡한 구조를 갖고 있기 때문에 투자자들이 해당 증권의 신용위험을 이해하기 어려운 측면이 있다. 이에 따라 국제 신용평가기관들이 투자자들의 의사결정을 위한 판단기준으로 유동화 증권에 대한 신용등급을 부여하여 공시하고 있다.

⑧ 유가증권 신고 및 발행

「자산유동화에 관한 법률」에 따른 유동화는 공모의 형태로 발행되므로 유동화증권이기 때문에 「자본시장법」에 따라 유가증권신고서를 관련 감독당국에 제출하여야 한다. 「상법」에 따른 유동화의 경우 공모방식의 유동화가 아니기 때문에 자산유동화계획 등록, 자산양도 등록, 유가증권 신고 등의 절차가 필요 없다. 따라서 발행규모가 적고, 예상 투자자가 제한적일 것으로 예상되는 유동화증권의 경우에는 절차의 간편성 등 이점으로 사모방식이 많이 이용된다.

⑨ 유동화 자산 추심 및 관리

유동화 증권이 발행된 이후에는 자산관리자에 의해 유동화 자산이 관리 및 추심되며, 유동화 자산은 SPC의 업무수탁자에 의해 투자자 및 관계기관에게 지급된다. 자산관리자는 유동화자산을 그의 고유재산과 구분하여 관리하여야 하고, 별도의 장부를 작성하고 비치하여야 한다.

(4) 주요 참여당사자

① 자산보유자(Originator)

보유하고 있는 기초자산(여객운임/화물운임/신용카드 매출채권 등)을 SPC에 양도하여 SPC가 ABS를 발행하게 하고, 이 ABS의 매각대금을 수취함으로써 자금을 조달하는 주체이다. 이 구조에서는 항공사가 이에 해당한다. 해외 노선의 운임매출채권을 기초자산으로 하는 경우 자산보유자의 내부계약(Inter-branch Memorandum)에 의해 해외의 기초자산을 본사로 양도하게 된다.

② 위탁자(Trustor)

신탁재산인 장래 매출채권에 대한 권리를 업무 수탁자(Trustee)에게 신탁하고, 그 대가로 신탁수익증권을 수령하는 당사자로, 예컨대 일본지역 여객/화물 운임 매출채권의 경우 국내 항공사의 동경지사, 미주지역 신용카드 매출채권의 경우 국내 항공사의 미주지사가 위탁자가 된다.

③ 발행자(Bond/Note Issuer)

자산보유자의 기초자산을 양도받아 채권을 발행하며, 해외 투자자를 대상으로 발행하는 경우 국내 자산유동화법에 의해 국내에 설립되는 Korean SPC (Bond Issuer)와, 조세면제 등의 목적으로 조세중립지역(케이만, 아일랜드 등)에 설립하는 해외 SPC(Note Issuer) 두 개가 설립되기도 한다. SPC는 자산보유자와 기초자산의 법률적 관계를 분리하여 자산보유자의 신용위험과 단절된 파산절연 (bankruptcy-remotedness) 기능을 위해 설립되며, 기초자산이 SPC에 진정하게 양도 (true sale)되고 양도에 대한 대항요건(perfection)이 확보된 후에 채권이 발행된다. SPC는 서류상의 회사로 파산절연을 위해 계약상 유동화 증권의 발행 및 상환, 이에 부속된 업무만으로 설립목적이 제한되며, 매 거래건마다 별도의 독립된 SPC가 설립된다.

④ 자산관리자(Servicer)

실체가 없는 서류상의 회사인 SPC를 대신하여 기초자산인 신탁재산을 관리(채권의 추심, 채무관리 등)하는 관리자로, 통상 기초자산의 내용을 가장 잘 파악하고 있는 항공사가 자산관리자가 되며, 해외 운임매출채권의 경우 자산보유자를 대신하여 항공사의 해외지점들이 자산관리자 역할을 수행한다. Servicing Agreement 에 의거 유동화 매출채권의 관리 및 채권추심, 보고서 생성 등의 업무를 수행한다.

⑤ 업무수탁자(Trustee)

유동화 전문회사인 SPC를 위하여 수탁받은 위탁자산과 관련된 일상적인 관리업무, 즉 계약체결, 신탁증서의 발행, 추심계좌(Collection Account)의 유지·관리 및 지급, 회계처리 등 업무를 수행하며 자산관리자에 대한 감시업무도 수행한다. 업무수탁자는 유동화 증권과 관련된 현금흐름을 관리하는 중요한 역할을 수행하므로, 주로 이 분야에 경험이 풍부하고 신인도가 높은 은행이 담당한다. 현금흐름 관리계좌는 매출채권 수취액이 1차 입금되는 Collection Account, 차기 원리금지급을 위해 Collection Account에 모인 자금을 이체하기 위한 Trust Account, 원리금 필요금액이 모자랄 경우 이를 충원하기 위하여 대비하는 Reserve Account 등 통상 세 개의 계좌를 개설하여 관리한다. 해외 운임매출 채권의 경우 해당 국가의 신탁 관련 법률에 따라 설립된 현지은행이 동 역할을 수행하며, 글로벌채권을 발행하는 경우 대부분 Global Note와 관련된 담보관리 및 수탁업무를 담당하는 Note Trustee, 투자자에 대한 원리금 지급대행업무를 담당하는 Paying Agent를 별도로 둔다.

⑥ 신용공여기관(Credit Facility Provider)

자산보유자의 신용도 및 기초자산으로부터 발생하는 현금흐름이 ABS의 원리금 상환에 충분할 것으로 예상되는 경우 외부기관에 의한 신용보강이 필요치 않으나, 이 현금흐름이 불충분할 경우에 대비하고, 유동화 채권의 안정성 및 매각 가능성을 높이기 위한 목적에 따라 별도의 신용공여기관을 두기도 한다. 신용공여기관은 기일 도래하는 원리금상환액에 부족분이 발생하거나 조기 상환사유의 발생 등 계약상 정한 일정 Trigger Event가 발생하는 경우 부족자금을 긴급 대출형태로 지원하여 투자자의 현금흐름에 문제가 없도록 구조를 보강하는 기능을 수행한다. 따라서 신용공여기관의 신용등급은 기초자산의 현금흐름과 함께 ABS의 신용등급에 중요한 영향을 미치므로 통상 국제적으로 신인도 있는 은행이나 금융기관이 선정된다.

⑦ 신용평가기관

ABS는 다양한 기초자산을 모아서 발행되므로 일반 투자자가 ABS의 신용위험을 정확하게 평가하기는 매우 어렵다. 신용평가기관은 기초자산의 기대손실 및 신용보강기관의 신용도를 객관적으로 평가하여 ABS의 신용등급을 투자자들이 이해할 수 있는 신용등급체계로 표시하여 자산유동화 증권이 유통시장에서 원활하게 거래될 수 있도록 하는 역할을 담당한다. 거래에 따라서는 평가의 객관적 확보를 위하여 통상 복수의 신용평가기관이 개입하기도 한다.

⑧ 주간사(Arranger)

주간사는 ABS 발행을 총괄하며, 발행절차상 관련있는 각 기관들 간의 의견을 조율하고, 자체 영업망을 활용하여 유동화 증권의 투자자를 탐색하며, ABS의 신용등급, 만기 및 발행물량을 수요에 맞게 조절하는 역할을 담당한다.

⑨ 외부평가기관(회계법인 등)

통상 회계법인이 수행하며, 유동화 자산을 실사(due diligence)하고 실사한 자료 및 합리적인 가정을 기초로 유동화 자산에서 향후 발생할 현금흐름을 추정하여 발행되는 유동화 증권의 규모에 대한 근거를 제공하는 역할을 한다.

⑩ 법률자문기관(법무법인 등)

자산유동화와 관련된 제반 법률적 이슈사항들을 검토하고 해결책을 제시하며, 자산유동화 관련 제반 계약서를 검토하는 역할을 한다. 또한 기초자산이 SPC로 진정 양도(true sale)되는 경우 이에 관한 의견을 제시하는 역할도 수행한다. 해외 매출채권의 경우 참여당사자의 국적과 준거법에 따라 일반적으로 다수의 다국적 법무법인이 참여한다.

| 표 4-33 | 장래 매출채권 ABS 관련 주요 참여당사자 |

주요 당사자	업무 내용	참여기관
자산보유자/위탁자	유동화 대상자산 소유	국내 항공사
주간사/인수자	ABS 발행총괄 및 채권인수	국제은행
발행자(SPC)	유동화회사, 채권의 발행자	SPC
자산관리자	위탁자산의 관리	국내항공사
업무수탁자	위탁자산의 수탁	신탁기관
신용공여기관	ABS 신용보강 제공	국제은행
신용평가기관	ABS 신용등급 평가	국제 신용평가회사
자산실사회계법인	ABS 관련 자산실사	회계법인
유동화 익스포저 평가기관	유동화 익스포저 평가	국내 신용평가회사
담보신탁/원리금지급대행	원리금 지급대행/담보관리 수탁	국제은행

(5) 운임매출채권의 구조

운임매출채권의 금융구조는 기초자산의 유형(BSP, CASS, 신용카드채권 등), 기초자산의 발생국가, 자산유동화 전문회사와 관련한 법률·세무 요건, 타겟투자자 등 다수 요인의 영향을 받으므로 그때그때 거래에 따라 구조가 다를 수 있으며, 참여당사자와의 협의를 통해 구조를 확정시키는 절차를 취한다. 〈그림 4-38〉은 일본지역 화물운임(CASS) 매출채권을 유동화하는 금융구조를 예로 들어 설명한 것이다.

① 국내항공사의 동경지사(일본지역 매출채권의 발생지사)는 일본 CASS(Cargo Account Settlement System)에 의해 판매되는 엔화 항공화물 운임매출 관련 현금흐름(Receivables)을 일본 신탁법률 및 양자간 신탁계약(Trust Agreement)에 의거하여 Japanese Trust에게 신탁하고, 신탁권리를 나타내는 선·후순위 수익권증서(Investor/Seller Beneficial Certificate)를 발급받는다. 신탁재산의 양도는 실질적인 요건상 담보제공(assignment by way of security)이 아니며, 항공사의 파산시 파산재단으로 환수되지 않는다는 등의 진정한 양도(true sale)로서의 요건이 일본 법무법인 등에 의해 인정 및 확인되어

그림 4-38 일본지역 화물운임(CASS) 매출채권의 유동화 구조(예시)

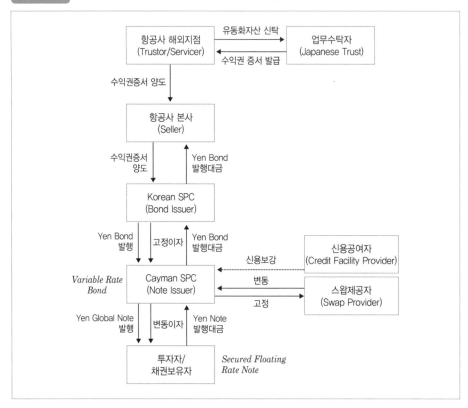

야 한다.112) 한편 Japanese Trust는 위탁자 자산의 관리를 위해 국내 항공사와 Service Agreement를 체결한다.

② 국내항공사 동경지사는 선순위 수익권증서를 본지사 간 약정(Inter-branch Memorandum)에 의거하여 국내항공사 본사에게 양도한다. 이로서 국내항 공사는 ABS 발행대금을 수취하여 운용할 수 있다.

③ 국내항공사 본사는 국내에 설립된 Korean SPC113)와 투자수익권의

---

112) 예컨대 ① 신탁재산은 Trustee에게 신탁하는 'true entrustment'이고 'security interest'를 생성하지 않으며, ② 위탁자는 신탁재산에 대해 청구권(reclaim rights)이 없고, ③ Japanese Trustee는 자산관리자(Servicer)의 채무불이행사유 발생시 해임권리를 갖는다는 것 등이다.

Sale & Purchase Agreement에 의거하여 수익권증서를 양도한다.

④ Korean SPC는 선순위 수익권을 담보로 케이만(또는 아일랜드)에 설립되는 해외 SPC앞으로 엔화 Bond를 발행한다.

⑤ 케이만 SPC는 수익권증서 및 신용공여자(Credit Facility Provider)로부터 제공받은 신용공여114)를 기초로 해외 투자자들을 대상으로 Note를 발행하며, 이때 Arranger는 Note의 최초 인수자로서 총금액을 인수하고 구축된 자체 영업망을 활용하여 투자자를 물색, 판매한다. 발행금액은 장래 수취가능 매출채권의 규모에 따라 다를 수 있으나 통상 U$3억 정도이며, 만기는 3년이 일반적이다. 케이만 SPC는 파산절연(bankruptcy remoteness) 기능을 할 수 있도록 약정상 설립목적, 소구권 등이 제한115)된다. 변동금리 Note를 발행하는 경우 Note 발행자는 스왑제공은행과 고정금리 지급·변동금리 수취 등을 내용으로 하는 스왑계약을 체결한다.

⑥ 케이만 SPC는 Note의 발행대금으로 Korean SPC에 Bond 매입대금을 지급하고, Korean SPC는 동 대금을 다시 선순위 수익권 매도자인 국내항공사에게 지급한다.

---

113) 국내 SPC를 설립하는 이유는 ①「자산유동화에 관한 법률」에 따라 요구되며, ② 조세특례법상 면세대상이 되려면 국내기관(SPC)이 해외에 사채를 발행하는 구조를 취하여야 하기 때문이다.

114) 신용공여자는 자체 부담하는 신용공여액 중 일부를 Sub-participation 계약에 의거하여 다른 신용공여자에게 매각하는 경우도 흔히 이루어진다.

115) SPC의 설립목적이 Bond Issuer로부터의 엔화 Bond 매입, Note Trustee앞으로 담보자산에 대한 모든 권리 이전 및 양도, ABS Note 발행, 거래 관련계약의 체결 및 이행 등으로 제한되며, 투자자들의 Note 발행자에 대한 소구권도 Note 신탁약정에 따라 매입한 수익권증서, 수시가용자산 등으로 제한(Limited Recourse)된다.

4.11 현재는 통용되지 않는 항공기금융 기법들

항공기금융 기법도 시대의 변천에 따라 새로운 구조가 탄생하는가 하면, 성공적으로 정착하여 대표적인 금융 조달수단으로서 명성을 날렸던 금융구조도 회계규정의 변경 및 과세당국의 규제 등으로 시장에서 퇴출되기도 한다. 길게는 10년 이상 존속되어 성행하던 기법도 있고, 개발되어 시장에 나타난 지 수개월 정도로 단명에 그친 기법도 있다. 지금은 사라져 통용되고 있지 않고 있다고 하더라도 당시에는 시장여건, 참여당사자의 요구 등이 반영되어 정착되었던 기법인 만큼 항공기금융 기법에 대한 구조 등 이해의 폭을 확장시킨다는 취지에서 이를 간략하게나마 소개하고자 한다.

1) 일본의 사무라이리스와 쇼군리스

일본 리스시장이 처음 형성된 것은 1963년 일본리스와 그 다음해에 오리엔트리스(현재의 Orix Corp.) 및 동경리스(주)가 설립되면서부터이다. 그러나 일본 리스시장에서 알선리스의 초기형태로서 국제적인 항공기금융 리스기법이 처음 개발된 것은 1970년대말 이른바 사무라이리스(Samurai Lease) 방식이 도입되면서 부터라고 할 수 있다.

1978년 7월에 처음 선보인 사무라이리스(Samurai Lease)는 일본 정부가 당시 급격하게 증가하는 대미 무역수지 흑자폭을 줄이기 위한 정책적 방안의 하나로서 일종의 정부 보조금형태로 고안된 것이었다. 일본 정부에 의해 추진된 이 프로그램은 당시 일본수출입은행(Export-Import Bank of Japan)이 미국산 항공기의 긴급 수입자금 명목으로 일본 리스회사에 달러화를 장기 저리로 공급하고, 일본 리스회사는 저리의 재원으로 구입한 항공기를 다시 외국항공사[116]에게 달러화로 임대하여 주는 방식이었다. 원래 이 제도는 일본 리스회사가 항공기 자산을 취득할 경우 수입으로 계상되고, 이를 다시 국외에 소재한 항공사에게 리스할 경우 수출에 잡히지 않는 당시 일본 회계시스템을 염두에 두고 향후 일본의 무역수지 흑자 축소에 상당부분 기여할 것이라는 기대를 갖고 마련된 프로그램이었다. 그러나 1979년 수입통계 집계방식이 변경됨에 따라 실제 무역수지 흑자를 줄이는데는 성공적이지 못하였고, 당초 예상과 달리 1979년 이후에는 일본의 경상수지 흑자폭이 축소되면서 균형화가 이루어져 일본수출입은행을 이용한 사무라이리스는 총 31대의 항공기에 U$934백만의 계약실적을 올린 후 도입 18개월만인 1979년에 프로그램이 종료되었다. 그러나 사무라이리스는 일본의 리스회사들이 항공기에 대한 리스 경험을 축적함으로써 이후 항공기금융의 절대강자였던 JLL시장을 본격적으로 발전시키는 중요한 토대가 되었다.

한편, 1981년에는 사무라이리스에 이어 쇼군리스(Shogun Lease)라는 국제 항공기리스 금융기법이 새로 개발되었다. 이전의 사무라이리스가 일본 정부의 보조금지원에 의해 외국항공사를 대상으로 한 달러화표시 리스금융이었던 데 반해, 쇼군리스는 순수한 상업적베이스에 의해 외국항공사를 대상으로 개발된 고정리스료 방식의 엔화표시 리스금융이었다. 달러화가 아닌 엔화로 리스거래가 이루어지게 된 배경은 1980년대초 진전된 엔화의 국제화 및 약세화에 있었다. 1980년대에는 일본에 취항하는 외국항공사들의 엔화표시 항공권 매출이 크게 증가하였고, 외국항공사들도 외환 리스크의 헤지를 위해 달러화보다는 엔화표시 리스료의 지급을 상대적으로 선호하였다. 여기에 당시 엔화의 저금리화가 진행됨에 따라 달러보다는 금리가 낮은 엔화로 조달하는 것이 보다 유리한 상황이었다. 1982년을 예로 들면 당시 미국 Prime Rate가 11.5%~17% 수준이었던 반면, 일본의 장기엔화 Prime Rate는 8.6% 수준에 불과하였다.[117] 더구나 금융조건을 책정할 때에도 일본은행들은 금리, 대출기간 등의 금융조건을 정부

---

116) 미국산 항공기의 미국 항공사에 대한 리스는 수출에 해당되지 않으므로 미국 항공사는 리스대상에서 제외되었으나, 경쟁자에 해당하는 외국항공사에 대한 저리 자금공급이 불공정무역이라는 미국 정부로부터의 불만도 Samurai Lease를 단명하게 만든 원인 중 하나였다.

117) D. H. Bunker, *International Aircraft Financing*, International Transport Association 2006, supra note 1 at 217, footnote 422.

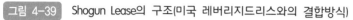
그림 4-39 Shogun Lease의 구조(미국 레버리지드리스와의 결합방식)

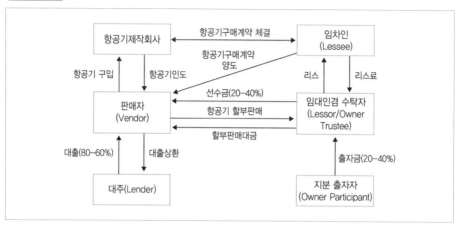

에 의하여 일일이 통제받았던 반면 리스산업에 대해서는 규제가 적은 편에 속했다. 쇼군리스는 진성리스(true lease), 리스를 가장한 대출(kagonuke lease), 할부판매(installment sale) 등의 유형으로 15년이라는 긴 장기리스의 형태로 이루어졌으며, 때때로 미국 및 다른 국가의 알선리스 구조와도 성공적으로 결합되어 거래가 이루어졌다. 그러나 1980년대말 엔화의 급격한 평가절상(엔화가치 상승)으로 외국항공사들의 엔화수입 및 자연적인 외환헤지에 제동이 걸림에 따라 이 금융구조는 결국 시장에서 사라지는 운명을 맞게 되었다.

〈그림 4-39〉는 할부 판매방식의 미국 알선리스(U.S. leveraged lease)와 결합한 쇼군리스의 구조를 나타낸 것이다.

2) Japanese Leveraged Lease(JLL)

일본에서 국제 리스거래 규모를 대폭 확대시킨 계기를 마련한 것은 1985년 일본의 간판격 택스리스 방식이라 할 수 있었던 JLL 구조가 본격적으로 도입되면서부터이다. 지금은 통용되지 않는 기법이지만 JLL은 다른 국가의 택스리스와 비교해도 구조가 단순하고 비교적 안정적이어서 약 13년(1985년~1998년)간 일본 국내의 풍부한 유동성을 바탕으로 전세계 항공사들의 주요한 자금조달원으로 큰 인기를 끌었다. 1992년에는 약 45억달러로 그 규모가 다소 축소되긴 하였지만, 1990년에는 전세계 총 항공기 인도 대수의 약 20%에 해당하는 90억달러의 자금이 일본 JLL 시장에서 조달될 정도로[118] JLL이 항공기금융 시장에서 차지하던 위상은 대단한 수준이었다.

JLL은 금융리스 방식이라는 차이는 있지만 현재도 통용되고 있는 운용리스 방식인 JOL 및 JOLCO와 마찬가지로 지분투자자(equity investor)의 역할이 구조상 중요한 기능을 수행한다. 일반적인 구조를 살펴보면 다음과 같다.[119]

지분투자자는 본연의 자기사업에서 높은 수익을 올리고 있는 주로 일본의 개인사업자와 비상장 중요기업들로 구성되는데 일본 상법상 명시된 익명조합(Tokumei Kumiai) 계약[120]에 따라 항공기 구입가격의 20~30%를 일본 내에 설립된 SPC(임대인 및 차주)에 엔화 통화로 출자한다. 나머지 레버리지에 해당하는 70~80%의 자금은 일본소재 금융기관으로부터 항공기 저당권 등을 담보로 하여 항공사가 선정하는 통화로 차입한다. 익명조합계약은 TK 운용사(일본의 리스회사)와 익명의 TK 투자자들 간에 체결하는 계약인데, TK 운용사는 항공기의 소유권을 획득하고 이를 외국항공사에게 10~12년에 걸쳐 금융리스(대출기간도 이와 일치)하며, TK 운용사는 거액 항공기의 소유에 따른 감가상각비 등 과세 대상손익(주로 과세손실)을 투자자들에게 투자지분별로 배분한다. 투자자들은 거래에 전혀 관여할 수 없는 익명을 원하는 수동적인 당사자(이에 따른 거래실무, 조합의 관리, 대표 역할은 TK 운용사가 전담)들로, 투자활동은 재무제표상 부외로 처리되며 투자자의 신원은 대외에 공개되지 않는 특성을 갖는다. 대출자금의 통화는 통상 항공사가 노선매출로 수입하는 통화로 이루어지므로 자연적인 헤지가 가능하며, 엔화수입이 충분하지 않거나 지속적이지 않을 경우에는 엔화 리스료의 적기 지불을 위해 엔화자금를 예치하여 매 리스료 납기일마다 인출하거나 외화선도계약(forward F/X contracts)을 체결하여 엔화 리스료지급 스케줄과의 통화

---

118) Don Stokes and Michelle Runagall, *Aircraft Financing Fourth Edition*.

119) 보다 자세한 내용은 '제4장. 4.7 일본식 항공기 운용리스' 참조.

120) 1998년 이전에 성행한 JLL 구조에서는 대부분 익명조합방식이 사용되었고, 임의조합방식은 거의 사용되지 않았다.

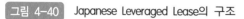

그림 4-40 Japanese Leveraged Lease의 구조

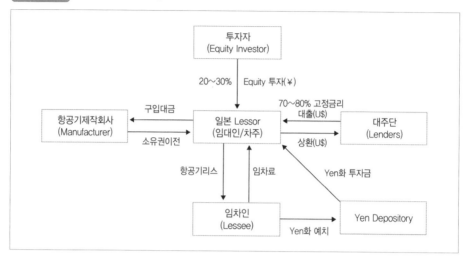

mismatch를 해소한다.

JLL 구조상 임대인(일본 SPC)은 항공기 자산의 법정 내용연수 기간에 걸쳐 가속상각법(declining-balance method)에 의해 감가상각비 및 지급이자를 비용으로 계상할 수 있었으며, 리스기간 전반부에는 손실이, 후반부에는 이익이 발생하여 과세대상손익을 리스 후반부로 이연하는 것이 가능하였다. 이러한 조세이연에 따른 정(+)의 NPV Benefit을 발생시키는 효과는 후에 개발된 JOLCO 방식과도 동일한 원리이다. 이렇게 임대인에게 발생한 내부유보자금의 운용수익(조세이연 효과)은 임차인이 지급하는 리스료에 일부 반영됨으로써 임차인 입장에서 상대적으로 저렴한 조달이 가능한 점도 JOLCO 방식과 동일하다.

JLL 구조는 네 가지 조건이 충족되어야 했다. 신규 항공기이어야 하고, 리스기간중 리스료는 변동이 없어야 하며, 리스기간은 항공기 감가상각기간의 120%를 초과할 수 없고, 리스기간 종료시 Purchase Option 가격은 항공기취득가격의 45%를 초과할 수 없었다.

그러나 1998년 10월 일본의 법인세법 개정에 따라 외국항공사를 대상으로 한 리스거래에 대해 감가상각방법을 기존의 정율법(declining-balance method)에서 정액법(straight line method)으로 변경[121]토록 의무화함에 따라 지분투자자들의 조세이연 혜택은 대폭 축소되었고, 1999년 3월 이후에는 JAL, ANA 등 소수의 일본 국내 항공사만을 대상으로 JLL 거래가 명맥을 유지하여 오다가 2005년 투자자들의 항공기 소유구조 및 조세혜택을 현저히 제한하는 규제조치 및 2007년 리스거래로 인식하여 오던 금융리스의 규제조치 시행으로 JLL 거래는 종국적으로 시장에서 사라지게 되었다.

그러나 1999년 이후에는 운용리스 기법인 JOL 구조가 외국항공사들을 대상으로 새로 개발되고, 항공기금융의 대표적인 조달수단으로 부상함에 따라 JOL이 이전의 JLL 구조를 대체하게 된다.

3) FSC(Foreign Sales Corporation) Lease

미국은 리스의 발생국으로서 보험회사, 연금기관 등 풍부한 장기자금이 존재하고 투자세액공제제도(investment tax credit)와 같은 독특한 조세제도의 존재, 은행의 리스업겸영 발표 등 당시의 금융환경 변화를 배경으로 1962년 국제조세지향리스(cross-border tax oriented lease)라고도 불리는 미국식 알선리스(U.S. Leveraged Lease)가 처음 개발되어 실행된 국가이다. 당초에는 투자촉진책으로 마련된 투자세액공제(ITC)의 이점을 활용하여 거액의 설비투자가 요구되는 기업이 임대인으로부터 설비를 임차하고, 임대인은 투자세액공제나 가속 감가상각 등에 따른 조세상의 혜택을 받는 대신 리스료를 낮춰 주는 국제 리스형태로 개발된 것이 알선리스인 점은 앞서 제2장에서 설명한 바와 같다.

지금은 과세당국의 잇단 규제조치로 관련 거래가 시장에서 사라졌지만 한때 외국항공사를 대상으로 성행하였던 미국의 대표적인 레버리지드리스 방식이었던 해외판매법인리스(FSC Lease)와 Pickle Lease 그리고 Leasehold 구조의 형태와 원리에 대해 간략하게 살펴보고자 한다.

---

121) 정율법 등 가속상각법에 의하면 리스기간 전반부에 보다 많은 손실이 발생하여 단기간에 과세손실을 배당받을 수 있었으나, 정액법에 의할 경우 상각금액이 전후반에 균등하게 배분되어 조세이연의 효과가 크게 줄어든다.

(1) Foreign Sales Corporation

　1980년대 중반부터 2000년 11월[122] 폐지될 때까지 일본 택스리스와 더불어 대형 항공기 리스에서 가장 많이 이용되던 대표적인 택스리스방식이 미국의 해외판매법인리스(Foreign Sales Corporation Lease)이다. FSC(Foreign Sales Corporation)란 1984년 미국 연방세법의 개정에 따라 미국산 제품의 수출을 촉진하기 위하여 마련된 프로그램으로, 미국 세법상 인정된 지역에 설립되어 직접적인 조세감면혜택이 주어지는 해외판매법인을 일컫는다.[123] 이 제도는 미국 세법에서 정한 적격수출물품(qualified export property)의 거래와 관련된 수익 중에서 해외판매법인으로부터 발생한 일정 부분은 미국과의 거래와는 관련없는 해외원천소득(foreign source income)으로 간주하여 미국 세법의 적용을 배제하는 취지의 제도였다. 말하자면 적격수출물품의 수출을 촉진하기 위한 일종의 수출보조금이라고도 할 수 있는 이 FSC의 조세감면혜택을 임차인에게 리스료의 할인으로 환원하는 리스구조가 FSC리스이다.

　FSC리스에는 여러 형태가 있었는데 임대인이 리스거래의 중개만을 수행하는 C-FSC(Commissioned FSC) Lease와 임대인이 직접 리스대상물건을 소유·관리하는 O-FSC(Ownership FSC) Lease, 기타 Turbo FSC Lease가 있었다. 1980년대 중반부터 시작된 C-FSC Lease는 주로 국제노선에 취항하는 미국 대형 항공사들이, 1990년대 O-FSC리스의 쇠퇴 이후에는 주로 외국항공사들이 많이 이용하였던 리스방식이었다. 반면, 1989년 KLM을 위해 처음 개발된 O-FSC Lease는 상당한 절세 효과로 주로 외국 대형 항공사들의 인기를 끌어 오다가 1990년대 중반 미 국세청의 이중부채구조(bifurcated debt structure)에 대한 과세상

---

122) 1997년 미국의 FSC제도가 WTO 수출보조금협약 위반이라는 EU의 주장에 따라 미국은 2000년 11월 FSC를 폐지하고 대신 유사한 ETI Act(Extraterritorial Income Act)를 출범시켰으나 이 역시 2002년 1월 WTO에 의해 WTO협약 위반이라는 최종판결을 받았다.

123) FSC는 미국과 정보교환협약(Exchange of Information Treaty)이 체결된 미국령 국가나 렌트료 또는 이자소득에 대한 원천징수세 부담을 피하기 위하여 임차인 소재 국가와 이중과세방지협정이 체결된 Tax Haven지역에 설립되는데, 주로 미국령 버진아일랜드나 바하마, 버뮤다 등이 이용되었다

규제 움직임과 대주들의 간접적인 채권보전책에 대한 불만으로 약 30억달러의 거래실적을 끝으로 소멸된 리스방식이다.

FSC Lease 구조로 이용할 수 있는 자산은 '적격수출물품(qualified export property)'이라고 하여 세법 규정에 의해 엄격히 제한되어 있었는데, 항공기의 경우 소요 자재의 일정 비율 이상이 미국 내에서 제조 또는 생산된 항공기이어야 하고 리스개시 시점에 항공기가 미국 내에 위치하여야 하며, 임대인이 FSC Benefit을 볼 수 있는 정(+)의 과세기간 동안 미국지역 바깥의 외국에서 현저히 사용 또는 운항되는 항공기로 제한하였다.

C-FSC와 O-FSC의 주요 차이점은 투자가에게 제공하는 조세혜택에 따라 달라지는데, 1980년대 중반부터 시작된 C-FSC lease는 주로 미 항공사가 구입·운항하는 항공기(주로 50% 이상을 미국 바깥에서 운항하는 국제선 대형기종)에 적용되며 투자가는 7년 동안 수정감가상각(MACRS) 방식으로 감가상각을 하게 된다. 반면, 1989년 KLM이 처음 이용한 O-FSC lease는 주로 미국 이외의 외국 항공사가 이용하는 금융방식으로 C-FSC에 비해 느린 감가상각, 즉 24년과 basic lease 기간의 125%중 긴 기간 동안 정액법(Straight-Line Basis)으로 감가상각을 하게 되며, Structure 자체가 실제 'double-dip financing'과 유사한 특징을 가지고 있었다.

(2) C-FSC(Commissioned FSC)

먼저 미국의 출자자는 임대인에게 항공기 구매가격의 20%에 상당하는 금액을 출자하여 법인을 설립하고, 임대인은 차관단으로부터 항공기 구매가격의 80%에 상당하는 금액을 차입한다.

그리고 출자자는 버뮤다나 바바도스 등 미국 이외의 조세중립지역에 자회사 형태로 FSC를 설립하는데, 이 FSC는 단지 Lessor의 대리인(Agent) 역할을 하고, 국외에서 항공기 주문이나 계약 협상, 항공기 인도 등 항공기의 수출 및 계약과 관련한 관리역할을 수행한 대가로 Lessor로부터 수수료(Commission)를 수취하게 된다. 이때 FSC의 수수료는 리스거래로부터 발생한 임대인의 순 과세대상소득의 23%와 동일하도록 구조를 마련하는데, 이렇게 수취한 FSC 수익의

그림 4-41   Commissioned FSC의 구조

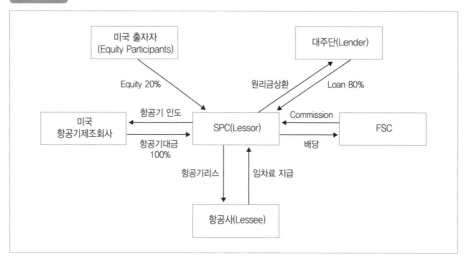

15/23은 미국에서 조세감면이 되고, 나머지 8/23은 과세된 뒤 임대인에게 배당이 된다. 따라서 임대인의 입장에서 볼 때 FSC에게 지급한 수수료와 FSC로부터 수취한 배당금은 조세감면이 되므로 리스거래로부터 발생한 과세대상소득 중 15%가 순수하게 소득공제효과를 유발(임대인의 정(+)의 과세대상연도만 해당)하게 되는 구조이다.

    나머지 절차는 일반 금융리스와 대체적으로 같다. 즉, 임대인은 항공사가 항공기제조회사와 체결한 항공기 구매계약을 양수받아 항공기를 구입하고 항공기를 소유하게 되며, 동시에 항공기를 정해진 리스기간 동안 임차인에게 임대한다. 임차인은 리스기간 동안 항공기 운용에 대한 대가로 임차료를 임대인에게 지불하면 임대인은 대주단에게 원리금을 상환하는 구조도 동일하다.

(3) O-FSC(Ownership FSC)

    O-FSC 리스구조에서 미국의 출자자는 미국 내에 Owner Participant인 SPC를 자회사형태로 출자하여 설립하고 항공기 구입가격의 15%를 출자한다. 나머지 85%는 대주단으로부터 소구권부(recourse basis)로 차입한다. 이때 SPC는

다시 미국 세법이 인정하는 미국 이외의 Tax Haven지역(통상 버뮤다나 US 버진군도)에 FSC Lessor를 설립하고, 항공기 구매가격의 100%를 FSC Lessor에게 출자하면 FSC Lessor는 항공기 구입대금을 미국 항공기 제작회사에게 지불하고, 임차인으로부터 항공기 구매계약을 양도받아 항공기에 대한 소유권을 취득한 후 항공사에 리스한다. 리스기간중 임차인이 FSC Lessor에게 지불하는 항공기 렌트료는 Owner Participant에게 다시 배당금으로 지급되어 대주단의 대출 원리금 상환으로 충당하는 구조이다.

Ownership FSC의 구조를 살펴보면 다음과 같다.

그림 4-42 Ownership FSC의 구조

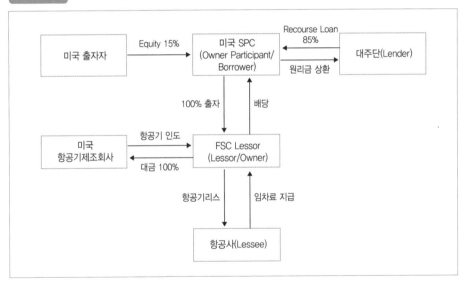

O-FSC의 경제적효과 역시 FSC를 이용한 절세에 기인하는 것으로 절세가 이루어지는 과정이 매우 복잡하다. FSC Lessor의 과세 대상소득(리스료-감가상각비) 중 30%에 대해서는 미국 세법에 의해 조세 감면되고 70%에 대해서만 조세가 부과되어 Owner Participant에게 배당되는데, 이 배당금은 인정배당(constructive dividend)으로서 미국 조세의 부과대상이 되지 않는다. 또한 Owner Participant의

85% 차입자금 이자에 대해서도 Owner Participant의 모회사인 출자자와 연결기준(consolidated basis)으로 이자비용 공제혜택을 보기 때문에 다른 사업부문에서 발생한 소득과 상계함으로써 보다 큰 절세효과가 가능하였다. 결국 O-FSC구조는 FSC가 임차인에게 리스하는 일명 Single Investor Lease[124] 형태에다가 별도로 Owner Participant의 차입에 대한 투자레버리지(investment leverage)가 가능한 구조가 더하여진 이중 채무구조(bifurcated debt structure)라고 할 수 있다.[125] 이렇게 절세효과를 보다 극대화할 수 있는 이중 채무구조는 특히 외국항공사에게는 보다 저렴한 코스트의 금융이 가능하다는 이점이 있으나, 절세효과를 위해 구조상 FSC Lessor는 차입 리스크를 부담할 수 없고(따라서 직접적인 의무가 아니다) SPC가 차입주체인 Borrower가 됨으로써 두 당사자 간의 직접적인 법률관계가 단절될 수밖에 없었다. 따라서 대주단 입장에서는 전형적인 리스계약과는 달리 FSC Lessor가 소유하고 있는 항공기에 대한 저당권 설정 및 임차인의 리스계약에 대한 양수가 불가능하게 되어 채권보전상 극히 불리한 측면이 있었다. 이에 따라 대주단은 항공기 담보 및 임차인의 신용에 직접적으로 의존할 수 없는 대신에 Owner Participant에 대한 소구권부 대출, 항공기 소유자인 FSC lessor의 주식에 대한 질권 설정(원리금상환 재원인 배당금에 대한 청구), Owner Participant의 주식에 대한 질권 설정 및 출자자로부터의 각종 이행보증(Performance Guarantee) 징구(Owner Participant에 대한 각종 경영권 통제) 등으로 어느 정도 문제점을 해결하였으나 근본적으로 구조상 리스크가 크고 출자자의 신용도가 특히 중시되는 허점이 여전히 남아 있었다. 결국 1994년경 미 국세청이 이중 부채구조에서 발생하는 과세상의 혜택을 잇달아 규제하려는 움직임이 제기되자 O-FSC는 이후 사실상 거래가 중단되게 되었다.

---

124) Single Investor Lease: 하나의 임대인과 하나의 임차인으로 이루어진 리스계약, 임대인은 리스자산의 구입에 필요한 자본을 스스로 부담한다.

125) Euromoney Books, Aircraft Financing, p. 127.

4) Pickle Lease(Replacement Lease)

1984년 이전 미국 지역 이외에 소재한 외국 항공사들은 미국의 국제 항공기리스제도를 이용함으로서 미국 항공사들과 대등하게 항공기 감가상각에 따른 조세혜택을 향유할 수 있었을 뿐만 아니라, 많은 경우 자국에서도 감가상각에 따른 절세가 가능한 이중적인 절세(Double-dip)혜택을 누릴 수 있었다. 이에 따라 1984년 미 의회는 미 연방소득세법의 적용을 받지 않는 외국법인에게 리스되는 자산의 감가상각을 규제하는 새로운 법안을 채택하였는데 이 법안은 발의한 J. J. Pickle 의원의 이름을 따 일명 Pickle Rule로 알려져 있다. 이 법안은 과세면제법인(tax-exempt entity)에게 리스된 자산은 반드시 리스기간의 125%와 항공기의 분류연수(class life) 12년중 긴기간에 걸쳐 정액법으로 상각하도록 규정하고 있었다. 그러나 Pickle 감가상각방법이라고 불리는 이 조항은 1991년 Replacement Lease 방식이 새로 개발되기 전까지는 리스시장에서 그리 큰 관심을 끌지 못하였다. Replacement Lease의 리스기간은 최초 리스기간(base/initial lease term)과 임차인이 최초기간 만료시에 항공기 구매옵션(purchase option)을 행사하지 않을 경우 이어지는 대체리스기간(replacement lease term)의 두 기간으로 분할된다. 이때 임차인은 최초 리스기간말에 정해진 고정가격에 의해 항공기 구매옵션을 행사하든지 아니면 이를 행사하지 않을 경우 항공기를 최초 리스기간과 실제적으로 동일한 리스조건으로 대체 리스기간 동안 항공기를 리스할 다른 대체임차인(replacement lessee)을 주선하여야 하며, 이 마저도 불가능할 경우 항공기에 대한 잔여가치를 지급하고 항공기를 임대인에게 반환하도록 되어 있었다. Pickle Lease에서 항공기는 대략 24년(항공기 내용연수의 80%)까지 이용 가능한데 최초 리스기간으로 약 10~12년, 대체 리스기간으로 대략 10~12년을 책정할 경우 대출 원리금 상환은 전체 리스기간인 24년 동안 상환되는 반면, 감가상각은 Pickle Rule에 따라 전체리스기간이 아닌 Base term과 12년중에서 긴기간에 걸쳐 상각할 수 있음에 따라 가속상각에 따른 조세절감의 이점과 함께 출자자는 항공기의 잔존가치 향유에 따른 혜택이 가능해져 임차인에게 보다 저렴한 리스를 제공할 수 있었다. 이러한 Pickle Lease는 O-FSC Lease 또는 C-FSC Lease와도 효과적으로 결합되어 외국항공사들로부터 인기를 끌었으나, 1996년초 미 국세청(IRS)이 감가상각방법을 Base Term뿐만 아니라 연장된 Replacement Term까지 포함하는 전체 리스기간에 걸쳐 정액법으로 감가상각하도록 세법을 개정함으로써, 비교적 짧은 기간 동안 가속상각의 혜택을 누려왔던 투자자의 이점이 상당부분 감소하게 됨에 따라 동 리스거래는 이후 크게 감소하게 되었다.

5) US Leasehold Structure(Lilo)

미 국세청의 잇단 규제로 Pickle Lease가 쇠퇴하게 되자 1995년 외국계 항공사들을 대상으로 한 새로운 국제 항공기 택스리스 형태로 US Leasehold(또는 Lease-in, Lease-out, 약칭 Lilo)라 불리는 기법이 개발되었다. 참여 당사자 간의 계약구조가 상당히 복잡한 이 리스방식은 절세혜택을 목적으로 한 미국의 투자자가 미국 내에 US Trust를 설립한 후 Tax Haven지역에 설립된 외국의 SPC(통상 항공사가 설립)로부터 항공기를 임차함으로써 항공기의 소유권(ownership)이 아닌 항공기의 사용권리 즉, Leasehold Interest를 취득하고 이를 다시 SPC에게 리스(lease-back)하면, SPC는 항공기를 신용도가 좋은 국제 항공사에게 재리스하는 구조이다. 따라서 US Trust는 Headlessee인 동시에 Lessor가 되고, SPC는 Headlessor인 동시에 Lessee가 된다. Lilo구조의 특징은 Headlessee인 US Trust가 리스기간 초(예컨대 1년 후)에 사용권인 대부분의 리스료를 SPC에게 일시에 조기상환(prepay)하도록 구조를 설계하는데 있다. 조기상환된 금액은 특정 과세연도에 과세대상 소득으로부터 전액 공제되는 반면, US Trust의 소득인 재리스료는 리스기간 전기간에 걸쳐 균등하게 배분됨으로써 US Trust가 조기상환한 회계년도에는 누적손실이 발생하고, 따라서 리스기간 전체적으로 상당한 조세이연(Tax deferral)효과가 발생하게 된다. 이렇게 발생한 US Trust의 손실/이익은 투자가에게 할당되는데 이 투자가의 과세혜택중 일부가 항공기 소유자에게 전가되는 구조로 되어 있다.

Lilo구조는 FSC리스 및 Pickle리스를 겨냥한 미국 IRS(Internal Revenue Service)

의 잇단 규제 조치의 시행으로 비미국계 법인의 항공기, 철도, 선박, 발전소 거래 등에 비교적 활발하게 이용되었으나, 1996년 5월 31일 미국 IRS가 조세회피 목적으로 간주되는 리스료 지급방식의 경우에는 리스료를 매년 균등하게 발생하도록 재조정하는 내용을 골자로 한 IRS Section 467을 제안함에 따라 Leasehold Structure의 Benefit이 상당부분 감소하여 거래가 크게 위축되었다.

05

항공기금융 주요 검토사항

본 장에서는 항공기금융 실무를 추진할 경우 금융 담당자가 기초적으로 이해하고 있어야 할 주요 금융요소와 관련된 내용을 심층적으로 다루고자 한다.

5.1 에서는 금융대상 및 담보의 목적물인 항공기 및 엔진의 정의와 유형 그리고 주요 제작회사 등에 대해 개략적으로 알아보고,

5.2 에서는 임대인, 차주 및 항공기의 소유자로서 금융구조의 중심적인 기능을 담당하는 SPC의 일반 개념과 설립유형, 효과 등에 대해 알아보기로 한다.

5.3 에서는 자산금융(Asset Finance)으로서 항공기의 적정 시장가격 유지가 무엇보다 중요한 만큼 항공기 가치평가에 사용되는 기본개념과 용어, 가치평가기관, 가격의 산출과정 그리고 그 변동요인 등에 대해 살펴보기로 한다.

5.4 에서는 항공기의 손상 등에 대비하기 위한 주요 리스크 확보수단으로서 부보되는 항공보험에 대하여 그 기본용어와 보험의 유형, 특성 등에 대해 알아보고,

5.5 와 5.6 에서는 대출금융기관의 주요 담보유형인 항공기 저당권과 기타 채권보전 방법 등에 대해 서술하고자 한다.

마지막으로 5.7 과 5.8 에서는 여러 계약서 중 항공기금융의 기본서류인 리스계약서와 대출계약서를 중심으로 그 주요 구성항목과 개념, 내용 등에 대해 심층적으로 살펴보고자 한다

항공기 및 엔진

항공기는 모델, 크기, 가격 등의 구분에 따라 수많은 종류가 있으며, 메이저 항공사, 저가 항공사, 지역 항공사 등 항공사의 유형을 불문하고 다양한 기종이 운용되고 있다. 항공기는 항공종사자, 항공노선, 공항시설과 함께 운송 및 서비스의 수단으로서 항공교통을 이루는 핵심적인 구성 요소에 해당하며,[1] 금융 측면에서도 항공기 담보는 여신의 최종적인 상환 가능성을 결정짓는 주요 요소인 만큼 항공기는 금융의 중심적인 위치를 차지한다고 할 수 있다. 따라서 항공기금융을 주선하는 담당자는 항공기와 엔진에 관한 특징, 제원, 수요·공급 및 시장가격 등 세부적인 사항에 대해 어느 정도 충분한 이해를 갖추고 있을 필요가 있다.

1) 항공기의 정의

항공기에 대한 정의는 여러 가지가 있으나 현행 항공사업법 제2조 1호에서는 "항공기란 공기의 반작용(지표면 또는 수면에 대한 공기의 반작용은 제외)으로 뜰 수 있는 기기로서 비행기, 헬리콥터, 비행선, 활공기와 그 밖에 대통령령으로 정하는 것"이라고 정의하고 있다. 그리고 국제민간항공기구(ICAO)에 의하면 "항공기란 지표면의 반작용이 아닌 공기의 반작용에 의하여 대기중에 떠 있을 수 있는 모든 기구"라고 정의하고 있다.

---

1) 양한모·김도현, 항공교통개론, 한국항공대학출판부, p. 20.

2) 항공기의 유형

항공기는 수많은 유형이 존재하나 실무상 가장 크게 구분되는 유형은 Narrow-body(단일 통로형)와 Wide-body(이중 통로형) 두 가지로, 이 두 유형을 구분 짓는 가장 큰 차이점은 항공기 동체의 가로 폭에 있다.

(1) 터보프롭(turboprop) 항공기

프로펠러로 공기를 밀어서 엔진의 추력을 얻는 가스터빈 엔진이 장착된 항공기이다. 터보제트가 연소된 공기의 팽창력을 이용하여 노즐로 분사되는 가스에 의해 추력을 얻는데 최적화한 반면, 터보프롭은 연소된 공기로 압축기(compressor), 기어박스 및 이와 연결된 프로펠러축(propeller shaft)을 돌려 대부분의 추력을 얻는 엔진 유형이다. 터보프롭 항공기는 최대 순항속도 약 400mph와 25~90인승 좌석을 갖춘 여객기로, 주로 1시간 이내의 단거리 노선 및 여객 수요가 일정하지 않은 노선에 투입된다. 제트여객기에 비해 낮은 속도로 장거리 노선에는 적합하지 않지만, Hub 공항과 소규모 도시를 연결하는 Point-to-point 노선 및 지역 항공사에 가장 효과적인 유형의 항공기이다.

표 5-1　주요 터보프롭 항공기

기종	최대 좌석수	MTOW (kg)	항속거리 (km)	최대속도 (km/h)	길이 (m)	날개길이 (m)
ATR 72-600	70	23,000	1,528	509	27.17	27.05
Bombardier Q400	90	30,481	2,040	667	32.80	28.40
Embraer 120	30	11,500	1,750	552	20.00	19.78
Saab 2000	58	22,800	2,869	665	27.28	24.76
Cessna 402	9	3,107	2,360	428	11.09	13.45

자료: 각 항공기 제작사 웹사이트.

(2) 지역 항공기(regional jets)

터보팬엔진에 의해 추력을 얻는 항공기로, 단일 통로(single aisle)의 좌석 형태를 갖춰 때로는 Narrow-body 항공기로 분류하기도 한다. 실제로 이 유형의 주력 제작사인 캐나다 Bombardier사와 브라질 Embraer사가 항공기의 좌석수를 증가시킴에 따라 Narrow-body 항공기와의 경계도 점차 모호해지고 있다. 순항속도 600mph, 탑승인원 50~125명선(대략 100명 미만)으로 중단거리 노선에 크기 및 비용이 최적화되어 전세계 메인항공사 및 지역 항공사들이 많이 사용하고 있으며, 터보프롭 항공기와 마찬가지로 지역 허브공항과 중소도시를 단거리로 연결하는 데 주로 사용된다. 지역 항공기는 크기 및 탑승 승객수의 제한으로 Narrow-body나 Wide-body 항공기보다 좌석당 비용은 높으나, 전체적인 운항비용이 보다 저렴하여 중소 도시 간의 항공기 운항빈도를 높이는데 주로 사용된다. 대표 기종으로는 Embraer의 E-Series(E170, E175, E190, E195)와 Bombardier의 CRJ-Series(CRJ700/900/1000), 중국 Comac사의 ARJ21-700/900이 있다.

표 5-2 주요 지역 항공기

기종	최대 좌석수	MTOW (kg)	항속거리 (km)	최대 마하 속도	길이 (m)	날개길이 (m)
Bombardier CRJ 700	78	34,019	2,593	M0.82	32.30	23.20
Bombardier CRJ 900	90	38,330	2,876	M0.82	36.20	24.90
Embraer E170	78	38,600	3,982	M0.82	29.90	26.00
Embraer E190	114	51,800	4,537	M0.82	36.24	28.72
Comac ARJ21-900	105	43,616	2,200	M0.82	36.35	27.28
Sukhoi SSJ 100	108	45,880	3,048	M0.81	29.94	27.80

자료: 각 항공기 제작사 웹사이트.

(3) Narrow-body 항공기

　가로로 배치했을 때 최소 2열에서 최대 6열의 좌석이 배치된 한 개의 단일 통로(single-aisle)를 갖는 항공기를 지칭한다. 순항속도 620mph, 탑승인원 120~ 240명선(대략 200명 미만)으로 주로 운항시간 1~6시간 정도의 중단거리 노선에 사용되며, 대륙 간 또는 대서양 횡단도 가능하다. 이 유형은 보잉과 에어버스사가 양대 생산자이자 주된 경쟁자이다. 항공사와 리스회사에게 인기가 높아 전 세계에서 가장 많이 팔린 항공기 유형이면서도 한편으로는 판매경쟁이 가장 심한 유형이다. 대표적인 기종으로는 기존의 B737NG[2] 기종을 대체하는 보잉사의 B737 Max Family(B737 MAX-7/-8/-9/-10)가 있으며, 이의 경쟁 기종으로 에어버스사의 A320 Family[3]가 있다. 2018년에 에어버스사가 캐나다 Bombardier사 C-Series 프로그램의 과반을 인수함에 따라 기존 Bombardier의 C 시리즈

표 5-3　주요 Narrow-body 항공기

기종	최대 좌석수	MTOW (kg)	항속거리 (km)	최대 마하 속도	길이 (m)	날개길이 (m)
A 320 ceo	186	78,000	6,100	M0.82	37.57	35.80
B737-800	189	79,016	5,436	M0.82	39.47	35.80
B737-900ER	220	85,139	5,460	M0.82	42.11	35.80
B737 Max 8	200	82,191	6,570	M0.79	39.47	35.92
B757-200	239	115,660	7,250	M0.86	47.30	38.00
A220-300	160	69,853	6,200	M0.82	38.70	35.10
COMAC C919	168	72,500	4,075	M0.785	38.90	35.80

자료: 각 항공기 제작사 웹사이트.

[2] 1996년 첫 생산된 B737의 3세대인 -600/-700/-800/-900의 4개 시리즈를 B737 Next Generation이라고 하며, 종전 2세대 기종인 B737-300/-400/-500 3개 기종은 B737 Classic(생산기간: 1981-2000)이라고 부른다. B737NG 기종은 2019년 5월까지 총 7,097대가 전세계에 인도되었다.

[3] A318, A319, A320, A321 4개 기종을 A320 Family라고 부르며 A320neo(new engine option)와 A320ceo(current engine option)는 A320에 포함된다. 2019년 5월 기준 인도대수는 총 8,845대이다.

항공기(CS 100 및 CS 300)는 에어버스의 A220(-200/-300) 기종으로 이름이 변경되었다.

(4) Intermediate Wide-body 항공기

Wide-body 항공기는 다시 중형(intermediate) 및 대형(large)으로 구분할 수 있다. 중형 Wide-body 항공기는 기내 통로가 두 개(twin-aisle)인 Economy석 기준 가로좌석 7열 이상 배치된 항공기를 지칭한다. 순항속도 650mph, 탑승인원 200~400명(대략 400명선 미만)의 중장거리 항공기로 대륙간 노선 등 대부분의 국제노선은 이 유형의 항공기로 운항한다. 그러나 거리가 짧더라도 인구가 밀집된 대도시의 경우에는 대형 항공기를 운항하기도 하는데, 이의 대표적인 예로는 아시아지역을 들 수 있다.

표 5-4 주요 Intermediate Wide-body 항공기

기종	최대 좌석수	MTOW (kg)	항속거리 (km)	최대 마하 속도	길이 (m)	날개길이 (m)
A330-300	440	242,000	11,750	M0.86	63.66	60.30
A350-900	400	280,000	15,000	M0.89	66.08	64.75
B767-400ER	409	204,116	10,415	M0.86	61.37	51.92
B787-9	406	254,011	11,908	M0.90	68.28	60.12
Ilyushin Il-96M	420	270,000	12,800	M0.84	64.70	60.12

자료: 각 항공기 제작사 웹사이트.

(5) Large Wide-body 항공기

통상 400명 이상 탑승이 가능한 장거리 대형 항공기로 주로 태평양, 대서양 양안의 초대형 도시나 장거리 허브와 허브 간의 인구 밀집도시를 연결한다. 이 시장은 에어버스와 보잉이 전세계적으로 과점체제를 형성하고 있으며, 대표적인 기종은 에어버스의 A380[4]과 보잉의 B747-8이 있다. 이 유형의 항공기는

4) 전층 복층구조로 통상 525명에서 최대 853명까지 탑승 가능한 2007년부터 생산하기 시작한 전세계 최대규모의 여객기이나 개발비 등 원가보전 문제 등으로 2021년까지만 라인이 가동될 예정이다. 2019년 6월 기준 총 238대가 생산되었다.

표 5-5 주요 Large Wide-body 항공기

기종	최대 좌석수	MTOW (kg)	항속거리 (km)	최대 마하 속도	길이 (m)	날개길이 (m)
A350-1000	440	308,000	14,750	M0.89	73.79	64.75
A380	853	575,000	15,200	M0.89	72.20	79.75
B747-8	605	447,696	14,816	M0.90	76.30	68.40
B777-300ER	396	351,533	13,649	M0.89	73.90	64.80

자료: 각 항공기 제작사 웹사이트.

취득가격, 자본소요비용, 여행비용이 가장 높지만 반면 좌석당 운항비용은 가장 낮으며, 금융담보가치 측면에서는 전세계적으로 이에 적합한 노선 및 대규모 승객을 유치할 만한 항공사가 제한적인 관계로 시장유동성이 활발하지 않아 인기가 그리 많지 않은 유형이라고 할 수 있다.

(6) 화물 전용기(freighter)

화물 전용기는 승객 대신 화물을 전용으로 운송하며, 크기별로 Narrow-body 또는 Wide-body로 다양한 유형이 있다. 화물은 여객기의 화물칸에 적재하여 운송되기도 하지만, 전용 화물기는 화물 적재 및 하역의 편의 특성상 여객기와 비교할 때 넓은 동체크기, 주날개의 동체상부 배치, 많은 수의 랜딩휠, 올라간 동체 뒷부분 등 화물운송에 특화된 특성을 가진다.[5]

표 5-6 주요 Freighter 항공기

기종	최대용적 (kg)	MTOW (kg)	항속거리 (km)	최대 마하 속도	길이 (m)	날개길이 (m)
B747-400ERF	124,010	412,775	7,585	M0.92	70.66	64.44
B747-8F	137,700	447,700	7,630	M0.90	76.30	68.40
B777F	102,010	347,815	9,200	M0.89	63.73	60.93
A330F	70,000	233,000	7,400	M0.82	58.82	60.30

자료: 각 항공기 제작사 웹사이트.

5) Cargo Aircraft, Wikipedia.

전용 화물기는 항공기 제작사로부터 신규로 구입할 수도 있지만 오래된 여객기를 화물기로 개조하여 전용하기도 한다. 화물기는 여객기보다 사이클상 운항빈도 및 가동시간이 짧아 내용연수가 보다 장기인 경우가 많아 감가상각 이 완료된 여객기를 화물기로 전용하는 것이 항공사의 재무상 유리할 수 있다.

3) Narrow-body 항공기의 유동성

보잉사의 장기 시장전망에 따르면 2018년 기준 전세계 여객기 중 Narrow-body 항공기의 구성 비중은 69%이나 20년 후인 2037년경에는 그 비중이 거의 74%까지 증가할 것으로 전망되고 있다. 앞으로 20년 동안 신규 Narrow-body 항공기의 증가 대수는 전체 항공기 중 79%를 차지할 것으로 전망되고 있는 데 이와 같이 Narrow-body 항공기가 고객들 사이에서 큰 인기를 끄는 이유로는 다음의 요인들을 들 수 있다.[6]

■ (비용절감) 제작사간 경쟁이 가장 치열한 유형인 만큼 새로운 유형의 항공기

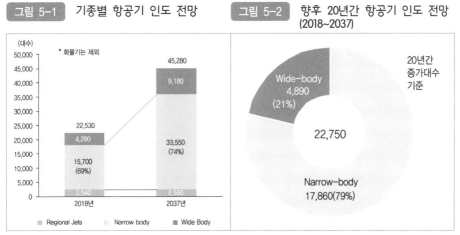

그림 5-1 기종별 항공기 인도 전망   **그림 5-2** 향후 20년간 항공기 인도 전망 (2018~2037)

자료: Current Market Outlook, Boeing 2018.   자료: Current Market Outlook, Boeing 2018.

6) Current Market Outlook 2018~2037(Boeing Capital).

개발보다는 기존 모델을 개선하여 항속거리를 연장하고, 보다 경량의 엔진을 적용하는 등 새로운 기술에 의한 연료 효율성이 지속적으로 개선됨에 따라 항공사의 운항비용을 절감할 수 있다.

■ (노선의 탄력성) 과거에는 항공사에게 수익이 나지 않거나 연결이 적합하지 않았던 중소 도시 또는 소규모 허브의 운항이나 연결 필요성이 점차 확대됨에 따라 이에 적합한 Narrow-body 크기의 항공기 수요가 더욱 증가하게 되었다. 특히 아시아태평양, 유럽, 북미지역을 중심으로 한 저가항공사(LCC)의 폭발적인 확산은 Narrow-body 항공기의 수요를 크게 확대시킨 주요 요인이다.

4) 주요 항공기 제작회사

전세계 상업용 항공기 제작산업은 현 체제로는 Airbus와 Boeing의 양사가 과점시장을 형성하고 있다. 그외에 지역 항공기를 주로 생산하는 캐나다의 Bombardier와 브라질 Embraer, 중국의 Comac 등이 있으나 그 비중은 그리 크지 않은 편이다. 더구나 2017년 Airbus가 Bombardier의 C-Series 항공기 프로그램의 과반지분을 인수하고, Boeing도 Embraer 상업용 항공기 지분의 80%를 인수하여 합작사를 출범시킬 예정으로 있어 거대 양사의 전세계 항공기 제작산업에 대한 시장 지배력은 더욱 증가할 것으로 예상된다. 양사가 이러한 과점체제를 형성하게 된 배경을 이해하기 위해서는 양사에 대한 역사를 간략하게 나마 살펴볼 필요가 있다.

(1) Airbus

1970년 프랑스 Toulouse 교외 지역을 본사로, 보잉사와의 경쟁을 위해 EU의 영국, 프랑스, 독일, 스페인 등 다국적 항공회사들의 컨소시엄에 의해 설립된 항공 우주회사이다. 설립 초기의 컨소시엄은 2000년에 European Aeronautic Defence and Space Company(EADS)가 80% 소유하고, 영국 BAE System이 20% 소유하는 단일 합작회사(joint-stock company)로 변경되었으며 이에 따라 사명도

Airbus Industrie GIE(1970-2001)에서 Airbus SAS(2001-2017)로 변경하였으나, 2017년 이후 Airbus SE로 개명되어 현재까지 유지되고 있다. 사업부는 민간 항공기, 국방·우주, 헬리콥터의 3개로 구성되어 있으며, 최종 항공기 조립기 지는 프랑스, 독일, 영국, 스페인, 중국, 미국의 전세계 각 지역에 분산되어 있다.

Airbus의 첫 항공기는 Air France에 인도된 쌍발엔진을 장착한 250석의 A300이었으며, 동 기종은 1977년까지 신생 항공기 제작사로서의 경험부족 등으로 잘 팔리지 않다가 미국 Eastern Air Line이 4대를 리스한 후 연료 효율 기종으로서의 인지도가 확산되면서 돌파구가 마련되었다. 이어 1984년에는 세계 최초로 민간항공기에 Fly-by-wire와 컴퓨터 컨트롤시스템이 적용된 A320 프로그램이 가동되어 항공사들에게 큰 인기를 끌었다. Narrow-body인 A320 Family는 경량화 및 동체 길이의 축소 등을 거쳐 A318, A319, A321로 확장되었고, 2019년 5월까지 전세계에 8,845대가 팔려나가 7,097대가 팔린 보잉사의 B737 NG Family를 제치고 동사의 주력 경쟁모델로 성장하게 되었다. 1993년에는 네 개의 엔진을 장착한 A340과 이듬해인 1994년 두 개의 엔진을 장착한 장거리 Wide-body 기종인 A330이 개발되어 인도되었다. 2007년에는 전층 복층으로 구성되어 최대 853명까지 탑승 가능한 세계 최대의 여객기인 A380이 개발되어 싱가폴항공에 첫 인도되었다. 경쟁 기종인 보잉사의 B747에 대항하기 위해 개발된 이 비행기는 너무 커서 전세계 공항 터미널의 개선과 활주로의 연장을 불러오게 한 기종이다. 한편, 2004년에는 Boeing사의 B777, B787과 경쟁하기 위해 기존의 A330 동체와 개선된 엔진을 적용하고 최초로 동체, 날개에 탄소섬유 강화소재를 채용한 A350이 개발되었다. 그러나 동 기종은 판매부진에 따라 2006년 첨단 복합소재는 그대로 사용하면서 동체 횡단면을 확대하여 최대 좌석 10열까지 확장·재디자인시킨 A350XWB(Extra Wide Body)가 출시되었다.

(2) Boeing

보잉은 1916년 미국 시애틀에서 출범하여 항공기, 헬리콥터, 로켓, 인공위성, 미사일 및 통신장비 등을 전세계에 생산·판매하는 다국적회사로, 산하에 5개의 주요 사업부[7]를 운용하고 있다. 대표적인 주력 사업은 상업용 항공기 및 국방·우주 부문이다. 현재의 보잉사는 여러 번의 합병의 결과물이다. 1996년 Rockwell International의 항공 및 국방부문을 인수하였고, 1997년에는 경쟁자로서 군용 및 상업용 항공기 제조업체이었던 McDonnell Douglas를 인수·합병하여 미국 최대의 항공기 제작업체로 부상하였으며, 이로써 유럽의 에어버스와 전세계적인 과점체제를 형성하는 기반을 구축하였다. 상업용 항공기의 제작·판매는 Boeing Commercial Airplanes에서 수행한다. 동사는 제2차 세계대전 후까지는 군용부문에 치중하다가 1958년 최초의 상업용 항공기인 B707을 미국 Pan American 항공사에 인도하였고, 1968년에는 쌍발 엔진을 장착한 보잉의 간판격 Narrow-body이자 베스트셀러 기종인 B737을 처음 출시하였다. B737 기종은 B737 Classic, Next Generation, MAX 등으로 시대의 변천에 따라 시리즈 명을 바꿔가며 계속 모델을 개량 출시하여 2018년까지 총 1만 대 이상이 생산된 전세계 베스트셀러 기종이다. 1969년에는 점보여객기라는 별칭을 지닌 최초의 Wide-body 대형 여객기인 B747을 출시하였는데, 여러 시리즈 중 B747-400이 가장 보편적으로 잘 알려져 있으며 4개의 엔진을 장착하여 최대 524명(2 class 기준)까지 탑승이 가능한 대형 기종이다. 2011년에는 에어버스의 복층 대형 항공기인 A380과 경쟁하기 위하여 B747-8 기종이 개발되어 과거의 B747 시리즈를 계승하고 있다. 한편 1982년에는 조금 작은 크기의 쌍발 엔진을 장착한 중대형 Wide-body 기종인 B767과 그 다음해에는 쌍발엔진 중형 Narrow-body인 B757이 도입되었다. 이 두 기종의 특징은 조종실을 공유하여 조종사나 승무원들이 추가적인 형식승인(type certificate)이나 연수 없이 운항할 수 있어 항공사의 비용을 절감할 수 있는 이점이 있는 기종이다. 1994년에는 쌍발 Wide-body인 B777이 도입되었는데 최초로 실물 모형(mock-up) 없이 컴퓨터로 디자인된 기종으로 Fly-by-wire[8] 및 컴퓨터에 의한 제어시스템을 채택하였

---

7) Boeing Commercial Airplanes(BCA), Boeing Defence, Space & Security(BDS), Engineering, Operations & Technology, Boeing Capital, Boeing Shared Services Group 등.

8) 항공기의 조종을 기계나 힘에 의해서가 아닌 전기신호와 컴퓨터를 통해 조종하는 방식. 조

〈주요 상업용 항공기 제작회사〉

다. 보잉의 최신 모델은 2011년 도입된 일명 Dreamliner로 불리는 중형 장거리 여객기인 B787기종인데, 쌍발 엔진을 장착하고 탄소복합 강화섬유[9]를 사용하여 항공기의 경량화, 제작과정의 단순화 및 연료 효율성을 보다 향상시킨 것이 특징이다.

5) 항공기 엔진

항공기에 사용되는 제트엔진은 물질을 뒤로 분사하여 힘의 작용과 반작용 법칙에 따라 항공기를 앞 방향으로 밀어 추력을 발생시키는 장치이다. 제트엔진에서 추력은 가스터빈이라는 내부 연소장치를 사용하여 얻어진다. 가스터빈은 외부에서 흡입된 공기를 컴프레서에 의해 고온, 고압으로 압축하여 연소실로 보내면 여기서 소량의 연료와 함께 점화, 폭발한 고온, 고압의 연소가스를 분사노즐을 통해 뒤로 분사하여 추력을 얻는 항공기의 심장과도 같은 장치이다. 분사된 가스는 항공기의 추력뿐만 아니라 엔진의 축(shaft, spool)을 돌려 공기를 압축하는 컴프레서를 구동하는 힘도 제공한다. 터빈의 추력을 사용하는 제트엔진의 종류에는 여러 형태가 있다.

보통 램제트, 터보프롭, 터보팬, 터보제트 등인데 초음속으로 비행하여야 하는 전투기의 경우 터보제트엔진이 사용되는 반면 아음속으로 비행하는 현대

종간의 움직임을 전기신호로 변환하여 각 제어 컴퓨터로 보내면 이에 연결된 각종 유압장치 등에 의해 항공기가 조종되는 시스템을 말한다. 항공기 설계시 조종시스템의 크기와 무게를 대폭 줄일 수 있다.

9) 탄소섬유강화폴리머(Carbon-fiber-reinforced polymer)라는 복합소재를 동체, 날개, 꼬리, 도어 및 내부 인테리어 등에 사용하여 무게는 1/4 정도로 대폭 줄인 반면 강도는 10배나 더 강한 것이 특징이다.

의 상업용 항공기에는 대부분 터보팬엔진을 사용한다. 터보제트엔진은 흡입된 모든 공기가 컴프레서, 연소실을 통해 그대로 빠져 나가는 반면, 터보팬 엔진은 흡입된 공기의 일부를 바이패스(by-pass)라고 하여 엔진코어의 바깥쪽으로 빠지게 하고 나머지 대부분의 공기는 내부 연소실을 통과하여 뒤로 분사하는 차이점이 있다. 이 바깥쪽으로 빠지는 공기와 내부연소실을 통과하는 공기흐름의 비율을 바이패스비율(by-pass ratio)이라고 하는데, 터보제트엔진의 경우 이 비율이 $1:0$인 반면 터보팬엔진의 경우에는 가령 $1:7$~$1:10$ 등으로 그 비율이 높다. 바이패스비율이 높다는 것은 바깥으로 빠지는 공기가 추가적인 추력을 제공하고, 또 내부 연소실로 흐르는 공기가 적을수록 분사되는 연료의 양도 적어져 이 두 가지 복합작용에 의하여 엔진의 연료 효율성이 개선되고 추력을 향상시키며 엔진의 소음도 줄일 수 있는 기능을 하게 된다.

터보팬엔진은 여섯 개의 블록부품으로 구성되어 있는데 이를 모듈(engine module)이라고 부른다. 팬(fan)/저압압축기(LPC), 고압압축기(HPC), 엔진코어(연소기, combustor), 고압터빈(HPT), 저압터빈(LPT), 노즐(nozzle) 등이다. 엔진의 모듈에는 각각 시리얼넘버, 사용시간(limited lifetime), 검사기한 등이 정해져 있어 엔진리스나 항공기 운용리스, 가치평가 등과 관련한 엔진의 유지·정비, 반환조건 등을 설계하려면 이 모듈에 대해 어느 정도 이해를 갖추고 있을 필요가 있다.

터보팬엔진의 작동원리는 우선 앞쪽의 팬블레이드가 회전하면서 막대한

| 그림 5-3 | 터보팬엔진 | 그림 5-4 | 2 Spool 엔진의 구조 |

자료: Aircraft Monitor.

자료: Aircraft Monitor.

양의 공기를 흡입하면 그 공기가 일렬로 배치된 저압압축기와 고압압축기로 들어가면서 통로가 좁아져 점차 고온·고압의 공기가 만들어지게 되며, 이 압축된 공기를 연소실에서 연료와 함께 불을 붙여 연소시킴으로써 이때의 팽창력으로 터빈을 돌리고 배기구를 통해 고속의 제트기류를 분출하여 추력을 얻는다. 터빈과 샤프트는 서로 연결되어 있으며 저압의 컴프레서는 저압의 터빈에 의해, 고압의 컴프레서는 고압의 터빈에 의해 구동되는데, 이 때문에 터보팬엔진을 2 Spool Axial Flow Fan Engine이라고 부르기도 한다.

6) 항공기 엔진제작회사

상업용 항공기 엔진은 보잉과 에어버스 등 항공기 제작회사에서 기종별로 요구하는 사양에 맞추어 개발하고 제작된다. 전세계 항공기 엔진 제작산업은 엔진개발상의 기술적 어려움과 막대한 개발비용의 소요 등에 따르는 리스크 분산을 위하여 설립된 합작회사를 제외하면 소수의 3개 엔진제작회사(미국의 General Electric, Pratt & Whitney 그리고 영국의 Rolls Royce)가 전세계 시장을 분할하는 과점시장체제를 형성하고 있다.

일반적으로 엔진제작회사(OEM: Original Equipment Manufacturer)의 사업모델은 엔진 개발 초기에 막대한 연구·개발(R&D) 비용이 소요되고, 항공기에 장착되는 엔진의 판매만으로는 손실을 시현하는 경우가 많아 이후 애프터 마켓 단계에서의 스페어엔진, 스페어부품 등의 판매로 이익을 시현하는 구조적인 특징을 갖고 있다. 따라서 일단 특정 엔진이 개발된 이후에는 50년 이상 장기적으로 사업모델이 지속되는 경우가 많다. 이러한 관점에서 엔진의 시장지배력 관건은 특정 엔진의 모델이 항공기에 지속적으로 장착되는 것이라고 할 수 있다.

(1) General Electric

1878년 토마스 에디슨이 설립한 전기조명회사를 모체로 하여 1892년 Edison GE Company와 Thomas-Houston Electric Company 두 회사의 합병으로 설립된 보스턴에 본사를 둔 글로벌 다국적 인프라기업이며, 이후에는 GE

란 브랜드 이름으로 전세계에 더 잘 알려져 있다. 다수의 자회사를 통해 항공, 전력, 헬스케어, 재생에너지, 운송, 디지털, 금융, 벤처, 조명, 석유·가스 등 다양한 분야에 걸친 사업을 영위하고 있으며, 2000년 Forbes Global에 의해 세계 4대 기업으로 선정된 바 있다. GE의 항공엔진 제조사업은 100여 년 전인 1917년 설립된 GE Aviation에서 담당하고 있으며, 1942년 미국 최초의 터보제트엔진(I-A) 및 1945년 터보프롭엔진(T-31)을 개발하였고 세계최초의 마하 2엔진, 12만파운드 추력엔진을 개발하는 등 군용기, 상업용 항공기, 미사일, 헬리콥터엔진 분야에서 수많은 세계 최초, 세계 최고의 기록을 보유하여 항공산업의 기술발전을 선도하여 온 기업이다. 오늘날 동사는 상업용 항공기의 B767과 A330에 동력을 제공하는 CF6엔진, Bombardier의 CRJ 및 Challenger, Embraer E-Jets, Comac ARJ21에 장착되는 CF34엔진, B777에 장착되는 GE90엔진, B787 및 B747-8기에 장착되는 GE Next Generation(GEnx)엔진 등을 생산·공급하고 있으며, 2020년경 서비스될 예정인 B777X에 장착할 세계 최대의 GE9X 엔진을 개발하고 있다. 한편, GE는 다른 엔진제작회사와 협력한 두 개의 합작회사를 운영하고 있는데 1996년 Pratt & Whitney(P&W)와 50 : 50으로 설립된 Engine Alliance(EA)와 프랑스 Safran Aircraft Engines(구 Snecma)와 1974년 공동으로 설립된 CFM International이 있다.

(2) Pratt & Whitney

P&W는 미국의 다국적 산업그룹인 United Technologies(UTC)의 전액 출자 자회사로, 1925년 라이트형제가 설립한 Wright Aeronautical의 사장이자 항공 공학자였던 Frederick Rentschler가 독립하여 미국 Connecticut주 East Hartford에 설립한 글로벌 항공우주 제조회사이다. 모회사인 UTC는 항공기, 헬리콥터, 인공위성 등 항공우주시스템(Collins Aerospace), Otis 브랜드로 잘 알려진 엘리베이터, 에스컬레이터, 무빙워크(Otis Elevator Company), Carrier 브랜드로 알려진 에어콘, 열교환기(Carrier Corporation) 및 각종 소방시설(UTC Fire & Security) 등 다수의 산업분야를 영위하고 있으며, 이중 P&W는 군용 및 상업용에 쓰이는 다양한 항공기 엔진뿐만 아니라, 산업용 가스터빈, 발전터빈, 로켓엔진 등도 아울러 생산하

고 있다. 동사는 1920년대 실린더가 별모양으로 배치된 Radical Engine 형태인 Wasp 시리즈 엔진을 성공적으로 개발하여 군용 및 농업용 항공기에 공급하다가 상업용 항공기에 사용되는 제트엔진을 처음 생산하기 시작한 것은 JT3 터보팬엔진모델을 개발한 1950년대말 부터이다.

오늘날 상업용 항공기에 사용되는 동사의 주력엔진은 B757 모델을 위해 개발된 PW2000, B747-400, B767, B777, A300-600, A310, A330, MD-11기에 동력을 제공하는 PW4000, A318기에 적용된 PW6000, 최신 개발된 A320neo와 Embraer의 2세대 E-Jet 기종 등에 장착되는 PW1000G 엔진 등이 있다.

(3) Rolls-Royce

전세계 3대 엔진제조업체 중 유일하게 미국지역 이외에 소재한 기업이다. 일반에게는 수제 럭셔리자동차로 더 잘 알려져 있으며, 1906년 Charles Rolls 와 Henry Royce가 공동 창업하여 각자의 성을 합친 Rolls-Roys Limited란 이름으로 설립되었다. 항공기 엔진은 제1차 세계대전의 발발에 따른 군용 요청으로 1914년 첫 엔진인 RR Eagle을 개발·생산하면서부터 시작되었다. 그러나 1971년 Lockheed의 L-1011 Tristar 항공기용 RB211 엔진 개발에 따른 경영악화로 국유화되어 RR Group plc로 개명되었다가, 2011년 지주회사인 RR Holdings 산하회사로 재편되었다. 한편, 자동차부문은 1973년 영국정부에 의해 Vickers에 매각되었다가 1998년 독일 자동차회사인 BMW에 의해 최종 인수되었다. 동사는 민간 및 군용 항공기 엔진뿐만 아니라 로켓엔진, 해양추진기, 잠수함 원자로, 산업용 가스터빈 등도 생산한다. 오늘날 RR 엔진은 전세계 2000대 이상의 상업용 항공기에 장착되어 있으며, 20개 이상의 항공기 모델에 엔진을 공급하고 있다. 주요 제품은 Regional Jet기에 사용되는 BR700 및 A330, A330neo, A340, A350, A380, B777, B787 등에 사용되는 Trent 시리즈가 있다. GE 및 PW 양사와 엔진 합작회사도 운영하고 있다.

(4) CFM International

CFM International은 프랑스의 Safran Aircraft Engines(구 Snecma)와 미국의 GE Aviation의 50 : 50 합작에 의해 당시 CFM56 터보팬엔진 개발을 위해 1974년에 설립되었으며, 본사는 미국 오하이오주 Cincinnati에 있다. CFM International 과 CFM56이란 이름은 당시 GE의 CF6 엔진과 Snecma의 M56 엔진의 이름을 합성하여 만든 것이다. 엔진의 구성부품은 양사가 분담하여 생산·조립한다. CFM56 엔진은 동사 설립과 동시에 개발되어 1982년에야 처음 장착되기 시작 하였지만 현재도 생산중인 전세계에 가장 많이 팔린 베스트셀러 모델이다. 이 모델은 A320 Family(A318/A319/A320/A321), B737classic(-300/-400/-500), B737NG (-600/-700/-800/-900), 군용제트기 등에 사용되고 있으며 2017년 6월까지 전세계 570개 이상 운항사, 2,400대 이상의 항공기에 총 3만 1천대 이상이 판매되었 다.[10] 최근에 선보인 동사의 두 번째 모델은 CFM56을 뒤이은 Leap 터보팬엔 진으로 A320neo, B737Max, Comac C919에 장착되고 있으며, Pratt & Whitney 의 1000G가 경쟁 모델이다. 두 모델 모두 전세계에서 가장 많이 팔리는 Narrow-body 기종에 장착되는 모델들이다.

(5) Engine Alliance

Engine Alliance는 1996년 GE Aviation과 Pratt & Whitney의 50 : 50 합작 으로 미국 Connecticut주 East Hartford에 설립된 엔진제작 법인이다. 원래 보 잉사의 B747-500/600X 프로젝트 장거리 기종 개발에 필요한 추력(70,000~ 85,000lb)을 제공하는 엔진이 필요하였으나, 당시 GE와 PW에는 이에 맞는 엔진 이 없어 이를 개발하기 위한 목적으로 설립되었다. 그러나 B747-500X/600X 기종이 항공사들의 수요부진으로 개발이 취소됨에 따라 초대형 기종인 A380기 를 목표로 한 엔진을 개발하는 것으로 변경하였다. 개발 당시 A380기에는 Rolls-Royce의 Trent 900 엔진이 주력엔진으로 선정되어 있었고 또 초반 대부

---

10) http://www.cfmaeroengines.com/engines/cfm56/cfm56-brochure.

분의 항공사들이 이를 선택하였으나, 동사의 GP7000 엔진은 2004년 첫 출시 후 2007년에 Emirates 항공사가 단일거래에 의해 55대의 A380-800기에 동사의 엔진을 장착하기로 결정함에 따라 시장점유율이 단번에 47%로 상승하였다. 동사의 GP7200모델은 2019년초 기준 590대 이상이 장착되어 서비스중이며 최대 81,500lb까지 추력을 제공한다. EA에 따르면 GP7200 엔진은 Trent 900에 비해 낮은 소음에, 낮은 CO_2 배출, 연료절약형 엔진으로서 항공기당 연간 $50만의 연료비를 절약할 수 있다고 알려지고 있다.[11]

(6) International Aero Engines

International Aero Engines(IAE)는 1983년 150석 규모의 단일통로(single-aisle) 항공기 엔진을 개발하기 위해 전세계 4개 엔진제작업체(영국 Rolls Royce, 미국 Pratt & Whitney, 독일 MTU Aero Engines, 일본의 Japanese Aero Engine Corporation)가 참여하여 스위스에 설립된 다국적 합작법인이다. 그러나 2012년 Rolls Royce가 지분을 P&W에 매각하여 현재는 P&W 및 P&W Aero Engines International(스위스)이 49.5%의 지분을 보유하고 있으며 합작계약은 2045년까지 연장된 상태이다. Rolls Royce는 현재 지분은 없으나 여전히 부품공급 및 엔진생산에 전략적으로 참여하고 있다. 동사의 주력모델은 1989년부터 생산을 시작한 V2500 엔진으로 A319, A320, A321, MD-90, Embraer KC-390 등 Narrow-body 항공기에 장착되어 세계적으로 총 7천개 이상 판매된 IAE의 성공적인 모델이며,[12]

〈주요 항공기 엔진제작회사〉

| General Electric | Pratt & Whitney | Rolls Royce | CFM International | Engine Alliance | International Aero Engines |

11) http://www.enginealliance.com.

12) http://i-a-e.com.

전세계에서 운항되는 A320 Family 기종의 45%가 V2500 엔진에 의해 동력을 얻고 있다.

7) 항공기 기종별 엔진 옵션

항공기 제작회사에서 생산하는 항공기 기종에는 옵션에 의해 각각 장착할 수 있는 엔진의 모델이 정해져 있다. 가령 B787 Dreamliner 기종에는 GE사의 Gnex-1B와 RR의 Trent 1000의 두 가지 엔진 모델 중에서 선택할 수 있다.

표 5-7 주요 항공기별 장착가능 엔진

항공기 기종	엔진수	장착가능 엔진		
A319/A320/A321	2	CFM56-5A/B	V2500	
A319neo/A320neo/A321neo	2	Leap-1A	PW1100G	
A330	2	CF6	PW4000	Trent 700
A330neo	2	Trent 7000		
A350	2	Trent XWB		
A380	2	GP7200	Trent 900	
737(-300/400/500)	2	CFM56-3B		
737NG(-600/700/800/900)	2	CFM56-7B		
737MAX(-7/8/9/10)	2	Leap-1B		
747-8	4	Gnex-2B		
757	2	RB211	PW2000	
767-300ER/300F	2	CF6	PW4000	RB211
777-200LR/300ER/F	2	GE90		
787 Dreamliner	2	Gnex-1B	Trent 1000	
ERJ 145 Family	2	AE 3007		
E-170/175/190/195	2	CF34		
CRJ(all varients)	2	CF34-8		

5.2 SPC(차주/리스사)의 설립

1) 개요

대부분의 구조화금융 거래에서는 대상자산의 법적 소유권을 Tax Haven 지역에 설립하는 SPC(single purpose company)에 두고, 대출은행들이 이 SPC에 자산 담보부 대출을 공여하는 방식을 취한다. 따라서 SPC 구조는 항공기금융뿐만 아니라 선박금융, 프로젝트금융, M&A, 유동화증권 등 폭넓은 분야에서 사용된다. SPC는 보통 조세 친화적이며 법률, 경제시스템이 안정되어 있는 국가에 설립하는데, 항공기금융의 경우 케이만이나 버뮤다, 아일랜드 등이 가장 많이 이용되고 있으며, 그 밖에 거래목적 및 구조 등에 따라 미국 델라웨어주나 네덜란드, 룩셈부르크 등도 자주 활용되고 있는 지역이다.

SPC라는 용어는 구조화금융(structured finance) 실무상 또는 여러 관계 문헌에서 특수목적법인(special purpose vehicle), 단일목적법인(single-purpose company) 또는 파산절연기관(bankruptcy-remote vehicle: BRV)이라는 용어와 구별없이 혼용되기도 한다. 그러나 그 구조나 역할, 의미 등은 설립되는 지역의 법률요건, 거래구조, 참여 당사자의 의사 등에 따라 상당한 차이가 있다고 할 수 있다.

기본적인 개념으로서 SPC는 일반적으로 "자체활동의 결과에 의해서는 파산을 초래할 여지가 적고, 관련 당사자의 파산에 따른 영향에서 위험이 격리되는 법인의 유형"13)이라고 정의할 수 있다.

---

13) David W. Forti, Bankruptcy Remote Structuring, Dechert, April 1-3, 2001 and Gordon L. Gerson, Special Purpose Bankruptcy-remote Entities.

2) 직접적인 항공기 담보대출

그렇다면 자체활동의 결과에 의해 파산을 초래할 여지가 적은 법인의 유형은 어떤 것일까? 일단 대출은행은 항공기의 구입자금을 대출할 때 일반적으로 항공기를 담보로 취득하는 것이 일반적이므로 만약 SPC를 설립하지 않고 항공사와 대출은행의 두 당사자 간에 차입과 대출이 직접적으로 이루어진다면 어떤 효과를 갖는지를 분석해 볼 필요가 있다. 이 양자간 구조에서는 항공기 소유권을 차주인 항공사가 보유하고, 은행은 채권의 담보물인 항공기의 저당권만을 취득하게 되어 대상자산이 항공사의 다른 영업, 채무와 섞일 뿐만 아니라, 국제적인 항공운송사업의 특성에도 불구하고 국내법적인 영향을 크게 받아 저당권 실행 또한 용이하지 않을 수 있다. 이때 조세친화적이고 중립적인 Tax Haven 지역에 SPC를 설립하여 항공기의 법적 소유자(legal owner), 임대인(lessor) 및 차주(borrower)의 기능을 독립적으로 수행하게 한다면 은행은 채권상환의 재정적 위험을 항공사의 파산 등 신용위험으로부터 절연시킬 수 있을 뿐만 아니라 자본집약성, 높은 이동성, 운항의 국제성을 띠는 항공기 사고 등에 따른 손실 가능성 등 각종 위험으로부터 격리시키는 효과를 거둘 수 있다. 아울러 채권단으로서는 항공기 담보의 실행과 관련하여 좀더 다양한 선택권을 행사할 수 있는 이점[14]도 있다. 이와 같이 관계당사자로부터 위험을 분리할 수 있는 SPC 구조는 대주단에게 보다 낮은 수준의 위험부담 및 신용도 상승 가능성이라는 이점을 제공하며, 따라서 항공사는 리스크가 낮아지는 만큼 자금조달원가를 어느 정도 절감할 수 있는 혜택이 있다.

3) SPC의 설립효과

항공기금융을 제공하는 대주단과 관계 당사자의 입장에서 SPC를 설립하는 목적에는 여러 가지가 있을 수 있으나 핵심적인 기능을 든다면 조세절감(tax

---

14) SPC 소유자산에 대한 담보권을 실행하거나 또는 SPC 모회사로서의 권리 행사를 통해 항공기 담보를 재확보할 수 있는 등의 이점이 있다.

exemption), 관계 당사자로부터의 파산절연(bankruptcy-remoteness), 불필요한 각종 리스크의 차단(ring-fence) 등을 들 수 있을 것이다.

(1) 조세절감(tax exemption)

다국적 당사자가 참여하는 항공기금융은 대표적인 국제 여신거래로서 사용하는 금융기법에 따라 소득세, 원천징수세(withholding tax), VAT 등 다양한 세금이 발생하게 된다. 법적으로 항공기의 소유자, 임대인 및 차주의 역할을 하는 SPC를 조세 친화적인 국가에 설립하게 되면 관련된 세금을 면제하거나 절감할 수 있는 이점이 있다. 예컨대 항공기 운용리스 거래에서는 아일랜드에 SPC를 설립하는 경우가 많은데, 아일랜드는 정책적으로 전세계의 많은 국가들과 이중과세방지협정(double tax treaties)을 체결하고 있어 항공사나 대주가 이들 국가에 소재하는 등 협정상 일정 적격요건에 해당하는 경우 국가 간 리스료 지급이나 차입금의 이자지급에 대한 원천징수세가 없으며 VAT나 인지세도 면제된다. 즉, SPC가 아일랜드에 설립되는 경우 리스료는 항공사의 소속국가에서 아일랜드로 지급되며, 대출이자는 아일랜드에서 대주단이 소속된 국가로 각각 지급되게 되는데 리스료는 양국 간 이중과세방지협정에 의하여, 지급이자는 아일랜드의 정책에 의해 어느 국가로 지급되든 면제되는 혜택을 누릴 수 있다. 케이만 군도 또한 역외금융의 경우 법인세, 원천징수세, 자본이득세 등 세금이 전혀 없는 Tax Haven 지역으로, 대부분의 항공기금융 거래시 SPC의 설립국가로 자주 활용되는 지역에 속한다. 구조에 따라서는 조세절감 등을 위해 소유자와 임대인 및 차주의 기능을 각각 분리하여 케이만과 아일랜드에 SPC를 복수로 설립하는 경우[15]도 많다. 어떤 경우든 당사자의 조세문제는 해당 국가의 설립 법률이나 세법 등에 따라 국가마다 다를 수 있으므로 전문 변호사의 면밀한 검토를 거쳐 추진될 필요가 있다.

---

15) 이 경우 리스를 Head Lease와 Intermediate Lease의 두 개로 구분하여 항공기의 소유자는 Head Lessor, 항공기의 임대자는 Intermediate Lessor라고 한다. Intermediate Lessor는 임차인의 렌트료 지급시 원천징수세 면제를 목적으로 아일랜드에 SPC를 설립하는 경우가 많다.

(2) 관계 당사자로부터의 파산절연(bankruptcy-remoteness)

SPC 설립에 있어서 가장 중요한 요소는 파산에 대한 절연성(bankruptcy re-moteness)을 확보하는 것이다. '파산절연'이란 자체의 사업활동 결과에 의해서는 파산할 수 없고, 동일한 기업그룹 내 다른 회사의 파산상황과도 적절히 격리되어 그 경제적 충격을 최소화할 수 있는 상태를 말한다. 모회사의 입장에서 볼 때 수반되는 책임에 상당한 충격이 예상되는 특정 사업의 경우 경제적 효익은 그대로 취하면서, 법률적 소유권만을 별도로 분리하여 모회사를 보호하는 과정적, 단계적인 개념을 내포한다고 할 수 있다. 이러한 파산절연 기능은 항공기 자산의 소유권을 단순히 SPC로 이전하여서만 발생하는 것이 아니라 관련 계약서의 서약조항 등에 파산의 가능성을 단절시키기 위한 여러 가지 제한 및 격리 조항들을 구체화함으로써 비로소 발생한다고 할 수 있다. 따라서 파산절연의 개념은 다소 폭넓은 개념이며, 보다 세분화하면 SPC의 사업목적을 제한하는 Single-purpose, 관련된 위험을 외부로부터 차단시키는 Ring-fence 또는 이해 당사자와의 영향을 단절하고 독립성을 부여하는 Orphan Structure 등의 기능이 혼재되어 있는 개념이라고 할 수 있다. 이러한 파산절연기능은 대주 등 채권자가 거래 스폰서인 리스회사에 대해 소구할 수 없는(non-recourse) 항공기 운용리스, Warehouse Facility, 항공기 ABS 등 일명 Back-leveraged Lease 거래의 경우 특히 강조되는 개념이다. 다만 이 개념은 거래구조 및 실질에 따라 판단되어야 하므로 SPC의 모회사, 사업주, 관계회사 등의 파산사건 발생 시 SPC가 파산재단(bankruptcy estates)에 귀속되어 통합(consolidation) 대상에 포함될 여지가 없다는 사유 등이 관련 Legal Opinion에 구체적으로 명시되어 있어야 한다.

SPC 구조를 설계할 때 파산절연을 구성하는 주요 요소들을 좀더 구체적으로 열거하면 다음과 같다.

① 제한된 소구권(limited recourse)

항공기금융 대출계약서에는 차주인 SPC의 책임은 오직 법적 소유자산인 항공기 자산과 대출금융기관을 위하여 제공된 담보패키지(항공기저당권, 리스권리, 보험청구권 양도 등)로부터 발생하는 수익금으로만 제한된다고 명시하고 있다. 이 말은 대출계약서상 디폴트사유가 발생하더라도 채권단은 구조상 SPC가 수취하는 실제 현금흐름에만 한정하여 채권을 회수할 수 있으며, 그 외 채권단이나 항공사 등 외부당사자의 손실 등에 대해 차주는 아무런 책임을 지지 않는다는 것을 의미한다. 그렇다고 하더라도 제한적인 상황에서는 SPC도 채권단에 대해 최소 한도의 범위 내에서 책임을 인정하고 있다. 예를 들면 사기, 고의나 중과실, 진술·서약이나 관련 계약서상 차주로서의 제반 의무위반 등으로, 이들 예외 조항들은 Limited Recourse 목적을 저해하는 요인으로 받아들여지기도 하여 논란이 있기도 하지만, 금융기관으로서는 SPC에 대한 통제를 강화하는 수단으로서 폭넓게 채택되고 있는 문언들이다. 어쨌든 Limited Recourse 조항은 상당히 중요한 의미를 내포한다. SPC를 외부요인에 따른 파산 가능성으로부터 원천적으로 차단시켜 SPC의 계속적인 존속을 가능케하고, SPC의 이사진들도 최소한의 제한된 리스크만을 부담하게 함으로써 SPC의 설립을 보다 용이하게 촉진시키는 요인이 되기 때문이다.

② 비파산청구 서약(Non-petition Covenants)

거래에 참여한 당사자들이 비록 거래와 관련된 사업주가 파산에 처한다고 하더라도 SPC에 대해서는 파산의 청구를 하지 않겠다는 서약을 하는 것이다. 이는 Limited Recourse 문언과 함께 SPC의 파산절연 개념을 보강하는 개념에 해당된다.

③ Single Purpose 또는 사업수행의 제한

항공기금융 대출계약서의 서약조항(covenants)이나 SPC 정관 등 설립서류에는 SPC의 설립목적, 차입행위, 기타 활동에 대해 다음과 같은 엄격한 제한을 두고 있다.

- (사업내용의 제한) SPC는 항공기의 소유자 및 임대자로서, 항공기의 소유와 운용사업인 리스, 관련 금융조달 및 항공기 처분 이외에는 어떤 다른 사업도 수행할 수 없다.

- (차입행위의 제한) SPC는 차주로서 저당권의 대상인 본건 항공기와 관련된 차입행위 이외의 (조세, 운영비등 제외) 어떠한 채무생성이 금지된다.
- (청산, 합병 등의 제한) SPC는 존속하는 기간 동안 파산, 청산, 인수·합병, 자산의 매각, 제3자에 대한 담보제공 등이 금지된다.

이 조항들은 일반적으로 SPC의 Single Purpose 또는 Special Purpose 조항으로 알려져 있으며, 허용된 거래 이외에 추가적인 부담이나 리스크를 차단하여 채권단이 SPC를 효율적으로 통제하는 수단이자 담보 채권자로서의 지위를 안정화시키기 위한 기능을 수행하는 요건들이다.

④ 독립적인 통제가 가능한 SPC 이사진의 선임

SPC의 이사진(board of directors)은 통상 SPC가 설립되는 지역의 법률에 의해 규정된 최소한의 인원으로 구성된다. 또한 사업주나 그룹내 계열회사와는 전혀 관련성이 없는 당사자를 선임하여 독립적 의사결정을 내릴 수 있도록 보장하거나, SPC의 업무범위를 사업주 등의 사업과는 관련이 없는 별개의 영역으로 한정케 하여 관계회사와의 단절을 꾀한다.

(3) 불필요한 각종 리스크의 차단(ring-fence)

SPC 구조는 채권자의 원리금상환을 본건 대상사업의 사업수행에서 발생하는 현금흐름에 의존하는 이른바 Project Financing 방식에서 거의 공통적으로 채택하고 있는 개념이다. 항공기금융 또한 Project Financing의 일종으로서 다른 채무와의 분리는 항공기금융의 핵심 구조에 속한다. Ring-fence란 항공기 리스기간중 임대인인 SPC의 수익인 리스료(security deposit 포함)가 다른 자금과 섞이지 않고 둘레에 울타리가 쳐지듯이 격리됨을 뜻하며, 많은 경우 위에서 언급한 SPC의 파산절연 개념과 구분없이 혼용되어 사용되기도 한다. 다른 현금흐름과 차단되는 것은 SPC의 영위 업무를 해당 거래에 대해서만 엄격히 한정하고 있는 Single Purpose 조항에 따라 다른 재원은 보유할 수 없는 결과이기도 하다. 관계당사자와 제3자 채무와의 격리를 위해 금융계약서나 SPC 설립서류에는 고유의 장부·기록, 자체계정, 재무제표를 유지하며 자신의 이름으로 사업을 수행할 것 등이 명시된다. 이와 같이 SPC를 항공사, 대주단 및 다른 당사자로부터 격리하는 Bankruptcy-remote 또는 Ring-fence 기능은 항공기 소유에 따른 위험의 분리, 각종 규제의 회피를 가능케하는 요인으로 항공기금융 거래의 안정성과 신용도를 보강하는 효과를 갖는다.

(4) 항공기 소유에 따른 위험 차단

항공기의 소유자는 항공기의 멸실이나 손상이 초래되었을 경우 상황에 따라 일정 한도의 책임부담으로부터 자유롭지 않을 수 있다. 그러나 항공기의 소유권을 별도로 설립된 SPC가 보유하게 한다면 채권단, 항공사 등 다른 당사자들은 자산의 소유에 따른 위험으로부터 보호받을 수 있을 뿐만 아니라 대주단 입장에서도 채무불이행이 발생하는 경우에 하나의 패키지로 하여 담보실행을 보다 신속·간편하게 추진할 수 있는 장점이 있을 수 있다.

(5) 각종 규제로부터의 회피

항공기의 소유권을 Tax Haven 국가가 아닌 다른 특정 국가에 등록케 하는 경우 관리, 절차나 집행 또는 법적 불확실성 등 여러 가지 규제에 의하여 제약을 받을 수도 있다. 그러나 항공기금융에서 많이 활용되는 케이만, 아일랜드 등은 대부분 조세가 없을 뿐만 아니라 간편한 SPC 설립절차, 투명한 법률시스템, 안정적인 정치환경, 엄격한 비밀보장, 외환 자유화, 전문 서비스 등이 발달한 지역으로 이러한 각종 규제들을 회피할 수 있는 국가들이다.

(6) SPC 주식질권(Share Pledge)

SPC가 대상 항공기를 소유할 경우 대주단은 SPC의 주식에 대한 질권을 보다 용이하게 확보할 수 있다. 대상 항공기 이외에 다른 자산을 SPC 또는 기관이 소유하거나 리스하게 되면 해당 항공기에 대한 주식질권을 확보하기가 용이하지 않을 뿐만 아니라 SPC를 통제하기에도 어려움이 있을 수 있다.

SPC 주식에 대한 질권설정에 관해서는 본 장의 5.6 기타 항공기금융 채권보전 편에서 보다 자세히 서술할 예정이니 이를 참조하시기 바랍니다.

4) SPC의 설립유형

항공기금융에서 사용되는 SPC의 유형에는 다음과 같이 세 가지로 크게 구분할 수 있다.

- 유한회사(limited liability company) 형태
- 독립신탁(orphan trust) 형태
- 합자회사(limited partnership) 형태

(1) 유한회사(limited liability company) 형태

항공기금융 거래의 당사자인 특정 기관이 조세중립(tax haven) 지역에 통상 유한회사(limited liability companies)인 자회사 방식으로 설립되는 유형이다. 이 유형은 SPC의 출자자가 누구냐에 따라 자금을 제공하는 은행이 출자하는 방식, 항공사(또는 리스회사)가 출자하는 방식, 지분투자자가 출자하는 세 가지의 방식으로 나누어질 수 있다.

먼저 은행이 출자하는 경우는 은행이 SPC를 직접 통제할 필요성 및 항공사의 임의적인 자산처분 가능성 등을 원천적으로 차단하기 위하여 과거 대략 1990년까지의 항공기금융 거래에서 주로 통용되던 방식이다. 그러나 대출은행이 SPC의 직접 주주가 되는 경우에는 대주 국가의 법률과 해석에 따라 금융업16)을 영위하는 해외법인에 대한 해외직접투자가 되어 관계당국에 의한 인허가 문제, 회계처리상 SPC의 모회사인 은행과의 통합이슈, SPC 손익의 은행 납부조세에의 영향 등에 관한 논란의 여지 등이 발생할 수도 있으므로 이 부분에 대해서는 면밀한 사전 검토가 필요하다. 이 방식은 해당 국가의 법률에 따라서는 양 계정의 귀속에 따른 주식취득 제한 등 제약요인으로 작용하기도 하여

---

16) 우리나라의 경우에도 SPC는 분류상 항공기의 리스, 차입 등을 영위하는 금융업으로 분류된다는 것이 다수설이다.

1990년 후반부터는 은행 대신에 실질적인 리스크 당사자인 항공사 또는 항공사의 해외주재 직원을 소유주로 등재하는 경우로 점차 보편화되었다.

둘째, 항공사 또는 리스회사(또는 그 담당직원)가 출자하여 소유하는 경우이다. 이 경우에도 문제가 모두 해결되는 것은 아니어서 SPC의 설립 이후 청산까지 통상 10년 이상 장기간 존속함에 따른 관리상의 비효율적 측면, 특히 직원을 주주로 내세웠을 경우 기업 인사이동으로 해당 직원이 다른 부서로 배치되거나 또는 퇴직함에 따른 SPC 관리상 불편문제가 대두될 수 있는 한편, 항공사의 파산시 SPC가 행여 항공사의 파산재단으로 귀속되어 대주은행 입장에서 항공사 소유 항공기에 대한 담보권을 실행할 수 없을지도 모른다는 우려가 일부 제기되는 등의 결과로 항공사나 리스회사 등 거래당사자가 아닌 외부 독립적인 주체가 출자하는 방식으로 점차 보편화되고 있는 추세이다. 이는 채권단 입장에서도 SPC를 실질 리스크 주체인 항공사로부터 독립시켜 가급적 SPC의 Bankruptcy Remoteness 기능을 강화하는 편이 채권단의 지위를 보다 공고히 할 수 있다는 설득력을 얻기 때문이다.

항공사나 리스회사 또는 아래에서 설명하는 Orphan Trust에 의해 제3자가 SPC를 소유하는 경우에도 항공기의 소유자인 SPC에 대한 통제목적 내지는 항공기 담보실행의 대안적 수단으로서 공히 SPC의 주주가 대주단에게 주식질권(share pledge)을 제공하는 것이 일반적이다.

셋째, 지분투자자(equity investor)가 출자하여 소유하는 형태로 거래구조에 따라 대주단 이외에 지분투자자가 개입하는 대부분의 레버리지드리스 구조가 여기에 해당된다. 지분투자자는 아래 설명하는 합자회사(limited partnership) 방식과 마찬가지로 SPC의 거액 항공기 소유로부터 발생하는 감가상각비 공제 등 조세혜택의 수혜 또는 항공기의 매각에 따른 투자차익 거양 등을 목적으로 출자하는 경우가 일반적이다.

(2) 독립신탁(orphan trust) 형태

최근 대부분의 항공기금융 거래에서 폭넓게 활용되고 있는 소유형태로 금융기관, 항공사, 리스회사 등 SPC와 직접 연계성이 없는 독립적인 외부기관이 출자하고 전문 서비스기관이 SPC를 관리케 하는 방식이다. 이 구조에서 SPC는 케이만 등 조세중립지역에 유한책임회사(limited liability company) 형태로 설립되며, 출자는 통상 그 지역에 소재하는 법무법인 내지는 기업사무관리회사(corporate service provider)가 법정 최소한의 자본금 수준[17])으로 출자한다. 이때 SPC가 발행한 주식(수익금포함)은 수탁자(trustee)에게 이전하여 법적 소유권을 보유케 하되 "Declaration of Trust"를 통해 신탁자산을 자선신탁(charitable trust) 또는 특정목적신탁(special purpose trust)의 형태로서 하나 또는 그 이상의 자선기관 또는 지정된 기관 등에 기탁하게 된다. Charitable Trust의 경우 자선기관(charities), Purpose Trust의 경우에는 수익자(beneficiaries)를 대리하여 신탁재산에 대한 법적 소유권을 보유하고 관리하는 역할을 담당하는 수탁자는 통상 출자자인 법무법인 또는 기업사무관리회사가 수행한다. 자산단체가 신탁으로 이용되는 이유는 항공기의 소유에 따른 어떠한 효익도 얻지 못하기 때문이며, 자선단체에 기탁된 신탁재산은 SPC가 청산될 때까지 돌려받지 못한다. 항공기금융의 경우 대표적인 SPC 설립지역은 케이만이나 버뮤다, 아일랜드 등이다. 이와 별도로 SPC에 대한 관리업무는 그 지역의 전문적인 관리회사(administrator)가 수행하게 되는데 SPC가 설립된 지역의 적용법규 충족 여부 및 장부유지, 등록, 이사회, 보고 등 일상적인 관리업무를 수행하며, 보통은 수탁자인 법무법인의 계열사인 기업사무관리회사(corporate service provider)가 SPC의 관리업무를 겸임하는 경우가 대부분이다.

한편, 수탁자에게는 적정 자선단체(적십자, 암센타 등)의 지정 및 신탁재산의 전부 또는 일부의 동 자선단체에 대한 분배 등에 관한 권리가 있지만 제약 사항 또한 많다. 즉, 수탁자는 리스기간 중에는 주식의 증자, 처분, 이전이 금지되고 일체의 담보권도 설정할 수 없으며, SPC의 경영에 간섭하거나 SPC를 처분, 청산시킬 수 없다. 또한 대주단의 사전 동의가 없이는 SPC의 정관을 수정하거나 변경할 수 없도록 강제화하고 있다. 그렇지만 거래당사자가 SPC에 대해 너무 과도한 통제를 하게 되면 Trust 구조를 저해시킬 위험도 있을 수 있다. 자칫 그

---

17) 항공기금융에서 많이 이용하는 Cayman SPC의 경우 통상 출자금액은 U$250 정도이다.

거래당사자의 대리인이나 명의인 또는 법률상 해당 거래에 주된 영향력을 행사하는 외국법인으로 간주되어 법률상 해석의 모호함 또는 과세상의 이슈를 불러 일으킬 수도 있기 때문이다. 과거에도 수탁자 및 실질 수혜자(beneficiary)와 관련한 Trust의 모호한 성격 때문에 SPC 설립지에서의 소송이 많이 발생하기도 하였지만 어쨌든 거래당사자의 관여 정도에 관해서는 구조에 대한 오해를 회피하기 위해서라도 반드시 해당 지역에 소재한 법률 및 세무법인의 전문적인 자문을 받아 실무를 추진하도록 하여야 한다.

역외지역에 Orphan Trust 구조를 이용하는 동기는 무엇일까? 그 사유는 여러 가지를 들 수 있겠지만 자산분리에 따른 부외금융의 활용(off-balance sheet treatment), 조세 등 각종 규제사항의 회피 또는 경감, 파산절연(bankruptcy-remoteness) 등의 효과를 언급할 수 있을 것이다. 신탁재산인 SPC의 주식이 수탁회사 앞으로 발행되어 자산에 대한 권리(배당을 통한 SPC 청산시의 잔여분배금에 대한 수취권리)가 기탁되기 때문에 항공사 등 금융거래 당사자는 SPC의 후원자가 될 수 없어 재무제표의 자산·부채에 계상되지 않는 부외금융효과를 얻을 수 있다. 조세의 경감 또한 여전히 조세중립지역에 Trust가 설립되는 가장 중요한 동인이며, 다른 구조를 선택할 경우에 피할 수 없었던 자국 내의 각종 규제사항을 경감 또는 회피하기 위한 수단으로서 역외지역의 SPC가 이용된다.

(3) 합자회사(limited partnership) 형태

이 형태는 주로 택스리스 구조에서 유한책임을 갖는 조합으로 설립되는 SPC 유형으로, 해당 지역 회계 및 세법 등 규정에 따라 항공기의 법적 소유에 따라 발생하는 감가상각비 등의 손익을 지분투자자에게 출자지분에 비례하여 분배하는 역할을 한다. 합자회사로 SPC가 설립되는 전형적인 예는 일본식 운용리스(JOLCO) 구조에서 사용되는 Nini Kumiai(NK), Tokumei Kumiai(TK)이며, 그 밖에 독일 택스리스 방식에서 사용되는 Kommandigesellschaft(KG)가 있다. 이들 SPC는 해당 법규에 따라 거래에 참여하는 지분투자자(equity investor)에 의해 설립되며, 관리는 주로 전문 리스회사인 General Partner에 의하여 수행된다.

5.3 항공기 가치평가

1) 항공기 가치평가의 중요성

항공기에 대한 가치평가는 항공기를 주요 수익원 및 영업자산으로 운용하고 있는 항공사나 항공기 리스사뿐만 아니라 대상 담보로 확보하고 있는 금융기관에 있어서도 중요한 항목에 속한다. 그러나 그 가치를 사용하는 개념에는 당사자마다 차이가 있을 수 있다. 즉, 항공사에게 항공기의 가치는 항공기의 수명에 걸쳐 발생시킬 수 있는 미래의 운영수익을 현가화한 개념으로써, 항공기에 수반된 유지비, 직접운항비 등 제반 원가요소와 비교하여 분석·관리하기 위한 대상 요소일 수 있다. 반면, 투자자나 금융기관들은 항공기의 가치를 리스료 수익의 현재가치 및 시장에서의 매각차익 등에 기초하여 일정 이상의 투자수익률을 확보하기 위한 투자의사결정의 한 요소로서 사용될 수 있다.[18] 특히 항공기를 운송 대상이기보다는 투자대상으로 보는 리스회사에 있어서 항공기의 시장가치는 어느 당사자보다 더욱 중요시되는 요소라고 할 수 있다.

금융기관이 항공사 등으로부터 금융제안서(offer)를 제출하도록 요청받았을 때 가장 우선적으로 수행하여야 할 작업은 대상 항공기에 대한 가치를 적절하게 분석·검토하는 일일 것이다. 금융제안서의 제출을 검토할 때 미래 예상되는 항공기 가격은 채권의 상환 가능성을 담보하는 중요한 지표로서 대출비율, 대출기간, 금리, 만기상환액 등 여타 금융조건의 결정에 직접적인 영향을 미친다. 더구나 최근 항공기금융의 추세가 채무자의 신용도에서 탈피하여 점차 항공기의 자산가치를 보다 중시하는 경향으로 바뀌고 있는 점을 감안할 때 항공기가치평가는 더욱 중요한 요소라고 할 수 있다.

항공기의 가치평가는 다양한 원천으로부터 수집된 거래자료 및 결정지표

---

18) Shannon Ackert, Basics of Aircraft Market Analysis, Aircraft Monitor.

등 데이터를 분석담당자의 오랜 경험과 편향적이지 않은 가공작업을 거쳐 최종 금전적인 가치로 환산하는 어렵고도 복잡한 절차를 요하는 작업이다. 가격은 담당자의 의견과 조정이라는 과정을 통해 산출되는 절차적 과정의 산물이며, 이에 영향을 미치는 요소만 하더라도 항공기 연령, 유지정비, GDP, 유가수준, 엔진, 경기사이클, 내부인테리어 등 무수히 다양하다. 이 때문에 항공기 가치평가는 공신력을 요하는 전문영역으로 정착된 지 오래이며 전세계적으로 많은 항공기 전문 평가기관들에 의해 다양한 서비스가 제공되고 있다. 이러한 독립적인 전문 평가기관들 이외에도 항공기의 매각가치 등 투자에 상대적인 중점을 두는 일부 은행이나 리스회사들은 내부에 자체적인 전문 평가조직 및 인력을 갖추고 업무를 수행하는 경우도 상당히 많다.

2) 항공기 가치평가기관

전세계에는 항공기 가치에 대한 전문 평가서비스와 데이터를 제공하는 많은 기관들이 활동하고 있다. 이들은 자체적으로 축적된 방대한 역사적 거래자료 및 평가모델 등을 기초로 하여 다양한 고객들에게 기종별(B737-800, A350 등), 유형별(여객기, 화물기, 비즈니스젯, 헬리콥터 등), 개별(Serial Number) 항공기에 대한 다양한 가격데이터와 전문 컨설팅서비스를 제공하고 있다. 일부 기관들은 소형 기종에 대한 가격평가도 수행하고 있으며 대부분의 기관들이 조직 내에 아래에서 설

표 5-8 주요 항공기가치 평가기관

기관명	약칭	Web-site
Reed Business Information	Cirium	www.cirium.com
AVITAS	-	www.avitas.com
Morten Beyer & Agnew	mba	www.mba.aero
International Bureau of Aviation(IBA)	IBA	www.iba.aero
The Aircraft Value Analysis Company	AVAC	www.aircraft-values.co.uk
BK Associates, Inc.	-	www.bkassociates.com

명하는 ISTAT(International Society of Transport Aircraft Trading) 및 ASA(American Society of Appraisers) 공인감정평가사들을 두고 있다. 금융기관, 항공기 브로커, 수출신용공여기관(ECA), 항공사, 리스회사, 항공기 제조업체, MRO, 법무법인 등 항공기와 연관된 대부분의 당사자들이 이들 기관의 자료를 사용하는 고객들이다.

3) 항공기 가격 용어

항공기 가격은 당사자와 사용목적에 따라 달리 해석되고 사용된다. 예를 들면 회계사에게는 장부가격으로, 항공기 거래자에게는 공정시장가격으로, 금융기관들은 담보가격으로 사용될 수 있다. 특히 금융기관은 대출실행시의 대출비율이나 대출기간중의 항공기 담보가격의 적정성을 판단하기 위한 기초자료로서 대부분 전문 항공기 가격 평가기관들이 제공하는 데이터를 활용한다. 그러나 이들 기관들이 제시하는 가격은 용어에 따라 다양한 의미를 내포하고 있으므로 그 용도에 따라 적절한 데이터를 선택하여 사용할 필요가 있다. 이러한 가격유형 중 은행이 가장 많이 접하는 보편적인 용어는 Base Value, Market Value, Future Value, Half-Life, Full-Life 등이며, 이들 용어들의 개념과 정의는 민간 항공산업에 대한 교육, 지식공유, 감정평가 등 전문적인 표준체계를 제시하는 ISTAT(International Society of Transport Aircraft Trading)에 의해 국제적으로 표준화되어 있다.

(1) ISTAT(International Society of Transport Aircraft Trading)

ISTAT는 전세계 민간 항공업계의 발전 및 교육 등을 목적으로 1983년 설립된 국제 비영리단체이다. 항공사, 항공기 리스사, 항공기 제작업체, 보험사, 가격 평가기관 등 전세계 민간항공업계 5천여 명 이상의 회원을 보유하고 있으며, 항공기 가격감정과 관련된 기본개념과 방법론 제시, 공인감정평가사의 양성, 다양한 국내외 컨퍼런스, 포럼, 교육 등을 통한 상호 네트워킹 및 정보공유 등의 기능을 수행함으로써, 회원기관들의 전문성 향상과 업계이익을 대변하는 조직이다. 특히 감정평가사의 전문성 향상과 대외적인 공신력 강화를 위해

소정의 교육과정을 이수하고 시험에 합격한 사람에 한해 ISTAT 평가사 자격을 부여하는 공인감정평가 프로그램은 ISTAT의 핵심기능 중 하나에 속한다. ISTAT 평가사는 전문성과 업계경력에 따라 Certified Appraiser, Senior Appraiser, Appraiser Fellow, Appraiser Emeritus의 네 가지 자격증이 주어지며, 대부분의 항공기 가치평가기관들은 물론 보잉, 에어버스, 은행 등 업계 주요 기관들에 소속되어 전문 가격평가업무에 종사하고 있다.

(2) 주요 항공기 가격 용어

항공기 가치평가기관들의 가격평가작업은 1994년 1월 ISTAT에서 채택된 다음과 같은 용어의 개념과 정의에 기초하여 이루어지고 있다.

① Base Value

항공기 가격을 언급할 때 가장 광범위하게 언급되는 용어이며, ISTAT에서는 Base Value를 "수요·공급이 균형을 이루는 조건하에서 항공기의 이상적인 사용상황을 가정하여 공개된, 규제가 없으며 안정적인 시장환경하에서 평가사들이 제시하는 내재적인 경제가격"으로 정의하고 있다.[19] 이 가격은 현재가치는 항상 미래의 잠재 수익력을 반영하고 있다는 이론에 입각한 내재가치를 나타내며 이 가격을 근거로 하여 미래가치를 추정한다. 이 가격은 공개되고, 안정적이며 균형된 시장 상황하에서의 가격을 가정하고 있으므로 단기적 요인, 금융의 영향, 당사자의 특이조건, 규제적 요소 등은 반영되지 않는다. 구체적인 이들 특이요소들은 시간의 경과, 사이클 변동, 유가등락, 단기적 시장충격 요인 및 리스·항공기 담보, 대량 주문시의 할인혜택 등이다. 예컨대 리스가 붙어있는 항공기는 렌트료 현금흐름에 의해 그렇지 않은 항공기에 비해 가격이 높게 형성되는 것이 일반적이다. 매매당사자의 상태 또한 안정적이고 공개적인 상황을 가정하는 데 거래당사자가 항공기를 매매할 의지, 역량 및 관련 지식이 충

---

19) Base value is the Appraiser's opinion of underlying economic value of an aircraft in an open, unrestricted, stable market environment with a reasonable balance of supply and demand, and assumes full consideration of its 'hightest and best use'(ISTAT Appraiser's program).

분하고, 어떠한 매매의 제약요인도 없는 상태에서 신중하게 행동하며 매매에 필요한 소요기간 또한 합리적이고 충분한 기간(통상 1년)이 주어져 있는 상태를 가정한다. 급박하고 강압적인 매매상황은 가격에 왜곡을 주기 때문이다. 아울러 항공기 기체상태도 특정 항공기가 아닌 연령별, 모델별, 형태별로 표준적인 가격, 특히 가격에 큰 영향을 미치는 정비수준의 경우 중고 항공기의 경우 차기 정비시까지의 기간이 중간 정도 남아있는(half-life) 또는 신조 항공기의 경우 중간 이상의 양호한 상태에 있는 수준을 가정하여 산출된다. Base Value에서 특기할 만한 것은 경기변동으로 항공운송 사이클이 하강하는 국면에서도 가격이 좀처럼 떨어지지 않는다는 점이다. 그렇다고 영구적으로 지속되지는 않으며 장기가격의 갑작스러운 변동은 평가기관들의 대외 신인도에 부정적인 영향을 미치기 때문에 평가기관들은 가급적 수정하지 않는다는 것이 원칙이나, 시장의 움직임을 항상 주시하여 GDP나 유가동향 등의 요소를 매년 소폭으로 수정하여 반영한다. 극히 예외적으로 Base Value와 Market Value의 왜곡이 장기간 지속된다든지, 항공기 제작업체나 하청업체가 청산된다든지 또는 특정 항공기 모델이 조기 단종되는 등의 경우에는 주요한 수정이 가해진다.

Base Value는 항공기 가치평가기관들이 다양한 원천으로부터 수집된 실제 항공기 매각자료들을 기초로 자체모델 및 평가자의 주관 등에 의한 조정작업 등을 거쳐 회귀분석모형에 의해 산출된다. 이렇게 산출된 Base Value 데이터는 과거의 역사적 가격 추이를 분석하거나 또는 미래의 가격인 Future Base Value를 산출하기 위한 용도로서 사용된다.

② Market Value(또는 Current Market Value)

Base Value가 특정 기종에 대한 표준적이고 장기적인 가격을 나타낸다면 Market Value는 개별 항공기에 대해 특정 시점에서 실제 매매될 것으로 예상되는 최상조건의 가격을 나타낸다.[20] 가령 현재 보유하고 있는 한 대의 항공기를 오늘 매각한다면 얼마를 받을 수 있는지에 대한 개념이라고 할 수 있다.

---

20) Market Value or Current Market Value is the "Appraiser's opinion of the most likely trading price that may be generated for an aircraft under the market circumstances that are perceived to exist at the time in question"(ISTAT Appraiser's program).

그림 5-5   Current Market Value와 Base Value

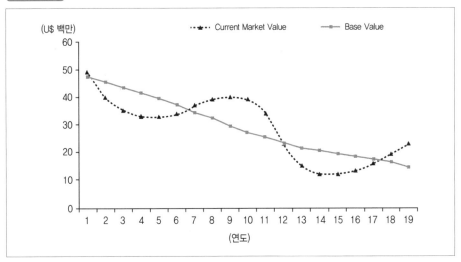

자료: Ascend Advisory를 기초로 수정.

Market Value는 대부분 현재시점의 가격을 의미하므로 Current Market Value 와 동일한 개념으로 사용된다. Market Value는 통상 뒤에서 설명하는 Half-life, Full-life의 용어와 복합적으로 사용되며, 특정 시점에서의 수요와 공급이 반영된 Spot Price 거래를 나타내므로 사실상 공정시장가격(fair market value)과 동일한 의미로 사용된다. 한편 Market Value는 Base Value와 달리 수요와 공급의 불균형 상황 즉, 거시경제적인 경기사이클의 변동과 항공사의 전반적인 유동성, 항공기에서 발생하는 현금흐름이 적절히 반영된 가격으로서 〈그림 5-5〉에서 보는 바와 같이 Base Value 그래프의 위아래로 등락하는 형태를 띠게 된다. Market Value와 Base Value의 변동 정도는 항공기 모델마다 다르지만 이 가격 차이는 때로 항공기 투자가들에게 재정거래(arbitrage trade)를 유발시키는 요인이 되기도 한다. Market Value에 영향을 미치는 요소는 수없이 많으며 거시경제적 요소, 산업적 요소, 기종별 요소 및 개별 항공기요소 등으로 크게 구분될 수 있다. 가격에 영향을 미치는 이 요소들은 뒤에서 자세히 살펴보기로 한다.

Market Value는 또한 공개적이고 규제가 없으며 안정적인 시장상황을 가

그림 5-6 ┃ B737-800의 Base Value와 Market Value(예시)

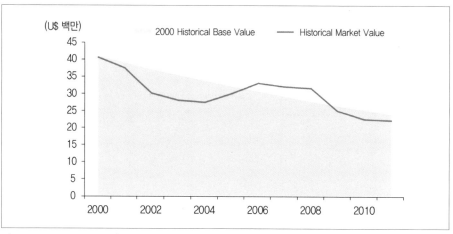

자료: Ascend Advisory 자료를 기초로 수정.

정하므로 매매당사자들에게 강압적인 거래동기가 있는 경우(매매의사, 지식, 능력이 있는 당사자간의 가격임), Portfolio 매각시 할인금액이 있는 경우(단일 항공기에 대한 가격임) 또는 리스나 항공기 담보조건이 붙어있는 등의 경우(리스료 현금흐름이 부가되어 있으면 매각가격이 상승함)에는 이들 요소들을 조정한 후에 가격을 산출하게 된다.

③ Future Value(또는 Future Base Value)

Future Value는 가격을 조회하는 현재시점을 기준으로 평가자가 제공하는 항공기의 미래 추정가치를 말한다. 미래가치의 추정에는 경제적 요소 등 수많은 변수가 내재하기 때문에 대단히 어려운 작업이라고 할 수 있다. 통상 평가기관들은 수집된 개별 항공기 매매자료에 대해 일일이 단기 및 특이요인 등의 제거 등 검토·조정작업을 거쳐 기종별로 Base Value를 도출한 후 이를 현재 수준의 통화가치 및 인플레이션율을 반영하여 회귀분석기법에 의하여 Future Value를 도출한다. 따라서 Future Value는 장기 경제적 내재가치인 Base Value를 미래로 연장한 개념이라고 할 수 있다. 평가자들은 장래의 항공운송 사이클이나 경제전망 등을 추정하기가 어렵고, 항공사의 미래 항공기 이용률이나 정비수준을 예측할 수 없는 위치에 있기 때문에 미래시장가치(future market value)를 추정하려고 하지는 않는다.

④ Adjusted Current Market Value

Adjusted Current Market Value는 예측된 Half-life 조건으로부터 실제 유지·보수상태를 반영하여 항공기의 Base Value 또는 Current Market Value를 조정한 조정시장가격을 말한다. 항공기의 유지·관리는 항공기의 가치향상에 상당한 영향을 미치기 때문에 운용리스 계약서에는 임차인의 항공기 반환조건을 엄격하게 기술하여 통상 제로타임 즉, 항공기를 처음 인도할 당시의 조건 그대로 반환하도록 요구하고 있다.

⑤ Soft Value

항공운송을 견인하는 글로벌 경제상황이 불황에 진입하는 경우를 가정하여 산출된 보수적인 상황하에서의 Future Value를 말한다. Soft Value는 Base Value의 추세선을 기초로 일정 비율을 적용하여 산출되며, 기초가 되는 Base Value 곡선의 하단에서 하향하는 별도의 곡선으로 표시된다. 통상 Soft Value는 금융기관들이 보수적으로 대출을 심사할 경우나, 하향 사이클 또는 최악의 시나리오를 가정할 경우에 사용하는 개념이다. 2001년 9/11 사태 때에는 극심한 항공운송 불황으로 단기적이긴 하지만 Market Value가 Soft Value보다 더 떨어지는 상황이 발생한 적도 있었다. 실무에서는 통상적으로 Soft Value를 Half-life 또는 Full-life 등 항공기 정비상태에 따른 가격개념과 결합하여 사용한다.

⑥ Half-life, Full-life Value

항공기의 유지 및 정비관리 수준이 가격에 미치는 정도에 따른 가치개념이다. 항공기의 유지·정비 상태는 개별 항공기의 가격등락에 상당히 밀접한 영향을 미치므로 Half-life 또는 Full-life 조건은 항공기 가격을 판단할 때 중요한 개념에 속한다. 보통 Base Value와 Current Market Value는 기본값으로 Half-life의 정비상황을 가정하여 산출된다. 실무상 이 용어들 또한 CMV 가격과 결합되어 CMV Half-life, CMV Full-life 등으로 구분하여 발표되는 것이 일반적이다.

Half-life(또는 Half-time이라고도 한다)는 동체, 엔진, 랜딩기어, APU 등 주요 구성품들이 예정된 차기 주요 정비를 받을 때까지 중간 정도 기간이 경과하였거나 또는 남아있을 때의 가격을 말한다. Half-life Value는 두 중정비 사이의 중간에 위치한 시기의 가격이지 그렇다고 항공기의 경제적 수명이 중간 정도 남아있을 때의 가격을 지칭하는 개념은 아니다. 세부적으로 항공기 동체의 경우 중정비(heavy check) 또는 D-check까지의 중간시기, 엔진은 차기 성능개선작업의 중간시기, 착륙장치나 APU도 정비를 받을 때까지의 중간시기를 의미한다. 또한 항공기 또는 엔진제작업체에 의하여 수명이 정해져 있어 일정 연한 후 교체가 필요한 부품(life-limited Parts)의 경우에는 주요 정비시점까지가 아닌 부품 수명의 약 50% 정도를 사용했을 때의 가격을 지칭한다. 주요 정비에 필요한 기간은 동체는 8년, 엔진은 10년 등으로 구성품마다 상이하며, 동체의 중정비를 8년으로 예정하였을 경우 첫 4년까지의 기간은 인도시의 Full-life 상태에서 점차 가격이 떨어지나, 4년 시점의 Half-life 50%보다는 다소 높은 가격이 형성되며, 4년 이후에는 Half-life 가격보다 떨어지게 된다. 개념상 Half-life 조

그림 5-7 Full-life와 Half-life간의 가격 변동

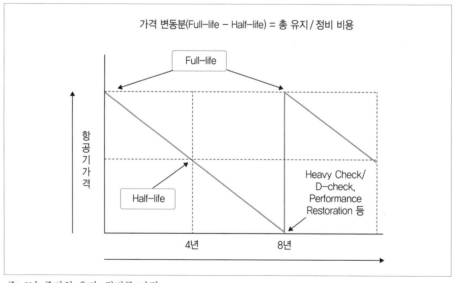

주: 8년 주기의 유지·정비를 가정.

건은 항공기의 성능 향상에 의한 가격의 상향조정이 이루어지지 않은 평균적인 가격개념을 나타내므로 Base Value나 Current Market Value 산정시에는 기본적으로 Half-life 조건을 가정하여 가격이 책정된다. 대출 금융기관들도 담보가치를 판단하기 위한 자료로서 보수적인 관점에서 Full-life 보다는 Half-life 조건을 주로 사용하는 추세이다.

반면, Full-life는 항공기, 엔진, 부품 등에 대한 중정비·보수·교체가 방금 완료되어 새것과 같은 가동상태를 나타내는 가격을 말한다. 새로 인도된 직후의 항공기는 Full-life 상태이나, 이후 시간 경과 및 사용에 따라 가치가 점점 떨어지게 된다. 구성요소별로는 항공기 동체의 경우 중정비(heavy-check 또는 D-check)가 완료되고, 엔진의 경우 성능의 복구작업(performance restoration), APU나 착륙장치도 정비가 바로 끝난 상태, 수명이 정해진 엔진부품의 경우 새것으로 교체가 완료되어 최신의 성능을 시현하는 일명 제로사용수명(zero life used) 상태에서의 가격조건을 지칭한다. 절차는 보통 Full-life 가격이 먼저 산출되고 이어 중간시점의 Half-life 가격이 산출되게 되는데, Full-life와 Half-life 간의

그림 5-8 B737-800 Future Full-life/Half-Life(예시)

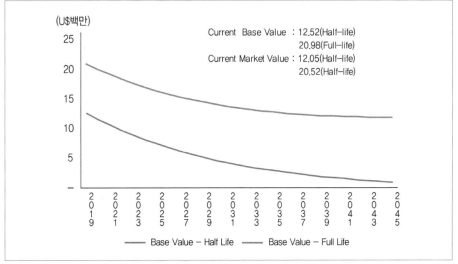

자료: Flight Ascend(2019 constant base value 기준).

가격 차이는 통상 각 구성품의 정비기간중에 소요될 것으로 예상되는 유지비용(maintenance costs)을 감안하여 책정된다. 유지·정비비용이 감안되는 만큼 오래된 중고 항공기일수록 신조 항공기에 비해 일반적으로 Full-life시의 가격격차가 크게 발생한다.

⑦ 기타 항공기 가격 관련용어

■ Desktop Value: 항공기에 대한 현장검사나 유지·정비 기록에 대한 검토 없이 평가자가 보유하는 자체 데이터베이스 또는 고객이 제공하는 정보에 기초하여 산출되는 가격을 말한다. 이와 관련하여 항공기에 대한 현장 검사는 수반되지 않지만 고객이 제공하는 항공기의 유지·정비상태에 관한 기록을 포함하여 산출되는 가격은 "Extended Desk-top Value"라고 부른다.

■ Residual Value: 미래 특정시점 주로 리스기간이 종료되는 시점에서의 항공기 가격을 일컫는다. 항공기의 시장가격 변동에 따른 일정 잔존가치를 보증하는 상품이 Residual Value Guarantee 또는 Residual Value Insurance이며 이에 대해서는 뒤에서 보다 자세히 소개하기로 한다.

■ Liquidation Value: 비정상적인 상황, 예컨대 매도자의 급매각이나 경매, 청산 등 상업적 또는 법적 사유, 마케팅시간이 제한적인 시장상황 등에서의 매각가격을 말한다. 이러한 상황에서는 통상 매도자는 불리한 위치에 있게 되며, 반대로 매수자는 가격 협상력을 갖는 것이 일반적이다.

■ Scrap Value: 더 이상 정상적으로 사용할 수 없는 상태의 가격으로 동체, 엔진, 부품 등의 실제 또는 추정 금속가격이나 재활용 처분가격을 말한다. 만약 항공기를 처분하여 받을 수 있는 가격보다 분해 및 처분에 수반되는 비용이 더 많이 소요된다면 Scrap Value는 "0"이 될 수도 있다.

4) 항공기 가격의 산출과정

항공기 가격의 평가는 내재된 수많은 변수로 인하여 이를 모두 반영하여 수치로 나타낸다 하더라도 실제 매매가격과는 상당한 괴리가 발생할 수밖에

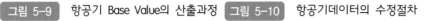

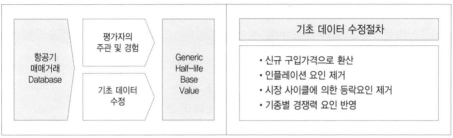

자료: Ascend Advisory를 기초로 수정.　　　　자료: 자체작성.

없다. 기본적인 접근방식은 가능한한 많은 항공기 거래 데이터를 수집하여 자체의 모델링 프로그램과 전문가들의 경험 등에 입각하여 이상적 변수들을 제거, 조정한 후 Base Value를 산출하는 것이며, 이 Base Value를 기반으로 하여 미래의 Future Value가 산출된다. 따라서 평가기관마다 그 접근방법, 결과에 있어서는 상당한 차이가 있을 수 있다.

　　업계에서 사용되는 항공기 평가방법은 ① 전통적 접근법(traditional approach), ② 경제모델 접근법(economic model approach), ③ 원가접근법(cost approach), ④ 소득접근법(income approach), ⑤ 판매비교접근법(sales comparison approach) 등 다양한 방식이 존재하나,[21] 여기에서는 가장 보편적으로 사용되는 전통적 접근법에 따른 Base Value의 산출과정을 예로 들어 설명하고자 한다.[22]

(1) Base Value의 산출

　　항공기 Base Value는 다양한 경로로 수집된 방대한 과거 항공기 매매거래에 관한 데이터를 기초로 하여 산출된다. 그러나 실제 매매가격 정보는 당사자들이 보통 공개하기를 꺼려 약 25% 내외만이 현실적으로 입수 가능한데다 입수 가능하다고 하더라도 항공기의 나이, 모델, 경제상황, 유동성, 금융 등 매매

---

21) Vitaly S. Guzhva 외, Aircraft Leasing and Financing, p. 386.

22) Douglas B. Kelly, Forecasting Aircraft Values: An appraisers perspective, AVITAS, Inc 및 Les Weal, What's Worth, Aircraft Valuation, ASCEND 참조.

가 이루어진 조건들이 거래마다 각양 각색이어서 이를 한 도표에 표시하면 가격분포가 넓은 범위에 분산되어 상호관계를 분간할 수 없는 문제에 부딪히게 된다. 항공기 매매가격에 영향을 미치는 요소는 다양한 변수들이 존재하지만, 일반적으로 가장 중요한 요소는 항공기의 나이(age)라고 할 수 있다. 시간의 경과에 따른 항공기의 마모, 진부화 등 감가상각 요인은 항공기가치의 중요한 상관관계를 나타내므로 항공기 평가기관들은 대체로 가격산출의 첫 단계로 항공기의 잔존기령에 따른 매매가격 분포 데이터를 분석한 후, 다음과 같은 조정과정을 거쳐 공통적인 추세선을 나타내는 그래프를 도출하는 작업을 수행한다.

① 기초자료: 항공기 잔존 기령별 항공기 매매가격 데이터

② 가격의 조정

- 항공기별 매매가격을 신규 항공기 가격과 비교하여 비율(%)로 환산하여 표시함으로써 가격의 왜곡요인을 제거한다. 예컨대 B747 기종과 DC-9 기종은 다른 기종으로 매매가격에 현격한 차이가 있으므로 신규가격 대비 비율로 환산한다. 이렇게 하면 전체 비율 데이터를 근거로 회귀분석 방법에 의해 기령과 매매가격의 상관관계를 나타내는 우하향하는 추세선을 도출할 수 있다.

- 연도별 매매가격을 실질가격(real value)으로 도출하기 위해 인플레이션의 영향을 제거한다. 물가 변동요인을 제거하게 되면 항공기의 나이별로 우하향하는 형태의 곡선이 도출된다.

- 다중회귀분석 기법 등을 이용하여 항공운송사이클 등 시장 등락에 따른 가격 변동요인을 제거한다.

- 마지막으로 항공기 가격평가자들은 각 모델이 갖는 경쟁적 요소, 예컨대 운항 서비스 중인 항공기 대수, 주문물량, 운용 항공사의 규모, 제조업체의 지원 여부, 대상 항공기의 기술적 요소 등을 분석·반영하여 각 기종별로 각기 다른 경쟁력 그래프를 도출한다. 경쟁력 그래프의 수는 분석결과에 따라 이론상 '매우 강함'부터 '매우 약함'까지의 사이에 무한정으로 도출될 수도 있다. 가령 A320-200 기종은 기술적, 운항적, 경제적 이점 등으로 B737-400이나 MD-83 기종보다 높은 가격을 나타내는

곡선에 배당되는 식이다.

5) 항공기 가격의 변동요인

항공기 Market Value는 Base Value의 추세선을 중심으로 등락하는 모양을 나타낸다. 그 변동의 정도는 다양한 요소에 따라 결정되는데, 일반적으로 다음과 같은 요소의 영향을 받는다.

표 5-9   Market Value의 변동요인

주요 요소	내용
거시경제적 요소	전세계/지역별 경제성장율, 유가동향, 인플레이션, 국제무역, 여행수요 등
산업 특성적 요소	항공기 생산사이클, 주문/인도량/수주잔고, 유휴항공기 규모, 수익성, 규제환경 등
항공기유형 요소	생산사이클상 위치, 항공기 제작업체의 지원, 항공기 분포/집중도, 엔진선택권 등
개별항공기 요소	항공기연령, 중량, 엔진추력, 내부인테리어, 유지관리상태, 운항시간, 사이클 등

자료: Aircraft Monitor, DBS Asian Insights, ASCEND.

(1) 거시경제적 요소

항공운송사업의 사이클, 유가동향, 국제무역 동향 등 거시경제요소는 항공운송수요를 변동시키는 중요한 요소이며, 이는 다시 항공사의 수익성과 항공기 가격에 큰 영향을 미친다.

- 항공운송 사이클: 글로벌 GDP 성장, 전쟁·테러·유가 등 외부요인 등의 영향에 따라 통상 8~10년의 주기로 반복되는 항공운송 사이클의 회복기 또는 고점에서는 항공운송수요가 증가하여 항공기 가격 또한 강세를 나타낸다. 유사하게 항공기금융의 유동성 즉 금융여력이 풍부한 시장상황의 경우에도 항공기 자산가격이 일반적으로 강세를 보인다.
- 유가동향: 유가는 항공사 원가의 30~50%까지 차지하는 주요 요소인 만큼 항공사의 수익성에 큰 영향을 미친다. 유가가 높으면 연료 효율성이 높은 신

기술이 적용된 항공기 기종의 가격이 상대적으로 높게 형성되며, 유가가 낮으면 신조 항공기보다는 오래된 중고 항공기의 시장가격이 상대적으로 높게 형성되는 경향이 있다.

(2) 산업 특성적 요소

거시경제요소가 수요부문에 영향을 주는데 반해 이들 요소들은 주로 항공운송의 공급 측면에 영향을 주는 요소들이다. 따라서 수요에 뒤따른 항공기의 공급이 원활하지 않게 되면 항공기 가격에 충격을 주는 변동요인이 발생하게 된다.

■ 항공기 생산 사이클: 오랜 기간 생산이 지속되고 있는 기종은 그렇지 않은 기종에 비해 시장가격 및 잔존가치가 보다 높게 형성되는 경향이 있다. 장기간 생산될수록 고객기반도 넓고, 지역별 분포도 분산되는 데다 운항중인 대수, 시장점유율, 시장유동성 등이 높게 형성되어 가격이 상대적으로 높게 나타난다. 따라서 항공기가 아직도 생산중이냐 아니냐 하는 점은 항공기의 가격

그림 5-11 생산 단계별 항공기가격(예시)

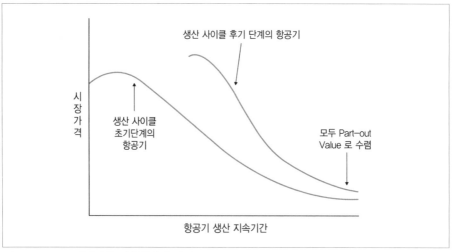

자료: ASCEND 데이터를 단순화하여 정리.

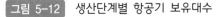

그림 5-12 생산단계별 항공기 보유대수

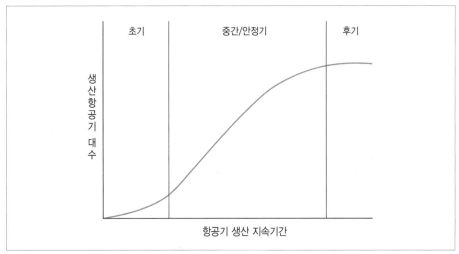

자료: Airline Monitor, Jackson Square Aviation, DBS.

형성에 중요한 요인이며, 항공기 리스료율에도 상당한 영향을 미친다.

한편, 생산기간과는 별도로 특정 기종이 전체 수명중에서 생산 사이클상 어느 단계에 해당되느냐에 따라서도 상당한 가격 차이를 보인다.

① 생산 초기단계: 생산초기 단계의 항공기는 통상 높은 항공기 중량으로 총이륙중량(maximum take-off weight)과 추력이 저하되는 속성이 있는 데다 높은 직접운항비용, 생산 초기단계에서의 각종 이슈제기 가능성 등으로 시장에서 좋은 가격이 형성되기 어려운 속성이 있다. 이러한 요인들로 항공기 제작사들도 초기 생산단계의 항공기에 대해서는 할인 등 경쟁적 가격을 제시하는 경우가 많다.

② 생산 중간단계: 대부분의 기술적 우려가 해소되는 안정적인 국면에 접어들고 당초 예측된 이율에 의한 감가상각이 진행됨에 따라 시장가격이 안정되고 높게 형성되는 단계이다.

③ 생산 후기단계: 운항 효율적인 차세대 항공기의 생산계획이 발표되면 생산 후기단계에 있는 항공기는 신기술이 적용된 항공기와의 경쟁이 불가피해 지며, 생산 초기단계의 기종에 비해 예상되는 짧은 경제적 수명

등으로 인하여 장래 미래가치가 감소함에 따라 시장가격이 보다 크게 떨어지는 경향이 있다. 이 단계에서는 항공기 제작사들이 큰 폭의 가격 할인을 제공하는 경우가 많다.

■ 항공기 주문/수주잔고: 항공사의 항공기 제작업체에 대한 주문, 인도, 수주잔 량은 모두 항공기 공급지표와 가격변동에 상당한 영향을 미치는 요소들이다. 지표 간에 차이가 있다면 항공기 인도물량은 좌석의 추가공급에 즉각적으로 시장에 영향을 주는 반면, 주문량과 수주잔량은 미래의 좌석공급에 영향을 주는 요소들이다. 이중 확정 주문량(firm orders)은 특정 기종에 대한 현재의 시장점유율(또는 인기도)과 향후 시장전망이 반영된 지표로서 항공기 가격에 특히 중요한 영향을 미치는 요소이다. 확정 수주잔량(firm backlog) 또한 최종 인도시까지의 주문잔량 지표로서 미래의 공급량을 가늠하는 지표 역할을 한다. 수주잔량이 높다는 것은 일반적으로 항공사들이 주문한 항공기를 실제 인도받기까지 수년 간을 기다려야 하며, 그만큼 생산기간도 길어진다는 것을 의미한다. 이러한 측면에서 항공기금융을 취급하는 금융기관이나 투자가들이 왜 주문량과 수주잔량이 높게 형성되는 기종에 투자하려고 하는지도 설명이 가능하다. 그러나 수주잔량의 질도 감안되어야 하는 데 과도한 수주잔량이나 예컨대 운용리스사로부터의 일정비율의 주문은 투기적 요소를 내포함에 따라 항공기 시장가치와 리스료에 부정적인 영향을 줄 수도 있다. 항공기 주문, 인도와 관련하여 역대 최다 판매된 베스트셀링 기종은 Narrow-body의 경우 B737NG, A320 family이며, Wide-body의 경우 B777, A330 family가 대표적이다. 이들은 폭넓은 사용자 기반을 확보하여 리스크가 적고 시장에서의 유동성과 중고시장가격이 상대적으로 높게 형성됨에 따라 시장에서의 매입이나 재매각, 리스료율의 책정 등에 유리하여 금융 추진시에도 인기가 많은 기종들이다.

■ 비가동 항공기 규모: 항공운송사업이 얼마나 건강하고 활동적인지를 나타내는 지표이다. 운항에서 배제되어 주기(parking)하고 있는 항공기가 많을수록

항공기 과잉공급 및 항공운송수요의 약세를 나타내므로 가격 또한 일반적으로 하락한다. 비가동 항공기의 규모뿐만 아니라 그 원인에 따라서도 가격에 미치는 영향이 큰데, 만약 유휴항공기 주기의 원인이 경제적·기술적 진부화의 결과에 따른 것이라면 당분간 서비스 복귀가 힘들 것이므로 영구히 유휴화될 가능성이 높고, 항공운송사업의 사이클속성에 기인한 것이라면 공급초과에 의해 발생한 것이므로 가격에의 반영 정도도 차이가 있게 된다. 경기불황시에는 일반적으로 오래된 항공기일수록 우선적으로 운항에서 배제될 가능성이 커 가격하락 가능성도 커지며, 새로운 항공기의 경우 수요가 회복되면 곧 서비스에 복귀할 가능성이 높다. 따라서 비가동 항공기의 입출량 규모는 항공운송사업의 활동성을 대변하는 지표의 역할을 한다.

(3) 항공기 유형적 요소

위에서 설명한 거시경제 및 산업적인 요소들이 모든 형태의 항공기 시장 가격을 위아래로 등락하게 하는 요소라고 한다면, 항공기의 유형 및 개별 요소는 가격이 얼마나 변동되느냐와 관련된 요소이다

- 생산사이클상 위치: 생산사이클상 쇠퇴기인 후반부에 생산되고 있는 항공기 모델은 새로 개발되어 초기에 생산되고 있는 항공기 모델보다 감가상각 속도가 상대적으로 커 항공기가격이 보다 낮게 평가된다.
- 항공기 제작업체의 지원: 항공기 제작업체가 판매촉진, 원가절감 등 양적 또는 기술적 지원을 제공하는 모델의 경우 항공기의 경제적 운항성에 많은 영향을 미치게 되어 가격이 상대적으로 높게 형성된다.
- 특정 모델의 집중·분산 정도: 고객(항공사 등) 베이스가 크고 지역적으로 잘 분산되어 있는 기종일수록 시장 내 인기도 및 유동성이 높아 상대적으로 가격이 높게 형성된다.
- 엔진 선택권: 항공기 제작업체가 항공사에 복수의 엔진 장착옵션을 부여하는 경우, 향후 고객기반 및 항공기의 매각 가능성을 희석시켜 항공기 가격에 부정적인 영향을 줄 수 있다.

■ 항공기 용도변경: 카고도어, 화물적재시스템 장착 등을 통해 노후화된 여객기를 화물기로 전환하여 용도를 변경하는 경우 항공기의 경제적 내용연수가 증가함에 따라 가격 또한 상승한다. 그렇다고 모든 항공기를 화물기로 전환할 수 있는 것은 아니며 초기 사이클상 생산된 항공기, 낮은 추력을 갖는 항공기, 적재중량이 제한된 항공기의 경우 일반적으로 전환에 적합하지 않으며, 복도가 두 개인 Wide-body 항공기 또한 내부 인테리어 변경에 많은 비용이 수반된다. 일반적으로 특정 용도에 맞게 개발된 항공기일수록 가격대가 낮게 형성된다.

■ 운항방식 변경: 항공사의 여객기를 비항공사인 기업의 셔틀용도로 운항방식을 변경하는 경우 역시 항공기의 경제적 내용연수를 확장시킬 수 있다.

(4) 개별 항공기 요인

개별 항공기의 성능 및 상태 또한 가격에 큰 영향을 미친다. 이에는 항공기의 연령, 적재중량, 엔진의 추력, 내부인테리어, 유지·정비상태, 운항시간 등을 들 수 있다. 예컨대 최대이륙중량(MTOW)과 관련하여 항공사의 중량 선택폭이 넓은 항공기는 사용범위가 넓어 가격이 상대적으로 높게 형성되는 경향이 있다.

6) 항공기 가치와 여신잔액 비교

다음 표 및 그림은 에어버스사의 A350-900 항공기 1대에 대해 금융기관이 선순위 및 후순위 조건으로 대출하였을 경우 대출기간 중 예상되는 항공기 가치와 여신잔액, LTV(loan-to-value)의 추이를 예를 들어 표시한 것이다.

항공사가 제시한 항공기 구매가격은 U$150백만으로, 금융은 선순위대출 U$120백만과 후순위대출 U$30백만으로 구성되어 있다. 대상 항공기의 시가는 Ascend사의 항공기 가치평가 산출자료(물가상승률 2.0% 감안)를 기초로 한 것으로 인출시점 현재 Full-life 기준 U$151백만, Half-life 기준 U$146백만이며, 이 경우 선순위대출의 LTV(loan to value)는 Half-life 시가기준 82%를 나타내고 있다. 후순위대출의 경우 항공기 전체시가와 비교하였을 때 여신기간 초반에는 자산 리스크가 다소 크다고 할 수 있으나(이에 따라 여신기간도 상대적으로 짧고 금리조건도 일반적으로 높다), 여신기간이 경과할수록 여신잔액의 상환속도가 시가 하락속도보다 커짐에 따라 〈그림 5-14〉에서 보는 바와 같이 LTV가 급속도로 하락하여 담보가치가 다소 안정적인 패턴을 나타내고 있다.

표 5-10	주요 금융조건 및 항공기가치 (예시)
1. 가격 및 금융조건	

◇ 선순위 대출	◇ 후순위 대출
• 금액: U$120백만 • 만기: 12년(평균기간: 7.4년) • 만기시 Balloon 금액: U$20백만 • 상환방법: (원금) 매월 원리금균등 분할 　　　　　　(이자) 매월 후취 • 이자율: Libor + 1.60% p.a.(연율) • 수수료: 1.0% flat(일시불) • All-in Yield: Libor + 1.74% p.a. 　(금리 1.60%+(수수료 1.0% ÷ 평균기간 7.4년))	• 금액: U$30백만 • 만기: 7년(평균기간: 3.78년) • 만기시 Balloon 금액: - • 상환방법: (원금) 매월 원리금균등 분할 　　　　　　(이자) 매월 후취 • 이자율: Libor + 3.75% p.a.(연율) • 수수료: 1.5% flat(일시불) • All-in Yield: Libor + 4.15% p.a. 　(금리 3.75%+(수수료 1.5% ÷ 평균기간 3.78년))

2. 대상 항공기 및 가격	3. 선순위 대출의 Loan to Value(LTV)
• 항공기: A350-900 1대 (2019년 제조) • 장착 엔진: Trent XWB-84 • CMV(Full-life)　: U$151.03백만 • CMV(Half-life)　: U$146.35백만 • 만기시 Full BV : U$96.06백만 • 만기시 Half BV : U$69.37백만	• 현재 LTV(Full CMV 대비) : 79.45% • 현재 LTV(Half CMV 대비) : 82.00% • 만기시 LTV(Full BV 대비) : 20.82% • 만기시 LTV(Half BV 대비) : 28.83%

그림 5-13 여신기간중 총대출잔액 및 항공기 가치의 변동 추이(예시)

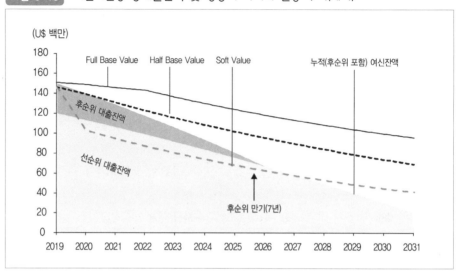

그림 5-14 LTV(Loan-to-Value) 변동 추이(예시)

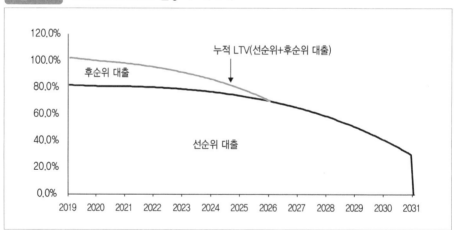

7) 항공기 잔존가치 보증의 유형

마지막으로 항공기 시장가치의 변동과 관련하여 항공기의 잔존가치 리스크를 제3자에게 이전하여 추가적인 채권보전 수단으로 확보하는 보증유형에 대해 살펴보고자 한다. 이의 대표적인 형태는 보증 유형인 항공기 잔존가치보증(Residual Value Guarantee), Deficiency Guarantee, 보험유형인 잔존가치보험(Residual Value Insurance) 등이 있으며, 이와 유사한 효과를 갖는 구조화 기법으로 채권자에게 부여되는 경우 행사할 수 있는 Put Option 권리를 들 수 있다. 금융거래에서 이러한 보증유형이 필요한 이유는 항공기의 잔존가치와 밀접한 이해관계가 있는 거래 당사자 즉, 대주단에게는 대출잔액의 상환을 보장하기 위한 추가적인 채권보전책으로서, 임대인 또는 투자자에게는 항공기의 잔존가치 리스크를 축소하는 익스포져 관리방안으로서, 항공사에게는 보유 항공기에 대한 투자가치를 일정 수준 이상으로 보장하기 위한 기능을 제공하기 때문이다. 실무상으로도 일본식 운용리스 등 택스리스에서는 항공사의 국제 신인도가 떨어지는 경우 투자자들이 임대인이 부담하는 익스포져를 축소하기 위해 잔존가치 보증을 요구하기도 하고, 중고 항공기를 대상으로 한 Sale & Lease-back이나 Put-option 권리가 부여된 운용리스 구조나 리스기간말 상환하여야 할 Balloon 금액이 상당하여 금융기관이나 임대인이 상당한 잔존가치 리스크를 부담할 수 밖에 없는 구조의 경우 금융기법의 설계 단계에서부터 이러한 보증이 요구되기도 한다.

- 잔존가치보증(Residual Value Guarantee: RVG)

항공사의 디폴트 등 리스계약의 종료에 따라 항공기를 실제 매각하였을 때 그 매각가격이 사전에 합의한 금액에 미달하는 경우 부족대금의 전부 또는 일부에 대해 지급을 보장하는 보증상품이다. 주로 항공기 제조회사, 금융기관, 항공기전문 평가기관 등 금융거래의 외부 당사자가 잔존가치 리스크를 부담하는 임대인, 투자자, 금융기관 등에 제공하며, 시장에서는 잔존가치보증 또는 자산가치보증(Asset Value Guarantee: AVG)으로 구별없이 통용되기도 한다.

이 보증은 1990년대까지는 비교적 활발히 거래된 상품이나 이후 시장에서 거의 사라지다시피 하였는데 그 배경에는 항공기금융의 판도 변화와 관련이 있다.[23] 즉, 과거에는 항공사의 신용리스크 위주의 항공기금융이 많이 이루어졌으나 이후에는 저금리 추세 및 금융기관 간 경쟁 등으로 은행들이 수익성을 제고하고자 항공기 자산리스크를 적극 수용하는 추세로 항공기금융의 패턴이 점차 바뀌게 되었다. 다만 보증인은 보증의 성격상 자산가치 변동 이외의 리스크는 부담하지 않으려 하기 때문에 여러 가지 단서 조항이 붙는다. 예를 들면 일단 금액상 제한이 있고, 항공기 유지관리가 적절히 이행되어 항공기 반환조건에 결함이 없어야 하고, 항공기담보의 실행시 질권(lien) 등 다른 담보권이 존재하지 않으며, 미 달러화 이외 통화의 경우 전환시 외환리스크가 없을 것 등과 같은 조건 등이다. 한편, 이 보증은 비록 '보증'이라는 용어를 사용하고 있긴 하지만 다른 주채무자의 채무이행을 이차적으로 담보하는 부종성이 있는 일반 보증과는 성격이 달라 법적인 의미에서는 진정한 보증이라고 할 수는 없으며, 조건부 채무 즉, 특정조건이 충족되었을 경우에 한해 이를 보장하는 일종의 책임사항의 확약(undertaking of indemnity)과 유사한 계약이라고 할 수 있다.[24]

■ 잔존가치보험(Residual Value Insurance)

이 유형은 보증이 아닌 보험상품으로, 항공기 제조업자, 은행 등이 아닌 보험회사의 보험증권(insurance policy)에 의해 커버된다는 점에서 위의 보증과 차이가 있다. 이에 따라 피보험자는 보증료대신 보험료를 납부하고, 보험 관련 법률의 적용을 받아 중요 정보의 고지 및 정확성의 진술 등 부보요건을 충족하여야 하는 측면에서 다른 점이 있으나, 그 경제적 효과는 보증과 차이가 없다고 할 수 있다. 즉, 잔존가치보증과 마찬가지로 보험자는 항공기의 실제 매각 가격이 사전에 당사자 간 합의한 협정가격보다 부족하게 될 경우 그 차액의 전부 또는 일부를 피보험자에게 지급하기로 하는 계약이라는 효과에 있어서는 동일하다.

---

23) Rob Murphy, Legal Issues in aircraft finance, Aircraft Financing Fourth Edition, Euromoney Books, p. 78.

24) Rob Murphy, 전게서.

■ Deficiency Guarantee

이 보증유형은 주로 항공기 제작회사가 제공하며, 잔존가치보증이 활성화 되기 이전에 형성되었던 비교적 초기의 보증유형이다. 항공기 잔존가치보증이 실제 항공기의 시장매각시 회수한 금액과 사전 합의한 금액과의 부족액을 보장하는 데 반해, 이 보증은 보증수혜자(임대인 또는 금융기관)가 그 부족액으로 인하여 일정 손실을 입었을 경우 그 손실액의 일정 부분을 지급하기로 하는 보증약정이다. 말하자면 보증수혜자와 잠재적 손실에 대해 상호 공유키로 하는 보증계약이며, 이러한 이유로 First Loss Deficiency Guarantee라고도 부른다. 항공기 제조회사가 이 보증을 주로 제공한 배경에는 항공기 제조회사의 경우 자사 제조 항공기의 유통시장에 대한 영향력이 상당하고, 중고 시장가격을 유리하게 형성하고자 하는 동기가 커 항공기 잔존가치에 직접적인 이해관계가 있으며, 고객마케팅 차원에서 자사 항공기를 도입하는 항공사의 금융조달이 가능하게끔 지원하기 위한 목적이 복합적으로 작용한다. 보증내용은 보증의 수혜자인 임대인 또는 금융기관이 수용 가능한 리스크 수준의 상한과 총여신잔액의 차액을 보장한다. 가령 항공사의 디폴트 발생 및 리스계약의 종료에 따라 항공기의 시장매각 금액이 U$20백만이고, 매각시점의 총여신잔액이 U$25백만이라면 보증수혜자는 차액인 U$5백만의 손실을 입게 되는데, 동 보증과 관련하여 보증인이 총여신잔액의 10%를 커버하기로 약정하였다면 보증인은 U$2.5백만(U$25백만×10%)만을 보장하고 나머지 U$2.5백만은 보증수혜자의 손실분으로 남게 된다. 이러한 절차에 따라 보증신청도 금융기관 등이 가능한 모든 수단(항공사 소구, 보증 및 담보실행 등)을 이행한 후 일정기간이 경과한 후에야 청구가 가능하도록 되어 있다.

■ 대주단의 항공기 매각권리(Aircraft Put Option)

이 유형은 제3자에 의한 보증은 아니나 주로 리스회사가 추진하는 운용리스 거래에서 금융기관에게 임대인(SPC)의 모회사인 리스회사에 대해 Put Option(항공기 자산을 매각할 수 있는 권리)을 행사할 수 있는 권리가 부여된 경우 이를 행사시 잔존가치보증과 유사한 경제적 효과를 갖게 되는 금융조건을 말한다.

잔존가치보증과 차이가 있다면 잔존가치 보증인은 추후 항공기의 매각가격이 사전에 합의된 특정 금액에 미달할 경우 그 일정 차액을 지급하기로 보장하는 것이라면, Put Option은 항공기의 매각절차와 관련없이 그 권리를 허용하는 당사자가 사전 합의한 가격(주로 여신잔액에 해당하는 Termination Value)으로 항공기를 매입하여야 하는 의무가 발생한다는 점에서 차이가 있다.

5.4 항공보험

1) 개요

다른 산업도 마찬가지이지만 항공사들도 항공기의 운항 등 사업활동과정 상 수많은 유형의 리스크와 마주치게 된다. 이러한 리스크에는 유가변동, 테러, 항공사고, 자연재해, 정치불안 등 수많은 유형이 있는데 이중 일부는 항공사 자체의 관리활동 등을 통하여 어느 정도는 통제가 가능한 부분들이다. 가령 항 공사는 파생상품을 통한 유가헤지, 비행 안전점검의 실시, 좌석벨트의 착용안 내, 엄격한 탑승절차 운용, 위험지역 운항금지, 최신항공기로의 개체 등 여러 가지 관리 노력 등을 통하여 항공기의 안전성을 제고함과 동시에 사고 가능성 을 어느 정도 방지할 수 있다.[25] 그러나 항공사들의 제반 노력에도 불구하고 항공기 사고는 때때로 피할 수 없는 잠재성을 갖고 있으며, 항공운송사업의 특 성에 비추어 볼 때 그 손해는 항공사에게 치명적인 결과를 초래할 수도 있다. 이러한 경우에 항공사에게 발생할 수 있는 재무적 손실이나 재산상 피해의 가 능성을 가장 효과적으로 관리하고 통제할 수 있는 대표적인 리스크 관리수단 이 항공보험이라고 할 수 있다.

항공보험은 항공사로서도 안정적인 경영 나아가 기업 존속의 보장 필요성 등 목적에 따라 필수적으로 부보되어야 하는 항목이지만, 항공기금융을 제공하 는 채권 금융기관 입장에서도 대출위험을 관리하기 위한 주요한 채권 보전방 안에 해당한다. 이에 따라 주요 보험조건도 채권단의 요구에 따라 결정되는 속 성이 있는데, 항공기 자체가 채권단의 주요 담보로서 항공기가 멸실되었을 경 우에는 채권상환에 중대한 문제가 발생하기 때문이다. 리스계약서에도 항공기

---

25) 수반되는 리스크의 유형 및 관리방법은 Vitaly S. Guzhva 외, Aircraft Leasing and Financing, ELSEVIER p. 144 참조.

가 멸실 또는 손상된 경우 임차인은 계약상 합의한 일정 금액을 임대인에게 반환할 의무를 부여하고 있으므로 만약 보험이 없다면 채권단은 거액의 자산 리스크를 임차인의 신용만으로 커버해야 하는 리스크에 노출될 수 있다.

2) 항공보험의 의의

항공보험(aviation insurance)이란 항공기 또는 그 운항과 관련하여 일어나는 일체의 위험을 담보하는 보험을 말한다.[26] 담보하는 위험에는 항공기의 이륙에서 착륙까지의 비행중 위험(flight risk)뿐만 아니라 항공기의 자력에 의한 지상유도 위험(taxiing risk)과 항공기와 관련된 지상에서의 위험(ground risk)까지 포함된다. 우리나라의 항공사업법에서는 항공보험을 "여객보험, 기체보험, 화물보험, 전쟁보험, 제3자보험 및 승무원보험과 기타 국토교통부령으로 정하는 보험을 말한다"라고 규정하고 있다(항공사업법 제2조 37호).

3) 항공보험의 특성

항공사고는 일단 발생하면 치명적일 수 있다. 항공보험도 보험의 일종이므로 다른 보험과 마찬가지로 보험회사로의 특정 위험의 이전(transfer) 및 다수 고객의 분산을 기초로 한 위험의 분담(sharing)이라고 하는 기능적 측면에서는 대동 소이하다고 할 수 있으나, 단일 항공사가 부담하는 항공사고의 잠재적 익스포져가 거대하고 치명적일 수 있다는 점은 항공보험이 정형적인 다른 보험과 구별되는 가장 두드러진 특징이라고 할 수 있다.

(1) 항공사고의 대형성

항공기는 고가의 첨단자산으로 지상 또는 해상의 다른 이동수단과 달리 3차원의 공간을 고속으로 이동하는 특성 등에 따라 자칫 사고가 날 경우 대규

---

26) 최준선, 국제항공운송법론 1987, 삼영사, p. 273.

모의 인명 참사, 탑재화물의 멸실 등을 가져올 수 있고 심지어 항공사의 생존에 영향을 미칠 수 있는 손해의 대형성, 거액성, 전손성 등의 특성을 지닌다. 항공보험이 보험의 유형, 구조, 규제 등의 관점에서 다른 보험과는 역사적으로 다르게 발전하여 온 배경에도 이러한 특성들이 자리잡고 있다. 즉, 손해의 규모는 거대한 반면, 전세계 항공기와 항공사의 수는 제한되어 있는 등 보험수요의 분산에 한계가 있어 관련 보험도 보험회사 단독에 의한 인수가 어렵고, 따라서 보험자 간 풀(pool)이나 신디케이트(syndicate), 재보험(reinsurance) 등을 통해 위험을 효과적으로 분산하기 위한 조직인수 체제로 발전하게 된 것이다.

(2) 국제성

항공운송산업은 항공기의 생산·공급이 소수의 제작업체에 의해 외국에서 이루어지고 있고 영업대상, 취항노선, 여객·화물의 이동범위 등도 국내보다는 국제적인 특성이 강한 산업이다. 이러한 항공운송의 국제성에 따른 국가간 분쟁을 해결하기 위한 국제기구들도 다수 설립되어 있는데, 예컨대 1929년에는 제1차 세계대전 후 급증하는 국제항공운송의 개념을 새로 정의하고 항공운송인의 책임과 재무적 해결방안을 규정한 바르샤바조약이 체결되었으며, 항공보험에 관한 이슈의 국제적 연구, 정보교환, 이익을 보호하기 위한 국제기구로서 국제항공보험자연합(International Union of Aviation Insurers: IUAI)과 같은 단체가 조직되어 있다.

(3) 기술성

항공기는 최신기술이 집약된 첨단장비 및 운항 환경의 특성상 항공사고가 발생할 경우 그것이 기체의 결함인지, 기상악화의 문제인지 아니면 운항상의 과실인지 등 사고 원인의 정확한 규명 및 손해 파악에 고도의 전문적인 지식과 경험이 요구될 뿐만 아니라 시간도 많이 소요된다.

(4) 재보험성

항공사고는 발생할 경우 탑승자 및 화물의 전손위험이 크고 보험금이 거액인 속성상 항공보험의 인수는 위험분산 측면에서 신디케이트 등 조직인수 체제로 이루어지고 있으며, 원보험(primary insurance)의 대부분을 다시 국제보험시장의 신인도 있는 대형보험사에 재보험으로 가입하는 것이 일반적이다.

(5) 다양성

항공사고의 원인은 조종사과실, 관제탑 과실, 전쟁, 테러, 기체결함, 악천후, 정비부실 등으로 다양하고 복합적인 경우가 많아 관련 보험내용도 인보험, 손해보험, 운송보험, 책임보험 성격 등이 혼재되어 있는 경우가 많다. 오늘날의 항공보험은 특정 보험을 개별적으로 체결하기 보다는 하나의 보험증권상에 모든 종류의 보험을 커버하는 말하자면, 항공종합보험을 인수하는 것이 실무상 관행으로 정착되어 있다.

(6) 강제보험

대부분의 국가들은 항공기 운항자의 위험부담을 전가시킴으로써 항공기업의 존속을 가능케 함과 동시에, 피해자를 위한 손해배상력의 확보를 위하여 입법으로 항공보험을 강제화하는 추세이다. 우리나라도 강제책임 보험제도를 채택하고 있으며,[27] 국제적으로도 1933년 로마회의[28]에서 항공보험의 강제성을 정식으로 채택하고, 1999년 몬트리올협약(Montreal Convention)[29]에서는 운송인이 보험을 의무적으로 가입하도록 하고 있다.[30] 그러나 이러한 규정 등에도 불구

---

27) (항공사업법 제70조) 다음 각호의 항공사업자는 국토교통부령으로 정하는 바에 따라 항공보험에 가입하지 아니하고는 항공기를 운항할 수 없다. 1. 항공운송사업자, 2. 항공기사용사업자, 3. 항공기대여업자

28) (로마회의) 정식명칭은 International Convention for the Unification of Certain Rules relating to Damage caused by Aircraft to Third Parties on the Surface로 1933년에 서명되었으나 비준국가가 소수인 관계로 중요성이 떨어지고 이후 1952년 로마협약 및 1978년 몬트리올협약으로 개정되었다.

29) (몬트리올협약) 정식명칭은 Convention for the Unification of Certain Rules for International Carriage by Air로 1929년 채택된 바르샤바조약의 주요 내용을 통합 및 현대화하여 1999년 5월 28일 몬트리올에서 서명 및 2003년부터 효력 개시되었다. 우리나라는 2007년에 동 협약에 가입하였다.

30) (Article 50) States Parties shall require their carriers to maintain adequate insurance

하고 거의 모든 항공사는 항공 운영상의 필요 및 내재된 리스크의 속성 등에 따라 자발적으로 항공보험에 가입하고 있다.

4) 항공보험의 당사자

항공보험은 단일 또는 복수의 보험회사(insurer)가 특정 항공기의 멸실이나 손상, 불법행위 책임 등 보험사고(insurance incident)가 발생하였을 때 항공사 등 피보험자(insured)를 경제적으로 보호 또는 보상하기 위하여 개발된 대표적인 리스크 관리상품이다. 이러한 보험은 피보험자가 정기적으로 납부하는 보험료 (insurance premium)의 수취를 대가로 하여 부보대상인 보험사고 발생시 보험회사 가 보험금을 지급하기로 하는 보험증권(insurance policy) 계약을 양자 간에 체결함 으로써 부보된다.

(1) 보험자(insurer/underwriter)

보험사고가 발생할 경우 보험금을 지급하여야 하는 의무를 지는 자로서, 특정 보험영역에 특화된 전문성을 갖추고 보험료를 대가로 일정 위험을 인수 또는 판매하는 당사자이다. 보험인수자(underwriter) 또는 보험자(insurer)라는 용어 는 실무적으로도 혼용되어 사용하는 경향이 있긴 하지만, 보험인수자는 보험중 개자가 청구한 보험계약상의 특정 부보 위험을 평가하여 전부 또는 일정 비율 을 인수하는 당사자라는 의미가 강하다.

(2) 피보험자(insured)

피보험자는 보험이익의 주체로서 보험사고가 발생할 경우 보험금의 지급 을 받는 개인 또는 조직을 말하며, 항공보험에서 피보험자는 통상 항공기의 운 항사인 항공사가 된다. 보험상품을 매입하여 보험증권을 보유하는 당사자로서

---

covering their liability under this Convention. A carrier may be required by the State Party into which it operates to furnish evidence that it maintains adequate insurance covering its liability under this Convention.

증권보유자(policyholder)라고도 한다. 항공보험 증권상 항공사·운항자는 지명 피
보험자(named insured)로서 자동적으로 부여되는 당사자인 반면, 금융관계자인 공
동피보험자(additional insured)는 자동적 당사자는 아니며, 지명 피보험자가 이의
추가를 요청하거나 채권보호 목적 등으로 필요한 경우에 증권상에 추가로 기
재되는 당사자이다. 이에 대해서는 뒤에서 자세히 설명하기로 한다. 한편, 보험
계약자와 피보험자는 다른 개념인데, 손해보험에 해당하는 항공보험에서는 일
반적으로 항공사가 자기명의로 보험계약을 체결하고, 보험가격인 보험료
(premium)의 지급의무를 지므로 보험계약자와 피보험자가 일치한다고 할 수 있
으나 다른 형태인 인보험(예: 생명보험)에서는 보험의 종류에 따라 보험계약자와
피보험자, 보험수익자가 상이할 수 있다.

(3) 보험중개인(insurance broker)

항공보험을 부보하기 위해 항공사가 우선적으로 접촉하는 당사자가 보험
중개인31)이다. 보험중개인은 항공보험의 구매자인 피보험자의 대리인으로서
전문적인 지식과 관련 네트워크를 갖추고 부보에 필요한 항공기 및 항공사 정
보32) 등을 바탕으로 보험의 판매, 청구, 협상 등을 수행하는 당사자이다. 하나
또는 다수의 보험회사와 피보험자의 사이에서 보험조건의 교섭, 보험계약의 체
결, 보험증권 교부, 보험료 수금 등 역할을 수행하며, 이러한 서비스의 대가로
일정 수수료를 수취한다. 항공보험계약은 다른 보험과 달리 보험대리점, 보험
모집인의 활동이 없이 실무상 보험중개인을 통하여 계약이 성사되는 특성이
있는데33) 각 국가는 이러한 업무를 수행하는 보험중개인의 자격, 등록요건 등
을 엄격히 정하여 운용하고 있다.34) Lloyds of London이라고 불리는 런던 보

---

31) 보험중개인도 원보험중개인과 재보험중개인으로 구분되며, 원보험중개인은 보통 항공사가
　　지정하지만 재보험중개인은 원보험사가 지정한다. 대표적인 글로벌 보험중개인으로는 Marsh
　　& McLennan, Aon Corporation, Arthur J. Gallagher & Co, Willis Group 등이 있다.
32) 부보 평가에 필요한 정보는 기업체명, 항공기 유형, 예상 운항노선, 운항목적, 파일럿의 경
　　력 및 정보, 안전기록, 부보 커버리지의 유형 등이다.
33) 최준선, 국제항공운송법론, 삼영사, p. 289.
34) 우리나라 보험업법 제2조에서 보험중개사는 '독립적으로 보험계약의 체결을 중개하는 자

험시장에서도 보험중개인을 통하여 항공보험이 체결되고 신디케이션 방식으로 인수되고 있다. 이에 따라 실제 항공사가 보험계약을 체결하였다는 증빙으로 제출되는 서류도 보험회사가 발행하는 보험증권(insurance policy)이 아니라 보험중개인이 발급하는 보험증명서(insurance certificate)이다.

(4) 재보험사(reinsurer)

항공보험은 상대적으로 전세계에 한정되어 있다고 할 수 있는 항공기수에 비해 일단 발생하였을 경우 거액이 수반되는 손해의 특성에 따라 원보험(original insurance)의 대부분(통상 90% 이상)을 국제보험시장에 재보험을 통하여 인수 위험을 분산시키고 있다. 따라서 재보험은 원보험회사의 보험이라고 할 수 있다. 재보험사는 보통 국제 신인도가 있는 대형 보험사로 리스계약서에도 재보험사의 자격요건, 재보험 비율 등의 조건을 상세히 명시하고 있으며, 통상 원보험조건과 동일한 조건으로 부보하도록 요구하고 있다. 한편 일부 항공기 등록국가의 경우 국내법에 따라 국내 보험사에 부보하도록 강제함에 따라 대주단의 입장에서 원보험사의 신용도가 일정 수준에 미달하는 경우가 있는데, 이러한 경우 명성있는 재보험사에 부보토록 하여 원보험사의 신용도를 재보험사의 신용도로 커버하는 기능을 하기도 한다.

5) 기체전위험보험(Hull All Risks Insurance)

다음에서 설명하는 면책사항(exclusions)을 제외하고 원인이 무엇이든 간에 항공기와 관련된 모든 우발적 사고(accidental loss or damage)에 의한 기체의 직접적 손상 및 멸실 등에 따른 손해를 보상한다. 기체보험은 기본적으로 모든 위험을 커버하는 전위험보험(all risk insurance)이다. 기체의 범주에는 동체뿐만 아니라 스페어엔진, 부품도 포함되며, 사고 유형으로는 항공기의 추락, 불시착, 화재, 충돌, 전복, 낙뢰, 지진, 풍수해, 강도, 절도, 행방불명 등 우발적인 직접적인 손해

(법인이 아닌 사단과 재단을 포함한다)'로서 동 법 제89조에 의해 '대통령령으로 정하는 바에 따라 금융위원회에 등록한 자'로 정의하고 있다.

이면 모두 커버된다. 일상적인 운항위험을 커버하기 때문에 이륙부터 착륙시까지의 비행중(in-flight), 지상활주(taxing)[35] 사고뿐만 아니라 지상에서의 위험(on the ground)[36]도 모두 부보대상에 포함된다.

아래 사항들은 기체전보험과 관련하여 기본적으로 알아두어야 할 항목들을 정리한 것이다.

(1) 표준 면책사항(standard exclusion)

기체보험이 모든 위험을 커버하는 보험이라 하더라도 보험자가 커버하지 않는 일정한 면책사유들이 있는데, 가장 대표적인 항목이 아래에서 설명하는 전쟁위험이다. 이러한 표준 면책사유들은 보험증권상에 기재되어 있으며, 특약으로 정해지는 것이 보통이다. 면책되는 위험도 두 가지 종류가 있는데 보험자가 어떠한 경우에도 담보하지 않는 절대적 면책위험과, 보험자가 승인하면 특약에 의해 담보될 수 있는 상대적 면책위험이 있다.[37] 통상적인 면책사유들을 열거하면 아래와 같다.

■ 절대적 면책사항
- 피보험자의 고의 또는 악의에 의한 손해, 조종사의 고의에 의한 감항성 위반 및 항공관계 제법규 위반으로 인한 손해. 그러나 중과실에 의한 손해는 면책위험이 아니므로 항공보험으로 담보된다.
- 자연적인 마모(wear and tear), 기능의 저하(gradual deterioration), 기계적 또는 구조적인 고장. 이들은 위험이라기 보다는 거래비용으로 간주되는 사항들로, 예컨대 수리 등을 통하여 성능개선이 이루어질 경우에 보험료 할인 등 실제 보상이 주어지는 항목들이다.[38] 돌, 분진, 모래, 얼음 등의 유입

---

35) (taxing) 이륙 및 착륙을 제외하고 자체동력에 의해 비행장 표면에서 항공기가 이동하는 것 (항공용어사전, 한국항공진흥협회).
36) 예를 들면 지상 주차중 강풍, 모래폭풍, 우박, 낙뢰, 지진 및 격납고의 화재, 공항내 이동장비에 의한 파손 등을 들 수 있다.
37) 최준선, 전게서, p. 297.
38) Martin O'Brien, Aircraft Financing Fourth Edition, p. 216.

에 의한 점차적인 엔진기능의 저하도 마모나 기능 저하에 속해 통상 담보
되지 않으나, 한 번의 사고 예컨대 새떼의 충돌에 의한 엔진정지 등의 사
고는 담보된다.

■ 상대적인 면책사항
- 전쟁, 폭동, 동맹파업, 내란, 적대행위, 군사정변, 정부에 의한 몰수 또는
  징발에 따른 손해. 이를 별도로 보상하기 위한 보험이 아래에 언급되는
  전쟁기체보험(Hull War and Allied Risks Insurance)이다.
- 보험증권상 기재된 운항지역 이외의 항로이탈로 인한 손해
- 보험증권에 기재된 사용목적 이외의 용도로 사용하던 중 발생한 사고로
  인한 손해
- 기록비행, 곡예비행 등 이상 위험을 내포하는 비행을 함으로써 야기된 손
  해 등

(2) 협정가액(Agreed Value)

보험사고가 발생하였을 경우 보험금은 보험자와 피보험자가 협의한 가액
을 최대한도로 하여 실제로 입은 손해액 전액을 지급하는 실손보상이 원칙이
다. 보험금을 지급하는 방식에는 두 가지로 부보가액(insured value) 기준과 협정가
액(agreed value) 기준이 있다. 부보가액 기준에서는 보험자가 합의된 보험금액을
최고 한도로 하여 손상 또는 멸실된 항공기를 정상 기능을 하는 항공기로 교체
하기 위하여 소요되는 교체가격 수준을 보상한다. 예를 들면 신조 항공기라면
구입가격을, 중고 항공기라면 통상 시장에서 거래되는 항공기 시장가격을 평가
하여 지급이 이루어진다. 만일 부보가액 기준에서 후자의 시장가격에 따라 보
상이 이루어지는 경우에 실제 지급액은 보험금액 이하로 지급될 수도 있다.

한편, 협정가액 기준에서는 항공기 전손(total loss)이 발생하는 경우 보험자
와 피보험자가 사전에 합의한 보험금 전액을 피보험자에게 지급한다. 이 경우
부보가액 기준에서 사용되는 항공기의 시장가격이나 다른 벤치마크 가격과는
관련성이 없다. 항공기의 전손에는 추정전손(constructive total loss)도 포함되며 일

반적으로 예상되는 수리비용이 합의된 협정가액의 75% 이상이면 보험 목적상 전손으로 간주되어 공제금 없이 보험금 전액이 지급된다. 반면, 분손(partial loss)의 경우에는 항공기를 원래대로 복원하는 데 필요한 일체의 수리비용이 지급된다. 다만, 오래된 비행기는 경우에 따라 전체 수리금액이 합의한 보험금액을 훨씬 초과할 수 있는데, 이 경우에도 보상금액은 설정된 보험가액을 최대 한도로 하여 지급된다.

오늘날 상업적 용도로 운항되는 항공기의 거의 모든 기체보험은 협정가액 기준에 의하여 설정된다. 부보금액 기준은 일반항공(general aviation) 분야에서 주로 사용되는데, 이에 의할 경우 손실의 발생을 피보험자가 입증하여야 하는 번거로움이 있는 반면, 협정가액 기준에서는 손실의 입증이 불필요하고 가격을 사전에 합의함에 따라 과다 보험료의 책정을 방지할 수 있는 이점이 있다. 채권보전 절차의 간편성 등을 이유로 임대인 및 채권금융기관이 이 방식을 선호하는 경향 또한 이 방식이 주로 이용되는 이유이기도 하다. 실제로 부보기준을 적용하기에도 어려운 점이 있는데, 항공기는 항공사가 자체 장착한 인테리어, 옵션 등으로 모두 동일하지는 않은데, 부보기준의 항공기 교체개념에 의할 경우 동일한 항공기로 변경하기에도 실무상 많은 어려움이 있는 점도 이의 배경으로 작용한다.

(3) 공제액(deductibles)

공제액은 보험회사가 기체 또는 책임보험에 따른 보험금 지급의무가 발생하기 전에 피보험자가 특정 손실액을 자체 부담하는 금액으로, 보험금 지급액에서 차감되는 금액을 말한다. 따라서 공제액은 항공사가 일정 부분의 위험을 자신이 부담하는 자기보험(self insurance)과 동일한 개념이며, 금융기관의 채권보전 측면에서 공제액은 항공사의 신용리스크에 해당한다고 할 수 있다. 기체보험에서 공제액은 통상 전손의 경우에는 적용되지 않고, 분손(partial loss)의 경우에만 적용된다. 공제액의 수준은 항공기의 유형과 크기에 따라 차이가 있다. 보통 Wide-body 항공기(통상 U$1.5백만~U$2백만)가 Narrow-body 항공기(통상 U$750천~U$1백만)에 비해 크게 책정되나, 채권 금융기관으로서는 공제액만큼 신

용리스크에 노출된다고 할 수 있으므로 리스계약서에는 이를 일정 수준 이하
로 제한하는 것이 일반적이다.

<Insurance Certificate상 Hull Insurance Coverage의 예>

Hull All Risks covering the Aircraft for the Agreed Value described as Equipment herein
against all risks of physical loss of or damage to the Aircraft and/or installed on the
Aircraft and/or ground equipment connected to the Aircraft, whilst flying, taxiing and on
the ground subject to a Policy Deductible of USD 1,000,000 each occurrence but not
applicable to any form of Total Loss. Cover is subject to War, Hi-Jacking and Other Perils
Exclusion Clause AVN48B and included a 50/50 Provisional Claims Settlement
Clause(AVS 103). The Policy is subject to a maximum limit of USD 320,000,000 any one
widebody aircraft and USD 150,000,000 in respect of any other aircraft

6) 기체전쟁보험(Hull War Insurance)

항공사는 영위하는 산업의 특성상 또는 채권 금융기관들의 담보요구에 따
라 전쟁위험의 부보 없이는 일반적으로 항공기를 운항할 수 없다. 또한 전쟁보
험의 부보없이는 자국 영역의 운항을 금지하고 있는 국가들도 있는데, 가령
EU는 전쟁, 테러 리스크를 포함한 특정 책임보험의 부보없이는 EU 내 운항을
금지하고 있다.[39] 이에 반해 항공보험에서는 대부분 전쟁행위에 의한 배상책
임을 보험자의 면책사유로 규정하고 있는데, 이를 특별히 담보하기 위하여 개
발된 보험이 전쟁보험(war and allied perils insurance)이다. 전쟁보험에는 두 가지의
형태가 있다. 기체 전쟁보험과 여객 및 제3자책임 전쟁보험으로, 기체 전쟁보
험은 기체 전위험 보험증권과는 독립된 전쟁보험 관련 전문보험사에 의하여
주로 커버되며, 따라서 보험증권도 별도로 발급된다. 전쟁보험이 별도의 보험
으로 커버되는 배경에는 다음에서 설명하는 9/11 테러의 직접적인 영향에 따
른 측면이 크다. 반면 전쟁 책임보험은 책임보험증권의 부보범위를 연장하여
기존 증권에 추가(add-ons)하는 형태로 발급된다. 전쟁 책임보험에 대해서는 항
공책임보험 부분에서 보다 자세히 살펴보기로 한다. 기체 전쟁보험과 관련하여

39) EU Regulation 785/2004(추후 Regulation 285/2010으로 변경).

많은 항공사들이 런던 보험시장에서 표준형태로 사용하고 있는 보험증권이 일명 LSW555B이며, 전쟁 책임보험과 관련한 보험은 AVN52E에 의하여 커버되고 있다. 전쟁보험에서는 통상 공제액(deductible)은 적용되지 않는다.

(1) AVN48B에 따른 전쟁위험의 정의와 범위

전쟁·통합위험의 정의와 범위는 런던 보험시장에서 표준적으로 사용하는 'War, Hijacking and Other Perils Exclusion Clause' 일명 AVN48B에 구체적으로 명시되어 있다. 이의 기원은 1968년 12월 28일 이스라엘이 베이루트를 공격한 후 런던 보험시장에서 전쟁, 하이재킹에 관한 보험의 예외조항이 논의되기 시작되어 몇 번의 수정을 거쳐 모든 항공기 기체 및 책임보험에 보상하지 않는 면책사항으로 삽입된 것이 AVN48B이다. 반면 미국 보험시장에서 전쟁위험 면책조항은 'Common North American Airlines War Exclusion Clause'에 명시되어 있는데, 전체적인 내용은 런던시장에서 사용하는 AVN48B 조항과 유사하다.

〈AVN48B에서 제외되는 전쟁위험〉

- 전쟁, 침략, 외적행동, 적대행위, 내란, 반란, 혁명, 폭동, 군법·군대·권력 등에 의한 손해 발생
- 적대적인 핵무기의 폭발 또는 방사능에 의한 피해
- 파업, 폭동, 민간소요, 노동분규로 인한 피해
- 정치적 또는 테러 목적에 의한 사고 또는 고의로 인한 피해
- 악한 또는 사보타지로 인한 피해
- 몰수, 국유화, 압류, 억류, 유용, 정부의 징발에 의한 피해
- 하이재킹, 위법적인 압류, 승무원의 잘못된 항공기 통제로 발생하는 피해
- 피보험자의 항공기 통제 외적인 사유에 의해 발생하는 피해

한편, 전쟁보험(War and Allied Perils Insurance)과 정치적 보험(Political Insurance)의 차이를 혼동할 수 있는데, 전쟁보험은 부보대상 위험들로부터 기인한 물리적 손실 또는 피해(physical loss/damage)가 보험의 목적이며 통상 항공기 운항사가 부보하는데 반해, 정치적 보험은 부보대상 위험들로부터 기인한 재무적 손실(financial loss)이 보험목적이고 통상 항공기 소유자 또는 임대인이 부보한다.

(2) 기체 전쟁보험에서의 예외사항

AVN48B에서 제외되는 위험들은 항공사가 보험료만 추가적으로 납부하면 별도의 증권에 의해 커버할 수 있으나, LSW555B에 따른 기체 전쟁보험의 경우 아래 몇 가지 예외 사항들이 있다.

첫째, 5대 강국(미국, 영국, 프랑스, 러시아, 중국) 간에 전쟁이 발발하는 경우에는 보험계약이 전제로 하고 있는 사회적 질서 자체가 대재해로 상실될 수 있다는 개념에 따라 전쟁보험으로도 커버하지 않는다는 것이 상시 면책사항으로 삽입되어 있으며, 이 규정이 발동하게 되면 당해 분쟁지역만이 아닌 전 세계의 전쟁보험이 자동적으로 종료하도록 되어 있다. 이러한 내용은 자동계약종료(automatic termination) 조항에 삽입되어 있다

둘째, 일반면책사항(general exclusion)으로서 위에서 언급한 5대 강국 간 전쟁 발발, 등록국가 정부에 의한 몰수·국유화, 채무 및 법원 명령에 의해 초래된 채권·담보, 기타 금융에 의한 실패 등은 제외된다.

셋째, 7일 해약통지(7-day notice of cancellation) 조항으로, 보험 인수단들은 전쟁위험의 상당한 증가 등 보험환경에 중대한 변화가 예상되는 경우 피보험자에게 통지에 의하여 7일 간 관련 리스크의 재심사, 신규 보험료의 조정 및 지정학적 제한사항(geographical limit) 등을 심사 및 제시할 수 있는데, 만약 피보험자와 원만한 합의가 이루어지지 않는 경우 보험 자체를 해약할 수 있다. 이는 뜻하지 않은 사태에 대한 사전계약의 한계를 나타내는 것으로, 동 조항이 발동된 예로는 1980년 8월 이라크에 의한 쿠웨이트 침공시 Lloyds의 전쟁보험 인수업자가 걸프만 지역 일대에 대해 전쟁보험의 해약을 선언하여 7일 후부터 전쟁위험에 대해 무보험 상태가 된 적이 있다. 한편 국제 테러와 관련하여 전세계 전쟁보험의 판도를 뒤바꾼 가장 대표적인 사건은 2001년 발생한 9/11 테러라고 할 수 있다.

(3) 9/11 테러의 영향과 전쟁보험

2001년 미국 뉴욕 및 펜타곤에서 발생한 9/11 테러는 2,976명의 사망자와

책임보험 포함 약 394억달러(2009년 달러기준)[40]의 보험손해를 유발한 역사상 유례가 없는 전세계 최대의 단일 보험사건이다. 그 이전까지 전쟁보험은 항공기 기체 및 책임보험증권에 추가하여 거의 무료에 가까운 보험료에 의해 부보되는 보험업계에서도 그리 큰 주목을 받지 못하던 보험영역이었다. 그러나 9/11 사태가 발생하자 이를 비정상적인 사태로 간주한 보험사들이 7일 간의 통지조항을 발동하여 9월 17일 전쟁책임보험을 모두 전격 해지함에 따라 전체 항공운송산업이 정지될 위기에 처하게 되었다. 얼마 지나지 않아 민간보험에 의한 전쟁보험이 다시 재개되긴 하였으나, 리스크가 크게 증가함에 따라 부보금액은 항공기의 정상운항에 필요한 액수보다 턱없이 부족한 반면, 항공사가 부담하여야 하는 보험료율은 이전에 비해 거의 4배 가량이나 크게 상승하였다.[41] 미국 항공사들의 보험료 급등에 대응하여 미국 의회는 2001년 9월 23일 'Air Transportation Safety and System Stabilization Act'라는 법안을 통과시켜 테러로 인한 손실보상 차원에서 적격 항공사에 대해 총 100억달러까지 신용을 공여하는 조치를 취하였다. 이후 2002년까지 민간부문에 의한 보험조건이 다소 개선되긴 하였으나, 많은 항공사들이 전쟁보험을 부보하기에는 여전히 상당한 비용을 지출하여야 함에 따라 2002년 미국 의회는 Terrorism Risk Insurance Act(TRIA)를 통과시키게 되었다. TRIA는 미국 연방정부가 보험자 또는 재보험자로서 개입하여 미국 항공사들이 테러로 인해 기체, 여객 및 승무원과 관련하여 입은 일정 규모 이상의 테러손실을 분담하여 지원하는 미국 연방정부와 민간보험산업 간의 손해 분담에 관한 법령이다. 그러나 TRIA는 비미국계 항공사들에게는 상대적인 불이익을 제공함으로써 민간보험시장을 왜곡시키는 부작용을 초래하고 있다는 비판도 받고 있다.[42]

---

40) *Terrorism and Insurance: 13 years after 9/11 the threat of terrorist attack remains real,* Insurance Information Institute, 2014. 9.

41) Paul J. Freitas, *Aviation war risk insurance and its impacts on US passenger Aviation,* Journal of Transport Literature, 2013. 4.

42) *The impact of September 11 2001 on aviation,* IATA(http://www.iata.org).

(4) 50/50 Clause(AVS103)

이 조항은 기체 보험사고의 손실이 Hull All-risk 보험에 의한 것인지, 아니면 Hull War-risk 보험에 의한 것인지 판명이 불분명한 경우[43]에 각 증권의 보험자가 일단 50:50으로 보험가액을 피보험자에게 지불하고, 추후 원인 및 분담액이 최종 규명되는 경우 양 보험자 간에 정산키로 하는 약정을 말한다. 이 조항은 Hull Risk와 War Risk를 부보하는 보험회사와 보험증권이 상이하고, 사고 원인규명에 통상 수주 내지는 수개월이 소요됨에 따른 피보험자의 대기기간을 줄여 적시에 지불받을 수 있도록 하는 조항으로 '50/50 Provisional Claims Settlement Clause' 또는 간단히 AVS103 조항이라고도 한다.

〈Insurance Certificate상 Hull War and Allied Risks Coverage의 예〉

Hull War and Allied Risks, in accordance with LSW555D wording including Hi-Jacking, Confiscation and Requisition for the Agreed Value as above. The Policy is subject to a maximum limit of USD 320,000,000 any one wide-body aircraft and USD 150,000,000 in respect of any other aircraft and an overall limit applying in respect of all aircraft of the Insured of USD 1,000,000,000 in the aggregate for all losses during the Policy Period. Confiscation by the Government of Registry is limited to an aggregate of USD 600,000,000 of all insured under the Policy. Note: The Aggregate Limits may be reduced or exhausted by virtue of claims. The Confiscation Limit will in no event exceed the annual Hull War Aggregate of the Insured. Cover includes a 50/50 Provisional Claims Settlement Clause(AVS103). Automatic termination as per policy wording.

7) 항공책임보험(Aviation Liability Insurance)

항공사고는 특성상 천문학적인 손해를 유발하여 항공사가 감당할 수 없을 정도에 이를 수 있는데, 예컨대 두 대의 대형 여객기가 대도시 상공에서 충돌하여 지상에 추락하는 경우 탑승승객, 수하물, 화물 및 지상의 일반 건물과 대중 등에 끼친 막대한 인명 및 재산상 손해를 상상한다면 충분히 이해할 수 있을 것이다. 만약 책임보험의 부보가 없다면 누가 이러한 막대한 손해를 책임질

---

43) 통상 부보대상 사고 발생일로부터 21일 이내에 판명되지 않는 경우(AVS 103).

것인가를 규명하기 위해서는 법원의 판단에 의존해야 할 수도 있다. 항공기금 융을 제공한 채권 금융기관들은 특히 이러한 책임보험의 부보에 대하여 상당 히 민감할 수밖에 없는데, 이에 따라 리스계약서에도 항공사가 관련 보험을 부 보하도록 엄격하게 요구하는 편이다.

금융기관이 항공 책임보험을 부보하도록 요구하는 배경에는 크게 두 가지 가 있다.

첫째, 항공사들이 항공기 사고와 관련한 막대한 손실을 보험에 의하여 커 버함으로써, 항공사의 신용리스크를 보험사로 전가하여 항공사를 보호하기 위 함이다.

둘째, 천문학적인 잠재적 손해의 성격상 항공기를 소유 또는 담보로 확보 하고 있는 금융기관이 손해와 직접적인 관련성은 없지만 재산이 많은 것으로 간주(일명 'deep-pocket')됨에 따라 책임소송 분쟁에 당사자로 휘말릴 수 있는 개연 성을 미연에 방지하고자 하는 목적이다.[44]

(1) 항공책임보험의 종류

항공 책임보험에는 다음 다섯 가지 유형이 있다.

- 여객배상책임보험(passenger liability insurance, 수하물 포함)
- 승무원배상책임보험(crew liability insurance)
- 화물배상책임보험(cargo liability insurance)
- 우편배상책임보험(mail liability insurance)
- 제3자배상책임보험(third-party liability insurance)

앞의 네 가지는 공통적으로 항공기에 탑승·탑재된 승객(수하물/휴대품 포함), 승무원, 운송화물, 우편물 등에 초래된 인명, 재산상의 법률적 손해배상책임을 부담하는 보험이며, 마지막 제3자배상책임보험은 항공기 운항과정의 결과 제3

---

44) Martin O'Brien, Aircraft Financing Fourth Edition. Euromoney Books, p. 214.

의 인명·재산상에 끼친 손해배상책임을 보상하는 보험이다. 예를 들면 항공기
가 서로 충돌할 경우 충돌당한 항공기 및 그 탑승승객, 항공기가 추락할 경우
에는 지상의 제3자를 말하며, 인적·물적 손해에는 공중 충돌처럼 항공기 자체
에 의하거나 연료, 농약 또는 화학물질처럼 항공기에서 살포하는 물체에 기인
하거나, 항공기로부터 발생한 사고에 따른 손해를 커버한다. 이들 모두는 피보
험자가 손해배상책임을 부담하는 때에 한하여 그 손해배상책임을 보험자가 담
보하기 때문에 불가항력이라던가 그 책임이 항공사가 아닌 타인에게 있는 때와
같이 피보험자가 법률상 책임이 없는 때에는 담보하지 않는다.[45] 항공책임보험
도 기체보험과 마찬가지로 모든 위험을 커버하는 전위험(all-risk) 담보보험이다.

〈Insurance Certificate상 Liability Risks Coverage의 예〉

Liabilities covering Passengers(including Passenger Baggage and Personal Effects), Cargo
and Mail Legal Liability and Aircraft Third Party Legal Liability for a Combined Single
Limit of not less than USD 1,000,000,000 any one aircraft/occurrence but in the aggregate
in respect of Products Liability. Grounding Liability, included within Product Liability, is
limited to USD 125,000,000 any one occurrence and in the annual aggregate and to
passengers to whom the Combined Single Limit shall apply. Cargo and Mail Liability with
an applicable deductible of USD 10,000 each and every claim. Passenger Baggage/
Personal Effects Liability with an applicable deductible of USD 1,250 each and every claim.

(2) 통합단일한도(Combined Single Limit)

통합단일한도(Combined Single Limit: CSL) 증권이란 동일한 증권상 다수 익스포
저로부터 발생하는 배상 청구건을 통합하여 하나의 단일 달러금액으로 한도액을
표시한 증권을 지칭한다. CSL 방식은 설정이 간단하고, 채권 금융기관도 선호하
여 대부분의 항공책임보험증권에서 이를 채용하고 있다. 이와 상반되는 개념으
로 분리한도(Split Limit: SL) 방식이 있다. 이는 발생사건별로 개인당 한도, 총 신체
상해 한도, 총 재산손해 한도 등으로 각각 분리하여 한도를 설정하는 방식을 말
한다. 가령 분리한도 방식 증권에서 사건당 1인 신체상해 한도가 U$100,000이

---

45) 최준선, 국제항공운송법론, 삼영사. p. 310.

고, 사건당 총 지급한도가 U\$300,000로 설정되어 있을 경우, 한 사람이 신체상해에 대해 U\$250,000의 보험을 청구한다면 SL 방식에서는 보험회사가 최대 U\$100,000을 지급할 수 있는 반면, CSL 방식에서는 최대 U\$250,000을 지급할 수 있다. CSL 방식은 신체상해 및 재산손해 청구건을 모두 통합하여 설정이 간편한 이점이 있는 반면, 보험사의 커버 대상이 확대되어 보험료가 다소 증가할 수 있는 단점이 있다. CSL방식은 발생사건당 한도 개념이므로, 보험기간중 여러번 보험사건이 발생한다면 각 사건마다 보험금을 각각 청구할 수 있다.

(3) 전쟁 책임보험

앞에서도 언급하였듯이 AVN48B 조항에서 제외된 전쟁행위에 따른 배상책임보험은 보험료를 추가로 내면 부보가 가능하다. 형식은 기체 전쟁보험이 별도의 보험증권에 의하여 커버되는 반면, 책임전쟁보험은 별도의 증권발행 없이 기존 증권을 연장하여 전쟁위험을 추가하는 Endorsement의 형식으로 부보된다. 이와 관련하여 많은 항공사들이 채택하고 있는 표준적 증권형태가 AVN52E로 불리는 'Extended Coverage Endorsement'이며 핵무기의 폭발을 제외한 AVN48B항에서 제외된 대부분의 조항들이 커버된다. 전쟁책임보험도 기체 전쟁보험과 마찬가지로 발생 건당 하위한도(sub-limit)의 개념에 의해 최대 보상할 수 있는 한도가 보험증권상에 표기된다. 다만 이 금액은 책임보험상 통합단일한도(CSL) 범위 내에서 적용하는 것이 일반적이다. 전쟁책임보험의 부보금액은 상대적으로 적은 경우가 많은 반면, 전쟁책임은 거액의 배상책임을 유발할 가능성이 있어 CSL 범위를 초과하는 추가금액(Excess Third Party Liability War)을 별도로 부보하는 경우도 많다.

<Insurance Certificate상 War and Allied Perils Coverage의 예>

War and Allied Perils Coverage is provided by the attachment of Extended Coverage Endorsement(Aviation Liabilities) AVN52E (with all sub-paragraphs other than (b) of Clause AVN48B deleted) subject to a sub-limit of USD 250,000,000 any one occurrence and in the annual aggregate, however this sub-limit shall not apply to Cargo and Mail whilst on board an aircraft or to Passengers. This sub-limit shall apply within the Combined Single Limit and not in additions thereto.

8) 스페어 보험(Spares Insurance)

항공기에서 분리된 탈착상태의 스페어 엔진 및 항공기에 필요한 장비나 부품이 보관중 또는 운송중에 멸실 또는 파손된 경우 그 손해를 담보하는 보험이다. 기체보험(Hull All-risk Insurance)에서 항공기란 일반적으로 항공기를 구성하는 전체 장비를 지칭하므로 엔진이나 부품이 동체에 부착되어 있는 경우에는 보험이 자동적으로 커버되나, 항공기에서 탈착된 엔진이나 부품은 자동 부보대상에서 제외된다. 따라서 이를 부보하려면 기체보험증권상에 스페어섹션을 추가하거나, 별도의 스페어 보험증권을 부보하여 처리하여야 한다. 부보금액의 경우 부품은 교체원가(replacement cost) 기준에 따라 설정된 금액으로 부보되나 엔진은 기체보험과 마찬가지로 별도로 합의한 협정가액(Agreed Value) 기준으로 부보된다. 특히 엔진리스를 추진하는 경우에는 엔진에 대해 별도의 보험가입이 필요하다. 한편, 보험회사는 엔진이나 부품이 창고에 보관되어 있는 정지상태보다는 선적 등 운송중(sending)에 있을 때 리스크가 더 크다고 보며, 이러한 사유로 통상 운송 건별로 총 익스포져를 제한하는 경우가 대부분이다.

〈Insurance Certificate상 Spares Coverage의 예〉

Spares All Risks: All risks of loss of or damage to aircraft spares(including engines), whilst removed from the Aircraft and being property of and/or in possession of the Insured for which the Insured is responsible. War and Allied Risks coverage shall be provided in accordance with Policy LSW555D wording. Paragraph (a) of section one of LSW555D applies only, while shipments are sea- or airborne. The coverage in respect of spares, is for such sums as may be declared by the Insured, subject to following maximum limits:
- per any one sending USD 50,000,000
- per any one location USD 250,000,000 including Engine Test Run.

The above limits are applicable as aggregate limits per occurrence for all spares transported in any one sending or stored at any one storage location at any time during the Policy Period and may be reduced or exhausted by virtue of claims.

9) 보험증명서(Certificate of Insurance)

항공기금융에서는 리스계약상 요구하는 보험 관련 인도 전 선행서류로 대부분 보험증명서(Certificate of Insurance)를 제출하는 것이 관행화되어 있다. 보험증명서는 보험중개사(또는 보험사)가 항공사 및 채권단에 소정의 보험계약을 체결하였다는 증거로 제출하는 서류로 부보유형, 부보금액, 계약당사자에 대한 보호조건, 보험증권 등 보험회사와 합의한 주요 보험조건과 내용이 함축적으로 요약되어 있다. 보험증권 대신에 보험증명서를 제출하는 것은 항공보험의 특성상 다수 보험회사로부터 보험증권을 받는 것이 실무상 번거로운 데다, 보험회사들도 영업상 비밀에 해당하는 사항을 대외적으로 공개하기를 꺼리기 때문이다.[46] 보험증명서의 형식과 내용은 이를 발급하는 중개인마다 다를 수 있으나 항공기금융이 수반되는 대부분의 경우 공동피보험자(additional insured)를 보호하기 위한 AVN67B 표준특약이 공통적으로 채택된 이후로는 상당히 유사한 형태로 변모하고 있다. 어쨌든 보험증명서가 다양한 보험회사로부터 획득한 부보조건을 하나로 압축시킨 부보확인서라 할 수 있으므로 보험증명서의 내용이 임대인 및 채권단이 리스계약서상 요구하는 요건과 정확히 일치하는지를 검토하려면 보험에 관한 전문지식을 갖춘 내부변호사(in-house counsel) 또는 외부의 전문 보험상담사(insurance adviser)로부터 면밀한 검토 및 자문을 받을 필요가 있다.

10) 보험기간

항공보험은 리스계약서상 리스기간의 전기간에 걸쳐 유효하고 완전하게 유지 및 부보되도록 의무화하고 있으나, 실무상으로는 1년을 단위로 매년 계약을 갱신하는 것이 일반적이다. 리스계약서에는 연간 보험계약의 만기가 도래할 경우 만기 전 일정기간 이내에 갱신협약의 개시, 연장 및 갱신된 경우 확정된 보험증명서를 임대인 및 채권단에게 제출하여 확인받도록 의무화하고 있다.

---

46) 석광현·조영균, 국제항공기금융에 관한 법적문제점, 2006. 7.

11) 항공기금융과 관련된 보험조항

적정 항공보험의 부보는 임대인 및 채권단의 주요한 채권보전 수단이므로 리스 계약서에는 임차인이 부보하여야 할 보험조건에 대해 여러 사항들을 구체화하고 있다. 임대인 및 채권단이 보험과 관련하여 요구되는 이슈사항 들을 정리하면 일반적으로 다음과 같다.[47)]

■ (보험사·재보험사의 신인도) 임대인·채권단은 보험사·재보험사가 관련된 보험 청구액을 원만하게 지급할 수 있을 정도의 만족스러운 신인도와 국제보험시장에서의 인지도를 갖추도록 요구하고 있으며, 임차인이 선택한 보험사·재보험사가 임대인·채권단에게 수락 가능한지 확인토록 하고 있다.

■ (보험증권의 내용) 보험조건은 국제보험시장에서 글로벌 주요 항공사를 대상으로 한 최상의 산업관행(best industry practice)과 부합하도록 책정되어야 하며, 항공사가 보유하는 다른 항공기와도 차별을 두지 않도록 구체화하고 있다. 아울러 항공기의 등록국가, 항공기 운항과 관련하여 해당국 법령 등에서 요구하는 보험조건도 준수하도록 하고 있다.

■ (부보액 및 지급조건) 부보액은 항공기의 시장가격 및 잠재적인 책임배상액을 커버하기에 충분하도록 설정되어야 하며, 항공기금융이 개제됨을 반영하여 아래 설명하는 임대인·채권단의 공동피보험자 또는 피지급인으로서의 권리가 적정하게 확보될 수 있도록 보험사에 의해 확인되어야 한다.

■ (사후점검) 보험과 관련된 중대 변경사항의 발생, 보험조건의 변경, 만기도래에 따른 갱신이 이루어질 경우 임대인·채권단앞으로 통지 등 부보 관련 모니터링이 적정하게 이루어져야 하며, 이러한 사항을 확인하기 위하여 보험 중개인으로부터 Letter of Undertaking을 확보하도록 하고 있다.

다음 내용들은 항공기금융 추진시 보험과 관련된 리스계약서 및 보험 증

---

47) Martin O'Brien, Aircraft Financing Fourth Edition 및 항공기 리스계약서 보험부분 참조.

권상의 주요 항목들을 설명한 것이다.

(1) 부보금액

부보금액은 거래건별로 당사자 간 협의에 따라 다를 수 있으나, 기체보험의 경우 항공사가 운항하는 동일한 기종과 유사한 수준으로 통상 여신잔액(후순위가 있을 경우 후순위 포함)의 115~120% 이상(이를 Insurance Threshold Value 또는 Required Insurance Amount라고 함)을 협정가액(Agreed Value) 기준으로 책정하여 부보하며, 제3자책임보험의 경우 국제보험시장에서 통용되는 산업관행에 따라 통합단일한도(Combined Single Limit) 기준으로 발생 건당 U$10~13억 등과 같이 달러화 고정금액으로 책정하여 부보한다. 리스계약서에는 외부 독립적인 보험자문사(insurance adviser)가 기존의 부보금액 및 조건을 상향하도록 권고하여 임대인 및 금융기관이 이를 수락하는 경우에는 이를 반영하여 조정하도록 명문화하고 있다.

(2) 공동피보험자(Additional Insured)

보험증권상 항공사는 지명 피보험자(named insured)로서 피보험이익의 주체가 되나, 리스 또는 금융계약을 통해 금융당사자가 관여하는 경우 항공사 외에 보험의 객체인 항공기에 대한 이익(interests)을 아울러 갖게 됨에 따라 이들에게도 보험계약상의 지위와 이익을 보호하기 위한 조치가 필요하게 된다. 이에 따라 보험증권에는 항공사의 주선에 의하여 임대인, 대주단(담보관리인 포함) 등 금융당사자를 공동피보험자(Additional Insured)로 추가하여 지정하는 방식이 사용된다. 아울러 이들 금융당사자가 항공기 등에 대한 이익을 보유하고 있음을 명시하기 위하여 리스, 대출 및 담보계약서 등의 목록을 명기한다. 보험증권상 금융당사자들은 계약당사자(Contract Parties)란에 명기되는데, 피보험자로 추가될 경우 보험회사와는 직접적인 계약관계를 형성하므로 항공사를 경유하지 않고도 직접적인 보험청구가 가능하며, 제3자(항공사)의 개입 가능성을 차단할 수 있는 효과도 가질 수 있다. 보험증권상 추가로 지명된 공동피보험자의 이익을 보호하기 위하여 기존의 보험조건에 변경을 가한 특약조건이 AVN67B이다.

■ AVN67B

저당권이 설정된 항공기에 대한 사고 발생시 항공기 운항자의 특정행위 또는 담보계약 위반에 따라 금융기관에 발생한 손실을 보상하기 위해 마련된 대주단의 이익 또는 권리보호 특약으로, Airline Finance/Lease Contract Endorsement 또는 간단히 AVN67B라고 부른다. 여기에는 금융기관이 보험에 관여하게 된 배경이 되는 금융계약서의 목록과 공동피보험자, Loss Payable 조항, 주요 Breach of Warranty, 취소 통지조항 등이 명시되어 있다.

(3) 피지급조항(Loss Payable Clause)

임대인·대주단은 보험사고가 발생할 경우 기체보험금을 항공사를 경유하지 않고 보험회사로부터 직접 수령하기를 선호한다. 이에 따라 리스계약서와 보험증권에는 이들을 공동피보험자로 명기하고, 기체보험사고가 발생하는 경우 이들을 피지급인(loss payee)으로 지정하여 피지급인 또는 이들이 지정하는 당사자에게 직접 지급[48]하도록 명문화 하고 있다. 그러나 통상 전손사고가 아닌 계약서에서 합의된 일정 미만의 금액(damage notification threshold)에 대해서는 항공기의 수리 및 항공사의 지속 영업활동 보장 등을 위하여 항공사에게 지급하고, 그 이상의 금액에 대해서만 대주단에게 지급하도록 하고 있다. 다만, 피지급인이라 하더라도 보험증권상 모든 권리를 행사할 수 있는 것은 아니며, 단지 손실 후 대금을 지급받는 것으로 지위상 제약이 존재한다.[49]

<Loss Payable Clause 문안의 예>

Where settlement of any claim(in respect of ALL Risks insurance and War Risks insurance) on the basis of a total loss of any Aircraft or Airframe is to be made to or to the order of Contract Parties(lessor, lender, security agent and its successors), the Contract Parties have agreed that payment will be made to Security Trustee and where settlement of any claim(other than a total loss of the Aircraft or Airframe) is to be made otherwise than to a repairer, it shall be paid (a) to the Security Trustee if (i) the Security Trustee

---

48) 항공기 전손의 경우 실무적으로 통상 Sole Loss Payee로 지정된 담보관리인에게 직접 지급한다.

49) Geoffrey R. Kass, Legal Issues in Aicraft Leasing, VedderPrice, 2017. 2.

shall have served notice that an Event of Default has occurred and is continuing in which case payment shall be applied in accordance with priority of funds clause of Intercreditor Agreement or (ii) the amount of the claim exceeds (x) in respect of an Airframe, XX million Dollars (y) in respect of Engine, XX million Dollars, or (b) to an Airline if the amount of the claim is less than or equal to (x) in respect of an Airframe, XX million Dollars (y) in respect of Engine, XX million Dollars, and no such notice of an Event of Default from the Security Trustee has been served.

(4) Cut-through Clause

재보험을 부보하는 경우 채권 금융기관이 원보험사를 거치지 않고 재보험사에 직접 청구할 수 있도록 리스계약서·재보험증권에 명문화한 조항이다. 항공보험의 대부분은 위험분산목적으로 통상 원보험 가입금액의 90% 이상을 런던 로이드 보험시장이나 국제항공기 보험시장에 재보험으로 부보하도록 하고 있다. 항공기에 전손이 발생하는 경우 정상적인 클레임 지급절차는 재보험사 → 원보험사 → 항공사 → 대주단의 순서대로 지급하게 되나, 이 절차에 의할 경우 대주단은 보험금의 수령까지 상당한 지연이 발생할 수 있는 데다 원보험사가 파산하는 경우 원보험의 피보험자는 재보험사에 직접적인 청구권한이 없어 보험금이 대주단까지 이르지 못할 가능성도 발생할 수 있게 된다. 이러한 문제점을 방지하기 위해 두는 조항이 "Cut-through Clause"로 이 조항에 따라 금융기관은 재보험사에 직접 보험금을 청구할 수 있는 권리를 갖게 된다.

(5) Letter of Undertaking

임대인·대주단이 제출받는 부보서류는 통상 다수 보험인수단으로부터의 보험증권이 아니라, 피보험자와 보험인수단 간 중재자인 보험중개사가 제출하는 보험증명서임에 따라 보험중개사는 임대인·대주단에게 몇 가지 사실을 확약하는 Letter of Undertaking을 제출하고 있다. 이 확약서에는 i) 임대인·대주단의 보험상 이익을 인정하며, ii) 원보험자·재보험중개사로부터의 보험료 미지급 사실 또는 대주단의 요청에 의할 경우 보험료 지급상황을 보고할 것과, iii) 중대한 보험조건의 변경이나 보험중개인의 변경, 보험갱신이 이루어지지 않는 상황의 경우에는 이를 적의 통지하겠다는 내용 들이 포함되어 있다.

(6) Breach of Warranty Clause

항공사는 부보 당사자이므로 보험증권상에는 항공사가 일정 사항들을 충족하지 않거나 위반하는 경우에는 보험의 효력이 상실되어 보험사가 보험금을 지급하지 않는다는 일정한 내용의 보장사항(warranties)들이 기술되어 있다. 보험사를 보호하기 위한 목적이기도 한 이러한 보장사항들은 항공사의 항공기 감항증명 유지, 관련 법규의 준수, 각종 통지요건 등이 주요한 내용들이다. 그러나 항공사가 증권상 기술된 보장사항을 충족하지 못하여 항공사가 보험금을 지급받지 못한다 하더라도 대주단은 이를 지급받음으로써 적절히 보호받을 필요가 있는데, 이를 규정한 것이 Breach of Warranty 조항이다. 이 조항의 문언은 AVN67B에 표준화되어 있다.

〈Breach of Warranty Cover Clause (AVN67B)〉

The cover afforded to each Contract Party(ies) by the Policy in accordance with this Endorsement shall not be invalidated by any act of omission (including misrepresentation and non-disclosure) of any other person or party which results in a breach of any term, condition or warranty of the Policy, Provided that the Contract Party(ies) so protected has not caused, contributed to or knowingly condoned the said act or omission.

(7) Waiver of Subrogation

이는 임대인이 항공기의 손실에 따른 보험금을 수령한 경우 보험회사의 임대인에 대한 대위권(subrogation right)을 포기하도록 하는 조항이다. 항공보험상 대위권이란 손실 보상금이 임대인에게 지급되었을 경우 보험회사는 손실을 초래한 당사자에게 이미 지급한 보험금의 변제를 청구할 수 있는 권리를 말하는데, 금융당사자가 관여되는 경우에는 보험회사의 대위권을 특별히 포기하도록 하고 있다. 만일 보험회사에게 이를 인정한다면 보험과는 직접 관련이 없는 리스, 대출, 담보계약 등 다른 계약상 임대인의 권리에까지 영향이 미칠 수 있는 사유에서이다.

〈Waiver of Subrogation Clause(AVN67B)〉

Upon payment of any loss or claim to or on behalf of any Contract Party(ies), insurers shall to the extent and in respect of such payment be thereupon subrogated to all legal and equitable rights of the Contract Party(ies) indemnified hereby (but not against any Contract Party). Insurers shall not exercise such rights without the consent of those indemnified, such consent not to be unreasonably withheld. At the expense of Insurers such Contract Party(ies) shall do all things reasonably necessary to assist the Insurers to exercise said rights.

(8) Set-off Right Waiver

보험회사는 청구된 보험금을 지급할 때 항공사가 아직 납부하지 않은 보험료가 있을 경우 이와 상계하여 보험금을 적게 지급할 수도 있다. 항공보험은 일반적으로 항공사가 보유하는 항공기 전체 또는 다수 항공기에 부보하는 Fleet Insurance가 일반화되어 있는데, 만약 본건 이외의 다수 항공기로부터 수입될 보험료에 대한 상계 및 반소(set-off and counterclaim)의 권리를 인정한다면 채권단 입장에서는 보험수령금의 감소로 채권보전상 심각한 문제에 이를 수 있으므로 이를 포기케 하는 조항이다.

〈Set-off Right Waiver Clause (AVN67B)〉

The Contract Party(ies) shall have no responsibility for premium and Insurers shall waive any right of set-off or counterclaim against the Contract Party(ies) except in respect of outstanding premium in respect of the Equipment.

(9) Severability of Interest Clause

각 피보험자는 모든 측면에서 마치 별도의 보험증권을 소지하고 있는 것과 마찬가지로 취급된다는 조항으로, 책임보상보험에 적용되며 기체보험의 경우에는 적용되지 않는다.

5.5 항공기에 대한 저당권 설정

항공기 저당권(aircraft mortgage)은 항공기 도입을 위해 항공기금융을 제공한 채권자가 채무자의 채무불이행에 대비하여 채권의 상환을 확보하기 위해 가장 보편적으로 사용되는 채권보전방안 중 하나이다. 사실 항공기는 부동산이 아닌 동산에 속하므로 질권이나 양도담보의 목적물이 될 수 있을 뿐 저당권의 객체가 될 수 없는 것이라고 생각할 수 있으나, 등기 또는 등록 등 공시방법이 마련되어 있는 일정한 자동차, 선박, 항공기 등의 경우 부동산과 마찬가지로 저당권의 설정이 가능하다. 저당권은 채무자 또는 제3자(물상보증인)가 채무의 담보로 제공한 목적물을 채권자가 질권에 있어서와 같이 제공자로부터 인도받지 않고 그 목적물을 다만 관념상으로만 지배하여, 채무의 변제가 없는 경우에 그 목적물로부터 우선변제를 받는 담보물권이다.[50] 항공기 저당권은 항공기의 사용가치를 지배하지 않고, 교환가치만을 지배한다. 즉, 항공기 저당권은 목적물인 항공기의 점유를 수반하지 않고 제공자(소유자)가 직접적인 사용수익권을 계속 보유하도록 하였다가 피담보채무가 불이행되었을 때 저당권자가 목적물인 항공기를 경매 등으로 처분하여 환가한 금원으로 채권의 만족을 얻음으로써 그 교환가치를 실현할 수 있는 권리를 주된 내용으로 한다. 항공기 저당권은 통상적으로 저당권설정자가 항공기의 소유권을 취득하는 시점[51]에 저당권설정자와 저당권자가 항공기 저당권설정계약서(aircraft mortgage agreement)를 체결하고, 등록국 법령에 따라 이를 등록함으로써 성립하게 된다. 당연하겠으나, 항공기 저당권의 세부적인 성립요건, 대항요건 및 실행절차 등은 국가마다 다르다.

---

50) 곽윤직, 물권법, 박영사, 1992. 2.
51) 통상적으로 항공기가 인도되고 등록국 법령에 따라 등록이 완료되는 시점이다.

1) 항공기 담보실행의 복잡성

항공기는 동산으로서 다른 국가를 자유로이 비행하는 이동성을 갖고 있어 저당권의 실행과 관련하여 국내법을 따져보아야 할 뿐만 아니라, 실행 당시 항공기가 위치해 있는 국가의 법률이나 임차인이 소재한 국가의 법률 등도 분석해 보아야 할 필요가 있는데, 국가에 따라서는 대주(lender)에게 불리한 법적 체계를 갖고 있는 국가도 있을 수 있다. 항공기 저당권과 관련한 복잡성은 대부분 준거법의 선택(governing law)과 법의 충돌(conflicts of law) 문제에서 발생한다고 할 수 있는데 이를 설명하면 대략 다음과 같다.

■ 항공기 담보방식으로는 저당권이 가장 보편적으로 통용되는 방식이나, 일부 국가(오스트리아, 벨기에, 태국 등)의 경우 항공기를 동산으로 간주하여 저당권이라는 개념 자체를 인정하지 않는 경우도 있다. 이러한 경우 금융기관의 권리는 저당권이 아닌 질권(pledge/charge)과 같은 색다른 형태의 담보권으로 보호받을 수밖에 없게 되어 전체 금융구조를 저당권과 유사한 형태로 변형시켜 설계하여야 하는 문제가 발생할 수 있다.
■ 분석·검토하여야 할 법률의 수가 많고 복잡해질 수 있다. 예를 들면 항공기가 영국법을 준거법으로 하여 저당권이 설정되고, 스페인 항공사에 임대되어, 마드리드, 암스테르담, 함부르그, 쥬리히 노선을 운항한다면 약정서상 통지절차 등 계약서상 권리확보에 관해서는 영국법 Counsel의 자문이 필요하고, 항공사의 파산이 항공기의 확보(reposession)에 미치는 영향 및 은행청구권에 미치는 우선적 담보권 등의 분석을 위해서는 스페인의 Counsel의 자문이 필요할 뿐만 아니라 항공기의 실행절차와 관련하여서는 항공기가 소재하고 있는 네덜란드, 독일, 스위스의 Counsel에 의한 검토를 받아야 할 필요가 있다.
■ 이러한 복잡성은 특정 국가에서는 인정되는 저당권이 다른 국가에서는 부인되는 법의 충돌(conflict of laws) 문제에서 발생하는데, 이는 준거법마다 다른 룰이 적용되는 관계로 항공기 저당권의 유효성이 각각 다르기 때문에 발생한

다고 볼 수 있다. 즉, 대부분의 국가들은 항공기가 등록된 국가의 법률에 근거하여 저당권을 인정하고 있는 반면, 일부 국가(특히 영국법)는 저당권이 생성될 당시에 항공기가 물리적으로 소재하고 있는 장소의 법률('lex situs')에 의존하는 국가도 있으며 또는 채무자가 위치해 있거나 저당권이 체결되고 인도된 국가의 법을 유효한 법으로 인정하는 국가들도 있다.[52]

- 항공기 저당권의 효력, 등록, 실행절차에 대해서도 국가마다 차이가 있다. 국가에 따라서는 다른 나라 법이 아닌 국내법에 의하도록 한정하거나 정해진 서류양식과 해당 국가의 언어 등 소정 절차에 의해 작성되어야만 인정되는 경우도 많다. 또 국가마다 항공기등록원부의 등록항목이나 내용에 차이가 있을 수도 있고, 상당한 규모의 등록세나 인지세를 납부하여야 하거나, 실행시에도 사적 매각은 인정되지 않고 반드시 법원의 명령에 의해 공개 매각하도록 규정하고 있는 국가들도 있는 등 제각각이며, 그나마 정해진 구체적인 절차가 마련되어 있지 않아 보다 불확실성이 큰 국가들도 있다.

항공기 저당권은 대부분 임차인이 소재하는 항공기 등록지국(항공기의 국적취득국) 법률에 따라 설정하는 것이 통상적이고, 우리나라 항공사가 임차인인 경우에도 이처럼 한국법을 준거법으로 하여 항공기 저당권을 설정한다. 그러나 항공사 소속국가의 법적 체계와 대주단의 요구 등에 따라서는 보다 선진화되고 대주단에 우호적인 영국법이나 미국법 또는 아일랜드법 등에 따른 저당권으로 등록국 저당권을 대체하거나 보완하는 경우도 흔하다.

2) 선박 저당권과 항공기 저당권

선박 저당권은 항공기 저당권과 동산 저당이라는 측면에서 유사하지만 구조 또는 실무상 다음과 같은 차이점이 있다.

---

52) Patrick Farrel, Kenneth Gray, Taking English or New York law mortgages over foreign-registered aircraft, Airfinance Journal, 2011. 7.

■ 선박과 관련해서는 편의치적이 널리 활용된다. 선박을 실제로 운항하는 해운사의 국적과 관계없이 파나마 등 선박 운용에 관한 규제(외국인 선원 탑승에 대한 제한 및 안전관리 수준 등)가 비교적 가벼운 국가(이하 "편의치적국")에 설립된 SPC를 법률적 소유자로 하고, 해운사는 SPC로부터 해당 선박을 리스하는 구조를 취하게 되면 대상 선박은 편의치적국의 법령을 적용받게 된다. 이렇게 되면 저당권도 편의치적국 법령에 따라서만 설정하는 것이 일반적이다.

■ 항공기의 경우 원칙적으로 편의치적이 인정되지 않는다. 예외가 있기는 하지만 항공기는 법률적 소유자의 국적보다 항공기의 실제 운항자(operator)의 국적을 따르게 됨이 일반적이며, 따라서 어느 항공사가 외국의 소유자로부터 항공기를 리스하여 사용하는 경우 대상 항공기는 소유자가 아닌 항공사의 국적을 취득하고, 그 국가의 법령을 적용받게 된다. 예컨대, 대한민국의 항공사가 케이맨 또는 아일랜드의 항공기 소유자로부터 항공기를 리스하여 운용하는 경우 대상 항공기는 한국에 등록하여야 하며, 한국의 법령을 적용받는다. 따라서, 저당권도 등록국의 법령(항공사 국적국의 법령)에 따라 설정함이 원칙이다. 한편, 거래상황에 따라서는 뉴욕법, 영국법 또는 케이프타운협약에 가입된 경우 아일랜드법을 준거법으로 하여 저당권을 설정하는 경우도 있는데, 이에 관해서는 아래에서 보다 자세히 서술하기로 한다.

3) 국내법 저당권과 외국법 저당권

(1) 국내법 저당권(local law mortgages)

항공기 등록국에 항공기 저당권 제도가 존재하는 경우, 해당 국가의 법령에 따라 저당권을 설정함이 원칙이다. 이를 통상적으로 국내법 저당권이라고 부르는데 실무상으로는 항공기가 해당 국가에 소유권 등록됨과 동시에 저당권 등록 신청을 하는 것이 일반적이다.

(2) 외국법 저당권(foreign law mortgages)

채권단들은 국내법 저당권에만 의존하여 항공기 저당권을 설정할 수 있고

또 이로써 충분하다고 보는 것이 일반적이지만 국내법 저당권을 보충하기 위
한 목적상 영국법 또는 미국법 저당권, 필요에 따라서는 아일랜드의 케이프타
운 담보권[53])을 추가로 설정하는 경우가 국제실무상 보편화 되어 있다. 국내법
이외에 선진국 법률에 의한 저당권을 추가로 설정하는 이유는 항공기 대출의
위험가중치를 낮춰 BIS 비율을 축소하기 위한 의도에 따라 바젤 II 협약상의
요건을 충족시키기 위한 목적도 일부 있지만, 국내법상 미비점이 있거나 채권
단들에게 불리할 수도 있는 불확실성 요소들을 외국법에 의하여 보완하려는
목적도 있다고 할 수 있다. 먼저 바젤 II 협약에서는 항공기 담보대출로 BIS 비
율을 낮추기 위해서는 그 담보가 "모든 관련된 국가에서 법적으로 유효하고 이
행 가능한"[54]) 담보이어야 함을 요구하고 있다. 그러나 영미법에 등에 의한 저
당권을 추가할 경우 모든 관련된 국가에서 … 라는 이 요건을 충족하여 리스크
를 완전히 해소할 수 있느냐에 대해서는 실무적으로 여전히 논란이 있는 부분
이다. 또한 항공기 등록의 말소(de-registration)나 등록국으로부터의 항공기 반출
등 항공기 담보를 제대로 실행하려면 불가피하게 등록국 관련 공무원의 적극
적인 개입 및 협조가 필요한데, 관련 불확실성을 어느 정도 해소할 수 있는 좀
더 선진화되고 채권자에게 우호적인 국가의 법을 추가로 채택함으로써 이를
제거해 보려는 목적도 있는 것으로 보인다. 영국법이나 미국법은 특히 항공기
의 처분과 관련하여 채권단에게 우호적인 법적체계와 환경을 제공하고 있으며,
케이프타운협약은 전세계적으로 통용되는 항공기에 관한 투명하고 예측 가능
한 국제적 등기권리를 마련하기 위한 것이 목적이므로 채권단을 보호하는 취
지의 국제적 협약이라고 할 수 있다. 아무튼 영국법을 채택할지 아니면 뉴욕법
을 추가로 채택할지는 대상 기종, 거래당사자의 의사결정 등에 따라 달라질 수
있는 부분이다. 영국법, 미국법 및 아일랜드법에 의한 저당권설정에 대해서는
아래에서 보다 자세히 살펴보기로 한다.

---

53) 채무자(담보계약상 담보권설정자(chargor), 리스계약상 임차인(lessee) 등)가 케이프타운협
약의 비준국가에 소재하는 등 요건을 충족하는 경우 아일랜드 준거법에 의한 저당권 설정
이 가능하며, 현재는 비준국가가 아니더라도 장래 협약에 참여하는 경우를 상정하여 케이
프타운협약에 의한 저당권을 설정하겠다는 문구를 약정서상에 삽입하는 것이 보통이다.

54) "legally effective and enforceable security over the aircraft in every relevant jurisdiction".

4) 우리나라의 항공기 등록 및 저당권[55]

항공기 저당권의 주요 내용은 각국마다 조금씩 차이가 있으나 법률에 의해 정해져 있고 저당권 설정계약 또한 대부분 정형화되어 있어 당사자 간의 협상에 의해 정하여야 할 부분이 그리 많지는 않다. 우리나라의 저당권도 물권법정주의에 따라 법률에 의해 저당권의 성립요건, 내용, 효력 및 실행절차 등의 내용이 세부적으로 정해져 있어 개별 저당권 설정계약서에서는 이들 내용을 확인하고 보충하는 조항들이 주로 기술되고 있다.

한국법에 따라 저당권이 설정되기 위해서는 대상 항공기가 한국 국적을 먼저 취득하여야 하므로 이하에서는 저당권에 관한 설명에 앞서 항공기의 국적 취득에 관하여 먼저 언급하고자 한다. 항공기의 등록체계에 관해서는 본장 "5.7 리스계약서의 주요 내용"편에서 좀더 세부적으로 다룰 예정이다. 외국 항공사를 대상으로 하는 항공기 저당권의 경우 그 외국 항공사가 소재한 등록 국가의 관련 법령에 따라 저당권의 생성, 효력, 실행방식 등이 정해짐은 물론이다.

(1) 항공기의 등록 및 국적취득

국제법상 항공기는 등록된 국가의 국적을 갖고 동시에 2개 이상의 국가에 등록될 수 없도록 하고 있으며, 이에 따라 우리나라의 항공안전법에서도 외국 국적을 가진 항공기는 우리나라에 등록할 수 없도록 하고 있다.[56] 항공기는 국토교통부에 등록하여야 우리나라의 국적을 취득하며,[57] 항공기에 대한 감항증

---

55) 석광현·조영균, 국제항공기금융에 관한 법적 문제점(2006. 7), 「항공안전법」, 「자동차 등 특정동산 저당법」상 관련조항을 참조함.

56) (항공안전법 제10조②) 제1항의 단서에도 불구하고 외국 국적을 가진 항공기는 등록할 수 없다.

57) (항공안전법 제7조) 항공기를 소유하거나 임차하여 항공기를 사용할 수 있는 권리가 있는 자(이하 "소유자등"이라 한다)는 항공기를 대통령령으로 정하는 바에 따라 국토교통부장관에게 등록을 하여야 한다. 다만 대통령령으로 정하는 항공기는 그러하지 아니하다.
(항공안전법 제8조) 제7조에 따라 등록된 항공기는 대한민국의 국적을 취득하고, 이에 따른 권리와 의무를 갖는다.

명을 받아야 운항할 수 있다.[58] 또한 항공기를 등록하여야 항공기에 대한 소유권의 취득, 상실, 변경의 효력이 생긴다(항공안전법 제9조①)고 하여 부동산등기와 유사하게 등록이 물권변동의 효력발생 요건으로 되어 있다. 항공기에 대한 임차권에 대하여는 이를 등록하여야만 제3자에 대한 효력이 발생한다[59]고 하여 등록을 임차인의 대항력 구비 요건으로 규정하고 있다. 등록 항공기에도 제한이 있어서 외국인 또는 외국인이 지분의 2분의 1 이상을 소유하거나 또는 그 사업을 사실상 지배하는 법인이 소유 또는 임차하는 항공기(이른바 외국항공기), 외국인이 대표자이거나 임원수의 2분의 1이상을 차지하는 법인은 우리나라 국민이나 법인이 임차하여 사용할 권리가 있지 않는 한(예를 들어 임차하거나 전대차한 경우) 우리나라에 등록할 수 없도록 하고 있다.

(2) 항공기에 대한 저당권

- (항공기 저당권의 인정) 우리나라의 민법상 동산은 질권의 목적이 될 수 있을 뿐 저당권의 목적이 될 수 없으나 항공기 등 특정동산[60]의 경우 경제적 목적에 따라 계속 이용하면서 이를 담보화하여 자금융통을 용이하게 하고 금융당사자의 권익을 보호하기 위한 취지로 항공기에 대한 저당권을 인정하고 있다.

- (항공기 저당권의 대상) 등록된 항공기(비행기, 헬리콥터, 비행선, 활공기)와 경량항공기[61]로 제한된다.

- (임차항공기의 저당권) 과거에는 외국으로부터 임차한 항공기에 대해서는 저당권을 설정할 수 없었으나, 1991년 12월 당시 구 항공법의 개정으로 임차

---

58) (항공안전법 제23조③) 감항증명을 받지 않은 항공기는 운항하여서는 아니된다.
 (항공안전법 제23조②) 대한민국의 국적을 가진 항공기가 아니면 감항증명을 받을 수 없다.

59) (항공안전법 제9조②) 항공기에 대한 임차권은 등록하여야 제3자에 대하여 그 효력이 생긴다.

60) 항공기, 선박, 자동차, 건설기계를 포함하여 이를 특정동산이라 칭하며, 항공기 저당권의 경우 과거 「항공기저당법」에서 규율하였으나 2017년에 「자동차 등 특정동산 저당법」으로 통합되었다.

61) 공기의 반작용으로 뜰 수 있는 기기로서 최대이륙중량, 좌석수 등 국토교통부령으로 정하는 기준에 해당하는 비행기, 헬리콥터, 자이로플레인 및 동력패러슈트 등을 말한다(항공안전법 제2조).

등록부가 폐지되고 항공기등록원부로 통합되면서 이후에는 저당권 설정이 가능하게 되었다. 우리나라에서는 실무상 항공기에 설정되는 항공기 저당권은 모두 근저당권[62]의 형태에 의한다.

■ (저당권설정등록) 항공기 저당권의 득실변경은 항공기등록원부에 등록이 되어야 효력이 생긴다.[63] 등록신청은 등록권리자와 등록의무자가 공동으로 신청하도록 되어 있으나 통상은 법무법인이 각 당사자로부터 위임장을 받아 대리인으로 국토교통부에 출석하여 저당권설정계약서, 인감증명서 등 원인서류를 첨부하여 등록을 신청하고 있다.

■ (저당권의 효력) 현행 「자동차 등 특정동산 저당법」에는 저당권의 내용에 관해 특별한 규정을 두고 있지 않으며, 특정동산의 저당권에 관해서는 민법중 저당권에 관한 규정을 준용하도록 하고 있다.[64] 민법 제358조는 저당권의 효력 범위에 관해 저당목적물에 부합된 물건과 종물에 미친다고 규정하고 있다.

5) 항공기 저당권 설정계약의 주요 내용 및 검토사항

(1) 체결당사자

항공기 저당권설정계약의 기본 당사자는 저당권설정자(mortgagor)와 저당권자(mortgagee)이다. 보통 채무자와 채권자가 당사자인데 전형적인 항공기 리스거래에서는 항공기의 소유자인 SPC가 저당권설정자이고, 대출금융기관(또는 투자자)이 저당권자가 된다. 체결당사자와 관련하여 이슈 또는 실무상 불편을 야기할 수도 있는 부분은 담보수탁관리인(security agent)만을 저당권자로 등록할 수 있느냐 하는 부분이다. 항공기금융은 거액딜로 클럽딜이나 신디케이션 등에 의해 추진되어 채권자의 수가 복수인 경우가 많아 채권단을 대리하여 담보수탁관리인을

---

62) 피담보채무에 관한 당사자 간 협의에 따라 계속적 거래계약에서 증감, 변동하는 현재 또는 장래에 부담하는 불특정채무를 채무자가 설정 최고액 또는 담보한도액 범위 내에서 담보하는 담보권의 유형을 말한다.

63) 자동차 등 특정동산 저당법 제5조(저당권에 관한 등록의 효력 등).

64) 자동차 등 특정동산 저당법 제12조(준용규정).

선임하는 경우가 대부분인데, 외국에서는 약정서상 수탁받은 범위 내에서 담보수탁관리인만을 저당권자로 하는 경우도 많다. 우리나라의 항공 관련법에는 이에 대한 명시적인 규정이 없을 뿐만 아니라 또 우리나라 민법상으로도 저당권은 피담보채권에 부종하므로 저당권자는 반드시 피담보채권의 채권자에 한하도록 되어 있어[65] 실무상 담보수탁관리인만을 저당권자로 하기는 어려운 것으로 보고 있었다. 이에 따라 우리나라 항공기등록원부에도 실제 진정한 권리자인 채권자 각각을 저당권자로 등록하고 있으며, 담보수탁관리인의 경우에도 차주에 대하여 일정한 채권을 가짐을 전제로 근저당권자에 포함시켜 왔고, 만약 최초 등록 이후에 양수도가 발생하여 채권자가 변경되는 경우에는 그때마다 이전등록을 하였다.

그러나 2011년 신탁법의 개정으로 담보권의 설정이 신탁재산 설정방법에 포함되면서 담보권신탁이 명문으로 인정되었고, 이에 따르면 민법상 저당권의 부종성 원칙에도 불구하고[66] 수탁자에게 저당권을 설정하여 주고, 채권자를 수익자로 지정하여 담보권자와 채권자를 분리할 수 있게 되었다. 이에 따르면 이론적으로는 담보수탁관리인을 담보권수탁자로 하여 담보관리인만을 저당권자로 하는 것도 가능할 수 있으나 실무에서는 아직 거의 활용되지 않고 있는 편이다.

(2) 준거법

저당권설정계약의 준거법에 대해서는 명시적인 법 규정은 없으나 항공기 등록원부에 등록된 항공기만이 저당권의 득실변경 및 효력이 발생하므로 외국법을 준거법으로 하는 항공기 저당권설정계약은 우리나라에서는 등록할 수 없다.[67] 외국법을 준거법으로 하는 경우 외국 담보권의 내용이 우리의 저당권과

---

65) 이은영, 물권법, 박영사 p. 737.

66) 이에 대하여는 해당 신탁법 규정이 민법상 부종성의 예외를 인정한 것으로 보는 견해와, 담보권신탁에서 형식적으로 담보권자와 채권자가 분리되지만 실질적으로 수탁자는 수익자를 위하여 담보권을 보유하는 것이므로 이를 동일인으로 보아 부종성에 반하지 않는다고 보는 견해 등이 있다.

67) 석광현·조영균, 전게서.

일치할 수는 없으므로 저당권설정계약의 준거법은 반드시 우리나라 법이어야 한다. 실무상으로도 우리나라 국적 항공기의 경우 우리나라 법에 의하여 우리나라 변호사가 관여하여 저당권을 설정하고 있다.

(3) 계약의 체결시기

통상 채권자들은 자금 인출시점(즉, 항공기의 인수도시점)에 저당권이 등록되기를 원하나 등록신청시부터 등록부에 실제 권리가 기재되기까지는 절차상 보통 수일이 소요되는 문제점이 있다. 이마저도 해외 당사자들이 관여하는 거래에서는 자금인출시점이 한국의 영업시간이 아닌 경우가 빈번하여 등록신청접수 역시 인출일 직후 영업일에야 이루어지는 일이 많다. 따라서 항공기 저당권의 등록은 항공기의 등록(운항가능 요건이다)과는 달리 항공기 인도일보다 늦은 수일 후에 이루어지게 되며, 저당권이 등록되게 되면 이를 담당 변호사가 항공기등록원부상의 저당권 등록내용을 검토하여 인도 후 법률의견서(post-delivery opinion)를 발급하여 이를 확인하고 있다. 반면 항공기의 등록일은 항공기의 실제 인수도일과 동일한 날로 일치시키고 있다. 이는 항공기의 소유권이 이전되어 항공기의 운항[68]이 가능하려면 법상 감항증명서의 발급과 항공기 등록이 완료되어야 하기 때문인데, 실무상으로도 국내항공사가 항공기의 인도를 받기전에 미리 임차항공기의 등록신청을 하고 항공기 인도일에서 임차등록증과 감항증명서를 교부받는 형식을 취한다. 따라서 항공기등록과 저당권등록의 경우 등록일이 다를 뿐만 아니라 신청접수일과 실제 등록일도 서로 다른 것이 일반적인 현상이다.

(4) 채권최고액

우리나라의 경우 통상 채권최고액을 등기하도록 하고 있으므로 항공기 저당권 설정계약서에도 피담보채무(secured obligation)의 통상 120~130%의 금액을 설정하고 있다.

---

68) 항공기 제작공장에서 항공기 인수도가 완료되어 첫 운항을 개시하는 것을 ferry-flight라고 하며 법상 항공기의 (임차)등록이 되어야 저당권 설정도 가능하다. 따라서 임차등록은 저당권 등록보다 항상 선행한다.

(5) 저당권의 효력이 미치는 목적물의 범위

앞에서 전술한 대로 우리나라 민법에서는 저당권의 효력범위에 관해 저당 목적물에 부합된 물건과 종물에 미친다고 규정하고 있으므로 항공기 저당권 설정계약서에서도 국제관행에 따라 항공기(aircraft)의 개념을 기체, 엔진 및 부품을 포함하는 것으로 정의하고 있다. 다만 엔진과 부품은 저당권설정자의 소유에 속하는 것이어야 하며, 제3자의 소유에 속하는 엔진이 기체에 부착되어 있다고 하더라도 항공기의 부합물이 아니라고 봄이 일반적이다.[69]

(6) 엔진, 부품에 대한 소유권

엔진과 부품은 저당권설정자가 소유하는 것이어야 하므로 영구적으로 교체되어 부착된 엔진(replacement engines)은 처음부터 기체에 장착된 것처럼 저당권설정자의 소유물이 되어 저당권의 대상이 되며, 반대로 항공기에서 분리된 엔진(detached engines)이나 부품은 자동적으로 저당권자의 양도담보 대상이 되어 저당권설정자는 관련된 소유권 이전 등의 절차를 취하도록 하고 있다. 만약 분리된 엔진이 다른 엔진으로 교체되는 경우에는 분리된 엔진에 대한 담보권은 해지하여 주는 것이 폭넓게 채택되고 있는 내용이다.[70] 한편 우리나라를 포함한 대부분의 나라에서는 항공기 등록법규상 엔진이 별도의 등록사항이 아니므로 엔진을 담보로 하는 금융의 추진시 담보권이 공시되지 못하는 제약이 있게 된다.[71] 국내에서는 이 경우 양도담보를 활용함이 일반적이다. 엔진에 대한 권리의 공시는 아니지만, 특정 채권자에 대한 담보권 설정상황이 등기에 의하여 공시되는 동산담보권을 설정하는 것도 가능하기는 하지만 등록면허세가 피담보채무액에 연동되어 부과된다는 점이 큰 부담요인이 됨에 따라 활용도는 그리 높지 않은 편이다.

---

69) 석광현·조영균, 전게서.

70) 이 내용에 관해서는 제5장 리스계약서 주요 내용중 '엔진·부품의 교체 및 항공사 간 엔진 풀링'을 참조하시기 바랍니다.

71) 실무상 국제 엔진금융의 추진시에는 케이프타운협약상 담보권(국제등록부에 엔진을 별도로 등록 가능하나 협약 비준국가이어야 한다)과 SPC 담보권에 의존하여 추진된다.

(7) 저당권의 실행

항공기 저당권설정계약서에는 대출계약상 채무자의 채무불이행사유(event of default)가 발생하거나 지속되는 경우 저당권자는 통지에 의하여 즉시 저당권을 실행할 수 있으며, 법상 허용된 범위 내에서 통상 다음과 같은 행위를 할 수 있다고 명시하고 있다.

① 항공기 소재 국가의 기관에 항공기의 압류를 신청
② 관할법원의 명령 또는 기타 법에 따라 항공기의 매각을 위한 법적 절차 개시
③ 세계의 어느 곳에서든 공적 경매 또는 사적 계약에 의해 항공기를 매각
④ 항공기를 관리, 정비 또는 수선하거나 항공기를 임대, 운항 등

저당권자는 이러한 절차를 통해 수령한 금전을 피담보채권의 변제에 충당하고, 만약 그러고도 잔액이 남아있을 시에는 이를 저당권설정자(SPC)에게 반환하도록 하고 있다.

(8) 진술 및 보장

저당권이 성립되려면 저당권설정자가 항공기의 소유자이어야 하므로 계약의 체결시점 또는 여신기간 내내 항공기의 소유권이 저당권설정자의 소유임을 진술 및 보장토록 하고 있다.

(9) 공동담보(Cross-collateralization)

한 개의 거래에 복수의 항공기를 담보 대상으로 하여 금융이 추진되는 경우 당사자 간의 협의에 따라 통상 항공기 상호 간 공동담보(cross-collateralization)를 설정한다. 이 경우 1순위, 2순위, 3순위 항공기 저당권계약서 등 각각의 약정서를 체결하는 것이 일반적이며 항공기등록원부에도 각각의 순위[72] 및 공동

---

72) 단, 순위의 기재 자체가 항공기등록원부상 필요적 기재사항인 것은 아니며, 순위의 기재에

담보의 사실이 표시된다. 그 밖에 금융 구조상 후순위 채권자(junior lender)가 있는 경우에는 선순위 및 후순위 계약서 등으로 각각 구분하여 작성하는 것이 일반적이다.

6) 저당권 실행 수익의 배분

채무불이행의 발생으로 저당권자가 항공기저당권을 실행하여 담보수탁관리인이 그 매각 수익금 등을 수령한 경우 채권자 간 수익금의 배분원칙에 대해서는 항공기 저당권계약서에도 기술되지만 보통은 채권자간계약서(Intercreditor Agreement)에서 다루어지는 게 일반적이다. 이 조항은 폭포가 위에서부터 떨어지는 것에 비유하여 통상 'Waterfall' 조항이라고도 부르는데, 채권자간계약서에서는 통상 ① 채무불이행(EOD)이 없는 정상적인 상황에서의 자금배분과, ② 항공기의 손실(event of loss)이나 대출금의 조기상환(prepayment)이 발생하는 경우의 자금배분, ③ 채무불이행이 발생하여 저당권 실행수익을 배분하는 세 가지의 경우로 구분하여 표시된다.

그 구체적인 내용은 거래별로 당사자 간의 협상결과에 따라 다를 수 있으나 선순위대주(senior lender)와 후순위대주(junior lender)가 거래에 참여하였을 경우 통상적인 자금의 배분순서를 순서대로 나열하면 다음과 같다.

① 저당권 실행 관련 비용
② 담보관리인(Security Trustee/Agent)앞 지급금
③ Senior Lender에 대한 발생이자
④ Senior Lender에 대한 대출원금
⑤ Junior Lender에 대한 발생이자
⑥ Junior Lender에 대한 대출원금

어떠한 효력이 있는 것은 아니다. 순위의 기재에도 불구하고 실제의 순위는 해당 저당권의 주등록 순위에 따른다. 물론 실무상으로는 대부분의 경우 순위의 기재와 주등록 순위의 선후 관계가 일치하도록 등록신청 접수를 하고 있다.

⑦ 나머지 잔금은 차주에게 지급

7) 영국법에 의한 항공기 저당권

(1) 자력구제가 가능한 영국법 저당권

영국법 저당권은 뉴욕법과 함께 저당권자인 채권단에게 비교적 친근한 다음과 같은 우호적인 법적 체계를 제공함에 따라 항공기가 등록된 국내법에 의해서만 저당권의 유효성이 인정되는 한계를 넘어서서 많은 국제 항공기금융 거래에서 채택되어 왔다.[73)]

- 영국법저당권을 생성하고 완성하는데 조세나 부과금이 없으며 누가 저당권자가 되든지 제약이 없다.

- 영국법은 뉴욕법과 마찬가지로 채권자에게 일명 자력구제(self-help)가 가능하다. 즉, 채권자인 저당권자는 채무불이행 발생시 공적 기관 특히 법원의 선제적 개입없이 저당 항공기의 사적인 처분, 제3자에 대한 리스 또는 항공기의 운항 등이 가능하다. 보통 국내법 저당권의 실행시에는 법원 명령이나 항공기의 등록말소 또는 항공기의 반출시 법률이나 관련 공무원의 개입 등에 의하여 절차상 제약이 있는 경우가 통상적인데, 이러한 제약이 없어 채권자로서는 항공기의 실행절차, 관련비용 및 시간을 상당히 줄일 수 있는 이점이 있다. 채권자에게 우호적인 이러한 영국의 법적 시스템은 미국법상의 Chapter 11과 마찬가지로 이를 근거로 미국 자본시장에서 EETC(enhanced equipment trust certificate)를 발행할 수 있는 주요 근거가 되기도 한다.

- 영국의 법률시스템은 항공기금융, 선박보험, 기타 이동자산 등과 관련하여 축적된 오랜 역사와 국제적 신인도, 폭넓은 전문인력 등에 힘입어 항공기금융을 취급하는 금융기관들에게 매력적인 요소로 작용하여 왔다.

---

73) Saugata Mukherjee etc, Aviation Aircraft Mortgages, Stephenson Harwood(Singapore) Alliance, 2014. 6.

(2) Blue Sky Rule 판례

그러나 이토록 채권자에게 우호적이라 하더라도 영국법상 저당권은 다른 국가의 법체계와 달리 소재지법(lex situs), 즉 저당권이 생성될 당시(즉, 계약체결시)에 항공기가 실제 위치한 국가의 법률에 따라 저당권의 유효성이 인정되는 독특한 법적 시스템을 갖고 있다. 영국법 저당권은 사실상 조건부 소유권이전(conditional transfer of ownership) 체제[74]로 운용되고 있는데, 이 저당권에 기초한 소유권 이전조항에 문제가 있다면 저당권의 유효성도 상실되는 결과를 낳게 된다. 간단히 요약하면 항공기의 소재지법(lex situs)상 문제가 있으면 영국법에 의한 소유권이전도 타당하지 않게 된다.[75] 또 한가지 영국법상 일반원칙은 계약당사자들이 그들에게 유리할 것으로 판단되는 준거법을 자유롭게 선택할 수 있다는 것이지만, 만약 국경을 넘는 국제적인 거래요소(foreign elements)가 가미될 경우에는 당사자들이 선택한 법이 그대로 적용되지는 않으며, 비록 당사자들이 그 법을 선택하지 않았다 하더라도 영국법에 의한 법의 충돌원칙(conflict of laws rule)을 검토하도록 되어 있다. 항공기와 같은 특정 동산의 경우 법의 충돌원칙은 항공기의 소유권이 이전될 당시에 항공기가 위치한 국가의 법률을 살펴보아 소유권 이전에 문제가 없는지 나아가 저당권의 유효성에 문제가 없는지를 검토하도록 되어 있다.

영국법 저당권은 앞에서도 설명하였지만 자기자본비율 산출시 리스크가중치(risk weight)의 경감 가능성 등 비교적 채권자 우호적인 법체계로 많은 인기를 끌었으나, 소재지법과 관련한 일명 Blue Sky Rule 판례[76]가 2010년 3월 공표되자 이후 채권단들이 뉴욕법 등 다른 대체국가로 준거법을 바꾸는 등 국제 항

---

74) 저당권설정자(mortgagor)가 저당된 피담보채무를 모두 완제할 경우에 소유권이 비로소 저당권 설정자에게 반환되며, 만약 소유권의 이전과 관련된 조항이 유효하지 않을 경우 담보권의 유효성도 상실하게 된다.

75) Paul Jebely, Court guidance on the effectiveness of English law aircraft mortgages, ashurst, 2010. 9.

76) 영국 대법원 판례(2010. 3. 25) 「Blue Sky One Limited & O'rs v Mahan Air & Ano'r [2010] EWHC 631 (Com)」.

공기금융 거래에 많은 영향을 미쳤다.

Blue Sky 판례의 전체 내용은 상당히 복잡하고 이에 대한 논평들도 많지만 사건의 내용을 요약하면 대강 이러하다.

항공기(B747-400기)의 소유자는 영국에 설립된 SPC이고, 항공기는 아르메니아 항공사(Blue Airways LLC)에 리스된 후 다시 이란 항공사인 Mahan Air에 전세기로 재리스하고 있었는데, 채무불이행이 발생하자 당시 채권자(PK Airfinance US Inc.)는 항공기 저당권을 실행하기 위해 대상 항공기를 압류하고자 하였다. 이때 항공기 저당권의 준거법은 영국법이었지만 저당권이 설정될 당시 항공기는 네덜란드에 위치하고 있었으며, 항공기가 등록된 국가는 아르메니아였다. 그러나 SPC와 채권자는 해당 항공기를 압류하는데 결국 실패하였는데, 당시 영국 법원에 제기된 이슈는 과연 영국법상 저당권이 채권자를 위해 항공기에 대한 소유권을 생성할 만큼 충분한 요건이었나 하는 저당권 생성의 타당성에 관한 것이었다. 이 이슈를 해소하기 위해 영국법원에서는 저당권이 생성될 당시 항공기가 어디에 있었는지를 우선 살펴보았고, 그 다음 영국법상 저당권이 효력을 갖추려면 법의 충돌시 동산의 소유권 이전에 관한 법적용 원칙인 소재지법이 어느 국가인지를 검토하였다. 당시 법원의 판결은 저당권의 타당성이 인정되려면 네덜란드법을 살펴보아야 하는데, 네덜란드법은 동산에 대한 유효한 담보형태로서 영국법 저당권을 인정하지 않고 있었다. 이에 따라 항공기 저당권은 부인되었고, SPC와 채권자는 항공기를 유효하게 확보할 수 없는 결과를 낳게 되었다. 그 관련 내용을 정리하면 다음과 같다.[77]

① 항공기는 다른 유형의 동산과 달리 취급되어서는 안된다. 항공기는 국제적 이동성이 크고 소재지와는 관련성이 희박하다는 이유로 여타 동산과는 달리 취급되어야 한다는 의견이 많았고, 따라서 등록지국 법에 의해 저당권이 유효하면 이를 인정하여야 한다는 견해도 많았으나 결국 거절되었다.

---

77) Patrick Farrell, Kenneth Gray, Taking English or New York law mortgages over foreign-registered aircraft: a comparison, 2011. 7.

② 저당권과 같은 물권이 영국법에 의해 유효하게 생성되었는지는 저당권 설정당시 항공기가 위치해 있는 국가의 법률 즉, 소재지법에 의해 판단되어야 한다.

③ 항공기가 저당권설정당시의 소재지(네덜란드)와는 다른 국가(아르메니아)에 등록되어 있는 경우에 그 등록국가의 법률에 의해서는 저당권이 유효하다고 하더라도, 저당권설정 당시 소재지국의 법률에 의해서는 유효하지 않은 경우에는 영국 저당권은 효력이 없다. 소재지인 네덜란드법원은 등록지국인 아르메니아에서 생성된 법률만 인정하므로 영국법 저당권은 효력이 없다고 본 것이다.

④ 예외적이긴 하나 영국법 저당권이 설정될 당시에 항공기가 어느 국가에도 속해 있지 않은 공해상공 등 국제공역(international airspace)을 비행하고 있을 때에는 항공기가 등록지국에 위치(lex registri)해 있는 것으로 간주되어 준거법이 영국법이라면 유효하다고 보는 것이 법무법인 또는 실무상 광범위하게 인지되고 있는 내용이다.78) 이 경우에도 등록지국 등의 법률 의견에 의한 면밀한 확인이 필요하다

⑤ 영국법은 항공기의 소유권 이전과 관련하여 소재지 국가(네덜란드)의 국내법만을 주목할 뿐 저당권의 타당성 판단기준으로 법의 충돌원칙(Rule of Conflict of laws)은 무시된다. 따라서 국가 간 국제사법상의 차이에 따라 타국의 법률을 인정하고 있는 일명 반치(renvoi)가 부인되고 있는 셈이다.

내용이 다소 복잡할 수도 있지만 상기의 사례를 볼 때 금융기관 입장에서 영국법 저당권이 유효하고 실행 가능하려면 거래 당사자들은 저당권이 생성 즉, 서명될 당시에 항공기가 ① 영국에 위치해 있거나 또는 그 상공을 비행하고 있거나, ② 영국법 저당권의 유효성이 인정되는 적격국가(영국령 등)에 위치하거나, ③ 그 소재지가 불분명한 경우에는 영국법이 준거법으로 선택되어 있는 경우 영국법적 유효성 여부에 대해 법률 검토를 받아야 하며, ④ 국제공역 상

---

78) Dicey, Morris & Collins, The Conflicts of Law, 14th ed(2006)-Rule 120, Exception 2.

공을 비행하는 경우에는 등록지국법 등이 확인하는 경우이어야 한다는 것이다.

저당권이 생성될 당시의 항공기 위치는 항공기 기장으로부터 서면으로 확인을 받아야 한다. 만약 저당권 생성 당시 등록지국에 위치해 있었거나 국제공역에 위치해 있었다면 영국법 저당권의 유효성에 관해 등록지 변호사의 상세한 법률자문을 받아 확인하여야 함은 물론이다.

결과적으로 신규 항공기를 인수할 때 상기조건을 충족시키려면 항공사로서는 예컨대 에어버스사가 소재한 프랑스에 항공기가 소재하고 있을 때 저당권을 생성할 수는 없고, 영국 등 적격국가로 비행하도록 경로를 수정하거나 또는 추후에 노선 운항경로상 영국 또는 영국령 상공에 있을 때 저당권을 설정[79] 하여야 하므로 항공사로서는 운항비용의 증가, 노선수정, 노선수정에 따른 인허가 문제, 추가 조세 등이 발생할 수 있어 영국법에 의한 저당권에 부정적인 입장일 수 있다. 보잉사제조 항공기의 경우 보통 영국법 대신에 미국법에 의한 저당권을 생성하고 있고, 또 US Eximbank 보증부 ECA Loan의 경우 보증국 자국법인 미국법 저당권을 생성하고 있어 Blue Sky Rule이 적용될 여지는 없다고 하겠다.

한편, 2015년 7월 영국이 케이프타운협약을 비준하면서 영국 또한 동 협약의 체약국이 되었다. 이로 인하여 영국법 저당권에 대해 Blue Sky Rule의 요건이 반드시 충족되지는 않더라도 이를 케이프타운협약에 따른 국제등록부에 등록할 수 있게 되었으므로 더 이상 Blue Sky Rule의 적용이 필요하지 않다는 견해도 있으나, 케이프타운협약이 발효되지 않는 국가에서 해당 저당권 실행을 위하여는 여전히 Blue Sky Rule에 따라 영국법 저당권이 유효하게 존속하고 있어야 하므로 Blue Sky Rule이 더 이상 적용되지 않는 것은 아니라고 하겠다.

결론적으로 금융기관이 주지하여야 할 사항은 등록지국을 포함하여 모든 국가에서 영국법 저당권이 유효하게 인정되는 것은 아니며, 설사 외국법에 의해 저당권을 채택하였다 하더라도 저당권을 실행하는 단계에서는 등록지국의 등록해제 등의 절차가 필요하다는 것이다. 다시 한번 강조하지만 상기 내용은

---

79) 이 경우 대주단으로서는 항공기 인도 후 저당권설정의 시간갭에 의한 리스크요인이 발생할 수 있다.

| 표 5-11 | Blue Sky One 판례에 따른 영국법 저당권의 유효성 |

저당권 생성시 항공기의 소재지	법의 적용	법률 검토
영국	영국법 적용	
기타 국가(영국 이외)	소재국가법 적용	소재지국법상 영국법 적용 여부 검토
소재지 불분명	영국법(준거법) 적용	영국법 유효성 여부에 대해 법률검토
국제공역(항공기 등록)	영국법 적용	등록지국법상 영국법 적용 여부 검토

자료: Stephenson Harwood Presentation 내용을 정리.

법적 유효성에 관한 부분으로 일반적인 가이드일 뿐 거래상황에 따라 다른 결과를 초래할 수도 있으므로 사전에 충분한 법률적 자문을 받아 보는 것이 중요하다.

8) 뉴욕법에 의한 항공기 저당권

당사자 간에 체결되는 항공기 저당권설정계약서가 뉴욕법을 준거법으로 선택하고 있고, 법적인 이견 및 분쟁처리 절차를 위해 뉴욕법원을 관할법원으로 지정하고 있다면 뉴욕법원은 그 저당권을 뉴욕법에 의한 저당권이라고 인식하게 된다. 뉴욕법에 의해 체결된 저당권설정계약서의 담보권은 미국에 등록된 항공기라면 미국 FAA(Federal Aviation Administration)와 케이프타운 국제항공기등록부에 등록함으로써 제3자로부터 보호받는 등 권리를 완성(perfection)할 수 있다. 미국이 아닌 다른 국가에 등록되어 있는 항공기라면 미국 UCCFS(Uniform Commercial Code Financing Statement)[80]에 등록하거나 또는 외국채무자(SPC)가 등록되어 있는 국가의 법적 절차에 따라 항공기를 등록할 수도 있다.

뉴욕법 저당권도 영국법 저당권과 마찬가지로 자력구제(self-help)가 가능하고 법적 체계가 유사한 점을 포함하여 많은 공통적인 특징들을 갖추고 있다. 다만, 영국법에 의한 항공기 저당권과 비교할 때 가장 큰 차이점이자 상대적인

---

80) 외국 채무자나 외국 항공사는 주로 District of Columbia에 등록한다.

장점이라고 한다면 적어도 저당권을 생성할 때 항공기가 어느 국가에 위치해 있었느냐 하는 소재지원칙(lex situs rule)이 미국법에서는 적용되지 않고 또 저당권의 효력과도 무관하다는 것이다.[81] 이러한 이점으로 Blue Sky Rule 판결이 후 영국령으로 항공기를 회항시키는 등 운항상 차질 및 추가비용 등이 불가피하게 수반되는 영국법보다는 미국법에 의한 저당권설정을 선택하는 경우가 증가하고 있는 추세이다.

그렇다 하더라도 저당권을 실행할 때에는 그 항공기가 뉴욕에 실제 소재하고 있지 않으면 뉴욕법원은 항공기에 대한 대물 관할권(in rem jurisdiction)이 없다고 보고 있으며, 그 항공기가 소재하고 있는 국가의 법원에 관할권이 있다고 본다. 즉, 항공기 저당권을 실행할 때 그 항공기가 뉴욕에 소재하고 있지 않으면 뉴욕법에 의한 자력구제나 다른 구제수단을 사용할 수 없을 수도 있다.[82] 따라서 디폴트가 발생하여 담보채권자들이 항공기를 처분하여야 한다면 현실적으로 절차를 두 단계로 나누어 추진하는 것이 바람직하다.

① 항공기의 확보(reposession) 단계에서는 항공기의 소재국 법률과 절차에 따라 항공기의 소유권을 이전받고,

② 담보권을 행사하여 처분(foreclosure sale)하는 단계에서는 네바다 또는 캘리포니아 등 보관이 용이하고 매각여건이 좋은 미국 내 장소로 항공기를 반입하여 공매, 사적 경매 등으로 항공기를 처분한다.

한편, 뉴욕법을 준거법으로 할 경우에는 미국이 케이프타운협약의 참가국이므로 SPC 소재국(예를 들면 케이만)의 국내법 체계상 케이프타운 국제등록부에 등록이 가능하다면 실무상 별도로 아일랜드법에 의한 케이프타운 저당권을 설정하지는 않는다. 이 부분 또한 뉴욕법이 가지는 채권자 친화적인 유리한 장점 중의 하나라고 할 수 있다.

---

81) 미국은 케이프타운협약 비준국이므로 관련된 등록요건을 갖추고 저당권을 아일랜드 국제등록부에 등록하였다면 항공기의 국내 소재지법과는 무관하게 된다(Julie McLean, Conyers Dill & Pearman).

82) Patrick Farrell, Kenneth Gray, 전게서, 2011. 7.

9) 케이프타운 항공기 담보

국경을 초월하여 운항되는 항공기의 고도의 이동성을 감안하고 이에 따른 항공기 관련 각국 간의 법제의 차이에서 발생하는 불확실성 등을 해소하기 위한 취지로 2006년 3월 발효된 케이프타운협약은 여러 준거법 중에서도 채권자에게 가장 유리한 담보권체계를 제공한다. 케이프타운협약 담보권의 핵심은 두 가지이다. 항공기를 국제등록부에 등록함으로써 국제적 항공기의 권리에 대한 우선순위[83]를 명확히하여 투명하고 통일된 국제적 규준을 마련하는 것과, 채무자의 디폴트시에도 경매나 법원의 허가없이 바로 강제집행할 수 있는 권리구제수단 등을 제공하는 것이다. 이에 대한 대가로 채무자는 금융시장에서 보다 저렴한 금융차입이 가능함에 따라 전세계적인 항공기금융 거래를 활성화할 수 있는 토양을 제공하고 있다.

그러나 아일랜드에 있는 국제등록부에 등록되어 케이프타운 담보권이 유효하게 성립하려면 몇 가지 충족되어야 할 요건들이 있다.

우선은 국내법과의 연계요소(connecting factors)로서 ① 채무자(debtor)가 동 협약에 서명하고 비준한 체약국(contracting states)에 소재하고 있거나, ② 항공기가 체약국에 등록되어 있어야 한다. 채무자는 거래마다 다르나 항공기 리스거래에서는 일반적으로 차주·저당권설정자(SPC), 임차인(항공사)을 지칭한다. 항공기 기체의 경우에는 ①이나 ②만 충족되어도 케이프타운협약이 적용될 수 있으나, 엔진의 경우에는 일반적으로 항공기와 별개로 엔진 자체만 체약국의 항공기 등록부에 등록되지 않기 때문에 ①이 아닌 ②만 충족되는 경우에는 케이프타운협약이 적용되기 어렵다.

둘째는 각국이 협약을 비준할 때 협약의 특정조항을 채택하느냐 채택하지 않느냐에 따라 각국의 국내법적 유효성이 달라진다. 각국이 선택할 수 있는 주요 조항들은 여러 가지가 있지만 디폴트시의 구제권(remedies), IDERA,[84] 파산

---

83) 시간상 후에 등록된 권리와 미등록된 권리(후순위)에 비해 우선적인 국제적 권리(선순위)를 갖는다.

84) Irrevocable De-registration and Export Request Authorisation의 약자로, 채권자들이 디

체계의 선언(declarations of insolvency regime) 등이 있다. 따라서 체약국들의 이들 특정조항의 채택 여부에 따라 저당권실행시 법원의 개입, 관계 공무원의 제약 등이 국가마다 서로 다를 수 있다.

케이프타운협약에 관해서는 제6장에서 보다 자세히 설명하고자 한다.

폴트시 관계 당국의 제약없이 체약국에서 항공기의 등록을 말소하고 반출할 수 있도록 보장하는 권리를 말한다.

5.6 기타 항공기금융 채권보전

1) SPC 주식에 대한 질권설정(SPC Share Charge)

대부분의 항공기금융 거래는 조세중립지역에 SPC를 설립하여 이 SPC가 항공기의 소유자겸 차주, 임대인의 역할을 수행케 하는 SPC 구조를 사용한다. SPC는 명목상의 법인에 불과하므로 채권단은 SPC의 주주가 별도의 보증서를 제공하지 않는다면 이 SPC의 출자주식[85])에 대해 질권(share charge)을 설정하게 된다. 채권단이 질권을 설정하는 배경은 두 가지 정도로 압축할 수 있는데, 채권단의 SPC에 대한 통제 필요성과 담보권 실행의 보강으로 정리할 수 있다.

여기서 질권의 당사자는 SPC에 출자하여 주식을 법적으로 소유하고 있는 주주가 질권설정자(chargor)가 되며(SPC가 아니다), 채권단을 대리하여 수권을 받은 담보수탁관리인(Security Trustee/Security Agent)이 질권자(chargee)가 된다.

SPC의 소유자(SPC owner)는 과거에는 거래와 연관된 금융기관이나 항공사인 경우도 있었지만, 최근에는 SPC의 파산절연기능을 강화하기 위한 목적에 따라 대부분 Orphan Trust 구조를 사용한다. 이 경우 보통 거래당사자와는 관계없는 독립적인 당사자가 주주로 참여하며, 대부분 SPC가 소재하는 지역의 전문 법무법인 내지는 기업사무관리회사(corporate service provider)가 일정 수수료를 대가로 이 역할을 수행한다는 점도 5.2 SPC의 설립편에서 자세히 살펴본 바 있다.

SPC와 주주에 관한 내용은 Declaration of Trust에 구체화되어 있는데 여기에는 SPC 주식(수익금 포함)에 대한 법적 소유권, 특정 행위의 실행권한 및 금지사항, 신탁펀드(trust fund)의 설정, 채권자에 대한 주식질권의 제공 등의 내용이 담겨있다.

---

85) 이에 부속된 배당금, 이자, 현금 등을 모두 포함하며 이를 Charged Securities라고 한다.

주식질권설정계약서(SPC share charge agreement)에 담긴 주요 내용을 보면 ① 질권설정자는 발행된 또는 남아있는 모든 주식의 유일한 법적 소유자로서 차주의 채권단에 대한 채무상환 의무를 보장하기 위하여 SPC 주식에 대하여 질권을 설정하며, ② 모든 주식의 실물을 채권단 앞으로 교부하고, ③ 날짜를 비워둔 주식이전서류(share transfer certificate), 역시 날짜를 비워둔 SPC 이사의 사임서류(resignation and release letter), 만일의 경우 행사할 수 있도록 담보수탁관리인앞으로 이미 서명된 위임장(proxy) 등의 서류를 제출한다는 조항들이 담겨있다.

만약 채무불이행이 발생하지 않는 정상적인 상황에서는 질권설정자가 주주 의결권 등을 포함하여 주어진 권리를 정당하게 행사할 수 있지만, 채무불이행사유(share charge event of default)가 발생하게 되면 채권단(정확하게는 Security Trustee)은 질권설정자로부터 SPC 소유와 관련된 의결권, 이사해임권, 배당금 및 잔여재산 수취권 등을 넘겨받아 마치 유일한 법적 소유자인 것처럼 이를 행사하고 배당금 등 모든 금원을 수취할 수 있도록 되어 있다.

질권설정계약서에는 SPC의 행위에 대해 아래에서 설명하는 여러 통제조항들을 열거하고 있고, 항공기 저당권을 행사할 수 있도록 되어 있지만 SPC의 주주가 어떠한 이유에서든 협조하지 않는다면 채권단은 SPC 주식질권을 행사하여 항공기 자체를 소유하고 있는 SPC를 통째로 매각할 수도 있다. SPC를 매각하는 방법은 항공기 저당권을 보강하는 유용한 채권보전 수단으로 행사가 신속하고 용이한데, 특히 엔진금융을 추진할 경우 항공기의 등록지국 법률 체계상 기체와 엔진을 분리할 수 없어 별도의 엔진 등록이 불가능하여 엔진 저당권을 실행할 수 없는 상황의 경우에 특히 유용한 채권보전 수단이다.

그러나 SPC 주식에 대해 질권을 설정한다 하더라도 채권단은 채권단이 통제할 수 없는 행위, 예컨대 SPC가 항공기에 추가담보를 설정하거나 심지어 항공기를 매각해버리는 행위를 막을 수 있는지에 대해 우려가 있을 수 있다. 이를 위해 채권단은 질권계약서에 SPC의 주주가 특정 행위를 하지 않겠다는 부정적 서약(negative covenants) 사항들을 열거하여 확약토록 하고 있을 뿐만 아니라, 경험과 신인도가 충분히 확보되어 있는 법무법인을 수탁자(Share Trustee)로 선임하는 방식을 통하여 위험을 사전에 차단토록 하고 있다. 또한 발행된 주식의 원본은 미리 교부받아 담보관리인(Security Agent)이 점유하고, 날짜를 공란으로 비워둔 각 SPC 이사의 사직서와 주식 이전서류를 미리 받아두어 유사시의 경우에 대비토록 하고 있다.

한편, 주식질권은 SPC가 보유한 차입금이나 부채보다도 후순위 담보권이라는 점을 인지할 필요가 있다.[86] 주식질권은 SPC의 순자산이 존재할 경우에만 의미가 있는 담보이며, 따라서 이를 반영하여 채권단은 SPC가 본건 또는 계약상 허용된 차입 이외에는 제3자로부터 추가적으로 차입이나 부채를 일으키지 않을 것이며, 추가적인 자산의 획득이나 증권 등의 발행, 허용되지 않은 질권의 설정 등도 강력하게 제한하는 문구를 약정서에 삽입하고 있다.

SPC의 자본금 수준은 큰 의미는 없는데, SPC가 Tax Haven 지역에 설립되는 명목상의 기관이므로 현지법상 허용된 최소한도의 수준, 즉, U$10 내지는 U$250 정도의 소액으로 출자된다. 그러나 이는 어디까지나 금융리스의 경우이고 운용리스, 택스리스 등 지분 출자자가 참여하는 Leveraged Lease 구조에서는 출자금액이 상당할 수도 있다.

아무튼 주식질권 설정의 유효성 등 법적 요건에 관하여는 국가마다 차이가 있으므로 SPC가 소재한 국가의 전문 법무법인으로부터 법률의견서를 받아 내용을 면밀하게 확인해 보아야 한다. 만약 SPC가 두 개로 설립되어 차주의 소재국가와 SPC 소유자인 질권설정자의 소재 국가가 다를 경우에는 질권설정자의 권리능력 등을 확인하기 위해 이 또한 법률자문을 받아 확인해 둘 필요가 있다.

2) 리스계약상 권리 양수(Assignment of Lease Rights)

항공기에 대한 저당권 설정 다음으로 채권단에게 중요한 채권보전방안은 임대인 SPC가 임차인에 대해 갖는 각종 금전 수취권, 옵션, 구제권 등 리스계약상의 제반 권리를 양수(assignment of lease rights)받는 것이다. 리스계약상 임대

---

86) Rob Murphy, Aircraft Financing, Fourth edition, 2011, page 57.

인이 수취하는 금전중 가장 중요한 것은 항공기리스의 대가인 리스료이며, 금융리스이든 운용리스이든 리스료는 임차인 → 임대인 → 담보관리인(채권단)의 순으로 흘러가 채권단의 주요 원리금상환 재원을 형성한다. 사실 리스계약상 임대인의 권리는 리스료 이외에도 보험회사에 대한 보험청구권, 항공기 제품에 대한 보장권리 등을 포함하고 있어 거래구조에 따라 이들 각각의 권리가 별도의 약정서에 의하여 체결되기도 하지만, 많은 경우 이들을 한데 묶어 약정서의 이름은 다를 수 있으나 Security Assignment Agreement, Mortgage and Security Agreement 등으로 일괄 양도되는 경우가 일반적이다. 만약 개별적으로 체결되는 경우 보험, 보장권 등은 Lessee에서 Lessor로 다시 Lessor에서 Security Agent로 두 개의 양도계약을 체결하게 된다.

리스계약을 양도하는 경우의 일반적인 약정 당사자는 임대인이 양도자(Assignor)가 되고, 담보관리인이 채권단을 대리한 양수자(Assignee)로 참여한다. 만약 대출계약서에서 명시한 채무불이행사유(event of default)가 발생하게 되면 채권단은 담보관리인을 통하여 임대인을 대신하여 양도받은 리스 계약상의 모든 구제권리(remedies)를 행사할 권리를 갖게 된다.

3) 보험 청구권의 양수(Assignment of Insurance)

항공기금융에서 항공보험은 항공사고의 대형성, 거액성, 전손성 등의 특성에 따른 항공사의 안정적 경영 및 채권단의 채권보전 차원에서 필수적으로 부보되어야 하는 항목이다. 따라서 리스계약서에는 임차인이 항공기와 관련하여 부보하여야 할 보험의 유형, 조건, 기간, 채권단 보호조치 등 여러 가지 요건을 상세하게 기술하고 있다. 대주단에게 있어서 항공기는 원리금의 상환을 가능케 하는 원천이자 만일의 경우 채권을 확보할 수 있는 주요 담보에 해당하므로 항공기의 멸실 또는 손상시에는 채권단의 채권보전에 중대한 결함이 발생하게 된다. 항공보험에 관한 보다 자세한 내용은 본 장에 수록된 '5.4. 항공보험' 편에서 자세히 다룬바 있다.

항공사고에 대비하여 대주단이 확보하는 보험과 관련된 양수도 계약은 절차상 두 단계로 이루어지고 있다. 첫 번째는 항공사에서 임대인(SPC)으로 보험 증권상 항공사의 권리를 양도하는 것이고, 두 번째는 임대인(SPC)에서 담보수탁 관리인으로 임대인이 양수받은 권리를 다시 채권단에게 양도하는 것이다. 만약 지급된 보험금에 의해 대주단의 채권이 모두 상환되어 완제된 경우 양수받은 권리는 항공사의 요청에 의하여 역으로 SPC 및 항공사에게 양도된다.

한편, 보험의 양도와 관련하여 임차인, 임대인 및 담보관리인은 일종의 채무자적 지위에 있는 보험중개인에게 그 양도사실과 관련 내용을 통지(Notice of Assignment of Insurances)하고, 보험중개인으로부터 통지내용의 확인(Acknowledgement of Notice of Assignment of Insurances)을 받는 절차를 거치고 있다.

4) 항공기구매계약상 권리 양수(Assignment of Aircraft Purchase Agreement)

항공기구매계약(Aircraft Purchase Agreement)은 항공기의 판매자인 항공기 제조 회사와 구매자인 항공사(또는 리스사)간의 약정으로, 항공기의 제작에 보통 수년이 소요되기 때문에 항공기구매계약도 항공기금융이 이루어지기 수년 전에 체결 되는 것이 보통이다.

이후 항공사 등의 요청에 의하여 인도 후 금융이 추진되어 SPC가 설립되 면 항공기구매계약상 항공사가 가지는 항공기의 구매권리를 SPC 앞으로 양도 (assignment)하여, SPC가 항공기를 항공기 제조회사로부터 구매하여 항공기에 대 한 소유권을 획득하도록 하는 절차를 취하게 된다. 따라서 항공기구매계약의 SPC에 대한 양도는 채권단의 직접적인 채권보전 수단이라기 보다는 항공기 리 스의 구조화시 SPC가 항공기에 대한 소유권을 획득하기 위한 절차적 단계에 해당된다고 할 수 있다.

항공기구매계약상 권리를 이전하는 방식에는 양도 이외에 경개(novation)방 식을 사용하기도 한다. 경개는 원계약상의 권리와 의무를 모두 새로운 임대인 에게 넘기고 당초 계약당사자(항공기 제조회사, 항공사)는 계약관계에서 빠져나가게 되는 반면, 양도는 당초 계약상의 권리만을 넘기고 원계약상의 의무는 계속 남아있는 권리 이전방식을 말한다. 따라서 계약당사자도 Novation Agreement에서는 항공기 제조회사, 항공사, 임대인 3개 당사자가 새로 계약을 체결하나, Assignment Agreement에서는 항공사가 갖고 있는 항공기구매계약서상의 권리를 임대인에게 넘기는 것 뿐이므로 양도자(항공사)와 양수자(임대인)의 양 당사자만 참여하게 된다.

항공기구매서류는 항공기구매계약서와 항공기 인도시에 항공사에게 발급하는 항공기매매증서(Aircraft Bill of Sale)로 구성되며, 해당 항공기의 인도에 임박하여 대상 항공기에 관한 세부사항[87]이 정해지면 Purchase Assignment Supplement에 의해 이를 추가하여 수정하고 있으며, 이의 양도사실에 대해서는 항공기·엔진 제작업체앞으로 통지하여 별도의 동의를 받는 절차를 취한다.

<항공기구매계약상 항공사의 SPC에 대한 양도권리>

- (양도내용) 항공기의 구매권리, 항공기 인수권리, 항공기 제작업체의 디폴트에 따른 손상 청구권, 제품보장 및 면책권리 등
- (제외내용) 항공사의 타 항공기에 대한 권리, 선급금·예치금에 관한 권리, 서비스·훈련· 데이터·시험비행에 관한 권리, 금융기관에 의해 통지받지 않은 경우 등

한편, 항공기구매계약상의 권리를 양도하는 경우에도 그 양도사실을 항공기 제작회사에 통지하고 승낙을 받아 두고 있다.

5) 항공기·엔진 제품보장 양수(Assignment of Aircraft/Engine Warranties)

항공기구매계약서는 항공기의 구매, 인도 및 항공기 가격 등에 관한 내용을 주로 담고 있지만, 항공기의 판매와 관련하여 항공사에게 제공하는 다양한 하자보증(warranties) 내용도 포함하고 있다. 하자보증 내용은 항공기구매계약 본

---

87) 항공기·엔진 제작업체의 일련번호(manufacturer's serial number), 등록지국의 등록번호, 항공기 인도일 등.

문에 포함되어 있는 경우도 있고, 계약서의 부표에 고객지원서류(Customer Support Document)나 제품보장서류(Product Assurance Document)의 형태로 첨부되는 경우도 있다.

주요한 보장내용을 예로 들면 정비훈련, 비행훈련, 부품에 대한 각종 하자보증 및 수리·엔지니어링 서비스 등이다. 항공기 동체와 엔진은 별도의 회사에서 제작되기 때문에 제품 보장내용도 각각의 제작업체에서 별도로 제공한다.

채권단으로서는 항공기 제작업체가 제공하는 이들 보장사항 또한 항공기의 담보가치 유지를 위하여 상당히 중요한 내용들이다. 금융기관이 항공기 저당권을 실행하여 항공기를 실제 점유하였을 경우 항공기 제작사가 제공하는 인도 후 보장권리도 적절하게 행사할 수 있어야 담보가치를 제대로 확보할 수 있기 때문이다. 따라서 리스구조에서는 항공기 제작사와 항공사 간에 체결된 항공기구매계약중 남아있는 보장권리를 금융기관이 잠재적으로 취득할 수 있도록 하기 위하여 이들을 항공사가 SPC에게 양도하는 방식을 취한다.

다만, 보장내용에 대해서는 항공사와 금융기관 간에 상황별로 적절히 배분하는 방식을 취한다. 즉, 항공사가 채무불이행이 발생하지 않는 정상적인 상황에서는 보장의 혜택을 항공사가 향유할 수 있도록 하고, 만약 항공사의 채무불이행 등으로 리스계약이 종료되면 이러한 사실을 항공기·엔진 제작업체에 서면으로 통지하여 항공사가 취하던 보장혜택을 금융기관이 가져오는 형태를 취한다. 정상적인 상황에서는 항공사가 항공기 운항에 필수적인 하자보증의 혜

표 5-12 항공기구매계약상 주요 보장 내용

Customer Service	Product Assurance
• Maintenance Training • Flight Training (incl. Ferry Flight Training) • Field and Engineering Support Services • Operational Problem Support • Schedule Reliability Support • Maintenance Cost Reduction Support • Aircraft Structural Repair Support • Aircraft Modification Support • Post Delivery Service Support	• Boeing/Airbus Warranties • Service Life Policy • Supplier Warranty Commitment • Interface Commitment • Indemnities against Patent and Copyright Infringement

택을 언제든지 적절히 행사할 수 있도록 보장하는 것이다. 이러한 양도사실에 대해 항공기 및 엔진 제작업체에 각각 통지하여 승낙을 받는 절차는 항공기구 매계약의 양도와 마찬가지로 진행된다.

6) SPC 렌트료 수취계좌에 대한 질권설정(SPC Account Pledge)

차주인 SPC가 명목상(금융리스의 경우)의 기관이든 실제 영업을 수행하는 기관(통상 일부 운용리스)이든 현금흐름의 구조상 대상 항공기와 관련하여 항공사가 지급하는 리스료 등을 포함한 모든 지출금은 차주사 명의의 예금계좌로 예치된다. 가장 대표적인 계좌수입은 정상적인 상황의 경우 임차인이 지급하는 리스료이며, 비정상적인 상황의 경우에는 보험수익금, 항공기 매각대금 등이 이에 포함될 수 있다. 이러한 차주 명의의 계좌에 대해 채권단은 질권(pledge)을 설정하는데, 그 목적은 주로 피담보채무의 이행을 위한 담보의 확보와 SPC에 대한 통제의 일환이라고 할 수 있다. 계약당사자는 SPC인 차주가 질권설정자(pledgor)가 되며, 담보수탁관리인은 질권자(pledgee)가 되어 차주로부터 담보관리인에게 질권이 제공된다. 여기서 질권의 대상인 예금계좌를 개설하는 은행은 계좌은행(account bank)이라고 하는데, 대부분 담보수탁관리인이 담보관리의 편의성 등을 위하여 계좌은행을 겸하는 경우가 많다. 질권의 명칭은 준거법 국가의 법체계와 대상담보의 이전 등 여부에 따라 Pledge 또는 Charge로 정한다.

계좌질권의 설정에 따라 담보관리인은 SPC 계좌로 입출입하는 현재 또는 미래의 모든 금원, 권리, 이익 등에 대해 통제권을 행사할 수 있다. 만일 채무불이행 등이 발생하게 되면 담보관리인은 SPC에 별도의 통지가 없이도 예금을 인출하여 계약상 정한 절차에 따라 피담보채무의 변제에 제한없이 사용할 수 있다. 이를 위해 질권설정자도 피담보채무가 완전히 해소될 때까지 질권자의 별도 동의 없이는 예금의 인출이나 다른 담보의 설정 등을 할 수 없도록 서약란에서 확약하고 있다.

차주 계좌에 대한 질권설정은 차주와 담보수탁관리인 간 양 당사자 간의 약정이므로 질권 설정사실을 제3의 채무자라 할 수 있는 계좌은행(Account Bank)

에도 통지하여 그 승낙을 받아 두어야 한다. 일반적으로 통지되는 내용은 계좌에 대해 질권이 설정되었다는 사실과, 담보관리인의 요청시 계좌관련 정보를 제공하고 채무불이행 사유의 발생시 담보관리인의 지시에 따른다는 것 등이다.

7) 항공기 등록말소위임장(Deregistration Power of Attorney)

대출계약상 채무불이행 사유가 발생하여 채권단이 항공기 저당권에 따라 항공기를 압류(reposession)하고, 이를 다시 시장에 매각하려면 먼저 항공기의 등록을 말소한 다음 이를 외국 등으로 반출(수출)하는 절차가 필요하다.

시카고협약에서는 전세계 항공기는 한 국가에만 등록하도록 함으로써 이중국적을 금지하고 있으므로 항공기의 등록뿐만 아니라 이의 말소도 등록국가에서 정한 절차와 요건 등에 따라 이행하여야 한다. 따라서 해당국 항공당국[88]이나 법원 등의 개입과 협조가 없이는 항공기 등록의 말소나 항공기 반출이 어려운데 국가마다 법적 요건과 절차가 다르긴 하지만 대부분의 국가들은 항공기의 등록말소시 임차인인 항공사(일부국가는 임대인)가 이의 말소를 신청하도록 하고 있다. 따라서 임대인 및 채권단은 항공사의 협조가 없어도 유사시 이의 등록말소 및 등록지국에서의 항공기 반출을 신청할 수 있도록 항공사로부터 등록말소위임장(Irrevocable Deregistration Power of Attorney)을 미리 서명받아 확보하고 있다. 이 위임장은 항공기 인도 이전에 백지위임의 상태로 받아두는 인출선행서류의 하나인데, 직접적인 채권보전책이라기 보다는 장래 유사시 채권단의 담보실행 절차를 단순화·신속화할 수 있는 지원방안의 하나라고 할 수 있다. 어쨌든 만의 하나 말소절차에 지연이 발생한다면 채권단의 항공기 압류가 곤란해져 가격이 수시로 변동되는 시장에서 매각의 적기 타이밍을 놓칠 수 있어 이를 미연에 방지하기 위한 목적이 크다. 그러나 등록말소위임장을 확보하였다고 하더라도 등록지국의 항공당국에 의해 받아들여지지 않을 가능성도 있으므로 여전히 불확실성은 남아 있는 셈이다.

---

88) 미국의 경우 FAA(Federal Aviation Administration), 영국은 CAA(Civil Aviation Authority), 아일랜드는 IAA(Irish Aviation Authority), 한국은 국토교통부에서 이를 담당한다.

이를 보완하기 위해 경우에 따라서는 항공등록당국으로부터 유사시 특정 항공기의 등록을 말소하여 주겠다는 말소확약(Deregistration Undertaking)이나 적어도 Comfort Letter를 확보할 수도 있겠지만 현실적으로는 쉽지 않은 일이다. 항공등록당국은 대부분 정부조직에 속해 있기 때문에 주권면책의 특권(sovereign immunity)을 미리 포기하지 않으려 할 것이기 때문이다. 이 의미는 특정 국가의 항공당국이 등록말소를 과도하게 지연시키거나 결과적으로 어렵게 되었을 때 정부를 상대로 소송을 제기하는 일이 사실상 어려울 수도 있다는 뜻이다.

한편, 채무자(SPC)나 항공사가 소재한 국가가 케이프타운협약에 비준하고, 협약상에 제시된 IDERA(Irrevocalble Deregistration and Export Request Authorisation) 관련 조항을 자국법의 내용으로 채택하는 한편, IDERA를 신청하여 아일랜드 국제등록부에 의해 보호를 받고 있는 채권자라면 항공기 등록말소에 관한 불확실성을 해소할 수 있다. IDERA를 보유하고 있는 채권자는 항공기 등록지국의 관할당국에 소정 요건에 따라 신청을 하게 되면 법원의 개입이나 당국의 제약이 없이도 항공기를 반출할 수 있도록 해당 국가에서 보장하기 때문이다.

8) 항공기 소유 및 저당 관련 표지판 부착

이 또한 직접적인 채권보전책은 아니나 리스계약서에는 항공사가 항공기 조종석(또는 조종실) 및 각 엔진의 눈에 잘 띠는 부분에 약정서에서 지정한 규격의 내연성 재질로 된 플레이트를 부착하여 대상 항공기의 소유 및 저당 사실을 공시하도록 하고 있다. 보통 동판으로 제작되는 플레이트에는 다음과 같은 문언을 표시하도록 하고 있다.

〈항공기·엔진의 플레이트 문언 예시〉

NOTICE OF OWNERSHIP
THIS AIRCRAFT/ENGINE IS OWNED BY XXXXX("OWNER") AND IS SUBJECT TO A LEASE AGREEMENT BETWEEN OWNER AND XXXXX("AIRLINE") AND IS MORTGAGED TO XXXXX("SECURITY AGENT") AND CERTAIN OTHER PERSONS.

5.7 리스계약서의 주요 내용

   항공기 리스계약서는 리스 대상인 항공기와 계약당사자인 임대인(Lessor) 및 임차인(Lessee) 간의 각종 권리와 의무사항들이 기술되는 약정서류로 금융계약서, 담보계약서와 함께 가장 기본적인 항공기금융 계약서류의 하나에 속한다. 자동차나 아파트 등을 대상으로 한 리스계약서가 기껏해야 수 페이지 정도에 불과한 반면, 항공기 운용리스계약서는 그 분량이 100페이지를 넘어갈 정도로 방대하고 내용이 복잡한 경우가 많다. 리스계약서는 금융리스, 운용리스, 택스리스, Sale & Leaseback, ECA 금융 등 거래 금융구조 및 참여당사자의 요건 등에 따라 수록되는 내용에 많은 차이가 있다. 그러나 일반적으로 포함하고 있는 주요 항목들을 열거하자면 항공기 및 항공기 리스와 관련된 인수도, 렌트료, 리스기간(연장옵션 포함), 항공보험, 항공기 등록, 품질보장 및 지원, 인출 선행조건, 전대(sub-lease) 조건, 항공기의 점유 및 사용, 항공기 반환, 유지·정비, 손상, 채무 불이행사유 등이다. 운용리스의 경우에는 이들 조항 이외에도 유지적립금(maintenance reserve), 보증예치금(security deposit) 등이 추가되며, 금융리스의 경우보다 항공기의 유지·정비, 검사, 반환조건 등이 더욱 엄격하게 요구되는 편이다.

1) 항공기의 인도 및 리스의 개시

   리스계약의 도입부는 보통 대상 항공기의 인도(delivery)와 인수(acceptance) 그리고 이에 따른 공식적인 리스(lease)의 개시를 명문화하면서부터 시작된다. 우선, 항공기 인수도는 예정된 항공기 인도일자(expected delivery date)에, 신조 항공기의 경우 통상 항공기 제조회사 조립공장 인근에 위치한 항공기 인도센터(aircraft delivery center)에서, 중고 항공기의 경우 매도자·매수자 양 당사자가 합의하는 장소에서 이루어지게 된다. 통상 임대인(SPC)이 항공기구매계약서상 매수자인 항공사(또는 리스사)의 권리를 양수받아 항공기 제조회사(신조기의 경우) 또는 매도자(중고기의 경우)로부터 항공기를 구매하여 이에 대한 법적 소유권을 취득함은 앞에서 설명한 바와 같다.

항공기는 인도일 현재 현장에 있는 그대로의 상태로 넘겨받게 된다. 이 개념은 리스계약서에 "As-is, Where-is"조건으로 언급되고 있으며, 일단 항공기를 인수한 이상 그 수락의 효과는 절대적(absolute)이고 무조건적(unconditional)이며 취소불가능(irrevocable)한 행위로 명시된다. 이를 확인하는 증빙으로서 항공사는 항공기인수증(Certificate of Acceptance)을 임대인에게 발급[89]한다. 이 인수증은 최종 수락의 법적인 의사표시로 일단 발급된 이상 항공기의 결함이나 계약서와의 불일치 등이 추후 발견된다 하더라도 임차인의 책임으로서 임대인에게는 그 책임을 소구할 수 없도록 되어 있다.[90] 이러한 이유로 항공사는 대략 예정 인도일 3개월 전부터 제작중인 항공기의 외관, 기능, 기록 등에 대한 검사를 수행하며, 약 4~5일 전부터는 항공기를 최종 인수하기 위한 전문팀을 파견하여 항공기 기능검사, 테스트비행, 결함시정, 항공기 감항성, 요건서류 등을 최종적으로 점검한다. 리스계약서에도 이러한 임차인의 인수책임 등을 반영하여 항공기 인도에 관한 선행조건들(conditions precedents)이 모두 충족된 후에 임차인이 항공기 인수증을 서명 발급하도록 하고 있다.

한편, 리스계약서에는 리스대상 항공기의 정의와 명세(aircraft description)가 구체적으로 기술된다. 통상 항공기 모델, 항공기 제조회사의 시리얼넘버, 항공기등록기호(registration mark), 엔진 모델, 엔진 시리얼넘버 등이 표시되는데 리스계약서의 본문에 기술되기도 하지만, 계약서의 부표에 명세를 첨부하는 것이 보통이다.

---

89) 항공기 인도시의 "as-is, where-is"조건 및 Certificate of Acceptance의 유효성에 관한 분쟁 및 판결사례는 "ACG Acquisition XX LLC v Olympic Airlines(in Special liquidation) [2012] EWHC 1070(comm.)"을 참조바랍니다(http://www.bailii.org/ew/cases/EWHC/Comm/2012/1070.html).

90) Guidance Material and Best Practices for Aircraft Leases, Section 3-Delivery, IATA.

2) 리스의 선행조건(Conditions Precedent)

리스계약서의 초반부에는 임대인의 리스의무가 발생하는 전제조건이라 할 수 있는 리스선행조건들이 열거되어 있다. 그 상세한 리스트는 분량이 길어 보통 부표로 처리하는 경우가 많으며, 이들 조건들이 모두 충족되어야 항공기의 인수도 및 리스가 비로소 개시되게 된다.

구체적인 리스선행조건의 목록들은 거래마다 차이가 있을 수 있으나 공통적인 주요 내용들을 살펴보면 다음과 같다.

- 임차인의 설립서류, 이사회 의사록, 이사회 구성원의 서명감 사본
- 임차인의 과거 수년 간 재무제표의 입수
- 임차인의 재무상황과 관련하여 중대한 변화가 발생하지 아니하였다는 확약
- 진술 및 보장(representation & warranties) 내용의 정확성에 대한 확약
- 채무불이행(event of default)의 미발생에 대한 확약
- 임차인측 법무법인의 법률의견서 발급
- 항공기 감항증명서, 수출입 승인서의 획득
- 기타 정부, 법령 등에 따른 관련 인허가 획득
- 항공보험의 부보 및 조세 납부
- 본건 관련 다른 모든 계약서의 서명
- (운용리스의 경우) 보증예치금의 납부, 초회 리스료의 선납, 승인된 항공기 유지프로그램(approved maintenance program)의 확보 등

3) 렌트료(Rent)

렌트료는 책정방식에 따라 고정(fixed) 또는 변동(flexible), 지급시기에 따라 선불(in advance) 또는 후불(in arrear) 조건으로 이루어지며, 지급통화도 미국 달러화가 대부분이지만 항공사의 수입 현금흐름에 맞추어 다른 통화로 결정될 수 있다. 지급주기 또한 당사자 간 협상에 따라 매월, 3개월 등 다양한 주기로 책정

될 수 있다. 그러나 렌트료의 지급방식에 가장 큰 영향을 미치는 요소는 금융리스 또는 운용리스의 차이라고 할 수 있다.

금융리스의 경우 리스계약에 따라 지급하는 렌트료는 대출계약서상 원리금의 상환스케줄에 따라 결정되기 때문에 그 금액, 주기 등도 상호 정확히 일치(in mirror)한다. 따라서 금융리스에서는 렌트료 지급조건도 대주단의 자금조달 방식대로 LIBOR와 연동된 변동금리, 후불 및 3개월(또는 6개월) 지급조건이 통상적이다. 따라서 금융리스 계약서에서 렌트료 항목은 대출상환스케줄과 일치하는 특성으로 인하여 그렇게 중요한 비중을 차지하지는 않는다.

반면, 운용리스에서의 렌트료는 리스회사인 임대인 입장에서 가장 중요한 항목 중 하나에 속한다. 운용리스 렌트료는 금융리스와 달리 리스기간중 임대인의 기대수익과 위험보상을 커버하는 수준으로 결정되며, 리스기간, 리스금액, 거래고객 등을 반영한 시장에서의 수요−공급 원칙에 따라 결정되기 때문에 거래마다 달리 책정될 수 있다. 따라서 성수기에는 렌트료가 높게, 비수기에는 낮게 책정될 수 있다. 운용리스방식이라고 하더라도 대주단의 항공기금융이 수반되는 경우에는 렌트료의 지급에 의해 대출원리금의 상환이 이루어져야 하므로 이를 충분히 커버할 정도의 수준으로 렌트료가 책정된다. 운용리스 렌트료는 대부분이 고정금리방식이고, 선불조건이며, 지급주기도 1개월이 통상적이다. 다만, 임차인이 지급하는 렌트료는 고정금리방식이고, 통상 대출이자는 LIBOR 기준에 의한 변동금리방식임에 따라 지급금액에 차이가 발생하는 경우에는 특정 스왑은행(주로 Loan Agent가 수행) 또는 각 대출은행에 의한 고정−변동금리 스왑이 이루어지는 것이 일반적이다.

4) 보증예치금(Security Deposit)

운용리스에서 주목할 만한 특징 중 하나는 임차인에게 리스계약상 규정된 렌트료 등 모든 지급금의 이행 담보조로 일정 보증예치금을 부과한다는 점이다. 보증예치금은 리스 개시시점에 현금이나 또는 임대인이 허용하는 일정 신용등급 이상의 금융기관이 발행한 Stand−by L/C(보증서)의 형태를 요구하는 것이 일반적이며, 리스계약상 임차인이 지급의무를 모두 충족하여 리스계약이 종료된 경우에는 임차인에게 이를 다시 반환하도록 하고 있다. 항공사의 신용도가 양호한 경우에는 보증예치금의 납입을 면제하여 주기도 한다. 보증예치금은 임대인이 임차인의 신용리스크를 완화하기 위해 부과하는 담보성격의 예치금이므로, 임차인에 대한 리스비용을 축소시키는 역할을 한다.

5) 렌트료의 무조건적 지급(Hell or High-water Clause)

임차인의 렌트료 지급원칙과 관련하여 리스계약서에 공통적으로 기술되는 조항이 일명 'Hell or High-water' 또는 'Net-lease' 조항이다. 이 조항은 항공기 또는 임차인에 대하여 다음과 같은 결함 또는 예기치 않은 어떠한 상황이 발생하더라도 임차인의 렌트료 지급의무는 절대적(absolute)이고 무조건적(unconditional)임을 명시하는 조항이다.

- 항공기 자체의 기능상실, 부적합, 결함
- 항공기의 소유권, 감항성, 적격성, 등록 등 결격사유 발생
- 항공기의 몰수, 상계, 전용 등의 상황
- 임차인의 파산을 포함한 임차인, 임대인 등에 대한 상황변화
- 계약서의 실행 가능성에 대한 법적, 상황적 제약의 존재 등

금융구조에 리스구조가 개입하는 경우 임차인의 렌트료 지급은 금융채무의 상환과 직결되는 주요 요소이므로 이 조항은 렌트료 등으로 대출원리금 상환을 위한 안정된 현금흐름을 보장하는 측면에서 대주단에게 특히 중요한 조항이다. 그러나 실제로 이 조항이 모든 상황의 경우에 유효할 지에 대해서는 다소 논란이 있을 수 있다.[91] 가령 리스대상 항공기가 존재하지 않거나, 임차인이 파산하거나, 계약서 조항이 더 이상 유효하지 않거나 또는 불법적인 상황에서도 임차인이 렌트료를 무조건 지급하여야 하는지에 대해서는 각국 법원마

---

91) Nikki Wallace, Aircraft Lease Agreement, Field Fisher Waterhouse 2005.

다 다르게 판단할 수 있는 이유에서이다. 또한 이러한 조항이 임대인의 리스계약상 의무위반에 대하여 임차인이 전혀 다투지 못하도록 하는 취지는 아니며, 일단 임차료는 무조건 지급하되 소송 등 별개의 절차로 임대인의 의무위반에 대하여 임차인이 다투는 것은 가능하다.

6) 리스기간(Lease Term)

리스기간은 기본적으로 신조 또는 중고 항고기의 모델, 사양 등을 기초로 임대인과 임차인이 협의하여 정하도록 되어 있으나 금융적 속성을 띠는 금융리스의 경우 리스기간도 대출기간과 일치하여 정해지며, 운용리스의 경우 수요·공급 등 시장원리 및 임대인의 기대수익률 등을 반영하여 상호협상에 따라 정해지는 것이 보통이다. 신조 항공기를 대상으로 한 금융리스의 경우 통상 10~12년, 운용리스는 2~8년의 기간으로 정해지는 것이 통상적이나, 운용리스라 하더라도 신조기의 경우에는 항공사의 수익 및 도입원가 상환에 소요되는 기간을 충분히 감안하여 10~12년의 장기로 정해지기도 한다. 중고 항공기를 대상으로 한 운용리스의 경우에는 항공기의 정비스케줄을 감안하여 리스기간이 책정되기도 하는데, 예를 들면 차기 중정비(heavy maintenance check) 기한이 6년 정도 남아있다면 새로운 임차인의 항공기 운영상 지장이 없도록 하기 위하여 리스기간이 6년으로 책정되기도 한다.

한편, 계약상 리스기간이 정해져 있다 하더라도 리스기간중 임차인의 디폴트나 항공기에 전손 등이 발생하는 경우 또는 임차인에게 조기반환옵션(early return option)이 주어지는 경우에는 리스기간이 당초 기간보다 더 짧아질 수 있다. 반대로 리스계약상 임차인에게 리스기간을 연장할 수 있는 연장옵션(extension option)이 주어지는 경우에는 당초의 리스기간이 더 연장될 수도 있다. 이러한 조기반환 옵션이나 리스기간 연장옵션은 금융리스보다는 운용리스 계약에 흔히 포함되는 조항이며, 임대인(리스회사)의 관점에서 만약 원래의 리스기간이 종료되는 시점에 시장 렌트료가 상승할 것으로 예측되는 경우에는 임차인에게 이러한 연장옵션을 부여하는 데 소극적일 수도 있다.

7) 항공사의 항공기 운항권(Quiet Enjoyment)

Quiet Enjoyment란 채무불이행이 발생하거나 지속되지 않는 한 항공사는 임대인의 간섭없이 리스기간 동안 임차 항공기를 합법적으로 점유하여 사용 및 운항할 수 있는 권리를 말한다. 이 조항은 임차인이 렌트료 지급 등 리스계약상 정해진 의무를 정상적으로 이행하고 있는 한 항공기를 본연의 영업에 아무 간섭없이 사용할 수 있다는 권리를 임대인이 서약의 형태로 확약하는 것으로 임차인에게는 중요한 조항에 속한다. 그러나 정작 임차인이 이 권리를 직접 보장받기를 원하는 당사자는 임대인보다는 대주단일 수 있다. 따라서 임차인은 리스계약서상 문언 이외에도 임대인과 채권단(실무상으로는 Facility Agent)으로부터 별도의 각서(Quiet Enjoyment Undertaking)를 받아 이를 명시적으로 확약받는 형태를 취한다. 별도의 각서를 받는 이유는 리스계약상 대주단은 서명당사자가 아니어서 항공사와는 직접적인 연결 관계가 없는 이유도 있고, 대주단은 유사시 항공기를 임대인으로부터 가급적 아무런 제한없이 반환받아 매각하여야 할 필요성 때문에 임차인에게 이러한 권리를 허용하는 것을 탐탁치 않게 여길 수 있으므로 임차인으로서는 모호한 형식보다는 보다 확실한 방법으로 이러한 권리를 확보하고 싶어하기 때문이다.

한편, 임차인이 항공기를 다른 항공사 앞으로 전대리스(sub-lease)하는 경우에는 임차인이 임대인 및 대주단에게서 보장받은 이 권리가 전대리스의 임차인(sub-lessee)에게는 유효하지 않을 수 있다.[92] 이는 보다 전문적인 법리해석이 필요한 부분이긴 하나, 전대리스는 본질적으로 임차인의 이익거양 목적과 책임에 따라 수행되는 행위이므로 임대인과 대주단은 이로 말미암아 임대인의 지위가 흔들리는 것을 용납하지 않으려 할 것이기 때문이다. 리스계약서에도 전대리스 임차인의 지위는 임대인의 권리에 비해 후순위(subordinated)임을 통상적으로 명시하고 있으며, 만약 원래 리스계약상의 임차인인 항공사가 디폴트상황에 처하게 된다면 대상 항공기에 대한 Quiet Enjoyment 권리도 상실하여

---

92) Rob Murphy, Aircraft Financing Fourth Edition. Euromoney Books, p. 74.

Sub-lessee는 항공기의 점유권을 잃어버릴 위험성도 커지게 된다.

<Quiet Enjoyment 문안의 예>

NOTICE OF OWNERSHIP
The Lessor covenants with the Lessee that throughout the Lease Period relating to a particular Aircraft, the Lessor will not, so long as no Termination Event shall have occurred and be continuing, interfere with the quiet peaceful use and enjoyment of the relevant Aircraft by the Lessee.

8) 항공기 제조업체의 제품보장(Manufacturer's Warranty)

리스에 따라 임대인은 항공기의 소유자이고, 항공기구매계약(aircraft purchase agreement)상 임차인의 권리를 양수받았으므로 임대인은 항공기 제조업체가 보장하고 있는 각종 제품보장(manufacturer's warranties)의 수혜를 받을 자격이 있게 된다. 다만, 보장내용에 대해서는 상황별로 적절히 안분하여 만약 항공사의 채무불이행이 발생하지 않는 정상적인 상황에서는 항공기(엔진, 부품 포함) 결함에 따른 보장청구를 항공사가 하도록 하고, 채무불이행으로 리스계약이 종료되게 되면 이 보장혜택을 임대인이 가져오는 형태를 취한다. 이러한 항공기 제조업체의 보장내용은 채권보전책의 일환으로 최종 담보수탁관리인에게 양도됨은 제5장 기타 항공기금융 채권보전편에서 설명한 바와 같다.

9) 임대인 및 대주단에 대한 면책(Indemnification)

리스계약서에서 명시되는 임차인이 임대인 및 대주단(이를 면책대상자(Indemnified Parties)라 한다)에게 보장하는 면책조항은 유형에 따라 보통 크게 세 가지로 구분할 수 있다.

① 항공기의 사용과 관련한 일반면책(general indemnification) 또는 운용면책(operational indemnification) 조항이다. 대주와 차주간의 전통적인 양자간 대출구조에서는 이 이슈가 발생할 가능성이 없겠지만 리스구조에서는 리스대상인 항공기를 선택한 당사자가 임차인이며, 이의 점유 및 사용에 관한 권리뿐만 아니라

모든 책임이 전적으로 임차인에게 있음을 전제로 하여 임대인과 금융기관이
리스에 개입하게 된다. 임차인의 항공기 운항에 대한 권리와 책임은 Quiet
Enjoyment나 Hell or High-water 조항에 언급되고 있음은 앞에서 설명한 바
와 같다. 일반 면책조항은 리스대상인 항공기나 이의 사용 등과 관련하여 제3
자가 임대인이나 대주단을 상대로 클레임을 제기하는 상황이 발생하는 경우에
이들이 입은 손실, 비용, 벌금 등에 대해 임차인이 보상 또는 면책을 제공하는
조항이다. 이 조항의 취지는 임대인이 항공기의 운항과 관련한 모든 책임을 임
차인에게 전가시키고, 임대인과 대주단을 임차인의 책임으로부터 격리시켜 보호
하는 것이며, 이러한 취지에 따라 리스계약서에도 임차인의 면책범위를 상당히
폭넓게 명시하고 있다.[93] 이러한 면책조항들은 일부 국가의 경우 항공기의 소
유자가 항공기의 운항상 초래된 피해나 손실에 대해 책임을 엄격하게 부여할
수도 있는 가능성을 차단한다는 점에서 임대인에게는 중요한 조항이다. 그러나
임차인의 통제범위를 벗어나는 사안들, 예컨대 항공기의 압류(redelivery)나 리스
만기 이후에 발생하는 손실, 임대인의 약정위반·중대과실·고의·태만 등의 결
과로 발생하는 손실 등에 대해서는 협상에 의하여 면책대상에서 제외하고 있다.

　② 조세면책(tax indemnification)에 관한 조항이다. 리스계약서에는 리스거래와
관련하여 발생하는 모든 조세는 원칙적으로 임차인의 부담사항이며, 조세의 공
제 등으로 임차인이 당초 지급하여야 할 금원에 부족분이 발생한 경우에는
Tax Gross-up 조항에 따라 임차인이 부족분을 보충하여 지급할 것을 규정하
고 있다. 그러나 항공기 리스는 여러 나라의 당사자가 참여하므로 본건과 관련
이 없거나 임차인의 통제를 벗어나는 외국 조세에 대해서는 임차인의 부담에
서 제외(excluded indemnification)시키고 있다. 예를 들면 면책당사자의 과세당국에
의한 본건과 관련없는 본연의 소득·이익에 부과하는 조세, 자발적 항공기 처
분·매각과 관련된 조세, 항공기 인도 전 또는 반환 후에 발생한 조세, 자국
과세당국에 의한 적정한 절차에 따랐으면 면제되었을 조세, 면책당사자의 고

---

93) 예를 들면 항공기의 제조, 디자인, 상태, 금융, 구입, 인수, 소유, 취득, 인도, 등록, 재리스,
　　유지관리, 소유권의 이전, 보험, 판매, 반환, 수출입 등의 결과로 발생하는 모든 종류의 클
　　레임, 소송, 손실, 책임, 판결, 비용, 벌금 등이다.

의·중과실 등이다. 이에 따라 레버리지드리스 구조에서 SPC 설립국가에서의 항공기 소유에 따른 조세혜택 손실분도 임차인의 부담사항이 아닌 임대인의 책임사항에 속한다.

　③ 책임의 부인(disclaimer of liability) 조항이다. 임대인과 대주단은 오로지 금융제공의 목적에 따라 거래에 관여하였고, 항공기의 선택이나 디자인에 관여한 당사자가 아니기 때문에 임대인과 대주단은 항공기에 대한 책임이나 보장으로부터 격리할 필요에 따라 채택되는 조항이다. 항공기의 상품성, 용도 적합성, 가치, 감항성, 사양 등에 따른 손실이나 책임은 임대인이 부담하지 않으며, 항공기를 선택하고 그 용도에 맞게 운항하는 당사자는 임차인이라고 할 수 있으므로 항공기·엔진 제작업체로부터의 책임보장(warranties) 청구권도 임차인에게 있고, 채무불이행이 발생하지 않는 한 그 혜택도 임차인이 받게 된다.

　한편, 임대인으로서 SPC를 사용하는 금융리스 구조에서는 대출계약상 차주에 대해 이와 관련하여 제기될 수 있는 어떠한 책임사항도 리스계약상의 임차인에게 그대로 이전시키는 Flow-throuth Indemnity 조항을 삽입하고 있다.

10) 항공기의 반환(Return Condition)

　항공사는 리스기간이 종료하면 항공기를 임대인앞으로 다시 반환하여야 하는데, 그 반환조건은 해당 리스구조가 금융리스이냐 아니면 운용리스이냐에 따라 상당한 차이가 있다.

(1) 금융리스

　금융리스는 리스개시 시점에서 리스 만기가 도래할 경우 임차인이 항공기에 대한 구매옵션(aircraft purchase option)을 행사하여 항공기의 소유권이 임대인으로부터 임차인으로 이전될 것을 예정하는 리스유형이다. 이에 따라 금융리스에서는 리스기간이 종료되고 임대인이 항공기 취득원가를 모두 회수하게 되면 명목상의 가격으로 임차인이 항공기를 취득할 수 있는 구매옵션이 주어진다.[94] 이의 반환과 관련하여서도 금융리스 계약서에는 임차인이 구매옵션을 행사할 경우 역의 항공기 반환(임대인 → 임차인) 조건은 보다 상세히 기술되는 편이나, 운용리스에서와 같은 만기시 항공기 반환(임차인 → 임대인) 조건은 그렇게 까다롭게 기술되지는 않는 편이다. 그 내용도 사용한 결과 그저 부식이나 마모야 있겠지만 깨끗하고 양호한 상태 정도로 언급되는 것이 일반적이다.

(2) 운용리스

반면 운용리스에서는 항공기의 반환조건이 상당히 상세하고 까다롭게 기술되는 편이다. 임대인으로서는 반환받은 항공기를 시장에 매각하든지 아니면 다른 항공사에 재리스하여야 하므로 자산가치의 극대화가 무엇보다 중요하며, 이에 따라 반환조건을 기술한 분량도 상당하여 본문보다는 부표에 별도로 첨부되는 경우가 대부분이다. 반환시의 항공기 상태는 처음 인도될 당시의 항공기와 동일한 수준을 기대하여 서술되는데, 리스계약에서 명시되는 주요 요건들을 분류하면 다음 네 가지로 요약된다.

- (물리적 상태) 청소, 부식, 녹, 페인트의 제거 및 좌석·인테리어 요건 등
- (성능·유지관리) 엔진, 부품, 랜딩기어 등 구성품의 유지·정비요건 및 모든 시스템이 정상적으로 기능하고 있다는 확인
- (관련 서류) 항공기 매뉴얼, 기술데이터, 운항기록, 정비프로그램, 상태리포트 (AD, SB 등) 등 서류의 검사 및 반환
- (법적 확인) 무담보상태, 항공기의 감항증명, 항공기 등록말소, 수출 인허가 등 항공기 반환과 관련된 제반 법규정 충족 및 이에 대한 확인 등

한편, 이러한 요건들을 충족하였는지를 검증하기 위한 절차로 항공기 검

---

[94] 금융리스 계약에서는 임차인이 리스기간중이라도 렌트료 지급기일에 항공기 구매옵션을 행사함으로써 중도상환이 가능하다. 이때 상환금액은 Termination Value라고 하는 데 이 금액은 통상 대출잔액(발생이자, 기타지급금 포함)과 일치하고 리스만기에는 잔액이 제로(0)가 되기 때문에 거의 모든 경우 옵션을 행사한다.

사(aircraft inspection)가 실시되는 데, 이 검사는 항공기 반환일자를 기준으로 대략 2개월 전부터 임대인에 의하여 실시되며, 이러한 절차에도 불구하고 결함 등이 발견되어 항공기가 예정된 일자까지 반환되지 않으면 임차인에게는 다음과 같은 두 가지의 선택권이 주어지게 된다.

■ 결함이 시정되어 항공기가 반환될 때까지 리스기간이 자동적으로 연장되며, 연장 기간중에는 보다 할증된 형태의 렌트료가 적용된다. 동 기간중에는 임차인에 의한 항공기의 수익적 운항이 금지된다.
■ 항공기를 임대인에게 반환하되 임대인의 결함수정 등 잔여작업에 소요되는 비용은 임차인이 임대인에게 보상(indemnification)하고, 담보조로 현금 예치금을 요구한다.

운용리스 계약서에는 항공기의 반환절차도 보다 상세하게 기술된다. 임차인은 항공기에 대한 등록을 말소(de-registration)하여야 하고, 관련 수출허가 절차를 완료한 다음 임대인이 지정하는 날짜와 장소에 자신의 비용으로 항공기를 이동(ferry flight)시켜야 한다. 특히 Ferry Flight과 관련하여 리스계약서에는 탑승 승무원, 이동기한, 테스트 등을 자세히 명시하기도 한다.

11) 항공기의 정비(Maintenance)

임대인은 항공기의 최적 운항상태를 상시 유지하고, 담보가치의 이상 변동을 방지하기 위하여 다음 요건에 따라 임차인이 항공기를 운항, 정비 및 수리할 것을 요구한다. 금융리스이든 운용리스이든 항공기의 정비비용은 통상 임차인의 책임 사항이다.

■ 관련 항공당국의 승인을 받은 자체 항공기 정비프로그램(approved maintenance program)을 수립하고 이행할 것
■ 항공기는 인도 당시의 항공기 상태를 유지하고, 감항성에 문제가 없도록 양

호한 운항 및 서비스 조건(in good operating and service conditions)을 유지할 것

■ 항공기·엔진 제작사가 제공하는 정비프로그램(manufacturer's maintenance program)에 따라 모든 검사, 정비, 수리 등을 이행할 것

■ 항공당국의 AD(Airworthiness Directives) 지시서에 따라 수리, 변경 등이 이루어 질 것

■ 항공기·엔진 제작사에서 발급하는 SB(service bulletins)의 조건을 이행할 것

■ 항공기 매뉴얼과 기술적 데이터(technical records)를 유지하고 수정사항을 반영 할 것

■ 임차인이 보유하는 다른 항공기와 차별이 없는 수준으로 항공기의 상태를 유지할 것

상기 조건들은 금융리스와 운용리스의 구별없이 임차인에게 공히 요구되 는 조건들이다. 다만 금융리스의 경우에는 리스기간이 종료되면 항공기의 소유 권이 임대인으로부터 임차인에게 반환될 것이기 때문에 상기 조건들은 항공기 를 최적의 상태로 운항하기 위하여 임차인의 필요에 따라 수행되어야 하는 조 건들이라고 볼 수 있다. 그러나 운용리스의 경우에는 항공기의 반환 후에 임대 인 입장에서 항공기의 시장가치를 최대한 끌어 올려야 하기 때문에 금융리스 에 비해 보다 상세한 정비조건을 요구한다.

항공사가 정비하여야 할 요건은 항공기의 주요 구성품별로 세부적으로 기 술된다. 기체, 엔진, 엔진 LLP(Engine life-limited parts), 보조동력장치(APU: auxiliary power unit),[95] 랜딩기어의 다섯 가지로, 각 구성품별로 정비주기, 정비수준, 유지 적립금 등 요건이 모두 다르다. 정비의 기준이 되는 계량수단은 항공기, 엔진, 부품 등이 얼마나 사용되었나를 나타내는 항공기 이용률(aircraft utilization)의 개념 이 사용되는데, 이에는 여러 가지 방법이 있으나 통상 비행시간(flight hour), 비행 사이클(flight cycle), 엔진비행시간(Engine FH), APU시간(APU hour), 경과기간(calendar period) 등의 데이터가 측정방법으로 사용된다. 비행시간은 항공기가 이륙해서

---

95) 항공기의 엔진을 시동시키거나 엔진이 비정상적으로 작동할 때 전기, 공기압, 유압 등 항공 기가 정상적으로 작동하는데 필요한 동력을 제공하는 보조엔진을 말한다.

착륙할 때까지의 비행기가 공중에 떠 있는 소요시간을 말하여, 비행사이클은 항공기의 이륙과 착륙을 합한 개념으로 한번의 이륙과 한번의 착륙은 1 비행사이클이 된다. 당초 리스계약에서 합의된 이들 지표들이 실제 운항의 결과 증가하게 되면 각 구성품의 스트레스가 증가하여 정비주기, 정비수준 및 비용도 상승하게 되며, 따라서 임차인이 납부하여야 하는 유지적립금(Maintenance Reserve)의 수준도 이에 맞게 조정하도록 되어 있다.

리스계약서에는 임차인의 항공기 정비의무와 관련하여 Approved Maintenance Program, Airworthiness Directives(AD), Service Bulletins(SB) 등 금융 담당자로서는 다소 생소한 용어들이 자주 등장한다. 이들 용어는 항공기 유지·관리에 관한 이해 및 관련 계약서의 검토 등을 위해서 자주 등장하므로 금융 담당자들도 개념 정도는 알아둘 필요가 있다.

Approved Maintenance Program

항공사들이 항공기의 감항성 유지를 위하여 항공기 및 엔진의 예상가동률을 고려하여 수행하여야 할 정비요목(maintenance task)과 정비주기 등을 기술한 항공사의 자체 정비계획 문서이다.[96] 항공기 및 엔진 제작업체에서 제공하는 정비계획서 (Maintenance Planning Document)[97] 등 정비프로그램과 적합하도록 수립되어야 하며, 항공당국의 승인을 받아 정비 및 관련 운항직원들이 사용할 수 있도록 제공하여야 한다.

Airworthiness Directives(AD)

항공기나 엔진을 생산하는 국가의 민간항공당국이 전세계 운항중인 항공기 또는 엔진 등에 대해 예기치 않은 기술적 결함이 발견되는 등 안전성에 문제가 있다고 판단될 경우에 해당 항공기의 소유자와 운항 항공사에게 발행하는 통지서이다. 미국의

---

96) 국토교통부, 정비프로그램 개발지침, 제4조(정의) 참조, 2013. 9. 2.
97) 항공기 운영자의 초도 계획 정비프로그램의 개발을 위해 항공기 제작사가 제공하는 안내서로, 설계국가의 정비심의위원회보고서(MRBR: Maintenance Review Board Report)를 포함하며 정비작업의 시기, 방법 등을 정한 정비요목(Maintenance Task)으로 이루어져 있다(국토교통부, 정비프로그램 개발지침, 제4조(정의)).

FAA(Federal Aviation Agency), 유럽의 EASA(European Aviation Safety Agency)가 대표적인 발행기관이며, 항공사가 속한 항공기 등록국가의 항공당국도 이를 발행한다. 보통 항공사고 조사결과나 항공사들의 결함보고 등에 따라 발급되며, 항공기 디자인의 수정이나 검사, 추가 수리 등을 요구하는 지시적이고 강제적인 문서로 만약 이를 준수하지 않았을 경우 항공기의 감항능력에 문제가 발생하게 된다. 2001년 9/11테러의 발생에 따라 미국 FAA가 조종실 출입문을 방탄유리로 교체토록 하거나, 2013년 B787 기내의 리튬-이온 배터리 폭발 화재사건으로 전세계에서 운항중인 해당 모델 전체를 강제 착륙시킨 사례가 대표적이다. AD에는 이행하여야 할 조치사항과 기한 등이 명시되어 있으며, 시급을 요하는 경우 다음 비행 전까지 완료되어야 할 정도로 즉각적인 조치를 요구하는 문서도 있다.

AD Cost Sharing

발급되는 AD에 따라서는 항공기의 변경이 수반되어야 하는 것도 있다. 추후 항공기가 임대인에게 반환되는 운용리스의 경우 임대인도 이의 혜택을 보는 셈이므로 운용리스 계약서에는 이의 비용을 양자간 어떻게 분담할 것인가에 대한 내용도 기술되게 되는데 이를 AD Cost Sharing이라고 한다.

Service Bulletins(SB)

SB는 항공기가 출시된 이후 운항시간 및 경험의 축적에 따라 고장 예방, 수익성 개선, 정비비 절감 등을 목적으로 항공기, 엔진 등 제작업체가 발행하는 회보를 말한다. SB의 권고에 따라 항공기를 변경, 개량시킬지는 고객의 선택사항으로 강제사항은 아니다. 경우에 따라서는 SB가 강제적인 내용의 AD로 변경되기도 한다.

Manual과 Technical Records

Manual은 항공기의 적정 사용, 정비 등 방법을 기술하고 있는 항공기 부분품 업체들이 발행하는 방법서이고, Technical Record는 항공기, 부품 등의 정비, 교체, 개량, 비행기록 등에 관한 데이터, 기록들을 말한다. 이들은 항공기의 역사라 칭할 만큼 항공기의 운항, 정비에 필수적인 매우 중요한 서류들로, 항공기의 반환시 항공기와 함께 반드시 이전하여야 하는 서류들이다. 이들 서류들은 항공기 등록국가의 법령, 항공당국, 제작업체의 요건에 따라 항상 보완·유지되어야 하며, 항공기 등록시 항공당국의 승인을 받아야 한다. 만약 이를 분실 또는 파손하였을 경우에는 복구비용도 상당할 뿐더러 새로운 감항증명이 발급되지 않을 수도 있다.

Engine Customer Care Program

Rolls-Royce, CFM, Pratt & Whitney 등 대부분의 엔진 제작업체들이 운영하는 종합 엔진정비서비스를 말한다. 항공사의 엔진 가동시간에 따라 정비비용이 청구된다는 의미에서 'Power by the Hour(PBH)' 또는 엔진 제작업체와의 종합 엔진정비협약이라는 의미에서 'Total Care Package'라고도 불린다. 고객이 보유하는 특정 엔진 형태별로 엔진수명 및 내구성 연장, 성능향상, 기술자문, 훈련지원, 엔진교체, 스페어 엔진확보 서비스 등이 제공되며, 정비비용은 유지적립금의 납부와 마찬가지로 엔진 사용시간 또는 사이클을 기준으로 정기적으로 지불한다.

단계별 점검시스템(Checks)

항공당국이 승인한 항공사의 정비프로그램에는 가동시간이나 사용량에 따라 정기적으로 점검해야 할 세부검사 내용이 포함되는데, 항공사나 항공당국은 보통 이를 편의상 "Check"라고 부른다. 통상 A에서 D까지 구분하며 A와 B는 보통 항공사가 자체 설비 내에서 수행이 가능한 약한 수준의 정비를, C와 D는 전문 MRO(Maintenance, Repair and Overhaul)업체에서 수행되는 좀더 심도있는 정비를 말한다.

- Transit Check: 경유 목적지에서 항공사 내부 정비요원이 육안에 의해 간단한 검사를 수행하는 것을 말한다. 타이어압력, 엔진오일, 랜딩기어, 날개, 엔진, 내부인테리어 등과 비행기록(logbook) 등을 점검한다. 야간에는 좀더 심도있는 "Daily Check"라 불리는 Transit Check이 이루어진다.
- A-Check: 항공기의 일반적 상태를 점검하기 위해 기체, 엔진, 항공전자기기 등에 대해 수행되는 소요기간 1~2일 정도의 주요 점검이다. 실제 정비주기는 항공기모델마다 다르나 전회 정비로부터 대략 500~800 비행시간(fligh hour) 또는 200~400 비행사이클(flight cycle)마다 수행되며, 통상 공항게이트나 격랍고에서 야간시간을 활용하여 수행되는 것이 보통이다.
- B-Check: 대략 매 4~6개월마다 주로 공항의 격랍고에서 1~3일간의 작업시간으로 수행되는 중간수준의 점검이다. 보통 A Check을 포함하며, 일부 윤활 및 유동

액, 운항체계 등에 대한 점검이 추가된다.

- C-Check: 대략 매 15~21개월 또는 항공기 제작업체에서 정한 일정 비행시간 등 기준에 따라 수행되는 정비로, B-Check보다 정비내용이 훨씬 광범위하여 대부분의 구성품들을 세부적으로 점검한다. 대상 항공기는 운항서비스에서 배제되어 통상 1~2주의 검사기간을 필요로 하며, 항공기전체를 검사하기 때문에 A나 B-Check보다 넓은 공간을 필요로 한다.

- D-Check: 항공기를 가능한 원래의 상태로 회복시키기 위하여 항공기 전체를 철저히 검사하는 가장 방대하고 심도있는 점검으로 이를 HMV(Heavy Maintenance Visit)라고도 부른다. 점검주기는 항공기 형태에 따라 차이가 있으나, 대략 5년마다 행해지며 전체 항공기를 일일이 분해하여 점검한다. 가능한 한 외부 페인트와 대형 외장파넬을 제거하여 비행 컨트롤시스템, 유압, 전기장치, 외장의 금속피로, 부식, 결함 등 구조적인 검사 등을 전반적으로 수행한다. 점검시간은 기종과 투입된 기술자의 수에 따라 다르지만 약 두 달 정도가 소요된다. 가장 심도있는 규모의 점검으로 정비비용도 약 백만달러 내외에 이를 정도로 가장 비싸며, 이 같은 높은 비용으로 대부분의 항공사들은 사전에 항공기별로 D-Check 계획을 수립하여 운용한다. 퇴역이 임박하여 항공기 시장가치가 낮은 수준의 항공기는 다음 D-check을 받기보다는 분해(scraped)되거나, 항공기저장(storage) 장소로 보내지는 경우도 있다. 평균 한 항공기의 경우 퇴역할 때까지 두세 번의 D-check을 받는 것으로 알려져 있다.

12) 유지적립금(Maintenance Reserve)

금융리스 또는 운용리스 공히 항공기의 정비 책임과 비용은 통상 임차인인 항공사가 부담한다. 금융리스의 경우 임대인은 임차인의 항공기 정비 리스크와 비용에 큰 관심을 갖지 않겠지만, 항공기를 반환받아야 하는 운용리스의 경우 임차인의 정비책임과 비용에 관한 부분은 중요한 협상사안이다. 리스기간 중 항공사가 디폴트상황에 처하더라도 여전히 항공기가 운항이 되어야 하는 경우나, 항공기의 중정비를 앞두고 임대인이 항공기를 확보하여야 하는 상황이 온다면 거액의 항공기 정비비 부담은 임대인에게 큰 리스크 요인이 된다. 이러한 임차인의 신용도와 관련된 여러 상황적 리스크를 완화하기 위하여 임대인이 임차인에게 부담케 하는 기금이 유지적립금(Maintenance Reserve)이다. 계약서에 따라서는 이를 추가렌트(Supplemental Rent)라 하여 일반적인 렌트와는 별도로 부과하기도 한다.

　대부분의 유지적립금은 매월, 후취조건이며, 처음에는 임대인이 보유하는 기종별 정비비용 및 점검주기 등 경험데이터를 기초로 하여 각 부분품별로 부과하다가 이후 실제 정비이행 상황 등에 따라 지급률을 조정[98])하여 상호 정산한다. 즉, 임차인이 정비의무를 이행하였을 경우에는 디폴트가 발생하지 않는 한 리스계약서에서 정한 요건에 따라 적립된 금액을 임차인에게 반환하는 것이 일반적이다(또는 임차인을 대신하여 정비업체에게 직접 지급하기도 한다). 적립금은 통상 다음 다섯 가지 항목의 정비 용도를 위하여 적립된다.

- 항공기 기체에 대한 중정비(heavy maintenance visit) 및 구조적인 검사
- 엔진 성능회복(engine performance restoration)
- APU 수리(auxiliary power unit overhaul)
- 랜딩기어수리(landing gear overhaul)
- 엔진 LLP 교체(engine life limited parts replacement)

　한편, 유지적립금은 매월 일정 금액을 지급하는 방식이 가장 보편화되어 있으나, 신용도가 우량한 항공사에 대해서는 리스기간말에 상호 합의된 정비요건과 실제 정비상황을 비교하여 차이가 있을 경우 상호 간에 차액을 한꺼번에 정산하기도 한다. 즉, 항공기를 반환할 때 실제 정비상태가 리스계약상 정한 요건에 미달하는 경우에는 임차인이 임대인에게 지급하고, 반대 상황의 경우에는 임대인이 임차인에게 지급한다.

---

98) 유지적립 금액은 임대인이 당초 가정한 이용률(assumed utilization) 자료 등을 기초로 산출되기 때문에 매년 물가상승률(특히 노동, 자재 등), 실제가동률 및 항공기의 주요 성능개선 등의 발생에 따라 당초 설정한 지급률을 조정한다. 이를 "Reserve Escalation"이라고 하며, 운용리스계약서에는 이에 관한 기준, 절차 등이 상세히 기술된다.

13) 엔진·부품의 교체 및 항공사 간 엔진풀링

엔진과 부품의 교체에 관한 이슈는 임차인 입장에서는 항공기의 제약없는 사용과 관련하여, 임대인 입장에서는 교체 또는 분리된 부품의 소유권 보전과 관련하여 주요한 의제로 다루어지고 있는 사안이다. 일반적으로 리스계약서에는 일부 제한적인 요건들만 충족된다면 항공사의 탄력적인 항공기 운항을 보장하는 차원에서 영구 또는 임시적인 엔진 및 부품의 교체를 허용(관련 비용은 통상 임차인이 부담)하는 것이 대체적인 추세이다. 그러나 항공사가 보유하는 여유 엔진이나 부품은 항공사 간 엔진 풀링협약(Engine Pooling Arrangement)에 따라 다른 항공사가 보유하는 항공기에 장착될 수도 있는데, 이와 같은 넓은 개념의 풀링에 대해서는 당사자 간에 다소 조심스러운 분위기이다.

엔진·부품의 교체는 거래마다 다를 수 있으나 대체적인 원칙은 다음과 같다.

① (일반원칙) 본건 동체에서 엔진의 제거가 가능한 경우(기본적으로 불가하며 다른 엔진으로 즉시 교체 조건)
- 엔진에 Event of Loss가 발생한 경우(손상, 결함, 도난, 몰수, 수리불가 등)
- 정비프로그램, 수리, 테스트 등으로 교체가 불가피한 경우
- 관련 계약상 허용된 경우
- 진부화되어 교체가 불가피하거나 통상적인 교체프로그램에 의한 경우 등

② (영구교체) 영구 교체 목적으로 본건 동체에 다른 엔진의 부착이 가능한 경우
- 동일 항공사가 보유하는 동급이상의 모델, 사양, 가치를 가지는 엔진만 가능
- 신규로 설치한 엔진은 임대인의 소유가 되고 자동적으로 리스계약의 대상에 포함
- 제거된 엔진의 소유권이 적법하게 이전될 때까지는 다른 엔진 장착 불가
- 임대인 및 대주단의 서면에 의한 사전 동의 조건
- 엔진에 대한 별도의 보험이 부보될 것

③ (임시교체) 임차인은 다음 조건에 따라 본건 동체에 임시로 다른 엔진을 정착 가능
- 어떠한 채무불이행 등 사유가 발생하지 않을 것
- 항공기에 대한 보험 유지에 영향이 없을 것
- 일정 기한 내에 임시엔진을 제거하고 원래의 본건 엔진으로 교체할 것

④ (다른 항공기에 정착) 임차인은 본건이 아닌 다른 항공기의 동체에 다음 조건으로 본건 엔진을 장착 가능
- 장착되는 다른 항공기에 다른 소유권, 담보권이 없을 것(만약 있을 경우 본건 엔진에 소유권 등이 미치지 않음을 서면으로 확약)
- 임차인이 다른 항공기에 대한 보유·통제권이 있을 것
- 본건 엔진에 대한 소유권의 이전이 발생하지 않을 것(본건 엔진은 원 임대인의 소유)

⑤ (엔진 풀링) 다른 항공사와 엔진을 풀링하는 경우에는 신용도 요건, 사전 서면승인 등의 조건을 부여함

교체에 따른 엔진에 대한 소유권 이전 또는 추적문제는 다소 복잡한 사안이다. 엔진은 성격상 부착물로서 많은 국가들이 엔진의 독립적인 소유권을 인정하지 않음에 따라 날개에 부착됨과 동시에 엔진의 소유권이 기체로 귀속되는 경우가 많다.

엔진 소유권의 귀속문제는 기본적으로 다음과 같은 상반된 두 가지 방식이 존재한다.

- 원래의 소유권을 따라가는 방식(title following)이다. 제거된 엔진의 소유권은 그 엔진이 소재한 위치와 상관없이 원래의 소유자(임대인)에게 귀속된다는 개념이다. 따라서 그 엔진이 다른 항공기에 부착되어 있어도 그 엔진의 소유권자는 원 임대인의 소유이다. 다만 엔진의 부착으로 말미암아 부착된 다른 항공기의 소유권, 저당권으로 인하여 원래의 임대인 및 대주단에 대한 엔진의 권리가 침해되어서는 안된다.

- 엔진의 소유권을 교환(title exchange)하는 방식이다. 즉, 엔진의 교체가 일어났을 때 담보로 취득되어 있는 동체에 신규로 부착된 엔진의 소유권을 임대인이 취득하는 방식이다. 날개에 부착된 엔진의 소유권은 동체의 소유권과 함께 포괄하여 귀속되는 개념이다.

두 가지 방식 중에서 실무적으로 당사자 간 가장 폭넓게 채택되고 있는 방식은 원래의 소유권을 따라가는 방식이다. 말하자면 엔진의 소유권이 다른 항공기의 소유권자에게 이전되지 않는 조건인데, 엔진의 소유권개념 및 등록절차가 국가마다 상이하여 소유권의 교환이 용이하지 않을 뿐더러 금융기관의 권리 확보체계가 복잡하여 자칫 엔진에 대한 담보권이 상실될 소지도 있기 때문이다.

엔진 교환 또는 풀링은 이처럼 국가별 법률체계가 상이하고 담보권 확보, 운항의 탄력성 등 참여당사자 간의 입장이 충돌될 소지가 있으므로 개별 사안별로 협상에 따라 해결되어야 할 사항이다. 특히 신용도가 우수한 항공사의 경우 최대한 탄력적인 엔진 운용을 위하여 다른 항공사와의 엔진에 대한 소유권 교환방식을 요청하는 경우가 많을 것으로 예상되나, 해당 국가의 법률 요건 등을 반드시 확인한 후에 결정하여야 할 사안이다. 그리고 교체하는 경우에도 항공기를 재인도받았을 때 잔존가치의 하락을 미연에 방지하기 위하여 원래의 엔진과 동일하거나 더 나은 조건의 모델, 수명, 사양 등으로 교체할 수 있도록 하여야 하는 것은 물론이다.

14) 항공기의 등록(Aircraft Registration)

리스계약서에는 임차인이 대상 항공기를 등록국가의 법규에 따라 관련 항공당국에 적법하게 등록하고 리스기간 동안 이를 유효하게 유지하도록 의무화하고 있다. 항공기의 등록 요건과 절차는 등록 국가마다 상이한데, 우리나라의 경우 항공기등록부상에 항공사(임차인), 임대인(소유자) 및 채권금융기관(저당권자)의 명칭과 주소, 등록원인 그리고 저당권의 경우 설정내용, 채권최고액 등을 등록하여 표시하고 있다. 국가마다 등록체계가 다를 수는 있으나, 보통 항공기에 대한 국적의 취득과 항공기의 소유권, 저당권 등 법률관계의 설정이나 변경도 항공기 등록이라는 절차를 통하여 이루어지기 때문에 리스계약서에는 이와 관련된 등록의무자, 등록장소, 시한, 등록의 내용, 등록의 해제, 협조요건 등의 내용을 상세하게 기술하고 있다.

항공기의 등록 및 국적취득에 대해서는 본장 "5.5 항공기에 대한 저당권 설정"편에서 간략히 다룬 바 있으나 이를 좀더 보완적으로 설명하면 다음과 같다.

시카고협약과 항공기 등록

항공기의 국적취득과 관련한 항공기 등록[99]은 1944년에 체결된 시카고협약(Convention on the International Civil Aviation, 1944)에서 정한 요건에 따른다. 동 협약에 따르면 항공기는 등록된 국가의 국적을 가지며, 동시에 2개 이상의 국가에 등록할 수 없도록 되어 있다.[100] 그러나 한 국가에서 다른 국가로 등록을 변경할 수는 있다. 따라서 전세계에서 운항되는 모든 항공기는 반드시 한 국가의 항공당국에 등록되어야 하므로 각국 항공당국은 이의 법적인 서류로서 항공기등록부(aircraft registry)를 두어 관리하고 있다. 또한 국제운송에 사용되는 항공기는 국적표시와 함께 화재나 항공사고가 발생하였을 경우 식별을 용이하게 하기 위하여 항공기 등록부호(registration marks)를 동체에 표시하도록 하고 있다.[101] 항공기 등록부호는 해당 국가에 등록된 항공기라는 의미의 고유 국적기호와 등록기호로 구성되는데, 등록기호는 국가마다 다르나 우리나라의 경우 항공기 종류, 장착된 엔진의 종류와 숫자, 일련번호 등을 감안하여 부여하는 숫자 등을 조합하여 사용하고 있다.[102]

---

99) 이는 선박의 경우와 다른 부분이다. 선박은 운항비용 절감이나 규제 등 회피를 위하여 선박 소유자 또는 운항자의 소재국과는 다른 파나마, 마샬제도 등 제3국에 등록하고 그 등록국가의 국기를 달고 등록국 법에 따라 선박을 운항하지만 항공기는 대부분 소유자 또는 사용자의 소재국가 중 한나라에 등록함으로써 그 나라의 국적을 취득하여 운항한다. 따라서 항공기는 개념상 선박과 같은 편의치적(flag of convenience)에 해당된다고 볼 수 없다.

100) 17조(Nationality of aircraft) Aircraft have the nationality of the State in which they are registered.
18조(Dual registration) An aircraft cannot be validly registered in more than one State, but its registration may be changed from one State to another.

101) 20조(Display of marks) Every aircraft engaged in international air navigation shall bear its appropriate nationality and registration marks.

102) 예를 들면 우리나라의 등록기호는 첫 번째 숫자는 항공기 및 엔진의 종류(1과 2는 피스톤

표 5-13	주요 국가별 항공기 고유 국적기호				
한국	HL	일본	JA	미국	N
영국	G	태국	HS	스위스	HB
스페인	EC	사우디아라비아	HZ	뉴질랜드	ZK
네덜란드	PH	말레이시아	9M	독일	D
프랑스	F	캐나다	C	오스트리아	OE
호주	VH	중국	B	아일랜드	EI

국가별로 상이한 등록체계 및 법률

그러나 시카고협약에서는 항공기 등록에 관한 대강의 원칙만 정해놓고 구체적인 등록체계와 운용기준은 각 국가의 법과 규정에 따르도록 하여 각 국가의 재량권을 폭넓게 인정하고 있다. 그런데 국가마다 등록체계, 자격요건, 권리의 인정요건 등이 서로 다르고 국가에 따라서는 대주단에게 익숙하지 않거나 또는 불리한 법체계를 갖는 나라들도 많다. 이러한 각 국가별 등록체계는 계약서 전체의 구조와 내용에 큰 영향을 미치며, 비용절감 및 시행착오를 줄이기 위해서라도 반드시 사전에 등록지국 소재 법무법인의 법률자문을 받아 관련 내용을 파악해 두고 있어야 한다. 예를 들면 영국의 경우 항공사 또는 임차인(Lessee)의 이름으로 항공기를 등록하는 운항사등록부(operator registry) 체계를 갖고 있고, 소유권에 관해서는 별다른 체계를 갖고 있지 않은 반면, 미국 FAA의 항공기등록부는 기본적으로 미국시민인 항공기 소유자가 등록하는 소유권등록부(owner registry) 체계를 갖고 있다. 네덜란드는 Public Registry와 Nationality Registry의 두 가지 체계를 갖고 있고 리스계약서, 저당권계약서, 소유권이전 계약서는 Public Registry에 등록하도록 하고 있다.

엔진 비행기, 5는 터보프롭엔진 비행기, 7과 8은 제트엔진 비행기, 그리고 6은 피스톤엔진 헬리콥터, 9는 터빈엔진 헬리콥터)를 뜻하며, 두 번째 숫자는 항공기마다 약간 다르지만 엔진 수와 관계가 있으며(제트엔진 비행기의 경우 1은 엔진이 1개, 0, 2, 5, 7 및 8은 엔진이 2개, 3은 엔진이 3개, 4와 6은 엔진이 4개가 장착된 항공기를 의미한다), 셋째와 넷째 자리 숫자는 일련번호이다.

우리나라의 항공기 등록 체제[103]

항공기에 관한 권리(소유권, 임차권, 저당권)의 설정·이전·변경 또는 말소에 관한 사항은 항공기등록원부에 등록하도록 되어 있다. 항공기 등록에 관해서는 기본법인 「항공안전법」을 필두로 하여 항공기 등 저당권에 관한 「자동차 등 특정동산 저당법」 및 동법 시행령, 항공기 등록의 구체적인 절차를 명시한 「항공기등록령」 및 「항공기 등록규칙」에 상세히 규정되어 있다

우리나라 항공안전법상에는 항공기가 안전하게 비행할 수 있는 성능인 감항증명을 받지 않으면 항공기를 운항할 수 없으며(제23조 ③항) 감항증명은 대한민국 국적을 가진 항공기만이 받을 수 있다(제23조 ②항). 따라서 항공기를 운항하려면 국토교통부장관에게 항공기를 등록하여 대한민국 국적을 취득하여야 한다(제8조). 등록자격은 항공기를 소유하거나 임차하여 항공기를 사용할 수 있는 권리가 있는 자이며(제7조), 이중국적을 금지하여 외국국적을 가진 항공기는 등록할 수 없도록 하고 있다(제10조 ②항). 따라서 외국에서 항공기를 구입할 경우 수출국(이전 등록국가)에서 등록이 말소되었다는 사실을 확인한 후 신규로 등록하여야 한다. 등록에도 제한이 있어 외국인 또는 외국인이 주식이나 지분의 2분의 1 이상을 소유하거나 그 사업을 사실상 지배하는 법인, 외국인이 법인등기사항증명서상의 대표자이거나 외국인이 법인등기사항증명서상의 임원수의 2분의 1 이상을 차지하는 법인이 소유하거나 임차하는 이른바 외국항공기는 그 항공기를 우리나라 국민이나 법인이 임차하여 사용할 권리가 있지 않는 한 우리나라에 등록할 수 없다(제10조 ①항).

등록신청은 등록권리자와 등록의무자가 출석하여 공동 신청하도록 하고 있고(항공기등록령 제10조), 등록권리자와 등록의무자가 출석하지 못할 경우 대리인(통상 법무법인의 변호사)이 위임장(Power of Attorney)과 인감증명서를 구비하여 신청할 수 있다(항공기등록령 제11조). 우리나라에서는 1991년까지 항공기의 등록부가 항공기등록부와 항공기임차등록부로 구분되어 임차한 항공기는 임차등록부에 하였으나, 이후 임차등록부가 폐지됨에 따라 항공기등록원부에 항공기 소유권, 임차권, 저당권을 통합하여 등록하고 있다.

항공기는 앞에서 설명한 바와 같이 등록하여야 우리나라 국적을 취득하고 감항증명을 받아 우리나라에서 항공에 사용할 수 있다. 또한 부동산 등기와 유사하게 항공기에 대한 소유권의 취득·상실·변경도 등록하여야 그 효력이 발생한다(항공안전법 제9조 ①항)고 하여 등록을 물권변동의 효력발생 요건으로 삼고 있다. 항공기에 대한 임차권은 등록하여야 제3자에 대하여 효력이 생긴다고 하여 임차인의 대항력을 인정하고 있다(항공안전법 제9조 ②항).

15) 항공보험

항공보험에 대해서는 제5장의 '5.4 항공보험' 및 '5.6 기타 항공기금융 채권보전'편에서 자세히 다루고 있다.

16) 전대리스(Sub-lease)

전대리스(sub-lease)는 원래의 리스계약이 유효한 상태에서 임차인이 리스받은 항공기를 최종 리스이용자(재임차인)에게 다시 리스해주는 경우를 말한다. 임차인은 항공기의 탄력적인 운용을 위하여 전대리스를 허용하도록 임대인에게 요구할 가능성이 크다. 가령 리스기간 동안 여객 및 매출감소 등 운송사이클의 변동 등으로 항공기를 투입하기로 한 노선이 폐쇄될 수도 있다. 전대리스는 이와 같이 항공기의 공급과잉이 발생하는 상황에 수익을 제고할 수 있는 매우 유용한 수단이 될 수 있다. 반면 임대인으로서는 임차인의 전대리스 요구를 그리 탐탁치 않게 여길 수도 있다. 전대리스는 대부분 임차인의 독자적인 이익행위라고 볼 수 있으므로 임대인은 기존의 리스계약 및 채권보전에 영향을 미치지 않는 조건에서만 이를 허용해 줄 가능성이 크다. 임대인도 임차인의 탄력적인 항공기 운항의 권리를 이미 인정하고 있는데다, 리스기간 동안 지급하여야 할 렌트료나 유지적립금 등은 결국 항공사의 수익적 기반에 바탕을 두기 때문이다.

리스계약서에는 ① 일단 임차인에 의한 전대리스를 전면 금지한 후 다음 조건을 충족하는 경우에 한해 허용하거나 또는 ② 임대인과 임차인이 사전에 합의한 Permitted Sub-lessee를 허용하되 다음의 조건을 부여하는 방식이 통상적으로 사용된다. 착오를 방지하기 위해 임대인-임차인 간 원래의 리스는 Head Lease로, 임차인-재임차인 간의 리스는 Sub-lease로 표기하기로 한다.

---

103) 석광현·조영균, 「국제항공기금융에 관한 법적문제점」, 「항공안전법」, 「항공기등록령」 등 참조.

- Head Lease의 만기 또는 만기 전 일정기한을 초과하지 않을 것
- 마치 Sub-lease 계약이 없었던 것처럼 Head Lease상 모든 책임, 의무, 비용은 임차인이 부담할 것
- Head Lease 계약상의 조건을 침해하는 조항이 없을 것
- Sub-lessee에 의한 또 다른 리스가 없을 것(Sub-lease가 최종 리스이어야 함)
- 임대인의 일정 사전 서면동의가 있을 것
- Sub-lease가 개시되기 이전에 임차인에게 Default가 발생하거나 또는 지속되지 않을 것
- Sub-lease상 권리는 Head Lease에 대해 명시적으로 후순위(subordinate) 조건일 것
- Sub-lease 계약상 Sub-lessor인 임차인의 권리는 채권보전을 위해 임대인에게 양도할 것
- 보험의 계속 부보, 항공기등록요건의 변경이 없을 것, 인출선행조건으로 법률의견서가 발급될 것 등

한편, Sub-lease와 관련하여 리스계약서에 자주 언급되는 조항이 Wet-lease에 관한 언급이다. Wet-lease란 항공기(airframe)뿐만 아니라 승무원(crew), 유지관리(maintenance), 보험(insurance)까지 함께 제공하는 형태의 리스계약으로, 영문 앞자를 따서 ACMI Lease 또는 Damp Lease라고도 부른다. 일시적 수요나 긴급상황 등에 대처하기 위한 짧은 리스기간이 주된 특징이며, 임차인의 항공기에 대한 통제가 변동없이 유지될 수 있는 리스라는 측면에서 리스계약상 다음 일정 조건을 전제로 하여 허용되기도 한다.

- 대상 항공기가 임차인의 승무원에 의하여 운항될 것
- 보험이 계속 부보되어야 하며, 현재 유지되고 있는 모든 인허가 사항에 변동이 없을 것
- 항공기등록부의 내용에 변경사항이 없을 것 등

17) 항공기 소유권의 보호

리스구조에서는 리스기간 내내 또는 임차인이 항공기 구매옵션(aircraft pur-chase option)을 행사할 때까지는 항공기의 법적 소유권이 임대인에게 귀속되어 있어야 하며, 리스계약서에는 리스 개시단계에 또는 그 이후에도 임차인이 이를 보장하기 위한 다음과 같은 여러 조항들을 명시하고 있다.

■ (항공기 등록) 임대인 또는 항공기 소유자로서의 권리를 항공기등록부에 등록하여 대외 법률적 효력 등을 설정한다.
■ (Name Plate) 항공기 동체, 조종실, 엔진 등 세 군데에 임대인을 항공기의 법적 소유자 및 담보권 소유자임을 명시하는 동판을 부착하여 제3자에 대한 고지, 위험완화 기능을 수행한다.
■ (Covenants) 임차인은 항공기의 소유자가 아님을 천명하는 내용을 진술·보장(representation & warranties) 및 서약(covenants) 상의 제약사항 등에 구체화시킨다.
■ (항공기운항 제한) 정치적 위험이 높은 또는 분쟁지역 등에의 운항, 위험화물의 적재, 불법적 운항 등을 제한하여 항공기의 안전운항을 추구한다.
■ (항공기 담보설정의 제한) 허용된 담보 이외에는 임차인이 항공기에 대해 질권을 설정하는 행위를 금지한다. 질권설정의 제한은 조세나 미지급 착륙료 등 법정질권에까지 확대되어야 한다.
■ (항공기 검사) 임대인에게 항공기에 대한 검사권을 부여하여 항공기의 상태와 조건을 정기적으로 확인할 수 있도록 보장한다.

18) 항공기 손실사유(Event of Loss), 징발(Requisition)

항공기 인도 후 항공기에 대한 손실사유(Event of Loss)[104]가 발생하게 되면

---

104) 사실전손, 추정전손, 합의전손 및 수리가 불가능하여 정상적인 사용에 적합하지 않을 정도의 항공기 손상, 정부 당국에 의한 강제징발(compulsory requisition)을 제외한 항공기의 징발, 항공사의 일정기간 이상 점유가 불가능한 항공기의 피납, 구류, 몰수 등을 말한다.

임차인은 일정 기한(손실사유 발생 후 약 45~60일) 또는 보험사로부터의 보험금을 수령하는 날짜중 빠른 일자에 사전에 정한 협정가액(Agreed Value)을 임대인에게 지급하도록 하고 있으며, 협정가액을 수령한 후에는 임대인의 항공기에 대한 모든 권한(Bill of Sale 등 임차인이 요청하는 서류 포함)을 임차인에게 이전토록 명시하고 있다.

한편, 항공기를 등록국가 등의 정부 당국에 의하여 사용 또는 임차목적으로 징발(requisition)하는 경우에는 리스계약상 임차인의 의무는 징발이 없었던 것처럼 그대로 유지(항공기 운항의무 제외)되며, 따라서 렌트료 등 지급금은 변함없이 임대인에게 지급하도록 하고 있다. 징발이 종료되면 임차인은 항공기를 리스계약상 요구하는 원래의 상태대로 복귀시키도록 하고 있다.

19) 채무불이행 사유(Event of Default)

리스계약상 이 조항은 임대인의 지위와 항공기 자산을 보호하는데 그 목적이 있으며, 대부분 임대인보다는 임차인에게 적용되는 내용들로 구성되어 있다. 여기서 Event of Default란 디폴트를 유발하는 '사유'가 발생한 것으로 상황의 지속에 따라 임대인이 디폴트를 선언하여야만 비로소 디폴트가 발생하게 되며 기한의 이익도 상실된다.

한편, 대출계약과 관련하여서는 금융리스와 운용리스의 경우 적용방식에 다소 차이가 발생할 수 있다. 금융리스의 경우 임차인이 지급하는 렌트료가 대출원리금 상환재원으로 사용되므로 리스계약상 임차인의 채무불이행이 바로 대출계약상의 채무불이행으로 연결되는 것이 일반적이다. 반면, 일부 운용리스에서 리스계약상 렌트료의 지급 실패 등을 포함한 Payment Default가 발생하는 경우 채권자는 임대인 또는 리스회사의 치유권(cure right) 행사 등으로 대출계약상 디폴트에 따른 Remedies를 행사하지 않을 수 있는데, 이를 디폴트의 정지(standstill of default) 또는 그 기간을 정지기간(standstill period)이라고 한다.

디폴트의 정지(Standstill of Default)

항공사(또는 채무자)에 디폴트사유가 발생하였음에도 불구하고 채권자가 디폴트를 선언하지 않음에 따라 해당 기간 동안 디폴트가 정지되는 기간(Standstill Period)을 말한다. 통상 지정된 기간 동안에 디폴트사유가 무난히 해결될 것으로 예상되거나, 다른 당사자(지분투자자 등)로부터 금전 등의 수입이 확실시되는 경우에 채권단이 디폴트의 선언을 유예하게 된다. 운용리스에서 리스회사가 SPC의 지분투자자로서 대주단에 대해 Cure Right를 행사하는 경우 나타나는 조항이다.

---

① 주요 디폴트 사유(Event of Defaults)

리스계약상 디폴트사유는 크게 지급금과 관련된 채무불이행사유(Payment EOD)와 지급금 이외의 채무불이행사유(Non-payment EOD)로 구분되며, 두 경우 공히 일정기간의 구제기간(remedy period 또는 grace period)이 주어지는 것이 보통이다. 구제기간은 지급과정상의 기술적인 에러(송금절차상 에러 등) 등 예기치 않은 상황을 커버하기 위한 목적 또는 상업적인 현실을 반영하여 위반사유를 치유하기 위한 목적 등에 따라 임대인 및 임차인 간의 협의에 의해 합리적인 기간을 설정하여 계약서에 반영한다.

- (Payment Default) 기일도래(due)된 렌트료, 유지적립금, 기타 지급금 등을 정해진 날짜에 지급하지 못하였을 경우를 말하며, 통상 일정 일수(3~7일 정도)의 구제기간(remedy period)을 당사자 간의 협상에 따라 부여한다. 디폴트사유중 가장 중요하고 기본적인 사항에 속한다.

- (보험유지 실패) 리스계약상 요구되는 보험(재보험 포함)의 설정, 유지 등에 실패하였을 경우로, 부보가 유지되지 않으면 임대인의 자산에 심각한 위험이 초래될 수 있다.

- (진술·보장 사항의 허위) 리스계약상 임차인의 진술·보장(representation & warranties) 내용이나 제출된 서류가 허위로 밝혀지거나 또는 일정 기간 내(예: 30일)에 그 사유가 치유되지 않는 경우를 말한다. 진술 및 보장이란 임대인이 리스구조에 개입하기 위한 판단근거가 되는 일정한 사실관계의 정확성 또는 채무

부담의 적법성 등을 보장하는 조항을 말하며, 임차인이 이를 위반할 경우 임대인이 리스거래를 더 이상 지속할 수 없는 결과를 가져오게 되므로 이에 포함시키고 있다.

■ (약정/서약조항 위반) 임차인이 계약상 의무를 준수하지 못하거나 또는 서약사항(covenants)의 상당 부분을 이행하지 못한 경우로, 일정 기간 내에 그 사유가 치유되지 않은 경우이다. 진술 및 보장조항이나 서약사항 모두 일정 내용을 임대인에게 확약하는 점에서는 같으나, 진술 및 보장조항이 계약체결 현재시점에서의 사실관계 등을 확약하는 조항이라면, 서약조항은 계약이 체결된 후 리스기간 중 미래의 일정기간 동안에 특정행위를 하여야 하는 의무사항 또는 하지 말아야 할 금지사항 등을 확약하는 조항으로 시점상의 차이가 있다.

■ (Cross-default) 임차인(또는 관계회사 포함)의 다른 계약상 채무불이행이 발생하는 경우를 말한다. 다른 계약상 채무불이행이 발생하는 경우 본 계약도 당연히 채무불이행이 될 것으로 예상되므로 다른 채권자들과 동등한 지위에서 협상하거나 또는 관련된 법적인 조치를 미리 취할 수 있는 요건을 제공하기 위한 조항이다. 임차인으로서는 다소 민감할 수 있는 사안인 만큼 당사자 간에 주요 협상이슈가 되는 조항이다. 이 조항을 완화하기 위해서 실무상으로는 통상 일정 금액(threshold amount)이 초과되었을 경우만으로 대상을 한정하는 방법 또는 실제로 채무불이행(actual default)이 발생하였을 경우로 한정하는 방법 등이 사용된다.

■ (관련 인허가 획득 실패) 항공기의 인도, 등록, 운항 등 본건 리스계약상 의무를 이행하기 위한 정부의 인허가, 승인, 등록 등을 받지 못하거나 종료, 철회되었을 경우를 말한다.

■ (파산, 청산 등) 임차인의 파산(bankruptcy), 청산(liquidation), 회생(reorganization), 화의(composition), 해산(winding-up) 또는 파산관재인·수탁인·청산인의 선임 등이나 그 주요 재산에 대한 압류·강제집행 또는 이와 유사한 절차 등이 발생하였을 경우이다. 일단 임차인이 파산하는 경우에는 렌트료의 적기 납부나 항공기의 확보가 용이하지 않을 수 있으므로 실제 임차인이 파산한 경우 뿐만

아니라 이와 유사한 단계에 착수하였을 때에도 채무불이행 사유에 포함시켜 임대인이 항공기를 사전에 확보할 수 있도록 하고 있다.

■ (중대한 상황 변화) 리스계약상 임차인의 채무이행 능력에 중대한 위험을 가져오는 사건이나 상황이 발생하는 경우

■ (자산의 처분·합병) 임차인의 영업중단, 정부에 의한 수용·국유화 또는 임대인의 사전 동의없는 주요 자산의 상당부분(substantial part) 매각·처분·합병 등이 발생하거나 또는 그러한 위험이 있는 경우. '상당부분'이라는 용어의 범위에 논란이 있을 수 있으나 임대인(또는 대주단)의 판단 및 동의를 확보하는 방식에 의하여 처리하고 있다.

■ (약정의 유효성) 리스계약 또는 관련 계약상 효력의 종료, 중단, 무효, 집행 불가능 등으로 계약의 유효성이나 임대인의 이익에 불리한 영향이 있는 경우

■ (법원의 판결) 법원 판결, 명령 등에 의해 일정 금액 이상의 금원을 지급하여야 하는 상황이 발생하였으나 일정 기한 내 이를 치유하지 못한 경우

■ (항공기의 재인도) 임차인이 계약상 정해진 요건대로 항공기를 재인도(Re-delivery)하지 못한 경우(운용리스) 등

② 디폴트 발생의 결과

일단 채무불이행 사유가 발생하고 계약상 허용된 구제기간 내에 사유가 적절히 치유되지 않으면 임대인은 다음과 같은 절차를 취할 수 있다.

■ 임차인에게 단순 서면통지로 디폴트가 발생하였다는 사실과 이의 결과로 항공기 리스가 즉시 종료됨을 선언할 수 있다. (단, 디폴트사유중 임차인의 파산, 청산 등에 의한 경우는 대부분 자동 기한이익 상실사유에 해당한다)

■ 리스계약이 종료되면 임대인은 항공기를 지정한 장소로 이동시켜 반환토록 하고, 이를 시장에 매각하거나 또는 적정한 법적 절차 등을 추진할 수 있다.

만일 임대인이 항공기를 처분하고자 하는 경우 임차인은 이의 사전 절차인 항공기의 등록말소(deregistration) 및 대외반출 등에 적극 협조하도록 하고 있

다. 또한, 항공기 매각에 소요되는 행정절차의 신속한 추진 등을 위한 채권보
전수단의 하나로, 계약체결 시점에 임차인이 백지로 위임한 등록말소각서
(Deregistration Power of Attorney)를 미리 받아두고 있다.

5.8 대출계약서의 주요 내용

대출계약서는 하나 또는 복수의 금융기관인 대주(lender)가 항공기 구입자 금 용도로 자금을 차입하는 차주(borrower)와 체결하는 금융공여 약정서로, 거래 에 따라서는 Loan Agreement, Credit Agreement 또는 Facility Agreement 등 각기 다른 이름으로 체결되기도 한다. 금융기법의 유형 및 시장 참여기관의 의향 등에 따라서는 선순위 대출기관 이외에 후순위 대출기관이 참여할 수도 있는데, 이 경우 선순위대출계약서(Senior Loan Agreement)와 후순위대출계약서 (Junior Loan Agreement)로 대출계약서를 분리하여 체결하기도 한다. 한편, 금융기 법에 따라 채권자가 지분출자자, 선순위대출기관, 후순위대출기관 등 다수의 당사자로 구성되는 경우 채권자 상호간의 권리 – 의무관계를 대출계약서와는 별도로 채권자간계약서(Intercreditor Agreement) 또는 모든 거래당사자가 계약당사 자로 참여하는 Participation Agreement(또는 All Parties Agreement)에서 처리하기도 한다.

대출계약서에 일반적으로 기술되는 내용은 제반 금융조건(대출금, 이자, 수수료, 대출기간, 이자기간, 상환조건, 지급방법 등), 자금 인출을 위한 선행조건(conditions precedent), 진술·보장(representation & warranties) 및 서약(covenants), 금융대리인(agent), 디폴트사 유(event of default), 차주의 면책(borrower indemnities), 조세(taxes) 등이다. 다른 계약서 들도 마찬가지이지만 대출계약서도 정해져 있는 형식은 없으며, 시장에서 형성 된 관행적인 조건들을 기초로 당사자와의 개별적인 협의에 의해 작성되는 것 이 보통이다.

대출계약서에 기술되고 있는 주요 항목들을 설명하면 다음과 같다.

1) 대출(Facility)

▪ (Grant of Facility) 대주가 차주에게 기술된 약정조건에 따라 대출을 허용 (grant)한다는 내용과, 허용되는 대출 총금액(aggregate principal amount)이 표시된다. Syndicated Loan일 경우에는 약정서 본문에는 총액만 표시하고 부표에 각 대주별 약정금액(commitment amount)을 별도로 표시한다. 만약 대출금액이 서로 다른 동종의 조건별[105]로 나누어지는 경우에는 Tranche A, Tranche B 등과 같이 각 Class별로 대주 및 약정금액 등이 표시되기도 하고 별도의 약정서로 체결되기도 한다.

▪ (Purpose) 차주는 항공기의 구입을 위한 지불 목적으로 대출금을 사용할 의무를 가지나 대주(lender), 주선인(arranger), 대리은행(agent) 등은 차주의 실제 자금사용 용도에 대하여 확인할 의무를 지지 않는다.

▪ (Lender's Several Liability) 차주에 대한 대주의 의무는 각각 개별적이고 독립적이며, 한 대주가 계약을 이행하지 않는다고 하더라도 다른 대주의 의무에는 영향을 미치지 않는다. 따라서 차주는 당해 대주의 의무위반에 대해서만 손해배상을 청구할 수 있다.

약정금액(Commitment Amount)

대주가 차주에게 인출가능기간(availability period) 동안 자금을 공급하기로 약속 및 참여키로 한 금액으로, 대주의 이 약정의무는 계약상 정한 일정 인출 선행조건의 충족, 중대한 부정적 변화(material adverse change) 등이 발생하지 않을 것 등을 전제조건으로 한다.

---

105) Tranche는 담보의 선·후순위, 항공기별 등 경제적 조건이 유사한 카테고리별로 대주 또는 금융조건을 구분하는 용어로 Class 또는 Series란 용어로 사용되기도 한다.

Clear Market

항공기금융의 전부 또는 일부가 신디케이션 절차에 의해 진행되는 경우 해당 거래
의 주선인(arranger)은 실질 차주(항공사 등)에게 신디케이션 기간 동안 다른 채무의
차입 또는 공개시장에서의 증권발행 등을 자제하도록 요청하는데, 이를 Clear Market
이라고 한다. 당해 신디케이션 채무와 차주의 다른 채무가 제한된 시장에서 경쟁으
로 충돌하지 않도록 하는 것이 주요한 목적이다.

2) 대출금 인출(Drawdown)

■ (Availability Period) 대출약정 체결일(포함)로부터 약정서에서 상호 합의한 특
정기한 또는 약정금액이 제로(0)가 되는 날 중 빠른 날짜까지를 인출기간
(availibility period)이라고 하며, 동 기간 내 인출이 완료되지 않은 미인출금액은
약정이 취소된다. 인출기간은 대주가 차주의 인출요청에 대비하여 자금을
준비하는 기간으로, 약정체결 후 동 기간 내에 자금이 실제 인출되지 아니한
미인출 금액에 대해서는 약정수수료(commitment fee)가 부과된다.

■ (Conditions Precedent) 대주가 자금의 최초인출 이전(통상 인출일 3~5 영업일 전인
인출통지서(drawdown notice) 발급 이전)에 충족되고 이행되어야 할 각종 서류, 상황,
약정서, 법률의견서 등의 조건들을 인출 선행조건[106]이라고 한다. 충족되어
야 할 서류의 목록은 보통 약정서 말미에 부표로 첨부되는데, 해당 법무법인
및 대리은행(facility agent)의 검토 및 최종 확인절차를 거쳐 모든 조건이 만족
스럽게 충족된 이후에야 대리은행이 대주단에게 자금인출통지서를 발송하
게 된다. 한편, 최초인출 이후에 이루어지는 각 인출시마다 충족되어야 할
선행조건들은 인출후행 조건(conditions subsequent)이라고 하며, 대출계약 서명
시점에 확약한 차주의 진술 및 보장 내용이 후속 인출시에도 계속 진실되고,

---

106) 인출선행조건 서류(예시): ① 차주의 설립과 관련한 제반 서류(정관 등), 이사회의사록, 위
임장 등 권한 위임서류, ② 각종 약정서류, 보증서, 담보 관련 서류, ③ 정부 승인 또는 외
국환거래 법령상 신고·허가 서류, ④ 각 법무법인의 법률의견서(legal opinion), ⑤ 인출
선행조건이 충족되었다는 대리은행 서류, ⑥ 기타 부정적 시장변화(market adverse
change)가 발생하지 아니하였다는 차주확인서 등.

후속 인출시점 기준으로 채무불이행사유가 발생하지 않아야 한다는 내용 등이 명시된다.

■ (Drawdown Notice) 대리은행이 차주로부터 인출통지서(drawdown notice)를 수령하게 되면 대리은행은 즉시 대주앞으로 그 내용을 통지한다. 통지된 인출통지는 취소 불가능(irrevocable)하며, 대주는 약정서에 달리 규정된 경우를 제외하고는 이에 따라 자금을 인출하여야 한다.

3) 이자(Interest)

■ (Interest) 해당 통화의 3개월 또는 6개월 LIBOR에 마진인 Spread를 가산하여 책정하며, 이자는 통상 이자기간(interest period)의 마지막날인 이자지급일(interest payment date)에 후취(in arrear)로 지급된다.

LIBOR(London Interbank Offered Rate)

런던은행간금리(London Interbank Offered Rate)의 약자로, 런던의 대형 은행들(panel banks)이 은행 간 자금조달을 통해 자금을 빌릴 경우 제시하는 이자율의 평균을 의미하며, 글로벌 금융시장에서 각종 대출, 채권, 파생상품 등의 벤치마크 준거금리(reference rate)로 사용된다. 미국 달러화(USD), 영국 파운드(GBP), 유로(EUR), 일본 엔(JPY), 스위스 프랑(CHF) 등 5개 통화에 대해 Overnight부터 1년물까지 7개 만기별로 매 영업일에 IBA(ICE Benchmark Administrator)가 패널은행들로부터 런던 11시 시각에 거래되는 기간별 조달 코스트를 제출받아 상하위 각 4개씩을 제외하고 나머지 금리들을 산술평균한 후 소수점 여섯 자리에서 반올림하여 산출한다. 산출된 LIBOR는 Thomson Reuters의 Screen Rate에 고시되며, 이 이율은 2영업일 후 이자기간 초일(이를 Quotation Date라고 한다)부터 시작되는 각 이자기간에 적용(이를 Spot Rate라고 한다)된다.

LIBOR Screen Rate의 대체

2012년 LIBOR 조작 스캔들 이후 주요국을 중심으로 금융거래지표의 신뢰성과 투명성 제고를 위한 규제개혁이 진행중인 가운데, 2017년 7월 영국의 금융감독청

(Financial Conduct Authority)이 2022년부터 패널은행들로부터 금리제출을 의무화하지 않겠다는 방침을 공식 발표함에 따라 머지 않아 LIBOR가 퇴출될 가능성이 점차 가시화되고 있다. 아직은 시장에서 받아들여질 만한 LIBOR를 대체할 만한 적정 준거지표가 개발된 것은 아니나, 시장에서 LIBOR가 퇴출되는 경우(통상 Screen Rate Replacement Event)를 대비하여 준거금리 교체와 관련한 당사자 간 합의절차 등을 규정하는 Fall-back 조항을 삽입하고 있다.

Basis Point

국제금융 거래시 금리, 마진, 수수료 등의 산정시 통용되는 표시방식으로 bps라고도 한다. 1/10,000의 배수를 나타내며 1%는 100bp에 해당한다.

Actual/360

유로대출시장에서 이자계산은 통상 실제경과일수÷360일을 기준으로 산출한다. 예를 들면 이율이 6%, 경과일수가 36일인 경우에 이자는 [원금잔액×6%×36/360]으로 계산한다. 경과일수는 초일산입, 말일 불산입 기준이다.

■ (Interest Period) 3, 6개월 등 연속하여 분할된 각 기간을 이자기간(interest period)이라고 하며 이자기간은 통상 다음과 같은 원칙에 따라 책정된다.

이자기간 및 이자지급일자의 책정방법

• 우선 3, 6개월 응당일(corresponding date)을 먼저 정한 다음 아래의 원칙에 따라 해당 이자기간 및 이자지급일(interest payment date)을 책정한다.
  - 최초 이자기간의 기산일은 자금의 최초 인출일이 되며, 차기 이자기산일은 직전 이자기간의 말일이 된다.
  - 3, 6개월 등 이자기간의 응당일에 해당하는 이자지급일이 은행 비영업일에 해당되는 경우 익영업일로 이연하되, 만일 그 익영업일이 익월로 넘어가는 경우에는 그 달의 마지막 영업일을 이자지급일로 한다.
  - 이자 지급월에 해당일이 없는 경우 그 달의 마지막 영업일을 이자지급일로 한다.
  - 산정된 이자기간이 대출금의 만기일을 넘어가는 경우에는 그 만기일까지로 한다.

- 이자지급 일수의 계산시에는 이자지급기간의 초일 산입, 말일 불산입 방식으로 산출한다.

영업일(Business Day)

특정 국가의 은행이 영업하는 날짜를 지칭하며 공휴일이나 토요일, 일요일 등 은행 영업상 문을 닫는 날짜는 제외된다. 대출계약서에서 원리금 지급목적으로 영업일을 산정할 때에는 이외에도 Libor 이율이 책정되어 거래되는 영국 런던, 지급금 사무처리를 수행하는 Facility Agent의 소속 국가, 대출원리금이 원천적으로 지급되는 차주 또는 임차인의 소속국가, 리스구조에 따라 현금흐름이 중요하게 관여되어야 하는 특정 국가의 비영업일은 일반적으로 영업일의 정의 및 대상에서 제외한다.

4) 원금의 상환, 조기상환

■ (Repayment) 원금의 상환방식에는 대출기간중 총 수회에 걸쳐 분할하여 상환하는 방식과 만기에 일시 상환(lump sum repayment)하는 방식이 있다.

Balloon

분할 상환방식중 대출기간의 마지막 상환원금이 다른 분할 상환금액보다 실제적으로 클 경우 이를 Balloon이라고 한다.

■ (Prepayment) 기한 전 상환에는 자발적 조기상환(Voluntary Prepayment)과 강제 조기상환(Mandatory Prepayment)의 두 가지로 구분된다.

자발적 조기상환(Voluntary Prepayment)

차주의 자발적인 조기상환[107]에 의한 경우 상환금액은 일정액(통상 U$5백만 등)의 배수에 의해서만 상환할 수 있으며, 상환되는 금액은 일반적으로 만기의 역순으로

---

107) 조기상환의 경우 통상 대주의 상환자금 조치에 필요한 시간 등을 감안하여 차주가 일정기간 (30일 전, 3개월 전 등) 이전에 기한전상환 예정일자 및 금액을 통지하도록 의무화하고 있다.

처리(즉, 가장 늦게 도래하는 분할금부터 상환처리)된다. 조기상환은 이자지급일에만 납입이 허용되며, 상환일자가 이자지급일이 아닐 경우에는 Breakage Cost가 발생한다. 자발적 조기상환의 경우 협의에 따라 다를 수 있으나 일정 이율의 조기상환수수료(Prepayment Fee)가 발생하는 것이 일반적이다.

강제 조기상환(Mandatory Prepayment)

항공기의 전손(total loss), 디폴트의 발생에 따른 기한이익 상실, 항공기의 매각 등에 따른 조기상환을 말하며, 이 경우 통상 조기상환수수료는 면제된다.

5) 수수료, 비용(Fees, Expenses)

- (Fees) 주선수수료(arrangement fee), 대리은행수수료(agent fee), 융자약정수수료(commitment fee) 등이 있으며 주선수수료와 대리은행수수료의 정보는 다른 당사자(대주)에게 노출할 필요가 없으므로 약정서 본문에는 표시하지 않고 별도의 Fee Letter로 작성한다. 수수료는 보통 Signing Date나 Drawdown Date에 수취한다.

약정수수료(Commitment Fee)

대주의 약정의무(commitment) 유지 및 이와 관련된 자금운용 제약 등에 따른 기회비용적 측면에서 단기자금을 보유하여야 하는 기회손실 보상 또는 자금인출 촉진수단 성격으로 부과하는 수수료이다. 수수료는 통상 Actual/360기준에 의해 계산하며 대상기간은 약정의무가 발생하는 계약체결일로부터 약정의무의 최종해소일(commitment termination date, 최종인출일)까지 부과한다.

- (Expenses) 약정과 관련하여 발생하는 모든 비용, 경비, 세금 등은 차주가 부담하는 것이 원칙이다

6) 시장붕괴(Market Disruption), 법의 변경(Change of Law), 수익보장(Increasd Cost)

■ (Market Disruption) 해당 이자기간의 Libor가 시장에서 고시되지 않거나, 또는 고시되더라도 Libor금리가 대주의 조달비용(cost of funds)을 적정하게 반영하지 못하고 있다고 Majority Lender가 Agent에 통지하는 등 시장기능이 제대로 작동하지 못하는 경우108)의 조치사항 등이 기술된다. 이 경우 대주와 차주는 일정기간(통상 30일) 동안 합의에 의하여 대체기준금리(alternative base rate)를 결정하도록 하고 있으며, 만약 당사자 간에 동 기간 내 대체기준금리가 원만하게 합의되지 못하는 경우에는 미인출금액에 대해서는 융자약정이 취소되거나 또는 이미 인출된 금액에 대해서는 조기 상환하도록 하고 있다.

■ (Change of Law) 금융환경 또는 차주국의 상황 변동 등 제반 법·규정의 변경 등에 따라 대출이 적법하지 않게 될 경우(illegal), 대주는 Agent 및 차주에게 통지하여 미인출금액의 취소 또는 차주에게 조기상환을 요구할 수 있도록 하고 있다.

■ (Increased Cost) 차주국의 새로운 조세부과나 새로운 지불준비율제 도입 등 법규·규정의 변경, 시장변화 등 제반 여건 변화로 대출 유지를 위한 비용이 증가되거나, 기대수익(통상적으로 마진)이 감소하는 경우 대주는 차주에게 통보하여 해당 손실액을 보상받거나 또는 조기상환을 요구할 수 있다. 이 조항은 수익보장(yield protection) 조항이라고도 한다.

Majority Lenders

약정서 조항의 수정 및 권리의 포기, Event of Default의 면제 등 대출계약서상 정해진 대주단의 일정 의사결정이 요구되는 경우 의결기준이 되는 대주의 비율로, 당사자 간 협의에 따라 다르나 통상 대주단 전체의 1/2~2/3를 초과하는 잔액을 보유하는 대주 그룹을 지칭한다. Majority Lender의 동의에 의한 결정은 동의하지 않은 대주를 포함한 모든 대주를 구속한다.

---

108) 이를 Market Disruption Event라고 하며, 통상 금융시장에 중대한 악영향(adversely affect to financial market)을 미치는 상황이 대표적이다.

조달비용(Cost of Funds)

특정 이자기간중 Libor Screen Rate가 고시되지 않는 Market Disruption 기간 동안에 개별 은행이 당해 대출의 공여를 유지하기 위해 해당 기간에 맞추어 시장에서 조달 (matched fund)하여야 하는 비용으로, 해당 대주가 대리은행에 통지하는 연간 대출금리를 지칭한다. 그러나 실제 특정 은행의 구체적인 조달비용은 대외 공개에 민감할 수도 있고, 내부 다수부서가 관여하여야 하는 등 복잡한 절차를 수반하는 만큼 계산의 정확성 및 증빙 논란 등이 있을 수 있어, 통상 대주가 통지하는 Cost of Fund 자료는 결정적이고 정확하며, 공정한 계산을 거친 것임을 상호 간에 확약하는 것이 보통이다.

7) 조세(Taxes)

■ (Tax Gross-up) 차주에 의한 모든 지급금은 원천징수세(withholding tax)를 포함한 조세의 부과나 공제(deduction) 없이 지급되어야 하며, 만약 공제되었을 경우에는 마치 그러한 공제가 없었던 것처럼 차주가 부과세액에 의한 공제금을 대주에게 보상하여야 한다. 단, 대주 자신에게 부과된 법인세(income tax)나 당사자간 합의에 의해 규정된 조세는 제외된다. 이 조항은 국가 간 이자지급 시 원천징수세가 있는 경우 주로 해당되는 조항으로 국제 금융거래에 있어서는 반드시 포함되는 조항이다.

원천징수세(Withholding Tax)

국가 간의 이자, 렌트료 및 기타 소득의 발생에 대해 납부자(payor)의 소재 국가에서 이자, 사업소득세 등을 원천징수함에 따라 발생하는 수령자(payee)측의 조세를 말하며, 이를 완화하기 위해 국가 간 이중과세방지협정(double tax treaty)이 체결되어 있지 않거나 또는 있더라도 양국 간 조세조약에 따라 일정세율(통상 10%)인 제한세율이 있는 경우에 발생한다. 항공기금융의 경우 원천징수세를 구조상 제거하기 위한 목적으로 케이만, 버뮤다, 아일랜드 등 조세중립(tax haven)지역에 차주 역할을 하는 SPC를 설립하고 있다. 차주 소재 국가에 대해 각 대주가 원천세 면제 지위가 있는지 여부에 대해서는 구조설계 및 참여단계에서부터 미리 확인되어야 한다.

8) 진술 및 보장(Representation and Warranties)

■ (Representation and Warranties) 차주는 다음과 같은 진술 및 보장내용을 진술하고, 대주는 그 사실관계 및 적법성 등에 근거하여 대출계약서 등을 포함한 제반 약정을 체결하게 됨을 인지한다.

- 차주의 설립·자격의 적법성 및 존속의 유효성
- 차주의 영업수행, 차입 관련 법적인 권한 보유 및 제반 인허가 취득
- 약정 체결과 관련된 인허가 취득 및 상충이 없는 등 구속력 보유
- 채무불이행 또는 기한이익 상실사유 발생 사실이 없음
- 선순위가 아닌 모든 무담보채무와 동등순위(pari passu)[109] 보장
- 담보권의 유효성, 다른 담보권이나 약정체결 사실 없음
- 약정서상 언급된 사항 이외의 다른 조세, 인지세, 원천세 공제 없음
- 자금세탁방지(anti-money laundering) 조항의 충족
- 허위진술이나 중요 사항의 누락이 없다는 사실 등

진술·보장(Representation & Warranties)

대주가 차주에 대한 신용공여를 결정함에 있어 그 판단근거가 되는 일정한 사실관계 또는 차주의 채무 부담의 적법성 등에 관하여 그 진술내용의 진실성을 보장하는 조항으로, 대출금 인출을 위한 선행조건(conditions precedent) 중 하나이다. 이 조항의 내용은 금융계약 체결시뿐만 아니라 대출거래 종료시까지도 계속 유효하게 유지되어야 하며, 진술한 내용이 허위가 될 경우에 대주는 자금인출을 중지할 수 있고, 자금인출이 이행된 이후에는 채무불이행 사유에 해당되어 대주가 대출금의 조기상환을 청구할 수 있다.

---

109) 채권자 동등원칙(pari passu): 차주가 다른 무담보채권자와의 관계에서 다른 채무를 우선적으로 상환하지 않고 동등하게 대우하겠다고 약속하는 조항으로, 신용 여신을 제공한 대주가 다른 무담보채권자들에 비해 차별대우를 받게 될 경우 채권회수에 지장이 생기는 경우를 방지하기 위한 조항이다.

9) 서약(Covenants)

■ (Covenants) 차주는 대출계약의 체결 후 차주의 상환능력 유지 및 채권보전 등을 위하여 약정서상의 서약사항들을 준수할 것을 확약한다.
- Agent가 요구하는 재무정보 또는 기타 정보의 제공
- 차주의 법적 유효성 유지
- 채무불이행 사유(event of default) 발생시 통지 의무
- 조세 납부 의무
- 대주의 승인없는 계약의 종료, 변경 금지 및 다른 담보권 설정 금지
- 약정서상 규정된 사항 이외의 다른 사업 영위 금지 등

서약(Covenants)
대출계약의 체결 이후 만기시까지 차주가 이행하여야 할(positive covenants) 또는 이행하지 않아야 할(negative covenants) 일정 행위들을 열거한 제반 의무사항들을 말한다. 이 서약사항을 위반할 경우에는 채무불이행 사유가 된다. 차주가 SPC인 항공기금융의 경우에는 전형적인 양자 간 대출에서의 서약 사항들에 비하여 대주의 차주에 대한 간섭 및 제약사항이 비교적 많지 않은 편이다.

10) 채무불이행 사유(Event of Default)

■ 대출계약서상 기일도래(due)한 대출금, 이자, 기타 지급금 등을 상환하지 못한(fails to pay) 경우로서 일정 기한(통상 3~7일) 내에 미지급 사유가 치유되지 못할 경우[110]
■ 진술 및 보장(representation & warranties) 사항의 상당 부분이 허위(incorrect and misleading)로 밝혀져 일정기간(통상 30일) 내 그 사유가 치유되지 않을 경우

---

[110] 이를 Payment Default라고 한다. Event of Default 조항은 통상 Payment Default 조항과 Non-payment Default 조항으로 구분한다. 당사자 간 협의에 따라 통상 구제기간(remedy period)이 주어진다.

- 차주(또는 차주의 모회사 등)의 약정서상 의무 및 서약사항(covenants)이 준수되지 않거나 그 사유가 일정기간(통상 30일) 이내에 치유되지 않을 경우
- 차주(또는 모회사)의 자발적·비자발적 지급불능상태, 파산(bankruptcy), 회생(reorganization), 해산(winding-up), 청산(liquidation) 또는 이와 유사한 절차의 개시신청이 있을 경우
- 차주(또는 모회사)의 다른 약정상의 기한이익이 상실되거나 그 사유가 일정 기한(통상 30일) 내에 치유되지 않는 경우[111]
- 리스계약서상의 채무불이행 사유가 발생하는 경우(항공기 손실, 부보유지 실패, License 등 관련 인허가의 상실 등)
- 차주의 담보 보호, 다른 사업의 영위 금지 등 조항을 위반하는 경우 등

채무불이행 사유가 발생하고 계약상 정한 일정기간 내에 그 사유가 적절히 치유되지 않고 지속될 경우 Facility Agent는(또는 Majority Lender의 서면 요청에 의해) 다음과 같은 절차를 취할 수 있다.

- 차주의 대출에 대한 기한의 이익이 상실(acceleration)되어 대출의 전부 또는 일부가 즉시 기일도래(immediately due and payable)함을 선언하고, 모든 잔액(원금, 약정이자, 기타 지급금 등)을 Agent가 지시하는 날짜에 즉시 상환하도록 청구할 수 있다. 만약 미인출 약정액이 남아있는 경우에는 그 대출의무 또한 소멸된다.
- 담보관리인(Security Trustee)에게 항공기저당권계약서 등 담보계약서에 따른 대상 항공기의 압류 및 법적 절차의 이행을 지시할 수 있다.

---

111) Cross-default 조항이라고 하며, 차주의 다른 약정상 채무불이행이 발생할 경우 본 계약에 따른 채무불이행의 발생이 당연히 예상되므로 본 계약상 채무의 기한이익을 상실시킨 다음 다른 채권자들과 동등한 지위에서 차주와 협상하거나 기타 법적 조치를 취할 수 있게 하는 조항이다(한국산업은행, 국제 Documentation의 이해, p. 107).

11) 연체이자(Default Interest) 및 Breakage Cost

■ (Default Interest) 기일이 도래하였으나 미지급된 금원에 대해서는 당해 이자기간에 적용되어야 할 적용이자율(LIBOR+Margin)에 가산 Spread(통상 2~3%)를 더하여 책정된 이율을 실제 경과일수/360일 기준으로 실제 연체기간에 대하여 양편넣기 방식(초일 및 말일 산입)으로 계산하여 청구한다. 연체이자율의 적용대상은 차주의 디폴트로 인한 연체의 경우도 포함된다.

연체이자율(Default Interest Rate)

기일(due)이 경과한 연체금이나 채무불이행이 발생한 경우의 전체 원금에 대하여 징구하는 디폴트 대출에 대해 적용하는 이자율로 적용되는 이자율(Libor+Margin)에 추가 스프레드를 가산하여 책정한다. 추가 스프레드는 지체보상금(penalty) 성격으로서 채무상환을 강제하기 위한 수단으로서의 역할도 있다.

■ (Breakage Cost) ① 대주(또는 Facility Agent)가 해당 원리금을 기일 도래하는 지급일자 이외의 일자에 수령하거나, ② 차주가 자발적 조기상환을 하는 경우, ③ 채무불이행에 따른 대출금의 기한이익이 상실됨 등으로 말미암아 대주의 자금운용상 손실이나 비용, 피해가 있는 경우 차주는 해당 손실을 입은 대주(또는 Facility Agent)의 청구에 의하여 그 손실, 비용, 피해액을 지급하여야 한다.

12) 차주의 면책(Borrower's Indemnities)

■ (Indemnification) 차주는 ① 차주나 임차인의 대출 또는 리스에 대한 채무 불이행의 발생(Borrower Indemnities), ② 항공기의 사양, 디자인, 운용, 조건, 몰수, 전손의 발생(Aircraft Indemnities), ③ 항공기와 관련한 조세의 부과(Aircraft Tax Indemnities), ④ 다른 통화에 의한 상환에 따른 통화의 환산(Currency Indemnities), ⑤ 대주의 귀책사유가 아닌 다른 사유에 의한 지정일자 이외의 비정상적인 대출금 인출(Funding Indemnities) 등의 사유에 따라 대주가 입은 손실, 비용, 부

가세(VAT) 등을 대주에게 보상하기로 한다.

- (Pro Rata Sharing) 일부 대주가 다른 대주에 우선하여 대출채권을 회수할 경우에는 이를 모든 대주간에 안분하여 배분한다.

13) 대출의 양도(Assignment), 이전(Transfer)

- (차주의 양도금지) 차주는 대출계약서상의 권리, 의무의 전부 또는 일부를 양도(assignment) 또는 이전(transfer)할 수 없다.
- (대주 권리의 양도) 대주는 대출계약상 권리의 전부 또는 일부를 다른 기관에 언제든지 양도 또는 이전할 수 있다. 단, 그 비용은 양도하는 당사자가 부담한다.
- (Transfer certificate) 대주는 약정상 권리, 의무의 전부 또는 일부를 이전할 수 있다. 단, 그러한 경우에 양도·양수인은 양도 사실을 나타내는 Transfer Certificate를 작성하여 일정기한 내에 Facility Agent에게 송부하여 확인(통상 counter-sign에 의하여)을 받도록 하고 있다. 확인 후 양도의 효력이 발생하면 약정상의 모든 권리, 의무는 이전의 양도인에게 귀속되었던 것과 마찬가지로 새로운 양수인에게 귀속된다. 한편, Facility Agent의 양도관련 서비스가 수반됨에 따라 매 양도건별로 일정한 양도수수료(transfer fee)를 Agent에게 납부하도록 하는 경우가 많으며, 때에 따라서는 양수도로 인하여 차주의 추가적인 원천세 부담 등이 발생하는 경우 거래에 따라서는 양수인의 자격을 제한하는 경우도 있다.

14) 준거법(Governing Law) 및 재판관할(Jurisdiction)

- (Governing Law) 본 약정서와 당사자 간의 권리·의무 사항은 미국 뉴욕주법(또는 통상적으로 영국법)에 따라 규율되고 해석한다.

준거법(Governing Law)

참여당사자의 국적이 다양한 국제 금융거래에 있어서 법의 선택(choice of law)에 따른 혼란을 미연에 방지하기 위하여 당사자간에 체결된 계약의 성립과 이행, 해석에 있어서 준거가 되는 법률을 말한다. 계약의 성립 및 적법 여부, 계약 및 용어의 해석, 당사자의 권리·의무, 소멸시효, 면책사유, 기타 채무의 소멸 등에 관해 규율하나 모든 사항을 규율하지는 않는다. 예컨대 당사자의 법적지위, 권리 및 행위능력, 권한의 위임 등에 관한 사항은 당사자의 본국법 또는 설립지법의 적용을 받으며, 소송절차, 가압류, 강제집행 등 소송의 절차적인 부분에 대해서도 소가 제기되는 법정지의 법에 따른다. 항공기금융은 전형적인 국제금융거래로 대부분 국제금융 중심지이고 잘 발달된 법률체계를 갖춘 영국법 또는 미국 뉴욕주법을 준거법으로 이용한다. 준거법과 당사자의 구체적인 권리능력에 관한 부분은 현지 변호사의 Legal Opinion에 의하여 확인되어야 한다.

■ (Jurisdiction) 본 계약으로부터 발생하는 분쟁의 해결에 관한 재판관할은 미국 뉴욕법원(또는 영국법원)으로 한다. 약정 당사자는 선택한 법정이 분쟁 해결을 위하여 가장 효율적이고 편리한 법정임에 동의하고, 어떠한 이의를 제기하지 않기로 한다. 동 재판관할 조항은 대주의 이익을 위한 조항으로서 대주는 다른 재판관할지에서 소송·법적절차를 진행함에 있어 제한을 받지 않는다(Non-exclusive Jurisdiction).

재판관할(Jurisdiction)

준거법이 어느 나라 법에 의하여 규율되고 해석될 것인지를 당사자 간의 합의에 의해 결정하는 것이라면, 재판관할은 분쟁이 발생하였을 경우 어느 나라 법원에서 재판받을 것인지를 결정하는 개념이다. 보통은 준거법 국가의 법원이 재판관할권을 가지도록 하는 것이 일반적이다.

■ (Service of Process) 차주는 재판절차와 관련한 소송서류를 송달할 송달서비스의 수행을 위하여 송달대리인을 지정하며, 지정된 송달대리인의 사임시에는 신속히 후임자를 선임하도록 한다.

> ### 송달대리인(Process Agent)
>
> 차주는 보통 조세중립지역에 설립되고, 재판관할(영국, 뉴욕 등)지역에 주소를 두고 있지 않으므로 관련 시간과 비용을 절감하기 위하여 재판관할 법원에서의 차주를 대리한 소송절차와 관련한 소환장과 그 밖의 서류를 송달할 자를 인출 선행조건으로 하여 미리 지정토록 하고 있는데, 이를 송달대리인이라고 한다. 영국 법원으로 재판관할이 선택된 경우 송달이 가능한 영국 내 주소를 둔 기관을 선임하여 대출기간 동안 유지하여야 하며, 그렇지 못한 경우 법원의 허가가 필요하다.

15) Agent에 의한 수령자금의 배분(Application of Proceeds and Priorities)

이 조항은 대출은행이 선순위 및 후순위의 구분없이 단순히 한가지 대출유형으로만 구성된 경우 대출계약서의 본문에 기술하기도 하지만, 거래기법에 따라서는 선순위 금융기관, 후순위 금융기관, 지분투자자(운용리스, 레버리지드리스, 택스리스 등), ECA 보증인(ECA 금융), Liquidity Provider(EETC, Securitization 등) 등 이해관계가 상이한 다수의 채권자가 참여하는 경우에는 채권자간계약서(Intercreditor Agreement)나 아예 수령자금의 배분약정(Deed of Application of Proceeds and Priorities)이라는 별도의 계약서로 분리하여 기술되기도 한다.

이 조항은 다양한 상황하에서 Facility Agent[112] 또는 Security Agent가 차주로부터 수령한 자금을 어떤 배분원칙에 따라 지급할 것인가를 다루는 것으로, 마치 폭포가 여러 단계를 거쳐 떨어지는 모습에 비유하여 통상 'Waterfall' 조항이라고 부른다. 계약서에 기술되는 Waterfall 조항은 서로 다른 시나리오를 반영하여 여러 가지 자금흐름의 원칙을 담고 있는데 그 시나리오는 보통 다음 세 가지로 구분된다.

---

112) Senior Lender와 Junior Lender로 구분된 경우 각 Class의 채권자들을 대리하는 Senior Facility Agent 및 Junior Facility Agent가 별도로 존재하게 되며, 자금은 Senior Facility Agent → Junior Facility Agent의 순서로 배분하게 된다.

- EOD가 없는 정상적인 상황에서의 자금 배분
- 항공기 손실(event of loss)이나 조기상환(prepayment)이 발생하는 경우의 배분
- EOD 발생 후 항공기 저당권을 실행하였을 경우의 수익금 배분(mortgage proceeds)

채권자 간 자금의 배분은 성격상 채무자로부터 수령하는 자금은 고정되어 있는 반면, 이를 일정 원칙에 따라 채권자 간 배분하여야 하므로 성격상 제로섬게임과 유사하다고 할 수 있으며, 한 당사자가 더 많이 가져가면 다른 당사자는 그 만큼 손해를 볼 수도 있다. 채권자 간 이슈는 당사자 간의 정교한 협상이 요구되고 협상력에 따라 결과가 달라질 수도 있으나 실무상 일반적으로 통용되는 자금의 배분원칙은 다음과 같다.

- (채권의 순위별) Facility Agent/Security Agent → 선순위기관 → 후순위기관
- (발생 항목별) 관련 비용 → 발생이자 → 대출 원금

이러한 원칙을 기준으로 Senior Lender, Junior Lender가 참여하는 경우 대부분의 계약서에서 기술하는 자금의 배분순서는 다음과 같다.

① 담보의 실행(또는 항공기 전손)과 관련하여 지출된 비용
② Security Trustee/Agent 및 Senior Facility Agent에 대한 지급금
③ Senior Lender에 대한 발생이자(연체이자 포함)
④ Senior Lender에 대한 기일도래 대출원금
⑤ Senior Lender에 대한 기타 지급금
⑥ Junior Facility Agent에 대한 지급금
⑦ Junior Lender에 대한 발생이자(연체이자 포함)
⑧ Junior Lender에 대한 기일도래 대출원금
⑨ Junior Lender에 대한 기타 지급금
⑩ 잔여금이 있을 경우에는 차주에게 지급

한편, 금융구조에 Swap Counterparty나 Liquidity Provider, Servicer가 개입하는 경우에는 좀더 복잡한데, 보통 거래리스크를 수용하는 Swap 당사자는 Lender의 해당 이자 및 원금의 지급과 동등한 순위를 요구하는 경향이 있고, Liquidity Provider는 수용하는 리스크의 성격 측면에서 최상위의 순위를, Servicer의 수수료 지급에 대해서도 채무상환 이전의 선순위를 요구하는 것이 일반적이다.

또한, Security Agent가 보험사로부터 보험금을 수령하는 경우 전손사고(total loss)의 경우에는 위의 배분원칙에 따라 자금이 지급되나, 리스계약서에서 합의된 일정 미만의 금액에 해당하는 분손사고(partial loss)에 대해서는 항공기의 수리 필요성 및 항공사의 지속 영업활동을 보장하는 측면에서 항공사에게 지급함은 앞의 항공보험편에서 설명한 바 있다. 또한, 제3자 책임보험에 따른 보험금을 Security Agent가 수령하였을 경우에는 관련된 제3자에게 지급하도록 하고 있다.

국제 **항공질서** 및 **항공자유화**의 확산

제 6장에서는 항공운송산업 및 항공기뿐만 아니라 항공기금융에 대해서도 아울러 규율하는 글로벌 원
칙과 규제에 대해 알아본다.

6.1 에서는 국제적 운항, 국적, 등록, 담보권 등의 체계를 규율하는 제반 글로벌 국제협정에 대한 개념과
그 내용을 소개하고,

6.2 에서는 항공운수권을 규율하는 하늘의 자유(Freedoms of Air)와 항공자유화의 원칙 및 다자간 항
공자유화 협정의 대표적인 유형에 대해 알아본다.

마지막으로 6.3 에서는 항공기금융에서 중요한 역할을 차지하는 항공기 담보에 관한 국제적 권리를 다루
는 케이프타운협약에 대해 그 개념과 제정배경, 주요 내용과 특징 그리고 항공기금융에 영향을 미치
는 요소들에 대해 살펴본다.

항공기금융은 항공운송 및 항공기를 규율하는 독특한 원칙과 규제의 적용을 받는 산업이다. 항공기는 고속의 이동성, 거액의 가치 및 항공안전의 중요성 등의 속성으로 항공운송산업은 국가를 초월한 정치적, 법적, 리스크 측면에서 다양한 이슈들과 마주칠 수밖에 없는 산업이다. 항공사가 다수 국가에 걸친 영역의 공간에서 여객, 화물, 우편물의 운송 등의 국제항공 운송업무를 수행하려면 국가 간 항공협정에 의하여 합의된 노선과 운항기종, 운항횟수 등에 따라 항공기를 운항하여야 한다. 국제항공운송에 기본이 되는 운수권 확보를 위해 체결되는 국가 간 항공협정 혹은 항공사 간의 상무협정을 다루고 있는 것이 국제항공관계이다.

항공기의 국제적 운항, 국적, 등록, 담보권 등의 체계를 규율하는 이러한 국제협정들은 항공사의 항공기 운항 필요성뿐만 아니라 금융추진에 필요한 구조 설계, 방향 설정 및 계약서 문안의 입안 등 과정에도 상당한 영향을 미친다. 따라서 항공기금융을 주선, 취급하는 담당자라면 적어도 이러한 국제항공 질서를 형성하게 된 역사와 배경 그리고 그 주요 내용 등에 대해 어느 정도는 이해하여야 할 필요가 있다.

1) 파리조약

파리조약(Paris Convention)[1]은 국가 간 영공주권의 개념을 최초로 확립한 조약이다. 1900년대 독일에서 여객 및 화물 등을 운송하는 비행선이 처음으로 개

---

1) 정식 명칭은 "Convention relating to the Regulation of Aerial Navigation"으로 1919년 10월 13일 26개국이 파리에서 서명하여 1922년 효력 개시되었으며 총 9장, 43개의 조항으로 구성되어 있다.

발되어 프랑스 등 다른 국가의 영공을 운항하고 1914년 제1차 세계대전의 발발로 화물, 군수물자 등을 수송하기 위하여 항공기가 국제적으로 폭넓게 사용됨에 따라 국가 간 항행에 관한 해결방안을 마련하고 그 규칙을 정립할 필요성이 점차 커지게 되었다. 이에 따라 1919년 10월 파리에서 38개국이 모여 그 중 26개국이 서명[2]하여 합의한 원칙이 파리조약이다. 이 조약은 영공주권의 확립, 항공기의 국적 및 등록, 항공안전 등을 규율한 최초의 조약으로, 오늘날 국제 항공관계 질서형성의 초석을 마련한 조약이다. 파리조약의 체결과 함께 시카고협약에 따라 설립된 ICAO의 전신이라 할 수 있는 ICAN(International Commission for Air Navigation)이 설립되었다. 이러한 파리조약의 주요 원칙들은 이후 시카고조약(Chicago Convention)의 주요 내용으로 흡수되었다.

파리조약의 주요 원칙들은 다음과 같다.[3]

■ 각국은 자국 영토 위의 영공에 대해 완전하고 배타적인 주권을 가진다.[4] 따라서 각국은 자국 영공에 진입 또는 통과하는 항공기의 비행을 통제하거나 거부할 권리를 가진다.
■ 각국은 평화시 다른 나라 항공기의 자유로운 영공통과를 인정하며, 영공통과에 관한 규정은 모든 나라에 균등하게 적용된다.
■ 항공기는 특정 한 나라에 등록되어야 하며, 항공기는 그 등록된 국가의 국적을 지닌다.

2) 바르샤바협약

영공주권의 원칙을 천명한 파리조약과 달리 바르샤바협약(Warsaw Convention)[5]

---

2) http://www.hoehne.net/files/hoehne_matter-thesis_lim.pdf p. 37.
3) http://web.archive.org/web/20120705050026 및 http://www.aviation.go.th/airtrans/airlaw/1914.html
4) (Article 1) The High Contracting Parties recognise that every Power has complete and exclusive sovereignty over the air space above its territory.
5) 정식 명칭은 "The Convention for the Unification of Certain Rules relating to International

은 무엇보다도 항공운송인의 책임과 재무적 해결에 관한 원칙을 확립하였다는 데 의의가 큰 국제협약이다. 바르샤바협약은 제1차 세계대전 이후 항공기의 속도와 운송수요가 점차 증가하게 되자 국제적으로 운송되는 여객, 수하물, 화물 등의 사고와 손상 등에 뒤따르는 항공사들의 책임 범위와 보상 한도를 명시적으로 통일화하기 위하여 마련된 최초의 다국적 규정이다. 처음에는 프랑스에 의하여 이러한 목적의 국가 간 회합이 몇 차례 시도되어 연기를 거듭하다가 1929년 10월 폴란드 바르샤바에서 최종 서명되었다. 이 협약은 항공운송을 규율하는 최초의 통일 국제조약으로, 그 이후에 출현하는 여러 가지 국제항공운송 관련 법률규정, 이른바 바르샤바체제(Warsaw System 또는 Warsaw Regime)의 모태가 되는 협약이다.[6] 우리나라는 동 협약에 가입하지 않았으나 이후 동 협약의 일부 내용을 개정하기 위해 마련한 헤이그의정서(Hague Protocol)[7]에는 1967년에 가입하였다. 원래의 바르샤바협약은 프랑스어로 총 다섯 개의 장(chapters), 41개 조항(articles)으로 구성되어 있는데, 주요한 몇 가지 내용을 살펴보면 다음과 같다.

■ (제1장) 국제운송(international carriage)의 용어에 관한 정의를 기술하고 있다. 가령 출발지와 목적지가 체약국 내의 두 지점(이 경우 국제운송이 아니다)이라 하더라도 다른 나라를 경유하는 경우에는 국제운송에 해당한다는 등이다.

■ (제2장) 항공서류에 관한 조항으로 가장 주목할 만한 것은 여객 및 수하물의 티켓에 관한 규정으로, 운송인은 여객티켓과 수하물티켓을 발급하여야 하며, 여객티켓에는 출발지, 목적지 또는 (경유의 경우) 경유지 등의 표시가 있어야 한다는 요건 등을 기술하고 있다.

■ (제3장) 항공운송인의 책임[8] 및 보상범위에 대해 다루고 있어 바르샤바협약

Carriage by Air"이며, 1929년 10월 12일 폴란드 바르샤바에서 열린 제2회 "국제항공사법회의"에서 서명되고, 1933년 2월부터 효력이 개시되었다.

6) 최준선, 「보험·해상·항공운송법」, 삼영사, p. 563.

7) 정식 명칭은 "Protocol to Amend the Convention for the Unification of Certain Rules relating to International Carriage by Air"이며 1955년 9월 28일 네덜란드 헤이그에서 서명되고 1963년 8월부터 효력이 개시되었다. 바르샤바협약의 개정을 위한 의정서이다.

8) 바르샤바협약에 따른 보다 자세한 항공운송인의 책임에 대해서는 최준선, 「국제항공운송법

의 가장 중요하고도 논쟁적인 조항이라 할 수 있다. 항공기내 또는 탑승중에 발생한 승객의 사망, 부상 등 사고에 따른 손해에 대해서는 기본적으로 운송인의 책임이며, 승객은 운송인의 과실을 입증할 필요가 없도록 규정하고 있다. 이는 운송인의 과실추정주의에 의한 책임원칙을 채택하는 것으로 항공운송중 발생한 모든 사고에 대하여는 일단 운송인에게 과실이 있는 것으로 추정된다는 뜻이며, 따라서 운송인은 스스로 무과실을 입증하여야만 면책될 수 있다. 반면, 항공사고에 따른 항공사의 파산 가능성 등을 고려하여 승객이 한 항공사에 청구할 수 있는 유한책임인 배상한도를 정하여 운송인을 보호하고 있다. 배상 한도에는 예외 조항들도 기술되어 있으며 전반적인 생활수준의 점진적인 향상 등으로 당초 규정된 배상금액이 점차 불충분하게 되자 이후 이에 관한 수차례 협약의 개정이 뒤따르게 된다.

- (제4장) 통합운송(combined carriage)에 관한 조항으로, 예를 들면 특정 수하물이 다른 항공사를 통해 경유하여 운송되는 경우 양 항공사의 수송은 분리되지 않은 하나의 수송으로 간주한다는 것 등이다.

3) 몬트리올협약

몬트리올협약(Montreal Convention)[9]은 1929년 바르샤바협약 체결 이후 이의 결함을 보충하기 위해 출현한 여러 개의 관련된 협약, 의정서, 협정(일명 Warsaw Regime) 등 국제항공운송에 관한 법체계를 하나로 통합하고, 국제항공운송의 성장에 발 맞추어 이를 현대화하기 위한 목적에서 출범하였다. 줄여서 MC99으로 불리는 이 협약은 1999년 5월 28일 캐나다 몬트리올에서 서명되었으며, 2003년 9월 5일 미국이 30번째 가입국이 됨에 따라 동 협약 제53조(6)항의 규정에 따라 2003년 11월 4일에 발효되었다. 우리나라는 2007년 동 협약에 가입하였다.

기존의 바르샤바체제를 바탕으로 업계의 요구를 반영하여 개선된 동 협약

론」, 삼영사, 제2장 및 제3장 참조.

9) 정식 명칭은 "Convention for the Unification of Certain Rules relating to International Carriage by Air 1999"이며 몬트리올협약으로 알려져 있다.

의 가장 두드러진 특징은 배상책임이 인상되는 등 항공사와 소비자의 균형적인 관점에서 항공 소비자의 이익이 더욱 보호되는 방향으로 개정되었다는 점이다.

 동 협약의 주요한 또는 개선된 내용을 대략 소개하면 다음과 같다.

- (제3~5조) 화물운송시 항공운송장(airway bill)을 발급하도록 하고 기존의 여객 티켓, 수하물티켓, 항공운송장을 기존의 종이 형태에서 정보를 보존할 수 있는 다른 수단으로 대체할 수 있도록 하여 향후 전자항공권의 발급근거를 마련하였다.
- (제3조 5항 및 9조) 항공운송증권의 기재요건 미비에도 불구하고 운송의 유효성에는 영향이 없도록 하였다.
- (제21조) 113,100 SDR[10]을 초과하지 않는 여객의 사상에 대해서는 운송인의 배상책임이 면제되지 않도록(그러한 피해가 항공사의 부주의나 과실 또는 제3자의 부주의 등에 의한 것임을 입증하는 경우에는 제외)하여 항공사의 책임을 강화하였다.
- (제22조) 여객수하물(baggage)의 파손, 멸실, 손상, 지연의 경우 항공사의 여객당 배상한도를 증액하여 1,131 SDR(개정후)로 인상(바르샤바협약시에는 수하물의 무게를 기준)하고, 21일 이내에 수하물을 찾지 못한 경우 배상을 청구할 수 있도록 하였다.
- (제24조) 향후 물가인상을 반영하여 손해 배상한도를 매 5년마다 검토하여 재조정하기로 하였다.
- (제28조) 여객의 사상으로 인한 즉각적인 지급 필요성을 감안하여 항공사의 선급금(advance payment) 지급의무를 규정하였다.
- (제37조) 손해배상책임을 부담하는 자는 제3자에 대해 구상권(recourse right)을 가질 수 있음을 명문화하였다.
- (제50조) 협약 체약국(State Parties)은 자국의 항공사들에게 손해배상책임을 담보하는 보험을 가입하여 유지토록 하고 그 증빙을 요구할 수 있도록 하였다.

---

10) 2016년 기준, 협약 초안에는 100,000SDR이었으나, 인플레이션을 반영하여 5년마다 한도를 개정토록 하였다.

4) 시카고협약

시카고협약(Chicago Convention)[11]은 양자간 운수권의 배분방식을 규율하는 민간국제항공 운송체제의 기본 틀을 제공한 협약이라는 점에서 여러 국제항공운송 체계 중 일반에게 가장 잘 알려져 있는 협약이다. 우선 시카고협약은 제2차 세계대전의 산물이라고 할 수 있다. 전후 제트엔진, 경질 알루미늄 합금, 레이다의 개발 등으로 항공기 생산기술이 발전하여 항공기의 대형화, 고속화, 장거리화가 실현되면서 민간항공운송수요 또한 급격하게 확대되게 된다. 당시 각국 정부들도 자국의 국방 및 정치적 주권을 보다 강화하기 위한 목적에 따라 민간 항공의 발전을 육성시키려는 의지가 어느 때 보다 강하였으나, 민간항공부문을 시장원리에만 맡기기에는 항공운송의 국제성, 고속성 등에 따른 안전문제, 항행 제약에 따른 자유무역의 제한 등의 우려 또한 컸다.[12] 항공운송의 중요성에 대해서는 두 번의 세계대전을 겪으면서 자연스럽게 입증되었다. 이에 따라 제2차 세계대전이 끝나가던 무렵인 1944년 미국의 주도로 각국 대표단들이 미국 시카고에 모여 어떻게 하면 성장하는 항공운송사업으로부터 모든 국가들이 공통의 이익을 추구할 수 있는지에 대해 협의하였다.

연합국과 중립국의 52개국 대표가 참가한 국제민간항공회의의 목적은 크게 세 가지였다고 볼 수 있다.

- 국제항공운송에 관한 국제적 표준을 정립
- 국제항공의 안정성 확보 및 국제 항공질서를 감시하기 위한 기구의 설치
- 하늘의 자유(freedoms of air) 도입 및 이의 다자간 일괄 타결

이에 1944년 12월 7일 일명 '시카고협약'으로 더 잘 알려진 국제민간항공협

---

11) 정식 명칭은 국제민간항공협약(Convention on International Civil Aviation)이며 '시카고협약'으로 더 잘 알려져 있다.

12) The Economic Impact of Air Service Liberalization, InterVISTAS-ga. Appendix A, p. A-1.

약이 탄생하였다. 동 협약은 2년여 간 잠정적으로 운용되다가 1947년 3월 5일 26번째 국가가 협약에 비준함에 따라 1947년 4월 4일부터 정식으로 발효되었다. 동 법의 발효에 발맞추어 전세계 항공정책 및 질서를 총괄하는 기능의 UN 전문 기구인 국제민간항공기구(International Civil Aviation Organization: ICAO)[13]도 같은 날 발족하게 되었고, 동시에 파리협약에 의하여 설립되었던 ICAO의 전신이라 할 수 있는 ICAN(International Commission for Air Navigation)은 해체되었다.

시카고협약은 군용, 세관, 경찰용을 제외한 민간항공기에만 적용되며 영공권리, 항공기등록, 안전조치, 항공 여행관련 권리와 규제 등에 관한 국제적 규칙들을 다루고 있다.

동 협약의 주요 내용을 개략적으로 살펴보면 다음과 같으며, 특히 항공기의 등록, 국적보유, 감항증명 등을 규정한 제17~31조의 조항들은 항공기 금융을 취급하는 금융기관들도 주목하여 살펴보아야 할 조항들이다.

- (제1~2조) 체약국은 자국 영토(육상/해상) 상공의 공역에 대해 완전하고 배타적인 주권을 갖는다. 이 조항은 파리협약의 원칙을 계승한 것이다.
- (제3조) 이 협약은 민간항공기에만 적용되며 군용, 세관용, 경찰용의 국가항공기(state aircraft)에는 적용되지 않는다. 체약국의 항공기는 상대 체약국의 허가없이 비행할 수 없다.
- (제5~9조) 외국항공기의 자국 영공접근에 대한 제한사항을 규정하고 있다. 부정기(non-scheduled) 항공기는 상대 체약국 허가없이 자유로운 운항 및 영공 통과가 가능(5조)한 반면, 정기노선 항공기는 상대국의 허가 없이는 운항 또는 영공을 통과할 수 없다(6조). 각 체약국은 상대국 항공기가 자국 내 두 지점 간을 운항하는 유상영업행위(cabotage)를 허가하지 않을 권리를 갖는다(7조).
- (제10조) 진입 또는 출발 항공기를 위한 각 국가의 공항 및 세관 설치를 규정하고 있다.

---

13) ICAO(국제민간항공기구): 시카고협약에 의거 국제민간항공의 발전, 안전확보, 항공기, 통신시설, 공항, 항법 등 기술 측면에서의 국제 표준화와 통일화를 목적으로 1947년 발족한 UN 산하기구이다.

- ■ (제16조) 각 국가 당국의 발착 항공기에 대한 조사권을 규정하고 있다.
- ■ (제17조) 항공기는 등록된 국가의 국적을 갖는다.
- ■ (제18조) 항공기는 한 국가 이상의 국가에 등록할 수 없다. 그러나 다른 국가로 등록을 변경할 수 있다. 이 조항은 항공기의 이중국적을 금지한 조항이다.
- ■ (제19조) 항공기의 등록 또는 이전은 등록된 국가의 법체계에 따른다.
- ■ (제20조) 국제선 항공기에는 국적 및 등록부호의 표식이 부착되어야 한다.
- ■ (제21조) 각국은 상대국의 요청이 있을 경우 항공기 소유 및 통제 관련 사항이 포함된 등록정보를 제공하여야 한다.
- ■ (제31조) 국제선 항공기에 대한 감항증명은 등록지 국가에서 발급한다.

시카고협약은 1944년 서명 이후 2006년까지 총 9번에 걸친 개정이 이루어졌으며, 2019년 기준 전세계 193개의 거의 모든 국가가 동 협약에 가입하고 있다.[14] 그러나 시카고회의의 또 다른 목적이었던 국제운수권을 다루기 위한 하늘의 자유(freedoms of air) 의제에 대해서는 당초 의도하였던 다자주의적(multilateral) 방식에 의한 일괄 채택에는 실패하였다. 당시 국제노선 및 항공기술이 앞서 있었던 미국은 국제운수권과 관련하여 완전한 자유와 경쟁을 주장한 반면, 전쟁으로 항공력을 상당 부분 상실한 영국은 국제항공운송시장의 공정한 배분을 위하여 민간항공부문에 대한 정부의 규제를 주장하여 서로 대립하였다.[15] 그 결과 국제운수권에 관해서는 다자간 합의에는 실패하고, 협약의 부속협정서 그리고 각 국가들 사이의 개별협상을 통해 상호 교환한다는 쌍무적인 양자간협약(bilateral agreement)의 체계에 의해 규율되게 되었다. 다만 부정기 국제운송에 대해서는 다자간 하늘의 자유가 인정되어 협약의 내용에 포함(제5조)된 것은 성과라고 할 수 있다. 그러나 정작 중요한 정기 국제운송에 대해서는 다자간 합의에는 실패하여, 체약국의 특별한 허가나 조건에 따를 것을 요하는 취지를 협

---

14) Signatories to the Convention, ICAO(http://www.icao.int/secretariat/legal/List%20of% 20Parties/chicago_EN.pdf).

15) P. P. C. Haanappel, *Bilateral Air Transport Agreements-1913-1980*, Maryland Journal of International Law, Volume 5/Issue 2, p. 243.

정내용에 명시(6조)하였을 뿐이다. 대신에 정기 국제운송에 대해서는 별도로 채택된 두 개의 부속협정인 국제항공업무통과협정과 국제항공운송협정에 위임하여 각국이 임의로 선택할 수 있도록 하고, 양자간 협약안의 모델을 마련하여 전세계 국가들이 활용할 수 있도록 하였다.

5) 국제항공업무통과협정 및 국제항공운송협정

국제항공업무통과협정(IASTA: International Air Services Transit Agreement)은 두 개의 자유협정(two freedom agreement)이라고도 불리며, 항공에 관한 제1·2의 두 가지 자유만을, 국제항공운송협정(IATA: International Air Transport Agreement)은 다섯 개의 자유협정(five freedom agreement)이라고 불리며, 제1·2자유 이외에 제3·4·5자유를 다자간 협정에 의해 채택한 협약이다.

1944년 채택 당시 국제항공업무통과협정은 32개국이 서명하였고, 2019년 11월 현재 우리나라를 포함하여 133개국이 가입한 상태이다.[16] 반면, 국제항공운송협정은 채택 당시 20개국이 서명하였으나 미국을 포함한 8개국이 협정에서 탈퇴하여 체약국이 11개국[17]만 남아 거의 사문화된 협정이 되었다. 결국 시카고협약에서는 제1자유와 제2자유를 교환하는 국제항공업무통과협정만이 다자간 협약으로 합의하였을 뿐 다자간의 제한 없는 국제항공운송협정을 성립시키는 데에는 실패한 셈이다.[18] 그나마 항공운송력, 운송횟수, 관세 등 중요한 요소들은 여전히 공백 상태이고 제3·4·5자유의 교환도 사문화됨에 따라 세부내용들은 개별 체약국과의 양자간 협정이나 다자간 협정에 의존하여 운영하는 것이 불가피하게 되었다. 실제로 각국의 양자간 협정은 시카고협약 이후 1946년 영·미 간에 체결된 버뮤다협정 체계를 표준모델로 하여 전세계로 확산되었다.

---

16) http://www.icao.int/secretariat/legal/List%20of%20Parties/Transit_EN.pdf(2019. 11. 14 검색).

17) 볼리비아, 브룬디, 코스타리카, 엘살바도르, 에디오피아, 그리스, 온두라스, 라이베리아, 네덜란드, 파라과이, 터키.

18) 최서영, "항공자유화협정과 중남미 항공운송시장에 대한 연구," 한국외국어대학교 석사학위 논문. p. 7.

6) 양자간 협약(Bilateral Treaties)

시카고협약에서는 다섯 개의 자유협정(five freedom agreement)이라고 불리는 국제항공운송협정(IATA)에 서명하지 않은 국가들의 경우 양 당사국이 개별 협상에 의하여 항공서비스에 관한 협정을 맺을 것을 규정하고 있다. 일반적으로 양자간 협약에 포함되는 내용은 다음과 같다.

- 양국간 제1번 및 제2번의 자유를 승인한다는 내용
- 체약국간에 운항할 특정 항공사(전체 또는 소수)를 지정하는 내용
- 항공기가 취항할 노선, 관문공항(gateway airport), 경유공항(intermediary airport)의 지정에 관한 사항
- 카보타지(cabotage) 권리의 제외에 관한 사항
- 지정된 공항에서의 지상조업(ground handling) 등 항공기의 운항 관련 지원 및 유지에 관한 사항
- 관세 실무조직의 설치 및 관세 변경 관련 보고내용
- 국제 전세기의 운항권리
- 특정 화물운영의 지정 등

7) 버뮤다협정(Bermuda Agreement)

버뮤다협정은 시카고협약 직후인 1946년 2월 11일 미국과 영국 간에 체결된 양국간 항공협정[19]으로, 동 협정의 원칙과 내용은 이후 미국 및 다른 국가에서 채택되어 오랫동안 국제 항공운송서비스의 마그나카르타로 불릴 정도로 전세계 양자간 협약의 표준모델 역할을 한 협정이다.[20]

---

19) 공식명칭은 "Agreement between the government of the United Kingdom and the government of the United States relating to Air Services between their respective Territories"임.
20) Harriet Oswalt Hill, *Bermuda II; The British Revolution of 1976*, SMU Scholar. p. 112.

이 협정은 거의 30년간 유지되어 오다가 1976년 6월 미국 항공사에 비해 자국의 운송력 및 이익이 불리하다고 생각[21]한 영국이 일방적으로 협정폐기를 선언하였으며, 협상시한에 쫓겨 1977년 7월 타결된 후속 협정은 그 이전보다 더욱 제한적인 내용으로 회귀하였다. 일반적으로 초기의 협정을 버뮤다협정 1, 나중에 체결된 협정을 버뮤다협정 2라고 부른다.

버뮤다협정이 체결되기 이전에도 미국은 아일랜드, 노르웨이, 스웨덴, 덴마크 등 다수의 유럽 국가들과 양자간 협약을 체결하였지만, 동 협정의 내용에는 이전과 달리 다음과 같은 주목할 만한 특징들이 있었다.[22]

■ 양국 항공사가 취항할 노선과 공항 이름을 협약에 구체적으로 명기하였다. 이전 협약에서는 이름 없이 모호하게 규정하였었다. 취항 도시를 구체적으로 지정함으로써 시카고협약에서 풀지 못했던 제3, 4자유 이외에 제3국을 대상으로 한 제5자유 운수권도 다수 추가되었다.

■ 양국 두 구간에 적용되는 운임은 양국 정부의 승인을 받도록 하되, 분쟁 발생시 ICAO의 조정을 받기로 하였다. 이전 협약에서는 운임조항이 없었다.

■ 운송력과 운항횟수는 운송수요, 영업상황에 따라 자유롭게 결정하되 공정하고 균등한 기회를 보장하고 경쟁이 심화되지 않도록 상호이익을 반영하여야 한다는 원칙[23]을 따르기로 하였다(이전 협약에는 모호하게 규정). 또한 원칙이행과 관련한 분쟁 발생시에는 사후심사(ex post facto review)기준을 채택키로 하였다.

---

21) 영국 무역성(Department of Trade)의 추정에 의하면 버뮤다협약에 따라 미 항공사들은 양안간 운송으로 거의 £300백만을 버는데 반해, 영국항공사들은 £120백만에 그치고 있으며, British Air가 미국의 Pan Am, TWA, National의 3개 항공사와 경쟁함에 따른 불평등을 이유로 50 : 50으로 균등한 Capacity 배분을 원하였다.

22) John C. Cooper, *The Bermuda Plan: World Pattern for Air Transport*, Foreign Affairs (October 1946).

23) (paragraph 4) "there shall be <u>a fair and equal opportunity</u> for the carriers of the two nations to operate on any route between their respective territories" (Paragraph 5) "in the operation by the air carriers of either Government of the trunk services described in the Annex to the Agreement, <u>the interest of the air carriers of the other Government shall be taken into consideration</u> so as <u>not to affect unduly the services</u> which the latter provides on all or part of the same routes."

영국의 협정폐기 선언으로 1년간 시한에 쫓긴 난항끝에 타결된 버뮤다협정 2는 버뮤다협정 1에 비해 영국측의 요구사항이 많이 반영되어 이전보다 상당히 제한적인 내용으로 회귀하였다. 세부규정의 내용은 상당히 복잡하지만 이를 단순화하면 다음과 같다.

- 기존에는 항공사들이 운송력, 운송횟수를 자유롭게 책정하였으나, 양국 정부가 노선별 항공사들의 수송력을 결정하는 것으로 개정되었다.
- 비효율적이라고 생각되었던 운송력 관련 사후심사제는 사전심사제로 바뀌었다.
- 운송횟수도 최소기준을 정한 후 탑승률 증가에 따라 조정하는 방식을 채택하였다.
- 지정항공사의 수를 특정 노선별로 제한하였는데, 특히 영국 히드로공항에서 출발하여 미국 내로 운항하는 직항 노선의 수에 제한이 가해졌다.
- 운임의 결정도 사전에 양국 정부의 승인을 받도록 하였다.
- 제3국가로의 연결 운항권인 제5자유권도 이전에는 미국 항공사에게 폭넓게 제공되었으나 크게 축소되었다.

한편, 버뮤다협정 2는 EU에서의 사법재판소 판결 이후 EU가 회원국들을 대표하여 대외협상권을 획득하고 2007년 EU-US간에 항공운송 자유화협정이 체결되면서 2008년 3월 30일부로 동 다자간 협약으로 대체되었다.

8) 제네바협약

제네바협약은 항공기 담보권리에 관한 사법적인 차이를 설명하려고 시도하였던 최초의 협약이다.[24] 제네바협약과 이후에 별도로 설명하는 케이프타운협약은 모두 항공기의 국제적 권리에 관해 규정하는 협약으로, 제네바협약의

---

24) Vitaly S. Guzhva, Sunder Raghavan, DAmon J. D'Agostino, *Aircraft Leasing and Financing.* p. 112.

결점들을 보완하는 연장선상에서 개정된 협약이 케이프타운협약이다. 항공기는 고도의 이동성 등으로 항공기의 등록지국과 항공기의 소재지국 등이 다른 경우 어느 법률에 의해 소유 또는 담보권을 해석하고 집행하여야 하는지가 불확실하며, 특히 금융제공에 따른 담보권의 집행, 항공기 매각 등의 경우에는 당사자 간에 분쟁이 많이 발생할 수밖에 없었다. 당시 항공기 제조국가들은 금융기관의 항공기 담보권 등 권리의 불확실성으로 투자가들이 항공기에 대한 투자를 꺼리는 현상에 대해 점차 우려를 표명하게 되었는데, 이를 국제법적 체계로 해결하고자 한 시도가 1948년 6월 19일에 체결된 제네바협약(Geneva Convention)[25]이다. 우선 협약에서는 제1조에 의하여 인정되는 권리로 항공기 재산권, 매매에 의한 항공기 획득권, 리스에 의한 항공기 점유권, 채권보전책으로서의 항공기 저당권을 명시하고 있다. 다만 이러한 권리들은 항공기가 등록되어 있는 체약국에 의해서만 인정되고 성립하도록 규정하여[26] 항공기의 국적법(law of flag) 개념을 채택하고 있다고 할 수 있다.[27]

항공기의 권리는 보통 항공기의 국적을 보유한 등록지국에서 발생하는 것이 대부분이나, 협약 내용대로 하면 상황에 따라 다음과 같은 결점 등이 발생할 수도 있었다. 제네바협약에서 논란이 된 이러한 이슈들은 후일 케이프타운협약에 반영되어 보다 진일보된 형태로 나타나게 된다.

---

25) 정식 명칭은 "Convention on the International Recognition of Rights in Aircraft"로 1948년 6월 19일 서명되었으며 발효일은 1953년 9월 17일이다. 1949년 전쟁피해자 보호를 위해 체결된 또 다른 제네바협약과 혼동하는 경우가 많다.

26) (Article 1) The Contracting States undertake to recognise: (a) rights of property in aircraft; (b) rights to acquire aircraft by purchase coupled with possession of the aircraft (c) rights to possession of aircraft under leases of six months or more; (d) mortages, hypotheques and similar rights in aircraft which are contractually created as security for payment of an indebtedness;
provided that such rights (i) have been constituted in accordance with the law of the Contracting State in which the aircraft was registered as to nationality at the time of their constitution, and (ii) are regularly recorded in a public record of the Contracting State in which the aircraft is registered as to nationality.

27) Philip R. Wood, *Conflict of Laws and International Finance*, Thomson Sweet & Macwell, p. 312.

- 항공기의 등록 개념을 도입하고 있지만 항공기의 소유자, 운항통제권자에 대한 내용이 없다.
- 협약은 권리의 타당성까지 제공하는 것은 아니므로, 이들 권리를 인정받으려면 등록국인 체약국에 의하여 인정되고 허용되어야 한다. 체약국이 이중 일부 권리를 허용하지 않으면 동 권리는 부인될 수도 있다.
- 항공기의 등록지국이 동시에 체약국이어야 하므로 등록지국이 동 협약의 체약국이 아니라면 동 협약은 적용되지 않는 문제점이 발생한다.
- 법 적용 관련 선택 및 결정권을 우선적으로 항공기 등록국 및 체약국에 부여하고 있다. 따라서 항공기가 비 등록국에 소재하고 있거나 다른 준거법 (governing law)을 채택하는 경우 등록지국 법률에 따라 분쟁을 해결하여야만 한다. 상황에 따라서 금융기관들은 항공기 등록국이 아닌 항공기 소재국 법률에 따라 담보를 집행하길 희망할 수도 있다.
- '항공기'의 범위에 동체, 엔진, 프로펠러 등이 포함되어 있고, 스페어부품에 대한 권리도 인정되나 실무상 요구되는 엔진에 대한 별도의 권리는 인정되지 않는다.
- 항공기의 매각절차는 항공기 판매가 발생한 체약국 법률에 따라 결정되어야 하며 매각일자 및 장소는 최소 6주 전에 확정되어야 한다(7조). 유사시 항공기에 대한 신속한 담보 집행이 불가피한 채권단에게 이 조항은 현실적인 옵션이 아닐 수 있다.

6.2 하늘의 자유와 항공자유화

1) 하늘의 자유(Freedoms of Air)

제1차 세계대전 이후 각 국가의 항공사는 대부분 국영으로서 국가의 상징과도 같은 존재였다. 이후 항공기의 이동성 및 국제성의 특성, 항공기술의 발전, 민간 운송수요의 급격한 확대 등에 발맞추어 국제항공서비스를 촉진시킨다는 기치 아래 국제항공운송체계의 자유화라는 의제가 공식적으로 제기된 것은 1944년 시카고협약에서였다. 시카고협약에 대해서는 앞 절에서 개략적으로 살펴본 바와 같다. 하늘의 자유 유형은 양자간 협약이나 다자간 협약의 주요 쟁점사항으로, 국제운송네트워크를 구성하는 벽돌과 같은 역할을 하며 번호가 올라갈수록 그 개방 정도가 커 희소성이 높다고 할 수 있다.

하늘의 자유 유형 중 첫번째 두 가지는 상업용 항공기가 상대국 공역과 공항을 통과하는 통과권(transit rights)에 관한 것이고, 나머지는 승객과 화물을 국제적으로 운송하는 것에 관한 운송권(traffic rights)에 관한 것이다. 전자가 국제항공업무통과협정에 서명한 국가들 간에 이미 다자주의적으로 적용되고 있는 점은 앞에서 설명한 바와 같다. 또한 제1번부터 제5번까지의 유형은 시카고협약에 명시되어 국제적 또는 공식적으로 인정을 받고 있는 유형인 반면, 나머지 제6·7·8·9번은 국가 간의 쌍방협정에서 일부 채택되고 있고, 시카고협약에는 명시되지 않아 공식적으로는 인정되지 않아 다소 논란의 중심에 있는 유형이라고 할 수 있다.

(1) 제1자유: 영공통과(overfly)

한 나라의 항공사가 상대국의 영공을 무착륙으로 통과(fly-over)할 수 있는 권리이다. 국제항공업무통과협정(IASTA) 비가입국[28]을 제외한 대부분의 국가가 제2자유와 함께 인정하고 있는 기본적인 권리로, 영공통과를 위해서는 상대국에 미리 통지하고 승인을 받아야 한다. 영공통과를 위해서는 일정 금액의 통과수수료를 통과국에게 납부하여야 한다.

(예시)
멕시코항공이 미국영공을 통과하여
캐나다로 운항

(2) 제2자유: 기술적 착륙(technical stop)

급유와 정비목적의 스톱 등 기술적 목적에 의한 이착륙은 허용되나, 여객이나 화물의 적하 등 상업적 서비스는 금지되는 권리이다. 오늘날 항공기의 항속거리 연장 등 기술의 발달로 제2자유의 필요성은 상대적으로 많이 감소한 상태이다. 1960년대까지 미국-유럽 대서양횡단노선에서 아일랜드의 Shannon 공항이나, 냉전시 구 소련 영공통과가 금지되었을 당시 서유럽-극동노선의 알래스카 Anchorage 공항의 예가 테크니컬 랜딩의 대표적인 예이다.

(예시)
영국항공이 아일랜드 섀넌 공항에서
급유한 후 미국으로 운항

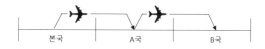

(3) 제3자유(자국 → 상대국), 제4자유(상대국 → 자국)

제3자유는 자국에서 적재한 승객, 화물 등을 상대국 공항에 내릴수 있는 자유(set-down right)를 말하며, 제4자유는 역으로 상대국 공항에서 승객, 화물 등을 자국으로 운송할 수 있는 자유(bring-back right)를 말한다. 제4자유는 제3자유의 회송개념으로 만약 둘 중 하나만 인정하면 일방에서만 운송이 되고 빈 비행기로 회송하게 되어 실질적으로는 양자간 협정에서 두 권리를 하나로 묶어 인

---

28) 영토가 광대하고 지정학적 위치로 가입 실익이 적다고 보여지는 러시아, 중국, 브라질, 인도네시아, 캐나다(1988년 탈퇴)는 ISATA에 미가입되어 있는 상태로, 이들 국가와 양자간 협정을 맺을 경우에는 제1, 2자유도 협정내용에 포함시켜야 한다.

정하는 것이 일반적이다.

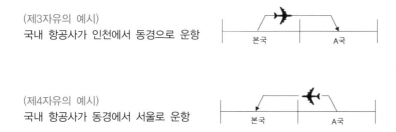

(제3자유의 예시)
국내 항공사가 인천에서 동경으로 운항

(제4자유의 예시)
국내 항공사가 동경에서 서울로 운항

(4) 제5자유(자국 ↔ 상대국 ↔ 제3국)

제3국으로 가는 승객, 화물 등을 상대국의 공항에서 탑재하고 적하할 수 있는 이원권(beyond right)[29]에 관한 자유이다. 출발지인 자국 공항뿐만 아니라 경유지인 상대국 공항에서도 여객영업이 가능해 장거리 노선의 경제성을 증진시키기 위해 추구되는 권리이다. 항공기의 항속거리, 수송력이 점차 증가하여 항공사 입장에서는 좀더 많은 노선을 확보할 필요성이 커짐에 따라 요구되는 권리이다. 그러나 제5자유는 협상과정상 권리확보에 어려움도 많다. 첫째는 메이저노선의 경우 과도한 경쟁으로 항공 당국에 보호주의적인 압력을 넣을 소지가 크고, 둘째는 전세계적인 국제항공사의 증가로 인구, 경제력이 상대적으로 작은 국가의 경우 항공운송산업의 양보는 사회적 비용이 큰 국가적 위신의 문제이며, 셋째는 제3국행 노선을 추가하면 할수록 협상 대상국가가 증가하여[30] 시간도 많이 소요될 뿐만 아니라 호혜성 원칙에 따라 협정내용이 복잡해져 타결이 어려움을 겪을 수도 있다.[31] 제7자유와도 유사한데 차이는 항공기가 반드시 자국에서 출발 또는 도착하여야 한다는 것이다. 시카고협약에서는

---

29) 이원권(beyond rights, 以遠權): 두 나라 사이의 항공협정에서 상대국의 한 지점에서 제3국의 지점으로 연장하여 운항할 수 있는 권리로서, 하늘의 자유 중 제5·6자유를 일컫는다.

30) A-B-C 노선을 개설하는 경우 3개 국가와 AB, AC, BC의 세 가지 항공협정이 있어야만 이원권 노선개발이 가능하다.

31) Ralph Azzie, *Specific Problems Solved by the Negotiation of Bilateral Air Agreements*, McGill Law Journal. pp. 303-305.

제5자유권까지만 공식적으로 인정하고 있어 그 이상의 권리는 비공식적인 권리로 양자간 또는 다자간 협정에서 다루어지고 있다.

(예시)
국내항공사가 인천을 출발하여 동경에서
승객을 내리고 탑승한 다음 LA까지 운항

(5) 제6자유(제3국 → 자국 → 상대국)

제3국에서 상대국으로 가는 여객, 화물 등을 자국의 공항을 중간 경유지로 하여 상대국으로 운송할 수 있는 권리로 Behind Right이라고 하며 제5자유와 유사한 형태이다. 다만 제5자유는 동일 편명으로 상대국과 제3국이 하나로 연결되는 구조로 타임테이블에도 공시되고 노선구조가 협정에도 나와 있어야 하는 만큼 상대국과 제3국간에 이에 관한 협정이 체결되어 있어야 하는 반면, 제6자유는 여행객 입장에서 보면 두 구간을 묶어 자사의 항공편으로 환승하는 것이기 때문에 타임 테이블에도 드러나지 않는다. 말하자면 제6자유는 제3과 4자유가 복합된 권리라고 할 수 있으며, 이에 따라 양자간 협정의 대상이 될 필요가 없어 전세계적으로 체결되는 경우가 거의 없는 권리이기도 하다. 예를 들면 동남아−한국−미국노선에서 한국 항공사가 제6자유 운송을 했다면 동남아−한국노선은 제4자유, 한국−미국노선은 제3자유 운항으로 두 구간이 연결되어 운항했다고 볼 수 있다.[32] 제6자유 운송은 자국발 항공수요가 적어 전략적으로 거점공항을 환승허브로 구축하고자 하는 중동이나 싱가폴, 홍콩 등이 대표적으로 채택하는 자유유형 중 하나이다.

(예시)
국내 항공사의 동남아 → 인천 → 뉴욕
노선 (환승개념)

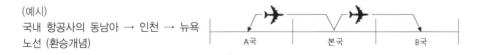

---

32) 조일주의 항공세계(블로그), 하늘의 자유에서 제5자유와 제6자유를 명쾌하게 구별하기.

(6) 제7자유(상대국 ↔ 제3국)

자국의 영토 밖에서 항공사가 운항할 수 있는 권리로서, 상대국과 제3국의 다른 국가 간에 들어가고 나오는 여객, 화물 등을 내리거나 탑재할 수 있는 권리이다. 자국 영토 밖에서의 운항권리로 자국과의 연결은 필요하지 않다. 이는 상대국의 한 지점을 허브로 설정하고, 그곳에서 다른 여러 나라로 연결된 항로를 운항하는 경우이다. 동 권리의 사례는 드물지만 최근 항공자유화로 점차 늘어나는 추세로 영국과 싱가폴이 2007년 10월 항공자유화협정을 맺어(발효: 2008년 3월) 제7자유를 허용하였고, EU의 역내 규제 완화로 EU 회원국들이 자국 밖에 항공기를 두고 다른 EU회원국 간 노선영업이 가능하게 되었다. 아일랜드의 저가항공사인 Ryanair가 런던을 베이스로 파리를 운항하는 것은 이의 좋은 예로, 유럽 저가항공사들이 규제완화 후 급격히 영업규모를 확장할 수 있는 발판이 된 권리이기도 하다.

(예시)
아일랜드의 Ryanair가 런던 ↔ 파리
구간을 운항

본국   A국   B국

(7) 제8자유(자국 ↔ 상대국 A공항 ↔ 상대국 B공항)

자국에서 출발하여 상대국 국내의 두 지점 간을 운항할 수 있는 권리로, 제9자유와 함께 카보타지(Cabotage) 권리[33]에 속한다. 제8자유는 Consecutive Cabotage라고도 하며, 자국 항공사가 국제선을 운항한 뒤 연속선상 개념으로 상대국에서 국내선을 영업하는 유형으로, 국제선과 상대국 내의 국내선이 결합된 권리이다. 그러나 완전한 8자유는 특이한 편이고[34] 현실적으로는 Tag-end Cabotage의 형태로 일어나고 있다. 가령, 영국의 항공사가 런던-뉴욕-시카고

---

33) 카보타지(Cabotage): 외국항공사에게 자국 내 일정 지점 간 국내운송을 허용하는 연안 선박 운송에서 파생된 항공용어이다. EU, 호주-뉴질랜드, 칠레 등 항공이 자유화된 일부 지역을 제외하고는 대부분의 국가가 안보, 공공안전, 경제보호 등을 이유로 허용하지 않고 있다.

34) 영종의 항공이야기(블로그), 캐버터지(Cabotage)와 하늘의 자유(Freedoms of the Air).

까지 운항한다고 할 때 런던에서 탑승한 승객이 뉴욕에서 내렸다가(stopover) (가령 다음날) 다시 탑승하여 시카고까지 가는 경우 뉴욕-시카고 구간은 국제선으로 취급하고 이 구간을 허용하는 경우인데 이 구간은 Cabotage Flight, 승객은 Cabotage Passenger라고 부른다. 이때 그 승객은 반드시 런던에서 탑승하거나 돌아갈 예정이어야 한다. 뉴욕-시카고 구간만을 목적으로 한 현지 승객은 탑승시킬 수 없다. 미국은 Cabotage를 엄격히 금지하고 있으며 긴급상황의 경우나 항공사 직원, 증인의 수송 등 극히 예외적인 상황에서만 제8자유를 허용하고 있다.[35]

(예시)
Air France의 샌프란시스코 → 파리노선에서 파리행을 의도하지 않은 샌프란시스코 출발 승객이 미국 뉴왁에서 내리거나 탑승

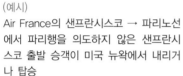

(8) 제9자유(상대국 국내선 영업)

자국과의 연계없이 상대국에 국내 항공사를 설립하거나 상대국 내 지점 간을 운항하는 말하자면, 외국항공사에게 국내선을 완전 개방하는 것을 말하는데, Stand-alone Cabotage라고도 부른다. 제9자유는 항공운수권의 최종 단계로, 외국항공사에게 이 단계까지 국내선 영업을 허용하는 사례는 드문 일이며, 대부분의 나라가 자국 항공사에게만 국내선 영업을 허용하고 있다. 우리나라도 외국국적의 항공기에는 유상 국내선 영업을 금지하고 있다.[36]

그러나 최근 항공자유화의 진전으로 9단계 자유를 허용하는 사례가 점차 늘고 있는데 그 배경에는 국내 관광산업 증진 등 부족한 국내선을 활성화시키려는 목적이 크다. 3차 Package로 역내 항공자유화가 실현된 EU 회원국들 간

---

35) Zuckert Scoutt & Rasenberger, LLP, *Ensuring Foreign Air Carrier Compliance: What is Cabotage?* (2011. 3).

36) 항공사업법 제56조 (외국항공기의 국내 유상운송금지) 국제항공운송사업 허가를 받은 외국인 또는 외국 국적 항공기의 사용자는 유상으로 국내 각지역 간의 여객 또는 화물을 운송해서는 아니된다.

이나 단일항공시장(Single Aviation Market) 조약을 체결한 호주-뉴질랜드 간, 2003년 항공자유화협정으로 칠레가 우루과이에게 일방 허용한 사례, 2007년 항공자유화협정으로 영국이 싱가포르에게 허용한 사례 등이 있다.

(예시)
호주 항공사에 의한 오클랜드-크리스트처치간 뉴질랜드 국내선 운항

본국 　(지점1)　A국　(지점2)

2) 항공자유화(Open Skies)

(1) 개념

항공자유화, 영공 개방주의 또는 오픈스카이란 전통적인 항공협정에서 엄격히 제한하고 있는 운항회수, 운항노선, 요금 등의 조건을 철폐하고 정부의 간섭없이 항공사가 시장상황에 따라 운항 관련 사항을 자유롭게 결정하는 체제를 의미한다. 그 명칭은 자국 시장의 규제완화 후 국제경쟁력을 갖춘 미국이 적극적인 해외진출 확대를 통한 자국 항공산업의 활성화를 도모하고자 1994년부터 주요국과 채택한 개방적 항공협정에서 유래한 것이다.[37] 이후 미국을 넘어 항공자유화의 개념은 유럽, 아시아, 호주 등 전세계 국가들로 지속적으로 확산되고 있으며, 최근에는 특정 지역을 통합한 다자간 항공자유화협정이 다수 진전되고 있는 추세이다. 항공 자유화의 목적은 미국이 각국과 체결하는 표준화된 항공자유화협정(Open Skies Agreement) 모델의 도입(introduction) 부분에서 밝히고 있듯이 경쟁, 소비자, 성장 지향적인 특성을 지닌다. 구체적으로는 정부의 간섭 배제를 통한 경쟁 지향, 소비자 이익의 증진, 국제항공산업의 발전, 정부의 항공보안 및 안정성 표준 증진 등을 달성하고자 하는 것이다.[38]

---

37) 항공자유화 개요, 외교부 웹사이트(http://www.mofa.go.kr).

38) Bureau of Economic and Business Affairs, *Open Skies Partnerships: Expanding the Benefits of Free Commercial Aviation*, U.S. Departrnent of States(2017. 7. 5).

(2) 항공자유화의 추진배경

항공자유화가 추진되는 배경에는 시카고협약에 의한 기존의 양자간 협정체계가 1990년대 이후 항공기술의 발전, 항속거리 연장, 항공수요 증가 등으로 항공운송산업이 세계 경제 및 국제무역에 크게 기여함에도 불구하고 이러한 시대적 변화를 따라가지 못하는 다음과 같은 결점들이 존재하기 때문이다.[39]

첫째, 기존의 양자간 협정체계는 정부와 항공사의 막역한 관계를 요구하는 시대상황을 반영하여 정부 주도로 체결되는 것이 일반적이었으나, 정부의 제한적이고 보호주의적 입장 및 경쟁심화로 개방화, 글로벌화, 상업화, 민영화 등으로 변모하고 있는 항공사를 둘러싼 환경변화의 괴리가 점차 심화되고 있다는 것이다. 이에 따라 정부–항공사 간의 전통적 개념의 밀접한 관계는 약화될 수밖에 없으며, 이러한 변화는 1944년 시카고협약 체결당시에는 예견하지 못했던 부분들이라는 것이다.

둘째, 기존의 체계로는 항공사의 다양한 요구를 적시에 반영하기 어려울 수 있다. 항공사마다 운항노선, 기종, 가격요건, 규모 등이 모두 다르고 상황에 따른 요구조건, 필요성 등이 각기 다름에도 불구하고 일단 체결된 이상 모든 항공사를 제약하여 항공사 운항의 유연성과 효율성이 떨어질 수밖에 없으며, 항공사가 협정개정의 필요성이 있다 하더라도 전면에서 정부가 움직여 주어야 하는 등 타이밍의 문제가 발생할 수 있다.

셋째, 협약프레임상 항공산업의 지배구조 트렌드에 대처하기 어렵다. 최근 항공산업은 글로벌제휴, M&A, 합작사, 프랜차이즈, 자회사, 코드쉐어링, Hub 등 다양한 국제적 협업과 파트너십이 확산되고 있어 범세계적이고 외부지향적인 산업으로 발전하고 있으나, 양국 간의 협정만으로는 복잡하게 진전되고 있는 항공사의 지배구조 변화에 적절히 대처하기 어려운 측면이 있고, 나아가 바람직하지 않은 산업구조를 만들어 내는 부작용을 초래할 수도 있다는 것이다. 즉, 외국지분을 유치하려는 항공사는 지정 항공사의 결격사유가 되어 국제노선

---

39) *The Economic Impact of Air Service Liberalizaion*, InterVISTAS–ga Consulting Group. p. A–4.

을 상실할 가능성[40)도 있다.

2015년 American Economic Journal의 분석에 따르면 미 국제선을 대상으로 한 항공자유화가 소비자에게 미치는 혜택은 연간 이익규모 약 40억달러, 요금절감 15%로 전체 항공사 노선수익의 약 20%에 달하는 것으로 나타나고 있다.[41)

(3) 항공자유화의 진전

미국은 카터 행정부때부터 항공요금 및 공급력 등을 자유시장 원리에 의존하는 개방적인 양자간 오픈스카이 정책을 추진하여 왔다. 이에 따라 1992년 9월에는 EU의 반대에도 불구하고 네덜란드와 최초의 Open Skies 협정을 체결하였고, 1995년에는 벨기에, 핀란드, 덴마크, 노르웨이, 스웨덴, 룩셈부르크, 오스트리아, 이이슬란드, 스위스 및 체코의 10개국과, 1996년에는 협정체결에 유보적인 입장을 보이던 독일과도 Open Skies 협정을 체결하였다. 한국과는 1998년에, 일본과는 2010년에 자유화협정을 체결하여, 2018년 5월 기준 미국이 체결한 항공자유화 협정체결국 수는 총 125개국에 달한다.

(4) 항공자유화의 주요 내용

항공자유화 협정은 엄격히 제한하고 있던 운항회수, 운항노선 등에 관한 규제를 상호 철폐하고, 정부의 개입을 최소화하여 항공사가 시장상황에 따라 자율적으로 운항관련 사항을 결정하는 체계이다. 정부는 시장경쟁을 뒷받침하기 위한 항공안전, 보안, 환경, 소비자보호, 정부보조금, 상호협력, 분쟁조정 등과 같은 분야에 역점을 두어 개입을 최소화한다. 항공자유화의 대상은 여객과 화물운송, 정기 및 부정기항공이 모두 포함되며 양 국가 간 또는 일정 지역을 포괄하는 다자간 방식의 상호협정(bilateral agreement) 형태로 이루어지고 있다. 그

---

40) 예를 들면 국가 B가 외국에 대한 지분개방 정책으로 자국 항공사가 제3국에 의해 지배된다고 가정할 경우 다른 국가들은 국가 B의 항공사들이 사실상 자국의 운수권을 사용하는 것을 거절할 가능성이 크다.

41) Clifford Winston and Jia Yan, *Open Skies: Estimating Travelers' Benefits from Free Trade in Airline Services*, American Economic Journal: Economic Policy 2015.

러나 하늘의 자유를 중심으로 한 구체적인 개방 정도에 관해서는 상대국 사정에 따라 차이가 있기 때문에 일률적이지 않고, 넓은 범위의 유형이 존재한다고 할 수 있다.

항공자유화 협정에서 다루어지는 주요 요소들은 다음과 같다.[42]

- 자유시장 경쟁: 노선 진입 개방, 운항 항공사·수송력·운항횟수·기종 무제한
- 운임설정 자유화: 양국 정부 모두가 불승인하지 않는 한 허용(double-disapproval pricing), 경쟁 보장을 위한 이유에서만 제한 가능
- 공정경쟁 보장: 상대국 내 영업소 개설, 환전·송금 자유화, 지상조업 직접 영위(또는 경쟁업체중 선택), 사용자 요금 관련 차별적 대우
- 마케팅 협정: 편명 공유(Code-sharing) 및 리스계약의 자유화
- 분쟁해결: 협정상 분쟁을 해결하기 위한 협의 절차 및 중재조항 포함
- 전세기(Charter) 운항의 자유화
- 항공안전·보안: 양국 정부는 높은 수준의 항공안전 및 보안 준수에 동의
- 화물운송에 대한 선택적인 제7자유: 상대국과 제3국간의 화물전용기 운항권 부여

3) 지역적 다자간 항공협정(단일 항공시장)

항공자유화협정은 항공운송시장을 자유화하는 효과가 있기 때문에 해당국가에 대해서는 이상적인 자유화의 형태로 볼 수 있다. 그러나 양자간 협정체계로는 각 국가와 수천 개에 달하는 협정을 체결하여야 하는 비효율성 및 불확실성을 내포하고 있어 최근에는 지역적 기반이 동질적인 다수 국가를 포괄하는 지역간 또는 광범위한 국가들 간의 다자간 항공자유화협약(multilateral open skies agreement) 방식이 크게 진전되고 있는 추세이다.

1990년대 이후 세계화의 진전으로 전세계적으로 수십 개의 다자간 항공협

---

42) *Open Skies Agreement Highlights*, US Department of State(2009. 1. 30) & *Key Open Skies Provisions*, Wikipedia.

정이 체결 또는 논의중에 있지만 가장 대표적인 두 가지의 협정을 소개하면 다음과 같다.

(1) 다자간 국제항공협정

다자간 국제항공협정(MALIAT: Multilateral Agreement on the Liberalization of International Air Transportation)은 APEC 국가 5개국의 협의로 시발되어 오픈스카이 조항을 포함하고 있는 최초의 다자간 항공운송협정으로 2001년 5월 미국과 브루나이, 칠레, 싱가폴, 뉴질랜드의 5개국 간에 체결되었다(발효 2001. 12. 21.). 동 협정체결의 시발점이 된 것은 1994년 인도네시아 APEC 정상회의에서 무역 및 투자 자유화를 주요 골자로 한 보고르선언(Bogor Declaration)이 채택되면서였다.

협정의 주요 내용은 노선구조의 자유화, 무제한적인 제3·4의 자유 운수권, 완전한 제5자유 운수권, 화물노선 제7의 자유, 상대국 내 항공사 투자개방, 운항 항공사의 복수제, 제3국간 코드쉐어 공유, 항공요금 인가규제 완화 등이다.

동 협정의 특징은 기존 양자간 협정에는 구체화되지 않았던 당사국간 화물에 대한 제7의 자유와 Cabotage를 허용하고 있는 점과 실질적 소유와 실효적 지배(substantial ownership and effective control)[43]에 의한 지정항공사(designation of air carrier) 요건을 ICAO가 제안하는 대로 설립지, 주된 사업장 소재지 및 법적 실효 지배(effective regulatory control) 요건으로 변경하여 기존의 항공사 소유 및 지배조항을 제거한 것이 특징이다.

동 협정은 다른 APEC 회원국들에게도 추가가입의 문이 열려있다. 이에 따라 2001년 최초 서명한 5개국 이외에도 쿠제도, 사모아, 통가가 추가 가입하였고, 몽골은 2005년에 개정·추가된 동 협정의 화물운송 관련 조항(제15조, 2005. 10. 27 발효)에만 가입하고 있다.

---

43) 대부분의 국가가 채택하고 있는 항공협정에는 항공사의 지정(designating air carrier)요건으로 "체약국의 항공사는 체약국의 국민에 의해 과반이상 소유(majority owned)하고, 실효적으로 지배(effectively controlled)하여야 한다"고 규정하여 51% 이상 지분에 의한 실질적 소유(substantial ownership) 요건과 자산의 사용권 및 경영권 행사관련 실효적 지배요건을 동시에 충족하도록 규정하고 있다. ICAO는 항공사들의 국제 자본유치 등 변화 필요성에 대처하기 위해 항공사 지정요건을 설립지, 주된 사무소, 법적 실효 지배요건으로 완화토록 제안하고 있다.

(2) EU-US Open Skies Agreement

EU와 EU 27개 회원국 및 미국의 3개 당사자 간 체결된 범북대서양 항공자유화협정은 크게 2007년 4월 30일 체결된 1차 협정과, 2010년 3월 25일에 체결된 2차 협정으로 나누어진다.

세계 3대 시장 중 두 개의 최대시장을 포괄하는 1차 협정은 대외 글로벌 협상권을 부여받은 EU와 미국 대표자에 의해 4년여의 협상 끝에 체결되었다. EU 회원국 중에는 이전까지 항공자유화를 허용하지 않았던 영국, 스페인도 포함되어 있으며, 일찍이 유럽재판소에서 불법으로 인정했던 미국과 EU 회원국 간에 체결된 기존의 양자간 협정들은 동 협정의 발효와 함께 폐기되었다.[44] 새로운 협정은 유럽을 단일 항공시장으로 인정[45]하고 미국, 유럽의 모든 항공사들에게 다음과 같은 권한[46]을 부여하고 있다.

- 미국과 EU 내의 모든 도시를 자유롭게 운항할 수 있으며(제3, 4자유), 제3국 도시로의 연결도 제한없이 운항할 수 있다(제5자유).
- 운항횟수, 항공기 기종에 대한 제한 없이 자유롭게 운항할 수 있다.
- EU 항공사는 미국과 ECAA 회원국[47]간 모든 도시의 여객 노선을 제한없이 운항할 수 있다(제7자유). 그러나 미국 항공사의 경우는 제외된다.
- EU 항공사는 미국-제3국간의 화물 노선을 제한없이 운항할 수 있다(제7자유) 단, 미국 항공사에게는 추가권리가 인정되지 않는다.
- 정부의 간섭 없이 시장수요에 의해 가격을 책정할 수 있다. 단, 미국 항공사

44) 미국과 양자간 Open Skies Agreements 협정을 체결했던 EU회원국은 16개국이며, 11개 국가와는 동 협정으로 신규 연장 적용되었다. 이중 6개국과는 미국과 협정이 없었다.
45) 동 협정은 EU 회원국 항공사는 설립지와 관계없이 EU 어느 지점에서든 출발하여 미국으로 운항할 수 있는 "Community Carrier"라는 개념을 인정하고 있다.
46) http://researchbriefings.files.parliament.uk/documents/SN00455/SN00455.pdf 및 http://eur-lex.europa.eu/legal-content/EN/All/?uri=LEGISSUM:124483
47) 유럽공동비행구역(ECAA): 2006년 5월 항공운송 자유화를 위해 EU 27개국과 알바니아, 보스니아, 마케도니아, 아이슬란드, 몬테네그로, 노르웨이, 세르비아, 코소보간에 체결된 단일 항공운송시장.

의 EU 역내 노선에 대한 가격 주도는 허용되지 않는다.

■ EU 항공사의 미국 항공사에 대한 투자는 의결권 있는 주식의 25%로 제한되며, 어떤 경우에도 실질적 지배는 허용되지 않는다.

■ 미국 항공사의 EU 항공사에 대한 투자 및 의결권 취득도 공히 25%로 제한된다.

■ 미국 항공사는 ECAA 시민이 소유·지배하는 EU 항공사의 미국내 투자도 EU 국적으로 인정하여 허용한다.

■ 소유 및 지배권 관련 법령해석, 이행점검, 중재, 문제해결 등 기능을 담당하는 합동위원회(Joint Committee)를 설립한다.

■ 미국, EU, 제3국 항공사 간의 제한없는 코드쉐어링을 허용하며, EU항공사의 미국항공사 국제노선에 대한 Wet-lease[48] 기회를 신규로 허용한다.

■ 항공안전, 보안, 경쟁체계, 정부보조금, 소비자보호, 환경문제 등과 관련하여 양안간 협력을 더욱 강화하기로 한다.

동 협정에 따라 EU 항공사는 국적과 관계없이 운항이 자유화되었다. 예를 들면 독일의 Lufthansa 항공은 프랑크푸르트가 아닌 파리나 마드리드에서 뉴욕으로의 취항이 가능해졌다. 그러나 동 협정결과에 대해서는 유럽측 특히 영국이 비판적이었다.[49] 유럽측은 협상을 통하여 미국 국내시장을 자유화하기 위하여 지속적인 압박을 가하였으나 미국이 국내노선에 대한 Cabotage 권리나 자국 항공사에 대한 25% 이상의 의결권 지분투자를 허용하지 않는 반면[50] 미국은 EU 노선에 무제한적으로 접근할 수 있게 되었다. 특히 유럽 노선중 운송량이 가장 많은 런던 Heathrow 공항은 이전에는 4개 항공사에게만 운항이 허용되었으나, 미국 항공사에 전면 개방됨에 따라 British 항공의 독점구조가 깨

---

48) 항공기뿐만 아니라 승무원, 보험, 유지관리도 제공하는 리스(항공기만 리스하는 경우는 Dry Lease라고 함).

49) Transport Committee Opinion, published as Annex 1 to European Scrutiny Committee, fifteenth Report of Session 2006-07, page 9-11.

50) 미국법상 외국인에 의한 의결권있는 주식의 25% 초과투자는 금지되며, 실질적 지배(actual control)도 제한됨.

지게 되었다.

한편, 미국과 EU간의 2차 협상은 1단계 협정이 서명된 직후인 2008년 5월에 시작하여 8차례의 협상을 거쳐 2010년 3월 25일에 최종 합의되었다. 원래 1차 협정의 문안 말미에는 당시 쟁점 사항이었던 미국 항공시장의 추가개방, 외국인에 의한 미국 항공사 소유제한의 완화, 미국의 보호주의적 관점의 'Fly America Program'[51]의 폐지 등 몇 개의 안건에 대해 1차 협정 발효일(최종 2008년 3월 30)로부터 60일 내에 후속 협의를 실시하도록 명문화하고 있었으며, 만약 후속 협상에서 이 쟁점들이 원만히 타결되지 않으면 일방 당사자가 1차 협정의 효력을 중지할 수 있도록 하는 유예조항(suspension clause)이 삽입되어 있었다.[52] 그러나 이 유예조항은 2차 협정에서 최종 삭제됨에 따라 결과적으로 1차 협상에서 합의된 권리들은 2차 협정에서 비로소 확정되게 되었다.

2010년에 합의된 2차 협정에서는 항공보안, 안전, 경쟁 및 여행의 편의성 등 분야에 대한 규제를 개선하였고, 합동위원회(Joint Committee)의 역할을 확대하기로 합의하였다. 특히 이전에는 Fly-America Program에 따라 미국 항공사들에게만 허용되었던 미 공무원의 수송을 유럽 항공사들에게도 부분적으로 개방하였고[53] 미 정부와 계약을 맺고 있는 여행사들도 티켓을 판매할 수 있게 되었다. 그러나 EU측의 관심사였던 미국 항공사들의 소유·지배 제한 완화문제[54]나 EU 항공사의 미국-비 EU국가간 노선에 대한 제7자유 허용 이슈에 대해서는 양측의 입법 개정이 선결되어야 하는 현실적인 문제점으로 인해 중요한 진전을 보지 못한 채 다음 단계의 협상으로 미루어지게 되었다.

---

51) Fly America Act에 따라 미 연방정부의 자금지원을 받는 여행자 즉, 미국 공무원, 군인, 공공기업들은 미국 항공사나 파트너 항공사를 강제적으로 이용토록 하는 정책.

52) Article 21 (Second Stage Negotiation).

53) Article 7 (U.S. Government Procured Transportation).

54) (Article 6) 만약 미국에서 외국인의 25% 의결권 지분 제한조항에 관한 입법 개정이 이루어지면, EU는 상호주의 원칙에 따라 미국 국민의 EU 항공사에 대한 과반수 소유를 허용함.

6.3 케이프타운협약

케이프타운협약(Capetown Convention)과 그 부속의정서인 항공기 장비에 관한 의정서(Protocol to the Aircraft Equipment)는 항공기금융을 취급하는 담당자라면 그 주요 내용을 반드시 숙지하고 있어야 할 국제협약 중 하나에 속한다. 그 이유는 금융 당사자가 소속된 해당 국가의 협약 가입 여부에 따라 그 적용 여부가 달라지긴 하겠지만 동 협약이 항공기 담보에 대한 국제적 권리의 생성과 보호, 담보집행, 수출, 등록말소 등과 관련된 이슈를 국제적이고 통일된 표준원칙에 따라 규율하고 있기 때문이다. 사실 항공기 담보에 관한 부분은 금융거래시 가장 중요한 항목임에도 불구하고, 동 협약이 제정되기 이전에는 각국 사법체계의 차이에 따른 담보권 생성의 불확실성 등으로 항공기금융 거래의 효율적 확대에 걸림돌이 있어 왔다고 할 수 있다. 그러나 동 협약의 적용으로 국제적으로 인정되는 통일된 항공기 담보권의 생성이 가능해짐에 따라 오늘날 대부분의 항공기금융 담보 계약서에도 관련 내용이 언급되는 등 거의 모든 항공기금융 거래에 상당한 영향을 미치고 있다고 할 수 있다. 동 협약은 특히 여러 금융기법 중 ECA금융, EETC, 엔진금융 및 항공기 저당권, 항공기 가치평가 등에 대한 관련성이 크다.

1) 개요

케이프타운협약은 2001년 11월 16일 남아프리카의 케이프타운에 전세계 53개국 대표단이 모여 채택한 이동자산의 담보권, 리스, 디폴트, 판매계약 등에 관한 표준절차를 규정한 국제협약이다. 당시 관련 국제회의는 국제민간항공기구(ICAO)와 사법통일국제기구(UNIDROIT)[55]가 주관하였다. 채택된 협약의 명칭

---

55) 전세계 63개 회원국 정부로부터 지원을 받아 운영되며, 특정 분야에 대한 세계 각국의 사법을 국제적으로 통일시킨다는 특수한 목적을 갖고 있는 국제기구이다.

은 '이동장비의 국제적 권리에 관한 협약(Convention on International Interests in Mobile Equipment)'이라는 다소 긴 이름이 붙어 있으나 통상 줄여서 케이프타운협약으로 통용되고 있으며 항공기, 철도차량, 우주자산(인공위성) 세 분야의 이동장비에 대한 부속 의정서[56]로 구성되어 있다. 협약의 발효일은 2004년 4월 1일이며, 이 중 항공기 장비에 관한 의정서는 세 분야중 현재 실행되고 있는 유일한 의정서[57]로서 최초 발효요건인 8개국이 서명한 2006년부터 효력이 개시되고 있다.

2) 제정 배경

협약의 제정 배경을 세 가지 이동장비 중 항공기를 중심으로 설명하면 항공기의 이동성과 글로벌 항공산업의 발전, 국가별로 상이한 사법체계를 대표적으로 들 수 있다. 우선 항공기는 거액 소요자금의 조달 필요성 등에 따라 신디케이션 방식에 의한 다수 글로벌 은행의 참여가 일반적이고, 항공기 구입 당사자의 글로벌 분산, 영업활동상 불가피한 항공기의 고도의 이동특성 등으로 거래에 다수 국가의 법률이 적용될 수밖에 없는 금융구조를 띠고 있다. 그동안 항공운송산업 또한 1978년 미국의 항공산업 규제완화조치 이후 노선, 운임, 진입 규제의 철폐 등으로 경쟁이 더욱 심화되고 항공자유화가 급속도로 진전되어 항공운송의 대중화, 세계화, 대형화가 전세계적으로 확산되는 추세에 있다고 할 수 있다. 이와 같이 지속적으로 증가하고 있는 항공기 도입수요에 부응하여 전세계 항공기 금융규모 또한 매년 크게 확대되고 있으나, 채무자의 디폴트 또는 파산의 경우에 항공기금융을 취급하는 금융기관이 담보 실행을 위하여 적용하여야 하는 담보체제는 한 두 국가의 국내법 체계에 의존할 수밖에 없어 국제적 권리를 보장하는 글로벌 규준의 도입이 시급한 상황이었다.

---

56) 협약의 구성은 공통적인 기본협약(Convention)과 이동 장비별 특수한 내용을 담은 의정서(Protocol)의 이원적인 구조(dual structure)로 되어 있다. 협약과 각 의정서들은 완전히 분리된 별개의 문서로 각 회원국들이 각각 서류에 서명/비준(또는 가입)하고 있으나, 동시에 협약과 특정 의정서가 결합될 때만이 효력을 갖도록 되어 있다.

57) 철도차량에 관한 의정서(Railway Rolling Stock Protocol)는 2007년 룩셈부르크에서 채택되었으나, 아직 유효 비준 국가수(4개국)에 미달하여 발효되지 않은 상태이다.

문제는 나라마다 사법체계에 상당한 격차가 있어 금융기관 입장에서 불확실성이 크고 그만큼 관련 비용이 증가함에 따라 결국 자금을 조달하는 항공사에게 장애가 될 수 있다는 점이다. 예를 들면, 항공기 담보의 적용법규를 소재지법을 채택하고 있는 영국법으로 선택하는 경우 이동성 때문에 수시로 항공기의 소재지가 변경되는 문제점이 있고, 일부 유럽국가에서는 동산(항공기도 동산임)에 대한 담보를 등기한다는 개념이 생소하여 아예 항공기 저당권 등록제도가 없는 경우도 있다. 또는 등록제도가 있다고 하더라도 관련 당국이 개입하는 등 설정 및 이행 절차가 지역적으로 국한되어 있고 복잡한 경우가 대부분이었다. 이러한 담보권과 관련된 준거법의 선택 및 생소한 법체제로 인한 불확실성 등으로 채권 금융기관들은 이에 상응하는 담보조건 강화를 요구하거나 가격조건의 상승 아니면 거래 자체를 아예 꺼리게 되는 경향이 있어 온 것이 현실이었다.

이러한 국내법 체계로 인하여 발생하는 문제점을 해결하고자 하는 노력은 오래전부터 있어 왔다. 1948년 체결된 제네바협약도 그 중 하나였으나, 항공기 등록지국인 체약국의 법체계에 따라서만 인정되고 선택되어야 하는 근본적인 결점으로 인하여 금융 등 관련업계의 불편함을 해소하기에는 충분하지 않은 상황이었다.

이와 같이 케이프타운협약은 항공기 담보권의 생성 및 이행에 관한 불확실성을 제거하는 한편 항공기금융 거래를 활성화시키기 위해 국제적으로 투명하고 표준화된 국제규준을 만들어야 한다는 취지에서 마련된 것이다.

3) 기본원칙

협약의 주요 내용은 항공기 담보의 생성 및 실행과 관련하여 전세계에서 통용되는 국제등기제도를 생성하는 것이다. 주요한 기본원칙은 다음과 같다.

■ 투명성: 담보권리의 등록내용을 제3자에게 공개하고 등록순서에 따라 담보권의 우선순위를 정함으로써 투명성을 확보한다.

- 실용성: 채무자 등 당사자가 아닌 자산별로 등록하는 시스템을 채택함으로써 당사자가 변경되는 경우 새로 등록하여야 하는 불편함을 제거한다.
- 예측가능성: 분쟁이 발생할 수 있는 용어에 대한 자체 정의규정이나 준거법 규정을 두어 명확한 해결이 가능하게 하고 담보권의 우선순위를 명확히 한다.
- 당사자간 합의존중: 협약을 입안할 때 국제거래 담당자들이 경험 많은 전문가라는 사실을 반영하여 당사자 간의 합의가 존중될 수 있도록 규정한다.

4) 목적 및 구성

협약의 목적은 앞에서도 언급하였듯이 항공기의 금융, 리스 및 매각을 촉진하기 위하여 항공기 담보권 등 특정 권리의 생성, 완성 및 순위 등에 관해 국제적으로 통일되고 표준화된 법적 틀을 마련함으로써 항공기금융 제공기관들에게 거래에 대한 확신 및 예측 가능성을 높이는데 있다.

5) 주요 내용 및 특징

(1) 등록대상: 항공기 목적물

등록의 대상은 '항공기 목적물(aircraft objects)'이라고 하여 동체, 엔진, 헬리콥터의 세 가지이며, 다음과 같은 일정 요건에 부합되어야 한다.

- 동체(airframes): 8명 이상 인원(승무원 포함) 또는 2,750kg을 초과하는 화물을 수송하도록 형식승인(type certificate)을 획득한 항공기
- 엔진(engines): 제트 추진엔진은 추력 1,750lbs, 터빈·피스톤 추진엔진은 550 이륙샤프트마력(take-off shaft horsepower) 이상
- 헬리콥터(helicopters): 5명 이상 인원(승무원 포함) 또는 450kg(990lbs) 초과 화물을 수송하도록 형식승인받은 것

동 협약에서 주목할 만한 점은 엔진이 본체와 독립된 객체로서 별도의 등

록대상이라는 것이다. 우리나라도 마찬가지이지만 대부분의 나라들은 엔진을 포함한 항공기 전체를 합성물로 보아 항공기 전체가 등록대상이지, 엔진만 분리하여 단독으로 등기할 수 없는 경우가 대부분이다. 엔진은 이동성이 있는 고가의 독립적인 개체로 실제로도 본체에서 분리되어 항공기간에 빈번하게 교환되고 있을 뿐만 아니라 실무상 매매, 리스, 금융의 대상이 되는 일이 점차 증가하고 있는 현실을 반영한 것이다.

(2) 등록권리: 국제적 권리의 생성

협약의 핵심적인 내용은 등록가능한 권리(registrable interests)라고도 부르는 '국제적 권리(international interests)'를 기록하기 위한 '국제등록부(international registry)'를 생성하는 것이다. 그 국제적 권리는 반드시 열거한 항공기목적물(aircraft objects)의 금전과 연관되어 있어야만 한다. 이런 관점에서 제네바협약이 항공기 권리를 단지 '인정'하는 협약이었다면, 케이프타운협약은 국제적 권리를 실제로 '생성'한 협약이라고 할 수 있다.[58] 국제적 권리라는 새로운 용어가 사용된 것은 국가마다 사실상 담보권의 정의와 내용이 각각 다르기 때문에 명칭 여하에 상관없이 담보권의 성격을 가지는 권리를 동 협약에서는 국제적 권리라고 일괄적으로 정의하고 있으며, 해당 권리가 요건에 해당하는가에 대한 해석은 각국의 국내법이 아닌 협약자체에 기술된 정의에 따라서만 하도록 하여 당사자 간의 분쟁발생 가능성을 방지하고 있다. 협약에 따르면 국제등록부의 등록대상이 되는 국제적 권리[59]란 아래의 당사자가 가지는 권리를 지칭하는데, 각 계약의 당사자들은 대상 항공기, 엔진 등을 처분할 수 있는 법적인 권리를 갖고 있어야 하며, 양도(assignment)의 경우에도 당사자 간 달리 합의하지 않는 한 그 권리는 그대로 이전된다.

---

58) Vitaly S. Guzhva, Sunder Raghavan, DAmon J.D'Agostino, *Aircraft Leasing and Financing.* p. 114.

59) 이외에 체약국의 선언 여하에 따라 장래의 국제적권리(prospective international rights), 국내권리(national interests), 비합의된 권리(non-consensual rights or interests), 등록 가능한 비합의 권리(registrable non-consensual rights)도 등록이 가능하다.

- 항공기저당권 등 담보계약서(security agreement)상 담보제공자(chargor)
- 소유권유보부계약서(title reservation agreement: 조건부판매계약)상 조건부 판매인 (conditional seller)
- 리스계약서(lease agreement)상 임대인(lessor)
- 항공기 매도 및 구매계약서(aircraft sale and purchase agreement)상 구매자(buyer)

국제등기소는 아일랜드 더블린에 위치하여 아일랜드 정부와 SITA의 합작 회사인 Aviareto에 의하여 운용되고 있으며, 국제등록부는 일주일에 7일, 하루 24시간 열려있는 웹베이스의 완전 자동화된 전자등록시스템으로 운영되고 있다. 자동화되어 있기 때문에 등록신청, 등록 유효성, 등록정보의 조사 등에 수반하는 심사 및 검색증명서 발급시 인력개입을 최소화할 수 있다. 등록은 채무자별 또는 권리별이 아닌 항공기 자산별로 전세계에서 실시간으로 등록 가능하며, 각각의 등록된 자산별로 데이터베이스(제작업체명, 항공기 모델명, 제작업체 일련번호)에 대한 상시 검색이 가능하고 검색내용에 대해서는 증명서(Priority Search Certificate) 발급도 가능하다.

국제등록부에 등록된 국제적 권리는 단순히 등록된 순서에 따라 대외적 순위가 결정되는 우선권(priority)을 갖는다. 즉, 등록함으로써 유효성이 성립하며, 등록된 국제적 권리는 국제등록부에 등록되지 않은 권리나 후에 등록된 권리에 비해 순위에서 우선한다.[60] 말하자면 선입, 선적용의 원칙이 적용된다고 할 수 있다.

(3) Priority Search Certificate

항공기금융을 추진할 때 채권단은 통상 아일랜드 법무법인 등을 통하여 해당 항공기 등 목적물에 대한 국제등록부상 국제적 권리의 생성 여부를 조사하는데, 그 조사결과를 표시하는 증명서가 Priority Search Certificate이다. 이 작업은 제작업체, 모델명, 제작업체의 일련번호를 입력(search criteria)하면 기존에

---

60) 협약 29조 1항.

등록된 권리를 전자적으로 출력하도록 되어 있으며, 통상 해당 거래의 Closing 이전에 선등록된 권리를 미리 조사하기 위한 목적 또는 해당 거래가 종료된 후 해당 목적물의 등록내용을 확인하기 위한 용도로 추진된다.

(4) 연결요소: 협약체결 및 비준국가 소재 채무자에게 적용

국제적 권리라고 하더라도 모두 국제등록부에 등기할 수 있는 것은 아니다. 케이프타운협약은 각종 계약서(lease, hire purchase, conditional sale, security, bill of sale)에 적용되는데 협약이 적용되려면 이들 계약서와 연관된 연결요소(connecting factor) 즉, 관련 계약서가 서명할 당시에 채무자(debtors)가 아래 열거한 당사자이면서 ① 이들의 소재지(설립지 또는 등록지 등)가 협약이 적용되는 국가에 위치하거나, ② 항공기가 체약국에 등록되어 있어야 한다.[61] 채무자는 거래마다 다르나 항공기 리스거래에서는 일반적으로 차주·저당권설정자(SPC), 임차인(항공사)을 지칭한다. 항공기 기체의 경우에는 ①이나 ②만 충족되어도 케이프타운협약이 적용될 수 있으나, 엔진의 경우에는 일반적으로 엔진 자체만 항공기와 별개로 체약국의 항공기 등록부에 등록되지 않기 때문에 ①이 아닌 ②만 충족되는 경우 케이프타운협약이 적용되기 어렵다.

- 리스계약서(또는 hire purchase agreement)상 임차인(lessee)
- 항공기저당권계약서(aircraft mortgage)상 담보제공자(chargor)
- 리스 또는 기타 권리의 양도계약서(security assignment)상 양도인(assignor)
- 조건부 판매계약(conditional sale) 또는 Hire Purchase Agreement상 구매자(buyer)
- 항공기·엔진매매계약서(sale and purchase agreement)상 매도자(seller)

국제 항공기금융에서 통상 임차인은 항공사, 담보 제공자는 SPC인 항공기 소유자(owner)를 지칭하는 경우가 대부분이므로 이들은 체약국에 소재하고 있어

---

61) Aviation Working Group, *Practitioners' Guide to the Cape Town Convention and the Aircraft Protocol*, 2012. 11, p. 34.

야 하나, 채권자(creditor)는 체약국에 소재하는 요건과는 관련이 없다. 가령 항공기 금융계약의 체결당사자인 항공기 소유자(담보제공자, 통상 SPC)가 동 협약의 체약국에 설립되어 소재하고 있다면 대주의 소재지와는 관계없이 항공기 소유자와 대주(lender)는 대주의 담보계약상 국제권리 및 순위를 보호받기 위하여 국제등록부에 등록이 가능하다. 마찬가지로 임대인(lessor)과 임차인(lessee)의 관계에서 임차인이 체약국에 설립되어 소재하고 있다면 임차인에 대한 임대인의 권리는 국제등록부에 등록이 가능하다.

(5) 자력구제: 디폴트시 채권자의 구제수단(default remedies)

협약의 내용중 채권자인 담보권자에게 부여되는 강력한 수단은 자력구제(self-help)이다. 자력구제는 채무자의 디폴트시에 채권자가 경매절차나 국내법에 의한 법원의 허가 등 복잡한 절차 없이 항공기를 신속하게 강제 집행할 수 있는 것을 말한다. 협약에서는 이를 디폴트 구제수단(default remedies)이라고 하여 8~15조에 걸쳐 규정하고 있으며 그 방법은 항공기의 압류, 매각, 리스, 항공기의 관리·사용으로부터 발생하는 소득이나 이익의 추심 등의 권리를 행사할 수 있다.[62] 단, 채권자와 채무자가 합의하여야 하고 집행은 상업적, 합리적 방법에 의해 이행되어야 하며, 무엇보다 아래 설명하는 비준 국가의 구제수단에 관한 선언(declaration)의 채택 여부에 따라 적용이 달라진다. 즉, 법원의 허가없이 이러한 구제수단을 국내에서 행사할 수 있다고 선언을 한 체약국가에서는 법원의 허가가 없이도 이러한 구제수단을 실행할 수 있는 반면, 법원의 허가를 요한다고 선언을 한 국가에서는 법원의 허가를 얻어야 한다.[63] 체약국에서 협약상의 자력구제를 채택하고 이를 국내법에 허용하였다면 법원으로 갈 필요 없이 항공기의 집행이 가능한 것이다. 이러한 채무자 디폴트시의 구제조항은 금융기관, 리스회사, ECA 기관 등 채권자에게 담보집행의 확실성 및 신속성을 제공함으로써 실질적인 거래 리스크가 축소되어 항공사에게도 보증료, 대출금리의 경감 등의 혜택을 제공할 수 있는 유인이 되며, 이를 주요 사유로 하여

---

62) 협약 제8조 1항.
63) 협약 제54조 2항.

미국계 이외의 항공사들이 미국 자본시장에서 EETC 등 자본상품을 발행할 수 있는 강력한 근거가 됨은 앞부분의 EETC에서 설명한 바와 같다.

(6) 협약 및 의정서의 채택: 각 국가의 선언(declaration)

어느 국가가 케이프타운협약이나 항공기 의정서를 비준할 때 협약의 모든 조항을 반드시 채택하여야 하는 것은 아니며, 자국 사정에 맞게 일부 조항은 채택할 수도 있고 채택하지 않는다고 선언할 수 있다. 비준 국가의 대표적인 몇 가지 선택 사항들을 열거해 보면,

- 디폴트시 구제수단(remedies)의 종류 또는 국내 법원의 판결 전제 여부
- 비준국가 항공당국의 IDERA 수용 여부
- 비준국가의 미지급조세, 벌금, 수수료(착륙료, 엔진정비비 등) 등 권리가 국제적 권리에 우선하는지 여부 또는 그러한 청구권의 등록 여부
- 파산체계의 선언(declarations of insolvency regime)에 대한 선택권 등이다.

그러나 협약에 가입하기 위해 반드시 의무적으로 선언하여야 하는 조항 (mandatory declaration)들도 있다. 예컨대 협약 제54조 2항은 담보권 실행시 해당 국가의 법원허가를 받아야 하는지 아니면 해당 국가의 법원허가를 받지 않아도 되는지를 명확하게 선언하여 밝히도록 하고 있다. 선언을 의무적으로 하게 함으로써 가입국의 태도를 분명하게 확인하기 위한 것이다.

(7) 국내법상 제약없는 항공기 등록해제: IDERA의 채택

앞장에서 설명한 시카고협약에 따라 민간항공기는 절차상 등록지 국가에서 등록을 말소(de-registration)하지 않으면 항공기를 국외로 반출하기가 사실상 어렵다. 이러한 문제를 어느 정도 해결하기 위한 방법으로 채권단은 금융계약의 체결시점에 항공사로부터 미리 등록말소 신청에 관한 위임장(power of attorney)을 백지로 받아 두고 있긴 하지만 채무자의 디폴트시 관련 항공당국이 얼마나 이에 협조적일 지는 불확실한 것이 사실이다. 이러한 이유로 항공기 의정서에

는 비준국가들이 의정서의 부록에서 제공하는 IDERA(Irrevocable De-registration and Export Request Authorisation) 서식(form)의 보유자가 항공기의 등록말소 및 국외반출을 요청할 경우 이를 허용할 지를 채택하도록 하는 조항[64]을 두고 있다. 만약 체약국이 이를 채택하고 해당 채무자가 IDERA를 작성하여 체약국 등록당국에 제출하여 등록한 경우에 채권자들은 채무자의 디폴트시 관계 당국의 제약 없이도 체약국에서 항공기를 보다 신속하게 반출할 수 있게 된다.

(8) 파산법 체계의 채택: 자국법 체계로의 수용

항공기 의정서에는 항공기 목적물과 관련하여 체약국들이 비준시 세 가지의 파산체계(insolvency regime declaration)를 자국의 법체계로 채택하여 선언할 수 있도록 하고 있다.[65] Alternative A와 B 및 A와 B를 채택하지 않을 경우 자국법 파산 법률에 의존하도록 하는 세 가지 옵션이 그것이다.

이중 Alternative A는 파산한 채무자(항공사 등)가 과거 또는 미래의 디폴트 사유를 체약국에서 채택하여 선정한 대기기간(waiting period) 내에 치유(cure)하지 않으면 항공기 담보 목적물의 소유권을 채권자 앞으로 이전토록 하고 있으며, 이때 비준 국가의 법원도 채권자의 채권실행을 저지할 수 없도록 되어 있다. 대기기간은 체약국의 선택에 따라 다르나, 통상 60일이며 일부(브라질 등)의 경우 금융비용 저감 및 유리한 EETC 발행 등을 위하여 이 기간을 더 짧게 선택하는 국가도 있다. Alternative A는 미국 파산법인 Chapter 1110과 유사한 가장 채권자 친화적인 체계를 제공함에 따라 이를 채택하고 있는 국가에 소재하는 항공사는 미국계가 아니더라도 이 조항 등을 주요한(물론 이에만 의존하지는 않는다) 근거로 하여 미국 자본시장에서 EETC를 발행하는 사례가 점차 증가하고 있다.

한편, Alternative B는 Alternative A와 유사하나 정해진 기간 이후에 국내 법원이 채권자의 항공기 담보 실행조건을 정할 수 있도록 부여하는 점이 큰 차이점이다. 통상 영미법 체계는 채권자에게 친화적인 파산법적 체계를 갖고 있으나 대부분의 국가들은 채무자 위주의 법체계이어서 가령 경매절차를 요한다

---

64) 항공기 의정서, IX조 1항, XIII조, 실무에서도 이를 통상 IDERA라고 부른다.
65) 항공기 의정서, XI조, XXX조 3항.

거나 자력구제에 의한 항공기 확보를 금지하는 경우가 많으며,[66] 이러한 해당 국 절차에 따를 경우 실제 항공기 확보에 수년여가 소요될 수도 있다.

6) 비준 국가

케이프타운협약에는 2019년 8월 기준 EU를 포함하여 총 79개국이 비준 (ratification) 또는 가입(accession)[67]절차를 통하여 체약국으로 가입하고 있으며, 항공기 의정서에는 총 76개국이 가입하고 있다.[68] 우리나라는 동 협약에 가입하지 않고 있다.

7) 가입의 효과

항공사들은 항공기 도입자금의 대부분을 통상 국제리스 방식에 의하여 대주단으로부터 조달하고 있다. 항공사의 소재 국가가 케이프타운협약에 가입할 경우의 장점은 금융기관 및 항공사 두 당사자로 나누어 살펴볼 수 있다. 우선 금융기관 입장에서는 채무자의 파산 또는 디폴트시 항공기나 엔진의 압류절차 상 담보법 체계가 제대로 정립되어 있지 않은 국가에 비해 상대적으로 높은 신속성, 확실성 등에 따라 관련 비용을 절감할 수 있는 효과가 있다. 항공사 입장에서는 이러한 금융기관의 비용 절감혜택을 이전받아 전체적인 금융조달비용을 축소할 수 있는 효과가 있다.

항공기금융의 조달 측면에서는 다음과 같은 혜택들을 열거할 수 있을 것이다.

---

66) Aircraft Financing Briefing-A Practical Guide to the Cape Town Convention, Dentons, 2016. 7.

67) 비준(ratification)은 조약의 당초 서명국이 주로 조약 발효 이전에 국내법에의 수용 등 과정을 거쳐 가입하는 것을 말하며, 가입(accession)은 당초에는 비서명국이나 주로 조약 발효 후에 국내법 수용 등의 과정을 통하여 가입하는 것을 말한다.

68) UNIDROIT(http://www.unidroit.org/status-2001capetown-aircraft).

■ ECA 금융 추진시 ECA 보증료율을 할인받을 수 있다.

ECA 기관들은 2007년 및 2011년 개정된 ASU(Aircraft Sector Understanding) 조항에 따라 일명 Cape Town Discount라고 하는 보증료 할인 혜택을 제공한다. 다만 체약국이라도 모두 할인을 적용받는 것은 아니며, 적격선언(Qualifying Declaration)이라고 하여 체약국이 반드시 채택하여야 할 선언의 요건과 내용이 정해져 있다. 이러한 협약가입의 변동사항들을 반영하여 OECD에서는 보증료 할인을 받을 수 있는 적격국가의 리스트를 그때그때 공표하고 있으며, 이에 속한 국가의 항공사들은 보증료의 할인 혜택이 가능하다. 보증 할인율은 항공사의 신용등급과 관계없이 일률적으로 최대 10%까지이다. 한편, 항공기 수출과 관련된 ECA 기관은 미국수출입은행(Export-Import Bank of the United States), 영국의 UK Export Finance, 프랑스의 Bpifrance Assurance Export, 독일의 Hermes 등이 대표적인 기관들이며, 이에 대한 보다 상세한 내용은 제4장의 "ECA 항공기 지원금융"편에서 다룬 바 있다.

■ 항공사의 차입금리 절감이 가능하다.

대주단은 국내에만 항공기 저당권을 등록하는 것보다 자력구제, 국제적 우선권 등 협약에서 제공하고 있는 보다 투명하고 확실한 채권 확보수단이 마련됨에 따라 항공사 신용등급의 상향이 가능하고, 그만큼 항공사에게 경쟁력있는 수수료나 이자 등 보다 저렴한 금융을 제공할 수 있다.

■ 미국 자본시장을 통한 조달이 가능하다.

EETC(Enhanced Equipment Trust Certificate)는 미국 자본시장에서의 대표적인 항공기 조달상품의 하나로 전통적으로는 미국 항공사들이 주요 고객에 해당되나, 비미국계 항공사들도 소재 국가가 협약에 가입되어 있고, 미국 투자자들의 투자요건 등에 부합하는 경우 이를 이용한 보다 경쟁력있는 금리의 조달이 가능하다. 최근 케이프타운협약을 활용한 비미국계 항공사들의 미국시장에서의 EETC 발행 사례도 점차 증가하는 추세이다.

■ 항공기 엔진금융의 추진이 용이하며 금리경감도 가능하다.

엔진을 대상으로 한 금융추진의 경우 대주단의 가장 큰 걸림돌은 담보권

| 표 6-1 | 2011-ASU에 의한 케이프타운 보증료 할인율 |

(단위: %)

항공사 Rating	보증료율(Net Exposure Fee)		할인폭
	Capetown할인 제외시	Capetown할인 포함시	
AAA~BBB−	7.72	6.95	−0.77
BB+~BB	10.44	9.40	−1.04
BB−	11.03	9.93	−1.10
B+	11.85	10.67	−1.18
B	13.38	12.04	−1.34
B−	13.50	12.15	−1.35
CCC	14.45	13.01	−1.44
CC~C	14.74	13.27	−1.47

과 관련한 법적 측면에서의 불확실성이라고 할 수 있으나, 케이프타운협약은 엔진에 대한 국제적 권리를 독립된 별도의 등록대상으로 하여 관련된 법적 불확실성을 제거할 수 있는 만큼 금융추진이 보다 용이하고 저렴한 차입이 가능하다. 이 부분 또한 제4장의 항공기 엔진리스 편에서 자세히 다룬 바 있다.

임대인이나 대주단 입장에서 담보제도가 체계적으로 정리되어 있지 않거나 법체계가 상이한 국가에 리스 또는 금융을 제공하는 경우 케이프타운협약은 각 국별 사법체제의 부실이나 차이에 따른 리스크를 크게 완화하고 사전에 예방할 수 있는 장점이 있다. 때문에 실무에서도 비록 금융대상 항공사의 국가가 협약에 가입하지 않았다 하더라도 추후 가입할 경우를 예상하여 협약에 근거한 케이프타운저당권(Capetown Mortgage)을 추가로 설정할 수 있도록 약정서에 명문화하는 것이 대체적인 경향이다.

8) 협약의 항공기금융 구조에의 영향

케이프타운협약은 항공기금융 구조를 설계할 때 상당한 영향을 미친다. 구조를 설계하기 전에 금융기관들은 먼저 항공사 등 채무자가 동 협약에 비준 또는 가입한 체약국인지를 살펴보아야 한다. 담보부 대출거래(security loan structure)의 경우에는 차주·저당권설정자(borrower/mortgagor)가, 리스구조(lease structure)의 경우에는 임차인(lessee)이 협약의 체약국에 소재하고 있어야 아일랜드에 있는 국제등록부에 등록이 가능하다. 협약에 가입되어 있다고 하더라도 체약국이 필수조항에 대해 채택 또는 불채택 선언을 하였느냐에 따라 ECA 금융과 관련하여 보증료 할인의 적용 여부가 결정되고, 국내법과 얼마나 연계되는지가 결정된다. 따라서 최적의 금융구조를 설계하려면 이러한 국내법과 협약 간의 연계요소(connecting factor)를 아울러 살펴보아야 한다.

부록

항공운송 관련 주요 지표 및 용어

1) 운송수요(운송량 또는 판매량) 지표

항공사가 실제 판매하거나 또는 운송한 수요 측면의 실적을 나타내는 지표이다.

☐ 유상여객킬로미터(RPK: Revenue Passenger Kilometers)
  = Σ (유상여객수 × 구간거리)

운송수요를 측정하는 대표적인 지표로 여객 1명이 1km 운송한 것을 1 RPK라고 한다. 각 비행구간(flight stage)별로 실제 운송한 여객수에 비행거리(구간거리)를 곱한 합계로 구한다. 비행거리를 킬로미터가 아닌 마일로 사용하는 미국, 영국 등에서는 RPM(Revenue Passenger Miles)으로 환산하여 사용한다. RPK는 실제 판매된 티켓 또는 여객운송량을 나타내는 기본지표로, 항공운송수요의 추이파악이나 전략수립뿐만 아니라 공항에서의 시설확장 가능성 또는 항공기 제작사의 미래 신규 항공기 개발전략 등에 매우 유용하게 사용되는 지표이다. 운송규모의 추이를 나타내기 때문에 단독으로 사용될 때도 유용하지만 동 지표를 ASK 값으로 나누어서 탑승률(Load Factor)을 산출하는 기본지표로 더욱 유용하게 사용된다.

<그림 1> RPK의 산출(예)

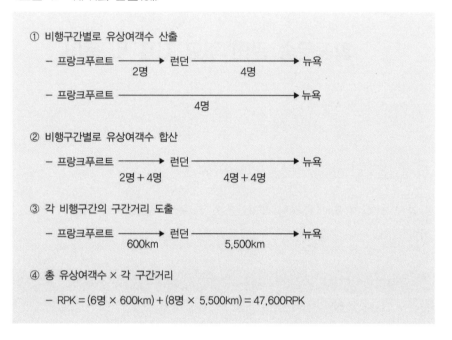

① 비행구간별로 유상여객수 산출

— 프랑크푸르트 →(2명) 런던 →(4명) 뉴욕

— 프랑크푸르트 ——→ 뉴욕
(4명)

② 비행구간별로 유상여객수 합산

— 프랑크푸르트 ——→ 런던 ——→ 뉴욕
(2명+4명) (4명+4명)

③ 각 비행구간의 구간거리 도출

— 프랑크푸르트 →(600km) 런던 →(5,500km) 뉴욕

④ 총 유상여객수 × 각 구간거리

— RPK = (6명 × 600km) + (8명 × 5,500km) = 47,600RPK

☐ 유상톤킬로미터(RTK: Revenue Ton-Kilometers)
= Σ[(여객중량×여객수+화물중량)×구간거리]

각 운항구간마다 운송된 유상탑재중량에 운항거리를 곱한 것의 합계로, 여객과 화물을 포함하여 1톤이 1km 운송된 것을 1 RTK라고 한다. RTK는 항공사의 매출량을 나타내는 데 있어서 가장 합리적인 단위로, RTK당 수입이나 RTK당 경비는 항공사의 수지를 나타내는 대표적인 지표로 사용된다.

☐ 화물톤킬로미터(FTK: Freight Ton-Kilometers)
= Σ(화물(톤)×구간거리)

여객에서의 RPK에 대응되는 화물운송사업의 사업성을 나타내는 대표적인 지표이다. 각 비행구간의 실제 수송화물 중량(톤)에 구간거리(stage distance)를 곱한 수치들을 합산하여 산출한다. 따라서 동일한 5천톤의 화물을 운송하였다 하더

라도 500km를 운송한 것보다는 1,000km를 운송한 FTK 수치가 더 크게 나타
난다.

2) 운송 공급량(생산능력) 지표

실제 운송한 실적이 아닌 운송이 가능한 생산능력 즉, 공급량을 표시하는 지표
이다.

☐ 유효좌석킬로미터(ASK: Available Seat Kilometers)
  = Σ(공급여객 좌석수×구간거리)

RPK가 실제로 판매된 수요 측면의 지표라면 ASK는 항공사가 수익을 발생시키
는 데 필요한 판매 가능한 유효좌석의 크기인 생산능력(capacity) 내지는 공급량
을 나타내는 지표이다. 좌석수를 산출할 때에는 좌석이 점유되었든 공석이든
한 개의 좌석을 보유하는 항공기가 1km 운항하였을 때 1 ASK로 표현한다.
100개의 좌석을 갖고 있는 항공기가 500km를 운항하면 그 운항편의 생산량은
50,000ASK가 된다. 동 지표는 항공기 단위로 산출되는 지표이나 보유 항공기
를 합산하여 다른 항공사와 규모를 비교하기 위한 항공사 단위로 많이 사용되
며, 국내선이나 국제선 등 항공운송산업의 좌석공급량을 월별, 연도별 등 시계
열로 비교하는 용도로도 폭넓게 사용된다. ASK 지표는 그 자체로 사용되는 것
보다는 공급되는 좌석당 수익을 나타내는 RPK와 비교하거나, 공급좌석킬로미
터당 수익(RASK: Revenue per ASK) 또는 공급좌석킬로미터당 비용(CASK: Cost per ASK)
등 금액과 비교하여 사용함으로써 항공사의 수익성 또는 효율성을 보다 효과
적으로 나타낼 수 있다.

☐ 유효톤킬로미터(ATK: Available Ton-Kilometers)
   =∑(여객+화물의 탑재가능한 톤수×구간거리)

ASK가 좌석을 기초로 한 여객의 수송능력을 표현한 것이라면 ATK는 항공기가 수송할 수 있는 여객과 화물의 최대 수송능력을 표시하는 단위이다. 1톤을 탑재 가능한 항공기가 1km 항공운송할 경우 1 ATK로 표현한다. ATK당 경비는 생산수송력 단위 즉, 1톤킬로미터당 경비를 말하며 항공기 또는 항공사의 생산원가를 나타내는 지표이다.

<그림 2> **ATK의 산출(예)**

① 여객 및 화물의 유효탑재중량(payload) 산출
   – 여객의 유효탑재중량(A): 유효여객좌석수 × 여객표준중량
   – 화물의 유효탑재중량(B): 유효화물량 × 화물밀집도(cargo density)
   – 여객 + 화물의 유효탑재중량 = A + B

② 비행구간별로 유효탑재중량 산출

   (구간거리)   600km   5,500km
   – 프랑크푸르트 ──────────→ 런던 ──────────→ 뉴욕
   (총 Payload Capacity) 2톤   2톤

③ ATK = 여객 + 화물의 탑재가능 톤수 × 각 구간거리
   – (2톤×600km) + (2톤 × 5,500km) = 12,200ATK

3) 이용률(수익성) 지표

☐ 탑승률/탑재율(Load Factor)

항공기의 가동률을 나타내는 지표로, 항공기 운용에 따른 자산의 효율성을 직접적으로 나타내는 핵심적인 지표이다. 유효좌석킬로미터(ASK) 또는 유효톤킬로미터(ATK) 등 공급능력 대비 유상으로 운송된 여객수 또는 중량을 백분율로 표시한 것으로, 공급량에 비해 실제로 운송 또는 판매된 비율을 나타낸다.

- 여객탑승률(Passenger Load Factor): 1 ASK당 실제로 얼마의 여객좌석이 판매되었는지를 나타내는 백분율 지표이다. RPK를 ASK로 나누어서 구한다.
- 중량탑재율(Weight Load Factor): 여객과 화물을 포함하여 중량을 기준으로 전체 운송능력의 얼마만큼을 이용하고 있는지 백분율로 표시한 지표이다. RTK를 ATK로 나누어서 구한다.

일반적으로 탑승률이 높으면 인건비, 유류비, 정비비 등 고정비용을 보다 많은 승객에게 배분할 수 있어 고정비 부담이 경감되어 영업수익성이 높다고 할 수 있다. 그러나 고정비 수준은 개별 항공사마다 다르므로 항공사가 얼마나 많은 수익을 거양하는지를 알아보려면 항공사의 고정비 수준을 감안한 손익분기탑승률(Break-even Load Factor) 지표도 함께 살펴보아야 한다. 손익분기탑승률은 항공사의 수익과 비용이 균등해지는 지표 즉, 손익이 제로(0)가 되는 단위를 말한다. 여객의 경우 손익분기여객탑승률(Break-even Passenger Load Factor)을, 화물의 경우 손익분기중량탑재율(Break-even Weight Load Factor)을 사용한다. 만약 이 지표가 높다면 이 수준을 초과하는 더 높은 여객탑승률을 유지하여야 이익의 실현이 가능해 진다.

Load Factor는 항공기운항 및 항공사의 경영정책, 정부의 항공정책 수립 등 폭넓은 분야에서 중요하게 관리되고 있는 지표중 하나이다. 항공운송산업은 전통적으로 마진율이 그리 높지 않은 산업이라고 할 수 있으므로 적정이익을 시현하려면 항공기탑승률을 높게 유지할 필요가 있다. 특히, 항공사의 마케팅 전략상 항공기티켓을 저렴한 가격으로 보다 많이 판매하려 한다면 탑승률을 그만큼 많이 끌어 올려야 일정 수익을 시현할 수 있다. 이러한 관점에서 영업성격상 탑승률을 최대한도로 끌어 올려야 하는 저가항공사(LCC)들에게 특히 주요하게 관리되어야 하는 지표이기도 하다. 이 지표는 대체로 휴가철이나 방학시즌에 높게 나오므로 항공사 간 적정 비교를 위해서는 동일한 기간을 대상으로 하여 산출하여야 한다.

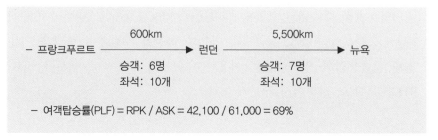

<그림 3> 여객탑승률(PLF)의 산출(예)

□ 일드(Yield)=Revenue/RPK(또는 Revenue/RTK)

1여객킬로미터당 평균 얼마의 수익을 실현하였는지를 나타내는 항공사의 단위당 수익 또는 효율성을 나타내는 지표이다. 여객수익(매출액에서 판매수수료를 제외한 순영업수익)을 RPK로 나누어서 산출한다. RPK 대신에 RTK를 사용하면 1 RTK당 실현수익을 나타낸다. 이 지표는 가중평균 항공료를 나타내므로 항공사들은 항상 이 지표를 증가시키기 위해 노력하고 있다. 항공사들간의 시장경쟁이 치열하여 수익이 감소하는 환경에서는 통상 Yield가 하락하는 경향을 보인다.

□ 공급좌석킬로미터당 수익(RASK: Revenue per ASK)

1킬로미터를 비행한 1개의 좌석 즉, 공급된 1개 좌석킬로미터당 수익성을 나타내는 항공사의 효율성 지표이다. 영업수익, 총수익, 여객수익 등 여러 가지 수익지표를 ASK(Available Seat Kilometers)로 나누어서 산출한다. 여객 수익금액을 사용하는 경우에는 여객 RASK(Passenger RASK), 영업수익액이 사용되는 경우에는 영업 RASK(Operating RASK) 등으로 표시하며, 마일단위를 사용하는 경우에는 RASM(Revenue per ASM)으로 환산하여 표시한다. 이 지표는 항공사의 표준적인 수익성 지표를 나타내므로 일정 기간동안 다른 항공사의 수치와 비교하는데 사용되거나 또는 항공사, 항공운송산업의 월별, 연도별 등 시계열로 수익 추이를 분석하는데 많이 사용된다. 항공사에 따라서는 동일한 좌석이라도 가격 차이가 클 수도 있고, 또 모든 좌석을 동일한 가격으로 책정하는 경우도 있으므로 RASK는 개별 항공사의 좌석당 평균 수익성을 비교하는 데 유용하게 사용된다. 일반적으로 다른 조건이 동일한 상태에서 RASK가 높다는 것은 그만큼 항공사의 수익성도 증가한다는 의미이긴 하지만 항공사마다 공급좌석당 비용수준(CASK) 또한 모두 다르므로 이를 적절히 비교하여 분석할 필요가 있다.

☐ 공급좌석킬로미터당 비용(CASK: Cost per ASK)

RASK가 공급된 좌석킬로미터당 수익규모를 나타낸다면, CASK는 항공사의 좌석킬로미터당 비용수준을 나타낸다. 영업비용을 ASK로 나누어 산출하며 영업비용에는 파일럿과 운항직원의 급료, 정비비, 보험료, 금융비용 등 직접적인 영업비용들이 포함되며, 변동성이 강해 진정한 영업비용이라고 할 수 없는 연료비는 포함하기도 하고 상황에 따라 제외하기도 한다.[1] RASK와 비교하여야 하지만 일반적으로 CASK가 낮다면 항공사의 마진도 높다고 할 수 있다. 그러나 항공사의 평균 운항거리가 증가하면 비용이 거리에 배분되어 CASK도 낮게 표시되므로 보통 항공사 간에 비교할 때에는 통상적인 구간거리로 환산하여 측정한다. 좌석 밀집도가 상대적으로 높은 저가항공사는 대형 항공사에 비해 CASK가 낮게 산출된다.

☐ 항공기이용률(Aircraft Utilization)=일정기간(1일)중 평균 비행시간

항공사의 수익발생을 위해 항공기가 얼마나 사용되고 있는가를 측정하는 지표로 항공기의 생산성 또는 운항효율성을 나타낸다. 주어진 단위시간(보통 24시간) 동안에 항공기가 실제 비행한 평균시간으로 측정한다. 이 지표는 항공기가 비행한 구간길이(stage length)와 함께 사용하는 것이 유용하다. 항공기이용률이 높을수록 고정비용이 유상 비행시간에 배분되어 분산됨에 따라 항공기 운항비용이 줄어들어 이익의 발생 가능성도 높아진다. 이 지표는 항공기별로 산출되며 효율적인 비용배분 개념과 연관되어 항공사의 수익성을 대변하는 지표로도 사용된다. 항공기 회전율이 높으면 항공기 이용률도 개선되는데, 허브공항을 단

---

1) Vitaly S. Guzhva, Sunder Raghavan, Damon J. D'Agostino, Aircraft Leasing and Financing. p. 32.

거리 직항으로 연결하여 운항하는 Point-to-Point 항공기나 지상에서의 아이들타임이 적은 저가 항공사들은 특히 이 지표가 높게 나타난다. 구간길이가 길수록 비행시간이 길어지므로 항공기이용률도 높아지는게 일반적이나 저가 항공사들은 빠른 회전율로 항공기이율률 수치도 높으며, 이런 이유로 B737, A320 같은 Narrow-body 항공기의 이용시간이 상대적으로 길게 나타난다.

☐ 회전시간(Turnaround Time)

공항 게이트에 항공기가 도착하여 다음 출발까지 걸리는 총시간을 뜻한다. 항공기의 착륙 후 승객을 내리고 항공기를 점검한 후 새로운 승객 및 수하물을 탑재하는 데 소요되는 시간으로, 항공사의 운항효율성을 개선하고 항공기이용율을 극대화하기 위한 핵심지표라고 할 수 있다. 특히 저가운임 전략으로 일정 수익을 창출하여야 하는 저가항공사들은 공항 지상요원 등과의 협력·관리를 포함, 비용절감을 위해 회전시간을 줄이기 위한 많은 노력을 기울이고 있다.

4) 운항거리, 운항시간, 중량 지표 등

☐ 대권거리(GCD: Great Circle Distance)

지구 표면위에 있는 두 지점 간을 연결하는 가장 짧은 최단거리를 말한다. 구 내부를 통과하는 두 지점 간의 직선거리(straight distance)가 아닌 구 표면상의 최단경로를 따라 측정된 거리로, 항공기 항로선정의 기준이 되는 거리이다. 실제 항공기는 기상과 항행 안전시설, 통신 등을 고려하여 항로상 거리를 이동하지만, 가능한 범위 내에서 여러 항로중 대권거리에 근접한 항로를 선정하여 운항한다.

☐ 구간거리(Stage Distance)

이륙공항과 다음 착륙공항 간의 대권거리로, RPK, FTK, ATK 등 지표에서 사용되는 구간거리는 이 대권거리를 사용한다.

〈표 1〉 인천공항 → 주요 공항별 대권거리

공항명	IATA	ICAO	대권거리 (km)	공항명	IATA	ICAO	대권거리 (km)
김해	PUS	RKPK	338	파리드골	CDG	LFPG	8,950
제주	CJU	RKPC	438	런던히드로	LHR	EGLL	8,884
상하이홍차오	SHA	ZSSS	838	마드리드	MAD	LEMD	9,966
북경	PEK	ZBAA	903	바르셀로나	BCN	LEBL	9,617
동경나리타	NRT	RJAA	1,260	로스앤젤리스	LAX	KLAX	9,648
방콕돈무앙	DMK	VTBD	3,653	시카고오헤어	ORD	KORD	10,544
싱가폴창이	SIN	WSSS	4,614	뉴욕 JFK	JFK	KJFK	11,114
시드니	SYD	YSSY	8,311	아틀랜타	ATL	KATL	11,512
프랑크푸르트	FRA	EDDF	8,565	상파울루	GRU	SBGR	18,302

자료: 항공정보포털시스템(Airportal)

☐ 구간시간(Block Hours)

항공기가 출발지 공항에서 자력으로 움직이기 시작해서 목적지에 착륙하여 완전히 정지할 때까지 소요되는 시간을 말한다. 통상 출발 게이트에서 도착 게이트까지의 소요시간을 일컬으며, 항공기가 이륙 후 착륙시까지의 소요시간인 Airborne Hours와 유도로 이동시간인 Taxi Hours를 합한 개념이다. 구간시간은 통상 항공기 생산성을 나타내는 지표인 항공기이용률(Aircraft Utilization)을 산정하기 위한 표준 소요시간으로 사용된다. 출발지와 도착지가 같더라도 항공편마다 이륙 장소까지의 유도로 이동, 게이트 접안시간 등이 다르고 논스톱, 노선 경유 등의 차이로 구간시간은 항공편마다 다를 수 있다.

☐ 구간속도(Block Speed)

구간속도는 항공기가 출발지에서 움직이기 시작해서 도착지에서 완전히 정지할 때까지 소요되는 시간을 양지점 간의 운항거리로 나눈 값으로, 평균스피드 (average speed)를 나타낸다. 일반적으로 항공기의 속도를 이야기할 때는 이 구간 속도를 말한다. 여기에는 활주로상의 이동속도(taxi speed), 항공기의 이륙속도 (take-off speed), 대기속도(air speed), 접근속도(approaching speed), 착륙속도(landing speed)가 모두 포함되는 평균적인 개념이다. 승객들은 잘 눈치채지 못하지만 항공기가 터미널에서 유도로로 이동하기 위해 토잉차량이 항공기를 걸어 뒤로 미는 시간이나, 관제타워에서 이륙허가를 받기 위해 활주로 끝단에서 대기하는 시간 등도 모두 포함된다.

한편, 항공기의 속도개념으로는 최고속도(maximum speed)와 순항속도(cruise speed) 도 있다. 최고속도는 항공기가 수평으로 비행하면서 낼 수 있는 최대속도로, 일반적으로 특정 고도에서 기체가 가벼운 상태일 때 낼 수 있는 속도를 말하며, 순항속도는 엔진 내구성, 연료 소모율, 두 지점 간의 소요시간, 기상상태, 기체 총중량 등을 고려하여 가장 연료를 절약할 수 있는 연속적인 비행시의 속도를 말한다. 항공기가 최고속도를 낼 수 있는 것은 일정한 고도에서 순항비행을 할 때이며, 순항거리가 긴 장거리 노선일수록 항공운송의 고속성이 높아진다.

☐ 최대이륙중량(MTOW: Maximum Take-off Weight)

항공기가 활주 시작시 구조상 또는 운용상 제약을 극복하고 이륙이 가능한 최대 적재중량으로 파운드 또는 킬로그램으로 표시하며, 항공기 자체무게에 승객/화물 등의 적재무게, 연료무게를 더한 개념이다. 실제 항공기의 최대 허용이륙중량은 이뿐만 아니라 활주로의 길이, 표면상태, 경사도, 외기날씨, 바람의 방향과 속도, 활주로 연장선상의 장애물 등 다양한 조건에 영향을 받기 때문에 이륙시마다 이륙중량이 변동한다. MTOW는 항공기 제작사에서 항공기의 성능을 표시하기 위해 항공기 제원에 표시되는 중량개념이다. 감항증명서(certificate of airworthiness)나 비행매뉴얼(flight manual), 기타 공식서류에 표시되는 최대허용이륙중량은 MCTOW(Maximum Certified Take-off Weight)라고 한다.

항공기의 중량은 안전하고 효율적으로 이륙하고 착륙하기 위해서 상황과 시점에 따라 다음과 같은 다양한 개념들이 사용된다.

〈표 2〉 항공기관련 중량 용어

용어	내용
Manufacturer Empty Weight (MEW)	아무것도 탑재하지 않은 제작사 출고시의 순수 항공기 자체중량
Basic Empty Weight (BEW)	MEW + 항공사 정책에 의한 필수 운용 장착장비(Standard Item)
Standard Operating Weight (SOW)	BEW + 승무원, 객실서비스 품목, 비상장비 등 서비스운용 아이템 (Operating Items)
Zero Fuel Weight (ZFW)	SOW+유료 승객, 수하물, 화물 등 유상 탑재중량(Payload)
Taxi Weight	ZFW + 연료 탑재량(Take-off Fuel)
Take-Off Weight (TOW)	이륙시 중량(Taxi Weight - 활주로 이동시까지의 사용연료 (Taxi Fuel))
Landing Weight (LDW)	항공기 착륙시의 중량(TOW - 비행중 소모된 연료 중량 (Trip Fuel))

자료: 항공위키.

SAMPLE OF INDICATIVE PROPOSAL FOR FINANCE LEASE

[ABC Airlines]
Indicative Proposal of Loan Facility to Introduce
[Number and Name of Aircraft] (THE "TRANSACTION")

The terms and conditions outlined below are indicative and subject to the internal credit committee approval and are not a comprehensive statement of all applicable terms and conditions that would be contained in the definitive legal documentation for the facility and the transaction contemplated herein. The terms and conditions outlined below remain subject to the further comments and execution of all relevant finance documentation mutually satisfactory to the parties. Those matters that are not covered herein or require any clarification or supplementation are subject to the mutual agreement of the parties and will be negotiated and agreed in good faith during documentation.

A. General Structure and Parties

Purpose	A facility (the "Facility") to [partially] finance the purchase by [ABC Airlines] of the Aircraft to be delivered by [Aircraft Manufacturer] (the "Manufacturer") in [Month/Year].
Aircraft	[Number and Model Name] of aircraft equipped with [Number and Model] of engines, together with the buyer furnished equipment (the "BFE") and the individual aircraft maintenance records for such aircraft in English.
Structure	The Facility will be structured as a [finance lease] through a Special Purpose Company (the "Borrower" and/or "Lessor") incorporated in a tax neutral jurisdiction. The Lessor will in

turn lease the Aircraft to [ABC Airlines]. The Borrower will initially fund the purchase of the Aircraft with the Senior Loan and the Junior Loan. The Senior Loan will rank ahead of the Junior Loan. The loan and lease repayment schedules will mirror each other. Ultimate recourse to [ABC Airlines] will be structured by way of a lease agreement which matches the financial obligations of the Borrower. Notwithstanding, such structure will be fully satisfactory to the Arranger(s), Underwriter(s), Lenders and the Lessee, and particular attention will be paid to:

− full recourse to [ABC Airlines].

− enforceability of the security package.

− structural risk.

Delivery Date/ Drawdown Date/ Lease Commencement Date

The Scheduled Delivery Dates are assumed as follows;

MSN	Scheduled Delivery Date	Aircraft	Estimated Net Aircraft Cost
[No.]	[Date]	[Model]	USD[ ] million

However, the actual Delivery Date is subject to change depending on the Manufacturer's ability to meet the Scheduled Delivery Date. For the avoidance of doubt, deemed delivery provisions will be included in the documentation so that the loan is considered drawn from the Delivery Date stipulated in the drawdown notice ("Drawdown Date").

Net Aircraft Cost

The amount of purchase price of such Aircraft invoiced by the Manufacturer pursuant to the relevant Purchase Agreement. The Net Aircraft Cost will be net of all credit Memoranda, rebates and/or price/cash concessions available to [ABC Airlines] from the Manufacturer. The invoice will be duly evidenced from the Manufacturer marked final and shall be reviewed and approved by the Arranger prior to the Drawdown Date.

Borrower/Lessor/ Owner

A bankruptcy remote special purpose company("SPC") to be established or to be set up in [Tax Neutral Country] or other tax efficient jurisdiction (the "Lessor Jurisdiction") selected by the Lessee and acceptable to the Lessor,

Arranger(s) and Lender(s). Any cost related to the estab-
lishment and maintenance of the SPC will be for the
Lessee's account.

Obligor/Lessee	[Name of Airlines] ("ABC Airlines")
Manufacturer	[Name of Aircraft Manufacturer] ("Manufacturer")
Arranger	[Name of Financial Institution(s)] composed of Senior Arranger and Junior Arranger(together "Arranger(s)"), to be mandated by Lessee after final evaluation. The Arranger reserve the right, prior to or after the execution of definitive documentation with respect to the Financing, to syndicate a portion of their underwritten shares to one or more other financial institutions.
Senior Tranche Underwriters and Underwriting Amount	[Name of financial institution(s)] and [Amount]
Junior Tranche Underwriters and Underwriting Amount	[Name of financial institution(s)] and [Amount]
Senior/Junior Lender	[Name of financial institution(s)], to be invited by Arranger(s) after syndication of Senior and Junior Tranche Underwriter's underwritten shares (together with Senior and Junior Lender, "Lender(s)").
Facility Agent/ Security Trustee	[Name of financial institution] or any other financial institutions to be appointed by Arranger(s) (together with the Security Trustee, "Agent")
Financing Parties	Arranger(s), Agent, Lender(s)

B. Terms and conditions of the Facility

Type of Facility

Term Loan(the "Loans")

Purpose

To [partially] finance the acquisition of the Aircraft.

Facility Amount

Loan will comprise of two floating rate Loans, for a maximum amount of USD [   ] million. Each Loan will comprises of a senior tranche(the "Senior Tranche") and a junior tranche(the "Junior Tranche") as follows
- Senior Tranche: USD [   ] million
- Junior Tranche: USD [   ] million

Underwriting Amount

- USD [   ] million for Senior Tranche
- USD [   ] million for Junior Tranche

Loan Term

[   ] years for Senior Tranche and [   ] years for Junior Tranche from the Delivery Date for the Aircraft.

Currency

The Facility will be denominated in USD

Availability Period

The Facility will be available for drawing between the date of the signing of the documentation and [the specific date], subject to the terms and conditions contained herein. Any amount undrawn by close of business on that date would be cancelled. The Facility is not revolving, i.e. any amount drawn will reduce the available amount and will not be redrawn.

Arrangement Fee

[   ]% flat of the Facility Amount payable by the Borrower upon drawdown for the Aircraft.

Underwriting Fee

[   ]% flat of the Underwrting Amount payable by the Borrower upon drawdown for the Aircraft.

Facility Agent Fee

USD [   ] per annum, payable in advance on the Drawdown Date, and on each anniversary date.

Repayment

Each Senior and Junior Loan will be fully amortized down to zero for each Loan Term for Senior and Junior Tranche in quarterly equal installments of principal and interest payable on a mortgage style basis in arrears commencing [three months] from drawdown (each such date to be a

"Repayment Date").

Interest	Interest will be calculated on the outstanding balance of the Loan on an actual days elapsed/360-day year basis, will be payable [quarterly] in arrears at the end of each interest period with an interest rate equal to the sum of [ ] month USD LIBOR plus applicable Interest Margin.
Interest Margin	[ ]% per annum
Default Interest	[ ]% per annum over applicable Interest Rate

C. General Conditions for the Loan Facility and the Lease

Security Packages	The Security Trustee shall receive, on behalf of the Senior Tranche Lenders, a first priority basis, and on behalf of the Junior Tranche Lenders, a second priority basis, as Security, which package in form and substance satisfactory to the Lenders, for the Lessor's obligations under the Loan Agreement, including but not limited to:

(i) Mortgage-A first priority (for the benefit of Senior Tranche Lenders) and second priority (for the benefit of Junior Tranche Lenders) Mortgage over the Aircraft, registered in [specific Country] or in such other relevant jurisdiction that may apply from time to time, at the cost of the [ABC Airlines], noting the name of each Lenders, the Facility Agent and the Security Trustee's interest in the Aircraft.

(ii) Lease Assignment-In case one or more SPCs is used, the rights of the Borrower/Lessor under the lease agreement to which Lessee is a party, as well as all intermediary leases, will be assigned to the Security Trustee.

(iii) A de-registration power of attorney regarding the Aircraft will be granted by [ABC Airlines] to the Security Trustee.

(iv) Pledge of shares-The shares of SPC used in the structure will be pledged to the benefit of the Security Trustee.

(v) Lessor Account Charge–The account of the Borrower/ Lessor into which [ABC Airlines] shall pay lease rental shall be charged in favor of the Security Trustee.

(vi) Insurance Assignments–Assignment of the Insurance, Reinsurance and Requisition Compensation by the Borrower and the Obligor. The Lenders will be named as additional insured and the Security Trustee shall be named as the Loss Payee.

(vii) Airframe and Warranties Assignment–Assignments (for equivalent contractual protection/instrument) of the Manufacturer and Engine Manufacturer warranties in respect of the Aircraft and consents thereto.

(viii) Plaques–Plaques mentioning the Borrower as owner and the Security Trustee as mortgagee will be affixed on each airframe and engine.

(ix) Any other security item that may reasonably be re- quested by the Lenders.

Acknowledgment of and consent to the security assignment and opinion of legal counsel in each relevant jurisdiction on the perfection and enforceability of the Security will be required.

Conditions Precedent	Conditions precedent to the Drawdown shall include, inter alia:

(i) all transaction documents (including all bills of sale, Security and lease documents) shall have been duly executed, enforceable and delivered to the Security Trustee;

(ii) receipt of the Drawdown Notice not less than [ ] Business Days in advance of the Delivery Date;

(iii) legal opinions as to, without limiting the generality of the foregoing, due execution and corporate authority of the Borrower and/or the Obligor, the registration of the Aircraft and the Security and taxes, shall have been obtained in form and substance satisfactory to the Security Trustee;

(iv) all registrations, authorizations and consents shall have been obtained from any relevant authorities;

(v) all relevant corporate approvals have been obtained by the Borrower;

(vi) all fees due and owing by the Borrower and Obligor to Arranger, the Facility Agent, the Security Trustee and the Lenders shall have been paid;

(vii) no Event of Default, Mandatory Prepayment Event or Termination Event has occurred;

(viii) no disruption in the relevant financial markets, major disruption in the air transport industry nor material adverse change in the financial condition of the Lessee having occurred; and

(ix) any other condition precedent that may reasonably be requested by the Lenders.

Events of Default

The Events of Default under the Loan will include (but not limited to), inter alia:

(i) Failure by the Lessee or the Borrower to make any scheduled payment obligation within [ ] business days of the due date of payment or to make any non-scheduled payment within [   ] business days of the due date of payment;

(ii) Any representation or warranty of the Lessee and/or the Borrower proves to have been untrue in any material respect when made and, if capable of remedy, is not remedied within [ ] days after discovery of the same;

(iii) Failure by the Borrower and/or the Lessee to comply with representations, warranties, covenants or other obligations under the documentations (other than (i) and (ii) above) which, if such failure is curable, continues un-remedied for a period of [   ] days;

(iv) Failure by the Borrower and/or the Lessee to maintain appropriate insurances/re-insurances with respect to the Aircraft or the insurances/re-insurances cease to be in full force;

(v) Any governmental authority decides to withdraw, cancel or suspend any consent, authorisation, certificate, license or approval or such consent, authorisation, certificate, license or approval, including the loss of Air Operator's Certificate, shall be modified so that the operations of the Lessee is materially affected as an international scheduled air carrier;

(vi) The Lessee suspends or ceases or threatens to suspend or cease to carry on its business as a scheduled airline;

(vii) Any other financial indebtedness of the Lessee or the Borrower for an amount greater than USD [   ] or its equivalent in other currency is not paid when due whether at maturity, by acceleration or otherwise after allowing any applicable grace period;

(viii) Bankruptcy, insolvency, whether voluntary or involuntary, appointment of administrator or receiver or similar proceedings with respect to all or a material part of the assets of the Borrower and/or the Lessee;

(ix) Any Default under a collateral, security documents or other support agreement;

(x) Termination Event under the Lease;

(xi) Cross-default with the other Aircraft(in case more than one aircraft to be financed);

(xii) Failure to pay by the Borrower and/or the Lessee any final judgment or court order if not stayed within an appropriate period;

(xiii) Failure by the Lessee to maintain the registration of the Aircraft or the registration of the Mortgage in the relevant jurisdiction (including International Registry under the Cape Town Convention);

(xiv) The Loan Agreement or any other Facility Document is or becomes impaired, invalid or unenforceable; or any security provided to the Lenders becomes invalid or cease to be in full force and effect or loses its first or second (as the case may be) ranking priority, or any lien other than a permitted lien is created over the Aircraft (subject to mitigation procedures); and any other events of default that is customary in this type of transaction; and

(xv) In the reasonable opinion of the Lenders, a material adverse change has occurred in the financial condition, business, assets and property of the Lessee, and the Lenders, acting reasonably, determine that such change will have a material adverse effect on the ability of the Lessee to comply with its obligations under the Facility

(xvi) Any other customary event of default for this type of transaction.

Upon the occurrence of an Event of Default, the Facility Agent may declare the Loan to be immediately due and payable and/or enforce any or all rights, remedies and powers available. Should the Loan Facility become payable, the Borrower will be liable to pay to the Facility Agent on behalf of the Lender(s) all unpaid amounts under the Facility Documents and all other documents.

Yield Protection

The transaction documentation will contain judgment currency and yield protection provisions, customary for facilities of this nature, protecting the Financing Parties in the event of unavailability of funding, funding losses, illegality, increased costs and reserve and capital adequacy requirements.

Market Disruption

If in respect of any interest period,

(i) on the quotation day for the relevant interest period the screen rates referred in the definition of LIBOR are not available or such screen rates are zero or negative and none or only one of the reference banks supplies a rate to the Facility Agent to determine LIBOR; or

(ii) The Facility Agent receives notifications from a Lender or Lenders that the cost to it of obtaining matching deposits in the London interbank market would be in excess of LIBOR for the relevant interest period.

In case of (ii), the Borrower shall pay such Lender on demand the positive amount(if any), which shall be the difference between the actual cost of obtaining matching deposits for that interest period, as certified by a duly authorized officer of the affected Lender, and LIBOR for such interest period.

Payments and Taxes

All amounts payable by the Borrower and/or the Obligor to the Lenders, the Facility Agent and the Security Trustee will be paid in the currency as denominated in this proposal, in immediately available funds (unless otherwise specified in the documentation).

All payments due to the Lenders under this Facility are to be made free and clear of any present and future withholding taxes, income taxes, duties, levies or deductions of whatever nature imposed by any jurisdiction (except income taxes in the jurisdiction of each Lender imposed on its net income). The Borrower and/or the Lessee will be required to gross up for any withholding tax or other deduction required by law. The Borrower and/or the Lessee should provide appropriate documentation, including receipts, when requested, to indicate payments of any such taxes by the Borrower and/or the Lessee. The Borrower should reimburse each Lender if it is required to pay such taxes.

The documentation will contain provisions covering (without limitation) the following, which shall be in form and substance satisfactory to the Lenders:

- right of the Lenders to make deductions or withholdings required by Foreign Account Tax Compliance Act laws and regulations (FATCA Deduction);
- provide for an indemnity to the Facility Agent from the Lenders for any FATCA-related risks;
- require parties to provide information to each other relating to its FATCA status;
- consent of all Lenders required in respect of amendments that could result in a FATCA Deduction.

Currency Indemnity

The Borrower and the Lessee should pay any currency conversion shortfall that results from a judgment against the Borrower or the Lessee, as appropriate, which is rendered in a currency other than that in which the obligation is otherwise repayable.

Prepayment

The Borrower, acting through instruction of the Lessee, may voluntarily prepay [at any time] on each Repayment Date, any advance in full or in part in minimum amounts of [   ] million together with accrued interest, any breakage costs incurred to the Lessor and the Lender by giving no less than [   ] day's notice to the Facility Agent [without penalty or with prepayment fee, for such voluntary prepayment amount, if applicable].

Termination Value

All amounts outstanding under the Loan for an Aircraft, i.e. all unpaid amounts under the Facility Documentation and all other documents including, but not limited to, principal, interest, funding breakage costs and all other costs, if any, incurred by the Lenders in terminating the relevant Loan, including all losses, if any, in liquidating or re-deploying the relevant Loan and legal fees, if any.

Breakage Costs

All funding breakage costs incurred by Lender in connection with its funding arrangements and/or swap, if any, are for the account of the Borrower and the Lessee.

Increased Costs

The Lessee shall be responsible to pay any additional costs which may arise following award of the mandate and that the Lessor or any Lender may incur under the Loan or the Lease.

Indemnity Clause

The Borrower shall indemnify each of the Lenders, the Agent and the Security Trustee for any losses, damages, costs, expenses and liabilities incurred by such party due to any breach or default by the Borrower of the terms of the Facility Agreement and any other documents relating thereto.

Representation

- Solvency Representation, at closing;
- Representation on the Absence of Material Litigation at closing (i.e. there is no material pending or threatened investigation, litigation or proceeding);
- Full Disclosure representation, at closing; and
- Any other representation that is customary to similar transactions.

Lease Rentals

Lessee shall make [quarterly] Lease Rentals in arrears.

Net Lease

The Lease shall be a "net" lease and the Lessee's obligations thereunder to pay rent and perform its other obligations is to be absolute and unconditional.

Lease Term

[ ] years from the Lease Commencement Date and will be matched to the Loan Term.

Title

Title to the Aircraft will remain with the Borrower. The Borrower will be required to take any steps appropriate to preserve the security interests of the Lenders in the Aircraft and to defend such interests against third party claims.

Use of Aircraft

Documentation will include a covenant restricting use of the Aircraft in breach of, or for a transaction prohibited by, or sublease or wet lease to a person embargoed under, applicable sanctions legislation (being USA, E.U., U.N., or

United Kingdom) and representations confirming sanctions compliance by the airline and members of its group and that no such person is the subject of any claim, suit, action, proceeding in connection with a breach of relevant sanctions rules by any relevant government agency.

Quiet Enjoyment So long as no Termination Event or Events of Default shall have occurred and be continuing, the Lenders will then agree that, except as specifically permitted by the terms of the Facility Documentation, they will not interfere with Lessee's peaceful and quiet use, operation and possession of the Aircraft.

[Sub-Leasing] [So long as no Events of Default is occurred and is continuing, the Lessee shall be permitted to sublease the Aircraft during the Lease Term to sub-lessees (the Permitted Sub-lessees) with a prior notice to the Lenders, but subject to the execution of satisfactory subordination documentation between such sub-lessee, Lessor, Lessee, and the Lenders and such other terms as are customary for transactions of this type.]

Registration The Aircraft shall be registered at the cost of the Borrower with the relevant local aviation authority in the name of (i) the Borrower as the registered owner, (ii) the Lessee as lessee and (iii) the Security Trustee and Lenders as mortgagees, and Borrower shall provide, as soon as possible, the Security Trustee and Lenders with a copy of the certificate of registration issued by the relevant authority with all cost of registration and property taxes to be borne by Borrower.

In connection with any registration, the Agent shall receive an opinion from a reputable counsel satisfactory to the Lenders stating that: (i) the terms of the Documentation are legal, valid and binding in such jurisdiction, (ii) there shall not exist possessory rights in favor of the Borrower or permitted sub-lessee that would prevent or materially delay the return of the Aircraft if required by the Documentation, and (iii) other standard matters. The Facility Agent or the Security Trustee shall execute all instruments necessary in order to effect such registration at the cost of Borrower.

Total Loss	Subject to further negotiation between Lessee and Lenders, Total Loss means with respect to the Aircraft:

(ⅰ) Any loss or damage resulting in an insurance settlement on the basis of total loss (actual, constructive or agreed total loss);

(ⅱ) The requisition of title, confiscation, sequestration, detention, forfeiture, compulsory acquisition or seizure of the Aircraft;

(ⅲ) Theft or hijacking for a period more than [ ] consecutive days, or if earlier, beyond the Loan Term;

(ⅳ) Disappearance of the Aircraft resulting in loss of possession by the Lessee for a period more than [ ] consecutive days, or if earlier, beyond the Loan Term;

(ⅴ) Requisition for hire for a period in excess of [ ] days or if earlier, beyond the Loan Term;

(ⅵ) The Aircraft is destroyed, damaged beyond repair or is prohibited from use for a period exceeding [ ] consecutive days by the relevant aviation authority or if earlier, beyond the Loan Term.

Within [ ] days after the occurrence of a Total Loss, the Borrower or the Lessee shall pay the Termination Value in respect of the Aircraft.

Engine Pooling So long as no Events of Default has occurred and is continuing, the Lessee shall be allowed to enter into engine pooling arrangement customary in the airline industry and in this type of transaction.

Insurance Lessee shall provide and maintain, at its own cost, insurance coverage at all times, in amounts and on terms and conditions at least similar to the ones maintained on a similar aircraft in Lessee's fleet and which are customary in international lease transactions involving similar aircraft, including without limitation, property, damage and passenger liability insurance, all risk insurance, hull and ground insurance and war risk and allied peril insurance. Such insurance will comply with AVN 67B and other AVN requirements. Notwithstanding the foregoing, the amount of such all risk insurance, hull and ground insurance and war risk and allied peril insurance coverage shall at no time be less than the aggregate of [ ]% (if outstanding remains floating rate basis) of the balance of the loan at any time, taking into account current exchange rates. Insurance will be effected in the London or New York insurance market.

Third party/public liability insurance shall be maintained for a combined single limit of at least USD [   ] per occurrence for the Aircraft. All insurance policies shall name the Lessor, Security Trustee, the Facility Agent and the Lenders and their directors, officers, servants and agents as contract parties and additional insured and the Security Trustee as the loss-payee and all terms and conditions of such insurance shall be acceptable to the Lenders. The Lessee shall provide the Security Trustee, Financing Parties and any relevant persons with certificates of insurance issued by brokers acceptable to the Lessor and the Security Trustee upon renewal thereof.

If and when available, any re-insurance policies (if applicable) will include a cut-through clause in favor of the Security Trustee acting on behalf of the Lenders.

Maintenance and Operations
The Lessee shall maintain the Aircraft and relevant records in accordance with the Manufacturer's recommended maintenance procedures, and in such condition that the Aircraft will have valid airworthiness certificates and comply with the relevant regulations of the relevant jurisdictions. The Lessee will not use nor operate the Aircraft (or permit the Aircraft to be used or operated) in violation of any law or regulation of any government or governmental authority having jurisdiction, nor in violation of any airworthiness certificate, license or registration issued by any such authority.

Facility Documentation
Documentation will be prepared by Lender's legal counsel and will be in the form of a Facility Agreement governed by [   ] law, outlining the general terms and conditions of the Facility, and will incorporate customary clauses for this type of Facility including (without limitation):

(i) Reimbursement of increased costs or reduction in the rate of return on amounts receivable in the event of reserve or capital adequacy requirements or similar impositions in any such case as a result of a change in law or applicable regulations subject to the usual rights to mitigate/cure such event;

(ii) Protection against withholding and other taxes;

(iii) Usual representations and warranties;

(iv) Operational indemnity and general indemnity; and

(v) Material Adverse Changes provisions relating to the relevant financial markets, the air transportation industry or Lessee's financial situation.

Lender's Legal Counsel	[Name of Legal Counsel] for Senior Loan and/or for [Name of Legal Counsel] for Junior Loan, if any.
Legal Fees & Costs	The fees and costs of a legal counsel (subject to caps to be negotiated or as otherwise agreed to be limited) incurred by the Lenders and the Agents in connection with the Transaction will be for the account of the Lessee, irrespective of whether the transaction closes or not. Lessee shall be entitled to agree fee estimates and/or caps with the Arranger and the Lender's legal counsel (provided that a failure to agree such cap shall not relieve Lessee of its obligation to bear legal costs).
Fees & Expenses	Fees and expenses associated with the Transaction (subject to caps to be negotiated or as otherwise agreed to be limited) incurred by the Lenders or the Agents on and from the date of signing the definitive mandate for the Transaction will be payable by the Lessee against invoices or receipts submitted for the account of the Lessee.
Governing Law / Jurisdiction	− [ ] law, or any other law necessary and suitable for security documents. − Any dispute arising in connection with the Loan should be subject to the non-exclusive jurisdiction of the courts of [ ]. Moreover, when the Borrower resides in a jurisdiction other than the governing law jurisdiction, an agent must be appointed for service of process in the governing law jurisdiction.
Cape Town Convention	If there shall be any legislative or other provisions giving effect to the Cape Town Convention relating to recognition of rights in aircraft in the state of registration, the Lessee shall at no cost to the Lessor or the Security Trustee forthwith do and join with the Lessor in doing all such acts as

	may be necessary to perfect recognition of the Lessor's and the Security Trustee's, title and interest in the Aircraft in accordance with such legislative or other provisions.
Additional Clause	Additional issues may be raised during documentation. This term sheet does not constitute a waiver of such issues by Lenders.
Availability	This term sheet is subject to the receipt of necessary internal credit committee approval of the Lenders and completion of necessary due diligence, documentation and 'Know Your Customer' guidelines.
Validity Date	This proposal remains valid for Lessee's acceptance until [ ].

참고문헌

[국내문헌]

김경숙(2014), 항공서비스론, 백산출판사.

박원화(2015), 국제항공법, 한국학술정보.

박혜정·김남선(2013), 항공경영실무, 백산출판사.

석광현·정순섭(2009), 국제금융법의 현상과 과제, 서울대학교 금융법센터.

양한모·김도현, 항공교통개론, 한국항공대학출판부.

장대홍·권영준·안동규(1995), 리스금융론, 법문사.

최준선(1987), 국제항공운송법론, 삼영사.

최준선(2018), 보험·해상·항공운송법, 삼영사.

한국산업은행(2007), 국제금융 Documentation의 이해, 한국산업은행 법무실.

항공용어사전(2004.1), 한국항공진흥협회.

행내업무통신 연수교재, 한국산업은행(2018).

[국내논문, 자료]

금융감독원(2018. 1), K-IFRS 제1116호 관련 주석공시 모범사례, K-IFRS 제1116호 리스
    의 주요내용.

김광옥(2011), 판매후리스 항공기의 취득세 이중과세 문제개선의 당위성, 항공진흥 제56
    호, 항공진흥협회.

김용재·전우정(2010), 이동장비에 대한 국제담보권협약의 최근 동향 연구-등기와 선언
    을 중심으로, 금융법연구 제7권 제1호.

김지형(2017. 6), 다수의 항공기리스계약을 기초로 한 항공기금융유동화 평가시 고려사
    항, NICE Issue.

노상원·정승기(2016. 10), 항공기금융의 이해와 글로벌 항공시장(항공사) 분석, 동부증권.

대한상공회의소(2014), 항공물류산업의 트렌드변화와 우리 물류기업의 대응방안, SCM
    CEO Report 제16호.

석광현·조영균(2006. 7), 국제항공기금융에 관한 법적 문제점, BFL 제18호.

성낙주(2003), 국제항공기 도입금융에 대한 연구, 고려대학교 경영대학원 석사학위논문.

세계항공발달사(2014), 세계항공약사(2014), 항공정보포털시스템.

손상현(2009), 항공기 도입금융에 대한 연구, 한양대학교 경영대학원 석사학위논문.

영종의 항공이야기, 캐버티지와 하늘의 자유 외 (http://blog.naver.com).

우종연(2017), 항공화물 국제운송서비스 품질이 국제물류주선업자 선정에 미치는 영향 연구, 인하대학교 물류전문대학원.

이종훈(2014.11), EETC, 항공사 신용도를 뛰어넘은 비결, 한국신용평가.

이준·최수미(2004), UNIDROIT 이동장비 담보권협약과 항공기장비 및 우주자산 의정서의 성안이 갖는 의미, 항공우주산업기술동향 2권 2호.

조일주의 항공세계, 하늘의 자유에서 5자유와 6자유를 명쾌하게 구별하기 외 (http://blog.naver.com).

최서영(2012), 항공자유화협정과 중남미 항공운송시장에 관한 연구, 한국외국어대학교 정치행정언론대학원 석사학위논문.

최현희(2017. 7), 새로운 리스회계기준 적용에 따른 산업별 영향, 한국산업은행 이슈브리프.

한국신용평가(2013), 항공운송산업 Rating Methodology.

한국회계기준원(2017. 6), K-IFRS 제개정 교육자료.

항공사업법, 항공사업법시행령, 항공안전법, 국가법령정보센타 웹사이트 (http://www.law.go.kr).

[외국문헌]

Bijan Vasigh, Reza Taleghani, Darryl Jenkins(2012), Aircraft Finance, J.Ross Publishing.

Cem Karako(2010), Separate Financing of Aircraft Engines, LAMBERT Academic Publishing.

Frank J. Fabozzi, Investing in Asset-backed Securities, Frank J. Fabozzi Associate.

Hoyt L. Barber(1992), Tax Havens, McGraw-Hill.

Marc Remy Halter(2006.1), Aviation Insurance in International Air Transport, McGill University.

Niba Fontoh(2011), Liabilities Generated by Aircraft Lease Contracts, LAMBERT Academic Publishing.

J. Scott(2005), Practical Aviation Law(4th edition), Blackwell Publishing.

Ronald Scheinberg(2014), The Commercial Aircraft Finance Handbook, Euromoney

Books.

Peter S. Morrell(2013), Airline Finance Fourth Edition, Ashgate.

Raymond C. Speciale(2003), Aircraft Ownership-A Legal and Tax Guide, McGraw-Hill Hamilton.

Rob Murphy & Nasreen Desai(2011), Aircraft Financing Fourth Edition, Euromoney Books.

Vitaly S. Guzhva, Sunder Raghavan, DAmon J. D'Agostino(2019), Aircraft Leasing and Financing. Elsevier.

[외국논문, 자료]

Air Transport and Commercial Aviation (http://centennial of flight.net).

Airbus(2017, 2018, 2019) Global Market Forecast, Airbus.

Aircraft Valuation, Ascend Advisory.

Airfinance Journal(2003. 6), Leasing Survey: Taxing times.

Airfinance Journal(2009. 10. 23.), Are banks right to be wary of PDP financing.

Airfinance Journal(2011. 3. 4.), Feature: Thinking outside the box for PDP finance.

Airfinance Journal(2013. 5), Airlines return JOLCO aircraft.

Airfinance Journal(2014. 3), JOLCO arrangers innovate to meet investor demand.

Airfinance Journal(2014. 4), Japanese Government proposal could kill JOLCOs.

Airfinance Journal(2015. 3), Analysis: Non-US EETCs enter the market.

Alasdair Whyte(2017. 2), Beginners guide to aircraft finance
    (http://www.aircraftinvestor.com/articles).

Alex Dichter(2017. 2), Between ROIC and a hard place: The puzzle of airline economics, McKinsey & Company.

ALTON Aviation Consultancy(2018.4), Engine Selection Considerations: Who's buying?

American Association of Airport Executives(2004/2005), History, the Regulation of Air Transportation, Airports and the Federal Aviation Administration.

Appleby, Guide to Cayman Island Trusts (http://applebyglobal.com).

Ascend Aircraft Investment Index, Ascend Advisory.

Ascend, Ascend Online Values User Guide.

ATAG(2014. 4, 2016. 6, 2016. 7, 2017. 10, 2018. 10), Aviation Benefits Beyond Borders, ATAG.

ATAG(2017. 11), Beginner's Guide to Sustainable Aviation Fuel, ATAG.

AVAC(2012. 10), The Aircraft Value Reference Volume 1, Issue 43.

Aviation Working Group(2007), New Sector Understanding on Export Credits for Civil Aircraft, Explanation Material.

Aviation Working Group(2007. 7), Sector Understanding on Export Credit for Civil Aircraft.

Aviation Working Group(2011), 2011 Aircraft Sector Understanding-Overview and Summary, Explanation Material.

Barry P. Biggar(2005. 11), Aircraft Finance and the Debt Capital Markets, Allen & Overy.

Bart Elias, Rachel Y. Tang, Baird Webel(2014. 9), Aviation War Risk Insurance: Background and Options for Congress.

Becky Kitchener and Rebecca Walker(2013. 3), Enforcement of share charges: in practice, Butterworths Journal of International Banking and Financial Law.

Ben Hughes(2017), Three key trends for spare engine leasing in 2017.

Bill Gibson(2018. 3), Aircraft Financing-a Risk Overview, 2nd Annual Airline Economics Growth Frontiers Korea 2018, Vedder Price.

BNP Paribas(2007. 7), The Japanese Operating Lease, an attractive financing tool for aircraft acquisition, Presentation.

BNP Paribas(2015. 3), Airlines Fixed Income Desk: Pricing and Trends for EETCs, Unsecured Bonds, Export Credit Bonds.

Bobby Janagan(2013. 8), Engine Leasing Q&A, Airfinance Journal.

Boeing(2016, 2017, 2018, 2019) Commercial Market Outlook, Boeing.

Boeing(2017, 2018), Business Environment Update, Is recent growth in air cargo sustainable etc.

Boeing(2017, 2018, 2019) Current Aircraft Finance Market Outlook, Boeing.

Booz, Allen & Hamilton(2001) Punctuality: How Airlines can Improve On-time Performance, Booz Allen & Hamilton.

bpifrance(2017. 1. 17), Bpifrance Assurance Export: the new French export credit agency, bpifrance Press Release.

Bryson Monteleone(2009. 10), Engine Valuation, Tailwind Capital, LLC.

Cameron A. Gee(2009), Aircraft Pre-delivery Payment Financing Transactions, Journal of Structured Finance.

Cameron Gee(2012), Lowering Risk in Pre-delivery Transaction, Aircraft Finance Guide 2012.

Convention on the International Recognition of Rights in Aircraft (http://www.jus.uio.no/english/services/library/treaties/07/7-01).

Daniel French(2005. 3), Legal Considerations for Engine Financiers, Freshfields Bruckhaus Deringer.

David W. Forti(2001. 4), Bankruptcy Remote Structuring, Dechert.

David Yu, Changing composition of financing sources in aviation, Airfinance Journal.

DBS Vickers Securities(2017), Industry Focus-Aircraft Leasing.

Deloitte(2016. 7), Global Commercial Aerospace Industry-Aircraft Order backlog analysis.

Deloitte(2017. 12), Balancing the books: IFRS 16 and Aviation Finance.

Dick Forsberg(2012. 9), Aircraft Retirement Trends & Outlook, AVOLON.

Dick Forsberg(2017. 10), World Fleet Forecast 2017-2036, AVOLON.

Dick Forsberg(2018. 1), Into the Great Wide Open, AVOLON.

Donal Hanley(2015), The relationship between the Geneva And Cape Town Conventions, Cape Town Convention Journal, Volume 4 Issue 1.

Douglas B. Kelly, Forecasting aircraft values: An appraiser's perspective, AVITAS Inc.

ELT(2006. 5), A Leveraged Lease Primer-Understanding the tax and accounting treatments of this powerful equipment finance tool, Financial Watch,

Ernst&Young(2017. 4), Aviation finance: an interesting prospect for long-term investors.

Fergus Evans, Aki Takamatsu(2018. 5), JOLs and JOLCOs, Clifford Chance.

Field Fisher Waterhouse(2008. 2), Enforcement of security over an aircraft.

Fitch Ratings(2017. 9), Aircraft Enhanced Equipment Trust Certificate Rating Criteria.

Gary Fitzgerald(2014. 3), Dramatic changes in the engine aftermarket are causing major concerns for aircraft investors, Airfinance Journal.

Gordon L. Gerson, Special-Purpose Bankruptcy remote Entities, Frequently Asked Questions.

Grant Thornton(2018), Ireland as a location for aircraft leasing and financing,

Gregory P. Ripple(2002. 12), Special Protection in the Air: The Historical Development of Section 1110 of the Bankruptcy Code, Notre Dame Law Review.

Harry Upcott(2007. 2), ECA Aircraft Financing-a product in flux, Journal of International Banking & financial Law Volume 22.

History of Aviation-First Flights, Avjobs (http://www.avjobs.com/history).

IATA(2013. 6), Profitability and the air transport value chain, IATA Economics Briefing No. 10.

IATA(2018. 1), How can air cargo serve e-Commerce, IATA Cargo Strategy.

IATA, Airline Industry Economic Performance(monthly), Industry Statistics Fact Sheet(monthly), Airlines Financial Monitor(monthly), Airfreight Market Analysis (monthly), Jet Fuel Price Monitor(monthly) etc.

IATA, Cargo Chartbook(monthly), Air Passenger Market Analysis(monthly), Air Travel Demand(monthly), IATA Economic Briefings(monthly) etc.

IATA, The Impacts of September 11 2001 on Aviation.

ICAO(2013. 3), The MALIAT: A Basis for the Future Economic Regulation of Air Services, Worldwide Air Transport Conference 6th Meeting Working Paper.

ICAO, Safety Report(2014/2018/2019), Economic Development-Air Transport Monthly Monitor(monthly), Air Transport in Figures(yearly) etc.

J. P. Anson, Frank J. Fabozzi, Frank J. Jones, The Handbook of Traditional and Alternative Investment Vehicles, John Wiley & Sons.

James Billing(2016. 9), Freighter Market Outlook, Boeing Commercial Airplanes.

JD Supra(2018. 8), PDP Financing: An Overview, Journal of Structured Finance, Vedder Price.

John Curry, Raymond Wells, Jaeyong So, Iryna Nikolaieva(2010. 5), How the EETC Structure has changed, Airfinance Journal.

Johnson Insurance, 5 Questions to ask about aircraft financing, volume 5.

Joshua Fox(2017. 5), Sale-Leaseback Transactions-Why, When and How, STOUT.

Julie McLean(2011. 4), A year later: the practical consequences of Blue Sky One Limited, Conyers Dill & Pearman.

Karen Floersch(2001.1), Revisting the structure, FlightGlobal.

Katherine J. Baudistel(2013), Bankruptcy-remote Special Purpose Entities: an opportunity for investors to maximize the value of their returns while undergoing more careful and realistic risk analysis.

Kenneth Gray(2012. 8), Cape Town Convention(Practice Note), Norton Rose Fulbright on Aviation Finance.

Kenneth Gray, Judicial clarification of the choice of law rules for aircraft mortgages: how a mortgage may be effective in one jurisdiction but ineffective in another.

KPMG(2018), Navigating the Cycle, Airline Economic Research, Aviation Industry Leaders Report.

Les Weal(2012), What's it worth? Aircraft Valuation-theory and practice, Ascend.

Lexis PSL(2017. 2), A new French Export Credit Agency-what has changed.

Lexisnexis, Taking security over aircraft-creation of aircraft mortgages.

Louise Butcher(2010. 4), Aviation: Open Skies, House of Commons Library.

Lucy Shtenko(2015. 4), The Changing Face of Aircraft PDP Financing, Watson Farley & Williams.

Marco Bloemen(2018. 6), Cargo Market and Airport Capacity Trends, Seabury Consulting.

Mark Bisset(2019. 5), Aviation Finance & Leasing-Getting the Deal Through, Clyde & Co LLP.

Mark N. Lessard(2008. 3. 17), ABCs of PDPs, Pillsbury Winthrop Shaw Pittman LLP.

Martin Liehr, Andreas Grobler, Martin Klein, Understanding Business Cycles in the Airline Market, Industrieseminar der Universitat Mannheim.

Mary O'Neill, Shari McField, Wanda Ebanks(2018. 4), EETC: A Viable Financing Option for US and Non-US Airlines Alike?, mondaq.

Masaki Kusano, Yohihiro Sakuma, Noriyuki Tsunogaya, Economic Consequences of Changes in the Lease Accounting Standards: Evidence of Japan, 2015 version.

Master Short-term Engine Lease Agreement 2012, User's Guide and Commentary by AWG.

Mehraab Nazir(2018. 10), The Growth of the JOLCO Structure, Watson Farley & Williams, Marine Money.

Mehtap Cevher Conti(2013. 10), EETC: The Next Generation of Debt Financing for Airlines, Airfinance Journal.

Michael Allen(2017. 4), Strong appetite for JOLs despite challenges, Airfinance Journal.

Michael Marray(2001. 2), Support Withdrawal, Airfinance Journal.

Nathalie Lenoir(1998. 7), Cycles In the Air Transportation Industry, WCTR 1998, 8th World Conference on Transportation Research.

Nick Chandler, Paul Holland etc.(2016. 7), Aircraft Finance Briefing: A Practical Guide to the Cape Town Convention, DENTONS.

Nick Parsons(2002. 9), A question of Credit, Airfinance Journal.

Nikki Wallace(2005), Aircraft Lease Agreements-International Legal Requirements, Field Fisher Waterhouse.

Nora Colomer(2013. 2), Aircraft Lease ABS Takes off, Airfinance Journal.

OECD(2011. 9), Sector Understanding on Export Credits for Civil Aircraft, Trade and Agriculture Directorate.

OECD(2018. 1), Arrangement on Officially Supported Export Credits, Trade and Agriculture Directorate.

Orla Benson(2018. 3), Investors and airlines are seeking continued opportunity in the

JOLCO market. SMBC Aviation Capital.

P. P. C. Haanappel, Bilateral Air Transport Agreements-1913-1980, Maryland Journal of International Law, Volume 5/Issue 2

Patrick Dolan, Ramy Ibrahim(2017. 12), Industry Insights: Aircraft Lease Securitizations, Norton Rose Fulbright LLP.

Patrick Farrell, Kenneth Gray(2011. 7), Taking english or new york law mortgages over foreign-registered aircraft.

Patrick Kaufer(2006. 11), The Case for Bonds, Morgan Stanley.

Patrick Winters(2011. 6), Feature: JOL survey 2011, Airfinance Journal.

Paul J. Freitas(2013. 4), Aviation war risk insurance and its impacts on US passenger aviation, Journal of Transport Literature.

Paul Jebely(2010. 9), Court guidance on the effectiveness of English law aircraft mortgages, ashurst.

Paul Jebely(2015. 3. 18), Paper Planes: the financing of aircraft pre-delivery payment, Clyde & Co.

Paul Nelson, Mario Jacovides(2010. 7), Blue Sky thinking - English law aircraft mortgages, Allen & Overy.

Paul Stephen Dempsey(2017), Introduction to Airline Economics, McGill University Institute of Air & Space Law.

Peter W. Brooks(1967), The Development of Air Transport, Journal of Transport Economics and Policy.

Philip R. Wood, Conflict of Laws and International Finance, Thomson Sweet & Macwell.

pwc(2013. 1), Aviation Finance-Fasten your seatbelts (http://www.pwc.com).

pwc(2016. 2), In depth-A look at current financial reporting issues.

pwc(2018. 8), Leases-updated.

Ralph Azzie, Specific Problems Solved by the Negotiation of Bilateral Air Agreements, McGill Law Journal.

Raquel Mazal Krauss(2011), The Role and Importance of Export Credit Agencies, The George Washington University.

Rob Morris(2017. 2), Global Aviation Sector Overview, FlightGlobal.

Ronald Scheinberg(2010. 9-10), Back-Leveraged Operating Leases: Recent Development, Airline Fleet Management.

S. Addepalli, G. Pagalday, K. Salonitis, R.Roy(2018), Socio-economic and demographic factors that contribute to the growth of the civil aviation industry, Elsevier.

Scott D. McCreary, presentation for registering aircraft with the United States, McAfee & Taft.

Shannon Ackert(2011. 9), Engine Maintenance Concepts for Financiers, Aircraft Monitor.

Shannon Ackert(2012. 3), Basics of Aircraft Market Analysis, Aircraft Monitor.

Signatories to the Convention, ICAO (http://www.icao.int/secretariat/legal/List%20of% 20Parties/chicago _EN.pdf).

Simon Collins(2008), Japanese Operating Lease: an explanatory guide, White & Case.

Standard & Poor', The Rating Process for Aircraft Financing: Aircraft Securitization Criteria.

Steve Saxon and Mathieu Weber(2017. 7), A better approach to airline costs, McKinsey & Company.

Tadasi Ando(2010. 1), Difference among Charitable Organizations, Ando Legal Office.

The Economic Impact of Air Service Liberalizaion, InterVISTAS-ga.

The Government Role in Civil Aviation (http://centennial of flight.net).

The Legal Advisory Panel of Aviation Working Group(2012. 11), Practitioner's Guide to the Cape Town Convention and the Aircraft Protocol.

Tom Stalnaker, Khalid Usman, Aaron Taylor(2015~2016), Airline Economic Analysis, Oliver Wyman.

Tony Kondo(2018. 3), Investing in Engines, A Comparison with investing in Aircraft, Sumisho Aero Engine Lease.

U.S. Department of State Diplomacy in Action, U.S.-U.K. Bermuda II of July 23, 1977 (http://www.state.gov/e/eb/rls/othr/ata/u/uk/176322.htm).

U.S. Ex-Im Bank, Aviation Exports (https://www.exim.gov/policies/aviation-exports).

U.S. Ex-Im Bank, Co-Financing One-stop-shop (https://www.exim.gov/policies/ co-financing).

U.S. Ex-Im Bank, Due Diligence Standards (https://www.exim.gov/policies/due-diligence- standards).

U.S. Ex-Im Bank, Form of Take-out Option Agreement (https://www.exim.gov/tools/ appsforms/documents).

U.S. Ex-Im Bank, Qualification Guidelines for a Qualified Business Aircraft Financing Adviser (http://www.exim.gov/what-we-do/loan-guarantee/transportation/aircraft exports).

Unidroit, Contracting States for Protocol to the Convention on International Interests in Mobile Equipment on Matters specific to Aircraft.

United Nations(2017. 6), World Population Prospects: 2017 revision, Department of Economic & Social Affairs.

UNWTO(2018, 2019), Tourism Highlights 2018 & 2019 Edition.

Victoria Westcott, Florent Rigaud, Charlene Ntsiba(2017. 1), Transfer of French Export Credit Activities from Coface to Bpifrance Assurance Export S.A.S., White & Case.

White & Case(2000. 6), Defining the Role of the Japanese Operating Lease, International Law Office Newsletters.

Wilbur F. Foster, Risa M Rosenberg(2010. 2), Aircraft Lessors Entitled to Adequate Protection During the §1110 60−Day Period, American Bankruptcy Institute Journal.

William C. Bowers(1998), Aircraft Lease Securitizaion: ALPS to EETCs, Guide to Capital Markets.

William J. Glaister and Julian Acratopulo(2012. 9), The Blue Sky Decision−stormy skies for aircraft financing, Clifford Chance.

YANO Research(2018. 6), JOL(Japanese Operating Lease) Market: Key Research Findings 2018.

Zuckert Scoutt & Rasenberger, LLP(2011. 3), Ensuring Foreign Air Carrier Compliance: What is Cabotage?

日本格付研究所(2015. 11), EETC(Enhanced Equipment Trust Certificate), JCR.

井門慶介, 福永周介(2018. 11), JOLCO 取引の概要と注意点, ホワイトケース法律事務所, Presentation.

組合, ウイキペデイア(http://ja.wilipedia.org/wiki/%E7%B5%84%E5%90%88).

찾아보기

저자 약력

성낙주
- 덕수상업고등학교 졸업
- 성균관대학교 영어영문학과 졸업
- 고려대학교 경영대학원 국제경영 석사
- 산업은행 입행후 종합기획부, 국제투자부, KDB Ireland, 국제금융부, 기업금융2,4,5부 등 다수 부서에서 근무
- 1998년 IMF 금융위기 해결을 위한 정부의 단기외채 만기연장 프로그램 참여
- 해외사업단장, 뉴욕지점장 및 산업기술리서치센터 전문위원 역임

현
한국산업은행 신산업금융실 기업금융 전문위원

논문
「국제 항공기 도입금융에 대한 연구」(석사)

수상
재정경제부장관, 기획재정부장관, 해양수산부장관 표창 4회

항공기금융

초판발행	2020년 5월 25일
중판발행	2020년 12월 30일
지은이	성낙주
펴낸이	안종만·안상준
편 집	우석진
기획/마케팅	장규식
표지디자인	벤스토리
제 작	고철민·조영환
펴낸곳	(주) 박영사
	서울특별시 금천구 가산디지털2로 53, 210호(가산동, 한라시그마밸리)
	등록 1959. 3. 11. 제300-1959-1호(倫)
전 화	02)733-6771
f a x	02)736-4818
e-mail	pys@pybook.co.kr
homepage	www.pybook.co.kr
I S B N	979-11-303-0895-1 93320

정 가   45,000원